CORPORATE DISCLOSURE

theory&practice

자 본 시 장 법 상

기업공시

이론과 실무

이상복 저

박영사

이 연구는 2012년도 서강대학교 교내연구비 지원에 의한 연구임(201210021. 01)

머 리 말

저자는 1999년부터 2004년까지 한국증권거래소에서 상근변호사로 근무하면서 기업공시의 중요성을 인식하게 되었다. 기업공시는 기업의 재무상태 등을 시장의 투자자 등에게 알려 정보비대칭을 해소할 수 있는 한 방법이다. 그런데 허위공시는 시장에 악영향을 주어 투자자에게 피해를 주고, 허위공시를 한 기업은 시장에서의 신뢰를 상실함과 동시에 시장에서 퇴출되는 상황까지 이를 수 있다. 또한 허위공시는 증권집단소송의 대상이 되어 강력한 민사책임을 지게 되고, 나아가 형사제재와 행정제재의 대상이 된다.

2007년 가을부터 서강대학교 법학전문대학원에서 강의를 준비하고 연구할 시간을 가지면서 정리한 강의안을 바탕으로 본서를 출간할 결심을 하였다. 현재 우리나라의 경우는 자본시장법상 기업공시에 관한 단행본은 출간된 적이 없는 것 같다. 하지만 외국의 경우만 하더라도 연구가 활발히 이루어져 기업공시에 관한 단행본이 출간된 것으로 알고 있다. 앞으로 더 깊은 연구가 있기를 기대한다.

본서는 "자본시장과 금융투자업에 관한 법률"(자본시장법) 제 3 편 "증권의 발행 및 유통"에 관한 부분을 중심으로 하여 관련된 부분까지를 묶어 단행본으로 엮은 것이다. 본서는 다음과 같은 점을 고려하여 서술되었다.

첫째, 본서는 학계뿐만 아니라 법조계, 기업공시를 해야 하는 상장기업, 금융감독기관, 자율규제기관, 기업실무가, 그리고 이 분야를 공부하는 대학원생 등의 독자층을 고려하여 상세한 서술을 하였다.

둘째, 본서는 이미 출간된 자본시장법 관련 서적, 과거의 증권거래법 관련 서적, 이미 발표된 연구자들의 학술논문, 대학원 졸업논문, 금융감독기관의 실무안내서 등을 참조하여 유용한 이론과 학설을 반영하고 실무례를 최대한 반영하려고 노력하였다.

셋째, 이론을 생동감이 있게 만드는 것은 법원의 판례임을 고려하여 대법원

판례뿐만 아니라 하급심 판례도 최대한 반영하였다. 또한 내용을 서술하면서 이론을 전개하고, 관련 판례를 이론 아래 본문에 서술하여 이론과 판례의 연관성을 강조하고자 하였다.

넷째, 허위공시에 관한 제재를 민사제재, 행정제재, 그리고 형사제재로 분류하여 서술하면서, 민사제재 부분은 법률요건에 맞추어 서술하고자 하였다. 특히 이 부분은 소송을 제기하는 경우에 필요한 요건을 중심으로 상세히 서술하였다.

다섯째, 금융감독원의 "증권의 발행 및 공시 등에 관한 규정"과 한국거래소의 "유가증권시장 공시규정"이 실무에서 많이 이용되고 중요한 점을 고려하여 이러한 규정을 최대한 반영하였다.

여섯째, 2011년 개정 상법이 2012. 4. 15. 시행됨에 따라 관련 규정을 반영하고, 개정 상법에 기반하여 한국거래소의 유가증권시장 공시규정을 서술하였다.

아울러 2012. 4. 10. 개정된 상법 시행령도 상세하게 기술하여 실무에 소홀함이 없게 하였다.

나름대로 이론과 판례를 최대한 반영하고 학설의 대립을 소개하려고 노력하였지만 이 책의 부족함을 숨길 수 없다. 이 보잘것없는 책이 기업공시 업무에 종사하는 이들과 연구하는 사람들에게 도움이 되면 좋겠다는 생각에서 출간을 서두르게 되었다. 부족한 부분은 후일 더 보완되어야 할 것이다.

본서의 교정을 도와준 정유성 변호사와 성진욱 변호사에게 감사드리며, 바쁜 학업생활 속에서도 내용에 대한 조언과 교정에 시간을 내 준 서강대학교 법학전문대학원의 홍범식 군에게도 감사드린다. 이들의 앞날에 많은 발전이 있기를 기원한다. 또한 중학교 선생님으로서 바쁜 가운데서도 결혼 후 현재까지 시부모님을 모시고 살면서 불평 한마디 없는 사랑하는 아내 은아에게 진심으로 고마운 마음을 전하고 싶다. 그리고 이제는 중학생인 가형과 초등학생인 지형을 갓난아이 때부터 지금까지 키우고 돌보시는 아버지와 어머니에게 감사드리며, 병마와 씨름하시는 아버지에게 기적이 일어나 건강을 회복하시기를 하나님께 간절히 기도드린다. 그리고 어려운 출판환경에서 수지 전망이 어려운 본서의 출간을 허락하신 박영사 안종만 회장님과 본서의 제작과 간행에 힘써 주신 김선민 부장님의 노고에 감사드린다.

2012년 6월

저자 씀

차 례

제 1 장 서 론

제 2 장 발행시장과 공시규제 - 증권발행의 규제 -

제 3 장 기업지배권 변동과 공시규제 – 지분공시 포함 –

제 4 장 유통시장과 공시규제

제 6 장 상법상 상장회사에 대한 특례 - 상법상 지배구조에 관한 특례 -

CHAPTER 01

서 론

제 1 절 _ 증권시장과 자본시장법

제 2 절 _ 금융투자상품

제 3 절 _ 금융투자업

제 4 절 _ 공시규제기관

제 1 절 증권시장과 자본시장법[1)]

Ⅰ. 자본주의경제의 기본질서로서의 증권시장

증권시장은 주식·채권 등 증권의 발행과 유통관계를 총칭하는 구성개념으로서, 증권시장은 주식회사제도의 상호 보완·발전을 통하여 자본주의경제를 유지·발전시켜 오고 있다. 자본주의경제는 사유재산제·자유시장·자유경쟁·자유기업원리에 바탕을 두고 있으며, 이러한 이념을 실현하는 경제단위로서 영리추구 단체인 기업의 대표적 형태가 주식회사라고 할 수 있다.

주식회사가 자본을 세분화·증권화·유통화하여 다수의 대중에게 보급함으로써 대중의 유휴자금이 경제발전에 원동력이 될 수 있었던 것은 주식·채권 등 증권의 발행과 유통을 체계화시킨 계속적·상설적인 증권시장이 조직화되어 계속 발전되었기 때문이라고 할 수 있다. 증권시장은 자본주의경제의 기본질서를 제공하고 그 이념을 구현하는 기능을 수행하고 있는바, 기업에게 장기산업자금을 공급하고 국민에게 증권저축 수단을 제공하고 있기도 하다.

이러한 의미에서 증권시장을 '자본주의의 꽃'이라고 부르며, 현대 자본주의를 대중자본주의, 주주자본주의라고도 부른다. 나아가 금융자유화, 개방화, 증권화, 통합화, 컴퓨터화, 정보화의 진전 등에 따라 증권시장과 증권산업의 중요성이 증대하고 있다.[2)]

Ⅱ. 효율적 증권시장

증권시장은 다수의 기업, 다수의 소액투자자와 기관투자자는 물론 이들의 증권매매 등에 관여하는 금융투자업자 등이 참가하여 복잡한 증권의 발행과 매매거래를 원활하고 공정하게 성립시키는 정교한 제도와 그 거래의 공정성을 감독하는 감독기관으로 구성된 유기체라고 볼 수 있다.

---

1) 정식 명칭은 '자본시장과 금융투자업에 관한 법률'이며, 이를 줄여 자본시장법이라고 한다. 본서에서는 자본시장법으로 표기한다. 또한 이 법 시행령은 '영'으로, 시행규칙은 '규칙'으로 표기한다.

2) 전홍렬, 증권거래법 해설, 한국상장회사협의회(1997), 31쪽 이하.

증권시장은 자금의 수요와 공급이 이루어지는 금융시장의 일부분으로서 하나의 시장인 만큼 경제의 기본이념인 완전경쟁의 효율성을 갖추어야만 그 본연의 기능과 역할을 다할 수 있다. 즉 합리적인 다수의 투자자에 의한 '보이지 않는 손'(invisible hand)의 조정을 거친 가격기구의 정상적인 작동을 통해서만 자원배분의 효율성과 거래비용의 최소화라는 운용의 효율성을 갖춘 효율적 시장(market efficiency)이 될 수 있다.

증권시장은 이러한 '자원배분의 효율성'과 '운용의 효율성' 이외에도 '정보평등'을 기초로 거래능력의 평등을 이루는 '정보의 효율성'(information efficiency)을 통해 증권시장의 투명성과 공정성을 함께 갖추어야만 투자자를 보호하고 증권시장의 신뢰성을 유지할 수 있고 기업에게는 직접금융조달의 장으로, 국민에게는 자산운용의 장이 되어 국민경제의 안정·성장이라는 소임을 다할 수 있게 된다.

Ⅲ. 법 원

1. 자본시장법

금융관계 법률은 이상적 금융거래질서 형성을 위한 법률이며, 자본시장법도 이상적 증권거래질서 형성을 위한 법률이다. 자본시장법은 "자본시장에서의 금융혁신과 공정한 경쟁을 촉진하고 투자자를 보호하며 금융투자업을 건전하게 육성함으로써 자본시장의 공정성·신뢰성 및 효율성을 높여 국민경제의 발전에 이바지함"(법 제1조)을 목적으로 하는 증권시장의 조직과 운영에 관한 기본법률이다. 즉 자본시장법은 증권의 공정한 발행과 유통제도, 신속·정확한 공시질서, 사기적인 발행과 유통거래를 방지하기 위한 각종 공정거래제도를 운용하는 한편 증권시장의 운영을 담당하는 금융투자업 감독기관 및 관계기관에 대하여 적정한 기능과 역할을 부여함으로써 증권거래질서인 자유롭고 공정한 증권시장을 만들어 나가기 위한 법률이다.

자본시장법은 종래의 증권거래법·선물거래법·간접투자자산운용업법·신탁업법·종합금융회사에 관한 법률·한국증권선물거래소법 등을 하나의 법으로 통합한 법률이다. 자본시장법이 2009. 2. 4. 시행됨에 따라, 이들 통합대상이 된 법률은 모두 자본시장법의 시행일에 폐지되었다.

2. 관련법규 및 판례

(1) 법령 및 규정

1) 법 령

자본시장법 이외에 자본시장규제와 관련된 법률로는 "금융위원회의 설치 등에 관한 법률", "주식회사의 외부감사에 관한 법률" 등이 있다. 증권거래법 제9장 제3절의 "상장법인 등에 대한 특례 등"의 규정 중 지배구조에 관한 부분은 상법으로 이관되고, 재무구조에 관한 부분은 자본시장법에 두고 있다. 또한 법률 이외에 시행령과 시행세칙은 중요한 기준을 정하고 있다.

2) 규 정

법령 이외에 구체적이고 기술적인 사항을 신속하게 규율하기 위하여 금융위원회, 한국거래소, 증권예탁결제원, 금융투자협회 등이 제정한 각종의 규정이 적용된다.

특히 기업공시와 관련해서는 금융위원회의 "증권의 발행 및 공시 등에 관한 규정"이 중요한 기능을 수행하고 있으며, 그 외의 금융투자업규정 등도 적용된다. 또한 한국거래소의 유가증권시장 공시규정 및 코스닥시장 공시규정도 유통시장공시에 중요한 역할을 수행하고 있다.

(2) 판 례

판례는 미국과 같은 판례법주의 국가의 경우에는 중요한 법원이지만, 우리나라와 같은 대륙법계 국가에서는 사실상의 구속력만이 인정되고 있을 뿐 법원은 아니다. 우리나라의 경우 자본시장법 시행 후 축적된 판례는 많지 않으나 증권거래법 시행 당시의 축적된 판례가 유용한 역할을 하고 있다. 증권시장의 발달 및 투자자의 권리의식의 향상으로 많은 판례가 축적되어 가는 과정인 것으로 보인다.

제 2 절 금융투자상품

Ⅰ. 의 의

자본시장법은 금융투자상품을 "① 이익을 얻거나 손실을 회피할 목적으로, ② 현재 또는 장래의 특정 시점에 금전, 그 밖의 재산적 가치가 있는 것("금전 등")을, ③ 지급하기로 약정함으로써 취득하는 권리로서, ④ 그 권리를 취득하기 위하여 지급하였거나 지급하여야 할 금전 등의 총액(판매수수료 등 대통령령으로 정하는 금액을 제외)이 그 권리로부터 회수하였거나 회수할 수 있는 금전 등의 총액(해지수수료 등 대통령령으로 정하는 금액을 포함한다)을 초과하게 될 위험("투자성")이 있는 것을 말한다"고 규정하고 있다. 즉 이익을 얻거나 손실을 회피할 목적으로 현재 또는 장래의 특정 시점에 금전 등을 지급하기로 약정함으로써 취득하게 되는 권리로서 원본손실의 가능성(투자성)이 있는 것으로 포괄적으로 규정하고 있다. 따라서 자본시장법상 금융투자상품에 해당하기 위해서는 위의 네 가지 요건을 구비해야 한다.

Ⅱ. 증권과 파생상품

1. 증 권

(1) 개 념

증권이란 내국인 또는 외국인이 발행한 금융투자상품으로서 투자자가 취득과 동시에 지급한 금전 등 외에 어떠한 명목으로든지 추가로 지급의무(투자자가 기초자산에 대한 매매를 성립시킬 수 있는 권리를 행사하게 됨으로써 부담하게 되는 지급의무를 제외)를 부담하지 아니하는 것을 말한다(법 제4조 제1항).

자본시장법은 증권을 채무증권, 지분증권, 수익증권, 투자계약증권, 파생결합증권, 증권예탁증권으로 종류별로 여섯 유형으로 구분하고 있다(법 제4조 제2항). 자본시장법 제4조 제3항 내지 제8항은 종류별 증권의 정의를 규정하고 있다. 특히 제4조 제6항은 "이 법에서 투자계약증권이란 특정 투자자가 그 투자자와 타인(다른 투자자를 포함한다. 이하 이 항에서 같다)간의 공동사업에 금전 등을 투자하고 주로 타인이 수행한 공동사업의 결과에 따른 손익을 귀속받는 계약상의 권리가 표시된 것을 말한다"고 규정하는데, 이것은 미국 연방대법원이 가장 중요한 증권의 유형인 투자계약(investment contract)에 관하여 채택한 Howey 판결의 기준을 반영한 것이다.

(2) 종 류

자본시장법은 증권을 채무증권, 지분증권, 수익증권, 증권예탁증권, 투자계약증권, 파생결합증권으로 종류별로 여섯 유형으로 구분하고 있다(법 제4조 제2항). 앞의 네 유형은 전통적인 증권의 유형이고, 뒤의 두 유형은 신종 증권의 유형이다.

자본시장법상 증권 개념은 다음과 같은 특징을 갖는다. 첫째, 전통적 증권 개념의 포괄주의로의 전환이다. 이에 따라 주식, 사채, 특수채 등 전통적 증권을 경제적 실질에 따라 채무증권, 지분증권, 수익증권, 증권예탁증권으로 분류하고 각각의 개념을 추상적으로 정의하고 있다. 또한 국채, 지방채, 주권, 신주인수권, DR 등 일반적으로 인정되는 증권을 예시적으로 열거하여 법적 안정성을 확보하고자 하였다.

둘째, 신종 증권을 포괄하기 위한 개념을 마련하였다. 이에 따라 ① 투자계약증권(investment contract securities) 개념을 도입하여 '타인의 노력에 의해 수익이 결정되는' 모든 증권을 자본시장법상 증권으로 포괄하고, ② 파생결합증권(securitized derivatives) 개념을 통해 타인이 수행한 공동사업의 결과와 무관하게 외생적 지표에 의해 수익이 결정되는 증권을 자본시장법상 증권으로 포괄하였으며, ③ 아울러 파생결합증권의 기초자산의 범위를 최광의로 넓게 정의하여 증권의 포괄범위를 넓혔다.

1) 채무증권

채무증권이란 국채증권, 지방채증권, 특수채증권(법률에 의하여 직접 설립된 법인이 발행한 채권), 사채권, 기업어음증권, 그 밖에 이와 유사한 것으로서 지급청구권이 표시된 것을 말한다(법 제4조 제3항).

2) 지분증권

지분증권이란 주권, 신주인수권이 표시된 것, 법률에 의하여 직접 설립된 법인이 발행한 출자증권, 상법에 따른 합자회사·유한회사·익명조합의 출자지분, 민법에 따른 조합의 출자지분, 그 밖에 이와 유사한 것으로서 출자지분이 표시된 것을 말한다(법 제4조 제4항).

3) 수익증권

수익증권이란 금전신탁계약에 의해 신탁업자가 발행하는 수익권이 표시된 수익증권, 투자신탁을 설정한 집합투자업자가 투자신탁의 수익권을 균등하게 분할하여 표시한 수익증권, 그 밖에 이와 유사한 것으로서 신탁의 수익권이 표시된 것을 말한다(법 제4조 제5항).

4) 투자계약증권

투자계약증권이란 특정 투자자가 그 투자자와 타인(다른 투자자를 포함)간의 공동사업에 금전 등을 투자하고 주로 타인이 수행한 공동사업의 결과에 따른 손익을 귀속받는 계약상의 권리가 표시된 것을 말한다(법 제4조 제6항).

이는 미국의 Howey 기준을 원용하여 '특정 투자자가 그 투자자와 타인간의 공동사업에 금전 등을 투자하고 주로 타인이 수행한 공동사업의 결과에 따른 손익을 귀속받는 계약상의 권리'로 정의한 것이다. 여기서 Howey 기준이란 미국 증권법상 투자계약(investment contract)을 정의하기 위해 미국 판례에서 형성한 기준으로 ① 이익을 기대하여, ② 공동사업에, ③ 금전 등을 투자하고, ④ 타인의 노력의 결과 그 대가를 받는 계약을 말한다.

또한 투자계약증권은 주권, 수익증권 등 전통적인 증권과 종전의 간접투자자산운용업법상 간접투자증권뿐만 아니라 종전의 간접투자자산운용업법의 규율을 받지 않았던 '비정형 간접투자의 지분'[1]까지 포괄한 것이다.

5) 파생결합증권

파생결합증권은 기초자산의 가격·이자율·지표·단위 또는 이를 기초로 하는 지수 등의 변동과 연계하여 미리 정하여진 방법에 따라 지급금액 또는 회수금액이 결정되는 권리가 표시된 것을 말한다(법 제4조 제7항). 파생결합증권은 '기초자산의 가격 등의 변동과 연계하여 미리 정하여진 방법에 따라 지급금액 또는 회수금액이 결정되는 권리'로 정의할 수 있다. 따라서 주가연계증권(ELS), 신용연계증권(CLN), 재해연계증권(CAT bond), 펀드연계증권(Fund Linked Note) 등 구조화 증권이 포괄대상이다.

또한 파생결합증권의 기초자산의 범위를 최광의로 넓게 정의하여 증권의 포

---

1) 인터넷으로 투자자를 모집하는 네티즌 펀드(Netizen Fund)에 대한 지분, 상법상 익명조합·민법상 조합을 활용한 간접투자기구에 대한 지분을 그 예로 들 수 있다.

괄범위를 넓히고 있다(법 제4조 제10항). 기초자산은 금융투자상품, 통화, 일반상품, 신용위험, 그 밖에 자연적·환경적·경제적 현상 등에 속하는 위험으로서 평가가 가능한 것을 말한다(법 제4조 제1항 각 호).

6) 증권예탁증권

증권예탁증권이란 채무증권, 지분증권, 수익증권, 투자계약증권, 파생결합증권을 예탁받은 자가 그 증권이 발행된 국가 외의 국가에서 발행한 것으로서 그 예탁받은 증권에 관련된 권리가 표시된 것을 말한다(법 제4조 제8항).

7) 간주증권

이상의 여섯 가지 증권에 표시될 수 있거나 표시되어야 할 권리는 그 증권이 발행되지 아니한 경우에도 그 증권으로 본다(법 제4조 제9항).

2. 파생상품

(1) 서 설

종전의 파생상품거래에 관한 규정은 증권거래법·선물거래법·간접투자자산운용법 등에 산재되어 있었다. 장내파생상품과 장외파생상품이 통일적으로 규제되지 못하고 있었고, 특정 파생상품거래의 허용 여부가 각 법률에 따라 결정되고 있었으며, 기초자산의 범위도 제한되어 있어 파생상품에 대한 규제가 체계적으로 이루어지지 못하고 있었다.

자본시장법은 각 법률에 산재되어 규정되어 있는 파생상품거래에 관한 규정을 자본시장법으로 흡수하고, 파생상품의 정의를 체계화하였으며, 기초자산의 범위를 확대함으로써 급변하는 금융현실에 대응할 수 있는 제도적 기반을 마련하였다.

그러나 자본시장법의 통합범위와 대상은 여전히 제한되어 있다. 은행법, 보험업법, 서민금융 관련법 분야가 통합범위에서 제외되었고, 통합대상 법률도 증권거래법, 선물거래법, 간접투자자산운용업법, 신탁업법, 종합금융회사에 관한 법률, 한국증권선물거래소법 등 6개의 법률에 불과하다(법 부칙 제2조). 실질적인 금융법률인 여신전문금융업법, 부동산투자회사법, 선박투자회사법, 중소기업창업지원법, 사회기반시설에 대한 민간투자법 등이 통합대상에 포함되지 아니하였고, 각 사업영역별로 규제법률이 여전히 세세하게 나뉘어져 있다. 따라서 만일 특정한 금융상품이 이러한 법률들의 경계를 넘나드는 경우에는 어느 법령이 적용되는지 확실하지 않은 실정이다. 따라서 은행, 금융투자업자, 보험회사가 공정한 제도의 기반 위에서 각 금융권역별로 특성에 부합하는 경쟁을 할 수 있도록 취급상품의 범위에 대한 정비가 필요하다.[1)]

(2) 파생상품의 개념

자본시장법이 정의하는 파생상품은 금융투자상품에 해당하고(법 제3조 제1항, 제2항), 동시에 선도·옵션·스왑의 정의 중 어느 하나에 해당하는 '계약상 권리'이다.[2)]

자본시장법은 파생상품의 정의와 분류에 관하여, 다음의 어느 하나에 해당하는 계약상의 권리를 말한다고 규정하고 있다(법 제5조 제1항).

1. 기초자산이나 기초자산의 가격·이자율·지표·단위 또는 이를 기초로 하는 지수 등에 의하여 산출된 금전 등을 장래의 특정 시점에 인도할 것을 약정하는 계약
2. 당사자 어느 한쪽의 의사표시에 의하여 기초자산이나 기초자산의 가격·이자율·지표·단위 또는 이를 기초로 하는 지수 등에 의하여 산출된 금전 등을 수수하는 거래를 성립시킬 수 있는 권리를 부여하는 것을 약정하는 계약
3. 장래의 일정기간 동안 미리 정한 가격으로 기초자산이나 기초자산의 가격·이자율·지표·단위 또는 이를 기초로 하는 지수 등에 의하여 산출된 금전 등을 교환할 것을 약정하는 계약

파생상품은 거래소시장에서의 거래 여부에 따라 장내파생상품과 장외파생상품으로 구분되는데(법 제5조 제2항, 제3항), 투자자의 보호수준, 거래상대방 등에 차이를 두고 있다(법 제81조 제1항 제1호 라목 등). 장내파생상품과 장외파생상품은 선도·옵션·스왑을 구성요소로 한다는 점에서는 같다. 그러나 장외파생상품은 시장거래요건이 없고, 표준화가 강제되지 않기 때문에 다양한 장외파생상품의 설계가 가능하다는 점에서 장내파생상품과 차이가 있다.

---

1) 김홍기, "자본시장통합법상 파생상품 규제의 내용과 제도적 개선과제," 증권법연구(증권법학회, 2008. 6), 86쪽·94쪽 참조.

2) 이와 같은 파생상품의 개념 정의는 자본시장법의 3단계 정의방식을 따른 것이다. 자본시장법은 일반적 정의(법 제3조 제1항), 명시적 포함(법 제3조 제2항, 제5조 제1항), 명시적 제외(법 제3조 제1항 단서)의 3단계 정의방식을 통해 금융투자상품을 규정하는데, 이것은 추상적인 내용을 갖는 금융투자상품의 일반적인 정의만으로는 금융투자상품의 구체성을 확보하는 데 어려움이 있다는 점을 반영한 것이다.

따라서 자본시장법에서는 파생상품의 정의가 체계화되었고, 포괄주의를 채택함에 따라 기존의 열거주의 체제하에서는 포함될 수 없었던 새로운 유형의 파생상품 개발에 대한 장애가 상당 부분 제거되었다고 볼 수 있다.[1)]

제 3 절 금융투자업

Ⅰ. 의 의

금융투자업이란 이익을 얻을 목적으로 계속적이거나 반복적인 방법으로 행하는 행위로서 투자매매업, 투자중개업, 집합투자업, 투자자문업, 투자일임업, 신탁업 중 어느 하나에 해당하는 업을 말한다(법 제6조 제1항). 금융투자업자란 금융투자업에 대하여 금융위원회의 인가를 받거나 금융위원회에 등록하여 이를 영위하는 자를 말한다(법 제8조 제1항).

금융투자업에 해당하기 위해서는 "이익을 얻을 목적으로 계속적이거나 반복적인 방법으로 행하는 행위"를 하여야 한다. 즉 금융투자업에 해당하기 위해서는 영리성, 계속성, 반복성이라는 성질을 갖추어야 한다.

Ⅱ. 분 류

1. 투자매매업

(1) 의 의

투자매매업이란 누구의 명의로 하든지 자기의 계산으로 금융투자상품의 매도·매수, 증권의 발행·인수 또는 그 청약의 권유, 청약, 청약의 승낙을 영업으로 하는 것을 말한다(법 제6조 제2항). 투자매매업자란 금융투자업자 중 투자매매업을 영위하는 자를 말한다(법 제8조 제2항).

투자매매업은 종래 증권거래법상 증권회사의 매매업, 인수업, 매출업과 종합금융회사에 관한 법률상 종합금융회사의 매매업, 인수업 및 간접투자자산운용업법상 은행, 증권사, 보험사, 자산운용사의 간접투자증권의 판매업을 의미하는 것

1) 김홍기, 전게 논문, 96쪽 참조.

으로 기관별 규제에서 기능별 규제로 바뀌면서 규정된 것이다.

투자매매업은 자기의 계산으로 이루어지기 때문에 자기매매라고 한다. 투자매매업과 아래서 보게 되는 투자중개업은 계산의 주체를 기준으로 분류한다.

(2) 금융투자상품의 매도·매수

금융투자상품이 매도 또는 매수에 해당하는가 여부는 금융투자업의 영리성, 계속성, 반복성의 구비 여부를 판단하여야 할 것이다.

그러나 투자매매업자를 상대방으로 하거나 투자중개업자를 통하여 금융투자상품을 매매하는 경우에는 투자매매업으로 보지 아니한다(법 제7조 제6항 제2호). 이는 투자매매업자를 상대방으로 하거나 투자중개업자를 통한 금융투자상품의 매매는 이익을 취득하려는 목적이 아니라 금융투자상품의 가격변동에 의한 투자수익의 취득이 목적이기 때문에 투자매매업으로 보지 않는 것이다.

(3) 증권의 발행·인수

1) 증권의 발행

(가) 의 의

자본시장법은 증권의 발행을 원칙적으로 투자매매업으로 보고 있다. 그러나 자기가 증권을 발행하는 경우에는 투자매매업으로 보지 아니한다(법 제7조 제1항). "발행인"이란 증권을 발행하였거나 발행하고자 하는 자를 말한다. 다만, 증권예탁증권을 발행함에 있어서는 그 기초가 되는 증권을 발행하였거나 발행하고자 하는 자를 말한다(법 제9조 제10항).

"자기가 증권을 발행하는 경우"로는 기업이 자금조달을 위하여 주식이나 사채를 발행하는 경우를 들 수 있다. 이는 투자매매업자 입장에서는 영리성, 계속성, 반복성의 요건을 구비하여 투자매매업으로 볼 수 있지만, 증권을 발행하는 기업입장에서는 영리성, 계속성, 반복성의 요건을 구비한 것으로 볼 수 없기 때문이다. 그러나 투자신탁의 수익증권, 파생결합증권 중 대통령령령령이 정하는 것, 투자성 있는 예금·보험은 투자매매업으로 보고 있는데, 이것은 금융투자업의 성질이 영리성, 계속성, 반복성을 구비하고 있기 때문이다.

(나) 투자신탁의 수익증권

투자신탁의 수익증권은 집합투자업자가 투자신탁을 설정하고 발행하는 것이다. 그런데 투자신탁의 수익증권의 발행은 기업의 주식발행의 경우처럼 자금조달 목적이기보다 투자자들에게 판매하여 운용수익을 올리기 위한 판매목적으로 발행되는 것이므로 투자매매업으로 규율할 필요가 있기 때문이다. 따라서 집합투자업자가 수익증권을 발행하고 판매하기 위하여는 투자매매업에 대한 인가를 받아야 한다.[1)]

(다) 파생결합증권 중 대통령령이 정하는 것

파생결합증권 중 "대통령령이 정하는 것"이란 다음의 어느 하나에 해당하는 것을 말한다(영 제 7 조 제 1 항).

1. 지분증권(지분증권과 관련된 증권예탁증권을 포함)의 가격이나 이를 기초로 하는 지수의 변동과 연계된 파생결합증권
2. 제 1 호 외의 파생결합증권으로서 발행과 동시에 투자자가 지급한 금전등에 대한 이자등 과실뿐만 아니라 그 금전등도 해당 기초자산의 가격·이자율·지표·단위 또는 이를 기초로 하는 지수등의 변동과 연계된 파생결합증권

제 1 호의 지분증권에 연동된 파생결합결합증권의 발행을 규정한 것은 증권거래법 당시 주가연계 파생결합증권을 증권회사에 대하여만 허용하고 있었던 점을 고려한 것이다. 또한 제 2 호의 주가 이외의 기초자산의 가격에 원본까지 연계된 파생결합증권을 발행하는 경우를 규정한 것은 순수한 자금조달보다 위험의 매매·중개 목적이 크고 투자자 보호의 필요성이 크다[2)]는 점을 고려한 것이다.[3)]

(라) 투자성 있는 예금·보험

이를 투자매매업으로 본 것은 일반적인 예금·보험과는 달리 투자성 있는 금융투자상품의 매매에 해당하기 때문이다.

투자성 있는 예금·보험의 판매를 위해서는 투자매매업에 대한 인가를 받아야 한다. 그러나 자본시장법은 은행이 투자성 있는 예금계약을 체결하는 경우에는 투자매매업에 관한 금융투자업인가를 받은 것으로 보고(법 제77조 제 1 항), 보험회

1) 한국증권법학회, 자본시장법 주석서 Ⅰ, 박영사(2009), 44쪽.

2) 금융투자업이 아닌 증권발행으로 볼 경우에는 별도의 업규제를 적용받지 않게 되며 공모에 해당할 경우 증권신고서 규제를 받기만 하면 된다. 그러나 금융투자업에 해당하는 증권의 발행인 경우에는 증권신고서 규제뿐만 아니라 업규제로서 투자권유 규제 등 각종 투자자 보호 규제가 적용되기 때문에 투자자 보호 측면에서 유리하다[변제호 외, 자본시장법, 지원출판사(2009), 47쪽].

3) 변제호 외, 자본시장법, 지원출판사(2009), 46-47쪽.

사가 투자성 있는 보험계약을 체결하는 경우에는 투자매매업에 관한 금융투자업 인가를 받은 것으로 본다(법 제77조 제2항). 따라서 은행이나 보험회사는 별도의 투자매매업에 관한 금융투자업인가를 받을 필요가 없다.

2) 증권의 인수

(가) 의 의

"인수"란 증권을 모집·사모·매출하는 경우 제삼자에게 그 증권을 취득시킬 목적으로 그 증권의 전부 또는 일부를 취득시키거나(총액인수) 그 증권의 전부 또는 일부에 대하여 이를 취득하는 자가 없는 때에 그 나머지를 취득하는 것을 내용으로 하는 계약을 체결하는 것(잔액인수)을 말한다(법 제9조 제11항 제1호 및 제2호).

인수는 발행총액 전부에 대하여도 이루어지기도 하고 일부에 대하여도 이루어지기 때문에 총액인수와 잔액인수를 구분하여 규정하고 있는 것이다. 증권의 발행규모가 클 경우에는 다수의 인수인이 인수업무를 공동으로 수행하게 된다. 이 경우 수인의 인수인을 "인수단"이라고 하며, 인수단 중 인수단을 대표하여 발행회사와 인수조건 등을 결정하고 인수 및 청약사무를 총괄하는 회사를 "주관회사"라고 부르며, 주관회사 중 발행회사로부터 증권의 인수를 의뢰받은 자로서 주관회사를 대표하는 회사를 "대표주관회사"라고 한다.[1)]

"인수인"이란 증권을 모집·사모·매출하는 경우에 인수에 해당하는 행위를 하는 자를 말한다(법 제9조 제12항).

(나) 모집·사모·매출

"모집"과 "매출"을 합하여 실무상 공모(public offering)라고 한다. 그러나 자본시장법은 공모의 개념에 관하여 용어를 정의하지 않고 있다. 다만 "사모"의 용어에 관하여 개념을 정의하고 있는 바, "사모"란 새로 발행되는 증권의 취득의 청약을 권유하는 것으로서 모집에 해당하지 아니하는 것을 말한다(법 제9조 제8항). 자본시장법은 "모집"에 해당하지 않는 것을 사모라고 정의하여 매출을 제외하고 있다. 그러나 사모의 개념에 모집 이외의 매출을 포함시키는 것이 타당할 것이다.

"모집"이란 대통령령으로 정하는 방법에 따라 산출한 50인 이상의 투자자에게 새로 발행되는 증권의 취득의 청약을 권유하는 것을 말하고(법 제9조 제7항), "매

---

1) 변제호 외, 전게서, 51쪽.

출"이란 대통령령이 정하는 방법에 따라 산출한 50인 이상의 투자자에게 이미 발행된 증권의 매도의 청약을 하거나 매수의 청약을 권유하는 것을 말한다(법 제 9 조 제 9 항). 자본시장법은 "대통령령이 정하는 방법에 따라 산출한 50인 이상의 투자자"를 기준으로 하여 신규로 발행되는 증권의 경우를 모집, 기발행된 증권의 경우를 매출로 정의하고 있다.

증권거래법은 모집·매출 방식이 아닌 사모방식으로 발행되는 증권을 인수하는 것은 인수업이 아닌 증권회사의 부수업무로 보고 있었다. 그러나 대상증권이 공모 또는 사모로 발행되는지 여부에 따라 유사한 기능에 대하여 다른 규제를 하는 것은 바람직하지 않고 투자자 보호에도 문제가 있으므로 자본시장법은 사모로 발행되는 증권을 인수하는 경우에도 인수업에 포함시켰다.[1)]

2. 투자중개업

(1) 의 의

투자중개업이란 누구의 명의로 하든지 타인의 계산으로 금융투자상품의 매도·매수, 그 청약의 권유, 청약, 청약의 승낙 또는 증권의 발행·인수에 대한 청약의 권유, 청약, 청약의 승낙을 영업으로 하는 것을 말한다(법 제 6 조 제 3 항). 투자중개업자란 금융투자업자 중 투자중개업을 영위하는 자를 말한다(법 제 8 조 제 3 항).

투자중개업은 종래 증권거래법상 위탁매매업, 중개업, 대리업, 매매위탁의 중개·주선·대리업, 모집·매출의 주선업, 선물거래법상 선물회사의 선물거래업, 종합금융회사에 관한 법률상 종합금융회사의 중개업, 간접투자자산운용업법상 은행, 증권사, 보험사, 자산운용사의 간접투자증권의 판매를 의미한다.

투자중개업은 투자매매업의 업무유형과 동일하나 계산의 주체만 자기의 계산이 아닌 타인의 계산으로 하는 것만 다르다. 투자중개업은 타인의 계산으로 이루어지기 때문에 위탁매매라고 한다.

(2) 위탁매매업

위탁매매업은 증권회사의 중요한 업무로 취급되고 있다. 대부분의 증권회사의 주요 수입원이기 때문이다. 위탁매매업은 고객으로부터 증권의 매도 또는 매수

1) 변제호 외, 전게서, 51쪽.

에 관한 주문을 받아 약정된 수수료를 받고 거래의 체결, 증권 또는 금전의 예탁, 매매주문으로 구분된다. 첫째, 매매거래 위탁계약은 투자자가 투자중개업자와 매매거래계좌를 개설하는 계약이다. 둘째, 계좌를 개설한 후 투자자는 위탁금이나 위탁증권을 투자중개업자에게 이전한다. 위탁금은 투자자로부터 투자중개업자로 소유권이 이전되지만, 위탁증권은 집중예탁제도에 따라 고객이 소유권을 계속 유지한다. 따라서 투자중개업자가 파산할 경우에 고객은 예탁한 증권에 대하여 환취권을 행사할 수 있다. 한편 위탁금에 대하여는 안정성 제고를 위하여 증권금융회사에 별도 예치하도록 의무화(법 제74조)하고 있으며, 예금자 보호제도를 통하여 이중적으로 보호하고 있다. 셋째, 매매의 주문은 투자자가 투자중개업자에게 매매주문을 낸다.[1]

(3) 적용배제

투자권유대행인이 투자권유를 대행하는 경우에는 투자중개업으로 보지 아니한다(법 제7조 제2항). 투자권유대행인은 일정한 요건을 구비하여 금융위원회에 등록하여야 하고 등록 이후 그 영업을 영위함에 있어서 일정한 전문성 요건을 유지하여야 한다(법 제51조 제1항, 제3항 및 제9항). 이와 같은 요건을 구비한 투자권유대행인의 대행활동에 대하여 투자중개업으로 보지 않는 이유는 투자권유대행인은 일정한 요건을 갖춘 자로서 이미 금융위원회에 등록하고 대행영업을 하기 위해서도 일정한 요건을 유지해야 하기 때문에 별도의 투자중개업 인가를 받을 필요가 없다고 본 것이다.

3. 집합투자업

(1) 의 의

집합투자업이란 집합투자를 영업으로 하는 것을 말한다(법 제6조 제4항). 여기서 집합투자란 2인 이상에게 투자권유를 하여 모은 금전 등 또는 국가재정법 제81조에 따른 여유자금을 투자자 또는 각 기금관리주체로부터 일상적인 운용지시를 받지 아니하면서 재산적 가치가 있는 투자대상자산을 취득·처분, 그 밖의 방법으로 운용하고 그 결과를 투자자 또는 각 기금관리주체에게 배분하여 귀속시키는 것을 말한다(법 제6조 제5항 본문). 그리고 집합투자업자란 금융투자업자 중

---

1) 변제호 외, 전게서 54쪽.

집합투자업을 영위하는 자를 말한다(법 제 8 조 제 4 항).

국가재정법 제81조에 따른 기금운용은 타인의 자금을 운용하는 영업인 점에서 집합투자와 유사하므로 이에 포함시켰다. 종래 사용하던 펀드투자를 의미하는 간접투자가 집합투자로 변경된 것[1]이며, 자산운용회사는 집합투자업자로 변경되었다. 집합투자업은 종래 간접투자자산운용업법상 자산운용사의 투자신탁재산의 운용·운용지시와 투자회사재산의 운용업무 등을 의미한다.

집합투자업은 집합투자업자가 다수 투자자의 자산을 수탁받아 집합하여 운용하는 것으로 같은 펀드에 투자하는 투자자들은 동일한 포트폴리오를 가지며, 투자자 재산의 소유권이 집합투자업자에게 이전되고 자산운용은 전적으로 집합투자업자가 책임지고 운용한다.

(2) 집합투자의 적용배제

다만, 다음의 어느 하나에 해당하는 경우는 집합투자에서 제외한다(법 제 6 조 제 5 항 단서).

1. 대통령령으로 정하는 법률에 따라 사모(私募)의 방법으로 금전등을 모아 운용·배분하는 것으로서 대통령령으로 정하는 투자자[2]의 총수가 대통령령으로 정하는 수[3] 이하인 경우
2. 자산유동화에 관한 법률 제 3 조의 자산유동화계획에 따라 금전등을 모아 운용·배분하는 경우

---

1) 자본시장법이 간접투자자산운용업법상의 "간접투자"라는 용어를 "집합투자"로 변경한 이유는 간접투자의 개념에는 투자자문업 및 투자일임업을 포함하고 있어 개념상 혼란을 초래하고 있기 때문이다. 즉 간접투자는 투자자가 자신의 판단에 따라 투자대상자산에 투자하는 직접투자에 반대되는 개념으로서 투자자문업과 투자일임업을 포함하고 있었다. 그러나 투자자문업과 투자일임업의 경우 집합투자업과 경제적 실질에 있어 차이가 있다는 점을 고려하여 별도의 독립적인 금융투자업으로 규정하되 이와 구별되는 개념으로 집합투자를 사용하는 것이 바람직하다는 견해에 따라 변경하게 되었다. 그리고 국제적으로도 집합투자(CIS: Collective Investment Scheme)이라는 용어를 사용하고 있다는 점도 고려되었다(변제호 외, 전게서, 55쪽).

2) "대통령령으로 정하는 투자자"란 다음에 해당하지 아니하는 투자자를 말한다(영 제 6 조 제 2 항).
   1. 제10조 제 1 항 각 호의 어느 하나에 해당하는 자
   2. 제10조 제 3 항 제12호·제13호에 해당하는 자 중 금융위원회가 정하여 고시하는 자

3) "대통령령으로 정하는 수"란 49인을 말한다. 이 경우 49인을 계산할 때에는 다른 집합투자기구가 해당 집합투자기구의 집합투자증권 발행총수의 100분의 10 이상을 취득하는 경우에는 그 다른 집합투자기구의 투자자(제 2 항에 따른 투자자를 말한다)의 수를 합하여 계산하여야 한다(영 제 6 조 제 3 항).

3. 그 밖에 행위의 성격 및 투자자 보호의 필요성 등을 고려하여 대통령령으로 정하는 경우

4. 투자자문업과 투자일임업[1)]

(1) 의 의

1) 투자자문업의 의의

투자자문업이란 금융투자상품의 가치 또는 금융투자상품에 대한 투자판단(종류, 종목, 취득·처분, 취득·처분의 방법·수량·가격 및 시기 등에 대한 판단)에 관한 자문에 응하는 것을 영업으로 하는 것을 말한다(법 제6조 제6항). 투자자문업은 투자자에게 단순히 투자자문만을 제공하는 업자를 말한다. 종래 간접투자자산운용업법상 투자자문사의 투자자문업을 의미한다.

투자자문업은 투자자로부터 보수를 받고 일정한 자산(투자자문자산)의 가치 또는 그에 대한 투자판단에 관하여 자문을 제공하는 영업이다. 증권뿐만 아니라 투자가치가 있는 모든 종류의 자산을 대상으로 할 수 있으며, 투자자문의 방법도 간행물 등에 의한 투자정보의 제공, 투자대상의 가치나 매매시가와 방법 등에 대한 조언 등 매우 다양하다. 따라서 투자자문업을 법적으로 규제하기 위해서는 투자자문자산의 범위와 투자자문의 방법 등에 의하여 그 적용범위를 구체화하여야 한다.[2)]

2) 투자일임업의 의의

투자일임업이란 투자자로부터 금융투자상품[3)]에 대한 투자판단의 전부 또는

1) 투자자문업 및 투자일임업은 자산운용전문가에 의한 정보의 신속한 수집과 분석, 과학적인 포트폴리오의 운용 등으로 자본시장의 효율성을 증대시키고, 효율적인 자산운용을 통하여 국내외 각종 연기금 등 기관투자자의 수요를 확충함으로써 자본시장의 안정적 발전에 기여하고 있다. 이는 2004년 간접투자자산운용업법이 제정되기 이전까지는 단순히 증권거래와 관련된 업의 하나로 인식되었다. 그러나 간접투자자산운용업법의 제정으로 투자자문이나 투자일임을 통한 자산운용도 기능면에서 펀드를 통한 자산운용과 동일한 것으로 간주되어 간접투자 내지 자산운용업과 동일한 철학에 따라 규제되었다. 그런데 자본시장법은 자산운용을 전문가에게 위탁하는 개념인 간접투자가 다수의 투자자로부터 자금을 집합하여 함께 운용하는 개념인 집합투자로 변경됨에 따라 종래 1인의 투자자만으로 설정되었던 펀드가 집합투자업이 아닌 투자일임업 또는 신탁업으로 운영되게 되었고, 그 결과 투자일임업의 범위가 확대되었다. 또한 최근 자산관리서비스와 분산투자에 대한 관심과 수요가 높아져 증권회사(자본시장법상 투자중개업자)에서 취급하는 랩(wrap)상품의 규모가 크게 증가함에 따라 투자일임업의 기능이 중요시되고 있다[박철영, "투자자문업 및 투자일임업에 관한 법적 규제의 현황과 과제," 증권법연구 제10권 제1호(2009), 3쪽].

2) 박철영, 전게 논문, 10-11쪽.

3) 간접투자자산운용업법은 자산운용업의 투자대상자산 확대에 따라 투자자문업 및 투자일임

일부를 일임받아 투자자별로 구분하여 금융투자상품을 취득·처분, 그 밖의 방법으로 운용하는 것을 영업으로 하는 것을 말한다(법 제6조 제7항).[1] 투자일임업은 투자자 재산에 대한 소유권은 투자자에게 있지만 투자자가 자산운용만을 투자일임업자에게 맡기게 된다. 종래 간접투자자산운용업법상 투자일임사의 투자일임업을 의미한다. 투자일임업은 투자일임업자가 투자결정을 판단한다는 점에서 집합투자업과 유사하다. 그러나 투자일임업은 특정 고객을 위한 개별적인 투자수단을 제공하고, 집합투자업은 불특정 다수의 고객이 참여하는 집합투자수단을 제공한다는 점이 다르다.

투자일임업은 특정 고객으로부터 보수를 받고 일정한 자산(투자일임재산)에 대한 투자판단의 전부 또는 일부를 위임받아 그 자를 위하여 투자, 즉 투자일임재산을 운용하는 영업이다. 이는 투자자문업의 발전된 형태로서 매매 등 자산의 운용, 자산의 보관 및 관리(배당금과 이자의 수령 등), 자산운용에 다른 각종 보고 등의 업무를 포함한다. 투자일임재산은 투자자문업의 경우와 마찬가지로 금융투자상품에 한정되나, 그 운용방법으로는 매매 이외에 다양한 방법이 인정된다. 자본시장법은 특별히 그 방법을 제한하고 있지 않으므로 투자신탁 등 집합투자, 신탁업자에 대한 신탁, 금융기관에의 예치, 단기대출 등의 방법으로 운용하는 것이 가능하다.[2]

3) 투자자문업자와 투자일임업자의 의의

투자자문업자란 금융투자업자 중 투자자문업을 영위하는 자를 말하고(법 제8조 제5항), 투자일임업자란 금융투자업자 중 투자일임업을 영위하는 자를 말한다(법 제8조 제6항).

투자자문 및 투자일임에 관한 영업은 성질상 법인뿐만 아니라 개인도 영위할 수 있다. 자본시장법이 도입한 투자권유대행인,[3] 금융상품 및 투자에 관한 컨설

업의 대상자산이 부동산 및 부동산의 사용에 관한 권리까지 확대되었다(간접투자자산운용업법 시행령 제4조 제1항). 그러나 자본시장법은 금융투자업의 특성을 고려하여 금융투자상품으로 제한하였다. 따라서 부동산 및 부동산의 사용에 관한 권리에 대해서는 투자자문업자 및 투자일임업업자가 부동산 관련자산을 취급하고자 하는 경우에는 부수업무를 인정하여 영위할 수 있을 것이다.

1) 자본시장법은 증권거래법이 인정하고 있던 일임매매를 폐지하고 투자일임업으로 흡수하였다. 따라서 투자일임업을 등록하면 일임매매를 할 수 있다. 따라서 투자일임업자는 증권거래법상 인정되던 일임매매와 달리 금융투자상품의 가격, 수량, 매매시기, 종류, 취득 및 처분방법도 일임받아 거래할 수 있다.

2) 박철영, 전게 논문, 11-12쪽.

3) 금융투자업자의 위탁을 받아 금융투자상품의 판매를 중개하는 자로서 금융위원회에 등록된

팅을 제공하는 파이낸셜 플래너(Financial Planner),[1] 투자상담사 등이 자신의 고유 업무와 관련하여 자신의 고객에게 투자자문서비스를 제공할 수 있다.[2] 그러나 자본시장법은 투자자문자 및 투자일임업자의 자격을 다른 금융투자업과 동일하게 상법상 주식회사로 한정하였다(법 제18조 제2항 제1호).[3] 이는 영업의 건전성, 재무안정성 및 전문성을 확보하여 투자자를 보호하기 위한 것이다.

(2) 투자자문업과 투자일임업의 적용배제

1) 투자자문업의 적용배제

자본시장법 제6조 제6항에 따르면 투자자문자산은 금융투자상품으로 제한되어 부동산 등에 대한 투자자문은 부수업무로 취급된다. 투자자문의 방법도 특정인에 대한 직접적으로 투자조언을 하는 것으로 제한되어 불특정 다수인을 대상으로 발행 또는 송신되고, 불특정 다수인이 수시로 구입 또는 수신할 수 있는 간행물·출판물·통신물 또는 방송 등을 통하여 조언을 하는 경우에는 투자자문업으로 보지 아니한다(법 제7조 제3항). 이 경우는 유사투자자문업으로 분류될 것이다(법 제101조).

2) 투자일임업의 적용배제

투자중개업자가 투자자의 매매주문을 받아 이를 처리하는 과정에서 금융투자상품에 대한 투자판단의 전부 또는 일부를 일임받을 필요가 있는 경우로서 대통령령으로 정하는 경우에는 투자일임업으로 보지 아니한다(법 제7조 제4항).

여기서 "대통령령을 정하는 경우"란 투자중개업자가 따로 대가 없이 금융투자상품에 대한 투자판단(법 제6조 제6항에 따른 투자판단)의 전부나 일부를 일임받는 자를 말한다(법 제51조 제9항).

1) Financial Planner(FP)는 보험, 증권 등 금융상품의 판매, 금융·자산운용에 관한 조언, 자산운용계획 작성 등을 전문적으로 제공하는 자이다. 이들은 특정 고객에게 자신의 업무를 전문적으로 제공하는 경우도 있으며, 세무사나 회계사 등을 본업으로 하면서 부수적으로 FP서비스를 제공하는 경우도 있다. 또한 잡지나 전자우편 등을 통해 불특정 다수인을 상대로 활동하는 경우도 있다. 현재 미국이나 유럽에서는 IFA(Independent Financial Adviser)로 불리는 FP 등이 금융상품 판매에서 중요한 비중을 차지하고 있다.

2) 박철영, 전게 논문, 12쪽.

3) 불특정 다수인을 대상으로 발행되는 간행물, 전자우편 등에 의하여 금융투자상품에 대한 투자판단 또는 금융투자상품의 가치에 대한 투자조언을 하는 경우(유사투자자문업)는 투자자문업에 해당하지 않기 때문에 개인도 금융위원회에 신고하고 영업을 할 수 있다(법 제101조 제1항).

경우로서 다음의 어느 하나에 해당하는 경우를 말한다(영 제 7 조 제 2 항).

1. 투자자가 금융투자상품의 매매거래일(하루에 한정)과 그 매매거래일의 총매매수량이나 총매매금액을 지정한 경우로서 투자자로부터 그 지정범위에서 금융투자상품의 수량·가격 및 시기에 대한 투자판단을 일임받은 경우
2. 투자자가 여행·질병 등으로 일시적으로 부재하는 중에 금융투자상품의 가격폭락 등 불가피한 사유가 있는 경우로서 투자자로부터 약관 등에 따라 미리 금융투자상품의 매도권한을 일임받은 경우
3. 투자자가 금융투자상품의 매매, 그 밖의 거래에 따른 결제나 증거금의 추가 예탁 또는 법 제72조에 따른 신용공여와 관련한 담보비율 유지의무나 상환의무를 이행하지 아니한 경우로서 투자자로부터 약관 등에 따라 금융투자상품의 매도권한(파생상품인 경우에는 이미 매도한 파생상품의 매수권한을 포함)을 일임받은 경우
4. 투자자가 투자중개업자가 개설한 계좌에 금전을 입금하거나 해당 계좌에서 금전을 출금하는 경우에는 따로 의사표시가 없어도 자동으로 법 제229조 제 5 호에 따른 단기금융집합투자기구("단기금융집합투자기구")의 집합투자증권 등을 매수 또는 매도하거나 증권을 환매를 조건으로 매수 또는 매도하기로 하는 약정을 미리 해당 투자중개업자와 체결한 경우로서 투자자로부터 그 약정에 따라 해당 집합투자증권 등을 매수 또는 매도하는 권한을 일임받거나 증권을 환매를 조건으로 매수 또는 매도하는 권한을 일임받은 경우
5. 그 밖에 투자자 보호 및 건전한 금융거래질서를 해칠 염려가 없는 경우로서 금융위원회가 정하여 고시하는 경우

이것은 단순히 위탁매매의 실행에 부수하는 것이기 때문에 투자일임업에서 제외한 것이다. 구체적으로 보면 고객이 매매거래일과 총매매수량을 지정하여 그 범위 내에서 매매거래의 수량, 가격 및 시기의 결정을 일임하는 경우(1호), 일시적인 부재로 인하여 가격폭락 등이 불가피한 사유가 있는 경우(2호), 결제의무를 이행하지 않거나 신용공여에 따른 담보비율유지 및 상환의무를 이행하지 아니하여 매도권한을 일임하는 경우(3호), 예치한 금전을 단기금융집합투자기구(MMF)에 운용하는 경우(4호) 등이 이에 해당한다.

5. 신 탁 업

(1) 의 의

신탁이라 함은 신탁설정자("위탁자")와 신탁을 인수하는 자("수탁자")와 특별한

신임관계에 기하여 위탁자가 특정의 재산권을 수탁자에게 이전하거나 기타의 처분을 하고 수탁자로 하여금 일정한 자("수익자")의 이익을 위하여 또는 특정의 목적을 위하여 그 재산권을 관리, 처분하게 하는 법률관계를 말한다(신탁법 제1조 제2항). 신탁업이란 신탁을 영업으로 하는 것을 말하고(법 제6조 제8항), 신탁업자란 금융투자업자 중 신탁업을 영위하는 자를 말한다(법 제8조 제7항).

신탁업은 투자자의 재산에 대한 소유권이 신탁업자에게 이전되며, 신탁업자는 투자자의 운용지시를 받아 이를 실행하게 된다. 종래 신탁업법상 신탁회사의 신탁업, 개인연금신탁업, 연금신탁업, 간접투자자산운용업법상 수탁회사의 '투자신탁재산의 수탁업'과 자산보관회사의 '투자회사의 자산보관업' 등을 의미한다.

(2) 신탁업의 본질적 업무

신탁업의 본질적 업무는 다음과 같다(영 제47조 제1항 제6호).

가. 신탁계약(투자신탁의 설정을 위한 신탁계약을 포함)과 집합투자재산(투자신탁재산은 제외)의 보관·관리계약의 체결과 해지업무
나. 신탁재산(투자신탁재산은 제외)의 보관·관리업무
다. 집합투자재산의 보관·관리업무(운용과 운용지시의 이행업무를 포함)
라. 신탁재산의 운용업무[신탁재산에 속하는 지분증권(지분증권과 관련된 증권예탁증권을 포함)의 의결권행사를 포함]

신탁재산의 경우는 신탁업자가 운용까지 수행할 수 있으나, 집합투자재산을 수탁하는 경우에는 적극적인 운용은 집합투자업자가 수행하고 신탁업자는 집합투자재산을 보관·관리만 한다는 점에서 차이가 있다.[1]

(3) 신탁업의 적용배제

담보부사채신탁법에 따른 담보부사채에 관한 신탁업, 저작권법에 따른 저작권신탁관리업의 경우에는 신탁업으로 보지 아니한다(법 제7조 제5항). 이는 자본시장법이 신탁업의 개념을 매우 포괄적으로 정의하고 있기 때문에 신탁업의 예외를 명시하여 자본시장법이 적용되지 않는 경우를 규정한 것이다.

1) 변제호 외, 전게서, 69쪽.

제 4 절 공시규제기관

Ⅰ. 정부규제기관(금융감독체계)

1. 금융위원회

(1) 설치 및 지위

금융위원회의 설치 등에 관한 법률(이하 "금설법")은 "금융위원회와 금융감독원을 설치하여 금융산업의 선진화와 금융시장의 안정을 도모하고 건전한 신용질서와 공정한 금융거래관행을 확립하며 예금자 및 투자자 등 금융수요자를 보호함으로써 국민경제의 발전에 기여함"을 목적으로 한다(금설법 제 1 조).

금융위원회의 설치 등에 관한 법률은 금융위원회의 설치 및 지위에 관하여 다음과 같이 규정하고 있다. 즉 금융정책, 외국환업무취급기관의 건전성 감독 및 금융감독에 관한 업무를 수행하게 하기 위하여 국무총리소속하에 금융위원회를 둔다(금설법 제 3 조 제 1 항). 금융위원회는 정부조직법 제 2 조(중앙행정기관의 설치와 조직 등)에 따른 중앙행정기관으로서 그 권한에 속하는 사무를 독립적으로 수행한다(금설법 제 3 조 제 2 항).

(2) 구 성

금융위원회는 9인의 위원으로 구성하되, 위원장·부위원장 각 1인과 다음 각 호의 위원으로 구성한다(금설법 제 4 조 제 1 항).

1. 기획재정부 차관
2. 금융감독원 원장
3. 예금보험공사 사장
4. 한국은행 부총재
5. 금융위원회 위원장이 추천하는 금융전문가 2인
6. 대한상공회의소 회장이 추천하는 경제계대표 1인

금융위원회 위원장은 국무총리의 제청으로 대통령이 임명하며, 금융위원회 부위원장은 위원장의 제청으로 대통령이 임명한다(금설법 제 4 조 제 2 항). 위원장은 금융위원회를 대표하며, 금융위원회의 회의를 주재하고 사무를 통할한다(금설법 제5조 제1항). 위원장·부위원장 및 임명직 위원의 임기는 3년으로 하며, 1차에 한하여 연임할 수 있다(금설법 제6조 제1항).

(3) 회의운영

금융위원회의 회의는 3인 이상의 위원의 요구가 있는 때에 위원장이 소집한다. 다만, 위원장은 단독으로 회의를 소집할 수 있다(금설법 제11조 제1항). 금융위원회의 회의는 그 의결방법에 관하여 이 법 또는 다른 법률에 특별한 규정이 있는 경우를 제외하고는 재적위원 과반수의 출석과 출석위원 과반수의 찬성으로 의결한다(금설법 제11조 제2항). 금융위원회 위원은 3인 이상의 찬성으로 의안을 제의할 수 있다. 다만, 위원장은 단독으로 의안을 제의할 수 있다(금설법 제11조 제3항).

금융위원회는 심의에 필요하다고 인정하는 때에는 제29조 제1항의 규정에 의한 금융감독원 부원장·부원장보 및 기타 관계전문가 등으로부터 의견을 청취할 수 있다(금설법 제13조).

위원장은 내우·외환·천재·지변 또는 중대한 금융경제상의 위기에 있어서 긴급조치가 필요한 경우로서 금융위원회를 소집할 시간적 여유가 없을 때에는 금융위원회의 권한범위 안에서 필요한 조치를 취할 수 있다(금설법 제14조 제1항). 위원장은 위의 조치를 취하였을 때에는 지체 없이 금융위원회의 회의를 소집하고 그 내용을 보고하여야 한다(금설법 제14조 제2항).

금융위원회의 사무를 처리하기 위하여 금융위원회에 사무처를 둔다(금설법 제15조 제1항).

(4) 소관사무

금융위원회의 소관사무는 다음과 같다(금설법 제17조).

1. 금융에 관한 정책 및 제도에 관한 사항
2. 금융기관 감독 및 검사·제재에 관한 사항
3. 금융기관의 설립, 합병, 전환, 영업 양수·도 및 경영 등의 인·허가에 관한 사항
4. 자본시장의 관리·감독 및 감시 등에 관한 사항
5. 금융중심지의 조성·발전에 관한 사항
6. 제1호부터 제5호까지의 사항에 관련된 법령 및 규정의 제·개정 및 폐지에 관

한 사항
7. 금융 및 외국환업무취급기관의 건전성 감독에 관한 양자·다자간 협상 및 국제협력에 관한 사항
8. 외국환업무취급기관의 건전성 감독에 관한 사항
9. 그 밖에 다른 법령에서 금융위원회의 소관으로 규정된 사항

2. 증권선물위원회

(1) 설치 및 업무

자본시장법과 다른 법령이 규정하는 바에 따라 다음 각 호의 업무를 수행하기 위하여 금융위원회에 증권선물위원회를 둔다(금설법 제19조).

1. 자본시장의 불공정거래 조사
2. 기업회계의 기준 및 회계감리에 관한 업무
3. 금융위원회 소관사무 중 자본시장의 관리·감독 및 감시 등과 관련된 주요사항에 대한 사전심의
4. 자본시장의 관리·감독 및 감시 등을 위하여 금융위원회로부터 위임받은 업무
5. 기타 다른 법령에서 증권선물위원회에 부여된 업무

그 외에 자본시장법은 내부자의 단기매매차익반환(법 제172조), 불공정거래와 관련된 조사·압수·수색권(법 제427조), 금융위원회 권한 중 중요한 사항의 심의(법 제439조), 금융위원회가 위임한 사항(법 제438조 제 2 항) 등에 관한 증권선물위원회의 권한을 규정하고 있다.

(2) 구 성

증권선물위원회는 위원장 1인을 포함한 5인의 위원으로 구성하며, 위원장을 제외한 위원 중 1인은 상임으로 한다(금설법 제20조 제 1 항). 증권선물위원회 위원장은 금융위원회 부위원장이 겸임하며, 증권선물위원회 위원은 금융위원회 위원장의 추천으로 대통령이 임명한다(금설법 제20조 제 2 항).

(3) 회의운영

증권선물위원회의 회의는 2인 이상의 증권선물위원회 위원의 요구가 있는 때에 증권선물위원회 위원장이 소집한다. 다만, 증권선물위원회 위원장은 단독으로 회의를 소집할 수 있다(금설법 제21조 제 1 항). 증권선물위원회의 회의는 3인 이상

의 찬성으로 의결한다(금설법 제21조 제 2 항).

3. 금융감독원

(1) 설 립

금융위원회 또는 증권선물위원회의 지도·감독을 받아 금융기관에 대한 검사·감독업무 등을 수행하기 위하여 금융감독원을 설립한다(금설법 제24조 제 1 항). 금융감독원은 무자본특수법인으로 한다(금설법 제24조 제 2 항).

(2) 구성과 직무

금융감독원에 원장 1인, 부원장 4인 이내, 부원장보 9인 이내와 감사 1인을 둔다(금설법 제29조 제 1 항). 금융감독원의 원장은 금융위원회의 의결을 거쳐 금융위원회 위원장의 제청으로 대통령이 임명한다(금설법 제29조 제 2 항). 금융감독원의 부원장은 원장의 제청으로 금융위원회가 임명하고, 금융감독원의 부원장보는 원장이 임명한다(금설법 제29조 제 3 항). 감사는 금융위원회의 의결을 거쳐 금융위원회 위원장의 제청으로 대통령이 임명한다(금설법 제29조 제 4 항). 원장·부원장·부원장보 및 감사의 임기는 3년으로 하며, 1차에 한하여 연임할 수 있다(금설법 제29조 제 5 항). 원장·부원장·부원장보와 감사에 궐원이 있는 때에는 새로 임명하되, 그 임기는 임명된 날부터 기산한다(금설법 제29조 제 6 항).

원장은 금융감독원을 대표하며, 그 업무를 통할한다(금설법 제30조 제 1 항). 원장이 부득이한 사유로 인하여 직무를 수행할 수 없는 때에는 금융감독원의 정관이 정하는 순서에 따른 부원장이 원장의 직무를 대행한다(금설법 제30조 제 2 항). 부원장은 원장을 보좌하고 금융감독원의 업무를 분장하며, 부원장보는 원장과 부원장을 보좌하고 금융감독원의 업무를 분장한다(금설법 제30조 제 3 항). 감사는 금융감독원의 업무와 회계를 감사한다(금설법 제30조 제 4 항).

(3) 업 무

금융감독원은 다음 각 호의 업무를 수행한다(금설법 제37조).

1. 제38조 각 호의 기관의 업무 및 재산상황에 대한 검사
2. 제 1 호의 검사결과에 따른 이 법과 다른 법령의 규정에 의한 제재
3. 금융위원회 및 소속기관에 대한 업무지원

4. 기타 이 법과 다른 법령에서 금융감독원이 수행하도록 하는 업무

4. 상호관계

(1) 금융위원회·증권선물위원회의 금융감독원에 대한 지도·감독권

금융위원회는 금융감독원의 업무·운영·관리에 대한 지도·감독을 하며, 다음 각 호의 사항을 심의·의결한다(금설법 제18조).

1. 금융감독원의 정관변경에 대한 승인
2. 삭제〈2008. 2. 29〉
3. 금융감독원의 예산 및 결산 승인
4. 삭제〈2008. 2. 29〉
5. 기타 금융감독원을 지도·감독하기 위하여 필요한 사항

증권선물위원회는 제19조 각 호의 업무에 관하여 금융감독원을 지도·감독한다(금설법 제23조).

금융위원회 또는 증권선물위원회는 금융감독원의 업무를 지도·감독하는 데 필요한 명령을 할 수 있다(금설법 제61조 제 1 항). 금융위원회는 증권선물위원회 또는 금융감독원의 처분이 위법하거나 공익 또는 예금자 등 금융수요자의 보호를 위하여 심히 부당하다고 인정되는 때에는 그 처분의 전부 또는 일부를 취소하거나 그 집행을 정지시킬 수 있다(금설법 제61조 제 2 항). 증권선물위원회는 제19조 각 호의 업무에 관한 금융감독원의 처분이 위법하거나 심히 부당하다고 인정되는 때에는 그 처분의 전부 또는 일부를 취소하거나 그 집행을 정지시킬 수 있다(금설법 제61조 제 3 항).

(2) 금융감독원장의 보고의무

금융감독원장은 검사대상기관에 대하여 검사를 실시한 경우에는 그 결과를 금융위원회에 보고하여야 한다. 제41조(시정명령 및 징계요구) 및 제42조(임원의 해임권고 등)의 조치를 한 경우에도 또한 같다(금설법 제59조).

금융위원회는 필요하다고 인정하는 경우에는 금융감독원의 업무·재산 및 회계에 관한 사항을 보고하게 하거나 금융위원회가 정하는 바에 의하여 그 업무·재산상황·장부·서류 기타의 물건을 검사할 수 있다(금설법 제60조).

(3) 권한의 위임 또는 위탁

1) 증권선물위원회

금융위원회는 자본시장법에 따른 권한의 일부를 대통령령으로 정하는 바에 따라 증권선물위원회에 위임할 수 있다(법 제438조 제 2 항).

2) 거래소 또는 한국금융투자협회

금융위원회는 자본시장법에 따른 권한의 일부를 대통령령으로 정하는 바에 따라 거래소 또는 협회에 위탁할 수 있다(법 제438조 제 3 항).

3) 금융감독원장

금융위원회 또는 증권선물위원회는 자본시장법에 따른 권한의 일부를 대통령령으로 정하는 바에 따라 금융감독원장에게 위탁할 수 있다(법 제438조 제 4 항).

4) 보 고

거래소, 협회 및 금융감독원장은 위탁받은 업무의 처리내용을 6개월마다 금융위원회 또는 증권선물위원회에 보고하여야 한다. 다만, 금융위원회는 금융위원회가 정하여 고시하는 업무에 대해서는 보고 주기를 달리 정할 수 있다(영 제387조 제 4 항).

Ⅱ. 자율규제기관(한국거래소)

한국거래소는 증권 및 장내파생상품의 공정한 가격 형성과 그 매매, 그 밖의 거래의 안정성 및 효율성을 도모하기 위하여 설립되었다(법 제373조). 거래소와 관련해서는 유통시장과 공시규제 부분에서 상술하기로 한다.

CHAPTER 02

발행시장과 공시규제

- 증권발행의 규제 -

제 1 절 서 론

Ⅰ. 발행시장의 의의

1. 발행시장의 개념

증권시장은 발행시장(1차시장)과 유통시장(2차시장)으로 구분되며, 이 두 시장은 상호보완관계에 있다. 발행시장은 증권이 발행인 또는 보유자로부터 최초의 투자자에게 매도되는 시장으로서 자금의 수요자인 발행주체가 증권을 새로 발행하거나 특정인이 보유하고 있는 증권을 투자자에게 매각함으로써 증권시장에 새로운 증권을 공급하고 자금을 조달하는 추상적인 시장을 말한다. 새로운 증권이 최초로 출현하는 시장이라는 점에서 1차시장(Primary Market)이라고도 한다. 이에 반하여 유통시장(2차시장, Secondary Market)은 이미 발행되어 있는 증권을 투자자 상호간에 매매하는 구체적·현실적인 시장을 말한다. 즉 발행시장은 발행인과 투자자 사이에 이루어지는 종적 시장, 장소적 개념이 없는 추상적 시장인데 반하여, 유통시장은 투자자 사이에 이루어지는 횡적 시장, 장소적 개념을 전제로 하는 구체적인 시장이다.[1)]

발행시장은 회사가 신규로 증권을 발행하여 투자자에게 분매하는 시장을 말한다. 그러나 발행시장이 반드시 신규로 발행되는 증권만을 대상으로 하는 것은 아니다. 대주주가 자신이 보유하는 주식을 투자자에게 매출하는 경우처럼 이미 발행된 증권을 투자자에게 분매하는 경우도 발행시장에 속할 수 있다.

발행시장은 회사가 자금을 조달하는 시장이다. 발행시장은 원칙적으로 증권거래소와는 아무런 관련이 없다. 발행인은 증권을 직접 투자자들에게 매각하는 것이 아니라, 인수인(underwriter)이라는 중개기관을 통해서 매각한다. 여기서 인수인과 투자자 사이의 매매는 증권거래소 밖에서 이루어진다. 따라서 상장되어 있는 증권의 경우에만 공모발행이 가능한 것은 아니다. 물론 주식이 이미 증권거래소에 상장되어 있다면 신규로 발행하는 주식의 가격은 거래소의 시세에 따라 결정될 것이다. 그러나 그 경우에도 발행되는 주식은 증권거래소를 통하지 않고 인수인으

---

1) 금융감독원·코스닥등록법인협의회, 기업공시제도 해설(2000. 12), 7쪽 이하 참조.

로부터 투자자에게 직접 넘어간다. 또한 거래규모면에서 발행시장은 유통시장에 비하여 훨씬 왜소하다. 증권의 발행은 일반투자자에 대한 공개적인 청약을 통하여 이루어지는 공모발행(public offering)과 소수의 투자자와의 사이에 사적인 교섭을 통해서 이루어지는 사모발행(private placement)으로 나눌 수 있다. 공모발행시장은 성질상 경기에 민감할 수밖에 없다. 최근 벤처산업의 급성장에 따라 공모발행시장이 놀라운 성장세를 보인 바 있다. 한편 발행되는 증권의 유형별로 보면 주식의 발행시장보다는 사채의 발행시장이 훨씬 큰 것도 특기할 만한 사항이다.[1)]

2. 발행시장의 기능

발행시장은 다음의 기능을 한다. 첫째, 자금의 조달기능이다. 자금의 수요자인 발행주체(기업, 국가, 지방자치단체 등)의 측면에서 발행시장은 광범위한 투자자로부터 거액의 장기자금을 일시에 조달할 수 있게 하여 기업자본의 대규모화를 가능하게 해 준다. 둘째, 자본의 집중기능이다. 광범위하게 흩어져 있는 자금의 공급자(투자자)로부터 증권을 매개로 하여 자금의 수요자에게 자본을 집중시켜 주는 기능을 한다. 셋째, 투자수단의 제공기능이다. 자금의 공급자인 투자자에게 주식, 채권 등의 투자대상을 제공하고 배당과 이자를 지불하여 투자자금의 증식이 이루어지게 한다.

3. 발행시장의 구성요소

(1) 발행인(issuer)

발행시장에서 증권을 발행하여 자금을 조달하는 자로서 주식이나 회사채를 발행하는 주식회사, 국공채를 발행하는 국가 및 지방자치단체, 특별법에 의하여 설립된 법인(특수법인, 특수은행 등), 국내에서 증권을 발행하는 외국법인 등이 있다.

(2) 인수인(underwriter)

증권의 발행자와 투자자 사이에서 발행주체를 대신하여 증권발행에 따른 사무를 처리하고 증권발행이 원활하게 이루어질 수 있도록 해당 증권의 인수, 매출 등 여러 가지 위험을 부담하는 기관으로 이러한 책임과 위험을 분산하기 위하여

---

1) 김건식·송옥렬, 미국의 증권규제, 홍문사(2001), 34-35쪽.

여러 인수기관이 공동으로 하나의 증권발행에 참여하는 경우도 있다.

자본시장법상 "인수인"이란 증권을 모집·사모·매출하는 경우 제삼자에게 그 증권을 취득시킬 목적으로 그 증권의 전부 또는 일부를 취득하거나 또는 그 증권의 전부 또는 일부에 대하여 이를 취득하는 자가 없는 때에 그 나머지를 취득하는 것을 내용으로 하는 계약을 체결하는 행위를 하는 자를 말한다(법 제9조 제12항).

(3) 투자자(investor)

모집·매출에 응하여 최종적으로 증권을 취득하는 자로서 발행주체 입장에서 보면 자금의 공급자가 되며, 일반투자자와 기관투자자로 구분할 수 있다.

4. 증권발행방법의 구분

(1) 증권의 수요자를 구하는 방법에 의한 구분

1) 공모발행(public offering)

공모주체가 널리 일반을 상대(과거 6월간 통산하여 50인 이상을 대상)로 하여 증권을 발행하는 형태로서 자본시장법상 모집·매출이 이에 해당한다.

2) 사모발행(private placement)

일반인을 대상으로 하지 않고 특정한 개인이나 금융기관 등에 증권을 취득하도록 하는 발행방법으로 그 대상이 일반 다수가 아니라는 점에서 비공모발행이라고도 한다.

(2) 위험부담과 사무절차를 담당하는 방법에 의한 구분

1) 직접공모

증권의 발행인이 자신의 명의로 발행과 관련한 위험 등을 부담하고 제반 발행사무를 직접 담당하면서 증권을 공모하는 방법으로 일반적으로 주주 또는 특정인을 대상으로 하는 증권의 공모방식에 이용된다.

직접공모란 "주권비상장법인(설립 중인 법인을 포함)이 인수인의 인수 없이 지분증권(지분증권과 관련된 증권예탁증권을 포함)의 모집 또는 매출"을 하는 것이다(영 제125조 제1항 제2호 바목). 발행인의 신용도가 높은 경우에는 인수인을 통하지 않고 발행인이 모든 위험을 부담하면서 직접공모에 의하여 증권을 발행할 수 있다. 그러나 대부분의 경우 인수인의 공신력에 의하여 공모가 성공할 가능성이 크고, 인수인이 공모차질로 인한 위험을 부담하는 역할로 인하여 간접공모에 따른 비용에도 불구하고 인수인을 통한 간접공모가 주로 이용된다.[1]

직접공모에 관한 신고서를 제출하는 경우에는 금융위원회가 정하여 고시하는 요건을 갖춘 분석기관("증권분석기관")의 평가의견을 기재하여야 한다. 다만, 금융위원회가 정하여 고시하는 경우에는 이를 생략할 수 있다(영 제125조 제1항 제2호 바목).

2) 간접공모

발행주체가 인수기관 또는 발행사무 대행기관 등 중개인을 통하여 증권을 발행하는 방법으로 전문적인 지식과 조직을 가진 증권회사 등에 발행사무를 위탁하여 발행하게 된다. 자본시장법 제9조 제11항은 인수의 개념에 관한 규정을 두고 있다. 간접공모시 인수형태는 위험부담 정도에 따라 다음과 같이 구분된다.

(가) 총액인수

인수기관이 공모증권의 전액을 취득하여 이를 매출할 목적으로 자기명의로 인수(매입)함으로써 이에 따른 발행위험을 부담하고 발행사무도 담당하는 방식이다. 이 방식은 미청약증권이 있는 경우 인수기관이 이를 자기계산으로 취득하여야 하므로 발행위험이 크다. 실무상 인수인이 인수한 증권을 매출하지 못하게 되는 부담과 매출시까지의 가격변동에 따른 위험에도 불구하고 총액인수를 선호하는 것은 증권의 발행과 관련된 위험을 부담하는 대신 수수료가 높기 때문이다.

자본시장법은 "증권을 모집·사모·매출하는 경우 제삼자에게 그 증권을 취득시킬 목적으로 그 증권의 전부 또는 일부를 취득하는 것"(법 제9조 제11항 제1호)을 총액인수로 정의하고 있다.

(나) 잔액인수

공모증권의 미청약분을 인수기관이 인수하는 방식이다. 이 방식의 경우 인수기관의 입장에서 어느 정도의 발행위험이 존재하게 된다. 그러나 인수기관은 주선분에 대한 수수료 수입뿐만 아니라 잔액인수분에 대한 매매차익을 얻을 수 있는 장점도 있다.

자본시장법은 "증권을 모집·사모·매출하는 경우 그 증권의 전부 또는 일부에 대하여 이를 취득하는 자가 없는 때에 그 나머지를 취득하는 것을 내용으로 하

---

1) 임재연, 자본시장법, 박영사(2010), 281-282쪽.

는 계약을 체결하는 것"(법 제9조 제11항 제2호)을 잔액인수로 정의하고 있다.

(다) 모집·매출의 주선

인수기관이 수수료를 받고 모집·매출을 주선하거나 직·간접으로 모집·매출을 분담하는 방식이다. 이 경우 인수기관은 증권의 모집·매출 결과 발생하는 미청약분에 대하여 인수책임을 부담하지 않는다.

Ⅱ. 발행시장에 대한 규제 필요성

자금조달을 위하여 증권을 발행하는 발행주체인 기업 등은 가능한 한 많은 자금을 조달하기 위하여 자신에게 유리한 내용은 널리 알리고 불리한 내용은 숨김으로써 최대한 발행가액을 높이고자 할 것이다. 이에 반하여 투자자는 적정가격 또는 그 이하의 가격으로 증권을 매입함으로써 거래차익을 얻고자 한다. 그러나 기본적으로 발행시장의 양당사자인 발행주체와 투자자 사이에는 정보의 불균형이 존재한다.

따라서 규제당국이 이러한 정보 불균형의 문제를 시장자율에 맡기고 방치하는 경우 투자자는 적정가치보다 많은 자금을 지불하게 되어 손해를 보게 되며, 이러한 일이 반복되면 대부분의 투자자들은 증권시장을 외면하게 되고, 기업은 필요한 자금을 조달할 수 없게 되어 증권시장은 그 기능을 상실하게 될 것이다. 이러한 상황을 미연에 방지할 필요성에서 발행시장에 대한 규제가 필요한 것이다.[1]

Ⅲ. 기업공개

1. 기업공개의 의의

기업공개(initial public offering)라 함은 증권시장에 주권을 상장하기 위하여 모집 또는 매출의 방법으로 주식을 새로이 발행하거나 이미 발행된 주식을 매도하는 것을 말한다. 즉 주식이 50인 이상의 다수의 투자자에게 분산됨으로써 개인이나 그 가족 등 소수주주에 의하여 소유하고 운영되던 폐쇄기업이 기업내용을 일반에게 공시하고, 평가받는 공개기업이 되는 것을 말한다.[2] 이와 구별되는 개념

1) 변제호 외 4인, 자본시장법, 지원출판사(2009), 322쪽.

2) 김용진, 자본시장제도론, 율곡출판사(2007), 376쪽.

으로 상장이 있다. 상장(listing)이란 한국거래소가 기업 등이 발행한 증권에 대하여 일정한 요건을 심사하여 증권시장에서 매매될 수 있는 자격을 부여하는 것을 의미한다. 특히 신규상장은 한국거래소에 상장되어 있지 않은 주권의 발행인이 기업을 공개하여 일반에 주식을 매각한 후 처음으로 주권을 상장시키는 것을 의미하는 것으로서 상장을 위해서는 기업공개가 선행되어야 한다. 상장에 대하여는 유통시장과 공시규제 부분에서 후술하기로 한다.

2. 기업공개의 필요성

현대사회에서 기업은 사회적으로 다양한 그룹과 밀접한 이해관계를 맺고 있기 때문에 기업의 사회적 책임이 강조되고 있다. 특히 경제성장에 따른 기업규모의 확대는 기업에게 필요한 자금의 원활한 조달과 경영합리화를 도모하게 함으로써 국제경쟁력을 구비할 것을 요구하고 있다.

그러나 기업을 공개하지 아니한 경우 기업은 차입 등 간접금융에 의하여 필요한 자금을 조달하거나 소유와 경영이 분리되지 않은 상태를 유지함으로써 기업경영의 합리화를 도모하는 데 한계가 있다. 기업은 일반투자자로부터 필요자금을 쉽게 조달할 수 있고, 이에 따른 이해관계인의 신뢰와 이해를 제고할 수 있는 체계를 갖추어서 이를 해결하려고 하며, 기업은 이를 위하여 일반투자자에게 기업의 주요내용을 알리고 경영성과에서 생기는 이익을 다시 사회에 환원할 수 있는 체계를 마련할 필요가 있다.

3. 기업공개의 방법

기업을 공개하는 방법은 신규 자금조달의 필요성 유무에 따라 크게 "모집"과 "매출"로 구분된다. 모집은 기업이 필요자금을 조달하기 위해 기존 주주들의 신주인수권을 포기하게 하고 신주를 발행하여 일반투자자에게 매각하는 것을 말하고, 매출은 기업이 충분한 자금을 갖고 있어서 더 이상 자금조달이 필요 없는 경우 기존 주주들이 소유하고 있는 주식을 일반투자자에게 매각하는 것을 말한다. 실무상 기업은 조달자금의 규모에 따라 선택적으로 모집이나 매출 또는 이를 병행하는 방법으로 기업을 공개하고 있다.

제 2 절 기업공시제도의 개관

Ⅰ. 서 설

1. 기업공시제도의 의의

기업공시제도(Corporate Disclosure)란 기업으로 하여금 투자판단에 필요한 기업내용인 경영실적, 재무상태, 신제품의 개발, 증자 등 주가에 상당한 영향을 줄 수 있는 기업의 중요한 정보를 주주, 종업원, 채권자, 소비자, 거래처, 일반투자자 등 기업의 이해관계자에게 완전히 공시하도록 함으로써 이들이 기업의 실체를 정확히 파악하여 이들 스스로의 자유로운 판단과 책임하에서 투자 내지 행동결정을 하도록 하는 제도를 말한다. 기업공시는 자본시장의 이상이라고 할 수 있는 완전경쟁 상태인 효율적 시장(efficient market)을 위한 핵심요건이며 투자자에 대한 상장법인의 기본적 의무라고 할 수 있다.[1)]

2. 기업공시제도의 필요성

자본시장에서 투자자가 투자판단을 함에 있어 가장 중요한 것은 당연히 기업의 경영전략, 재무상태 등을 포함한 기업의 중요 정보가 될 것이다. 종래 자본시장의 최대의 문제점으로 지적되어 왔던 정보의 불균형으로 인해, 개인투자자들은 기관투자자, 특정 애널리스트, 우리나라의 경우는 특히 외국인 투자자들에게 상대적으로 정보면에서 소외되어 왔다. 그리고 기업내용을 공시함에 있어 기업측에서는 소극적이며 기피하는 현상을 보이는 반면에 투자자 입장에서는 적극적으로 정확하고 정직한 기업의 정보공개를 희망함으로 인해, 자본시장을 구성하는 기본적 구성요소인 양자간의 갈등이 발생하여 왔다. 이러한 정보제공의 불균형을 가장 효과적으로 해소할 수 있는 방법이 바로 기업공시제도이다. 또한 기업공시제도는 기업내용공시를 법적으로 규제함으로써 공시로 소요되는 기업측의 정보제공비용과 투자자측의 정보탐색비용을 적절한 선에서 균형점을 찾아주는 기능도 수행하고 있다.

1) 성희활, “자본시장과 금융투자업에 관한 법률의 수시공시 규제체계에 관한 고찰,” 법과 정책연구 제 8 집 제 1 호(한국법정책학회, 2008), 61쪽.

Ⅱ. 공시의 규제원리

증권의 발행 및 유통에 대한 공시의 규제원리는 일반적으로 규제주의(Regulatory Philosophy, 내용규제주의)와 공시주의(Disclosure Philosophy, 강제공시주의)로 구분된다.[1)]

1. 규제주의

규제주의는 규제당국이 투자대상으로서 부적합한 증권을 일반투자자로부터 격리시키는 감독방식으로 증권의 내용이 투자대상으로서 적합한지 여부 그 자체를 규제한다는 점에서 내용규제 또는 적격성 규제(merit regulation)라고도 한다. 규제주의 아래서는 규제당국이 사전에 증권의 공모를 허용하기 위한 일정한 기준(재무적 요건 또는 비재무적 요건 등)을 정해 놓고 발행인이 관련서류를 제출하면 동 요건의 충족 여부를 심사하여 요건을 충족하지 못하는 경우에는 그 내용의 수정 또는 보완을 요구하거나 증권의 발행을 정지 또는 금지하게 된다. 따라서 규제주의에 의하면 사실상 증권의 모집 또는 매출을 정부에서 승인, 인가 또는 허가해 주는 효과가 있다.

2. 공시주의

공시주의는 발행인으로 하여금 투자자의 투자의사 결정에 필요한 제반정보(발행인에 관한 정보 및 당해 증권에 관한 정보)를 일반투자자에게 모두 공시하도록 강제하는 감독방식으로서 증권의 내용이 투자대상으로서 적합한지 여부는 규제당국이 관여하지 않고, 이를 전적으로 투자자의 판단에 맡긴다. 공시주의의 이면에는 일반투자자는 자신이 필요로 하는 정보를 제공받을 수 있다면 스스로 투자분석을 하여 경제적 의사결정을 할 수 있으며, 규제당국의 역할은 이러한 정보가 충분히 투자자에게 제공될 수 있도록 지원하는 데 한정되어야 한다는 가정에 기초하고 있다.

3. 결　　어

자본주의 발전의 초기 또는 증권시장 발전의 초기단계에서는 규제주의 방식

1) 금융감독원·코스닥등록법인협의회, 전게서, 11쪽 이하 참조.

에 의한 감독이 적절한 방식이었으나, 오늘날과 같이 국가경제가 발전하고 자본시장의 규모가 커지게 되면 규제주의 방식에 따른 감독은 한계가 있게 된다. 즉 증권을 발행하여 증권시장에서 자금을 조달하려는 회사의 수가 증가하게 되면 회사가 제출한 서류를 정부가 일일이 심사하여 이를 승인, 인가 또는 허가하는 것이 실무적으로 불가능하게 된다. 우리나라를 비롯한 미국 등 대부분의 국가는 기본적으로 공시주의를 따르고 있다.

Ⅲ. 기업공시의 분류

1. 의 의

기업공시에 관해서는 주로 자본시장법과 이에 의거한 관계규정이 구체적으로 규정하고 있으며, 상법에서도 기업내용공시에 관한 기본적인 사항을 규정하고 있다. 따라서 기업공시는 이를 규제하는 근거법에 의해 구분할 때 크게 자본시장법상의 기업내용공시와 상법상의 기업내용공시로 구분할 수 있다. 또한 자본시장법상의 기업내용공시는 증권의 수요공급 과정을 기준으로 하여 발행시장에서의 공시와 유통시장에서의 공시로 나눌 수 있다.

상법상 공시목적은 주로 기존의 주주나 채권자를 보호하기 위한 것임에 반하여, 자본시장법상의 공시목적은 잠재적인 투자자를 포함한 광의의 일반투자자를 보호하는 데 있다.

2. 자본시장법상 기업공시

(1) 발행시장과 기업공시

발행시장에서의 공시는 기본적으로 증권의 모집 또는 매출과, 상장법인의 신주발행시 제출하는 증권신고서의 공시와 모집·매출시 투자자들에게 교부하는 투자설명서 및 증권발행실적보고서의 공시가 주된 내용을 이루고 있다. 증권의 발행은 정기적으로 이루어지는 것이 아니기 때문에 발행시마다 기업 전반에 관한 일회성 공시의 형태를 띠게 된다.

특정증권에 대한 정보의 백지상태에서, 당해 증권에 대한 부적절한 선입견을 배제하고 정확한 정보를 제시하기 위해 오직 증권신고서와 투자설명서 등 극히 제한된 매체만 이용하여 공시할 것이 요구된다. 책임에 있어서도 발행인에게 사실상 무과실 책임을 부과하는 등 상대적으로 무거운 책임을 부과하는 발행시장공시는 신규로 시장에 진입하는 IPO(Initial Public Offering)에 적합한 공시형태이다.[1)]

(2) 유통시장과 기업공시

유통시장에서의 공시는 발행시장에서의 공시와는 달리 증권을 취득하고자 하는 자뿐만 아니라 매도를 하고자 하는 자도 보호하기 위한 것으로서 회사의 영업실적, 재무내용 및 회사의 주요변동사항 등에 관한 자료가 정기적으로 또는 수시로 제출·공시되어야 한다. 따라서 유통시장의 공시는 제출되는 자료·정보의 형태와 공시시기 등에 따라 정기공시, 수시공시로 구분할 수 있다. 정기공시는 사업보고서와 반기·분기보고서에 의해 이루어지고, 수시공시는 상장회사 내에 수시로 발생하는 중요한 기업내용, 즉 기업의 현재와 미래의 중요정보를 발생 즉시 공시하는 것을 말한다. 또한 상장회사에 관한 풍문이나 신문보도에 대하여 그 사실 여부를 밝히는 조회공시는 수시공시의 범주에 속한다. 유통시장공시에 대하여는 후술하기로 한다.

제 3 절 증권의 모집 및 매출의 규제

Ⅰ. 모집 및 매출(공모)의 의의

1. 모집과 매출(공모) 개념의 필요성

증권을 공급하고 자금을 조달하는 방법으로는 소수의 특정인을 대상으로 하는 방법인 사모(private placement)와 다수의 투자자를 대상으로 하는 방법인 공모(public offering)로 구분된다. 특정 연고자 등을 대상으로 하는 사모발행의 경우에는 일반적으로 해당 회사의 내용을 개별 청약자 등에게 설명하는 기회를 갖거나, 그 청약자가 회사의 내용을 잘 알고 있기 때문에 별도의 공시절차가 필요하지 않다. 그러나 불특정 다수인을 대상으로 하는 공모발행의 경우에는 증권의 공급자와 취득자간에 정보의 불균형이 존재하기 때문에 증권을 취득하는 경우에 회사에 대한 합리적인 판단을 하는 것이 어렵다. 따라서 당해 증권의 공모내용과 발행인에

1) 성희활, 전게 논문, 62쪽.

대한 정보를 증권시장의 참여자에게 정확하게 알릴 수 있는 공시절차가 필요하다.[1)]

모집과 매출의 개념을 정의하는 이유는 모집·매출행위 중 어느 범위까지를 자본시장법 소정의 모집 및 매출행위로 보아 동법상의 규제대상으로 삼아야 할 것인가를 확정하기 위한 것이다. 만약 어떤 행위가 동법 소정의 모집·매출행위에 해당하지 않는다고 할 경우에는 이러한 행위는 단순한 사모(private placement)에 불과하여 모집·매출과 관련된 동법상의 각종 규제를 받지 않기 때문이다.

자본시장법은 증권신고서 제도를 마련하여 투자자가 신규로 발행되거나 매도될 수 있는 증권의 내용에 대하여 사전에 충분한 정보를 갖고 투자에 대한 판단을 할 수 있도록 하고 있다. 이 경우 증권의 내용에 대해 정보를 갖고 있는 전문가와 연고자는 보호대상이 아니지만, 정보가 부족한 불특정 다수의 일반투자자가 보호대상이 되고 있다.

따라서 자본시장법상 보호대상인 불특정 다수의 일반투자자에 대한 증권의 신규발행 또는 매도행위의 개념과 범위를 정할 필요가 있다. 이를 위하여 마련된 개념이 모집과 매출의 개념이다. 모집 또는 매출의 해당 여부에 따라 공모와 사모를 구별하는데, 모집 또는 매출에 해당되면 공모이고, 이에 해당하지 않으면 사모이다.

자본시장법은 실무에서 주로 사용하는 공모라는 용어 대신 모집·매출이라는 용어를 사용하고 있는데, 이에 관하여는 후술하기로 한다. 사모는 "새로 발행되는 증권의 취득의 청약을 권유하는 것으로서 모집에 해당하지 아니하는 것"을 말한다(법 제9조 제8항).

2. 모집과 매출(공모)의 의의

모집은 "대통령령으로 정하는 방법에 따라 산출한 50인 이상의 투자자에게 새로 발행되는 증권의 취득의 청약을 권유하는 것"을 말한다(법 제9조 제7항). 모집은 회사가 불특정 다수인을 상대로 증권을 발행하여 기업이 자금을 조달하는 행위이다. 그리고 매출은 "대통령령으로 정하는 방법에 따라 산출한 50인 이상의 투자자에게 이미 발행된 증권의 매도의 청약을 하거나 매수의 청약을 권유하는 것"을 말한다(법 제9조 제9항). 매출은 이미 발행된 증권의 보유자가 불특정 다수인에게 증권을 매도하여 그 대금을 취득하는 행위이다.

1) 금융감독원·코스닥등록법인협의회, 전게서, 120-121쪽 참조.

따라서 모집과 매출은 그 대상인 증권이 새로 발행되는 것인가 아니면 기(旣) 발행되어 있는 것인가에 따라 구별된다. 예를 들면 신주를 발행하여 50인 이상의 일반투자자들로 하여금 매수하도록 하는 행위는 증권의 모집이고, 비상장법인의 대주주가 이미 보유하고 있는 주식을 50인 이상의 일반투자자들로 하여금 매수하도록 하는 행위는 증권의 매출에 해당된다.

자본시장법은 모집과 매출에의 해당 여부를 50인 이상인지의 여부로 정하고 있으며, 50인은 청약을 권유받는 자를 기준으로 산정하고 있다. 따라서 실제로 청약을 하는 자가 50인 미만이더라도 권유받는 자가 50인 이상이면 모집 또는 매출에 해당하게 된다.

Ⅱ. 청약의 권유

1. 개　　념

(1) 의　　의

모집 또는 매출이 되기 위해서는 해당 증권에 대한 청약의 권유가 있어야 한다. 청약의 권유는 특정인을 위하여 제3자가 계약의 상대방으로 하여금 계약하도록 유인하는 행위이다. 따라서 이는 특정인과 그 상대방간의 계약을 매개하는 청약의 유인행위와 사실상 유사하다.

다만 청약의 권유에 의한 계약의 일반적 성립과정을 보면 먼저 청약의 권유가 있은 뒤 상대방의 청약행위가 있게 되고 청약의 권유자가 이를 승낙함으로써 계약이 성립되는 것임에 비하여 자본시장법상의 모집·매출은 이와는 달리 일방적으로 채무를 부담하겠다는 승낙의 의사표시가 내포된 청약의 권유가 있은 뒤 이 승낙에 대하여 상대방인 투자자가 일방적으로 판단하여 청약함으로써 계약이 성립되는 것이라는 점에 특색이 있다.

그러나 자본시장법 제121조 제1항에서 보는 바와 같이 자본시장법은 상대방의 매수청약 이후 그 매수청약에 대한 발행인측의 승낙이 있는 것을 예정하고 있기 때문에 청약권유의 특색에 대한 위의 견해를 그대로 수용하기에는 다소 문제가 있다.

자본시장법상 "청약의 권유"는 신규로 발행되는 증권의 취득청약의 권유(모집)

또는 이미 발행된 증권의 매도청약이나 매수청약의 권유(매출)를 합한 것을 말한다(영 제 2 조).

(2) 청약의 권유방법

"청약의 권유"란 권유받는 자에게 증권을 취득하도록 하기 위하여 신문·방송·잡지 등을 통한 광고, 안내문·홍보전단 등 인쇄물의 배포, 투자설명회의 개최, 전자통신 등의 방법으로 증권 취득청약의 권유 또는 증권 매도청약이나 매수청약의 권유 등 증권을 발행 또는 매도한다는 사실을 알리거나 취득의 절차를 안내하는 활동을 말한다(영 제 2 조 제 1 호 본문).

따라서 증권을 발행 또는 매도한다는 사실을 알리거나 취득의 절차를 안내하는 모든 활동이 청약의 권유에 해당하므로, 서면·사진·프리젠테이션 등 시각적인 방법, 구두로 설명·대화·전화 등 청각적인 방법 등의 모든 의사전달 수단이 청약의 권유에 해당한다. 그리고 신고서 대상이 되는 증권거래를 위한 청약의 권유는 투자설명서, 예비투자설명서 또는 간이투자설명서에 따른다는 뜻을 명시하여야 한다.[1)]

(3) 청약의 권유에서 제외되는 경우

자본시장법은 '단순광고'를 청약의 권유 개념에서 제외하고 있다. 왜냐하면 단순광고를 청약의 권유 개념에 포함하는 경우, 자본시장법 제119조 제 1 항에 따라 단순광고도 증권신고서가 수리된 후에만 가능하다고 보게 되어 발행행위가 위축될 수 있기 때문이다. 따라서 인수인의 명칭과 증권의 발행금액을 포함하지 아니하는 등 금융위원회가 정하여 고시하는 기준에 따라 다음 각 목의 사항 중 전부나 일부에 대하여 광고 등의 방법으로 단순히 그 사실을 알리거나 안내하는 경우는 제외한다(영 제 2 조 제 2 호 단서).

가. 발행인의 명칭
나. 발행 또는 매도하려는 증권의 종류와 발행 또는 매도 예정금액
다. 증권의 발행이나 매도의 일반적인 조건
라. 증권의 발행이나 매출의 예상 일정
마. 그 밖에 투자자 보호를 해칠 염려가 없는 사항으로서 금융위원회가 정하여 고시하는 사항[2)]

---

1) 금융감독원, 기업공시 실무안내(2009. 6), 28쪽.
2) 증권의 발행 및 공시 등에 관한 규정 제1-3조(청약권유 제외기준 등).

2. 모집과 매출(공모)의 상대방: 50인의 수 산정기준

(1) 산정기준

모집 또는 매출(공모)의 해당 여부를 판단하는 경우 청약의 권유를 받는 자가 50인 이상인지를 기준으로 판단한다. 이와 관련하여 50인을 산출하는 경우에는 청약의 권유를 하는 날 이전 6개월 이내에 해당 증권과 같은 종류의 증권에 대하여 모집이나 매출에 의하지 아니하고 청약의 권유를 받은 자를 합산하되 전문가나 특별한 연고자는 제외하여 산정한다(영 제11조 제1항).

여기서 50인 이상이라 함은 현실적으로 취득하거나 매수한 자가 50인 이상이어야 한다는 의미는 아니므로 50인 이상에 대하여 권유가 행해지기만 하면 현실적으로 취득하거나 매수한 자가 50인 미만이라 하더라도 자본시장법 적용대상으로서의 증권 모집·매출요건을 구비한 것이다. 따라서 투자자의 수가 50인 미만에 해당하는 경우에는 공모가 아닌 사모로서 공시규제의 대상이 아니다.

자본시장법이 50인 이상을 대상으로 한 경우를 증권의 모집 및 매출로 정의하고 이에 대한 각종 규제제도를 둔 이유는 50인 미만의 경우에는 실무상 일반적으로 사람들이 당해 증권의 발행회사나 증권의 내용 자체에 대하여 잘 알고 있거나 상호간 정보교류를 통하여 그 내용을 알고 있는 경우가 대부분인 반면, 50인 이상의 경우에는 이러한 발행회사나 증권에 대하여 제대로 알고 있지 못하는 경우가 많기 때문에 이처럼 당해 증권의 투자가치의 판단에 필요한 정보를 입수할 수 없는 자에게 널리 신고제도를 통하여 공시하도록 함으로써 투자자들을 보호하기 위한 것이다. 따라서 발행회사나 증권내용 등에 대한 정보를 용이하게 접근할 수 있는 위치에 있는 사람들의 수는 50인 이상의 대상자 수에 포함시키지 않고 있다.

영 제2조 제2호 단서에서 "금융위원회가 정하여 고시하는 기준"이란 청약의 권유에서 제외되는 단순 사실의 광고 또는 안내방법으로서 다음 각 호에 따라야 한다.
1. 인수인의 명칭이 표시되지 않을 것
2. 증권의 발행금액 및 발행가액을 확정하여 표시하지 않을 것
3. 증권신고의 대상이 되는 증권의 거래를 위한 청약의 권유는 투자설명서, 예비투자설명서 또는 간이투자설명서에 따른다는 뜻을 명시할 것

관련판례: 대법원 2005. 9. 30. 선고 2003두9053 판결

구 증권거래법(2001. 3. 28. 법률 제6423호로 개정되기 전의 것) 제 2 조, 제 8 조 제 1 항 및 같은 법 시행령 제 2 조의4 제 1 항에서 50인 이상의 자를 상대로 유가증권을 모집하는 발행인으로 하여금 유가증권신고서를 제출하도록 한 취지는, 투자자인 청약권유 대상자에게 발행인의 재무상황이나 사업내용 등에 관한 정보가 충분히 제공되도록 함으로써 투자자를 보호함과 아울러 유가증권 시장의 건전한 발전을 도모하기 위한 것이므로, 유가증권신고서의 제출 대상인 유가증권의 모집에 해당하는지 여부를 판단함에 있어서는 특별한 사정이 없는 한, 신규로 발행되는 유가증권의 취득의 청약을 권유받는 자를 모두 합산하여 같은 법 제 2 조, 같은 법 시행령 제 2 조의4 제 1 항에 규정된 50인의 청약권유 대상자 수를 산정하여야 할 것이나, 다만 예외적으로 발행인으로부터 설명을 듣지 아니하고도 발행인의 재무상황이나 사업내용 등의 정보에 충분히 접근할 수 있는 위치에 있을 뿐만 아니라, 그것을 판단할 수 있는 능력을 갖추고 있어 스스로 자기이익을 방어할 수 있는 자는 50인의 청약권유 대상자 수에서 제외하여야 할 것이고, 따라서 50인의 청약권유 대상자 수를 산정함에 있어서 제외되는 자를 규정한 같은 법 시행령 제 2 조의4 제 3 항 제 7 호 및 유가증권의 발행 및 공시 등에 관한 규정 제 2 조 각 호의 규정 역시 위와 같은 취지에 비추어 제한적으로 해석되어야 한다.

"청약의 권유를 하는 날"에 관하여는 명문규정이 없으므로, 실제로 청약을 한 날로 보아야 하고, "청약의 권유를 하는 날 이전 6개월 이내"의 의미는 청약의 권유를 하는 날로부터 과거 6개월로 잡고 그 기간 중 같은 종류의 증권에 대하여 공모에 의하지 아니하고 청약의 권유를 받은 투자자의 수를 합산한다.

또한 "해당 증권과 같은 종류의 증권"의 개념에 관하여는 자본시장법 제 4 조 제 2 항이 규정하는 증권의 종류에 따라 판단한다. 자본시장법 제 4 조 제 2 항은 채무증권, 지분증권, 수익증권, 투자계약증권, 파생결합증권, 증권예탁증권의 6종으로 규정하면서, 각 증권별 개념에서 다시 개별 증권을 열거하고 있으므로, 열거된 개별 증권의 구분에 따라 "같은 종류의 증권" 여부를 판단하면 된다. 예컨대 채무증권의 경우 국채증권, 지방채증권, 특수채증권, 사채권, 기업어음증권 등으로 열거되어 있으므로 열거된 개별 증권별로 "같은 종류의 증권"으로 보면 된다.[1)]

---

1) 그러나 금융감독원의 실무는 (1) 주식과 관련하여 상법상 수종의 주식에 해당하는 경우인 보통주, 우선주, 혼합주를 같은 종류의 증권으로 보지 않고 있다. 이것은 투자자 보호목적상 입법으로 해결할 필요가 있을 것이다. (2) 사채의 경우 자본시장법상 보증유무를 기준으로 종류를 구분하지 않으므로 보증사채와 무보증사채는 같은 종류의 증권으로 판단한다. (3) 파생결합증권의 경우 '주식워런트증권(ELW),' '주가연계증권(ELS)' 및 '기타 파생결합증권'은 각각 그 구조·기초자산·특성 등이 다르므로 다른 종류의 증권으로 취급한다. 다만 '기타 파생결합증권'의 경우에는 기초자산(예를 들면 환율과 이자율)을 달리하더라도 같은 종류의

"모집이나 매출에 의하지 아니하고"의 의미는 증권신고서를 제출하지 아니하고 청약의 권유를 한 경우를 말한다. "청약의 권유를 받은 자"를 합산하는 것이고 실제로 증권을 취득하거나 매수한 투자자를 의미하는 것이 아니다. 따라서 최종적으로 주금을 납입하고 주권을 교부받은 자가 50인 이상이라 하더라도 최초의 청약권유 대상자가 50인 미만이면 "모집"에 해당되지 않는다.[1)]

시행령 제11조 제1항에 따라 50인을 산출하는 경우 매출에 대하여는 불특정 다수인간의 매매가 이루어지는 증권시장에서의 거래를 고려하여 증권시장 밖에서 청약의 권유를 받는 자를 기준으로 그 수를 산출한다. 그러나 자본시장법 제78조 제1항[2)]에 따라 상장주권 및 주권과 관련된 증권예탁증권으로서 증권시장에 상장된 것의 매매가 중개되는 경우는 제외한다(영 제11조 제3항).

(2) 제외대상

자본시장법 시행령은 발행인의 재무상황이나 사업내용 등을 잘 알 수 있는 전문가와 연고자를 모집 또는 매출과 관련된 50인 산정에서 제외하고 있다(영 제11조 제1항). 전문가와 연고자는 증권시장의 정보에 대한 접근이 가능하고 정보수집능력을 구비한 투자자이므로 공시규제를 통해 보호할 필요가 없기 때문이다.

그러나 증권 발행회사 최대주주의 특수관계인, 발행회사의 직원, 계열회사의 직원은 50인을 산정하는 경우 제외되지 않는다.

제11조(증권의 모집·매출) ① 법 제9조 제7항 및 제9항에 따라 50인을 산출하는 경우에는 청약의 권유를 하는 날 이전 6개월 이내에 해당 증권과 같은 종류의 증권에 대하여 모집이나 매출에 의하지 아니하고 청약의 권유를 받은 자를 합산하되, 다음 각 호의 어느 하나에 해당하는 자는 제외한다.

1. 다음 각 목의 어느 하나에 해당하는 전문가

증권에 해당한다[금융감독원, 기업공시 실무안내(2010. 7), 72쪽].

1) 임재연, 전게서, 273쪽.

2) 법 제78조(전자적 방식에 의한 증권중개 업무) ① 정보통신망이나 전자정보처리장치를 이용하여 동시에 다수의 자를 각 당사자로 하여 제1호 각 목의 어느 하나에 해당하는 매매가격으로 상장주권(주권과 관련된 증권예탁증권으로서 증권시장에 상장된 것을 포함) 매매의 중개업무(이하 "전자증권중개업무")를 하는 투자중개업자(이하 "전자증권중개회사")는 그 업무를 함에 있어서 제2호 각 목의 사항에 대하여 대통령령으로 정하는 기준(이하 이 조에서 "업무기준"이라 한다)을 준수하여야 한다.

가. 제10조 제 1 항 제 1 호부터 제 4 호까지의 자[1)]

나. 제10조 제 3 항 제12호·제13호에 해당하는 자 중 금융위원회가 정하여 고시하는 자[2)]

---

1) 가. 제10조 제 1 항 제 1 호부터 제 4 호까지의 자는 다음의 전문투자자를 말한다.

1. 국가
2. 한국은행
3. 시행령 제10조 제 2 항 제 1 호부터 제17호까지의 어느 하나에 해당하는 자

이에는 은행법에 따른 은행, 한국산업은행법에 따른 한국산업은행, 중소기업은행법에 따른 중소기업은행, 한국수출입은행법에 따른 한국수출입은행, 농협협동조합법에 따른 농업협동조합중앙회, 수산업협동조합법에 따른 수산업협동조합중앙회, 보험업법에 따른 보험회사, 금융투자업자(법 제22조에 따른 겸영금융투자업자는 제외), 증권금융회사, 종합금융회사, 자금중개회사, 금융지주회사법에 따른 금융지주회사, 여신전문금융업법에 따른 여신전문금융회사, 상호저축은행법에 따른 상호저축은행 및 그 중앙회, 산림조합법에 따른 산림조합중앙회, 새마을금고법에 따른 새마을금고중앙회, 신용협동조합법에 따른 신용협동조합중앙회(이상 17개)가 있다.

4. 시행령 제10조 제 3 항 제 1 호부터 제11호까지의 어느 하나에 해당하는 자

이에는 예금자보호법에 따른 예금보험공사 및 정리금융기관, 금융기관부실자산 등의 효율적인 처리 및 한국자산관리공사의 설립에 관한 법률에 따른 한국자산관리공사, 한국주택금융공사법에 따른 한국주택금융공사, 한국투자공사법에 따른 한국투자공사, 한국정책금융공사법에 따른 한국정책금융공사, 한국금융투자협회, 한국예탁결제원, 한국거래소, 금융감독원, 집합투자기구(금융위원회가 정하여 고시하는 것은 제외), 신용보증기금법에 따른 신용보증기금, 기술신용보증기금법에 따른 기술신용보증기금(이상 12개)이 있다.

2) 증권의 발행 및 공시 등에 관한 규정 제2-1조(청약권유대상자의 수에서 제외되는 자) 제 1 항에서 다음과 같이 규정하고 있다.

① 영 제11조 제 1 항 제 1 호 나목에서 "금융위원회가 정하여 고시하는 자"란 다음 각 호의 어느 하나에 해당하는 자를 말한다.

1. 공적자금상환기금법에 따른 공적자금상환기금
2. 국민연금법에 따른 국민연금기금
3. 군인연금법에 따른 군인연금기금
4. 금융기관부실자산 등의 효율적 처리 및 한국자산관리공사의 설립에 관한 법률에 따른 부실채권정리기금
5. 예금자보호법에 따른 예금보험기금
6. 외국환거래법에 따른 외국환평형기금
7. 주택법에 따른 국민주택기금
8. 법인세법 시행규칙 제56조의2에서 정하는 자(이 경우 영 제10조 제 2 항 제16호 및 제 17호, 같은 조 제 3 항 제10호 및 제11호를 제외한다)

[법인세법 시행규칙 제56조의2(기금운용법인 등)] ① 영 제111조 제 1 항 제 5 호 각 목 외의 부분에서 "기금을 관리·운용하는 법인으로서 기획재정부령으로 정하는 법인"이란 다음 각 호의 법인을 말한다.

1. 공무원연금법에 따른 공무원연금관리공단
2. 사립학교교직원 연금법에 따른 사립학교교직원연금관리공단
3. 국민체육진흥법에 따른 서울올림픽기념국민체육진흥공단
4. 신용보증기금법에 따른 신용보증기금
5. 기술신용보증기금법에 따른 기술신용보증기금

다. 공인회계사법에 따른 회계법인

라. 신용정보의 이용 및 보호에 관한 법률에 따른 신용평가회사

마. 발행인에게 회계, 자문 등의 용역을 제공하고 있는 공인회계사·감정인·변호사·변리사·세무사 등 공인된 자격증을 가지고 있는 자

바. 그 밖에 발행인의 재무상황이나 사업내용 등을 잘 알 수 있는 전문가로서 금융위원회가 정하여 고시하는 자[1)]

2. 다음 각 목의 어느 하나에 해당하는 연고자

가. 발행인의 최대주주(법 제9조 제1항 제1호에 따른 최대주주를 말한다. 이하 같다)와 발행주식총수의 100분의 5 이상을 소유한 주주

나. 발행인의 임원(상법 제401조의2 제1항 각 호의 자를 포함) 및 근로복지기본법에 따른 우리사주조합원

다. 발행인의 계열회사와 그 임원

라. 발행인이 주권비상장법인[2)](주권을 모집하거나 매출한 실적이 있는 법인은 제

---

6. 수출보험법에 따른 한국수출보험공사
7. 중소기업협동조합법에 따른 중소기업중앙회
8. 농림수산업자신용보증법에 따른 농림수산업자신용보증기금을 관리·운용하는 농업협동조합중앙회
9. 한국주택금융공사법에 따른 한국주택금융공사
10. 문화예술진흥법에 따른 한국문화예술위원회

② 영 제111조 제1항 제5호 각 목 외의 부분에서 "공제사업을 영위하는 법인으로서 기획재정부령으로 정하는 법인"이란 다음 각 호의 법인을 말한다.

1. 한국교직원공제회법에 따른 한국교직원공제회
2. 군인공제회법에 따른 군인공제회
3. 신용협동조합법에 따른 신용협동조합중앙회(공제사업에 한정한다)
4. 건설산업기본법에 따라 설립된 건설공제조합 및 전문건설공제조합
5. 전기공사공제조합법에 따른 전기공사공제조합
6. 정보통신공사업법에 따른 정보통신공제조합
7. 대한지방행정공제회법에 따른 대한지방행정공제회
8. 새마을금고법에 따른 새마을금고연합회(공제사업에 한정한다)
9. 과학기술인공제회법에 따른 과학기술인공제회

1) 증권의 발행 및 공시 등에 관한 규정 제2-1조(청약권유대상자의 수에서 제외되는 자) 제2항에서 다음과 같이 규정하고 있다.

② 영 제11조 제1항 제1호 바목에서 "금융위원회가 정하여 고시하는 자"란 다음 각 호의 어느 하나에 해당하는 자를 말한다.

1. 중소기업창업지원법에 따른 중소기업창업투자회사
2. 그 밖에 제1호 및 영 제11조 제1항 제1호 각 목의 전문가와 유사한 자로서 발행인의 재무내용이나 사업성을 잘 알 수 있는 특별한 전문가라고 금융감독원장(이하 "감독원장"이라 한다)이 정하는 자

2) 상장법인은 증권시장에 상장된 증권("상장증권")을 발행한 법인, 비상장법인은 상장법인을 제외한 법인, 주권상장법인은 증권시장에 상장된 주권을 발행한 법인과 주권과 관련된 증권

외한다) 인 경우에는 그 주주

마. 외국 법령에 따라 설립된 외국 기업인 발행인이 종업원의 복지증진을 위한 주식매수 제도 등에 따라 국내 계열회사의 임직원에게 해당 외국 기업의 주식을 매각하는 경우에는 그 국내 계열회사의 임직원

바. 발행인이 설립 중인 회사인 경우에는 그 발기인

사. 그 밖에 발행인의 재무상황이나 사업내용 등을 잘 알 수 있는 연고자로서 금융위원회가 정하여 고시하는 자[1)]

Ⅲ. 증권의 모집으로 보는 전매가능성 기준

1. 도입취지

증권의 발행 당시에는 청약의 권유를 받는 자의 수가 50인 미만으로서 증권의 모집에 해당되지 않지만 발행일로부터 1년 이내에 50인 이상의 자에게 양도될 수 있는 경우로서 금융위원회가 정하는 전매기준에 해당하는 경우에는 사실상 모

예탁증권이 증권시장에 상장된 경우에는 그 주권을 발행한 법인, 주권비상장법인은 주권상장법인을 제외한 법인을 말한다(법 제9조 제15항).

1) 증권의 발행 및 공시 등에 관한 규정 제2-1조(청약권유대상자의 수에서 제외되는 자) 제3항에서 다음과 같이 규정하고 있다.

③ 영 제11조 제1항 제2호 사목에서 "금융위원회가 정하여 고시하는 자"란 다음 각 호의 어느 하나에 해당하는 자를 말한다.

1. 발행인(설립중인 회사 제외)의 제품을 원재료로 직접 사용하거나 발행인(설립중인 회사 제외)에게 자사제품을 원재료로 직접 공급하는 회사 및 그 임원
2. 발행인(설립중인 회사 제외)과 대리점계약 등에 의하여 발행인의 제품 판매를 전업으로 하는 자 및 그 임원
3. 발행인이 협회 등 단체의 구성원이 언론, 학술 및 연구 등 공공성 또는 공익성이 있는 사업을 영위하기 위하여 공동으로 출자한 회사(설립중인 회사 포함)인 경우 해당 단체의 구성원
4. 발행인이 지역상공회의소, 지역상인단체, 지역농어민단체 등 특정지역 단체의 구성원이 그 지역의 산업폐기물 처리, 금융·보험서비스 제공, 농수축산물의 생산·가공·판매 등의 공동사업을 영위하기 위하여 공동으로 출자한 회사(설립중인 회사 포함)인 경우 해당 단체의 구성원
5. 발행인이 동창회, 종친회 등의 단체 구성원이 총의에 의하여 공동의 사업을 영위하기 위하여 공동으로 출자한 회사(설립중인 회사 포함)인 경우 해당 단체의 구성원
6. 법 제159조 제1항에 따른 사업보고서 제출대상법인이 아닌 법인("사업보고서 미제출법인")의 주주가 그 사업보고서 미제출법인의 합병, 주식의 포괄적 교환·이전, 분할 및 분할합병의 대가로 다른 사업보고서 미제출법인이 발행한 증권을 받는 경우 그 주주
7. 기타 제1호부터 제6호까지 및 영 제11조 제1항 제2호 각 목의 연고자와 유사한 자로서 발행인의 재무내용이나 사업성을 잘 알 수 있는 특별한 연고자라고 감독원장이 정하는 자

집과 동일한 효과를 발생시키므로 이를 전매가능성이 있는 것으로 인정(영 제11조 제2항)하여, 청약권유 대상자의 수가 50인 미만인 경우에도 모집으로 간주하여 동일한 공시의무를 부과함으로써 공시의무를 회피하려는 의도를 차단하고 동 증권의 유통과정에서 합리적인 투자판단의 근거자료를 제공하려는 것이다. 모집에 관하여만 전매가능성을 고려하는 것은 매출에 대해 전매가능성 기준을 적용할 경우 장외에서 이루어지는 대부분의 증권매매가 이에 해당하게 되어 장외시장 자체가 제 기능을 수행할 수 없기 때문이다.[1]

2. 전매가능성의 판단기준

(1) 간주모집의 개념

모집·매출에 관하여 청약의 권유를 받는 자의 수가 50인 미만으로서 증권의 모집에 해당되지 아니할 경우에도 해당 증권이 발행일부터 1년 이내에 50인 이상의 자에게 양도될 수 있는 경우로서 증권의 종류 및 취득자의 성격 등을 고려하여 금융위원회가 정하여 고시하는 전매기준에 해당하는 경우에는 모집으로 본다(영 제11조 제2항).

이는 증권의 발행 당시에는 청약의 권유 대상자가 50인 미만으로 사모에 해당하지만, 증권발행 후 1년 이내에 50인 이상의 자에게 양도될 가능성이 있는 경우로서 금융위원회가 정하여 고시하는 전매기준에 해당하는 경우에는 모집으로 간주하는 것이다. 즉 사모발행이라고 하더라도 전매기준에 해당하는 경우에는 사실상 모집과 동일한 효과를 발생하므로 모집으로 간주(간주모집)하여 증권신고서 제출의무를 부과하는 것이다. 간주모집에 대한 증권신고서 제출의무는 공시의무를 피하기 위한 모집행위를 방지하기 위한 것으로서 신규로 증권을 발행하는 경우에만 적용된다.[2]

(2) 전매기준과 전매제한조치

사모로 증권을 신규발행하는 경우 전매기준에 해당하지 않도록 하기 위해서는 전매제한조치를 취하여야 한다. 증권의 발행 및 공시 등에 관한 규정 제2-2조 제1항과 제2항, 제2-2조의2는 전매기준과 전매제한조치를 규정하고 있다.

---

1) 변제호 외 3인, 전게서, 329쪽.
2) 금융감독원, 기업공시 실무안내(2010. 7), 79쪽.

증권의 발행 및 공시 등에 관한 규정

제2-2조(증권의 모집으로 보는 전매기준) ① 영 제11조 제 2 항에서 "금융위원회가 정하여 고시하는 전매기준에 해당하는 경우"란 다음 각 호의 어느 하나에 해당하는 경우를 말한다.

1. 지분증권(지분증권과 관련된 증권예탁증권을 포함한다. 이하 이 조 및 제2-3조 제 2 항에서 같다)의 경우에는 같은 종류의 증권이 모집 또는 매출된 실적이 있거나 증권시장에 상장된 경우. 이 경우 분할 또는 분할합병(상법 제530조의12에 따른 물적분할의 경우를 제외한다)으로 인하여 설립된 회사가 발행하는 증권은 분할되는 회사가 발행한 증권과 같은 종류의 증권으로 본다.
2. 지분증권이 아닌 경우에는 50매 이상으로 발행되거나 발행 후 50매 이상으로 권면분할되어 거래될 수 있는 경우
3. 전환권, 신주인수권 등 증권에 부여된 권리의 목적이 되는 증권이 제 1 호 또는 제 2 호에 해당되는 경우

② 제 1 항에도 불구하고 증권을 발행함에 있어 다음 각 호의 어느 하나에 해당하는 경우에는 제 1 항에 따른 전매기준에 해당되지 않는 것으로 본다.

1. 증권을 발행한 후 지체 없이 한국예탁결제원(이하 "예탁결제원"이라 한다)에 예탁(공사채등록법에 따른 등록을 포함한다. 이하 이 장에서 같다)하고 그 예탁일부터 1년간 해당 증권(증권에 부여된 권리의 행사로 취득하는 증권을 포함한다)을 인출하거나 매각하지 않기로 하는 내용의 예탁계약을 예탁결제원과 체결한 후 그 예탁계약을 이행하는 경우 또는 「금융산업의 구조개선에 관한 법률」(이하 "금산법"이라 한다) 제12조 제 1 항에 따라 정부 또는 예금보험공사가 부실금융기관에 출자하여 취득하는 지분증권에 대하여 취득일부터 1년 이내에 50인 이상의 자에게 전매되지 않도록 필요한 조치를 취하는 경우
2. 제 1 항 제 2 호 중 50매 미만으로 발행되는 경우에는 증권의 권면에 발행 후 1년 이내 분할금지특약을 기재하는 경우
3. 제 1 항 제 3 호에 해당되는 경우에는 권리행사금지기간을 발행 후 1년 이상으로 정하는 경우
4. 영 제11조 제 1 항 제 1 호 가목 및 나목에 따른 전문가(영 제10조 제 2 항 제11호, 같은 조 같은 항 제14호 내지 제17호, 같은 조 제 3 항 제 5 호 내지 제 8 호에 해당하는 자는 제외하며, 이하 "적격기관투자자"라 한다)가 발행인 또는 인수인으로부터 직접 취득하고, 감독원장이 정하는 바에 따라 적격기관투자자 사이에서만 양도·양수되는 채무증권으로서 다음 각 목의 요건을 모두 충족하는 경우 〈신설 2012. 1. 3〉
   가. 주권상장법인, 채권상장법인, 영 제10조 제 2 항의 금융기관, 공공기관의 운

영에 관한 법률 제5조 제3항 제1호의 공기업 또는 직전 사업연도말 총자산이 5,000억원 이상인 기업이 발행한 증권이 아닐 것

나. 금융위원장이 인정하는 거래시스템을 이용하여 거래될 것

제2-2조의 2(해외증권 발행시 증권의 모집으로 보는 전매기준) ① 제2-2조에도 불구하고 해외에서 증권을 발행하는 경우(청약의 권유, 청약 등 발행과 관련한 주요 행위가 해외에서 이루어지는 경우를 말한다) 해당 증권, 해당 증권에 부여된 권리 또는 그 권리의 행사에 따라 발행되는 증권 등(이하 이 조에서 "해당 증권 등"이라 한다)을 「외국환거래법」에 따른 거주자(증권의 발행과 관련한 인수계약에 따라 해당증권을 취득하는 금융투자업자를 제외한다. 이하 이 조에서 같다)가 해당 증권의 발행 당시 취득 가능하거나 또는 발행일부터 1년 이내에 취득 가능한 조건으로 발행하는 경우에는 영 제11조 제2항에서 "금융위원회가 정하여 고시하는 전매기준에 해당하는 경우"로 본다.

② 제1항에도 불구하고 다음 각 호의 어느 하나에 해당하는 경우에는 제1항에 따른 전매기준에 해당되지 않는 것으로 본다.

1. 발행 당시 또는 발행일부터 1년 이내에 해당 증권등을 거주자에게 양도할 수 없다는 뜻을 해당 증권의 권면(실물발행의 경우에 한한다), 인수계약서, 취득계약서 및 청약권유문서에 기재하고, 발행인 또는 인수한 금융투자업자가 취득자로부터 그러한 발행조건을 확인·서명한 동의서를 징구하고, 해당 동의서의 이행을 담보할 수 있는 장치를 강구한 후 발행하는 경우
2. 발행 후 지체 없이 발행지의 공인 예탁결제기관에 예탁하고 그 예탁일부터 1년 이내에는 이를 인출하지 못하며 거주자에게 해당 증권등을 양도하지 않는다는 내용의 예탁계약을 체결한 후 그 예탁계약을 이행하는 경우
3. 전환사채권·신주인수권부사채권·교환사채권이 아닌 사채권으로서 제2조의2 제2항 제4호(가목은 제외한다)에 따라 취득(발행시점에서 발행인 또는 인수인으로부터 취득하는 것을 포함한다)하고 적격기관투자자 사이에서만 양도·양수되는 경우로서 다음 각 목의 요건을 모두 충족하는 경우 〈개정 2012. 1. 3〉
   가. 외국통화로 표시하여 발행하고 외국통화로 원리금을 지급할 것
   나. 발행금액의 100분의 80 이상을 거주자 외의 자에게 배정할 것(발행시점에서 발행인 또는 인수인으로부터 취득하는 것에 한한다)
   다. 사채권이 감독원장이 정하는 해외주요시장(이하 이 목에서 "해외주요시장"이라 한다)에 상장되거나 해외주요시장 소재지국의 외국금융투자감독기관에 등록 또는 신고, 그 밖에 모집으로 볼 수 있는 절차를 거친 것
   라. 발행 당시 또는 발행일부터 1년 이내에 전문투자자가 아닌 거주자에게 해당 사채권을 양도할 수 없다는 뜻을 해당 사채권의 권면(실물발행의 경우에 한

한다), 인수계약서, 취득계약서 및 청약권유문서에 기재하는 조치를 취할 것
마. 발행인과 주관회사(주관회사가 있는 경우에 한한다. 이하 이 목에서 같다)가 가목부터 라목까지의 조치를 취하고 관련 증빙서류를 발행인 및 주관회사가 각각 또는 공동으로 보관할 것
4. 그 밖에 발행 당시 또는 발행일부터 1년 이내에 거주자가 해당 증권등을 취득할 수 없는 구조로 발행되는 경우

(3) 전매제한조치의 예외적 인출사유

증권을 사모로 발행하는 발행인은 발행이 모집으로 간주되지 않기 위하여 해당 증권에 대하여 위에서 살펴본 "증권의 발행 및 공시 등에 관한 규정" 제2-2조 제 2 항에 따라 전매제한조치를 취하여야 한다. 전매제한조치의 방법으로 한국예탁결제원에 보호예수[1]를 할 수 있다.

이 경우 발행인은 다음 중 어느 하나에 해당하는 사유가 발생하는 경우 해당 증권의 일시 인출을 신청할 수 있다(증권의 발행 및 공시 등에 관한 규정 제2-2조 제 3 항). 이와 같은 인출사유는 증권신고서 제출의무 면제를 위하여 전매제한조치가 취해진 경우에 한하며, 다른 법률이나 사인간의 계약에 의하여 전매제한조치가 있었던 경우에는 해당 법률이나 계약에 따라야 한다.[2]

또한 전매제한조치로서의 보호예수는 전매를 금지, 즉 소유권의 이전을 금지하기 위한 것이므로 이를 예외적으로 인출하는 경우에도 소유권을 이전하여서는 안 된다. 공개매수에 응모하면 결과적으로 보호예수된 증권의 소유권에 변동이 생길 수 있으므로 공개매수에 응모하기 위하여 전매제한조치로서 보호예수된 증권을 예외적으로 인출하는 것은 허용되지 않는다.[3]

제2-2조(증권의 모집으로 보는 전매기준) ③ 예탁결제원은 제 2 항 제 1 호 본문에 따라 예탁된 증권에 대하여 다음 각 호의 어느 하나에 해당하는 사유가 발생하는 경우 발행인의 신청에 의하여 해당 증권의 인출을 허용할 수 있다. 이 경우 예탁결제원

---

1) 증권의 발행 및 공시 등에 관한 규정 제2-2조 제 2 항 제 1 호 본문의 규정에 따라 증권을 발행한 후 지체 없이 한국예탁결제원에 예탁하고 그 예탁일로부터 1년간 해당 증권을 인출하거나 매각하기 않기로 하는 내용의 예탁계약을 예탁결제원과 체결한 후 그 예탁계약을 이행하는 경우를 보호예수라 한다.
2) 금융감독원, 전게서(2010. 7), 81쪽.
3) 금융감독원, 상게서(2010. 7), 83쪽.

은 사유가 종료되는 대로 해당 증권이나 전환권 등 권리의 행사에 따라 취득한 증권을 지체 없이 재예탁하도록 하여야 한다.

1. 통일규격증권으로 교환하기 위한 경우
2. 전환권, 신주인수권 등 증권에 부여된 권리행사를 위한 경우
3. 회사의 합병, 분할, 분할합병, 또는 주식의 포괄적 교환·이전에 따라 다른 증권으로 교환하기 위한 경우
4. 액면 또는 권면의 분할 또는 병합에 따라 새로운 증권으로 교환하기 위한 경우
5. 기타 상기 사유와 유사한 것으로서 감독원장이 인정하는 경우

제 4 절 발행시장과 공시규제

Ⅰ. 증권신고서

1. 증권신고서의 의의

기업이 증권을 발행하는 경우 상법의 관련규정에 따라 증권의 청약과 관련된 내용을 신문공고 또는 주식청약서나 사채청약서에 기재하도록 하여 투자자가 이를 근거로 투자판단에 필요한 정보를 얻도록 하고 있다. 그러나 주식청약서나 사채청약서의 내용만으로는 투자자가 투자판단을 위한 정보를 얻기에 부족하다. 따라서 증권의 내용뿐만 아니라 발행회사의 사업내용 및 재무내용 등을 투자자에게 상세하게 제공하는 것이 필요하다. 이를 고려하여 증권을 공모하는 경우에는 발행회사 및 증권에 관한 상세한 정보를 증권신고서에 기재하여 일반투자자에게 공시하도록 하여 투자자들이 이를 투자판단의 자료로 이용할 수 있도록 하고 있다. 이것은 증권을 발행하는 회사와 투자자 사이의 정보비대칭을 해소하여 투자자를 보호하기 위한 것이다.

2. 증권신고서 제출면제

(1) 증권신고서 제출기준금액

소액을 공모하는 경우에도 증권신고서를 제출해야 한다면 발행회사로서는 조달금액에 비하여 많은 시간과 비용을 들이게 되는 부담이 있고, 조달하려는 금액이 소액이므로 그만큼 투자자를 보호할 필요성도 작은 편이다. 따라서 자본시장법

은 소액의 금액을 공모하는 경우 발행회사의 비용부담을 고려하고, 투자자 보호의 효과가 미미함을 감안하여 증권신고서 제출의무를 면제하고 있다.

자본시장법은 증권의 모집 또는 매출은 대통령령으로 정하는 방법에 따라 산정한 모집가액 또는 매출가액 각각의 총액이 대통령령으로 정하는 금액 이상인 경우에 한한다(법 제119조 제 1 항)고 규정하고 있다. 이에 따라 증권의 모집 또는 매출을 하기 위하여 신고서를 제출하여야 하는 경우를 다음과 같이 10억원을 기준으로 정하고 있다(영 제120조 제 1 항). 따라서 이 기준금액에 미달하는 경우의 공모는 소액공모로서 증권신고서 제출이 면제된다.

1. 모집 또는 매출하려는 증권의 모집가액 또는 매출가액과 해당 모집일 또는 매출일부터 과거 1년간(같은 기간 동안 같은 종류의 증권에 대한 모집 또는 매출의 신고가 행하여진 경우에는 그 신고 후의 기간)에 이루어진 같은 종류의 증권의 모집 또는 매출로서 그 신고서를 제출하지 아니한 모집가액 또는 매출가액[소액출자자(그 증권의 발행인과 인수인은 제외)가 제178조에 따른 장외거래 방법에 따라 증권을 매출하는 경우에는 해당 매출가액은 제외한다] 각각의 합계액이 10억원 이상인 경우
2. 청약의 권유를 하는 날 이전 6개월 이내에 해당 증권과 같은 종류의 증권에 대하여 모집이나 매출에 의하지 아니하고 청약의 권유를 받은 자를 합산하는 경우(제11조 제 1 항)에는 그 합산의 대상이 되는 모든 청약의 권유 각각의 합계액이 10억원 이상인 경우

제 1 호의 “제178조에 따른 장외거래 방법”은 협회(금융투자협회)의 호가중개시스템을 이용한 장외거래 방법을 말하고, “소액출자자”란 해당 법인이 발행한 지분증권총수의 100분의 1에 해당하는 금액과 3억원 중 적은 금액 미만의 지분증권을 소유하는 자를 말한다. 다만, 그 법인의 최대주주 및 그 특수관계인은 소액출자자로 보지 아니한다(영 제120조 제 2 항).

제 1 호는 공모 또는 간주모집에 의한 합산에 해당하는 경우를 규정하고, 제 2 호는 사모에 의한 합산에 해당하는 경우를 규정하고 있다. 따라서 증권신고서는 모집 또는 매출(공모)에 해당하면서, 즉 50인 이상에 대한 청약의 권유를 하면서 동시에 각각의 총액이 10억원 이상인 경우에 제출되어야 한다.

(2) 증권신고서 제출면제증권(적용면제증권)

증권의 발행인은 증권신고서 제출을 준비하기 위해서 변호사, 회계사 등의 자문을 받는 경우에는 시간과 비용이 많이 들게 된다. 따라서 일정한 경우 발행인의 부담을 경감해 줄 필요가 있어 발행인의 신용도가 높은 증권등의 경우와 같이 투자자 보호의 필요성이 크지 않은 경우에는 증권신고서 제출을 면제하고 있다.

1) 국채증권, 지방채증권(법 제118조)

국채증권과 지방채증권은 발행인의 신용도가 높기 때문에 투자자를 보호할 필요성이 낮아 증권신고서 제출이 면제된다. 국채증권은 국채법 등에 의해 국회의 동의를 받고 정부가 발행하는 채권으로 국고채, 외국환평형기금채권 등이 있다. 지방채증권은 지방자치단체인 특별시, 도, 시, 군 등이 지방재정법에 따라 재원확보를 위하여 발행하는 채권으로 서울도시철도공채, 지방도시철도공채, 도로공채 등이 있다.

2) 특수채(법 제118조)

대통령령으로 정하는 법률[1)]에 따라 직접 설립된 법인이 발행한 채권(법 118조)을 특수채라고 한다. 특수채는 국책은행과 공기업이 발행하는 채권으로서 공익을 위하여 발행하고, 특별법에 의해 관계 감독기관의 감독을 받기 때문에 증권신고서의 제출을 면제하고 있다. 국책은행인 한국은행, 한국산업은행, 중소기업은행, 한국수출입은행 등은 증권신고서를 제출이 면제되지만, 일반 시중은행이 발행하는 은행채는 면제증권에 포함되지 않는다. 이것은 시중은행은 도산위험이 있음을 고려한 것이고, 영국이나 독일 등의 경우 시중은행은 증권신고서를 제출하고 있음

---

1) "대통령령으로 정하는 법률"이란 다음 각 호의 법률을 말한다(영 제119조 제 1 항).
1. 한국은행법, 2. 한국산업은행법, 3. 중소기업은행법, 4. 한국수출입은행법, 5. 농업협동조합법(농업협동중앙회만 해당), 6. 수산업협동조합법(수산업협동조합중앙회만 해당), 7. 예금자보호법, 8. 금융기관부실자산 등의 효율적 처리 및 한국자산관리공사의 설립에 관한 법률, 9. 한국토지주택공사법, 10. 한국도로공사법, 11. 한국주택금융공사법, 12. 삭제(2009. 9. 21.), 13. 한국전력공사법, 14. 한국석유공사법, 15. 한국가스공사법, 16. 대한석탄공사법, 17. 한국수자원공사법, 18. 한국농어촌공사 및 농지관리기금법, 19. 농수산물유통공사법, 20. 한국공항공사법, 21. 인천국제공항공사법, 22. 항만공사법, 23. 한국컨테이너부두공단법, 24. 한국관광공사법, 25. 한국철도공사법, 26. 한국철도시설공단법, 27. 한국환경공단법, 28. 삭제(2009. 12. 24.), 29. 수도권매립지관리공사의 설립 및 운영 등에 관한 법률, 30. 중소기업진흥에 관한 법률, 31. 제주특별자치도 설치 및 국제자유도시 조성을 위한 특별법, 32. 한국정책금융공사법, 33. 산업집적활성화 및 공장설립에 관한 법률, 34. 한국장학재단 설립 등에 관한 법률, 35. 한국광물자원공사법, 36. 무역보험법

을 고려한 것이다.

3) 기타 면제증권(법 제118조)

그 밖에 다른 법률에 따라 충분한 공시가 행하여지는 등 투자자 보호가 이루어지고 있다고 인정되는 증권으로서 대통령령으로 정하는 증권에 관하여는 적용하지 아니한다(118조).

여기서 "대통령령으로 정하는 증권"이란 다음 각 호의 증권을 말한다(영 제119조 제 2 항).

1. 국가 또는 지방자치단체가 원리금의 지급을 보증한 채무증권
2. 국가 또는 지방자치단체가 소유하는 증권을 미리 금융위원회와 협의하여 매출의 방법으로 매각하는 경우의 그 증권
3. 지방공기업법 제68조 제 1 항부터 제 6 항까지의 규정[1]에 따라 발행되는 채권 중 도시철도의 건설 및 운영과 주택건설사업을 목적으로 설립된 지방공사가 발행하는 채권
4. 국제금융기구에의 가입조치에 관한 법률 제 2 조 제 1 항에 따른 국제금융기구가 금융위원회와의 협의를 거쳐 기획재정부장관의 동의를 받아 발행하는 증권
5. 한국주택금융공사법에 따라 설립된 한국주택금융공사가 채권유동화계획에 의하여 발행하고 원리금 지급을 보증하는 주택저당증권 및 학자금대출증권

4) 투자성 있는 예금·보험

은행이 투자성 있는 외화예금계약을 체결하는 경우와 보험회사가 투자성 있는 보험계약을 체결하거나 그 중개 또는 대리를 하는 경우에는 제 3 편 제 1 장(증권신고서)을 적용하지 아니한다(법 제77조 제 1 항, 제 2 항).

---

1) 지방공기업법 제68조(사채발행 및 차관)

① 공사는 지방자치단체의 장의 승인을 얻어 사채를 발행하거나 외국차관을 할 수 있다. 이 경우 사채발행의 한도는 대통령령으로 정한다.

② 삭제〈2002. 3. 25〉

③ 지방자치단체의 장은 제 1 항의 규정에 의하여 발행하는 사채가 대통령령이 정하는 기준을 초과하는 경우에는 제 1 항의 규정에 의한 승인을 하기 전에 미리 행정안전부장관의 승인을 얻어야 한다. 이 경우 대통령령이 정하는 기준은 공사의 부채비율, 경영성과 등을 감안하여야 한다.

④ 지방자치단체는 사채의 상환을 보증할 수 있다.

⑤ 삭제〈2002. 3. 25〉

⑥사채의 발행·매각 및 상환에 관하여 필요한 사항은 조례로 정한다.

(3) 적용면제거래

증권신고서 제출의무는 공모에만 적용되므로 사모의 경우에는 증권신고서 제출의무가 면제된다. 이 경우는 투자자를 보호할 필요성이 없는 경우이다. 또한 소액공모의 경우는 발행인의 비용부담을 경감시켜 줄 목적으로 증권신고서 제출의무를 면제하고 있다. 무상증자, 주식배당, 전환사채권자의 전환권의 행사, 신주인수권부사채권자의 신주인수권의 행사 등의 경우와 같이 청약의 권유가 없는 경우에도 증권신고 의무가 없다.

관련판례: 대법원 2003. 4. 11. 선고 2003도739 판결

유가증권의 모집을 함에 있어서는 신규로 발행되는 유가증권의 취득의 청약을 위 시행령 제2조의4 제5항의 방법으로 권유받는 자의 수가 50인 이상이어야만 비로소 증권거래법 제2조 제3항의 "유가증권의 모집"에 해당하여 증권거래법의 규율을 받게 되어 유가증권 모집에 있어서 금융감독위원회에 대한 신고의무가 있는 것이고, 그에 미달하는 경우는 그와 같은 신고의무는 없는 것이라고 풀이할 것이다.

원심판결 이유에 의하면, 원심은, 피고인은 유가증권의 모집가액이 10억원 이상인 경우에는 금융감독위원회에 신고서를 제출하여 수리된 후가 아니면 유가증권모집을 할 수 없음에도 2000. 6. 일자불상경 서울 이하 불상지에서 세진광업 주식회사 주권 14억원 상당을 발행하였다는 이 사건 증권거래법위반 공소사실에 대하여, 위와 같은 법리를 전제로 하여 2000. 6.경을 전후하여 피고인으로부터 위 14억원 상당의 세진광업 주식회사 신규발행 주권의 취득의 청약을 권유받은 자의 수가 50인 이상임을 인정할 만한 아무런 증거가 없다는 이유로 이 부분 공소사실은 범죄의 증명이 없는 때에 해당한다고 판단하였는바, 원심판결을 기록에 비추어 살펴보면, 원심의 위와 같은 사실인정과 판단은 정당하고, 거기에 주장과 같은 채증법칙 위배로 인한 사실오인의 위법이 있다고 할 수 없다.

3. 증권신고서 제출절차

(1) 증권신고서 제출의무자

증권의 모집 또는 매출은 발행인이 그 모집 또는 매출에 관한 신고서를 금융위원회에 제출하여 수리되지 아니하면 이를 할 수 없다(법 제119조 제1항). 증권신고서의 제출의무자는 발행인인데, "발행인"이란 증권을 발행하였거나 발행하고자 하는 자를 말한다. 다만, 증권예탁증권을 발행함에 있어서는 그 기초가 되는 증권을 발행하였거나 발행하고자 하는 자를 말한다(법 제9조 제10항). 발행인에는 "증권을 발행하고자 하는 자"도 포함되므로 설립중의 회사의 발기인이 증권을 모집하는 경우에도 증권신고서를 제출하여야 한다.

매출의 경우 발행인 이외의 제 3 자가 매출의 주체가 되는 경우가 대부분이지만, 모집뿐아니라 매출의 경우에도 발행인이 증권신고서를 제출하여야 한다. 증권신고서제도에 의한 공시가 요구되는 기업에 관한 정보에 대하여는 발행인이 준비하는 것이 가장 정확하기 때문이다.[1)]

(2) 증권신고서 기재사항 및 첨부서류

1) 서 설

증권신고서에는 “모집 또는 매출에 관한 사항”과 “발행인에 관한 사항”으로 나누어 기재하여야 하는데, 투자자의 투자판단에 필요한 사항을 기재하여야 한다. 증권신고서의 기재사항 및 그 첨부서류에 관하여 필요한 사항은 대통령령으로 정한다(법 제119조 제 6 항). 이에 근거하여 자본시장법 시행령은 증권신고서에 관하여 일반적인 규정과 집합투자증권 및 자산유동화증권에 대한 특칙을 규정하고 있다(영 제125조, 제127조, 제128조). 일반적인 증권이 발행인의 건전성에 따라 발행되는 증권의 가치가 달라지는 특성을 가짐에 반하여, 집합투자증권 및 자산유동화증권의 경우 발행인이 누구인지와 건전한지 여부 등이 큰 영향을 미치지 않는다. 그 대신 해당 집합투자기구의 설계방식이나 유동화자산의 구성방식 등이 해당 집합투자증권이나 자산유동화증권의 가치를 결정하는 데 중요하다. 이에 따라 자본시장법은 집합투자증권 및 자산유동화증권에 대하여 특칙을 두고 있다.

또한 증권신고서의 기재사항을 증명하기 위하여 첨부서류를 제출하도록 하고 있다.

2) 집합투자증권 및 자산유동화증권 이외의 증권

(가) 기재사항

집합투자증권 및 유동화증권 이외의 증권에 대한 증권신고서에는 다음 각 호의 사항을 기재하여야 한다(영 제125조 제 1 항).

1. 법 제119조 제 5 항에 따른 대표이사 및 신고업무를 담당하는 이사의 제124조 각 호의 사항에 대한 서명
2. 모집 또는 매출에 관한 다음 각 목의 사항
   가. 모집 또는 매출에 관한 일반사항

---

1) 임재연, 전게서, 294쪽.

나. 모집 또는 매출되는 증권의 권리내용

다. 모집 또는 매출되는 증권의 취득에 따른 투자위험요소

라. 모집 또는 매출되는 증권의 기초자산에 관한 사항(파생결합증권의 경우만 해당)

마. 모집 또는 매출되는 증권에 대한 인수인의 의견(인수인이 있는 경우만 해당)

바. 주권비상장법인(설립 중인 법인을 포함)이 인수인의 인수 없이 지분증권(지분증권과 관련된 증권예탁증권을 포함)의 모집 또는 매출("직접공모")에 관한 신고서를 제출하는 경우에는 금융위원회가 정하여 고시하는 요건을 갖춘 분석기관("증권분석기관")[1]의 평가의견. 다만, 금융위원회가 정하여 고시하는

---

1) 증권의 발행 및 공시 등에 관한 규정 제2-5조(증권분석기관 등)

① 영 제125조 제1항 제2호 바목에서 "금융위원회가 정하여 고시하는 요건을 갖춘 분석기관"이란 모집가액 또는 매출가액의 적정성 등 증권의 가치를 평가하는 기관으로서 다음 각 호의 어느 하나에 해당하는 자를 말한다.

1. 영 제68조 제2항 제1호 및 제2호의 업무를 인가받은 자
2. 신용평가업자
3. 공인회계사법에 따른 회계법인
4. 법 제263조에 따른 채권평가회사

② 제1항에 따른 분석기관("증권분석기관")이 다음 각 호의 어느 하나에 해당하는 경우에는 그 기간 중에 증권분석업무를 할 수 없다. 다만, 제4호의 경우에는 해당 특정회사에 대한 증권분석업무만 할 수 없다. 〈개정 2009. 7. 6〉

1. 제1항 제1호에 해당하는 증권분석기관이 금융위원회로부터 증권 인수업무의 정지조치를 받은 경우 그 정지기간
2. 제1항 제2호에 해당하는 증권분석기관이 금융위원회로부터 신용평가업무의 정지조치를 받은 경우 그 정지기간
3. 제1항 제3호에 해당하는 증권분석기관이 금융위원회로부터 업무의 정지조치를 받은 경우 그 정지기간
4. 제1항 제3호에 해당하는 증권분석기관이 외감법에 따라 특정회사에 대한 감사업무의 제한조치를 받은 경우에는 그 제한기간 〈개정 2009. 7. 6〉
5. 제1항 제4호에 해당하는 증권분석기관이 금융위원회로부터 업무의 정지조치를 받은 경우 그 정지기간

③ 증권분석기관이 영 제125조 제1항 제2호 바목에 따른 공모를 하려는 법인과 다음 각 호의 어느 하나의 관계가 있는 경우에는 제1항에 따른 평가를 할 수 없다.

1. 증권분석기관이 해당 법인에 그 자본금의 100분의 3 이상을 출자하고 있는 경우 및 그 반대의 경우
2. 증권분석기관에 그 자본금의 100분의 5 이상을 출자하고 있는 주주와 해당 법인에 100분의 5 이상을 출자하고 있는 주주가 동일인이거나 영 제8조에 따른 특수관계인(이하 "특수관계인")인 경우. 다만, 그 동일인이 영 제11조 제1항 제1호 가목 및 나목에 따른 전문투자자로서 증권분석기관 및 해당 법인과 제5호의 관계에 있지 아니한 경우에는 그러하지 아니하다.
3. 증권분석기관의 임원이 해당 법인에 그 자본금의 100분의 1 이상을 출자하고 있거나 해당 법인의 임원이 증권분석기관에 100분의 1 이상을 출자하고 있는 경우
4. 증권분석기관 또는 해당 법인의 임원이 해당 법인 또는 증권분석기관의 주요주주의 특수관계인인 경우

경우에는 이를 생략할 수 있다.

사. 자금의 사용목적

아. 그 밖에 투자자를 보호하기 위하여 필요한 사항으로서 금융위원회가 정하여 고시하는 사항[1)]

3. 발행인에 관한 다음 각 목의 사항(설립 중인 법인의 경우에는 금융위원회가 정하여 고시하는 사항[2)])

---

5. 동일인이 증권분석기관 및 해당 법인에 대하여 임원의 임면 등 법인의 주요경영사항에 대하여 사실상 영향력을 행사하는 관계가 있는 경우

④ 감독원장은 증권분석기관이 다음 각 호의 어느 하나에 해당하는 경우 증권분석기관에 대하여 일정한 기간을 정하여 증권분석업무를 제한할 수 있다.

1. 공정한 평가에 필요한 적절한 주의의무를 기울이지 아니하였거나 평가내용 중 허위의 표시 또는 중요사실에 대한 오해를 유발할 수 있는 표시를 한 경우로서 감독원장이 인정하는 경우
2. 증권분석기관의 임직원이 평가와 관련하여 지득한 기밀을 누설 또는 업무 외에 이용한 사실이 있는 경우로서 감독원장이 인정하는 경우

⑤ 영 제125조 제1항 제2호 바목 단서에서 "금융위원회가 정하여 고시하는 경우"란 소액공모(제2-17조에 따른 소액공모를 말한다)를 하는 경우 또는 모집설립의 경우로서 다음 각 호의 어느 하나에 해당하는 경우를 말한다.

1. 은행법에 따라 금융위의 금융기관 신설을 위한 예비인가를 받은 경우
2. 금융지주회사법에 따라 금융위의 금융지주회사 신설을 위한 예비인가를 받은 경우
3. 회사설립시에 발행하는 지분증권 중 상당부분(최대주주로서 설립시 총지분의 100분의 25 이상을 취득하는 경우를 말한다)을 정부 또는 지방자치단체가 취득할 예정인 경우
4. 특별법에 따라 정부로부터 영업인가 또는 허가를 받은 경우
5. 그 밖에 사업의 내용 등에 비추어 국민경제 발전을 위하여 필요하다고 감독원장이 인정하는 경우

⑥ 영 제178조에서 정하는 방법으로 지분증권의 매매를 중개하는 방법("호가중개시스템")을 통하여 지분증권을 매출하는 경우 증권분석기관은 해당 증권의 가치에 대한 평가로 제1항에 따른 매출가액의 적정성에 대한 평가를 갈음할 수 있다.

1) 증권의 발행 및 공시 등에 관한 규정 제2-6조(증권신고서의 기재사항 및 첨부서류)

① 영 제125조 제1항 제2호 아목에서 "금융위원회가 정하여 고시하는 사항"이란 다음 각 호의 사항을 말한다.

1. 시장조성 또는 안정조작에 관한 사항
2. 영 제6조 제4항 제14호 가목 및 금융투자업규정 제1-4조의2 제2항에 따라 증권금융회사 또는 신탁업자에 예치 또는 신탁한 금전("예치자금 등")의 주주에 대한 지급에 관한 사항[영 제6조 제4항 제14호 각 목 외의 부분에 따른 기업인수목적회사(이하 "기업인수목적회사")에 한한다]
3. 그 밖에 투자자 보호를 위하여 필요한 사항

2) 증권의 발행 및 공시 등에 관한 규정 제2-6조(증권신고서의 기재사항 및 첨부서류) ② 영 제125조 제1항 제3호 각 목 외의 부분에서 "금융위원회가 정하여 고시하는 사항"이란 다음 각 호의 사항을 말한다.

1. 회사의 개요
2. 사업의 내용
3. 설립 후 예상되는 이사회 등 회사의 기관 및 계열회사에 관한 사항

가. 회사의 개요
나. 사업의 내용
다. 재무에 관한 사항
라. 회계감사인의 감사의견
마. 이사회 등 회사의 기관 및 계열회사에 관한 사항
바. 주주에 관한 사항
사. 임원 및 직원에 관한 사항
아. 이해관계자와의 거래내용
자. 그 밖에 투자자를 보호하기 위하여 필요한 사항으로서 금융위원회가 정하여 고시하는 사항[1)]

증권신고서를 제출하여야 하는 법인 중 주식회사의 외부감사에 관한 법률 시행령 제1조의3 제1항[2)]에 따른 종속회사가 있는 법인("연결재무제표 작성대상

---

4. 설립 후 예상되는 주주에 관한 사항
5. 발기인에 관한 사항
6. 임원선임 및 직원 등의 채용계획
7. 그 밖에 투자자 보호를 위하여 필요한 사항

1) 증권의 발행 및 공시 등에 관한 규정 제2-6조(증권신고서의 기재사항 및 첨부서류) ③ 영 제125조 제1항 제3호 자목에서 "금융위원회가 정하여 고시하는 사항"이란 다음 각 호의 사항을 말한다.
1. 부속명세서
2. 주요사항보고서 및 거래소 공시사항 등의 진행·변경상황
3. 우발채무 등
4. 자금의 사용내역에 관한 사항
5. 발기인 및 주주인 지분증권 투자매매업자에 관한 사항(기업인수목적회사에 한한다. 이하 제6호에서와 같다)
6. 영 제6조 제4항 제14호에서 정하는 요건의 충족 여부에 관한 사항
7. 그 밖에 투자자 보호를 위하여 필요한 사항
가. 주주총회 의사록 요약
나. 제재현황
다. 결산기 이후 발생한 주요사항
라. 중소기업기준검토표 등
마. 장래계획에 관한 사항의 추진실적

2) 주식회사의 외부감사에 관한 법률 시행령 제1조의3(지배·종속의 관계) ① 법 제1조의2 제2호에서 "대통령령으로 정하는 지배·종속의 관계"란 주식회사가 경제활동에서 효용과 이익을 얻기 위하여 다른 회사(조합 등 법인격이 없는 기업을 포함)의 재무정책과 영업정책을 결정할 수 있는 능력을 가지는 경우로서 그 주식회사("지배회사")와 그 다른 회사("종속회사")의 관계를 말한다. 이 경우 지배·종속의 관계는 법 제13조 제1항 제1호에 따른 회계처리기준("한국채택국제회계기준") 또는 법 제13조 제1항 제2호에 따른 회계처리기준에 따라 판단하여야 한다.

법인")의 경우에는 제 1 항 제 3 호 다목에 따른 재무에 관한 사항, 그 밖에 금융위원회가 정하여 고시하는 사항[1]은 주식회사의 외부감사에 관한 법률 제 1 조의2 제 2 호[2]에 따른 연결재무제표를 기준으로 기재하되 그 법인의 재무제표를 포함하여야 하며, 제 1 항 제 3 호 라목에 따른 회계감사인의 감사의견은 연결재무제표와 그 법인의 재무제표에 대한 감사의견을 기재하여야 한다(영 제125조 제 3 항).

(나) 첨부서류

집합투자증권 및 유동화증권 이외의 증권에 대한 증권신고서에는 다음과 같은 서류를 첨부하여야 한다. 이 경우 금융위원회는 전자정부법 제36조 제 1 항에 따른 행정정보의 공동이용을 통하여 법인 등기사항증명서를 확인하여야 한다(영 제125조 제 2 항).

1. 정관 또는 이에 준하는 것으로서 조직운영 및 투자자의 권리의무를 정한 것
2. 증권의 발행을 결의한 주주총회(설립 중인 법인인 경우에는 발기인 총회) 또는 이사회 의사록(그 증권의 발행이 상법 제418조 제 2 항에 따른 발행인 경우(제 3 자배정)에는 그 증권의 발행의 구체적인 경영상 목적, 그 주주 외의 자와 발행인과의 관계 및 그 주주 외의 자의 선정경위를 포함한다)의 사본, 그 밖에 증권의 발행결의를 증명할 수 있는 서류
3. 법인 등기사항증명서에 준하는 것으로서 법인 설립을 증명할 수 있는 서류(법인 등기사항증명서로 확인할 수 없는 경우로 한정)
4. 증권의 발행에 관하여 행정관청의 허가·인가 또는 승인 등을 필요로 하는 경우에는 그 허가·인가 또는 승인 등이 있었음을 증명하는 서류
5. 증권의 인수계약을 체결한 경우에는 그 계약서의 사본

---

1) 증권의 발행 및 공시 등에 관한 규정 제2-6조(증권신고서의 기재사항 및 첨부서류) ⑥ 영 제125조 제 3 항의 그 밖에 금융위원회가 정하여 고시하는 사항이란 한국채택국제회계기준을 적용하는 법인에 대하여 다음 각 호에서 정하는 사항으로 한다.
   1. 영 제125조 제 1 항 제 3 호 가목 및 나목의 사항
   2. 제 3 항 제 3 호 및 같은 항 제 7 호 나목 및 다목의 사항

2) 주식회사의 외부감사에 관한 법률 제 1 조의2(정의)
   이 법에서 사용하는 용어의 뜻은 다음과 같다.
   2. "연결재무제표"란 주식회사와 다른 회사(조합 등 법인격이 없는 기업을 포함)가 대통령령으로 정하는 지배·종속의 관계에 있는 경우 지배하는 회사(주식회사만을 말한다. 이하 "지배회사"라 한다)가 작성하는 다음 각 목의 서류를 말한다.
      가. 연결재무상태표
      나. 연결손익계산서 또는 연결포괄손익계산서
      다. 그 밖에 대통령령으로 정하는 서류

6. 다음 각 목의 증권을 증권시장에 상장하려는 경우에는 거래소로부터 그 증권이 상장기준에 적합하다는 확인을 받은 상장예비심사결과서류
   가. 지분증권(집합투자증권은 제외)
   나. 증권예탁증권(지분증권과 관련된 것만 해당)
   다. 파생결합증권(증권시장이나 해외 증권시장에서 매매거래되는 가목 또는 나목의 증권의 가격이나 이를 기초로 하는 지수의 변동과 연계하여 미리 정하여진 방법에 따라 가목 또는 나목의 증권의 매매나 금전을 수수하는 거래를 성립시킬 수 있는 권리가 표시된 것만 해당)
7. 법 제124조 제 2 항 제 2 호에 따른 예비투자설명서(이하 "예비투자설명서")를 사용하려는 경우에는 예비투자설명서
8. 법 제124조 제 2 항 제 3 호에 따른 간이투자설명서(이하 "간이투자설명서")를 사용하려는 경우에는 간이투자설명서
9. 직접공모의 경우에는 다음 각 목의 서류
   가. 증권분석기관의 평가의견서
   나. 가목의 평가와 관련하여 기밀이 새지 아니하도록 하겠다는 증권분석기관 대표자의 각서
   다. 청약증거금을 예치받을 투자매매업자·투자중개업자 또는 은행의 통장 사본
10. 그 밖에 투자자를 보호하기 위하여 필요한 서류로서 금융위원회가 정하여 고시하는 서류[1)]

---

1) 증권의 발행 및 공시 등에 관한 규정 제2-6조(증권신고서의 기재사항 및 첨부서류) ⑧ 영 제125조 제 2 항 제10호에서 "금융위원회가 정하여 고시하는 서류"란 다음 각 호에 따른 서류를 말한다.
   1. 기존 법인이 지분증권을 모집 또는 매출하는 경우
      가. 회계감사인의 감사보고서(기업인수목적회사가 설립된 후 최초사업연도가 경과하지 아니한 경우에는 회사 설립 시점의 회계감사인의 감사보고서)
      나. 회계감사인의 연결감사보고서
      다. 회계감사인의 반기감사보고서 또는 반기검토보고서(증권시장에 주권을 상장하기 위한 모집 또는 매출의 경우 신고서를 제출하는 날이 속하는 사업연도의 개시일부터 6월이 경과한 경우에는 반기재무제표의 확정 여부와 관계없이 반기감사보고서 또는 반기검토보고서를 첨부하여야 한다)
      라. 회계감사인의 분기감사보고서 또는 분기검토보고서
      마. 주권비상장법인의 경우에는 주주명부
      바. 부동산투자회사법에 따른 부동산투자회사(기업구조조정부동산투자회사를 포함하며 이하 "부동산투자회사")가 같은 법에 따라 그 자산의 투자·운용에 관한 업무를 위탁하는 계약("업무위탁계약서")을 체결한 경우에는 업무위탁계약서 사본
      사. 증권의 모집·매출의 주선계약을 체결한 경우에는 그 계약서의 사본 〈신설 2009. 7. 6〉
      아. 기업인수목적회사 설립 후 주권의 최초 모집 전에 영 제139조 제 1 호 각 목의 증권 및 의결권 없는 주식에 관계된 증권("주식등")을 취득한 자("주주등")의 주식등에 대한 계속보유확약서및 보호예수증명서의 사본(기업인수목적회사에 한한다)

자. 주주등의 의결권 및 주식매수청구권 행사 제한에 관한 약정서의 사본
차. 주주등이 금융투자업규정 제1-4조의2 제 5 항 제 2 호 각 목의 어느 하나에 해당되어 해산되는 경우 증권금융회사 또는 신탁업자의 예치자금 등의 반환과 관련하여 정관에서 정하는 방법 및 절차를 준수하겠다는 내용의 약정서의 사본
카. 기업인수목적회사 또는 당해 주주 등의 손해배상책임 부담에 관한 약정서의 사본
타. 증권금융회사 또는 신탁업자와 체결한 주권발행대금의 예치·신탁계약서의 사본
파. 영 제68조 제 5 항 제 4 호 가목에 따른 주관회사의 적절한 주의의무 이행 서류 〈신설 2012. 1. 3〉
하. 증권시장에 주권 상장시 증권신고서에 기재된 재무관련사항이 기업의 재무상황을 적정하게 반영하였다는 것을 증명하는 회계감사인의 확인서 등 서류 〈신설 2012. 1. 3〉
2. 설립중인 법인이 지분증권을 모집하는 경우
가. 제 1 호 사목의 서류 〈신설 2009. 7. 6〉
나. 사업계획서
다. 발기인 전원의 이력서
라. 발기인이 법인인 경우에는 그 개요, 연혁 등을 기재한 서류 및 최근 사업연도의 재무제표
마. 증권분석기관의 평가의견서(제2-5조 제 5 항에 따라 평가를 받지 아니한 경우는 제외)
3. 보증사채권을 모집 또는 매출하는 경우
가. 제 1 호 사목의 서류 〈신설 2009. 7. 6〉
나. 원리금지급 대행계약을 체결한 경우에는 그 계약서 사본
다. 증권 신탁계약을 체결한 경우에는 그 계약서 사본
라. 원리금지급보증계약서 사본
4. 담보부사채권을 모집 또는 매출하는 경우
가. 제 1 호 가목 및 사목의 서류 〈개정 2009. 7. 6〉
나. 제 3 호 가목 및 나목의 서류
다. 신탁증서 사본
5. 무보증사채권을 모집 또는 매출하는 경우
가. 제 1 호 가목부터 라목까지, 사목 및 파목의 서류 〈개정 2009. 7. 6, 2012. 1. 3〉
나. 제 3 호 가목 및 나목의 서류
다. 모집위탁계약을 체결한 경우에는 그 계약서 사본
라. 해당 사채권에 대하여 신용평가업자의 평가등급을 받은 경우에는 그 신용평가서 사본
6. 파생결합증권을 모집 또는 매출하는 경우 제 1 호 가목부터 라목까지의 서류 및 사목의 서류 〈개정 2009. 7. 6〉
7. 투자계약증권을 모집 또는 매출하는 경우
가. 제 1 사목의 서류 〈신설 2009. 7. 6〉
나. 자금모집자와 투자자간에 체결된 투자계약관계서류
다. 외부에의 업무위탁 등이 있는 경우 업무위탁계약서 사본
라. 변호사의 법률검토의견

⑨ 제 8 항 제 1 호 및 제 2 호는 조합 또는 익명조합의 지분증권에 관하여 이를 준용한다.
⑩ 제 8 항 제 1 호 및 제 2 호에도 불구하고 조합, 익명조합, 합자회사 또는 유한회사의 경우에는 같은 항 제 1 호 나목부터 라목까지 및 바목과 같은 항 제 2 호 라목은 적용하지 아니한다.
⑪ 그 밖에 이 조에 따른 증권신고서의 서식 및 작성방법 등에 관하여 필요한 사항은 감독원장이 정한다.

(다) 금융위원회의 별도 고시

영 제125조 제1항부터 제3항까지에서 규정한 사항 외에 신고서의 서식과 작성방법 등에 관하여 필요한 사항은 금융위원회가 정하여 고시한다(영 제125조 제4항).

3) 집합투자증권

증권거래법은 집합투자증권을 증권신고서의 제출대상으로 하고 있지 않았다. 그러나 자본시장법은 집합투자증권을 증권신고서의 제출대상으로 하고 있다. 이것은 집합투자증권의 경제적 실질이 지분증권과 동일하고 투자자를 보호할 필요성이 크기 때문이다.

(가) 기재사항

집합투자증권의 증권신고서에는 다음 각 호의 사항을 기재하여야 한다(영 제127조 제1항).

1. 법 제119조 제5항에 따른 대표이사 및 신고업무를 담당하는 이사의 제124조 각 호의 사항에 대한 서명
2. 모집 또는 매출에 관한 다음 각 목의 사항
   가. 모집 또는 매출에 관한 일반사항
   나. 모집 또는 매출되는 집합투자증권의 권리내용
   다. 모집 또는 매출되는 집합투자증권의 취득에 따른 투자위험요소
   라. 모집 또는 매출되는 집합투자증권에 대한 인수인의 의견(인수인이 있는 경우만 해당)
   마. 그 밖에 투자자를 보호하기 위하여 필요한 사항으로서 금융위원회가 정하여 고시하는 사항
3. 집합투자기구에 관한 다음 각 목의 사항
   가. 집합투자기구의 명칭
   나. 투자목적·투자방침과 투자전략에 관한 사항
   다. 운용보수, 판매수수료·판매보수, 그 밖의 비용에 관한 사항
   라. 출자금에 관한 사항(투자신탁인 경우는 제외)
   마. 재무에 관한 사항. 다만, 최초로 증권신고서를 제출하는 경우는 제외한다.
   바. 집합투자업자(투자회사인 경우 발기인과 감독이사를 포함)에 관한 사항
   사. 투자운용인력에 관한 사항
   아. 집합투자재산의 운용에 관한 사항
   자. 집합투자증권의 판매와 환매에 관한 사항

차. 집합투자재산의 평가와 공시에 관한 사항
카. 손익분배와 과세에 관한 사항
타. 신탁업자와 일반사무관리회사(일반사무관리회사가 있는 경우만 해당)에 관한 사항
파. 법 제42조에 따른 업무위탁에 관한 사항(그 업무위탁이 있는 경우만 해당)
하. 그 밖에 투자자를 보호하기 위하여 필요한 사항으로서 금융위원회가 정하여 고시하는 사항[1)]

(나) 첨부서류

집합투자증권의 증권신고서에는 다음 각 호의 서류를 첨부하여야 한다. 이 경우 금융위원회는 전자정부법 제36조 제 1 항에 따른 행정정보의 공동이용을 통하여 법인 등기사항증명서를 확인하여야 한다(영 제127조 제 2 항).

1. 집합투자규약[2)](부속서류를 포함)
2. 법인 등기사항증명서에 준하는 것으로서 법인 설립을 증명할 수 있는 서류(법인 등기사항증명서로 확인할 수 없는 경우로 한정하며, 투자신탁, 투자조합 및 투자익명조합인 경우는 제외)
3. 출자금의 납부를 증명할 수 있는 서류(투자신탁인 경우는 제외)
4. 다음 각 목의 자와 체결한 업무위탁계약서(그 부속서류를 포함)의 사본
   가. 집합투자업자(투자신탁 및 투자익명조합인 경우는 제외)
   나. 신탁업자
   다. 일반사무관리회사(그 일반사무관리회사와 업무위탁계약을 체결한 경우만 해당)
   라. 법 제42조에 따른 업무수탁자(그 업무수탁자와 업무위탁계약을 체결한 경우만 해당)
5. 삭제
6. 집합투자증권의 인수계약을 체결한 경우에는 그 계약서의 사본

---

1) 증권의 발행 및 공시 등에 관한 규정 제2-7조(집합투자증권의 기재사항 및 첨부서류)
① 영 제127조 제 1 항 제 3 호 하목에서 "금융위원회가 정하여 고시하는 사항"이란 다음 각 호의 사항을 말한다.
1. 집합투자기구의 조직에 관한 사항
2. 집합투자기구의 연혁
3. 운용실적에 관한 사항
4. 운용성과 산출을 위한 비교지수에 관한 사항
5. 그 밖에 투자자 보호를 위하여 필요한 사항

2) 집합투자규약이란 집합투자기구의 조직, 운영 및 투자자의 권리·의무를 정한 것으로서 투자신탁의 신탁계약, 투자회사·투자유한회사·투자합자회사의 정관 및 투자조합·투자익명조합의 조합계약을 말한다(법 제9조 제22항).

7. 그 밖에 투자자를 보호하기 위하여 필요한 서류로서 금융위원회가 정하여 고시하는 서류[1)]

(다) 금융위원회의 별도 고시

영 제127조 제1항 및 제2항에서 규정한 사항 외에 집합투자증권의 증권신고서의 서식과 작성방법 등에 관하여 필요한 사항은 금융위원회가 정하여 고시한다(영 제127조 제3항).

4) 자산유동화증권

(가) 기재사항

유동화증권의 증권신고서에는 다음 각 호의 사항을 기재하여야 한다(영 제128조 제1항).

1. 법 제119조 제5항에 따른 대표이사 및 신고업무를 담당하는 이사의 제124조 각 호의 사항에 대한 서명
2. 모집 또는 매출에 관한 다음 각 목의 사항
   가. 모집 또는 매출에 관한 일반사항
   나. 모집 또는 매출되는 유동화증권의 권리내용
   다. 모집 또는 매출되는 유동화증권의 취득에 따른 투자위험요소
   라. 모집 또는 매출되는 유동화증권에 대한 인수인의 의견(인수인이 있는 경우만 해당)
   마. 자금의 사용목적
3. 발행인에 관한 다음 각 목의 사항
   가. 회사의 개요
   나. 임원에 관한 사항
   다. 업무의 위탁에 관한 사항
4. 자산유동화에 관한 법률 제2조 제2호에 따른 자산보유자(이하 "자산보유자")에 관한 다음 각목의 사항
   가. 자산보유자의 개요
   나. 사업의 내용
   다. 재무에 관한 사항

---

1) 증권의 발행 및 공시 등에 관한 규정 제2-7조(집합투자증권의 기재사항 및 첨부서류)
② 영 제127조 제2항 제7호에서 "금융위원회가 정하여 고시하는 서류"란 다음 각 호의 서류를 말한다.
1. 예비투자설명서를 사용하려는 경우에는 예비투자설명서
2. 간이투자설명서를 사용하려는 경우에는 간이투자설명서

라. 임원에 관한 사항
5. 유동화자산에 관한 다음 각 목의 사항
가. 유동화자산의 종류별 세부명세
나. 유동화자산의 평가내용
다. 유동화자산의 양도 등의 방식 및 세부계획
6. 자산유동화에 관한 법률 제 3 조에 따른 자산유동화계획(이하 “자산유동화계획”) 등에 관한 다음 각 목의 사항
가. 자산유동화계획의 세부구조
나. 유동화증권의 발행과 상환계획 등
다. 자산유동화에 관한 법률 제10조에 따른 자산관리자(이하 “자산관리자”)와 자산의 관리방법 등
라. 자금의 차입과 운용계획
7. 그 밖에 투자자를 보호하기 위하여 필요한 사항으로서 금융위원회가 정하여 고시하는 사항[1)]

(나) 첨부서류

유동화증권의 증권신고서에는 다음 각 호의 서류를 첨부하여야 한다. 이 경우 금융위원회는 전자정부법 제36조 제 1 항에 따른 행정정보의 공동이용을 통하여 법인 등기사항증명서를 확인하여야 한다(영 제128조 제 2 항).

1. 제125조 제 2 항 제 1 호부터 제 5 호까지의 서류
2. 자산관리위탁계약서 사본
3. 업무위탁계약서 사본
4. 그 밖에 투자자를 보호하기 위하여 필요한 서류로서 금융위원회가 정하여 고시하는 서류[2)]

---

1) 증권의 발행 및 공시 등에 관한 규정 제2-8조(유동화증권의 증권신고서의 기재사항 및 첨부서류)
① 영 제128조 제 1 항 제 7 호에서 “금융위원회가 정하여 고시하는 사항”이란 다음 각 호의 사항을 말한다.
1. 신용보강에 관한 사항
2. 자산실사에 관한 사항
3. 자산유동화계획 참여하는 기관에 관한 사항
4. 전문가의 검토의견
5. 그 밖에 투자자 보호를 위하여 필요한 사항

2) 증권의 발행 및 공시 등에 관한 규정 제2-8(유동화증권의 증권신고서의 기재사항 및 첨부서류)
② 영 제128조 제 2 항 제 4 호에서 “금융위원회가 정하여 고시하는 서류”란 다음 각 호의 서

(다) 금융위원회의 별도 고시

영 제128조 제 1 항 및 제 2 항에서 규정한 사항 외에 유동화증권의 증권신고서의 서식과 작성방법 등에 관하여 필요한 사항은 금융위원회가 정하여 고시한다(영 제128조 제 3 항).

5) 외국기업 등에 대한 특칙

금융위원회는 투자자 보호 등을 위하여 필요하다고 인정되는 경우에는 제125조부터 제128조까지의 규정에도 불구하고 외국기업 등 발행인의 성격, 법 제 4 조 제 2 항 각 호에 따른 증권의 구분 및 종류 등을 고려하여 증권신고서의 기재사항 및 첨부서류를 달리 정하여 고시할 수 있다(영 제129조).

증권의 발행인으로서의 "외국법인등"이란 다음 각 호의 어느 하나에 해당하는 자를 말한다(법 제 9 조 16항).

1. 외국 정부
2. 외국 지방자치단체
3. 외국 공공단체
4. 외국 법령에 따라 설립된 외국 기업
5. 대통령령으로 정하는 국제기구[1)]
6. 그 밖에 외국에 있는 법인 등으로서 대통령령으로 정하는 자[2)]

외국기업은 준거법 등이 우리나라와 달라 위에서 살펴 본 증권신고서의 기재사항 및 첨부서류를 국내 발행인과 동일하게 제출하는 것이 곤란한 경우가 있으므로 금융위원회가 이를 달리 정할 수 있도록 하였다.

류를 말한다.
1. 영 176조의5 제 4 항에 따른 외부평가기관(이하 "외부평가기관"이라 한다)의 평가의견서
2. 자산실사보고서
3. 예비투자설명서를 사용하려는 경우에는 예비투자설명서
4. 간이투자설명서를 사용하려는 경우에는 간이투자설명서

1) "대통령령으로 정하는 국제기구"란 조약에 따라 설립된 국제기구를 말한다(영 제13조 제 1 항).

2) "대통령령으로 정하는 자"란 다음 각 호의 어느 하나에 해당하는 자를 말한다(영 제13조 제 2 항).
1. 외국 법령에 따라 설정·감독하거나 관리되고 있는 기금이나 조합
2. 외국 정부, 외국 지방자치단체 또는 외국 공공단체에 의하여 설정·감독하거나 관리되고 있는 기금이나 조합
3. 조약에 따라 설립된 국제기구에 의하여 설정·감독하거나 관리되고 있는 기금이나 조합

[증권의 발행 및 공시 등에 관한 규정]

제2-11조(외국법인 등의 증권신고서의 기재사항 및 첨부서류) ① 발행인이 외국법인등인 경우에는 영 제129조에 따라 증권신고서에 다음 각 호의 사항을 기재하여야 한다.

1. 발행인이 외국 기업인 경우(집합투자증권을 모집 또는 매출하는 경우를 제외)
   가. 제2-9조 제1항 제1호
   나. 모집 또는 매출에 관한 사항
      (1) 모집 또는 매출에 관한 일반사항
      (2) 모집 또는 매출되는 증권의 권리내용
      (3) 모집 또는 매출되는 증권의 취득에 따른 투자위험요소
      (4) 모집 또는 매출되는 증권에 대한 인수인의 의견
      (5) 자금의 사용목적
      (6) 변호사의 법률검토의견
      (7) 그 밖에 투자자 보호를 위하여 필요한 사항
   다. 발행인에 관한 사항
      (1) 회사의 개요
      (2) 사업의 내용
      (3) 재무에 관한 사항
      (4) 회계감사인의 감사의견
      (5) 계열회사에 관한 사항
      (6) 주주에 관한 사항
      (7) 임원 및 직원에 관한 사항
      (8) 이해관계자와의 거래내용
      (9) 부속명세서
      (10) 주요사항보고서 및 거래소 공시사항 등의 진행·변경상황
      (11) 주주총회 의사록 요약
      (12) 우발채무 등
      (13) 제재현황
      (14) 결산기 이후 발생한 주요사항
      (15) 중소기업기준검토표 등
      (16) 장래계획에 관한 사항의 추진실적
      (17) 자금의 사용내역
      (18) 그 밖에 투자자 보호를 위하여 필요한 사항
   라. 외국기업이 국제회계기준 등 발행인이 적용한 회계기준에 의해 연결재무제표를 주된 재무제표로 작성하는 경우 다목 (1)부터 (3)까지 및 (12)부터 (14)

까지의 사항은 연결재무제표를 기준으로 기재하되 그 외국기업의 재무제표를 포함하여야 하며, 다목 (4)에 따른 회계감사인의 감사의견은 연결재무제표와 그 외국기업의 재무제표에 대한 감사의견을 기재하여야 한다. 다만, 제4-9조에 해당하는 경우에는 그 외국기업의 재무제표 및 이에 대한 감사의견을 기재하지 아니할 수 있다.

2. 발행인이 외국 기업 외의 외국법인등인 경우(집합투자증권을 모집 또는 매출하는 경우를 제외)
   가. 제2-9조 제1항 제1호
   나. 발행에 관한 사항
   다. 발행인에 관한 사항
   라. 대한민국의 가맹 또는 출자현황
   마. 발행자금의 용도
   바. 인수 및 판매
   사. 그 밖에 투자자 보호를 위하여 필요한 사항
3. 외국법인등이 집합투자증권을 모집 또는 매출하는 경우
   가. 영 제127조 제1항 제1호의 사항
   나. 모집 또는 매출에 관한 사항
      (1) 영 제127조 제1항 제2호 각 목의 사항
      (2) 변호사의 법률검토의견
   다. 집합투자기구에 관한 사항
      (1) 영 제127조 제1항 제3호 각 목의 사항
      (2) 외국 집합투자기구 관련 법제도에 관한 사항
      (3) 외국 집합투자기구에 적용되는 회계처리기준에 관한 사항
      (4) 과세처리와 환 관리에 관한 사항
4. 외국법인등이 증권을 모집 또는 매출하는 경우에는 제1호부터 제3호까지의 규정에도 불구하고 국제증권감독기구(IOSCO)에서 제정한 공시기준에 맞춰 감독원장이 정하는 신고서 서식을 사용할 수 있다.

② 제1항의 신고서에는 다음 각 호에 따른 서류를 첨부하여야 한다.

1. 발행인이 외국 기업인 경우(집합투자증권을 모집 또는 매출하는 경우를 제외)
   가. 정관 또는 이와 유사한 서류
   나. 최근 3사업연도의 재무제표에 대한 회계감사인의 감사보고서(국제회계기준 등 발행인이 적용한 회계기준에 의해 연결재무제표를 주된 재무제표로 작성하는 경우에는 연결재무제표에 대한 감사보고서를 포함). 다만, 제4-9조에 해당하는 경우에는 연결감사보고서만을 첨부할 수 있다.

다. 회계감사인의 반기감사보고서 또는 반기검토보고서(영 제176조 제 6 항에 따른 회계기준에 의해 연결재무제표를 주된 재무제표로 작성하는 경우에는 연결반기감사보고서 또는 연결반기검토보고서를 포함). 다만, 제4-9조에 해당하는 경우에는 연결반기감사보고서 또는 연결반기검토보고서만을 첨부할 수 있다.

라. 회계감사인의 분기감사보고서 또는 분기검토보고서(영 제176조 제 6 항에 따른 회계기준에 의해 연결재무제표를 주된 재무제표로 작성하는 경우에는 연결분기감사보고서 또는 연결분기검토보고서를 포함). 다만, 설립근거가 되는 국가 또는 증권이 상장된 국가의 법률 등에 따라 분기감사 또는 분기검토가 의무화된 경우에 한하고, 제4-9조에 해당하는 경우에는 연결분기감사보고서 또는 연결분기검토보고서만을 첨부할 수 있다.

마. 해당 증권에 대하여 신용평가업자(감독원장이 정하는 국제신용평가기관을 포함)의 평가등급을 받은 경우 그 신용평가서 사본

바. 증권 발행계획을 결의한 이사회의사록 사본

사. 외국환거래법·기타 법령에 따라 허가, 승인 또는 신고를 요하는 경우에는 그 허가서, 승인서 또는 신고서 사본

아. 인수계약서, 예탁계약서, 대리인 선임계약서 기타 해당 증권의 발행과 관련하여 관계기관과 체결한 계약서 사본

자. 발행인이 외국 거래소에 상장되어 있는 경우 동 사실을 증명하는 서류(주식 또는 원주식의 발행인에 한한다)

차. 영 제125조 제 2 항 제 6 호에 따른 상장예비심사결과서류

카. 예비투자설명서를 사용하려는 경우에는 예비투자설명서

타. 간이투자설명서를 사용하려는 경우에는 간이투자설명서

파. 그 밖에 감독원장이 필요하다고 인정하는 서류

2. 발행인이 외국 기업 외의 외국법인등인 경우(집합투자증권을 모집 또는 매출하는 경우를 제외)

가. 정관 또는 이와 유사한 서류(외국정부, 외국지방자치단체는 제외)

나. 최근 3사업연도의 재무제표에 대한 회계감사인의 감사보고서

다. 해당 증권에 대하여 신용평가업자의 평가등급을 받은 경우 신용평가서 사본

라. 해당 증권 발행계획을 결의한 이사회의사록 또는 이에 상당하는 서류의 사본

마. 외국환거래법·기타 법령에 따라 허가, 승인 또는 신고를 요하는 경우에는 그 허가서, 승인서 또는 신고서 사본

바. 인수계약서, 신탁증서, 기타 해당 증권 발행과 관련하여 관계기관과 체결한 계약서 사본

사. 영 제125조 제2항 제6호에 따른 상장예비심사결과서류
아. 예비투자설명서를 사용하려는 경우에는 예비투자설명서
자. 간이투자설명서를 사용하려는 경우에는 간이투자설명서
차. 그 밖에 감독원장이 필요하다고 인정하는 서류

3. 외국법인등이 집합투자증권을 모집 또는 매출하는 경우
가. 영 제127조 제2항 제1호 및 제4호부터 제6호까지의 서류
나. 자기자본을 증명할 수 있는 감사보고서 등 증빙서류
다. 외국 집합투자증권을 모집 또는 매출하기 위하여 외국에서 제출한 투자설명서
라. 외국 집합투자업자가 최근 3년간 금융업에 상당하는 영업의 영위와 관련하여 본국 또는 국내의 감독기관으로부터 업무정지 이상에 해당하는 행정처분을 받거나 벌금형 이상에 상당하는 형사처벌을 받은 사실이 없음을 증명하는 외국금융투자감독기관의 확인서 등 서류
마. 최근 사업연도말 현재 운용자산규모가 1조원 이상임을 증빙하는 서류
바. 외국 집합투자기구가 해당 국가의 법령에 따라 인가받았다는 사실을 증명하는 서류
사. 국내대리인 선임계약서 등 연락책임자에 관한 서류
아. 예비투자설명서를 사용하려는 경우에는 예비투자설명서
자. 간이투자설명서를 사용하려는 경우에는 간이투자설명서

③ 동일 사업연도 중 신고서를 2회 이상 제출하는 경우 제2항 제1호의 가목부터 라목까지의 서류, 자목 및 차목의 서류와 제2호의 가목, 나목 및 사목의 서류가 종전에 첨부된 것과 동일한 내용일 때에는 그 첨부서류가 종전 신고서의 첨부서류와 내용상 차이가 없다는 뜻과 그 첨부서류를 참조하라는 뜻을 기재한 서면으로 이를 갈음할 수 있다.

④ 그 밖에 이 조에 따른 증권신고서의 서식 및 작성방법 등에 관하여 필요한 사항은 감독원장이 정한다.

제2-12조(신고서 기재사항의 특례) ① 지분증권을 모집 또는 매출하는 경우 모집 또는 매출가액을 결정하기 전에 신고서를 제출하는 때에는 다음 각 호의 사항에 대한 기재를 하지 않을 수 있다. 이 경우 그 산정방법 또는 인수인이 확정된 후 추후 기재한다는 사실을 기재하여 신고서를 제출하여야 한다.

1. 모집 또는 매출가액
2. 청약증거금
3. 인수증권수
4. 인수조건

5. 인수인(모집 또는 매출하는 증권의 발행인 또는 매출인으로부터 해당 증권의 인수를 의뢰받아 인수조건 등을 결정하고 해당 모집 또는 매출과 관련된 업무를 통할하는 자(이하 "주관회사")를 제외

② 전환사채권, 신주인수권부사채권 또는 교환사채권을 발행함에 있어서 필요한 경우 전환가액, 신주인수권행사가액 또는 교환가액 등에 대하여는 그 산정 또는 결정방법만을 기재한 신고서를 제출할 수 있다.

③ 채무증권을 발행함에 있어서 필요한 경우 발행가액과 발행이자율에 대하여는 그 산정 또는 결정방법만을 기재한 신고서를 제출할 수 있다.

④ 제 1 항부터 제 3 항까지의 경우 발행가액 또는 인수인 등이 확정된 때에는 법 제122조에 따른 정정신고서를 제출하여야 한다. 이 경우 당초의 신고서 효력발생일에 영향을 미치지 아니한다.

⑤ 영 제129조에 따라 발행인은 다음 각 호의 방법에 따라 신고서의 기재사항 또는 그 첨부서류를 생략할 수 있다.

1. 법 제119조 제 4 항에서 정하는 방법
2. 이미 제출한 사업보고서, 반기보고서, 분기보고서, 주요사항보고서에 신고서의 기재사항이나 그 첨부서류와 같은 부분이 있는 때에는 그 부분을 적시하여 이를 참조하라는 뜻을 기재한 서면을 제출하는 방법
3. 자산유동화에 관한 법률에 따라 이미 제출한 자산유동화계획의 등록신청서, 자산양도등의 등록신청서에 신고서의 기재사항이나 그 첨부서류와 같은 부분이 있는 때에는 그 부분을 적시하여 이를 참조하라는 뜻을 기재한 서면을 제출하는 방법

6) 참조방식에 의한 증권신고서

증권신고서를 제출하는 경우 증권신고서에 기재하여야 할 사항이나 그 첨부서류에 이미 제출된 것과 같은 부분이 있는 때에는 그 부분을 적시하여 이를 참조하라는 뜻을 기재한 서면으로 갈음할 수 있다(법 제119조 제 4 항). 이것은 발행인이 증권신고서를 작성하는 부담을 덜어 주기 위한 것이다.

(3) 예측정보

1) 자본시장법 규정

자본시장법은 "발행인은 증권신고서에 발행인(투자신탁의 수익증권 및 투자익명조합의 지분증권의 경우에는 그 투자신탁 및 투자익명조합을 말한다)의 미래의 재무상태나 영업실적 등에 대한 예측 또는 전망에 관한 사항으로서 다음 각 호의 사항(이하 "예측정보")을 기재 또는 표시할 수 있다. 이 경우 예측정보의 기재 또는 표시는

제125조 제2항 제1호·제2호 및 제4호의 방법에 따라야 한다"고 규정하고 있다(법 제119조 제3항).

이러한 규정은 발행시장에서의 증권신고서에 적용되는 데 그치지 아니하고, 유통시장에서의 공시규제에도 적용되고 있다. 유통시장에서의 정기공시제도로서 사업보고서(법 제159조 제6항)는 과거의 확정된 실적의 공시를 목적으로 하는 것이지만, 예측정보를 자발적으로 공시할 수 있다. 또한 유통시장에서의 거래상황공시제도로 분류할 수 있는 공개매수신고서(법 제134조 제4항)에서도 동일하다.

자본시장법이 예측정보의 공시제도를 규정하고 있는 것은 예측정보가 투자판단의 기초자료로서는 불확실하고 또 검증도 되지 않아서 투자자에게 오해를 유발할 소지가 있다는 문제가 있음에도 불구하고, 증권의 시세는 발행인의 미래의 영업전망, 성장가능성 요소에 의하여 크게 영향을 받는다는 점에서 이를 공시할 수 있게 하는 것은 투자판단에 유용한 자료로서 작용할 수 있다는 점이 고려된 것이다.

2) 의의 및 적용범위

예측정보라 함은 일반적으로 장래 사실의 예측, 계획, 주관적인 판단 등과 같이 표시의 시점에서는 정보의 진위 여부를 판정할 수 없지만, 장래의 결과에 의하여 적부의 평가가 다를 가능성이 있는 정보를 말한다.[1)]

자본시장법은 포괄적으로 "발행인의 미래의 재무상태나 영업실적 등에 대한 예측 또는 전망에 관한 사항"을 예측정보라 정의하고, 이에 속하는 구체적인 사항으로서 다음 각 호의 사항을 열거하고 있다(법 제119조 제3항).

1. 매출규모·이익규모 등 발행인의 영업실적, 그 밖의 경영성과에 대한 예측 또는 전망에 관한 사항
2. 자본금규모·자금흐름 등 발행인의 재무상태에 대한 예측 또는 전망에 관한 사항
3. 특정한 사실의 발생 또는 특정한 계획의 수립으로 인한 발행인의 경영성과 또는 재무상태의 변동 및 일정시점에서의 목표수준에 관한 사항
4. 그 밖에 발행인의 미래에 대한 예측 또는 전망에 관한 사항으로서 대통령령으로 정하는 사항[2)]

1) 송종준, "예측정보의 부실공시와 민사책임구조," 증권법연구(2000), 제1권 제1호, 11쪽.
2) 법 제119조 제3항 제4호에서 "대통령령으로 정하는 사항"이란 법 제119조 제3항 제1호부터 제3호까지의 규정에 따른 예측정보에 관하여 평가요청을 받은 경우에 그 요청을 받은 자가 그 예측정보의 적정성에 관하여 평가한 사항을 말한다.

위와 같이 자본시장법상 명시된 예측정보는 일정한 요건을 구비하여 증권신고서 등에 기재되어 공시될 경우에는 그에 대한 부실공시로 인한 손해배상책임이 면제될 수 있다는 것에 특별한 의미를 갖는다. 부실공시로 인한 면책특례(법 제125조 제 2 항)에 대하여는 후술하는 "예측정보와 손해배상책임" 부분에서 설명하기로 한다.

자본시장법상 명시된 예측정보의 범위는 미국증권법상 범위와 대체로 유사하지만, 미국의 경우에는 장래의 재무상황이나 영업실적 등의 표시의 근거가 되거나 이와 관련된 가정의 표시도 예측정보의 하나로서 명시되어 있는 데 반하여,[1] 우리나라의 경우에는 이것이 예측정보공시의 방법 및 면책기준의 하나로서 명시되고 있는 점이 다르다.

중요한 것은 외견상으로는 법상 명시된 예측정보인 것으로 보이더라도 사용된 용어의 의미, 용어의 뉘앙스, 문맥상의 실질적 의미에 따라 문제의 표시사항이 법상 예측정보인지 또는 아예 예측정보에도 해당하지 않는지의 여부를 둘러싸고 해석상의 문제가 야기될 수도 있다는 점일 것이다.[2] 전자의 경우에는 면책특례가 허용될 수 있지만, 후자의 경우에는 허용되지 않는 결과로 되기 때문이다.[3]

3) 예측정보 공시제도의 특성

자본시장법은 증권시장에 있어서 공시규제에 대하여 원칙적으로 강제공시주의(mandatory disclosure)를 취하고 있으므로 법정의 공시사항에 대하여는 이를 의무적으로 공시하여야 한다. 그러나 예측정보의 공시에 있어서는 예측정보에 해당하

---

1) 1933년 증권법 § 27A(i)(1); 1934년 증권거래법 § 21E(i)(1). 예측정보라 함은 다음 각 호의 사항을 말한다. (A) 수익, 손익, 주당손익, 자본지출, 배당, 자본구성의 예측에 관한 사항(기타 재무사항에 관한 계획 또는 목표 포함), (B) 장래의 사업을 위한 경영계획 및 목표에 관한 사항(발행인의 제품 또는 서비스에 관련된 계획이나 목표 포함), (C) 장래의 영업실적에 관한 사항(경영진에 의한 재무상태의 검토와 분석에 관련된 계획이나 목표 포함), (D) (A)·(B)·(C)의 근거가 되거나 관련되는 가정에 관한 사항, (E) 발행인으로부터 검토를 의뢰받은 외부의 자가 발행인에 의하여 작성된 예측정보를 평가한 보고서, (F) 기타 증권거래위원회의 규칙 등에 의하여 명시된 항목의 예측 또는 추정을 포함하는 사항, 이것은 1979년의 SEC규칙(1933년 증권법 SEC Rule 175, 1934년 증권거래법 SEC Rule 3b-6)보다 예측정보의 범위를 다소 확장하고 있다.

2) 예컨대 "우리 회사는 … 문제를 해결 중에 있습니다"라고 표시한 경우에 이 문언은 형식상으로 현재시제로 표시되어 있고, 실질적으로도 최소한 하나의 문제를 다룸에 있어 과거의 성공에 대한 하나의 의견을 표시하는 의미를 지닌다고 볼 수 있으므로 이것은 면책이 허용되는 장래사실에 대한 예측정보에는 해당되지 않을 것이다. 그러나 다른 한편으로 그 문언을 장래사업을 위한 계획과 경영목표를 표시한 것이라고 본다면 이는 면책이 허용되는 예측정보가 될 것이다.

3) 송종준, 전게 논문, 12쪽 이하.

는 정보의 범위만을 법률이 규정하고 그에 속하는 구체적인 정보의 공시에 대하여는 발행인의 자율적 의사에 따르게 하는 임의공시 또는 자발적 공시주의(voluntary disclosure)를 취하고 있다.

이와 같이 예측정보에 대하여 자발적 공시방식을 택한 것은 예측정보는 본질적으로 주관적이며 불확실하기 때문에 투자자의 입장에서는 확정되지 않은 정보를 신뢰케 할 수 있어 투자판단의 착오를 초래할 가능성이 높고, 발행인측에게는 예측치와 실제치간의 불일치로 인한 손해배상책임의 위험부담이 크기 때문이다. 그리하여 예측정보가 투자판단에 중요성을 가지더라도 이의 공시는 강제되지 아니한다.

다만 자발적 공시주의를 취하면서도 예측정보가 투자자를 위하여 투자판단상 유익할 수 있기 때문에 일정한 요건을 정하여 이를 충족하는 경우에는 예측정보의 부실공시에 대하여 면책을 허용함으로써 발행인에 대하여 예측정보의 적극적 공시를 유도하고자 한 것이다. 이러한 입법태도는 미국의 증권법을 따른 것이다.

4) 연　혁

(가) 미　국

미국의 경우 1970년대 초까지는 예측정보는 본질적으로 신뢰할 수 없는 정보이고, 또 일반투자자는 투자판단에 있어서 예측정보에 과도한 비중을 둔다는 점을 인식하여 증권거래위원회(SEC)에 의하여 예측정보의 공시가 금지되었다. 그런데 많은 증권분석가들의 권고에 따라 증권거래위원회가 구성한 휘트 위원회(Wheat Commission)의 보고(1969년)를 계기로 예측정보의 허용 또는 강제공시문제를 검토하기 시작함으로써 예측정보의 공시문제가 본격적으로 논의되었다. 그 후 많은 논의를 거쳐 1979년에 증권거래위원회는 1933년 증권법 SEC Rule 175와 1934년 증권거래법 SEC Rule 36-6에 이를 명문화함으로써 자발적인 예측정보공시제도를 도입하게 되었다.

그러나 증권거래위원회의 Rule에 의하여 도입된 예측정보공시제도는 법률적으로 예측정보의 부실공시에 대한 책임을 면제하는 것은 아니어서 투자자로부터 부실공시에 기한 손해배상책임의 소송이 증가하고, 또 발행인도 이러한 소송의 위험으로부터 벗어나기 위하여 예측정보의 적극적 공시를 회피하는 현상이 늘게 되어 당초에 예정했던 예측정보공시제도의 도입취지가 무색하게 되었다. 그리하여 1995년에는 증권민사소송개혁법(Private Securities Litigation Reform Act of 1995: PSLRA)

의 일환으로서 1933년 증권법(제27A조)과 1934년 증권거래법(제21E조)을 개정하여 예측정보를 기초로 한 민사책임으로부터 일정한 발행인과 기타의 자들을 보호할 수 있도록 하였다. 여기에서는 민사소송상 증거개시절차의 남용(abuse of the discovery process)을 포함하여 소송의 남용가능성으로부터 발행인 등을 보호하여야 한다는 점, 예측정보의 공시는 투자자에게 바람직하다는 점, 그리고 기업경영에 장애가 되어왔던 소송의 남발을 억제함으로써 예측정보의 공시를 장려하여야 할 필요가 있다는 점 등이 주요한 입법배경으로 작용하였다.[1]

(나) 한 국

1999년 개정 증권거래법은 발행시장에 있어서 유가증권을 모집 또는 매출하는 발행인은 금융감독위원회에 제출하여야 할 유가증권신고서에 법령상의 의무적 기재사항 이외에도 장래의 예측정보(forward-looking information)를 자율적으로 기재할 수 있도록 하였다(증권거래법 제 8 조 제 2 항).

원래 증권거래법상 발행인 등이 공시하여야 할 정보는 경성정보(hard information)로서 과거의 확정된 정보를 뜻하는 것이 원칙이었지만, 증권거래법 개정으로 발행인은 발행시장에서든 유통시장에서든 연성정보(soft information)로서 장래의 불확실한 예측정보도 공시할 수 있게 되었다.

자본시장법의 예측정보에 관한 규정은 증권거래법 제 8 조 제 2 항과 제14조 제 2 항의 규정을 거의 그대로 계수한 것이다.

5) 기재방법(예측정보공시의 형식규제)

이 경우 예측정보의 기재 또는 표시는 제125조 제 2 항 제 1 호·제 2 호 및 제 4 호의 방법에 따라야 한다(법 제119조 제 3 항 후단, 제125호 제 2 항 제 1 호, 제 2 호 및 제 4 호).

1. 그 기재 또는 표시가 예측정보라는 사실이 밝혀져 있을 것
2. 예측 또는 전망과 관련된 가정이나 판단의 근거가 밝혀져 있을 것
3. 그 기재 또는 표시에 대하여 예측치와 실제 결과치가 다를 수 있다는 주의문구가 밝혀져 있을 것

위와 같이 자본시장법은 예측정보의 공시에 있어서는 일정한 방법에 의할 것을 강제하고 있다. 이와 같은 예측정보의 공시방법을 따르는 경우에는 예측정보에

1) 송종준, 전게 논문, 10쪽.

중요사항의 부실표시가 있어도 소위 안전항면책규정(safe harbor provision)의 특례가 인정된다. 따라서 이러한 이러한 방법에 따르지 아니한 예측정보의 공시에 대하여는 그러한 면책특례의 적용이 배제된다.

(4) 대표이사와 신고업무를 담당하는 이사의 확인·서명

1) 의 의

증권신고서를 제출하는 경우 신고 당시 해당 발행인의 대표이사 및 신고업무를 담당하는 이사(대표이사 및 신고업무를 담당하는 이사가 없는 경우 이에 준하는 자)는 그 증권신고서의 기재사항 중 중요사항에 관하여 거짓의 기재 또는 표시가 있거나 중요사항의 기재 또는 표시가 누락되어 있지 아니하다는 사실 등 대통령령으로 정하는 사항을 확인·검토하고 이에 각각 서명하여야 한다(법 제119조 제5항).

증권신고서의 부실표시에 대하여 손해배상책임을 부담하는 발행인의 대표이사와 신고업무를 담당한 이사의 책임을 명확히 하기 위하여 이들에게 기재사항에 대한 확인·검토한 후 서명을 하도록 한 것이다.

이 제도는 미국에서 엔론 등 기업의 분식회계로 증권시장에 충격을 주고 투자자에게 엄청난 손실을 발생시키자 이에 대한 대응방법으로 공시서류의 진실성을 강력하게 담보하기 위하여 2002년 7월에 제정된 사베인스 – 옥슬리법(Sarbanes–Oxley Act)의 내용을 계수한 것이다.

따라서 이 제도는 기업회계 및 경영의 투명성 제고를 위하여 증권신고서 등의 공시서류의 부실표시를 방지하기 위하여 2003년 12월 31일 증권거래법에 신설되었다가 자본시장법에 그대로 계수되었다. 이것은 공시를 위한 회사의 내부결재절차가 요식행위로 이루어지고 있는 점을 고려하여 사후제재의 실효성 확보와 내부통제시스템의 구축절차의 일환으로 사전예방적인 차원에서 도입된 것이다.[1)]

2) 의 무 자

증권신고서의 기재사항 중 중요사항에 관하여 거짓의 기재 또는 표시가 있거나 중요사항의 기재 또는 표시가 누락되어 있지 아니하다는 사실 등 대통령령으로 정하는 사항을 확인·검토하고 이에 각각 서명하여야 하는 자는 "신고 당시 해당 발행인의 대표이사 및 신고업무를 담당하는 이사(대표이사 및 신고업무를 담당하는 이사가 없는 경우 이에 준하는 자)이다(법 제119조 제5항).

1) 변제호 외 3인, 전게서, 350쪽.

대표이사가 수인이 있는 경우 각자 대표가 원칙이므로 1인의 대표이사가 확인·검토하고 서명하여야 한다. 그리고 공동대표이사 등 대표이사가 단독으로 업무를 수행함에 제한이 있는 경우에는 공동대표이사가 공동으로 확인·검토하고 서명하여야 한다.

신고업무를 담당하는 이사는, 회사의 이사들 중에서 당해 신고업무를 수행하도록 회사의 정관이나 내규에 신고 등의 공시업무를 담당하는 이사로 정해져 있는 경우에는 그 이사가 의무자가 되지만, 그 외에는 실제로 업무를 직접 수행한 이사가 의무자이다.

대표이사 및 신고업무를 담당하는 이사가 없는 경우 이에 준하는 자란 대표이사 및 신고업무를 담당하는 이사가 결원이 된 경우로 그 직무를 대행하는 자를 말한다.

3) 확인·검토의 내용

대표이사 및 신고업무를 담당하는 이사(대표이사 및 신고업무를 담당하는 이사가 없는 경우 이에 준하는 자)가 확인·검토할 사항은 "증권신고서의 기재사항 중 중요사항에 관하여 거짓의 기재 또는 표시가 있거나 중요사항의 기재 또는 표시가 누락되어 있지 아니하다는 사실 등 대통령령으로 정하는 사항"이다(법 제119조 제 5 항).

여기서 "중요사항"은 "투자자의 합리적인 투자판단 또는 해당 금융투자상품의 가치에 중대한 영향을 미칠 수 있는 사항"(법 제47조 제 3 항)을 말한다. "대통령령으로 정하는 사항"이란 다음 각 호에 해당하는 사항을 말한다(영 제124조).

1. 법 제119조 제 3 항에 따른 증권신고서의 기재사항 중 중요사항에 관하여 거짓의 기재 또는 표시가 없고, 중요사항의 기재 또는 표시가 빠져 있지 아니하다는 사실
2. 증권신고서의 기재 또는 표시사항을 이용하는 자로 하여금 중대한 오해를 일으키는 내용이 기재 또는 표시되어 있지 아니하다는 사실
3. 증권신고서의 기재사항에 대하여 상당한 주의를 다하여 직접 확인·검토하였다는 사실
4. 주식회사의 외부감사에 관한 법률 제 2 조에 따른 외부감사대상 법인인 경우에는 같은 법 제 2 조의2[1] 및 제 2 조의3[2]에 따라 내부회계관리제도가 운영되고 있다는 사실

1) 제 2 조의2(내부회계관리제도의 운영 등) ① 회사(주권상장법인이 아닌 회사로서 직전 사업연도말의 자산총액이 1천억원 미만인 회사는 제외한다. 이하 이 조에서 같다)는 신뢰할 수 있는 회계정보의 작성과 공시를 위하여 다음 각 호의 사항이 포함된 내부회계관리규정과

4) 서　　명

대표이사와 신고업무를 담당하는 이사는 자신들이 확인·검토한 사항에 대하여 각각 서명하여야 한다. 서명하여야 한다고 명시하고 있으므로 기명·날인은 허용되지 않는다.

4. 증권신고서의 심사와 수리거부

(1) 증권신고서의 심사

1) 심사의 의의와 범위

자본시장법은 증권신고서의 심사에 대하여 명시적으로 규정하고 있지는 않다. 그러나 수리 여부를 결정하기 위하여 그 전제로서 심사를 인정하여야 한다.

금융위원회는 증권신고서의 형식을 제대로 갖추지 아니한 경우 또는 그 증권신고서 중 중요사항에 관하여 거짓의 기재 또는 표시가 있거나 중요사항이 기재

이를 관리·운영하는 조직(이하 "내부회계관리제도"라 한다)을 갖추어야 한다.
1. 회계정보(회계정보의 기초가 되는 거래에 관한 정보를 포함)의 식별·측정·분류·기록 및 보고방법에 관한 사항
2. 회계정보의 오류를 통제하고 이를 수정하는 방법에 관한 사항
3. 회계정보에 대한 정기적인 점검 및 조정 등 내부검증에 관한 사항
4. 회계정보를 기록·보관하는 장부(자기테이프·디스켓, 그 밖의 정보보존장치를 포함)의 관리방법과 위조·변조·훼손 및 파기를 방지하기 위한 통제절차에 관한 사항
5. 회계정보의 작성 및 공시와 관련된 임직원의 업무분장과 책임에 관한 사항
6. 그 밖에 신뢰할 수 있는 회계정보의 작성과 공시를 위하여 필요한 사항으로서 대통령령으로 정하는 사항

② 회사는 내부회계관리제도에 의하지 아니하고 회계정보를 작성하거나 내부회계관리제도에 따라 작성된 회계정보를 위조·변조·훼손 및 파기하여서는 아니 된다.
③ 회사의 대표자는 내부회계관리제도의 관리·운영을 책임지며, 이를 담당하는 상근이사(담당하는 이사가 없는 경우에는 해당 이사의 업무를 집행하는 자를 말한다) 1명을 내부회계관리자(이하 "내부회계관리자")로 지정하여야 한다.
④ 내부회계관리자는 사업연도마다 이사회 및 감사(감사위원회를 포함)에게 해당 회사의 내부회계관리제도의 운영실태를 보고하여야 한다.
⑤ 회사의 감사는 내부회계관리제도의 운영실태를 평가하여 이사회에 사업연도마다 보고하고 그 평가보고서를 해당 회사의 본점에 5년간 비치하여야 한다. 이 경우 내부회계관리제도의 관리·운영에 대하여 시정 의견이 있으면 이를 포함하여 보고하여야 한다.
⑥ 내부회계관리제도의 운영 등에 필요한 사항은 대통령령으로 정한다.

2) 제 2 조의3(감사인의 내부회계관리제도에 대한 검토) ① 감사인이 감사업무를 수행하는 경우에는 제 2 조의2에서 정한 사항의 준수 여부 및 내부회계관리제도의 운영실태에 관한 보고내용을 검토하여야 한다.
② 감사인은 제 1 항에 따른 검토결과에 대한 종합의견을 제 7 조의2에 따른 감사보고서에 표명(表明)하여야 한다.

또는 표시되지 아니한 경우를 제외하고는 그 수리를 거부하여서는 아니 된다(법 제120조 제 2 항).

이에 따라 금융위원회는 "증권신고서의 형식을 제대로 갖추지 아니한 경우"와 "증권신고서 중 중요사항에 관하여 거짓의 기재 또는 표시가 있거나 중요사항이 기재 또는 표시되지 아니한 경우"만을 심사할 수 있고, 이에 해당하면 수리를 거부하여야 한다. 증권신고서의 기재사항은 진실하고 정확하여야 하며, 첨부서류와 그 내용이 일치하여야 한다. 금융위원회는 발행인이 제출한 증권신고서의 형식상 불비가 없고, 증권의 모집·매출이 법령에 위반하지 않으면 증권신고서를 수리하고 있다.

2) 심사결과의 통지

효력발생기간을 계산함에 있어 금융위원회가 신고서를 수리하면 접수된 날에 수리된 것으로 본다. 이 경우 금융위원회가 신고서를 수리 또는 수리거부를 한 때에는 신고서를 제출한 발행인에게 이를 서면, 정보통신망 이용촉진 및 정보보호 등에 관한 법률에 따른 정보통신망을 이용한 전자문서 또는 모사전송(FAX)의 방법으로 통지한다. 다만, 제2-12조 제 4 항의 규정에 의한 정정신고서를 수리한 때에는 그 통지를 생략할 수 있다(증권의 발행 및 공시 등에 관한 규정 제2-3조 제 5 항).

(2) 증권신고서의 수리거부와 정정신고서의 제출 요구

1) 수리거부

금융위원회는 증권신고서에 대한 심사결과 "증권신고서의 형식을 제대로 갖추지 아니한 경우 또는 그 증권신고서 중 중요사항에 관하여 거짓의 기재 또는 표시가 있거나 중요사항이 기재 또는 표시되지 아니한 경우"에는 증권신고서의 수리를 거부할 수 있다(법 제120조 제 2 항).

2) 정정신고서의 제출 요구

금융위원회는 증권신고서의 형식을 제대로 갖추지 아니한 경우 또는 그 증권신고서 중 중요사항에 관하여 거짓의 기재 또는 표시가 있거나 중요사항이 기재 또는 표시되지 아니한 경우와 중요사항의 기재나 표시내용이 불분명하여 투자자의 합리적인 투자판단을 저해하거나 투자자에게 중대한 오해를 일으킬 수 있는 경우에는 그 증권신고서에 기재된 증권의 취득 또는 매수의 청약일 전일까지 그 이유를 제시하고 그 증권신고서의 기재내용을 정정한 신고서("정정신고서")의 제출을 요구할 수 있다(법 제122조 제1항).

5. 증권신고서의 효력발생시기

(1) 효력발생의 의의

증권신고서가 금융위원회에 제출되어 수리된 날부터 증권의 종류 또는 거래의 특성 등을 고려하여 총리령으로 정하는 기간이 경과한 날에 그 효력이 발생한다(법 제120조 제1항). 여기서 수리된 날로부터 효력발생일까지의 기간을 대기기간(waiting period)이라고 하며, 대기기간은 금융위원회에는 증권신고서 심사기간이고, 투자자에게는 증권신고서 기재내용을 이해하고 투자 여부를 판단할 수 있는 숙고기간이며, 발행인에게는 모집·매출을 위한 준비기간이다.

따라서 증권신고서의 효력이 발생하여야 모집·매출을 할 수 있다. 즉 신고의 효력이 발생하지 아니한 증권의 취득 또는 매수의 청약이 있는 경우에 그 증권의 발행인·매출인과 그 대리인은 그 청약의 승낙을 하여서는 아니 된다(법 제121조 제1항).

증권신고서의 효력의 발생은 그 증권신고서의 기재사항이 진실 또는 정확하다는 것을 인정하거나 정부에서 그 증권의 가치를 보증 또는 승인하는 효력을 가지지 아니한다(법 제120조 제3항).

(2) 효력발생기간

증권신고의 효력발생시기는 그 증권신고서가 수리된 날부터 다음 각 호의 기간이 경과한 날로 한다(규칙 제12조 제1항).

1. 채무증권의 모집 또는 매출인 경우에는 7일. 다만, 다음 각 목의 어느 하나에 해당하는 채무증권인 경우에는 5일
   가. 담보부사채신탁법에 따라 발행되는 담보부사채
   나. 자본시장과 금융투자업에 관한 법률 시행령 제362조 제8항에 따른 보증사채권
   다. 자산유동화에 관한 법률 제3조에 따른 자산유동화계획에 따라 발행되는 사채권
   라. 법 제119조 제2항에 따른 일괄신고서에 의하여 모집 또는 매출되는 채무증권
2. 지분증권의 모집 또는 매출인 경우에는 15일. 다만, 주권상장법인(투자회사는 제외)의 주식의 모집 또는 매출인 경우에는 10일, 주주 또는 제3자에게 배정하는 방식의 주식(투자회사의 주식은 제외)의 모집 또는 매출인 경우에는 7일

3. 증권시장에 상장된 법 제230조 제 1 항에 따른 환매금지형집합투자기구의 집합투자증권의 모집 또는 매출인 경우에는 10일, 주주 등 출자자 또는 수익자에게 배정하는 방식의 환매금지형집합투자기구의 집합투자증권의 모집 또는 매출인 경우에는 7일
4. 제 1 호부터 제 3 호까지에 해당하는 증권의 모집 또는 매출 외의 경우에는 15일

효력발생기간은 증권신고서의 기재내용에 대한 심사기간일 뿐만 아니라 투자자에게는 해당 증권에 대하여 투자판단을 할 수 있는 숙고기간이기 때문에 증권의 성격 및 발행인의 유형에 따라 그 기간에 차등을 두어 적용하고 있는 것이다.[1)]

(3) 정정신고서의 효력발생시기

증권신고서에 대한 정정신고서가 제출된 경우에는 그 정정신고서가 수리된 날에 그 증권신고서가 수리된 것으로 본다(법 제122조 제 5 항). 따라서 효력발생기간은 원칙적으로 수리일로부터 기산하여야 한다. 그러나 다음과 같은 경우에는 예외이다.

1) 일반 정정신고서

모집가액, 매출가액, 발행이자율 및 이와 관련된 사항의 변경으로 인하여 정정신고서를 제출하는 경우에는 그 정정신고서가 수리된 날부터 3일이 지난 날에 해당 증권신고의 효력이 발생한다(규칙 제12조 제 2 항 제 1 호). 이 경우는 증권신고서의 내용이 이미 일반인에게 널리 알려져 있거나 쉽게 이해할 수 있는 경우이기 때문이다.

2) 집합투자기구의 등록사항 변경을 위한 정정신고서

자본시장법 제182조 제 1 항에 따라 등록된 사항을 변경하기 위하여 정정신고서를 제출하는 경우에는 그 정정신고서가 수리된 날(집합투자기구만 해당)에 해당 증권신고의 효력이 발생한다(규칙 제12조 제 2 항 제 2 호). 이 경우도 증권신고서의 내용이 이미 일반인에게 널리 알려져 있거나 쉽게 이해할 수 있는 경우이기 때문이다.

3) 정정신고서가 먼저 수리된 경우

다만, 위의 "일반 정정신고서"와 "집합투자기구의 등록사항 변경을 위한 정정

---
1) 금융감독원, 전게서(2010. 7), 91쪽.

신고서"에서 정하는 날이 규칙 제1항 각 호에서 정하는 날 이전인 경우에는 제1항 각 호에 따른다(규칙 제12조 제2항 단서).

(4) 효력발생시기의 특례

1) 단축요건

금융위원회는 다음 각 호의 어느 하나에 해당하여 증권신고의 효력발생시기를 앞당길 필요가 있는 경우에는 제1항 각 호 및 제2항 각 호에 따른 기간을 단축하여 효력발생시기를 따로 정하여 고시할 수 있다(규칙 제12조 제3항).

1. 해당 증권신고서의 내용이 이미 일반인에게 널리 알려져 있거나 쉽게 이해될 수 있을 것
2. 해당 증권의 발행인이 영 제119조 제1항 각 호의 어느 하나에 해당하는 법률에 따라 직접 설립되었거나 국가·지방자치단체로부터 업무감독을 받는 자 또는 금융위원회가 정하여 고시하는 국제기구 또는 단체로서 이미 일반인에게 그 공공성을 널리 인정받고 있을 것

2) 특례내용

(가) 효력발생기간이 단축되는 경우

가) 증권신고서의 내용이 이미 일반인에게 널리 알려져 있거나 쉽게 이해될 수 있는 경우(규칙 제12조 제3항 제1호)

[증권의 발행 및 공시 등에 관한 규정]

제2-3조(효력발생시기의 특례 등) ① 규칙 제12조에 따라 금융위가 따로 정하는 효력발생시기는 다음 각 호와 같다.

1. 일괄신고서의 정정신고서는 수리된 날부터 3일이 경과한 날에 그 효력이 발생한다. 다만, 일괄신고서의 정정신고서가 수리된 날부터 3일이 경과한 날이 당초의 일괄신고서의 효력이 발생하는 날보다 먼저 도래하는 경우에는 당초의 일괄신고서의 효력이 발생하는 날에 그 효력이 발생한다.
2. 사업보고서, 법 제160조에 따른 반기보고서, 법 제160조에 따른 분기보고서 또는 신고서를 제출한 사실이 있는 법인이 신고서의 기재사항 중 영 제125조의 발행인에 관한 사항이 이미 제출한 사업보고서·반기보고서 및 분기보고서 또는 신고서와 동일한 내용의 신고서를 제출하는 경우 무보증사채권(보증사채권 또는 담보부사채권을 제외한 사채권을 말한다. 이하 같다)의 발행을 위한 신고서는 수리된 날부터 5일, 보증사채권(영 제362조 제8항에 따른 보증사채권을 말한다.

이하 같다), 담보부사채권(담보부사채신탁법에 따라 발행되는 사채권)의 발행을 위한 신고서는 수리된 날부터 3일이 경과한 날에 각각 그 효력이 발생한다. 다만, 관공서의 공휴일에 관한 규정 제 2 조에 따른 휴일은 그 기간에 산입하지 아니한다.

3. 사채권의 발행을 위하여 신고서를 제출한 자가 사채거래수익률 등의 변동으로 인한 발행가액의 변경 또는 발행이자율의 변경을 위하여 정정신고서를 제출하는 경우에는 정정신고서가 수리된 다음날에 그 효력이 발생한다. 다만, 제 2 호 또는 규칙 제12조 제 1 항 제 1 호의 기간이 경과하기 전에 정정신고서가 수리되어 그 효력이 발생하게 되는 경우에는 당초의 신고서의 효력이 발생하는 날에 그 효력이 발생한다.
4. 만기시 최저지급액을 발행가액 이상으로 정한 파생결합증권의 모집 또는 매출의 경우에는 7일
5. 제 4 호에 따른 파생결합증권의 모집 또는 매출을 위하여 신고서를 제출한 자가 시장상황의 변동 등으로 동 증권의 지급금액 결정방식을 변경하기 위하여 정정신고서를 제출하는 경우에는 정정신고서를 수리한 날부터 3일이 경과한 날에 그 효력이 발생한다. 다만, 제 2 호 단서의 공휴일은 효력발생기간에 산입하지 아니하며 제 4 호의 기간이 경과하기 전에 정정신고서가 수리되어 그 효력이 발생하게 되는 경우에는 당초의 신고서의 효력이 발생하는 날에 그 효력이 발생한다.
6. 법 제193조에 따라 집합투자기구간 합병을 위해 신고서를 제출하는 경우로서 수익자총회일의 2주 전부터 합병계획서 등을 공시하는 경우에는 그 신고서가 수리된 날부터 3일이 경과한 날에 그 효력이 발생한다.
7. 제 1 호에도 불구하고 은행업감독규정 제25조의2 제 1 항에 따른 금적립계좌(이하 '금적립계좌') 발행을 위하여 제출한 일괄신고서가 효력이 발생한 후에 제출하는 정정신고서는 수리된 날에 그 효력이 발생한다. 〈신설 2012. 1. 3〉

나) 일반인에게 공공성이 인정받고 있는 경우(규칙 제12조 제 3 항 제 2 호)

[증권의 발행 및 공시 등에 관한 규정]

제2-3조(효력발생시기의 특례 등) ④ 규칙 제12조 제 3 항 제 2 호에 따라 국제금융기구에의 가입조치에 관한 법률 제 2 조 제 1 항 각 호의 어느 하나에 해당하는 국제금융기구가 원화표시채권을 발행하기 위하여 증권신고서를 제출하는 경우에는 증권신고서가 수리된 날부터 5일이 경과한 날에 효력이 발생한다.

(나) 정정신고서를 제출하는 경우에도 당초의 효력발생일에 영향을 미치지 않는 경우

[증권의 발행 및 공시 등에 관한 규정]

제2-3조(효력발생시기의 특례 등) ② 신고서를 제출한 자가 다음 각 호의 어느 하나의 사유로 정정신고서를 제출하는 경우에는 당초의 신고서 효력발생일에 영향을 미치지 아니한다.

1. 증권시장에 상장하기 위하여 지분증권(지분증권과 관련된 증권예탁증권을 포함한다)을 모집 또는 매출하는 경우로서 모집 또는 매출할 증권수를 당초에 제출한 신고서의 모집 또는 매출할 증권수의 100분의 80 이상과 100분의 120 이하에 해당하는 증권수로 변경하는 경우
2. 제2-19조에 따른 초과배정옵션계약을 추가로 체결하거나 초과배정 수량을 변경하는 경우
3. 영 제146조 제4항 제5호 단서에 따라 공개매수의 대가로 교부하기 위하여 신주를 발행함에 있어서 발행예정주식수가 변경되는 경우

③ 사소한 문구수정 등 투자자의 투자판단에 크게 영향을 미치지 아니하는 경미한 사항을 정정하기 위하여 정정신고서를 제출하는 경우에도 당초의 효력발생일에 영향을 미치지 아니한다.

제2-12조(신고서 기재사항의 특례) ① 지분증권을 모집 또는 매출하는 경우 모집 또는 매출가액을 결정하기 전에 신고서를 제출하는 때에는 다음 각 호의 사항에 대한 기재를 하지 않을 수 있다. 이 경우 그 산정방법 또는 인수인이 확정된 후 추후 기재한다는 사실을 기재하여 신고서를 제출하여야 한다.

1. 모집 또는 매출가액
2. 청약증거금
3. 인수증권수
4. 인수조건
5. 인수인(모집 또는 매출하는 증권의 발행인 또는 매출인으로부터 해당 증권의 인수를 의뢰받아 인수조건 등을 결정하고 해당 모집 또는 매출과 관련된 업무를 통할하는 자("주관회사")를 제외

② 전환사채권, 신주인수권부사채권 또는 교환사채권을 발행함에 있어서 필요한 경우 전환가액, 신주인수권행사가액 또는 교환가액 등에 대하여는 그 산정 또는 결정방법만을 기재한 신고서를 제출할 수 있다.

③ 채무증권을 발행함에 있어서 필요한 경우 발행가액과 발행이자율에 대하여는 그 산정 또는 결정방법만을 기재한 신고서를 제출할 수 있다.

④ 제 1 항부터 제 3 항까지의 경우 발행가액 또는 인수인 등이 확정된 때에는 법 제122조에 따른 정정신고서를 제출하여야 한다. 이 경우 당초의 신고서 효력발생일에 영향을 미치지 아니한다.

3) 효력발생기간 계산방법

효력발생기간을 계산함에 있어 금융위가 신고서를 수리하면 접수된 날에 수리된 것으로 본다. 이 경우 금융위가 신고서를 수리 또는 수리거부를 한 때에는 신고서를 제출한 발행인에게 이를 서면, 정보통신망 이용촉진 및 정보보호 등에 관한 법률에 따른 정보통신망을 이용한 전자문서 또는 모사전송(FAX)의 방법으로 통지한다. 다만, 제2-12조 제 4 항의 규정에 의한 정정신고서를 수리한 때에는 그 통지를 생략할 수 있다(증권의 발행 및 공시 등에 관한 규정 제2-3조 제 5 항).

Ⅱ. 일괄신고서

1. 의 의

일괄신고서는 증권의 종류, 발행예정기간, 발행횟수, 발행인의 요건 등을 고려하여 대통령령으로 정하는 기준과 방법에 따라 일정기간 동안 모집하거나 매출할 증권의 총액을 일괄하여 기재한 신고서를 말한다. 일괄신고서를 금융위원회에 제출하여 수리된 경우에는 그 기간 중에 그 증권을 모집하거나 매출할 때마다 제출하여야 하는 신고서를 따로 제출하지 아니하고 그 증권을 모집하거나 매출할 수 있다(법 제119조 제 2 항 전단).

일괄신고서를 제출하면 일괄신고서에 기재된 증권(집합투자증권 중 대통령령으로 정하는 것[1]을 제외)을 모집하거나 매출할 때마다 대통령령으로 정하는 일괄신고추가서류를 제출하여야 하는데(법 제119조 제 2 항 후단), 이에 대하여는 별도의 수리 및 효력발생의 절차를 거칠 필요 없이 증권을 모집하거나 매출할 수 있게 되는 것이다.

증권신고서는 모집·매출하는 경우마다 제출하는 데 반하여, 일괄신고서 제도는 같은 종류의 증권을 계속 발행하는 발행인에게 발행인에 관한 사항과 일정기간 동안의 모집·매출 예정물량을 금융위원회에 사전에 일괄하여 신고하고, 실제

1) “대통령령으로 정하는 것”이란 개방형 집합투자증권을 말한다(영 제122조 제 1 항).

발행하는 경우 일괄신고추가서류만을 제출하면 증권신고서를 제출한 것과 동일한 효과를 갖도록 하여 증권의 모집·매출을 원활하게 하는 제도이다.

2. 대상증권

일괄신고서를 제출할 수 있는 증권은 다음 각 호의 증권으로 한다(영 제121조 제 1 항).

1. 주권
2. 법 제71조 제 4 호 나목에 따른 주권 관련 사채권 및 이익참가부사채권
3. 제 2 호의 사채권을 제외한 사채권
4. 파생결합증권
5. 다음 각 목의 어느 하나에 해당하는 집합투자증권(이하 "개방형 집합투자증권")
   가. 환매금지형집합투자기구가 아닌 집합투자기구의 집합투자증권
   나. 가목에 준하는 것으로서 법 제279조 제 1 항에 따른 외국 집합투자증권

3. 발행예정기간 및 발행횟수

(1) 발행예정기간

1) 일반원칙

발행예정기간은 일괄신고서에 의하여 모집하거나 매출할 수 있는 기간을 말한다. 일괄신고서의 발행예정기간은 일괄신고서의 효력발생일부터 2개월 이상 1년 이내의 기간으로 한다(영 제121조 제 2 항).

2) 개방형 집합투자증권

개방형 집합투자증권인 경우에는 해당 집합투자규약에서 정한 존속기간(집합투자규약에서 존속기간을 정하지 아니한 경우에는 무기한으로 한다)을 발행예정기간으로 한다(영 제121조 제 2 항).

3) 잘 알려진 기업의 주권 및 사채권

시행령 제126조 제 6 항 각 호의 요건을 갖춘 잘 알려진 기업은 제 1 항 제 1 호부터 제 3 호까지의 증권에 대한 일괄신고서를 제출할 수 있다. 이 경우 제 2 항에도 불구하고 발행예정기간은 2년 이내로 한다(영 제121조 제 6 항).

(2) 발행횟수

일괄신고서를 제출한 자는 발행예정기간 중 3회 이상 그 증권을 발행하여야 한다(영 제121조 제 3 항). 다만 잘 알려진 기업이 주권 및 사채권을 발행하는 경우에는 그러하지 아니하다(영 제121조 제 6 항).

4. 제출가능법인

(1) 일반법인

시행령 제121조 제 1 항 제 3 호 및 제 4 호의 증권에 대한 일괄신고서를 제출할 수 있는 자는 다음 각 호의 요건을 모두 갖춘 자로 한다(영 제121조 제 4 항).

1. 다음 각 목의 어느 하나에 해당하는 자로서 제 1 항 제 3 호 또는 제 4 호에 따른 증권 중 같은 종류에 속하는 증권을 최근 1년간 모집 또는 매출한 실적이 있을 것
   가. 최근 1년간 사업보고서와 법 제160조에 따른 반기보고서(이하 "반기보고서")를 제출한 자
   나. 최근 1년간 분기별 업무보고서 및 월별 업무보고서를 제출한 금융투자업자
2. 최근 사업연도의 재무제표에 대한 회계감사인의 감사의견이 적정일 것
3. 최근 1년 이내에 금융위원회로부터 증권의 발행을 제한하는 조치를 받은 사실이 없을 것

(2) 분할 또는 분할합병으로 인하여 설립 또는 존속하는 법인

분할 또는 분할합병으로 인하여 설립 또는 존속하는 법인은 다음 각 호의 요건을 모두 충족하는 경우에는 제 4 항에도 불구하고 일괄신고서를 제출할 수 있다(영 제121조 제 5 항).

1. 분할 전 또는 분할합병 전의 법인이 제 4 항에 따른 요건을 충족할 것
2. 분할 또는 분할합병으로 인하여 설립된 법인의 최근 사업연도 재무제표에 대한 회계감사인의 감사의견이 적정일 것

(3) 잘 알려진 기업(WKSI)

자본시장법은 잘 알려진 기업에 대하여 공시부담을 경감시켜 주기 위하여 일괄신고서의 사용제한을 완화하여 규정하고 있다.

잘 알려진 기업이 되기 위해서는 다음의 요건을 갖추어야 한다(영 제121조 제6항).

1. 주권상장법인으로서 주권이 상장된 지 5년이 경과하였을 것
2. 최근 사업연도의 최종 매매거래일 현재 시가총액이 5천억원 이상일 것. 이 경우 시가총액은 해당 주권상장법인의 주권의 가격(증권시장에서 성립된 최종가격)에 발행주식총수를 곱하여 산출한 금액을 말한다.
3. 최근 3년간 사업보고서·반기보고서 및 분기보고서를 기한 내에 제출하였을 것
4. 최근 3년간 공시위반으로 금융위원회 또는 거래소로부터 금융위원회가 정하여 고시하는 제재를 받은 사실이 없을 것[1]
5. 최근 사업연도의 재무제표에 대한 회계감사인의 감사의견이 적정일 것
6. 최근 3년간 법에 따라 벌금형 이상의 형을 선고받거나 주식회사의 외부감사에 관한 법률 제13조에 따른 회계처리기준의 위반과 관련하여 같은 법에 따라 벌금형 이상의 형을 선고받은 사실이 없을 것

또한 일괄신고서를 제출한 법인이 일괄신고서에 기재된 발행예정기간 중 합병 등에 따라 새로운 법인으로 설립되는 경우로서 합병 등의 당사자가 되는 모든 법인이 제6항에 따른 모든 요건을 충족하는 경우에는 이미 제출한 일괄신고서를 이용할 수 있다. 다만, 합병 등의 당사자가 되는 법인이 제6항 각 호의 요건 중 일부를 갖추지 못하는 경우에도 금융위원회가 정하여 고시하는 조건에 해당하는 경우[2]에는 이미 제출한 일괄신고서를 이용할 수 있다(영 제121조 제7항).

일괄신고서에 따라 증권을 모집하거나 매출하려면 일괄신고서에 기재된 발행

---

1) 증권의 발행 및 공시 등에 관한 규정 제2-4조(일괄신고서 및 추가서류 관련사항) ① 영 제121조 제6항 제4호에서 "금융위원회가 정하여 고시하는 제재"란 법 제429조에 따른 과징금 부과, 법 제449조 제1항 제36호부터 제38호까지 및 같은 조 제2항 제7호부터 제8의2호까지(제8호의 경우는 법 제131조 제1항, 제146조 제1항, 제151조 제1항, 제158조 제1항, 제164조 제1항이 관련된 경우)에 따른 과태료 부과, 영 제138조 제1호·제2호의 조치, 한국거래소(이하 "거래소")의 유가증권시장상장규정 제75조 제1항 제8호 및 코스닥시장상장규정 제28조 제1항 제8호에 따른 관리종목 지정을 말한다.

2) 증권의 발행 및 공시 등에 관한 규정 제2-4조(일괄신고서 및 추가서류 관련사항) ② 영 제121조 제7항에서 "금융위원회가 정하여 고시하는 조건에 해당하는 경우"란 다음 각 호의 1에 해당하는 경우를 말한다.
   1. 영 제121조 제6항에 따라 일괄신고서를 제출한 법인의 분할로 인하여 설립 또는 존속하는 법인(주권상장법인에 한한다)이 영 제121조 제6항 제2호를 충족하는 경우
   2. 영 제121조 제6항에 따라 일괄신고서를 제출한 법인이 상법 제527조의3에 따라 다른 법인과 합병하는 경우

예정기간 동안 같은 항 각 호의 요건을 모두 충족하여야 한다(영 제121조 제 8 항).

5. 기재사항과 첨부서류

(1) 기재사항

일괄신고서(집합투자증권은 제외)에는 다음 각 호의 사항을 기재하여야 한다(영 제126조 제 1 항).

1. 대표이사 및 신고업무를 담당하는 이사의 서명
2. 발행예정기간
3. 발행예정금액
4. 증권신고서의 발행인에 관한 사항
5. 그 밖에 투자자를 보호하기 위하여 필요한 사항으로서 금융위원회가 정하여 고시하는 사항

(2) 첨부서류

일괄신고서에는 다음 각 호의 서류를 첨부하여야 한다. 이 경우 금융위원회는 전자정부법 제36조 제 1 항에 따른 행정정보의 공동이용을 통하여 법인 등기사항증명서를 확인하여야 한다(영 제126조 제 2 항).

1. 정관 또는 이에 준하는 것으로서 조직운영과 투자자의 권리의무를 정한 것
2. 일괄하여 신고할 것을 결의한 이사회의사록이나 그 결의를 증명할 수 있는 서류의 사본
3. 법인 등기사항증명서에 준하는 것으로서 법인 설립을 증명할 수 있는 서류(법인 등기사항증명서로 확인할 수 없는 경우로 한정한다)
4. 회계감사인의 감사보고서
5. 연결재무제표의 작성의무가 있는 경우에는 회계감사인이 작성한 연결재무제표에 대한 감사보고서
6. 그 밖에 투자자를 보호하기 위하여 필요한 서류로서 금융위원회가 정하여 고시하는 서류

(3) 금융위원회의 별도 고시

일괄신고서의 서식과 작성방법 등에 관하여 필요한 사항은 금융위원회가 정

하여 고시한다(영 제126조 제3항).

6. 일괄신고추가서류

(1) 의 의

일괄신고서를 제출한 발행인은 이미 일정기간 동안 모집하거나 매출할 증권의 총액을 일괄하여 신고하였기 때문에, 같은 종류의 증권을 계속하여 개별적으로 모집하거나 매출하는 경우에는 일괄신고추가서류를 제출하여야 한다. 다만 집합투자증권 중 개방형 집합투자증권은 제외한다(법 제119조 제2항 후단). 일괄신고추가서류를 제출하여야 하는 경우 그 일괄신고추가서류가 제출되지 아니하면 그 증권의 발행인·매출인과 그 대리인은 그 증권에 관한 취득 또는 매수의 청약에 대한 승낙을 하여서는 아니 된다(법 제121조 제2항).

개방형 집합투자증권의 경우 일괄신고추가서류 제출의무를 면제한 이유는 투자자가 언제든지 개방형 집합투자증권의 판매와 환매를 원하기 때문에 일괄신고추가서류의 제출이 사실상 어렵기 때문이다.

(2) 기재사항

일괄신고추가서류에는 다음 각 호의 사항을 기재하여야 한다(영 제122조 제2항).

1. 법 제119조 제5항에 따른 대표이사 및 신고업무를 담당하는 이사의 제124조 각 호의 사항에 대한 서명. 다만, 투자자 보호를 해칠 염려가 없는 경우로서 금융위원회가 정하여 고시하는 경우[1]에는 생략할 수 있다.
2. 모집 또는 매출의 개요
3. 일괄신고서상의 발행예정기간 및 발행예정금액
4. 발행예정기간 중에 이미 모집 또는 매출한 실적
5. 모집 또는 매출되는 증권에 대한 인수인의 의견(인수인이 있는 경우만 해당)
6. 그 밖에 투자자를 보호하기 위하여 필요한 사항으로서 금융위원회가 정하여 고시하는 사항[2]

---

1) 증권의 발행 및 공시 등에 관한 규정 제2-4조(일괄신고서 및 추가서류 관련사항) ③ 영 제122조 제2항 제1호 단서에서 "금융위원회가 정하여 고시하는 경우"란 금융위원회의 설치 등에 관한 법률 제38조에 따른 검사대상기관이 일괄신고추가서류를 제출하거나 영 제121조 제6항의 요건을 갖춘 자가 영 같은 조 제1항 제3호의 사채권을 발행하기 위해 일괄신고추가서류를 제출하는 경우를 말한다.

2) 증권의 발행 및 공시 등에 관한 규정 제2-4조(일괄신고서 및 추가서류 관련사항) ④ 영 제

일괄신고추가서류의 기재내용은 일괄신고서(정정신고서를 포함)의 기재내용을 변경하는 내용이어서는 아니 된다(영 제122조 제 3 항).

(3) 첨부서류

일괄신고추가서류의 서식과 작성방법, 첨부서류 등에 관하여 필요한 사항은 금융위원회가 정하여 고시한다(영 제122조 제 4 항). 이 규정에 따라 금융위원회가 정하여 고시한 첨부서류는 다음과 같다.

[증권의 발행 및 공시 등에 관한 규정]

제2-4조(일괄신고서 및 추가서류 관련사항) ⑤ 영 제122조 제 4 항에서 "금융위원회가 정하여 고시"하는 첨부서류는 다음 각 호에 따른 서류를 말한다.

1. 보증사채권을 모집 또는 매출하는 경우
   가. 영 제125조 제 2 항 제 1 호부터 제 5 호까지의 서류(다만, 이사회의사록의 경우 영 제121조 제 1 항 제 3 호의 사채권 및 같은 조 같은 항 제 4 호의 파생결합증권에 한하여 제 2 항에 따른 검사대상기관 또는 영 제121조 제 6 항의 요건을 갖춘 자의 이사회가 일괄신고서 제출당시에 이에 관한 구체적인 범위를 정하여 대표이사에게 위임하고 대표이사가 위임범위 내에서 발행하는 경우에는 일괄신고서 제출당시에 첨부한 이사회의사록을 재첨부할 수 있다)
   나. 예비투자설명서를 사용하려는 경우에는 예비투자설명서
   다. 간이투자설명서를 사용하려는 경우에는 간이투자설명서
   라. 회계감사인의 감사보고서
   마. 원리금지급 대행계약을 체결한 경우에는 그 계약서 사본
   바. 증권 신탁계약을 체결한 경우에는 그 계약서 사본
   사. 원리금지급보증계약서 사본
   아. 증권의 모집·매출의 주선계약을 체결한 경우에는 그 계약서의 사본
2. 담보부사채권을 모집 또는 매출하는 경우
   가. 제 1 호 가목부터 바목까지의 서류 및 아목의 서류
   나. 신탁증서 사본

122조 제 2 항 제 6 호에서 "금융위원회가 정하여 고시하는 사항"이란 다음 각 호의 사항을 말한다.
1. 모집 또는 매출되는 증권의 권리내용
2. 모집 또는 매출되는 증권의 취득에 따른 투자위험요소
3. 모집 또는 매출되는 증권의 기초자산에 관한 사항(파생결합증권의 경우만 해당)
4. 자금의 사용목적
5. 그 밖에 투자자 보호를 위하여 필요한 사항

3. 무보증사채권을 모집 또는 매출하는 경우
   가. 제1호 가목부터 바목까지의 서류 및 아목의 서류
   나. 회계감사인의 연결감사보고서(연결재무제표의 작성의무가 없는 경우에는 이를 제외한다. 이하 같다)
   다. 회계감사인의 반기감사보고서 또는 반기검토보고서(법 제160조에 따라 반기보고서를 제출하는 법인이 반기재무제표가 확정된 이후에 신고서를 제출하는 경우에 첨부해야 할 반기감사보고서 또는 반기검토보고서를 말한다. 이하 같다)
   라. 회계감사인의 분기감사보고서 또는 분기검토보고서(영 제170조 제1항 제2호 단서에 따른 금융기관·주권상장법인이 분기재무제표가 확정된 이후에 신고서를 제출하는 경우에 첨부해야 할 분기감사보고서 또는 분기검토보고서를 말한다. 이하 같다)
   마. 모집위탁계약을 체결한 경우에는 그 계약서 사본
   바. 해당 사채권에 대하여 신용정보의 이용 및 보호에 관한 법률에 따른 신용평가업자("신용평가업자")의 평가등급을 받은 경우에는 그 신용평가서 사본
4. 파생결합증권을 모집 또는 매출하는 경우
   가. 제1호 가목부터 라목까지의 서류 및 아목의 서류
   나. 제3호 나목부터 라목까지의 서류
   다. 해당 증권을 증권시장에 상장하고자 하는 경우 상장예비심사결과서류
5. 주권을 모집 또는 매출하는 경우
   가. 제1호 가목부터 라목까지의 서류 및 아목의 서류
   나. 제3호 나목부터 라목까지의 서류

7. 일괄신고서의 효력발생기간

일괄신고서에 의하여 모집 또는 매출되는 채무증권의 경우 증권신고의 효력발생시기는 일괄신고서가 수리된 날로부터 5일이 경과한 날로 한다(규칙 제12조 제1항 제1호 라목). 따라서 일괄신고서 제출로 모집 및 매출을 하고자 할 경우에는 일괄신고서 자체의 효력발생기간인 5일이 경과하여야 하고, 실제로 발행할 경우 사전에 일괄신고추가서류를 제출하여야 한다.

일괄신고추가서류는 일괄신고서상 신고된 발행예정기간 동안 제출하여야 하기 때문에 일괄신고서의 효력발생 이후에만 제출할 수 있다. 또한 일괄서류추가서류 자체에는 별도의 효력발생기간이 없으므로 일괄신고추가서류 제출일 당일부터

증권을 모집하거나 매출할 수 있다. 따라서 일괄신고추가서류를 제출하여야 하는 경우에는 발행인은 투자설명서를 그 일괄신고추가서류를 제출하는 날 금융위원회에 제출하여야 한다(법 제123조 제 1 항).

Ⅲ. 철회신고서

1. 의 의

증권의 발행인은 증권신고를 철회하고자 하는 경우에는 그 증권신고서에 기재된 증권의 취득 또는 매수의 청약일 전일까지 철회신고서를 금융위원회에 제출하여야 한다(법 제120조 제 4 항).

2. 철회가능기간

증권신고를 철회하고자 하는 경우에는 그 증권신고서에 기재된 증권의 취득 또는 매수의 청약일 전일까지 철회신고서를 금융위원회에 제출하여야 한다. 철회신고서를 제출하는 것으로 족하며 별도의 수리행위를 불필요하다. 다만 철회신고서에는 철회사유를 명시하고 그 사유를 소명하는 자료를 첨부하는 것이 필요하다고 본다.

3. 철회의 공시

증권신고서가 제출되어 수리되면 일반인이 열람할 수 있게 되므로 증권신고의 철회도 투자자 보호를 위하여 공시하는 것이 필요하다.

Ⅵ. 정정신고서

1. 의 의

정정신고서란 증권신고서의 형식을 제대로 갖추지 아니한 경우 또는 중요사항이 부실표시된 경우, 기재내용의 변경이 있는 경우, 또는 투자자 보호를 위하여 필요한 경우 등 그 기재사항이 적당하지 아니한 경우에 이를 수정하여 하므로 증권의 청약일 개시 전까지 증권신고서를 제출한 발행인이 기제출한 신고서를 수정하여 제출하는 신고서를 말한다.

2. 정정신고서 제출사유

(1) 금융위원회의 요구에 의한 정정

1) 의　　의

금융위원회는 증권신고서의 형식을 제대로 갖추지 아니한 경우 또는 그 증권신고서 중 중요사항에 관하여 거짓의 기재 또는 표시가 있거나 중요사항이 기재 또는 표시되지 아니한 경우와 중요사항의 기재나 표시내용이 불분명하여 투자자의 합리적인 투자판단을 저해하거나 투자자에게 중대한 오해를 일으킬 수 있는 경우에는 그 증권신고서에 기재된 증권의 취득 또는 매수의 청약일 전일까지 그 이유를 제시하고 그 증권신고서의 기재내용을 정정한 신고서("정정신고서")의 제출을 요구할 수 있다(법 제122조 제1항).

2) 사　　유

금융위원회가 정정신고서의 제출을 요구할 수 있는 사유로는, ① 증권신고서의 형식을 제대로 갖추지 아니한 경우, 또는 ② 그 증권신고서 중 중요사항에 관하여 거짓의 기재 또는 표시가 있거나 중요사항이 기재 또는 표시되지 아니한 경우와 중요사항의 기재나 표시내용이 불분명하여 투자자의 합리적인 투자판단을 저해하거나 투자자에게 중대한 오해를 일으킬 수 있는 경우이다(법 제122조 제1항).

금융위원회의 정정요구사유는 증권신고서의 수리거부사유와 동일하고, 증권신고서의 기재내용과 관련된 금융위원회의 조사결과 처분사유와 큰 차이가 없다. 이것은 증권신고서의 제출의 경우 증권의 발행 및 그 이후까지의 단계에서 증권신고서의 진실성에 대한 심사 또는 조사를 하겠다는 것을 의미한다. 다만, 증권발행의 적시성과 증권신고서 기재내용의 진실성 확보라는 두 가지 이해를 조정하기 위하여 수리거부, 정정요구, 발행중지 등의 조치를 차별적으로 적용하는 것이다.[1)]

3) 기　　간

금융위원회는 증권신고서에 기재된 증권의 취득 또는 매수의 청약일 전일까지 정정신고서의 제출을 요구할 수 있다. 여기서 청약일 전일까지라고 함은 투자

---

1) 한국증권법학회, 자본시장법 주석서 Ⅰ, 박영사(2009), 526쪽.

자가 청약을 개시하기 전에 투자판단에 중대한 영향을 미칠 수 있는 정보를 제공하도록 해야 한다는 점에서 청약일 또는 청약기간의 개시일 전일까지로 해석하여야 한다.

4) 방　　법

정정요구의 방법에는 제한이 없으나, 반드시 "그 이유를 제시하고" 정정신고서의 제출을 요구하여야 한다.

5) 효　　과

금융위원회의 정정요구가 있는 경우 그 증권신고서는 그 요구를 한 날부터 수리되지 아니한 것으로 본다(법 제122조 제 2 항). 따라서 이전에 제출한 증권신고서의 효력발생기간의 진행이 중지되므로, 증권의 모집·매출을 할 수 없다.

(2) 자발적인 정정

1) 의　　의

증권신고서를 제출한 자는 그 증권신고서의 기재사항을 정정하고자 하는 경우에는 그 증권신고서에 기재된 증권의 취득 또는 매수의 청약일 전일까지 정정신고서를 제출할 수 있다(법 제122조 제 3 항). 발행인의 자발적인 정정은 그 정정사유에 제한이 없다.

2) 제출기간

증권신고서에 기재된 증권의 취득 또는 매수의 청약일 전일까지 정정신고서를 제출할 수 있다.

(3) 의무정정

1) 의　　의

증권신고서를 제출한 자는 증권신고에 의한 증권의 취득 또는 매수의 청약일 전일까지 대통령령으로 정하는 중요한 사항을 정정하고자 하는 경우 또는 투자자 보호를 위하여 그 증권신고서에 기재된 내용을 정정할 필요가 있는 경우로서 대통령령으로 정하는 경우에는 반드시 정정신고서를 제출하여야 한다(법 제122조 제 3 항).

2) 사 유

(가) 대통령령으로 정하는 중요한 사항을 정정하고자 하는 경우

"대통령령으로 정하는 중요한 사항"이란 다음 각 호의 어느 하나에 해당하는 사항을 말한다(영 제130조 제 1 항).

1. 집합투자증권을 제외한 증권인 경우에는 다음 각 목의 어느 하나에 해당하는 사항
   가. 모집가액 또는 매출가액·발행이율 등 발행조건
   나. 배정기준일·청약기간 또는 납입기일
   다. 자금의 사용목적
   라. 인수인·보증기관 또는 수탁회사
   마. 그 밖에 투자자의 합리적인 투자판단이나 해당 증권의 가치에 중대한 영향을 미칠 수 있는 사항으로서 금융위원회가 정하여 고시하는 사항[1)]
2. 집합투자증권인 경우에는 다음 각 목의 어느 하나에 해당하는 사항
   가. 모집가액 또는 매출가액, 발행예정기간, 발행예정금액 등 발행조건
   나. 인수인(인수인이 있는 경우만 해당)
   다. 법 제182조 제 1 항에 따라 등록한 사항을 변경하는 경우
   라. 그 밖에 투자자의 합리적인 투자판단이나 해당 집합투자증권의 가치에 중대한 영향을 미칠 수 있는 사항으로서 금융위원회가 정하여 고시하는 사항[2)]

(나) 투자자 보호를 위하여 증권신고서의 기재내용을 정정할 필요가 있는 경우

투자자 보호를 위하여 그 증권신고서에 기재된 내용을 정정할 필요가 있는 경우로서 "대통령령으로 정하는 경우"란 다음 각 호의 어느 하나에 해당하는 경우를 말한다(영 제130조 제 2 항).

1. 증권신고서의 기재나 표시내용이 불분명하여 그 증권신고서를 이용하는 자로 하여금 중대한 오해를 일으킬 수 있는 내용이 있는 경우
2. 발행인(투자신탁의 수익증권이나 투자익명조합의 지분증권인 경우에는 그 투자신

---

1) 증권의 발행 및 공시 등에 관한 규정 제2-13조(증권신고서의 정정사유) ① 영 제130조 제 1 항 제 1 호 마목에서 "금융위원회가 정하여 고시하는 사항"이란 다음 각 호의 사항을 말한다.
   1. 증권발행과 관련된 담보·보증 또는 기초자산
   2. 발행증권의 수
   3. 모집 또는 매출되는 증권의 취득에 따른 투자위험요소

2) 증권의 발행 및 공시 등에 관한 규정 제2-13조(증권신고서의 정정사유) ② 영 제130조 제 1 항 제 2 호 라목에서 "금융위원회가 정하여 고시하는 사항"이란 모집 또는 매출되는 증권의 취득에 따른 투자위험요소를 말한다.

탁이나 투자익명조합)에게 불리한 정보를 생략하거나 유리한 정보만을 강조하는 등 과장되게 표현된 경우

3. 집합투자증권을 제외한 증권인 경우에는 다음 각 목의 어느 하나에 해당하는 사실이 발생한 때
   가. 최근 사업연도의 재무제표 또는 반기보고서, 법 제160조에 따른 분기보고서가 확정된 때
   나. 발행인의 사업목적이 변경된 때
   다. 영업의 양도·양수 또는 합병계약이 체결된 때
   라. 발행인의 경영이나 재산 등에 중대한 영향을 미치는 소송의 당사자가 된 때
   마. 발행한 어음이나 수표가 부도로 되거나 은행과의 당좌거래가 정지되거나 금지된 때
   바. 영업활동의 전부나 중요한 일부가 정지된 때
   사. 채무자 회생 및 파산에 관한 법률에 따른 회생절차개시의 신청이 있은 때
   아. 자본시장법, 상법, 그 밖의 법률에 따른 해산사유가 발생한 때
4. 집합투자증권인 경우에는 다음 각 목의 어느 하나에 해당하는 사실이 발생한 때
   가. 최근 결산기의 재무제표가 확정된 때
   나. 집합투자기구간의 합병계약이 체결된 때
   다. 집합투자재산 등에 중대한 영향을 미치는 소송이 제기된 때

3) 제출기간

증권신고서에 기재된 증권의 취득 또는 매수의 청약일 전일까지 정정신고서를 제출할 수 있다.

(4) 일괄신고서의 정정신고서

1) 의 의

일괄신고서를 제출한 자는 정정신고서를 제출할 수 있다(법 제122조 제4항). 일괄신고서를 제출한 발행인은 일괄신고추가서류를 제출하고 별도의 효력발생기간 없이 증권을 발행할 수 있으므로 일괄신고추가서류의 정정절차는 없다. 따라서 일괄신고서의 정정의 대상은 일괄신고서 자체의 정정을 말한다.

2) 제출기간

일괄신고서를 제출한 자는 그 발행예정기간 종료 전까지 정정신고서를 제출할 수 있다(법 제122조 제4항).

3) 정정사항

일괄신고서의 경우 개방형 집합투자증권을 제외하고는 발행예정금액 및 발행예정기간은 이를 정정하여서는 아니 된다. 다만, 발행예정금액의 100분의 20의 범위에서 대통령령으로 정하는 한도 이하로 감액되는 발행예정금액은 정정할 수 있다(법 제122조 제4항).

여기서 "대통령령으로 정하는 한도"란 발행예정금액의 100분의 20을 말한다. 다만, 투자자 보호 등을 위하여 필요하다고 인정되는 경우에는 금융위원회가 그 한도를 발행예정금액의 100분의 20 이하로 정하여 고시할 수 있다(영 제130조 제4항).

4) 효력발생시기

일괄신고서의 정정신고서는 수리된 날부터 3일이 경과한 날에 그 효력이 발생한다. 다만, 일괄신고서의 정정신고서가 수리된 날부터 3일이 경과한 날이 당초의 일괄신고서의 효력이 발생하는 날보다 먼저 도래하는 경우에는 당초의 일괄신고서의 효력이 발생하는 날에 그 효력이 발생한다(증권의 발행 및 공시 등에 관한 규정 제2-3조 제1항 제1호).

3. 정정신고서 제출의 효력

정정신고서가 제출된 경우에는 그 정정신고서가 수리된 날에 그 증권신고서가 수리된 것으로 본다(법 제122조 제5항). 따라서 원칙적으로 효력발생기간은 정정신고서가 수리된 날부터 다시 기산하여야 한다.

4. 정정신고서의 효력발생기간

위에서 설명한 증권신고서의 효력발생시기에 관한 부분에서 상세히 설명하였다.

Ⅴ. 소액공모

1. 의 의

증권신고서를 제출하지 아니하고 증권을 모집 또는 매출하는 발행인은 투자자를 보호하기 위하여 재무상태에 관한 사항의 공시, 그 밖에 대통령령으로 정하는 조치를 하여야 한다(법 제130조). 이는 증권의 모집 또는 매출가액(공모금액)이 10억원 미만인 소액공모의 경우 증권신고서를 제출하지 아니하므로 투자자를 보호하기 위하여 발행인에 관한 기본적인 정보를 공시하도록 한 것이다.

2. 소액공모 공시절차

소액공모의 경우 발행인이 취해야 하는 "대통령령이 정하는 조치"는 다음과 같다(영 제137조 제 1 항).

(1) 증권의 모집 또는 매출 전

증권의 모집 또는 매출 전에 발행인의 재무상태와 영업실적을 기재한 서류를 금융위원회에 제출하여야 한다. 이 경우 해당 서류(집합투자증권인 경우는 제외)는 금융위원회가 정하여 고시[1]하는 바에 따라 회계감사인의 회계감사를 받거나 공인회계사의 확인과 의견표시를 받은 것이어야 한다. 투자신탁의 수익증권이나 투자익명조합의 지분증권인 경우에는 그 투자신탁이나 투자익명조합이 발행인이 되며, 사업보고서 제출대상법인 및 외국법인 등은 제외한다(영 제137조 제 1 항 제 1 호).

증권신고서에 첨부되는 감사보고서와는 다음과 같은 차이가 있다. 소액공모의 경우에는 재무제표·반기재무제표의 결산일·반기결산일이 경과한 경우에는 감사보고서(반기검토보고서 포함)를 제출해야 한다. 그러나 증권신고서 제출의 경우에는 재무제표·반기재무제표 확정 이후 해당 감사보고서(반기감사보고서 또는 반기검토보고서 포함)를 제출할 수 있다. 다만 기업공개시 결산일부터 6월이 경과한 경우에는 반기보고서 또는 반기검토보고서를 첨부해야 한다.[2]

---

1) 증권의 발행 및 공시 등에 관한 규정 제2-17조(신고서를 제출하지 아니하는 모집·매출)
① 법 제130조에 따라 신고서를 제출하지 아니하고 모집 또는 매출("소액공모")을 하는 자가 영 제137조 제 1 항 제 1 호의 "금융위원회가 정하여 고시"하는 바에 따라 금융위에 미리 제출하는 서류는 다음 각 호와 같다.
1. 설립 후 1사업연도가 경과한 법인의 경우에는 최근 사업연도의 회계감사인의 감사보고서(최근 사업연도 경과 후 반기결산일이 지난 경우에는 반기검토보고서 포함) 또는 최근월 말일을 기준으로 한 회계감사인의 감사보고서
2. 설립 후 1사업연도가 경과하지 아니한 법인의 경우에는 최근월 말일을 기준으로 한 회계감사인의 감사보고서
② 제 1 항의 서류는 소액공모를 개시하는 날의 3일 전까지 제출하여야 한다.

2) 금융감독원, 전게서(2010. 7), 129쪽.

(2) 청약의 권유를 하는 경우

청약의 권유를 하는 경우에는 다음 각 목의 사항을 인쇄물 등에 기재하거나 표시하여야 한다. 이 경우 재무상태와 영업실적에 관하여 제1호에 따라 제출된 서류의 내용과 다른 내용이나 거짓의 사실을 기재하거나 표시하여서는 아니 된다(영 제137조 제1항 제2호).

가. 제125조 제1항 제2호 및 제3호의 사항(집합투자증권인 경우에는 제127조 제1항 제 2호 및 제3호의 사항을, 유동화증권인 경우에는 제128조 제1항 제2호부터 제7호까지의 사항)
나. 제131조 제2항 제2호부터 제4호까지의 사항

(3) 증권의 모집 또는 매출을 시작한 경우

증권의 모집 또는 매출을 시작한 경우에는 지체 없이 청약의 권유방법과 제2호에 따라 인쇄물 등에 기재하거나 표시한 내용을 금융위원회에 제출하여야 한다. 증권의 모집 또는 매출을 시작한 후 청약의 권유방법이나 인쇄물 등에 기재하거나 표시한 내용을 변경한 경우에도 또한 같다(영 제137조 제1항 제3호).

(4) 결과보고

증권의 모집 또는 매출이 끝난 경우에는 지체 없이 그 모집 또는 매출 실적에 관한 결과(소액공모실적보고서)를 금융위원회에 보고하여야 한다(영 제137조 제1항 제4호).[1]

(5) 결산서류의 제출

다음 각 목의 결산에 관한 서류를 매 사업연도 경과 후 90일 이내에 금융위

---

1) 증권의 발행 및 공시 등에 관한 규정 제2-17조(신고서를 제출하지 아니하는 모집·매출)
③ 발행인이 영 제137조 제1항 제4호에 따라 모집 또는 매출이 종료된 때 금융위에 제출하는 서류에는 다음 각 호의 사항을 기재하여야 한다.
1. 발행인의 명칭 및 주소
2. 주관회사의 명칭(주관회사가 있는 경우)
3. 청약 및 배정에 관한 사항
4. 증권의 교부일, 상장일 및 증자등기일
5. 유상증자 전후의 주요주주의 지분변동 상황
6. 조달된 자금의 사용내역

원회에 제출하여야 한다. 다만, 법 제159조 제 1 항에 따른 사업보고서 제출대상법인, 제176조 제 1 항 각 호에 따른 외국법인등, 모집 또는 매출한 증권의 상환 또는 소각을 완료한 법인 및 제362조 제 8 항에 따른 보증사채권만을 발행한 법인의 경우에는 그러하지 아니하다(영 제137조 제 1 항 제 5 호).

가. 대차대조표와 그 부속 명세서
나. 손익계산서와 그 부속 명세서
다. 이익잉여금처분계산서 또는 결손금처리계산서
라. 회계감사인의 감사보고서(회계감사인의 회계감사를 받은 법인만 해당)

이는 비상장 소액공모 법인의 경우 투자자들이 해당 회사의 경영상태를 파악할 수 있도록 하기 위하여 결산서류 제출을 의무화한 것이다. 다만 사업보고서 제출대상법인은 사업보고서로 갈음할 수 있고, 외국법인등은 사업보고서 제출이 면제(법 제165조, 영 제176조 제 1 항 참조)됨을 고려한 것이다. 또한 소액공모 증권의 상환 또는 소각을 완료한 경우 및 거래소의 손해배상공동기금과 관련(법 제394조, 영 제362조)하여 보증채권만을 발행하는 경우에는 투자자들에게 피해를 입힐 염려가 없음을 고려한 것이다.

3. 참조기재방법

발행인이 금융위원회에 발행인의 재무상태와 영업실적에 관한 서류를 제출하여야 하는 경우로서 해당 증권의 모집 또는 매출 전에 행하여진 모집 또는 매출시에 제출한 서류가 있고 그 제출한 서류의 내용이 변경되지 아니한 경우에는 그 서류를 참조하라는 뜻을 기재한 서면으로 그 발행인의 재무상태와 영업실적에 관한 서류의 제출을 갈음할 수 있다(법 제137조 제 2 항).

4. 호가중개시스템을 통한 소액매출에 대한 특례

(1) 의 의

금융투자업자 등 회원 상호간의 업무질서 유지 및 공정한 거래를 확립하고 투자자를 보호하며 금융투자업의 건전한 발전을 위하여 설립된 금융투자협회(법 제283조)는 업무 중 하나로 "증권시장에 상장되지 아니한 주권의 장외매매거래에 관한 업무"를 수행하고 있다(법 제286조 제 1 항 제 5 호). 이에 따라 금융투자협회는 주권장외거래시스템("호가중개시스템")을 통하여 증권시장에 상장되지 아니한 주권의 장외매매거래를 하고 있다.

그런데 호가중개시스템은 증권시장에 포함되지 않으므로 주권을 매도하기 위한 매도호가의 제시는 자본시장법상 매출에 해당(소액공모에 해당)하므로 원칙적으로 정해진 공시서류를 제출하여야 한다.[1] 그러나 거래금액이 경미한 소액공모의 경우에 매출시마다 공시하도록 하면 발행인에게 지나친 부담이 되고, 또한 투자자 보호의 실익도 크지 않으므로 절차상의 번잡을 피하기 위하여 소액공모 공시서류를 제출을 요구하지 않고, 일정한 요건을 충족하는 경우에 소액공모를 위한 조치를 다한 것으로 보고 있다.

(2) 적용대상

1) 요 건

증권의 매출이 다음 각 호의 요건을 모두 충족하는 경우에는 해당 증권의 발행인은 소액공모를 위한 조치를 이행한 것으로 본다(영 제137조 제3항).

1. 해당 증권의 매출이 제178조에 따른 장외거래 방법에 의할 것
2. 제120조 제2항에 따른 소액출자자(해당 증권의 발행인과 인수인은 제외)가 매출하는 것일 것
3. 해당 증권의 발행인이 다음 각 목의 내용을 금융위원회가 정하여 고시하는 방법에 따라 공시할 것
   가. 발행인에 관한 사항
   나. 발행인의 재무상태와 영업실적에 관한 사항을 기재한 서류

이 요건을 분설하면 아래와 같다.

2) 장외거래

해당 증권의 매출이 제178조에 따른 장외거래 방법에 의한 것이어야 한다(제1호)

3) 10억원 미만의 매출

호가중개시스템을 이용한 매매라고 하더라도 그 금액이 10억원 이상인 경우에는 증권신고서를 제출하여야 한다. 이것은 자본시장법 제130조가 "제119조 제1

---

1) 자본시장법 제130조에 따른 소액공모공시서류를 제출하여야 한다.

항에 따른 신고서를 제출하지 아니하고 증권을 모집 또는 매출하는 경우"에 대한 특례규정이므로 해당 매출이 위와 같은 금액에 해당하는 경우에는 증권신고서 제출대상이 된다.

4) 소액출자자의 매출

소액출자자(해당 증권의 발행인과 인수인은 제외)가 매출하는 경우에만 적용된다(제 3 호). "소액출자자"란 해당 법인이 발행한 지분증권총수의 100분의 1에 해당하는 금액과 3억원 중 적은 금액 미만의 지분증권을 소유하는 자를 말한다(영 제120조 제 2 항).

5) 공시의무

해당 증권의 발행인이 발행인에 관한 사항과 발행인의 재무상태와 영업실적에 관한 사항을 기재한 서류를 금융위원회가 정하여 고시하는 방법[1]에 따라 공시하여야 한다(제 3 호).

Ⅵ. 투자설명서

1. 의 의

(1) 자본시장법 규정

증권을 모집하거나 매출하는 경우 그 발행인은 대통령령으로 정하는 방법에 따라 작성한 투자설명서[2]를 그 증권신고의 효력이 발생하는 날(일괄신고추가서류를

1) 증권의 발행 및 공시 등에 관한 규정 제2-18조(호가중개시스템을 통한 소액매출시의 특례)
① 영 제137조 제 3 항 제 3 호의 규정에서 "금융위원회가 정하여 고시하는 방법"이란 발행인이 매출을 하는 날의 3일 전까지 다음 각 호의 서류를 금융위 및 한국금융투자협회(이하 "협회")에 제출하여 공시하는 것을 말한다.
1. 영 제137조 제 1 항 제 3 호에 따라 금융위에 제출하는 기재 또는 표시내용 중 발행인에 관한 사항만을 기재한 서류
2. 제2-17조 제 1 항의 서류
② 사업보고서 제출대상법인이 사업보고서를 매출을 하는 날의 3일 전일 현재 이미 금융위에 제출하여 공시하고 있는 경우에는 제 1 항에 따른 공시의무를 면제한다.
③ 발행인은 제 1 항 제 1 호의 서류를 매결산기별 및 매반기별로 그 변동사항을 정정하여 제출하여야 한다. 이 경우 제출시기는 각각 결산기 경과 후 90일 이내 또는 반기 경과 후 45일 이내로 하며, 감사보고서 또는 반기검토보고서를 각각 첨부하여야 한다.
④ 제 1 항 제 1 호의 서류에 대한 세부적인 기재내용 및 방법 등은 감독원장이 정한다.

2) 증권거래법은 "사업설명서"라는 용어를 사용하고 있었다. 사업설명서는 발행인의 사업실적에 따라 손익이 발생하는 전통적인 증권에 적합한 용어였다. 그러나 최근 금융공학의 발달

제출하여야 하는 경우에는 그 일괄신고추가서류를 제출하는 날)에 금융위원회에 제출하여야 하며, 이를 총리령으로 정하는 장소에 비치하고 일반인이 열람할 수 있도록 하여야 한다(법 제123조 제1항). 자본시장법은 투자설명서 제출에 대한 명문규정을 두고 있으나, 그 개념에 대한 정의규정을 두고 있지 않다.

(2) 투자설명서의 개념

1) 실 질 설

투자설명서라는 명칭을 사용하지 않더라도 실질적으로 발행인의 정보를 투자자에게 제공하기 위하여 작성된 문서는 모두 투자설명서로 간주하여 자본시장법으로 규제하여야 한다는 견해이다. 이 견해에 의하면 금융위원회가 정하는 바를 따르지 않는 투자설명서를 사용한 자에게 벌칙을 부과하고, 투자정보공시를 위하여 투자설명서의 작성을 의무화한 입법취지를 고려할 때, 명칭 및 형식에 관계없이 실질적으로 투자권유의 목적으로 발행인의 실체에 관한 정보를 투자자에게 제공하기 위하여 작성된 문서나 자료는 모두 투자설명서로 보아야 한다.[1)]

2) 형 식 설

반드시 투자설명서라는 명칭을 사용하여야 하는 것은 아니지만, 모집 또는 매출에 기하여 법률상 의무로 작성된 것이어야 하고, 그 기재내용은 법과 시행령에서 정한 사항을 기재한 것이어야 하며, 작성된 투자설명서는 일반인에게는 열람에 제공되고 청약자에게 교부된 것이어야 한다는 요건을 구비한 청약권유문서만이 투자설명서가 될 수 있다는 견해이다.

3) 결 어

투자설명서는 증권의 매수청약을 권유하는 경우 일반투자자에게 제공하는 "투자권유문서"로서 증권신고서의 내용을 보다 알기 쉽고, 객관적이며, 간단명료하게 작성하여 일반투자자에게 제공해 줌으로써 합리적인 투자판단을 할 수 있게 해 주는 문서이다. 투자설명서는 그 성질상 투자권유문서이므로 증권의 매수권유

로 인하여 발행인의 사업실적보다는 외생적 지표에 의해 손익이 결정되는 신종 파생상품 등이 증가하였다. 따라서 사업설명서라는 용어는 이와 같은 신종 파생상품과 자본시장법에서 새로이 증권신고서를 제출하게 된 집합투자증권 등에 사용하기에 부적합하였기에 "투자설명서"로 변경하였다(변제호 외 3인, 전게서, 367쪽).

1) 최정식, "유가증권신고서 등의 부실기재로 인한 배상책임에 관한 고찰," 비교사법 제15권 제1호(비교사법학회, 2008), 346쪽.

를 위하여 작성 및 교부하는 문서로서 모집안내서, 매출안내서, 신주청약안내서, 증자설명서 등 그 명칭이나 형식을 불문하고 투자설명서로 보는 것이 타당하다.[1]

그러나 투자설명서를 제출하지 아니한 경우에는 형사제재를 받게 되고(법 제446조), 투자설명서 중 중요사항에 관하여 거짓의 기재 또는 표시가 있거나 중요사항이 기재 또는 표시되지 아니함으로써 증권의 취득자가 손해를 입은 경우에는 손해배상책임(법 제125조)과 형사제재(법 제444조)를 받게 되므로, 법령에 그 개념을 명확히 할 필요가 있다.[2]

(3) 증권신고서와의 차이

증권신고서와 투자설명서는 그 기재내용에 따라 구별되는 것이 아니라 그 목적에 따라 구별된다. 즉 증권신고서는 발행시장규제를 위하여 금융위원회에 제출하는 것인 데 반하여, 투자설명서는 투자자에게 청약의 권유를 하는 경우 그 내용을 알리기 위한 것이다. 증권신고서와 투자설명서가 많은 부분이 겹치는데, 이는 투자설명서가 증권신고서의 내용을 투자자에게 제공하는 서류이기 때문이다.[3]

그러나 증권신고서는 증권의 모집이나 매출에 앞서 제출하는 서류로서 모든 청약의 권유문서의 기초가 되는 서류인 데 반하여, 투자설명서는 증권신고서의 수리 이후 청약권유를 위하여 투자자에게 교부하려고 만들어진 서류이다. 따라서 증권신고서에는 증권의 모집이나 매출과 관련된 모든 사항을 기재하여야 하고, 투자설명서에도 증권신고서에 기재된 내용과 다른 내용을 표시하거나 그 기재사항을 누락하여서는 아니 된다. 다만, 기업경영 등 비밀유지와 투자자 보호와의 형평 등을 고려하여 기재를 생략할 필요가 있는 경우 일정한 사항의 기재를 생략할 수 있다.

2. 투자설명서의 종류

누구든지 증권신고의 대상이 되는 증권의 모집 또는 매출, 그 밖의 거래를 위하여 청약의 권유 등을 하고자 하는 경우에는 다음 각 호의 어느 하나에 해당하는 방법에 따라야 한다(법 제124조 제 1 항). 투자설명서는 이용시점, 형식, 기재내용 등에 따라서 아래의 세 가지 투명설명서로 구분된다. 이용시점의 단계별로 살펴보면

1) 김용진, 전게서, 324쪽.
2) 임재연, 전게서, 337쪽.
3) 변제호 외 3인, 전게서, 367쪽.

예비투자설명서는 증권신고서가 수리된 후 효력이 발행하기 이전에 사용되고, 투자설명서는 신고서의 효력이 발생한 후 청약종료 시점까지 사용되며, 간이투자설명서는 신고서가 수리된 후 청약종료 시점까지 사용된다.

(1) 투자설명서(제1호)

증권신고의 효력이 발생한 후 모집 또는 매출의 조건이 확정된 경우 청약의 권유 및 승낙을 위하여 사용하는 청약권유문서이다. 자본시장법상 통상의 투자설명서이다.

(2) 예비투자설명서(제2호)

증권신고서가 수리된 후 신고의 효력이 발생하기 전에 발행인이 증권의 청약을 권유하기 위하여 신고의 효력이 발생되지 아니한 사실을 덧붙여 적은 투자설명서를 말한다. 아직 증권신고의 효력이 발생하지 않은 시점이므로 예비투자설명서에 따라 청약의 권유는 할 수 있지만 승낙을 할 수는 없다.

(3) 간이투자설명서(제3호)

증권신고서가 수리된 후 신문·방송·잡지 등을 이용한 광고, 안내문·홍보전단 또는 전자전달매체를 통하여 발행인이 청약을 권유하는 경우 투자설명서에 기재하여야 할 사항 중 그 일부를 생략하거나 중요한 사항만을 발췌하여 기재 또는 표시한 문서, 전자문서, 그 밖에 이에 준하는 기재 또는 표시한 문서를 말한다. 간이투자설명서에 의해서도 청약의 권유는 할 수 있지만 승낙을 할 수는 없다.

3. 작성방법 및 기재사항

(1) 투자설명서

1) 기재내용

(가) 원　　칙

투자설명서에는 증권신고서(일괄신고추가서류를 포함)에 기재된 내용과 다른 내용을 표시하거나 그 기재사항을 누락하여서는 아니 된다(법 제123조 제2항 본문). 증권신고서는 "증권신고의 효력이 발생한 후 투자설명서에 기재하여 투자자에게 제공할 내용에 대한 심사를 청구하는 서류"의 성격도 갖는다. 따라서 증권신고서의 기재내용과 투자설명서의 기재내용이 달라서는 청약권유의 진정성을 확보할 수 없고 투자자 보호 차원에서도 바람직하지 않다. 따라서 원칙적으로 그 기재내용을 동일하게 하고 있는 것이다.

(나) 예 외

다만, 기업경영 등 비밀유지와 투자자 보호와의 형평 등을 고려하여 기재를 생략할 필요가 있는 사항으로서 "대통령령으로 정하는 사항"에 대하여는 그 기재를 생략할 수 있다(법 제123조 제 2 항 단서).

여기서 "대통령령으로 정하는 사항"이란 다음 각 호의 어느 하나에 해당하는 사항을 말한다(영 제131조 제 5 항).

1. 군사기밀보호법 제 2 조에 따른 군사기밀에 해당하는 사항
2. 발행인의 업무나 영업에 관한 것으로서 금융위원회의 확인을 받은 사항

2) 기재사항

(가) 작성방법

투자설명서는 표제부와 본문으로 구분하여 작성한다(영 제131조 제 1 항). 예비투자설명서를 제출한 경우로서 증권신고의 효력이 발생할 때까지 증권신고서의 기재사항에 변경이 없는 경우에는 그 증권신고의 효력이 발생한 후에 예비투자설명서를 투자설명서로 사용할 수 있다. 이 경우 예비투자설명서의 표제부는 제 2 항 각 호의 사항이 기재된 투자설명서의 표제부로 바뀌야 한다(영 제131조 제 5 항).

(나) 기재사항

가) 표제부 기재사항　　투자설명서의 표제부에는 다음 각 호의 사항을 기재하여야 한다(영 제131조 제 2 항).

1. 증권신고의 효력발생일
2. 해당 증권의 모집가액 또는 매출가액
3. 청약기간
4. 납부기간
5. 해당 증권신고서의 사본과 투자설명서의 열람 장소
6. 법 제176조 제 3 항 제 1 호에 따른 안정조작이나 법 제176조 제 3 항 제 2 호에 따른 시장조성을 하려는 경우에는 증권시장에서 안정조작이나 시장조성이 행하여 질 수 있다는 뜻
7. 청약일 전날(개방형 집합투자증권인 경우에는 청약일 이후에도 해당)까지는 해당

증권신고서의 기재사항 중 일부가 변경될 수 있다는 뜻
8. 정부가 증권신고서의 기재사항이 진실 또는 정확하다는 것을 인정하거나 해당 증권의 가치를 보증 또는 승인하는 것이 아니라는 뜻
9. 그 밖에 투자자를 보호하기 위하여 필요한 사항으로서 금융위원회가 정하여 고시하는 사항[1)]

나) 본문 기재사항 투자설명서의 본문에는 다음 각 호의 사항을 기재하여야 한다(영 제131조 제3항).

1. 제125조 제1항에 따라 신고서를 제출하는 경우: 제125조 제1항 각 호의 사항
2. 법 제119조 제2항 후단에 따라 일괄신고추가서류를 제출하는 경우: 제122조 제2항 각 호 및 제126조 제1항 제4호의 사항
3. 제127조 제1항에 따라 신고서를 제출하는 경우: 제127조 제1항 각 호의 사항
4. 제128조 제1항에 따라 신고서를 제출하는 경우: 제128조 제1항 각 호의 사항
5. 제129조에 따라 신고서를 제출하는 경우: 금융위원회가 정하여 고시하는 사항[2)]

---

1) 증권의 발행 및 공시 등에 관한 규정 제2-14조(투자설명서의 기재사항 등) ① 영 제131조 제2항 제9호에서 "금융위원회가 정하여 고시하는 사항"이란 다음 각 호의 사항을 말한다.
   1. 발행회사의 명칭
   2. 증권의 종목
   3. 대표주관회사의 명칭

2) 증권의 발행 및 공시 등에 관한 규정 제2-14조(투자설명서의 기재사항 등) ② 영 제131조 제3항 제5호에서 "금융위원회가 정하여 고시하는 사항"이란 다음 각 호에 따른 사항을 말한다.
   1. 사채권 및 파생결합증권의 투자설명서의 기재사항
      가. 보증사채권의 신고서를 제출하는 경우: 영 제125조 제1항 제1호 및 제2호, 제2-6조 제4항 제1호의 사항
      나. 담보부사채권의 신고서를 제출하는 경우: 영 제125조 제1항 제1호 및 제2호, 제2-6조 제4항 제2호의 사항
      다. 무보증사채권의 신고서를 제출하는 경우: 영 제125조 제1항 제1호 및 제2호, 제2-6조 제4항 제3호의 사항
      라. 파생결합증권의 신고서를 제출하는 경우: 영 제125조 제1항 제1호 및 제2호, 제2-6조 제4항 제4호의 사항
   2. 합병, 영업양수·도, 자산양수·도, 주식의 포괄적 교환·이전, 분할, 분할합병(이하 "합병등")의 투자설명서의 기재사항
      가. 합병에 따라 신고서를 제출하는 경우: 제2-9조 제1항 각 호의 사항. 다만, 집합투자기구간 합병에 관한 투자설명서는 기재사항 등의 일부를 생략할 수 있다.
      나. 영업양수·도에 따라 신고서를 제출하는 경우: 제2-10조 제1항 각 호의 사항
      다. 자산양수·도에 따라 신고서를 제출하는 경우: 제2-10조 제3항 각 호의 사항
      라. 주식의 포괄적 교환·이전에 따라 신고서를 제출하는 경우: 제2-10조 제5항 각 호의 사항
      마. 분할에 따라 신고서를 제출하는 경우: 제2-10조 제7항 각 호의 사항

즉 증권신고서를 제출하는 경우 그 종류에 따른 신고서의 기재사항을, 일괄추가신고서를 제출하는 경우에는 그 서류의 기재사항을 기재하여야 한다.

(다) 금융위원회의 별도 고시

투자설명서의 서식과 작성방법 등에 관하여 필요한 사항은 금융위원회가 정하여 고시한다(영 제131조 제 7 항).

(2) 예비투자설명서

예비투자설명서의 작성에 관하여는 법 제123조 제 2 항 및 이 영 제131조 제 1 항·제 3 항을 준용한다. 이 경우 "투자설명서"는 "예비투자설명서"로 본다(영 제133조 제 2 항).

1) 기재내용

(가) 원 칙

예비투자설명서에는 증권신고서(일괄신고추가서류를 포함)에 기재된 내용과 다른 내용을 표시하거나 그 기재사항을 누락하여서는 아니 된다(영 제133조 제 2 항, 법 제123조 제 2 항 본문). 증권신고서는 "증권신고의 효력이 발생한 후 투자설명서에 기재하여 투자자에게 제공할 내용에 대한 심사를 청구하는 서류"의 성격도 갖는다. 따라서 증권신고서의 기재내용과 예비투자설명서의 기재내용이 달라서는 청약권유의 진정성을 확보할 수 없고 투자자 보호 차원에서도 바람직하지 않다. 따라서 원칙적으로 그 기재내용을 동일하게 하고 있는 것이다.

(나) 예 외

다만, 기업경영 등 비밀유지와 투자자 보호와의 형평 등을 고려하여 기재를 생략할 필요가 있는 사항으로서 "대통령령으로 정하는 사항"에 대하여는 그 기재를 생략할 수 있다(영 제133조 제 2 항, 법 제123조 제 2 항 단서).

여기서 "대통령령으로 정하는 사항"이란 다음 각 호의 어느 하나에 해당하는

바. 분할합병에 따라 발행되는 증권의 신고서를 제출하는 경우: 제2-10조 제 9 항 각 호의 사항

3. 외국법인등의 투자설명서의 기재사항
   가. 외국 기업(집합투자증권의 발행인인 경우를 제외)이 신고서를 제출하는 경우: 제2-11조 제 1 항 제 1 호 각 목의 사항
   나. 외국 기업 외의 외국법인등(집합투자증권인 경우를 제외)이 신고서를 제출하는 경우: 제2-11조 제 1 항 제 2 호 각 목의 사항
   다. 외국법인등이 집합투자증권의 신고서를 제출하는 경우 : 제2-11조 제 1 항 제 3 호 각 목의 사항

사항을 말한다(영 제131조 제 5 항).

1. 군사기밀보호법 제 2 조에 따른 군사기밀에 해당하는 사항
2. 발행인의 업무나 영업에 관한 것으로서 금융위원회의 확인을 받은 사항

2) 기재사항

(가) 작성방법

예비투자설명서는 표제부와 본문으로 구분하여 작성한다(영 제133조 제 2 항, 영 제131조 제 1 항).

(나) 기재사항

가) 표제부 기재사항　　예비투자설명서의 표제부에는 다음 각 호의 사항을 기재하여야 한다(영 제133조 제 1 항).

1. 제131조 제 2 항 제 2 호부터 제 6 호까지의 사항
2. 해당 증권신고서가 금융위원회에 제출되었으나 아직 증권신고의 효력이 발생하지 아니하고 있다는 뜻과 효력발생일까지는 그 기재사항 중 일부가 변경될 수 있다는 뜻
3. 그 밖에 투자자를 보호하기 위하여 필요한 사항으로서 금융위원회가 정하여 고시하는 사항[1)]

나) 본문 기재사항　　예비투자설명서의 본문 기재사항은 위에서 살펴 본 투자설명서의 본문 기재사항과 동일하다(영 제133조 제 2 항, 영 제131조 제 3 항).

(다) 금융위원회의 별도 고시

예비투자설명서의 서식과 작성방법 등에 관하여 필요한 사항은 금융위원회가 정하여 고시한다(영 제133조 제 3 항).

(3) 간이투자설명서의 기재사항

간이투자설명서에는 다음 각 호의 구분에 따른 사항을 기재하거나 표시하여야 한다(영 제134조 제 1 항). 간이투자설명서는 표제부와 본문의 구별이 없고 일정한 사항을 기재하거나 표시하여야 한다. 다만 증권신고서의 효력이 발생하기 전인

---

1) 증권의 발행 및 공시 등에 관한 규정 제2-15조(예비투자설명서의 작성방법)
① 영 제133조 제 1 항 제 3 호에서 "금융위원회가 정하여 고시하는 사항"이란 제2-14조 제 1 항 각 호의 사항을 말한다.

경우와 효력이 발생한 후인 경우로 구분된다.

1. 해당 증권신고의 효력이 발생하기 전인 경우에는 다음 각 목의 사항
   가. 제131조 제 2 항 제 2 호부터 제 6 호까지의 사항
   나. 해당 증권신고서가 금융위원회에 제출되었으나 아직 증권신고의 효력이 발생하지 아니하고 있다는 뜻과 효력발생일까지는 그 기재사항 중 일부가 변경될 수 있다는 뜻
   다. 제125조 제 2 항 제 6 호 각 목의 증권을 증권시장에 상장하려는 경우에는 거래소로부터 그 증권이 상장기준에 적합하다는 확인을 받은 상장예비심사결과
   라. 제131조 제 3 항에 따라 투자설명서의 본문에 기재하여야 할 사항으로서 투자자를 보호하기 위하여 기재하거나 표시하는 것이 필요하다고 금융위원회가 정하여 고시하는 사항
   마. 그 증권의 모집 또는 매출과 발행인(투자신탁의 수익증권이나 투자익명조합의 지분증권인 경우에는 그 투자신탁이나 투자익명조합)에 관한 구체적인 내용은 예비투자설명서 또는 투자설명서를 참조하라는 뜻
2. 해당 증권신고의 효력이 발생한 후인 경우에는 다음 각 목의 사항
   가. 제131조 제 2 항 제 1 호부터 제 8 호까지의 사항
   나. 제 1 호 다목부터 마목까지의 사항

간이투자설명서에 위의 사항을 기재 또는 표시하는 경우에는 발행인(투자신탁의 수익증권과 투자익명조합의 지분증권인 경우에는 그 투자신탁과 투자익명조합)에게 불리한 정보를 생략하거나 유리한 정보만을 가려뽑아 기재 또는 표시하여서는 아니 된다(영 제134조 제 2 항).

간이투자설명서의 서식과 작성방법 등에 관하여 필요한 사항은 금융위원회가 정하여 고시한다(영 제134조 제 3 항).

4. 투자설명서의 제출 및 공시

(1) 제출시기

발행인은 투자설명서를 그 증권신고의 효력이 발생하는 날(일괄신고추가서류를 제출하여야 하는 경우에는 그 일괄신고추가서류를 제출하는 날)에 금융위원회에 제출하여야 한다(법 제123조 제 1 항).

(2) 공　　시

발행인은 투자설명서를 "총리령으로 정하는 장소"에 비치하고 일반인이 열람할 수 있도록 하여야 한다(법 제123조 제 1 항).

여기서 "총리령으로 정하는 장소"란 각각 다음 각 호의 장소를 말한다(규칙 제13조 제 1 항).

1. 해당 증권의 발행인의 본점
2. 금융위원회
3. 법 제373조에 따라 설립된 한국거래소(이하 "거래소")
4. 청약사무를 취급하는 장소

5. 개방형 집합투자증권과 투자설명서

(1) 의　　의

개방형 집합투자증권은 반복적으로 환매와 재설정이 이루어지므로 일괄신고서를 이용할 수 있지만 일괄신고추가서류를 제출할 필요는 없다(법 제119조 제 2 항 후단, 영 제122조 제 1 항). 그러나 개방형 집합투자증권의 발행인은 제123조 제 1 항에 의한 통상의 투자설명서를 제출하는 외에 일정한 요건을 갖춘 투자설명서를 금융위원회에 추가로 제출하여야 한다(법 제123조 제 3 항).

(2) 제출과 공시

집합투자증권을 모집하거나 매출하는 경우 그 발행인은 대통령령으로 정하는 방법에 따라 작성한 투자설명서를 그 증권신고의 효력이 발생하는 날(일괄신고추가서류를 제출하여야 하는 경우에는 그 일괄신고추가서류를 제출하는 날)에 금융위원회에 제출하여야 하며, 이를 총리령으로 정하는 장소에 비치하고 일반인이 열람할 수 있도록 하여야 한다(법 제123조 제 3 항, 제123조 제 1 항).

(3) 개방형 집합투자증권과 투자설명서의 추가제출

개방형 집합투자증권의 발행인은 법 제123조 제 1 항 외에 다음 각 호의 구분에 따라 투자설명서를 금융위원회에 추가로 제출하여야 하며, 이를 총리령으로 정하는 장소[1]에 비치하고 일반인이 열람할 수 있도록 하여야 한다. 다만, 그 집합투

1) "총리령으로 정하는 장소"란 각각 다음 각 호의 장소를 말한다(규칙 제13조 제 1 항).

자증권의 모집 또는 매출을 중지한 경우에는 제출·비치 및 공시를 하지 아니할 수 있다(법 제123조 제 3 항).

1. 제 1 항에 따라 투자설명서를 제출한 후 총리령으로 정하는 기간[1]마다 1회 이상 다시 고친 투자설명서를 제출할 것
2. 제182조 제 8 항에 따라 변경등록을 한 경우 변경등록의 통지를 받은 날부터 5일 이내에 그 내용을 반영한 투자설명서를 제출할 것

6. 투자설명서의 교부의무

(1) 의 의

누구든지 증권신고의 효력이 발생한 증권을 취득하고자 하는 자(전문투자자, 그 밖에 대통령령으로 정하는 자를 제외)에게 제123조에 적합한 투자설명서를 미리 교부하지 아니하면 그 증권을 취득하게 하거나 매도하여서는 아니 된다(법 제124조 제 1 항). 교부는 반드시 투자설명서로 하여야 하고, 예비투자설명서나 간이설명서를 사용할 수는 없다.

증권거래법은 증권을 취득하고자 하는 자의 청구가 있는 때에 투자설명서를 교부한 후가 아니면 그 증권을 취득하게 하거나 매도하지 못한다고 규정하고 있었다(증권거래법 제13조 제 1 항 전단). 그러나 자본시장법은 투자자의 청구 여부에 관계없이 투자설명서의 교부를 의무화하였다. 이는 청약권유문서로서 투자자에게 정보를 제공하는 투자설명서의 교부를 강제함으로써 투자자를 보호하려는 것이다.

(2) 교부대상 투자설명서

투자자에게 교부가 강제되는 투자설명서는 증권신고의 효력이 발생한 증권에 대한 투자설명서이고, 증권신고의 효력이 발생하기 전에 사용된 예비투자설명서와 간이투자설명서는 교부대상이 아니다.

---

1. 해당 증권의 발행인의 본점
2. 금융위원회
3. 법 제373조에 따라 설립된 한국거래소("거래소")
4. 청약사무를 취급하는 장소

1) "총리령으로 정하는 기간"이란 1년을 말한다(규칙 제13조 제 2 항).

(3) 교부의무의 면제대상

전문투자자, 그 밖에 "대통령령으로 정하는 자"에게는 투자설명서 교부의무가 면제된다(법 제124조 제 1 항).

여기서 "대통령령으로 정하는 자"란 다음 각 호의 어느 하나에 해당하는 자를 말한다(영 제132조).

1. 제11조 제 1 항 제 1 호 다목부터 바목까지 및 같은 항 제 2 호 각 목의 어느 하나에 해당하는 자
2. 투자설명서를 받기를 거부한다는 의사를 서면, 전화·전신·모사전송, 전자우편 및 이와 비슷한 전자통신, 그 밖에 금융위원회가 정하여 고시하는 방법으로 표시한 자
3. 이미 취득한 것과 같은 집합투자증권을 계속하여 추가로 취득하려는 자. 다만, 해당 집합투자증권의 투자설명서의 내용이 직전에 교부한 투자설명서의 내용과 같은 경우만 해당한다.

위의 내용 중 전문투자자와 시행령 제132조 제 1 호에 해당하는 자를 구체적으로 살펴보면 다음과 같다.

1) 전문투자자(법 제123조 제 1 항)

"전문투자자"란 금융투자상품에 관한 전문성 구비 여부, 소유자산규모 등에 비추어 투자에 따른 위험감수능력이 있는 투자자로서 다음 각 호의 어느 하나에 해당하는 자를 말한다(법 제 9 조 제 5 항).

1. 국가
2. 한국은행
3. 대통령령으로 정하는 금융기관[1)]

---

1) "대통령령으로 정하는 금융기관"이란 다음 각 호의 금융기관을 말한다(영 제10조 제 2 항).
   1. 은행법에 따른 은행
   2. 한국산업은행법에 따른 한국산업은행
   3. 중소기업은행법에 따른 중소기업은행
   4. 한국수출입은행법에 따른 한국수출입은행
   5. 농업협동조합법에 따른 농업협동조합중앙회
   6. 수산업협동조합법에 따른 수산업협동조합중앙회
   7. 보험업법에 따른 보험회사
   8. 금융투자업자(법 제22조에 따른 겸영금융투자업자는 제외)
   9. 증권금융회사

4. 주권상장법인. 다만, 금융투자업자와 장외파생상품 거래를 하는 경우에는 전문투자자와 같은 대우를 받겠다는 의사를 금융투자업자에게 서면으로 통지하는 경우에 한한다.

5. 그 밖에 대통령령으로 정하는 자[1)]

---

10. 종합금융회사
11. 법 제355조 제 1 항에 따라 인가를 받은 자금중개회사
12. 금융지주회사법에 따른 금융지주회사
13. 여신전문금융업법에 따른 여신전문금융회사
14. 상호저축은행법에 따른 상호저축은행 및 그 중앙회
15. 산림조합법에 따른 산림조합중앙회
16. 새마을금고법에 따른 새마을금고연합회
17. 신용협동조합법에 따른 신용협동조합중앙회
18. 제 1 호부터 제17호까지의 기관에 준하는 외국 금융기관

1) "대통령령으로 정하는 자"란 다음 각 호의 자를 말한다. 다만, 제12호부터 제17호까지의 어느 하나에 해당하는 자가 금융투자업자와 장외파생상품 거래를 하는 경우에는 전문투자자와 같은 대우를 받겠다는 의사를 금융투자업자에게 서면으로 통지하는 경우만 해당한다(영 제10조 제 3 항).

1. 예금자보호법에 따른 예금보험공사 및 정리금융기관
2. 금융기관부실자산 등의 효율적 처리 및 한국자산관리공사의 설립에 관한 법률에 따른 한국자산관리공사
3. 한국주택금융공사법에 따른 한국주택금융공사
4. 한국투자공사법에 따른 한국투자공사

4의2. 한국정책금융공사법에 따른 한국정책금융공사

5. 협회
6. 법 제294조에 따라 설립된 한국예탁결제원
7. 법 제373조에 따라 설립된 한국거래소
8. 금융위원회의 설치 등에 관한 법률에 따른 금융감독원
9. 집합투자기구(금융위원회가 정하여 고시하는 것은 제외)
10. 신용보증기금법에 따른 신용보증기금
11. 기술신용보증기금법에 따른 기술신용보증기금
12. 법률에 따라 설립된 기금(제10호 및 제11호는 제외) 및 그 기금을 관리·운용하는 법인
13. 법률에 따라 공제사업을 경영하는 법인
14. 지방자치단체
15. 해외 증권시장에 상장된 주권을 발행한 국내법인
16. 다음 각 목의 요건을 모두 충족하는 법인 또는 단체(외국 법인 또는 외국 단체는 제외)
    가. 금융위원회에 나목의 요건을 충족하고 있음을 증명할 수 있는 관련 자료를 제출할 것
    나. 관련 자료를 제출한 날 전날의 금융투자상품 잔고가 100억원 이상일 것
    다. 관련 자료를 제출한 날부터 2년이 지나지 아니할 것
17. 다음 각 목의 요건을 모두 충족하는 개인(외국인인 개인은 제외)
    가. 금융위원회에 나목 및 다목의 요건을 모두 충족하고 있음을 증명할 수 있는 관련 자료를 제출할 것
    나. 관련 자료를 제출한 날 전날의 금융투자상품 잔고가 50억원 이상일 것
    다. 금융투자업자에 계좌를 개설한 날부터 1년이 지났을 것

다만, 전문투자자 중 대통령령으로 정하는 자[1]가 일반투자자와 같은 대우를 받겠다는 의사를 금융투자업자에게 서면으로 통지하는 경우 금융투자업자는 정당한 사유가 있는 경우를 제외하고는 이에 동의하여야 하며, 금융투자업자가 동의한 경우에는 해당 투자자는 일반투자자로 본다(법 제9조 제5항 단서).

2) 전문가와 연고자(영 제132조 제1호)

(가) 다음의 어느 하나에 해당하는 전문가(시행령 제11조 제1항 제1호 다목부터 바목)

1. 공인회계사법에 따른 회계법인
2. 신용정보의 이용 및 보호에 관한 법률에 따른 신용평가회사
3. 발행인에게 회계, 자문 등의 용역을 제공하고 있는 공인회계사·감정인·변호사·변리사·세무사 등 공인된 자격증을 가지고 있는 자
4. 그 밖에 발행인의 재무상황이나 사업내용 등을 잘 알 수 있는 전문가로서 금융위원회가 정하여 고시하는 자

(나) 다음의 어느 하나에 해당하는 연고자(시행령 제11조 제1항 제2호)

1. 발행인의 최대주주와 발행주식총수의 100분의 5 이상을 소유한 주주
2. 발행인의 임원(상법 제401조의2 제1항 각 호의 자를 포함) 및 근로복지기본법에 따른 우리사주조합원
3. 발행인의 계열회사와 그 임원
4. 발행인이 주권비상장법인(주권을 모집하거나 매출한 실적이 있는 법인은 제외)인 경우에는 그 주주
5. 외국 법령에 따라 설립된 외국 기업인 발행인이 종업원의 복지증진을 위한 주식

라. 관련 자료를 제출한 날부터 2년이 지나지 아니할 것

18. 다음 각 목의 어느 하나에 해당하는 외국인
    가. 외국 정부
    나. 조약에 따라 설립된 국제기구
    다. 외국 중앙은행
    라. 제1호부터 제17호까지의 자에 준하는 외국인

1) "대통령령으로 정하는 자"란 다음 각 호의 어느 하나에 해당하지 아니하는 전문투자자를 말한다(영 제10조 제1항).
   1. 국가
   2. 한국은행
   3. 제2항 제1호부터 제17호까지의 어느 하나에 해당하는 자
   4. 제3항 제1호부터 제11호까지의 어느 하나에 해당하는 자
   5. 제3항 제18호 가목부터 다목까지의 어느 하나에 해당하는 자
   6. 제3호 및 제4호에 준하는 외국인

매수제도 등에 따라 국내 계열회사의 임직원에게 해당 외국 기업의 주식을 매각하는 경우에는 그 국내 계열회사의 임직원
6. 발행인이 설립 중인 회사인 경우에는 그 발기인
7. 그 밖에 발행인의 재무상황이나 사업내용 등을 잘 알 수 있는 연고자로서 금융위원회가 정하여 고시하는 자

(4) 전자문서에 의한 투자설명서

투자설명서를 서면으로 교부하는 것이 원칙이지만, 발행인의 비용절감을 위하여 투자설명서가 전자문서(법 제436조)의 방법에 따르는 때에는 다음 각 호의 요건을 모두 충족하는 때에 이를 교부한 것으로 본다(법 제124조 제 1 항).

1. 전자문서에 의하여 투자설명서를 받는 것을 전자문서를 받을 자(전자문서수신자)가 동의할 것
2. 전자문서수신자가 전자문서를 받을 전자전달매체의 종류와 장소를 지정할 것
3. 전자문서수신자가 그 전자문서를 받은 사실이 확인될 것
4. 전자문서의 내용이 서면에 의한 투자설명서의 내용과 동일할 것

Ⅶ. 증권신고서 등의 제출 및 공시

1. 제출 및 공시

발행인은 신고서, 일괄신고서·추가서류, 정정신고서, 철회신고서, 증권발행실적보고서, 소액공모에 따른 신고서류는 각각 2부씩, 투자설명서, 예비투자설명서 및 간이투자설명서는 각각 1부씩 금융위원회에 제출하여야 한다. 각 서류의 첨부서류도 또한 같다(증권의 발행 및 공시 등에 관한 규정 제2-20조 제 1 항).

금융위원회는 제출된 서류를 접수한 날부터 3년간 공시한다. 다만, 신고서(정정신고서, 일괄신고서·추가서류 및 철회신고서를 포함)는 이를 수리한 날부터 증권발행실적보고서 접수 후 3년이 되는 날까지 공시한다(증권의 발행 및 공시 등에 관한 규정 제2-20조 제 2 항).

2. 전자문서에 의한 제출

자본시장법에 따라 금융위원회, 증권선물위원회, 금융감독원장, 거래소, 협회

또는 예탁결제원에 신고서·보고서, 그 밖의 서류 또는 자료 등을 제출하는 경우에는 전자문서의 방법으로 할 수 있다(법 제435조 제1항). 이에 따른 전자문서에 의한 신고 등의 방법 및 절차, 그 밖에 필요한 사항은 대통령령으로 정한다(법 제435조 제1항).

자본시장법 및 시행령, 그 밖의 다른 법령에 따라 금융위원회, 증권선물위원회, 금융감독원장, 거래소, 협회 또는 예탁결제원에 신고서·보고서, 그 밖의 서류 또는 자료 등(이하 "신고서등")을 제출하는 자는 정보통신망 이용촉진 및 정보보호 등에 관한 법률에 따른 정보통신망을 이용한 전자문서(컴퓨터 등 정보처리능력을 가진 장치에 의하여 전자적인 형태로 작성되어 송·수신 또는 저장된 문서형식의 자료로서 표준화된 것)의 방법에 의할 수 있다(영 제385조 제1항).

전자문서의 방법에 의하여 신고서등을 제출할 때 필요한 표준서식·방법·절차 등은 금융위원회가 정하여 고시한다.[1] 이 경우 금융위원회는 해당 신고서등이

1) 증권의 발행 및 공시 등에 관한 규정
제6장 전자문서에 의한 신고 등
제6-1조(적용범위) 영 제385조 제2항에 따라 전자문서의 방법에 따른 신고서·보고서 기타 서류 또는 자료 등(이하 "신고서등"이라 한다)의 제출에 관하여 필요한 사항은 이 장에서 정하는 바에 따른다.
제6-2조(다른 규정과의 관계) 전자문서의 방법에 따른 신고서등의 제출과 관련하여 이 장에서 정한 사항 외에는 해당 신고서등에 관하여 금융위 및 증선위가 정한 규정에 따른다.
제6-3조(전자공시시스템의 운영) ① 감독원장은 신고서 등을 전자문서의 방법으로 제출받을 수 있도록 전자공시시스템을 운영하여야 한다.
② 신고서등을 제출할 의무가 있는 자(이하 "제출인")는 전자문서를 감독원장이 정하는 바에 따라 작성하여 제출하여야 한다.
제6-4조(전자문서의 접수 및 통지) 감독원장은 제출인이 전자문서의 방법으로 제출한 신고서등이 제6-3조 제2항에 따라 작성·제출되지 아니한 경우에 그 접수를 거부할 수 있다.
제6-5조(전자문서의 관계기관 전송 등) ① 감독원장은 관계기관에 전자문서의 방법으로 제출된 관련 신고서등을 전송할 수 있다.
② 제1항에 따라 제출된 신고서등이 관계기관에 전송·도달된 경우에는 제출인이 이를 관계기관에 제출한 것으로 본다.
제6-6조(전자문서의 제출부수) 제출인이 신고서등을 전자문서의 방법으로 제출한 경우 관련 법령 및 금융위 규정에서 정한 공시서류 제출부수를 충족한 것으로 본다.
제6-7조(전자공시시스템 장애시의 제출) ① 제출인은 전자공시시스템에 장애가 발생하여 이 장에 따른 전자문서를 제출할 수 없는 경우에는 신고서등을 서면·모사전송(FAX) 등의 방법으로 금융감독원과 관계기관에 제출하여야 한다.
② 제1항에 의하여 신고서등을 서면·모사전송 등의 방법으로 제출하는 경우에는 전자문서 파일을 첨부하여 금융감독원에 제출하여야 한다.
③ 감독원장은 전자공시시스템이 복구되었을 때 즉시 제2항에 따라 제출된 전자문서 파일을 전자공시시스템에 등록·전송하여야 한다.

거래소, 협회 또는 예탁결제원에 함께 제출되는 것일 때에는 그 표준서식·방법·절차 등을 정하거나 변경함에 있어서 미리 해당 기관의 의견을 들을 수 있다(영 제385조 제 2 항). 이 규정에 따라 증권의 발행 및 공시 등에 관한 규정 제 6 장은 전자문서에 의한 신고 등에 관하여 정하고 있으며, 증권의 발행 및 공시 등에 관한 규정 시행세칙 제 3 장[1]도 전자문서에 의한 신고 등에 관한 상세한 사항을 정하고

---

1) 증권의 발행 및 공시 등에 관한 규정 시행세칙

제 9 조(정의) 이 장에서 사용하는 용어의 정의는 다음과 같다.

1. "전자서명"이라 함은 전자문서를 제출한 자의 신원과 전자문서의 변경 여부를 확인할 수 있도록 비대칭 암호화방식을 이용하여 전자서명생성키로 생성한 정보로서 당해 전자문서에 고유한 것을 말한다.
2. "비대칭 암호화방식"이란 정보를 암호화하기 위하여 사용하는 키와 암호화된 정보를 복원하기 위하여 사용하는 키가 서로 다른 암호화방식을 말한다.
3. "전자서명생성키"라 함은 전자서명을 위하여 이용하는 전자적 정보를 말한다.

제10조(적용대상 전자문서) 이 장에서 전자문서의 방법으로 제출하는 신고서등은 다음과 같다.

1. 자본시장법, 영 기타 다른 법령에 의하여 금융위 또는 증선위에 제출하는 공시서류
2. 외부감사 및 회계 등에 관한 규정 제16조 제 2 항의 감사계약체결보고서

제11조(전자공시시스템 운영) ① 감독원장은 전자문서의 방법으로 제출받은 신고서등을 정보통신망을 이용하여 일반인이 이용하도록 할 수 있다.

② 감독원장은 규정 제6-3조 제 1 항에도 불구하고 전자공시시스템을 외부기관에 위탁하여 운영할 수 있다.

제12조(전자문서 제출인의 등록) ① 제출인은 사전에 전자공시시스템에 접속하여 제출인의 주소·성명 등 전자문서 제출에 관련된 사항을 등록하여야 한다. 등록사항이 변경된 경우에도 또한 같다.

② 감독원장은 제출인이 제 1 항에 따라 등록을 한 때에는 당해 제출인에게 고유번호 기타 필요한 정보를 제공하여야 한다.

③ 감독원장은 제 1 항에 따라 제출인 등록이 완료된 경우에 등록통지서를 제출인에게 발급한다.

제13조(전자문서의 제출등) ① 제출인은 전자문서의 방법으로 제출하는 신고서등에 제출인을 식별할 수 있는 사항과 전자문서를 접수·분류·처리하는 데 필요한 정보를 포함하여야 한다.

② 제출인은 신고서등의 첨부서류 중 전자문서에 포함하기가 곤란한 다음 각 호의 어느 하나의 서류에 대하여는 이를 서면 또는 전산매체로 제출하여야 한다.

1. 국가기관이나 지방자치단체 등이 발행하는 증명서 등으로서 문서의 양이 방대하여 전자문서화하기가 곤란한 서류
2. 법령상의 제한 등으로 공시하기가 곤란한 서류
3. 기타 전자문서화하기가 곤란하거나 실익이 없는 서류

제14조(첨부서류의 분리제출) ① 제출인은 제10조에 따른 신고서등의 본문(기재사항)과 첨부서류를 나누어 제출할 수 있다.

② 제 1 항에 따라 제출하는 신고서등은 본문을 최초로 전송한 날부터 7일 이내에 당해 신고서등의 첨부서류를 제출하여야 한다.

제15조(참조방식에 의한 제출) 제출인은 신고서등이 이미 제출된 신고서등의 본문이나 첨부서류와 동일한 경우 그 접수번호를 제출하는 방식으로 당해 본문이나 첨부서류의 제출에

있다.

이에 따라 금융감독원은 전자공시시스템인 DART(Data Analysis Retrieval and Transfer System), 거래소는 전자공시시스템인 KIND(Korea Investor's Network for Disclosure System)를 운영하고 있으며, 누구든지 언제든 이용할 수 있도록 하고 있다.

갈음할 수 있다.

제16조(정정문서의 제출) 제출인은 제출된 전자문서에 대하여 정정명령을 받았거나 자발적으로 정정하고자 하는 경우에는 그 정정내용을 기재한 정오표와 정정이 완료된 전자문서를 함께 제출하여야 한다.

제17조(전자서명의 효력등) ① 제출인은 전자문서의 방법으로 신고서등을 제출하고자 하는 경우에는 제18조에 따른 전자서명을 하여야 한다.

② 제 1 항에 따라 전자서명한 경우에는 제출인이 서명 또는 날인한 것으로 본다.

③ 제출인이 제출인 외의 자의 서명 또는 날인이 있는 신고서등을 전자문서의 방법으로 제출하는 경우에는 그 서면문서를 관련 법령 및 금융위 규정에서 공시하도록 규정하고 있는 기간 동안 보관하여야 하며 감독원장의 요청이 있는 경우 지체 없이 이를 감독원장에게 제출하여야 한다. 다만, 제23조에 따른 신고서등은 그러하지 아니하다.

제18조(전자서명의 등록) ① 제출인이 제17조에 따른 전자서명을 하고자 하는 경우에는 전자공시시스템에 접속하여 비대칭 암호화방식의 전자서명생성키와 전자서명검증키(전자서명을 검증하기 위하여 이용하는 전자적 정보를 말한다)를 생성한 후 전자서명검증키를 등록하여야 한다.

② 제출인은 제 1 항에 따라 생성한 전자서명생성키를 안전하게 보관·관리하여야 하며 이를 분실한 경우 지체 없이 제20조의 절차에 따라 전자서명인증서를 재발급 받아야 한다.

제19조(전자서명의 인증) ① 감독원장은 제출인이 제18조에 따라 전자서명의 등록을 신청한 경우에는 전자서명인증서를 제출인에게 발급하여야 한다.

② 제출인은 제 1 항에 따라 인증받은 전자서명을 제10조에서 정하는 전자문서를 작성하여 제출하는 목적 외에는 사용할 수 없다. 다만, 이 장에서 정하는 전자문서의 방법으로 거래소·한국공인회계사회 등 관계기관(이하 "관계기관")에 전자문서를 제출하는 경우에는 그러하지 아니하다.

제20조(전자서명의 변경) 제출인이 제18조에 따라 등록된 전자서명을 변경하고자 하는 경우에는 이미 발급받은 전자서명인증서의 폐지를 전자공시시스템에 접속하여 신청하고 새로운 전자서명인증서를 발급받아야 한다.

제21조(전자서명의 폐지) 감독원장은 다음 각 호의 어느 하나에 해당하는 사유가 발생한 경우에는 전자서명을 폐지하여야 한다.

1. 제출인이 정당한 사유로 전자서명의 폐지를 신청한 경우
2. 제출인이 사망하거나 실종선고를 받은 경우 또는 해산한 경우
3. 제출인의 전자서명생성키가 분실·훼손 또는 도난·유출된 경우
4. 기타 전자문서를 제출할 필요가 없는 사유가 발생한 경우

제22조(전자문서의 접수 및 통지) ① 전자문서는 전자공시시스템에서 감독원의 업무시간 내에 접수번호가 부여된 경우 당일 접수된 것으로 본다.

② 감독원장은 전자문서의 방법으로 제출받은 신고서등의 접수 여부에 대하여 정보통신망을 이용하여 제출인에게 통지하여야 한다.

제23조(제출인 외의 자가 작성하는 문서) 제10조에 따른 신고서등의 첨부서류 중 공인회계사 등 제출인 외의 자가 작성하는 서류는 당해 작성자가 제12조부터 제21조까지를 준용하여 작성한 후 제출인에게 제공하여야 한다.

거래소, 협회 또는 예탁결제원의 업무 관련 규정에 따라 제출하는 신고서등의 경우에는 제 2 항 전단에도 불구하고 해당 기관이 이를 정할 수 있다(영 제385조 제 3 항).

신고서등을 제출하는 자가 전자문서의 방법에 의하는 경우에 그 전자문서의 효력과 도달시기 등 전자문서에 관한 사항은 정보통신망 이용촉진 및 정보보호 등에 관한 법률에서 정하는 바에 따른다(영 제385조 제 4 항).

Ⅷ. 증권발행실적결과보고서

증권신고의 효력이 발생한 증권의 발행인은 금융위원회가 정하여 고시하는 방법[1]에 따라 그 발행실적에 관한 증권발행실적보고서를 금융위원회에 제출하여야 한다(법 제128조).

1) 증권의 발행 및 공시 등에 관한 규정 제2-19조(증권발행실적보고서) ① 법 제128조에 따라 발행인은 모집 또는 매출을 완료한 때[초과배정옵션(주식공모시 인수회사가 당초 공모하기로 한 주식의 수량을 초과하는 주식을 청약자에게 배정하는 것을 조건으로 하여 그 초과배정 수량에 해당하는 신주를 발행회사로부터 미리 정한 가격으로 취득할 수 있는 권리를 말한다) 계약을 인수회사와 체결한 경우에는 동 옵션의 권리행사로 인한 주식발행이 완료되었거나 동 옵션의 권리행사기한 도래로 주식이 새로이 발행되지 아니하는 것이 확정된 때를 말한다] 지체 없이 발행실적보고서를 금융위에 제출하여야 한다. 다만, 일괄신고서의 효력이 발생한 발행인은 추가서류를 제출하여 모집 또는 매출을 완료한 때 지체 없이 발행실적보고서를 금융위에 제출하여야 한다.
② 발행실적보고서에는 다음 각 호의 사항을 기재하여야 한다.
1. 발행인의 명칭 및 주소
2. 주관회사의 명칭
3. 청약 및 배정에 관한 사항
4. 공시의 이행에 관한 사항
5. 증권의 교부일, 상장일 및 증자등기일
6. 유상증자 전후의 주요주주의 지분변동상황
7. 신주인수권증서의 발행내역
8. 주주가 주식인수의 청약을 하지 아니한 주식의 처리내역
9. 조달된 자금의 사용내역
③ 합병등의 증권신고서에 대한 발행실적보고서에는 다음 각 호의 사항을 기재하여야 한다.
1. 합병등의 일정
2. 최대주주 및 주요주주 지분변동 상황
3. 주식매수청구권 행사
4. 채권자보호에 관한 사항
5. 합병등 관련 소송의 현황
6. 신주배정등에 관한 사항
7. 합병등 전·후의 요약재무정보

Ⅸ. 신고서와 보고서의 공시

금융위원회는 다음 각 호의 서류를 3년간 일정한 장소에 비치하고, 인터넷 홈페이지 등을 이용하여 공시하여야 한다. 이 경우 기업경영 등 비밀유지와 투자자 보호와의 형평 등을 고려하여 대통령령으로 정하는 사항[1]을 제외하고 비치 및 공시할 수 있다(법 제129조).

1. 증권신고서 및 정정신고서
2. 투자설명서
3. 증권발행실적보고서

제 5 절 증권발행과 민사책임

Ⅰ. 서 설

1. 의 의

자본시장에서 공시규제의 실효성을 확보하기 위해서는 공시의무 위반에 대한 유효한 제재수단이 전제되어야 한다. 공시의무 위반에 대한 제재로서 행정제재 및 형사제재를 별론으로 하고, 민사책임을 묻는 민사제재야말로 그 경제적인 위력으로 인하여 가장 확실한 제재수단이 될 수 있다.

자본시장법상의 공시의무 위반을 이유로 하는 손해배상청구소송은 증권신고

---

④ 영 제121조 제 1 항에 따른 개방형 집합투자증권의 발행인이 집합투자기구별로 각 회계기간의 순발행실적(총판매금액에서 총환매금액을 차감한 금액) 등을 기재한 발행실적보고서를 회계기간말부터 1개월 이내에 금융위에 제출하는 경우 제 1 항에 따른 발행실적보고서를 제출한 것으로 본다.

⑤ 금적립계좌의 발행인이 매 사업연도의 순발행실적(제 4 항에 따른 순발행실적을 말한다) 등을 기재한 발행실적보고서를 사업연도말부터 1개월 내에 금융위에 제출한 경우 제 1 항에 따른 발행실적보고서를 제출한 것으로 본다. 〈신설 2012. 1. 3〉

⑥ 그 밖에 발행실적보고서의 서식 및 작성방법 등에 관하여 필요한 사항은 감독원장이 정한다.

1) "대통령령으로 정하는 사항"이란 다음 각 호의 어느 하나에 해당하는 사항을 말한다(영 제136조).
   1. 군사기밀보호법 제 2 조에 따른 군사기밀에 해당하는 사항
   2. 발행인 또는 그 종속회사(주식회사의 외부감사에 관한 법률 시행령 제 1 조의3 제 1 항에 따른 종속회사)의 업무나 영업에 관한 것으로서 금융위원회의 확인을 받은 사항

서와 투자설명서 등의 발행공시책임을 묻는 것으로부터 사업보고서 등의 정기공시의무 위반에 대한 책임을 묻는 것은 물론이고, 수시공시의무 위반에 대한 책임을 묻는 것에 이르기까지 다양하다. 또한 배상책임자의 경우를 보면, 해당 발행인은 물론이고 인수인으로서의 증권회사, 그리고 감사의견을 제출하는 회계법인에 이르기까지 확대되는 등 공시책임소송의 영역에서 양적·질적 확장을 가져오고 있다.

자본시장법은 증권신고서(정정신고서 및 첨부서류를 포함)와 투자설명서(예비투자설명서 및 간이투자설명서를 포함) 중 중요사항에 관하여 부실표시를 함으로써 증권의 취득자가 손해를 입은 경우에는 그 손해에 관하여 배상의 책임을 지도록 특칙을 두고 있다(법 제125조 제1항, 제126조, 제127조). 이러한 손해배상책임의 특례는 민법상 일반불법행위책임의 성립요건 중 가해자의 고의·과실, 가해자의 위법행위와 피해자의 손해 사이의 인과관계, 손해배상액에 대한 증명책임을 가해자에게 전환하는 것이다. 이는 증권거래의 특수성을 고려하여 피해자인 투자자를 두텁게 보호하고자 함에 그 목적이 있다.

2. 민법상 불법행위책임과의 관계

자본시장법 제125조의 증권신고서와 투자설명서 부실표시책임은 각국의 입법례와 마찬가지로 기본적으로 불법행위책임이다. 즉 민법상 일반불법행위책임(민법 제750조)에 대한 특별불법행위책임이다. 따라서 불법행위책임의 구성을 위한 고의·과실 요건, 인과관계, 손해배상의 범위 획정에 이르기까지 법률요건들이 그대로 타당하다. 다만 특별법상의 특별불법행위책임의 법률요건들이 일반불법행위책임에 비하여 완화 내지 경감될 수 있을 뿐이다.

따라서 자본시장법의 공시책임은 민법상 일반불법행위책임에 대하여 적용범위, 대상의 명확한 한정, 증명책임의 전환 등을 통해 피해자의 민사구제를 용이하게 하는 목적을 갖는다. 또한 민법상 일반불법행위책임과 비교하여 손해배상의 범위를 법정하고, 단기의 제척기간을 규정함으로써 책임의 무제한적인 확장 및 법적 불안정을 방지함으로써 자본시장의 안정을 도모하여 상호 충돌가능성이 있는 법익을 조화시키고자 하는 특별불법행위책임일 뿐이다.

자본시장법상 손해배상책임을 발생시키는 행위는 민법상 일반불법행위책임의 요건에 해당하는 경우가 일반적이기 때문에, 양 책임의 요건을 동시에 충족하는 경우 두 가지 청구권을 모두 행사할 수 있다. 그러나 자본시장법상 책임규정이 투자자에게 유리하기 때문에 민법상 손해배상책임을 묻는 경우는 예외적인 경우일 것이다. 민법상 손해배상액임을 묻는 경우는 자본시장법상 손해배상책임은 단기의 제척기간이 적용되므로 이 기간을 도과한 경우일 것이다. 민법상 손해배상책임의 경우는 소멸시효의 규정(민법 제766조에 의하면 손해 및 가해자를 안 날로부터 3년, 불법행위를 한 날로부터 10년)이 적용되기 때문이다.

관련판례: 대법원 2002. 9. 24. 선고 2001다9311, 9328 판결

우리 증권거래법이 유가증권의 발행시장에서의 공시책임과 유통시장에서의 공시책임을 엄격하게 구분하고, 그 책임요건을 따로 정하고 있는 점, 증권거래법 제14조의 손해배상 책임규정은 법이 특별히 책임의 요건과 손해의 범위를 정하고, 책임의 추궁을 위한 입증책임도 전환시켜 유가증권 발행시장에 참여하는 투자자를 보호하기 위하여 규정한 조항인 점에 비추어, 유가증권의 유통시장에서 해당 유가증권을 인수한 자는 위와 같은 유가증권 발행신고서 등의 허위기재시 해당 관여자에게 민법상 불법행위책임을 물을 수 있는 경우가 있을 수 있음은 별론으로 하고, 구 증권거래법 제14조 소정의 손해배상 청구권자인 유가증권 취득자의 범위에는 포함되지 않는다고 봄이 타당하다(대법원 2002. 5. 14. 선고 99다48979 판결 참조).

Ⅱ. 책임당사자

1. 배상책임자

증권신고서(정정신고서 및 첨부서류를 포함)와 투자설명서(예비투자설명서 및 간이투자설명서를 포함) 중 중요사항에 관하여 거짓의 기재 또는 표시가 있거나 중요사항이 기재 또는 표시되지 아니함으로써 증권의 취득자가 손해를 입은 경우에는 다음 각 호의 자는 그 손해에 관하여 배상의 책임을 진다(법 제125조 제1항).

1. 그 증권신고서의 신고인과 신고 당시의 발행인의 이사(이사가 없는 경우 이에 준하는 자를 말하며, 법인의 설립 전에 신고된 경우에는 그 발기인)
2. 상법 제401조의2 제1항 각 호의 어느 하나에 해당하는 자[1]로서 그 증권신고서

---

1) 상법 제401조의2(업무집행지시자 등의 책임) ① 다음 각 호의 1에 해당하는 자는 그 지시하거나 집행한 업무에 관하여 제399조·제401조 및 제403조의 적용에 있어서 이를 이사로 본다.
   1. 회사에 대한 자신의 영향력을 이용하여 이사에게 업무집행을 지시한 자
   2. 이사의 이름으로 직접 업무를 집행한 자
   3. 이사가 아니면서 명예회장·회장·사장·부사장·전무·상무·이사 기타 업무를 집행할 권한이 있는 것으로 인정될 만한 명칭을 사용하여 회사의 업무를 집행한 자

의 작성을 지시하거나 집행한 자
3. 그 증권신고서의 기재사항 또는 그 첨부서류가 진실 또는 정확하다고 증명하여 서명한 공인회계사·감정인 또는 신용평가를 전문으로 하는 자 등(그 소속단체를 포함) 대통령령으로 정하는 자
4. 그 증권신고서의 기재사항 또는 그 첨부서류에 자기의 평가·분석·확인 의견이 기재되는 것에 대하여 동의하고 그 기재내용을 확인한 자
5. 그 증권의 인수계약을 체결한 자(인수계약을 체결한 자가 2인 이상인 경우에는 대통령령으로 정하는 자)
6. 그 투자설명서를 작성하거나 교부한 자
7. 매출의 방법에 의한 경우 매출신고 당시의 그 매출되는 증권의 소유자

증권신고서 제출의무는 발행인에게 있지만 배상책임의 주체는 증권발행절차에 관여한 자에게 미친다. 이는 공시의 진실성을 확실하게 담보하여 투자자를 강력하게 보호하려는 취지이고, 또 배상책임의 주체에게 증권신고서 작성에 관여하는 경우 책임을 부담할 수 있음을 알려 상당한 주의를 다하게 하려는 것이다.

(1) 증권신고서의 신고인과 신고 당시의 발행인의 이사(제1호)

1) 신 고 인

신고인은 증권의 모집·매출시에 증권신고서를 제출하는 증권의 발행인을 말한다. 여기서 발행인은 증권을 발행하였거나 발행하고자 하는 자를 말하는데(법 제9조 제10항), 일반적으로 당해 증권을 발행하는 법인이 이에 해당한다.

주주가 이미 발행된 증권의 매도의 청약을 하거나 매수의 청약을 권유하는 매출의 경우 매출의 주체는 주주이지만 공시의 주체는 발행인이다. 이는 투자가치의 실체로서 기업실체에 대한 공시는 기업주체인 발행인이 하여야만 제 기능을 발휘할 수 있기 때문이다. 그러나 이러한 공시(증권신고)는 기업에게 부담을 주기 때문에 발행인에게 이 신고의무가 부과되지는 않는다. 즉 주주가 증권을 매출하려고 하는 경우에 발행인이 증권신고를 할 의무는 없다. 그러나 발행인이 임의로 증권신고를 한 경우는 그 부실표시에 대하여 책임을 부담한다.[1)]

2) 신고 당시의 발행인 이사 등

신고인과 함께 책임을 부담하는 이사는 신고 당시의 이사에 한정된다. 여기

1) 강대섭, "증권시장에서의 부실표시로 인한 손해배상책임에 관한 연구," 고려대학교 박사학위논문(1992), 48쪽.

서 "신고 당시"의 이사란 신고서 제출시·수리시·효력발생시 중 어느 단계에서 관여한 이사인지에 관한 규정이 없다. 따라서 이에 관하여는 정정신고서를 통하여 부실표시가 정정되지 않는 한 신고서 제출시의 이사로 보아야 하고, 신고 이후 또는 효력발생이 된 이후에 선임된 이사에게 책임을 묻는 것은 불합리하다는 견해[1]와 청약일 전일까지는 정정신고서를 제출할 수 있으므로 신고서 제출시의 이사와 신고서의 효력발생시의 이사는 모두 배상책임의 주체가 된다는 견해[2]가 있다.

또한 "신고 당시"라고 규정하고 있으므로 신고 후에 선임된 이사 또는 신고 전에 사임하거나 해임된 이사는 책임이 없다. 이사에게 책임을 지우는 것은 이사는 증권신고서의 진실성을 보장하고 부실표시를 방지하기 위한 예방조치를 취해야 할 지위에 있기 때문이다.

또한 "이사가 없는 경우 이에 준하는 자"를 책임주체로 규정하고 있으나, 그 의미에 관하여는 불분명하다. 이를 명확히 할 필요가 있다. 그리고 법인의 설립 전에 신고된 경우에는 법인의 발기인이 책임주체가 된다.

(2) 증권신고서의 작성을 지시하거나 집행한 자(제 2 호)

상법 제401조의2 제 1 항 각 호의 어느 하나에 해당하는 자[3]로서 그 증권신고서의 작성을 지시하거나 집행한 자도 배상책임의 주체이다(제 2 호). 제 2 호가 규정하는 자는 증권신고서를 작성하는 실무자에게 지시하거나 집행할 수 있는 지위에 있기 때문에 배상책임의 주체로 한 것이다.

업무집행관여자의 "지시"라 함은 교사행위의 한 유형으로서 주식의 보유관계, 직위, 또는 전문성 등에 의하여 지시를 받은 자가 이를 받아들이지 않으면 안 될 정도로 강력한 힘이 작용하는 것을 의미하므로, 단순하면서도 일반적인 지시는 이에 해당하지 않는다. 또한 "집행"이라 함은 업무집행관여자가 증권신고서를 직접 작성하거나 적어도 이사를 거치지 않고 증권신고서의 작성실무를 수행하는 것을

1) 김정수, 현대증권법원론, 박영사(2002), 151쪽.

2) 임재연, 전게서, 370쪽.

3) 상법 제401조의 2(업무집행지시자 등의 책임) ① 다음 각 호의 1에 해당하는 자는 그 지시하거나 집행한 업무에 관하여 제399조·제401조 및 제403조의 적용에 있어서 이를 이사로 본다.
   1. 회사에 대한 자신의 영향력을 이용하여 이사에게 업무집행을 지시한 자
   2. 이사의 이름으로 직접 업무를 집행한 자
   3. 이사가 아니면서 명예회장·회장·사장·부사장·전무·상무·이사 기타 업무를 집행할 권한이 있는 것으로 인정될 만한 명칭을 사용하여 회사의 업무를 집행한 자

의미한다. 여기서 업무집행관여자는 부실표시를 알았거나 알 수 있어야만 책임주체가 된다.[1)]

(3) 공인회계사·감정인 또는 신용평가를 전문으로 하는 자 등(제 3 호)

그 증권신고서의 기재사항 또는 그 첨부서류가 진실 또는 정확하다고 증명하여 서명한 공인회계사·감정인 또는 신용평가를 전문으로 하는 자 등(그 소속단체를 포함) 대통령령으로 정하는 자도 배상책임자이다(제 3 호). 여기서 "대통령령으로 정하는 자"란 공인회계사, 감정인, 신용평가를 전문으로 하는 자, 변호사, 변리사, 또는 세무사 등 공인된 자격을 가진 자(소속단체를 포함)를 말한다(영 제135조 제 1 항). 증권신고서에 첨부된 감사인 작성의 감사보고서나 신용평가 설명서는 전문적인 서류에 해당하므로, 전문가는 합리적인 조사를 수행한 후 기업정보를 성실하게 평가하고 보고서나 설명서를 작성하여야 하며, 만일 전문가가 합리적인 조사를 하지 않았거나 불성실한 설명으로 투자자에게 오해를 불러일으켰다면 그로 인한 손해배상책임이 있다는 취지이다.[2)]

공인회계사 등이 소속한 단체는 회계법인, 감정평가법인, 신용평가회사, 법무법인, 특허법인, 세무법인 등을 말한다. 실제로는 공인회계사 등의 개인이 아니라 공인회계사 등이 소속된 회계법인 등이 회사와 계약을 체결하기 때문이다.

공인회계사 등은 증권신고서의 기재사항 또는 그 첨부서류가 진실 또는 정확하다고 증명하여 서명한 경우에만 책임을 부담하기 때문에 다른 배상책임자보다 책임범위가 좁은 편이다. 따라서 분식결산에 의하여 회사가 재무제표에 허위기재를 한 경우에도 감사증명이 정확한 경우 또는 재무제표 이외의 부분에 거짓의 기재가 있는 경우 등에는 공인회계사는 책임이 없다. 회계감사인에 대해서는 동시에 자본시장법 제170조가 적용된다.

공인회계사는 주식회사의 외부감사에 관한 법률 제17조에 의하여도 손해배상책임을 부담하는데, 자본시장법 제125조는 이들 규정에 대한 특별규정이다.

---

1) 최정식, 전게 논문, 338–339쪽.
2) 변제호 외 3인, 전게서, 379쪽.

관련판례: 대법원 1999. 10. 22. 선고 97다26555 판결, 대법원 1998. 4. 24. 선고 97다32215 판결

증권거래법(1997. 12. 13. 법률 제5423호로 개정되기 전의 것) 제197조 제1항 소정의 감사인의 선의의 투자자에 대한 손해배상책임은 그 발생의 요건이 특정되어 있고, 그에 대한 입증책임이 전환되어 있을 뿐만 아니라 손해배상액이 추정되어 선의의 투자자가 보다 신속하게 구제받을 수 있게 하는 한편 유가증권 시장의 안정을 도모하기 위하여 그 책임을 물을 수 있는 기간이 단기간으로 제한되어 있는 손해배상책임으로서 민법상의 불법행위책임과는 별도로 인정되는 법정책임이라 할 것이므로, 감사인의 부실감사로 인하여 손해를 입게 된 선의의 일반 주식투자자들은 감사인에 대하여 증권거래법상의 손해배상책임과 민법상의 불법행위책임을 다함께 물을 수 있다.

(4) 기재내용을 확인한 자(제4호)

그 증권신고서의 기재사항 또는 그 첨부서류에 자기의 평가·분석·확인 의견이 기재되는 것에 대하여 동의하고 그 기재내용을 확인한 자도 배상책임자이다(제4호).

이는 전문가의 의견이나 연구성과를 회사가 유용하는 것을 방지하고, 동시에 자기 의견이나 연구성과를 회사가 이용하는 것에 동의하고 그 기재내용을 확인한 전문가에게 책임을 부과함으로써 기재내용의 진실성을 담보하여 투자자를 보호하기 위한 것이다. 여기에는 증권신고서의 의무적인 기재사항은 물론 감사보고서, 평가보고서, 분석보고서와 같이 증권신고서에 내용을 이해하는 것은 돕는 제반서류, 참조방식에 의한 기재사항 등도 포함된다.[1] 기재되는 것에 동의하고 그 기재내용까지 확인할 것이 필요하므로, 자기 의견이 기재되는 것에 동의를 하였더라도 실제로 기재된 내용을 확인하였다는 표시가 없으면 배상책임자가 되지 않는다.[2]

관련판례: 서울지방법원 남부지원 1994. 5. 6. 92가합11689 판결

① 피고 대신개발금융은 중소기업창업지원법을 준거법으로 하여 설립된 창업투자회사로서, 위 피고는 자신의 운용자금과 위 피고가 업무집행조합원으로 있는 투자조합의 운용자금을 유망중소기업에 자본합작의 방법으로 출자한 후 이를 장외등록 또는 상장시켜 그 출자지분을 처분함으로써 투자금을 회수하고 이익을 얻는 것을 전문으로 하는 회사이고, 위 법상 위 피고와 같은 창업투자회사에 대하여는 그 영업에 관하여 자금차입, 사

1) 변제호 외 3인, 전게서, 380쪽; 최정식, 전게 논문, 340쪽.
2) 임재연, 전게서, 373쪽.

채발행 등 금융상의 혜택과 세제상의 특례 등이 인정되고 있으며, 한편 위 피고는 피고 신정제지와 사이에 합작투자계약을 체결(소외 대신첨단투자조합이 합작투자자로 되어 있는 경우에 있어서도 그 업무집행조합원인 위 피고가 실질적인 업무집행을 하는 것이다)함에 있어, 피고 신정제지로 하여금 월별, 분기별, 반기별, 연차 및 수시 보고사항 등의 형식으로 그 생산, 판매현황, 공장건설 진행상황, 사업계획 진행상황, 재무제표, 사업계획서, 결산보고서, 등기부 기재사항 및 주주명부의 변동사항 등을 보고하도록 하고, 필요한 경우 합작투자자인 피고 대신개발금융이 주주자격으로 피고 신정제지의 회계 및 업무 전반에 대하여 감사를 할 수 있으며, 감사 결과 시정을 요하는 사항에 대하여는 그 시정을 요구할 수 있고, 이때 피고 신정제지는 이를 시정하고 그 결과를 보고하여야 하며, 피고 신정제지는 피고 대신개발금융이 지정한 회계법인과 같은 피고의 입회하에 감사계약을 체결하여야 하도록 약정함으로써, 피고 신정제지가 기업공개의 요건을 갖춘 건실한 기업인지의 여부를 실질적으로 확인하고 이러한 요건을 갖출 수 있도록 경영지도를 할 수 있는 포괄적 권한을 확보하였는바, 위와 같은 지위에 있는 전문 창업투자회사로서 앞서 피고 윤영채에 대한 청구에서 살펴본 바와 같이 부실기업을 공개하는 경우 그 기업 및 공개 전의 주주는 많은 이익을 얻게 됨에 반하여 이를 매수한 투자자는 필연적으로 손해를 입게 된다는 사실을 누구보다도 잘 알고 있는 것으로 보아야 할 피고 대신개발금융으로서는, 그 합작투자 대상기업인 피고 신정제지가 기업공개를 추진함에 있어 사전에 위 회사가 기업공개의 요건을 갖춘 건실한 기업인지의 여부를 실질적으로 감사하고, 위 회사에 대한 지원과 지도를 통하여 위 회사가 실질적으로 기업공개의 요건을 갖춘 건실한 기업으로 성장한 후 공개되도록 하는 등, 위와 같은 부실기업이 그대로 공개됨으로써 일반 투자자가 손해를 입는 일이 없도록 하여야 할 의무가 있다 할 것이다.

② 그런데, 피고 대신개발금융은 매월 전화상으로 피고 신정제지의 자금수급 상황, 어음 등 교환자금규모 및 지급대책 등을 보고받고 수시로 피고 신정제지로부터 운영자금 지원을 요청받음으로써 적어도 피고 신정제지가 기업공개 전에 이미 극심한 자금압박을 받아 특단의 사정변경이 없는 한 단기간 내에 기업의 정상적인 영업활동이 거의 불가능해지리라는 점을 잘 알고 있었음에도(이 점은 피고 대신개발이 1991년 초 이후 피고 신정제지에 대하여 더 이상의 자금지원을 하지 않다가 신주청약금이 입금되자마자 서둘러 대출금을 회수한 점에 비추어 보더라도 넉넉히 추인할 수 있다), 자신의 투하자본 회수에 급급한 나머지 피고 신정제지의 회계 및 업무 전반에 대하여 감사를 하거나 피고 신정제지가 공개의 요건을 갖춘 건실한 기업으로 성장하도록 경영지도를 하는 등의 노력을 전혀 기울이지 아니한 채 피고 신정제지가 기업을 공개하도록 그대로 방치함으로써 그 주식을 불법으로 상장하도록 한 후, 결국 선의의 투자자들의 손해를 반대급부로 하여 자신의 투하자본을 회수함으로써 자신의 영업손실로 귀착되어야 할 손해를 일반 투자자에게 전가하였는바, 이러한 피고 대신개발금융의 행위는 단순한 기업윤리의 차원을 넘어 선의의 투자자들에 대한 관계에서는 위법한 행위라고 보아야 할 것이다.

(5) 인수계약을 체결한 자(제5호)

1) 자본시장법 규정

그 증권의 인수계약을 체결한 자도 배상책임자이다(제5호). 자본시장법상 "인수"는 증권을 모집·사모·매출하는 경우 다음과 같은 행위를 하는 것을 말한다(법 제9조 제11항). "인수인"은 이러한 인수행위를 하는 자를 말한다(법 제9조 제12항).

1. 제3자에게 그 증권을 취득시킬 목적으로 그 증권의 전부 또는 일부를 취득하는 것(총액인수)
2. 그 증권의 전부 또는 일부에 대하여 이를 취득하는 자가 없는 때에 그 나머지를 취득하는 것을 내용을 하는 계약을 체결하는 것(잔액인수)

인수계약을 체결한 자가 2인 이상인 경우에는 발행인 또는 매출인으로부터 직접 증권의 인수를 의뢰받아 인수조건 등을 정하는 인수인을 말한다(영 제135조 제2항). 자본시장법은 인수인을 증권의 발행 및 모집 과정에서 차지하는 그 위치의 중요성과 투자자 보호의 입장에서 배상책임자로 하고 있다.

2) 인수인을 배상책임자로 규정한 취지

증권의 발행은 직접발행과 간접발행으로 나눌 수 있다. 발행인이 신용이 두터워 투자자를 확보할 수 있으면 인수인의 도움을 받지 않고 직접 투자자를 상대로 증권을 발행하는 직접발행의 방식을 이용할 것이다. 그러나 대개 발행인은 증권발행의 전문가가 아니어서 증권시장의 동향이 밝지 못하고, 증권을 투자자에게 직접 판매할 능력도 부족하다. 발행인이 직접발행을 시도했지만 발행물량이 시장에서 소화되지 못하면 자금조달에 차질이 생긴다. 따라서 발행인은 인수인이라는 전문중개인의 도움을 받아 공모하는 간접발행의 형식을 택하는 것이 보통이다.[1)]

인수인은 발행인과 공모대상인 증권에 대한 정보를 수집하여 투자자에게 제공하는 역할을 한다. 그러나 나중에 그러한 정보가 부정확한 것으로 판명되어 투자자가 손해를 입는 경우에도 인수인의 명성에 흠이 가는 경우를 제외하고는 직접적인 손해를 배상하는 주체가 되지 않는다면 인수인에 의한 자의적이고 과도한 매수권유행위가 발생할 염려가 있으며, 이로 인한 투자자의 손해를 구제할 방법이 없다.

1) 박휴상, "증권인수인의 책임에 관한 고찰," 기업법연구(2007), 421쪽 이하. 이 논문은 각국의 증권인수인의 책임에 관하여 상세한 고찰을 하고 있다.

따라서 자본시장법은 인수인을 손해배상책임의 주체로 함으로써 인수대상기업이 제시하는 정보가 허황된 것인지 여부를 정확히 판단하도록 인수인에게 상당한 주의의무를 부과하고 있다.

3) 책임의 기본구조

인수란 증권의 발행과정의 측면에서 살펴보면 "발행인으로부터 최종 취득자에 이르기까지 당해 증권이 도달하는 과정"에서 이를 촉진하는 행위라고 할 수 있다. 이에 의하면 인수는 3단계로 나누어 볼 수 있다. 첫째, 당해 발행인과 인수계약을 체결하는 단계, 둘째, 판매를 위하여 당해 증권의 일부를 분담하는 단계, 셋째, 취득자와 최종적인 매매관계가 성립하는 단계이다. 첫째 단계의 인수인을 "주관사 인수인"이라 하고, 둘째 단계의 인수인을 인수단의 구성원이라 하며, 셋째 단계의 인수인을 청약사무취급기관(판매단)이라 한다. 이러한 과정에서 볼 경우 자본시장법상 "그 증권의 인수계약을 체결한 자"에는 주관사 인수인이 해당된다. 이 점에서 자본시장법상 규정은 부실공시책임의 주체로서의 인수인의 범위를 너무 좁게 인정한 것이다. 이와 같이 인수인의 범위를 너무 좁게 한정하면 부실공시로 인한 투자자의 손해배상의 가능성을 제한하는 결과가 된다. 투자자 보호를 위하여 이러한 결함을 보충하고 인수인의 책임범위를 확장하는 기능을 하는 규정이 투자설명서의 교부자(법 제125조 제 1 항 제 6 호)로서의 책임이다.[1)]

따라서 현행법의 해석으로는 "인수계약을 체결한 자"라는 명문의 규정상 첫째 단계의 주관사 인수인만 제125조 제 1 항 제 5 호의 배상책임자이고, 둘째 단계의 인수단 구성원 및 셋째 단계의 청약사무취급기관으로서의 증권회사는 제 6 호의 "그 투자설명서를 작성하거나 교부한 자"에 해당한다고 보아야 한다.

(6) 투자설명서를 작성하거나 교부한 자(제 6 호)

그 투자설명서를 작성하거나 교부한 자도 배상책임자이다(제 6 호).

자본시장법상 투자설명서의 "작성자"는 당해 증권의 발행인이다(법 제123조 제 1 항). 그런데 누구든지 증권신고의 효력이 발생한 증권을 취득하고자 하는 자에게 투자설명서를 미리 교부하지 아니하면 그 증권을 취득하게 하거나 매도할 수 없다(법 제124조 제 1 항). 따라서 발행인을 제외한 자가 증권을 취득하게 하거나 매도하는 경우에는 투자설명서의 작성자와 교부자는 일치하지 않는다. 이 경우에는

1) 박휴상, 전게 논문, 439쪽.

작성자와 교부자가 연대책임을 부담한다.

투자설명서의 "교부자"는 증권의 모집·매출을 위하여 이를 사용하는 자이다. 교부자는 투자설명서를 교부한 자로서 제125조 제1항 제5호와 관련하여 설명한 "둘째 단계의 인수단 구성원 및 셋째 단계의 청약사무취급기관으로서의 증권회사"가 해당된다.

그리고 투자설명서의 교부자가 법인인 경우에 당해 법인의 이사도 책임을 부담하는가에 관하여 자본시장법은 규정을 두고 있지 않다. 투자설명서는 증권신고서의 내용과 동일하여야 하므로(법 제123조 제2항), 후자의 부실표시는 곧 전자의 부실표시가 되어 증권신고서의 신고인과 그 이사의 책임이 이 한도 내에서 추급될 수 있고, 투자설명서를 교부하는 경우에는 이사가 그 내용에 관하여 정확성 여부를 확인할 의무가 있다고 볼 수 없기 때문에 이를 부정하는 것이 타당할 것이다.[1)]

관련판례: 서울지방법원 남부지원 1994. 5. 6. 선고 92가합11689 판결

구 증권거래법 제12조 제1항은 유가증권을 모집 또는 매출하거나 신주를 발행하는 경우 사업설명서의 작성책임은 유가증권의 발행인에게 있는 것으로 규정하고 있으므로, 피고 신정제지의 신주 모집을 위한 이 사건 사업설명서의 작성자는 그 발행인인 피고 신정제지인 것으로 보아야 할 것이고, 피고 대한증권이 위 사업설명서의 작성업무를 사실상 대행하였다 할지라도 피고 대한증권을 그 작성자로 볼 수는 없다 할 것이다. 그러나, 피고 대한증권이 피고 신정제지로부터 위 신정제지가 기업공개에 따라 발행하는 신주의 총액인수 및 모집을 위탁받은 주간사회사로서 피고 신정제지 작성의 사업설명서를 증권거래소, 각 청약사무취급처 등에 교부한 사실은 앞에서 본 바와 같으므로, 특별한 사정이 없는 한 피고 대한증권은 허위로 기재된 피고 신정제지의 사업설명서를 교부한 자로서 구 증권거래법 제14조에 따라 원고가 피고 신정제지의 주식을 취득함으로 말미암아 입은 손해를 배상할 책임이 있다 할 것이다.

(7) 매출증권의 소유자(제7호)

매출의 방법에 의한 경우 매출신고 당시의 그 매출되는 증권의 소유자도 배상책임자이다.

매출의 주체는 주주이지만 신고서의 공시주체는 발행인이므로 다량의 증권을 소유하여 회사에 영향을 행사하는 주주가 매출을 목적으로 신고서에 부실표시를

1) 강대섭, 전게 논문, 50-51쪽.

할 가능성이 있으므로 이를 방지하려는 규정이다.[1)]

2. 배상청구권자

(1) 발행시장에서 증권의 취득자

증권신고서(정정신고서 및 첨부서류를 포함)와 투자설명서(예비투자설명서 및 간이투자설명서를 포함) 중 중요사항에 관하여 거짓의 기재 또는 표시가 있거나 중요사항이 기재 또는 표시되지 아니함으로써 증권의 취득자가 손해를 입은 경우에는 다음 각 호의 자는 그 손해에 관하여 배상의 책임을 진다. 다만, 배상의 책임을 질 자가 상당한 주의를 하였음에도 불구하고 이를 알 수 없었음을 증명하거나 그 증권의 취득자가 취득의 청약을 할 때에 그 사실을 안 경우에는 배상의 책임을 지지 아니한다(법 제125조 제 1 항).

자본시장법 제125조 제 1 항의 명문규정상 발행시장에서의 증권의 취득자는 당연히 손해배상청구권자이다. 즉 증권신고서 등의 부실표시에 대하여 배상청구를 할 수 있는 자는 모집·매출된 증권의 취득자이다.

(2) 유통시장에서 증권의 취득자 – 전득자 –

1) 서　　설

자본시장법은 손해배상청구권자를 "증권의 취득자"로 규정하고 있으므로 배상청구권자의 범위와 관련하여 증권의 취득자가 모집·매출에 응하여 증권을 취득한 자에 한정되는가 아니면 증권의 모집·매출에 응하여 증권을 취득하지 않고 유통시장에서 당해 증권을 취득한 자도 포함하는지가 문제된다.

발행공시책임규정인 자본시장법 제125조는 해당 공모시에 작성되어 공시되는 증권신고서와 투자설명서의 부실표시로 인한 손해배상책임규정이므로, 해당 공모시에 증권을 취득한 취득자에게만 책임규정이 적용되는 것으로 생각하는 것이 일반적인데, 문제는 이 규정이 그 후의 취득자들에게까지 적용되는 규정인가의 여부이다.

2) 학　　설

(가) 불포함설

유통시장에서서의 취득자는 배상청구권자에 포함되지 않는다는 견해의 논거

1) 변제호 외 3인, 전게서, 381쪽.

는 다음과 같다.

첫째, 공모시의 투자권유를 위해 작성된 증권신고서나 투자설명서는 바로 그 공모의 대상인 증권을 지향한 것으로 보아야 할 것이지 다른 증권을 지향한 것이 아니며, 공모 당시 응모한 취득자가 아닌 유통시장에서 취득한 제 2 차 취득자에게는 그 공모 당시 투자권유를 위해 작성된 공시서류의 부실표시에 대한 손해배상청구권을 인정할 수 없다고 한다.[1)]

둘째, 유통시장에서의 취득자를 제125조에 의한 배상청구권자로서 증권의 취득자에 포함시킨다면 이는 발행시장에서의 공시책임과 유통시장에서의 공시책임을 엄격하게 구분하고 그 책임요건을 별도로 정하고 있는 취지에 비추어 책임의 성격을 오인하는 것이 된다고 한다.[2)]

(나) 포 함 설

유통시장에서서의 취득자도 배상청구권자에 포함된다는 견해의 논거는 다음과 같다.

증권신고서는 공모가 완료된 후에도 일정기간 비치되어 일반인에게 열람됨으로써 유통시장에서의 거래에도 영향을 주므로 배상청구권자를 최초의 취득자에 제한하지 않고 그 이후에 취득한 전득자도 포함시켜야 한다.[3)]

미국법의 해석을 참조하여 추적요건을 충족하는 한 공모를 통해 발행된 증권을 유통시장에서 취득한 자도 배상청구권자가 된다는 견해이다.[4)] 이 견해는 발행시장의 공시서류는 모집의 완료 후에도 일정기간 비치공시되어 공시서류로서의 기능을 수행하므로 효율적인 정보시장의 확보라는 점에서 배상청구권자를 최초의 취득자에 제한할 이유는 없다고 한다.

3) 판 례

(가) 불포함설을 따른 판례

종전의 판례는 불포함설을 따르고 있었다. 이 사건과 관련하여 제 1 심은 포

---

1) 이준섭, "공시책임에 관한 최근 판례의 분석과 비판," 상장협연구 제42호(한국상장사협의회, 2000), 23쪽.

2) 채동헌, "증권거래법 제14조 소정의 손해배상청구권자인 '유가증권의 취득자'와 시장조성 포기로 인한 손해배상청구권자의 범위," 대법원판례해설 제40호(법원도서관, 2002), 585쪽.

3) 김건식·정순섭, 자본시장법, 두성사(2009), 152쪽.

4) 이동신, "유가증권 공시서류의 부실기재에 관한 책임, 증권거래법에 관한 제 문제(상)," 재판자료 제90집(법원도서관, 2001), 365쪽.

함설, 제 2 심은 불포함설, 제 3 심인 대법원은 불포함설을 따르고 있다. 이 사건의 제1심 판결은 유통시장에의 취득자 포함 여부에 대하여 판단을 한 최초의 판결이었다. 제 1 심 판결은 대법원 판결과 인정사실은 동일하나 판단을 달리하였다.

관련판례: 대법원 2002. 9. 24. 선고 2001다9311, 9328 판결

(1) 사건의 개요

가. 주식회사 Y(이하 "Y"라 한다)는 공장자동화 설비의 설계 및 제조업 등을 목적으로 하는 회사로서, 1998. 2. 외부감사 수검, 같은 해 3. 26. 주식 총액인수 및 공모계약 체결, 같은 해 4. 6. 유가증권신고서 제출, 같은 달 27.(유가증권신고의 효력발생일) 청약안내공고, 같은 달 28.부터 그 다음날까지 청약 접수, 같은 해 5. 12. 주금 납입 등의 절차를 거쳐 보통주식 150,000주를 발행가액 20,000원으로 공모 발행하고 1998. 5. 25. 한국증권업협회 및 협회중개시장[코스닥(KOSDAQ)시장]에 등록하였다. 그리고 피고 D증권 주식회사는 위 등록을 주선한 주간사회사이며, 피고 S회계법인은 위 외부감사를 담당한 회계법인이다.

나. Y는 1998. 3. 26. 피고 D증권과 사이에 "주간사회사가 배정 후 잔여 주식을 포함하는 발행 주식 전부를 인수, 매출하고 발행회사의 협회등록 후 1개월간 인수가액으로 시장조성을 수행한다"라는 요지의 총액인수(인수기관이 발행되는 유가증권의 전량을 자기 명의로 인수하고 그에 따른 위험을 전담하는 유가증권 발행방법을 말한다) 및 매출계약을 체결하고, 같은 해 4. 6. 금융감독위원회에 "주식의 인수는 총액인수의 방법에 의하고 주간사회사가 위와 같이 시장조성을 수행한다"라는 내용의 유가증권신고서를 총액인수 및 매출계약서와 함께 제출하였다. 그런데 사실은 Y와 피고 D증권 사이에 같은 해 3. 26. 배정 후 잔여 주식의 인수와 시장조성을 Y의 계산으로 수행하기로 하는 내용의 이면계약이 체결됨으로써 주식인수의 방법이 사실상의 모집주선(유가증권의 발행에 따른 위험을 발행인이 부담하고 발행사무만을 인수기관에 위탁하는 유가증권 발행방법을 말한다)으로 결정된 바 있었음에도, 위 유가증권신고서와 총액인수 및 매출계약서에는 그러한 내용이 기재되지 않았다.

다. 피고 S회계법인은 1998. 2. 24. Y와 사이에 외부감사계약을 체결하고 같은 달 27. 감사보고서를 작성, 제출함에 있어, 사실은 Y가 지난 수년간 재무제표에 가공의 매출액을 계상하고 그에 따른 현금 부족분은 가지급금으로 계상하는 등의 방법으로 분식회계처리를 해 왔으며, 1997년도에는 619,687,788원 상당의 당기 순손실을 입고서도 재무제표에 1,438,800,000원 상당의 가공 매출액과 자기의 대표이사에 대한 같은 액수의 대여금 채권액을 계상함으로써 마치 819,112,212원 상당의 당기 순이익을 얻은 것처럼 가장하였음에도 불구하고, 이를 간과한 채 감사보고서에 Y의 1997년도 재무제표가 그 재무상태와 경영성과 등을 기업회계기준에 따라 적정하게 표시하고 있다는 내용의 감사의견을 기재하였다. 위 감사보고서(위 재무제표 등 포함)는 위 유가증권신고서의 첨부서류로서(유가증권발행신고 등에 관한 규정 제12조 제 1 항 제 1 호 (바)목 참조) 금융감독위원회에 제출되었고, 그 내용 중 일부는 위 유가증권신고서에 인용되었다.

라. 위 유가증권신고서와 그 첨부서류들은 금융감독위원회에 비치되어 일반인의 열람에 제공되었다. 또한, 피고 D증권은 위 유가증권신고서 등의 내용을 기초로 1998. 4. 27.

매일경제신문에 청약안내공고를 게재하였고, 직원들로 하여금 홍보자료 등을 활용하여 고객들에게 옌트의 주식에 대한 공모청약 또는 매수를 권유하도록 하였다.

마. 그런데 모집한 주식 150,000주 가운데 52,857주에 대해서만 청약이 이루어졌고, 피고 D증권은 마치 Y가 위 피고로부터 잔여 주식의 인수가액에 해당하는 1,950,000,000원을 납입받은 후 Y가 위 피고에게 개설한 수익증권계좌로 입금시킨 것처럼 가장하여 위 금액의 납입을 회피하였다. 그 결과 Y는 위 금액 상당의 가공 자본금을 보유하게 되었다.

바. 그리고 매매개시일인 1998. 5. 25.부터 기존 주주들의 매도 주문에 따라, Y의 주식이 하한가인 17,600원에 거래되기 시작하였으며, 피고 D증권은 같은 날 증권감독원에 시장조성신고서를 제출하였으나, 계속하여 Y 주식의 시장가격이 하락하였음에도 불구하고, 위 피고는 공모청약자가 아닌 기존 주주들을 위하여 시장조성을 수행할 필요가 없다고 판단하여, 또한 Y가 위 이면계약의 내용과 달리 시장조성 자금을 제공하지 않는다는 이유로, 실제로 시장조성에 나서지 않았다.

사. 그 후 Y는 채산성 악화 등으로 인하여 1998. 9. 16. 최종적으로 부도 처리되어 주가는 한때 1,000원 미만까지 떨어졌다가, 1999. 6. 16. 화의인가 결정을 받은 것을 계기로 다소 회복되었다.

아. 한편, 원고 박○○, 송××는 공모청약에 의하여 Y의 공모주를 취득하였고, 같은 원고들과 원고 송□□을 제외한 나머지 원고들은 협회중개시장에서 Y의 주식을 매수하였으며, 원고 송□□은 공모청약에 의하여 Y의 공모주를 취득한 후 협회중개시장에서 추가로 그 주식을 매수하였다. 상당수의 원고들은 피고 D증권의 직원들로부터 Y 주식의 취득을 권유받고 공모청약 또는 매수에 나섰으며, 그렇지 않은 원고들은 나름대로 Y의 재무상태 등을 검토한 후 장차 그 주가가 상승할 것이라고 기대하여 주식을 매수하였다.

이에 원고들이 D증권회사와 S회계법인을 상대로 증권거래법 제14조에 기하여 유가증권신고서와 사업설명서 및 이에 첨부된 감사보고서의 허위기재를 원인으로 한 손해배상청구를 하였다.

(2) 대법원 판결의 요지

가. 증권거래법 제14조의 손해배상청구권자에 관한 법리오해의 점

원심은, 원고들이 피고들을 상대로 증권거래법 제14조에 기하여 유가증권신고서와 사업설명서 및 이에 첨부된 감사보고서의 허위기재를 원인으로 한 주위적 손해배상 청구에 대하여 구 증권거래법(1999. 2. 1. 법률 제5736호로 개정되기 전의 것, 이하 같다) 제14조는 허위기재 등으로 인한 배상책임에 관하여 발행인이 유가증권신고서와 제12조의 규정에 의한 사업설명서(예비사업설명서를 포함한다) 중 허위의 기재 또는 표시가 있거나 중요한 사항을 기재 또는 표시하지 아니함으로써 유가증권의 취득자에게 손해를 끼친 때에는 다음 각 호의 자는 그 손해에 관하여 배상의 책임을 진다고 규정하고 있는데, 증권거래법이 유가증권의 발행시장과 유통시장에 대한 규제를 다른 편에서 따로이 하면서 그 용어도 구분하여 사용하는 점과 모집 또는 매출의 절차에 따라 유가증권을 취득하는 경우 취득을 위한 청약의 시기에 엄격한 제한이 있고, 모집가격 또는 매출가격이 일정하며, 취득의 절차가 복잡하고 기간이 오래 걸리고, 취득 후에도 그 처분이 용이하지 아니하기 때문에 청약의 시기부터 처분가능한 시기까지 장기간 불안정한 지위에 있게 됨에 비하여, 협회중개시장에서 취득하는 경우에는 취득을 위한 매매거래 또는 위탁의 시기에 별다른 제한이 없고, 주가가 탄력적이며, 매매거래 또는 위탁의 절차가 비교

적 간단하고 기간도 오래 걸리지 아니하고, 매수 후에도 그 처분이 상당히 용이하기 때문에 상대적으로 안정적인 지위에 있게 되는 관계로, 모집 또는 매출의 절차에 따라 유가증권을 취득하는 자를 협회중개시장 등 유통시장에서 취득하는 자에 비하여 두텁게 보호할 필요성이 있고, 그 보호규정이 구 증권거래법 제14조인데, 원고들의 경우 모집 또는 매출의 절차에 따라 이 사건 주식을 취득한 자들이 아니라 일반적 유통시장인 협회중개시장에서 유가증권을 취득하는 자들로서 그 손해배상청구권자인 유가증권의 취득자에 해당하지 않는다는 이유로 원고들의 청구를 기각하였다.

살피건대, 우리 증권거래법이 유가증권의 발행시장에서의 공시책임과 유통시장에서의 공시책임을 엄격하게 구분하고, 그 책임요건을 따로 정하고 있는 점, 증권거래법 제14조의 손해배상 책임규정은 법이 특별히 책임의 요건과 손해의 범위를 정하고, 책임의 추궁을 위한 입증책임도 전환시켜 유가증권 발행시장에 참여하는 투자자를 보호하기 위하여 규정한 조항인 점에 비추어, 유가증권의 유통시장에서 해당 유가증권을 인수한 자는 위와 같은 유가증권 발행신고서 등의 허위기재시 해당 관여자에게 민법상 불법행위책임을 물을 수 있는 경우가 있을 수 있음은 별론으로 하고, 구 증권거래법 제14조 소정의 손해배상 청구권자인 유가증권 취득자의 범위에는 포함되지 않는다고 봄이 타당하다(대법원 2002. 5. 14. 선고 99다48979 판결 참조).

원심의 위와 같은 판단은 정당하고, 거기에 상고이유에서 지적하는 것과 같은 구 증권거래법 제14조의 손해배상 청구권자에 관한 법리오해 등의 위법이 있다고 할 수 없다.

나. 시장조성 포기를 원인으로 한 손해배상청구에 관한 사실오인 및 법리오해의 점

원심은 원고들이 피고 D증권에 대하여 피고 D증권은 투자자들에게 공시하여 약속한 Y 주식의 시장조성 의무를 일방적으로 포기하였다는 이유로 불법행위를 원인으로 손해배상을 구한 것에 대하여 피고 D증권이 시장조성 의무를 이행할 것을 공시하였는지에 대하여 이를 인정할 만한 증거가 없을 뿐 아니라, 시장조성은 모집의 절차에 따라 공모에 응한 투자자에 대한 것인데, 위 원고들은 공모에 응한 투자자가 아니고 협회중개시장에서 주식을 매수한 자들로서 그 보호의 대상이 되지 않고, 가사 피고 D증권이 위 원고들이 주장하는 잘못을 저질렀다고 하더라도 Y 주식의 1주당 주가의 변동과정, 원고들이 이 사건을 주식을 매수하게 된 경위 등에 비추어 위 원고들이 피고 D증권의 잘못으로 인하여 Y 주식을 매수하였다거나 또한 Y 주식을 적절한 시기에 매도하지 못함으로써 주가 하락으로 인한 손해를 입게 되었다고 보기 어렵다는 위 원고들의 청구를 기각하였다.

살피건대, 시장조성이라는 제도는 우리의 유가증권 발행과 유통시장이 매우 취약함을 전제로 유가증권의 모집 및 매출 업무를 담당하는 주간증권사에 특별히 부과하는 의무로서 시장경제와 자유경제적 원칙에 비추어 예외적으로 인정되는 것이라는 점, 유가증권 발행을 주선한 주간증권사의 입장에서 시장조성에 의하여 보호하려는 대상은 유가증권의 모집과 매출 이전에 이미 발행된 주식을 보유하고 있는 주주가 아니라 자신이 발행을 주선한 유가증권을 보유한 투자자라고 보는 것이 원칙인 점, 유가증권의 유통시장에서 투자를 하려는 사람은 시장조성의 여부와 관계없이 기업의 본질가치를 정확하게 판단하고, 해당 기업의 상장 이후 형성된 주가를 보고 자기 책임에 의한 투자를 하여야 하는 것이 유가증권 유통시장의 기본원리인 점 등에 비추어, 시장조성이 이루어지는 대상이 되는 유가증권은 증권거래소나 코스닥증권시장 등 유가증권 유통시장의 특성상 유통시장에서 거래되는 주식 전체가 된다고 하더라도, 그와 같은 시장조성의 보호대상이 되는 유가증권의 보유자로서 시장조성 포기로 인한 손해배상을 구할 수 있는 자는 해당 유가증권의 발행을 주간한 증권사가 모집 또는 매출한 유가증권의 발행에 참가하여 이를 인수한 투자자들과 그들로부터 해당 유가증권을 특정하여 직접 인수한 투자자(공개된 유통시장에서 불특정 주식을 매수한 자는 제외)라고 보는 것이 타당하다.

(나) 포함설을 따른 판례

최근의 판례는 포함설을 따르고 있다.

관련판례: 대법원 2008. 11. 27. 선고 2008다31751 판결

구법은 증권거래의 공정성을 확보하고 투자자를 보호하기 위하여 유가증권의 발행인으로 하여금 유가증권의 내용이나 발행회사의 재산, 경영상태 등 투자자의 투자판단에 필요한 기업 내용을 신속·정확하게 공시하게 하는 제도를 두고 있고, 그와 같은 공시제도의 일환으로 법 제186조의2 제 1 항은 '주권상장법인 등 대통령령이 정하는 법인은 그 사업보고서를 각 사업연도 경과 후 90일 내에 금융감독위원회 등에 제출하여야 한다'고 규정하고 있으며, 법 제186조의5는 사업보고서의 허위기재 등 유통시장의 부실공시로 인한 손해배상책임에 관하여 유가증권신고서의 허위기재 등으로 인한 손해배상책임에 관한 법 제14조 내지 제16조를 준용하고 있다. 따라서 법 제14조에 따른 손해배상을 청구할 수 있는 사람은 '모집 또는 매출'에 의하여 발행시장에서 유가증권을 취득한 사람에 한정되는 것이 아니고, 유통시장에서 유가증권을 취득한 사람도 포함된다고 보아야 한다.

4) 검 토

포함설을 채택한 위의 대법원 판결은 포함설의 논거로 "증권거래법 제186조의5는 사업보고서의 허위기재 등 유통시장의 부실공시로 인한 손해배상책임에 관하여 유가증권신고서의 허위기재 등으로 인한 손해배상책임에 관한 법 제14조 내지 제16조를 준용하고 있음"을 들고 있다.

그러나 자본시장법은 과거의 증권거래법과 달리 유통시장에서의 허위공시에 대한 손해배상책임의 근거규정인 제165조는 발행시장에서의 손해배상책임의 근거규정인 제125조를 준용하지 않고 독자적으로 손해배상책임에 관하여 규정하고 있다. 따라서 위 포함설을 취한 판례의 논거는 더 이상 유지되기 어렵게 되었다. 또한 자본시장법 제125조는 현재 부실표시된 증권신고서와 투자설명서를 통하여 권유되는 공모에 응하여 취득한 투자자를 대상으로 한다고 보아야 한다. 따라서 피해자 구제의 문제는 있으나 불포함설을 따라야 할 것이다.

Ⅲ. 객관적 요건(위법행위)

1. 위 법 성

자본시장법 제125조는 증권신고서 등에 부실표시가 있는 경우 손해배상책임이 발생하는 것으로 규정하고 있다. 정보공시가 일정한 객관적 형태를 띠고 있는 경우에는 공시된 정보가 사실에 반한다는 것 자체의 위법성이 문제된다. 즉 자본시장법 제125조는 증권신고서 등에 부실표시가 곧바로 손해배상책임을 발생시킬 수 있는 위법한 행위임을 규정하고 있다. 왜냐하면 일정한 공시서류를 작성하고 필요한 중요정보를 투자자에게 제공하여야 할 법적 의무를 위반하여 부실정보를 제공하는 것 자체가 위법성의 징표가 되는 것이다.

2. 공시서류의 한정

(1) 의 의

증권신고서(정정신고서 및 첨부서류를 포함)와 투자설명서(예비투자설명서 및 간이투자설명서를 포함) 중 중요사항에 관하여 거짓의 기재 또는 표시가 있거나 중요사항이 기재 또는 표시되지 아니함으로써 증권의 취득자가 손해를 입은 경우에는 일정한 범위에 있는 자는 그 손해에 관하여 배상의 책임을 진다(법 제125조 제 1 항).

손해배상책임이 발생하게 되는 공시서류는 증권신고서와 투자설명서이다. 자본시장법 제125조는 손해배상책임을 발생시킬 수 있는 공시서류를 증권신고서와 투자설명서로 한정하고 있다. 따라서 이에 해당하지 않는 문서의 부실표시나 구두에 의한 표시는 민법과 상법의 일반규정에 의해 처리된다. 따라서 증권의 발행·모집을 위한 과대광고 등은 제125조의 위반행위에 해당하지 않는다.

관련판례: 서울민사지방법원 1991. 3. 22. 선고 89가합53281 판결

상장법인의 결산속보공시제도는 한국증권거래소에서 증권거래법에의 명문규정 없이 1986 사업연도 12월말 결산법인을 대상으로 하여 협조사항으로 실시하다가 1989. 3월말 결산법인부터 폐지키로 한 제도로서 이에 의한 결산속보는 증권거래법 제14조 소정의 유가증권신고서나 사업설명서와는 본질적인 성격을 달리하므로 위 결산속보를 허위기재하였다 하더라도 위 유가증권신고서나 사업설명서를 허위기재한 경우의 배상책임과 손해배상액에 대하여 규정하고 있는 같은 법 제14조와 제15조가 동일하게 적용되지는 아니한다.

(2) 증권신고서

증권신고서는 발행인이 증권을 모집·매출하는 경우 제출하여야 하는 증권에 관한 서류이다. 증권신고서에는 정정신고서(법 제125조 제1항)와 일괄신고서(법 제119조 제3항), 일괄신고추가서류(법 제119조 제2항 후단)도 포함된다.

정정신고서는 증권신고서의 형식상의 불비 또는 중요한 기재사항의 불충분성을 보완하기 위한 경우 또는 신고에 의한 청약일 개시 전에 그 기재사항의 변경이 있는 경우에 제출하는 것(법 제122조 제1항, 제3항)으로, 증권신고서와 일체를 이루기 때문에 증권신고서와 동일한 취급을 하고 있는 것이다.

첨부서류는 증권신고서의 기재내용을 증명하고 해당 공모의 적정성을 증명하기 위하여 금융위원회가 증권신고서를 실질적으로 심사할 수 있는 서류로서의 기능을 하고 있다. 그러나 동시에 공시됨으로써 투자자의 합리적인 투자판단을 담보하는 기능도 하고 있다. 따라서 첨부서류상의 중요한 부실표시도 책임의 대상으로 하고 있는 것이다.

(3) 투자설명서

투자설명서에는 예비투자설명서, 간이투자설명서도 포함된다(법 제125조 제1항).

투자설명서의 개념에 관하여 자본시장법은 명문규정을 두고 있지 않다. 투자설명서란 증권의 모집·매출을 위하여 공중에 제공되는 당해 증권 발행인의 사업에 관한 설명을 기재한 문서를 말한다.[1)]

자본시장법이 투자설명서의 개념에 관한 규정을 두고 있지 않은 것은 투자설명서를 명칭과 형식에 관계없이 실질적 내용에 따라 판단하라는 취지로 볼 수 있다. 따라서 증권의 투자권유를 목적으로 발행인의 기업실체에 관한 정보를 공중에 제공하기 위해 작성된 문서 또는 자료는 일반적으로 투자설명서로 보아 책임발생의 대상으로 하여야 할 것이다. 즉 설립취지서, 증권안내서, 모집·매출 안내서 기타 신문·잡지의 광고 등 증권의 모집·매출을 위하여 공중에 제공되는 발행인의 사업에 관한 설명을 기재한 문서는 투자설명서라 할 수 있을 것이다.

따라서 증권의 발행·모집을 위한 표시이지만 발행인의 사업에 관한 설명이

---

1) 안문택, 증권거래법개론, 박영사(1983), 176쪽.

포함되어 있지 아니한 서면은 투자설명서가 아니라고 할 것이다. 즉 발행회사명, 유가증권의 종목, 발행 또는 매출의 가액, 청약기간, 발행공시서류의 비치·열람장소 등만을 기재한 서명이 이에 해당한다고 할 수 있다. 이는 미국에서 묘비광고(tombstone advertisement)라고 하는 제도로, 법정투자설명서에서 제외되고 있으므로 발행인은 이를 사용하여 시장상황을 파악할 수 있고 투자설명서에 관심이 있는 자를 확인할 수 있는 기능을 발휘한다.[1)]

3. 중요사항의 부실표시

(1) 중 요 성

1) 중요성 요건

손해배상책임이 발생하기 위해서는 증권신고서와 투자설명서 중 중요사항에 관하여 거짓의 기재 또는 표시가 있거나 중요사항이 기재 또는 표시되지 아니함으로써 증권의 취득자가 손해를 입은 경우이어야 한다(법 제125조 제 1 항).

여기서 중요사항이란 "투자자의 합리적인 투자판단 또는 해당 금융투자상품의 가치에 중대한 영향을 미칠 수 있는 사항"을 말한다(법 제47조 제 3 항). 자본시장법은 중요하지 아니한 사항의 부실표시를 이유로 하여 제기되는 남소를 방지할 필요성에서 중요성을 요건으로 하고 있다. 따라서 법의 취지는 중요사항의 부실표시의 경우에 손해배상책임이 발생하는 것으로 하고 있다.

중요성은 발행공시책임에 한정되는 것이 아니며 모든 정보공시에 공통된다. 또한 자본시장법은 내부자거래와 관련하여 중요성을 정의하고 있다. 여기서는 미국의 경우를 중심으로 중요성의 일반화를 살펴보기로 한다.[2)]

2) 판단기준

중요사항에 관한 부실표시가 있다는 사실은 청구권자가 증명하여야 한다. 그러나 무엇이 중요사항인지에 관한 판단기준은 제시되어 있지 않다. 자본시장법의 목적이 개별적인 피해자 구제뿐만 아니라 오히려 이를 통하여 증권에 관한 효과적인 정보공시를 달성함으로써 법의 목적을 달성함에 있다는 입장에서 손해배상청구소송에서는 중요성의 개념이 민·형법의 사기 개념보다 확장되어야 할 것이다. 그러나 공개시장 거래에 있어서는 사실상 다양한 자료, 평가 및 직관에 따라

1) 강대섭, 전게 논문, 57쪽.
2) 강대섭, 전게 논문, 58쪽 이하.

거래하는 수많은 투자자에게 발생할 수 있는 잠재적인 거액의 책임가능성이 존재하기 때문에 중요성은 현저한 경우에 한하여 주의 깊게 판단하여야 할 것이다.

미국의 판례는 중요성을 판단하기 위한 통일적인 기준을 확립하고 있지는 않다. 그 대신 투자판단, 증권의 본질적 가치 또는 증권시장에 미치는 효과에 의하여 판단하는 객관적 기준과 투자자의 행위에 의하여 판단하는 주관적 기준을 채용하고 있다.

자본시장법은 증권신고서 등 발행공시책임과 관련하여 중요성을 크게 논의하고 있지 않다. 이것은 아마 그 기재사항과 관련이 있다고 본다. 자본시장법은 내부자거래의 금지와 관련하여 "중요정보란 투자자의 투자판단에 중대한 영향을 미칠 수 있는 정보"로 정의하고 있을 뿐이다(법 제174조 제1항).

아래서는 미국 판례를 중심으로 중요성 기준을 살펴보기로 한다.

(가) 주관적 기준

주관적 기준은 주로 직접적인 인적 거래에 사용되고 있는 기준이다. 미국 판례는 일정한 사실의 중요성을 그 사실을 알고 있는 자의 행위에 의하여 판단하는 주관적 기준을 채택한 경우가 있다. "광상발견에 관한 사실이 중요한 사실인가의 여부를 결정하기 위한 주요한 요소는 그것을 알고 있었던 자에 의하여 인정된 중요성이다. 이 발견을 알고 있는 자가 주식을 매수한 시기는 실제상 회사내부자가 광상의 채굴결과에 의하여 영향을 받았다는 사실을 추측하게 한다. 이 내부자거래는 광상발견의 사실이 중요하다는 것을 나타내는 증거이다."[1]

이 주관적 기준은 내부자거래에 관하여 채택된 것이지만 다른 경우에도 응용되고 있다.[2]

(나) 객관적 기준

객관적 기준은 다음의 두 가지로 대별된다. 첫째, 합리적인 투자자기준으로 어느 사실이 합리적인 투자자가 투자판단을 함에 있어서 중요한가를 고려하는 기준이다. 둘째, 시장가격기준으로 완전·정확한 공시가 시장가격에 미치는 영향을 고려하는 기준이다.

가) 합리적인 투자자기준 합리적인 투자자기준은 '합리적인 투자자의 투자판단에 영향을 미칠 것'이라는 성향을 중요성 결정의 표지로 한다.

---

1) SEC v. Texas Gulf Sulphur Co., 401 F.2d 833, 851(2d Cir. 1968).

2) 강대섭, 전게 논문, 60쪽.

나) 시장가격기준 시장가격기준은 특정한 사실이 시장가격에 미치는 영향도에 의하여 중요성을 결정한다. 미국의 판례는 '회사의 주식 또는 증권의 가치에 영향을 미칠지도 모른다고 하는 것이 합리적·객관적으로 예기되는 사실'을 중요한 것으로 본다. 그리고 주식 또는 증권의 가치란 시장이 존재하는 때에는 시장가격을 의미한다.

다) 양 기준의 관계 합리적인 투자자기준은 개인에게 중점을 두어 중요성을 판단한다. 이는 시장에 있어서 정보의 불평등을 제거하고 투자이익을 동등하게 향유할 수 있게 하는 정책과 밀접한 관련이 있다. 개별적인 투자자가 총체적으로 시장을 형성하며 시장의 동향은 투자자 전체의 움직임을 반영한다는 점에서 보면, 합리적인 투자자기준은 시장가격기준에 연결된다. 왜냐하면 합리적인 투자자에게 영향을 미칠 정보는 다수의 투자자로 하여금 증권의 시장가격에 영향을 미치기에 충분한 매수·매도를 하게 할 것이기 때문이다.

자본시장법이 지향하는 완전공시의 정책을 구현하고 투자자를 두텁게 보호하기 위해서는 합리적인 투자자기준이 타당하다. 이러한 이유에서 미국의 대법원은 시장가격기준을 일반적으로 채택하고 있지 않다. 시장에 영향을 미치는 많은 요소 중에서 특정한 요인에 의한 반응만을 분리시키는 것은 사실상 불가능하며, 완전·정확한 공시 이전에 이미 거래가 행해지기 때문에 정보의 공시를 전제한 가격변동을 측정하는 것도 어렵다. 따라서 합리적인 투자자기준이 중요성의 판단기준이 되어야 할 것이다.

라) 중요성의 증명 증권신고서와 투자설명서상의 부실표시로 인한 책임을 묻기 위해서는 원고인 투자자는 증권신고서 등의 제출시에 증권신고서 등에 중요사항의 부실표시가 있음을 증명하여야 한다. 또한 정정신고서 제출기한이 청약일 전일이므로 최종 판단시점은 청약일 전일로 보아야 한다. 즉 중요사항에 대한 부실표시의 판단시점은 그 부실표시가 행하여진 시기를 기준으로 판단하여야 한다.[1)]

관련판례: 서울고등법원 1996. 6. 14. 선고 98나50335 판결

증권거래법 제14조는 발행인이 유가증권신고서와 법 제12조에 의한 사업설명서 중 허위의 기재 또는 표시가 있거나 중요한 사항을 기재 또는 표시하지 아니함으로써 유가증권의 취득자가 손해를 입은 때에는 당해 사업설명서를 작성하거나 교부한 자 또는 당해

1) 임재연, 전게서, 358쪽.

발행인과 당해 유가증권의 인수계약을 체결한 자 등은 그 손해에 관하여 배상책임을 진다라고 규정하고 있는 바, 위 법규정은 증권투자와 관련하여 진실하고 효과적인 정보공시를 달성하고, 투자자를 보호하기 위하여 유가증권 발행인 등에게 엄격한 책임을 부담시킨 것으로 그와 관련하여 일반 민사상 불법행위책임과는 달리 입증책임(법 14조), 손해배상액(법 15조), 청구권의 제척기간(법 16조)에 관한 규정을 따로 두고 있는데, 위 조항 소정의 '허위의 기재 또는 표시가 있거나 중요한 사항을 기재 또는 표시하지 아니한 경우'라 함은 '투자자에게 유가증권의 가치를 판단하는 데 오해를 일으키지 않도록 하기 위하여 필요한 중요한 사항'에 관한 것이어야 하고, 그에 해당하는지 여부는 그 기재가 행하여진 때를 기준으로 보통의 신중한 투자자가 증권을 매수하기 전에 당연히 알아야 할 사항을 사실대로 기재하지 않고, 거짓되게 기재한 것인지를 기준으로 판단해야 할 것이로되, 이는 주로 회사의 영업 및 손익상황, 재무구조 등 일반인들이 투자를 하기 전에 파악해야 할 기업현황에 대한 정확한 정보에 관하여 모집 또는 매출 당시 사실과 달리 기재하거나 이를 과장한 경우 또는 투자자가 알아야 할 사실을 고의로 숨긴 경우를 말하는 것이지 모집 당시에는 전혀 예측할 수 없었던 기업 외적인 사항이나 그 후의 사정변경 등에 의하여 발생할 수 있는 상황까지 예상하고, 그에 대비하여 기재할 것을 요구하는 것은 아니라 할 것이다.

어떠한 사항이 중요한 사실이냐 아니냐는 구체적으로 결정할 사실문제에 속한다. 그러나 공시의무자인 피고가 투자자를 보호하기 위하여 공시하여야 할 것으로 정해진 정형화된 증권신고서 등의 최소한의 기재사항은 특별한 사정이 없는 한 중요사항으로 추정하여야 할 것이다. 따라서 원고인 투자자는 증권신고서, 투자설명서의 중요사항에 관한 부실표시를 주장·증명하여야 한다. 이에 반하여 피고는 그 기재사항이 중요사항이 아님을 반증한 때에는 책임을 부담하지 않을 것이다.

(다) 자본시장법의 입장

자본시장법에서 사용하는 중요성의 기준은 합리적인 투자자기준이다. 내부자거래의 경우 "중요정보란 투자자의 투자판단에 중대한 영향을 미칠 수 있는 정보"라고 하여 다소 제한적인 기준을 규정하고 있다(법 제174조 제1항). 이 기준은 내부자거래의 금지에서 미공개정보의 중요성을 판단하는 기준이지만 발행공시의 경우에도 적용할 수 있을 것이다. 그러나 발행공시에서는 이 기준을 완화해도 배상청구권자의 범위가 제한되어 있으므로 발행인 등에게 가혹하지는 않다고 볼 수 있다. 따라서 이 기준이 적용되는 한 법정기재사항이든 발행인이 임의로 공시한 사항이든 이 기준으로 판단하여야 할 것이다.[1]

1) 강대섭, 전게 논문, 70쪽.

관련판례: 서울지방법원 2000. 11. 23. 선고 2000나32740 판결

이 판결은 대법원 2001다62 판결의 원심판결로서 대법원에서 상고취하된 사건에 관한 것이다.

증권거래법 제14조의 '중요한 사항'이란, 투자자의 투자판단에 중대한 영향을 미칠 수 있는 사항(같은 법 제188조의2 제 2 항 참조), 즉 평균적인 신중한 투자자가 증권을 매수하기 전에 당연히 알아야 하는 것이 합리적인 사항, 또는 모든 정황을 고려하여 합리적인 투자자가 당해 증권의 취득 여부를 결정함에 있어서 중요하다고 생각할 상당한 가능성이 있는 사항을 말한다 할 것이다.

(2) 사실의 부실표시

1) 표시의 대상

부실표시에 대한 책임을 발생시키는 표시는 원칙적으로 '사실'(fact)에 관한 표시이지만 합리적인 근거가 없는 의견이나 신념의 표시 또는 장래 사건의 표시도 예외적으로 책임을 발생시킨다.

자본시장법의 일반적인 정책목적과 현실에 비추어 볼 때 표시의 대상을 사실에 제한하는 것은 적절하지 않다. 현재의 투자자들은 과거에 거의 관심을 보이지 않는 대신에 장래에 모든 관심을 두고 있고, 회사의 재무자료조차 장래의 경제적 가치를 예측하는 근거로 사용될 수 있는 한도 내에서만 투자분석가의 관심을 끌기 때문에 이러한 예측정보(soft information)의 부실을 그대로 방치할 수는 없다. 투자자가 이러한 경향을 보일 때에는 장래에 관한 표시 또는 예측은 투자자에게 미치는 영향을 고려하여 신의성실과 합리적인 근거에 입각하여 이루어져야 할 것이다. 따라서 회사의 장래 수익력, 사업진출계획 등 장래에 관한 표시 또는 획기적인 신제품개발의 낙관적인 전망 등 예측의 형식을 취하는 표시도 표시 당시에 합리적인 근거가 없는 때에는 부실표시로서 발행공시책임을 발생시킨다고 할 것이다.

2) 부실표시의 유형

부실표시는 표시의 형태에 따라 적극적인 표시로서의 허위표시와 소극적인 표시로서의 불표시로 구분할 수 있다. 그리고 자본시장법은 발행공시책임에서는 허위표시(거짓의 기재 또는 표시)와 불표시(중요사항이 기재 또는 표시되지 아니함)를 책임발생의 요건으로 하고 있고(법 제125조 제 1 항), 표시에 의한 시세조종 등 불공정거래금지에서는 허위표시(거짓의 표시)와 오해를 유발시키는 표시(오인표시)를 금지하고 있다(법 제176조 제2항 제3호). 이에 의하면 그 형태와 내용에 따라 부실표시는 허위표시, 오인표시, 그리고 불표시로 구분된다.

(가) 허위표시

허위표시란 증권신고서와 투자설명서 중 중요사항에 관하여 기재되거나 표시된 사항이 명백하게 진실에 반하는 경우를 말한다. 이 경우에 표시의 허위 여부를 결정하는 것은 간단하다. 증권신고서와 투자설명서 중 중요사항에 관한 허위표시는 위법한 것으로 된다. 허위표시는 당연히 투자자의 오해를 유발한다.

(나) 오인표시

오인표시란 표시의 상대방 또는 제3자로 하여금 표시에 관하여 오해를 유발시키는 표시를 말한다. 오인표시도 발행공시책임을 발생시키는 것으로 한다면 투자설명서가 오해를 유발하게 하는 때에는 허위표시가 포함되어 있음을 인정할 필요가 없다.

(다) 불표시(기재누락)

일반원칙에 의하면, 공시의무가 전제되지 않는 한 표시자가 중요사항을 표시하지 않았다고 하여 법적 구제가 허용되지는 않는다. 따라서 일부만을 표시하는 오인표시와는 달리 완전한 불표시는 표시내용 전체를 허위로 만들어 적극적으로 허위표시를 하는 것과 동일한 정도에 이르지 않는 한 손해배상책임을 발생시키지 않는다.

그런데 자본시장법은 공시의무를 인정하고 있으며 배상책임의 객관적 요건으로서 불표시를 명시하고 있는 점을 고려하면 적극적인 허위표시와 불표시를 구별할 필요는 없다. 어느 쪽이나 투자자의 오해를 유발할 것이고, 중요한 사실을 기재하지 않는 것도 전체로서의 기재를 부실하게 만들기 때문에 적극적으로 허위의 기재를 하는 것과 동일하게 위법성을 갖는다.

관련판례: 대법원 2006. 10. 26. 선고 2006도5147 판결

유상증자에 의한 유가증권을 발행함에 있어 사채업자의 자금을 유상증자를 위한 주금납입 계좌에 일시적으로 입금한 다음 주금납입금보관증명서를 발급받아 증자등기 경료 직후 이를 인출하여 사채업자에게 반환하는 방법으로 주금납입을 가장하거나, 실제로는 주금납입이 이루어지지 않았음에도 위조된 주금납입금보관증명서를 제출하여 증자등기가 경료되게 한 경우에는, 비록 형식상으로는 유상증자의 외형을 갖추었다 하더라도 실질적으로는 자금을 조달할 의도나 목적이 없어 납입한 주금이 전혀 자본금으로 편입되지 않으므로, 주금의 가장납입 또는 위조된 주금납입금보관증명서에 의한 증자등기를 경료할 의도하에 마치 실질적인 자금조달에 의하여 유상증자를 할 것처럼 구 증권거래법(2003. 12. 31. 법률 제7025호로 개정되기 전의 것) 제 8 조의 유가증권신고서를 작성하여 금융감독위원회에 제출하는 행위는 같은 법 제207조의3 제 2 호의 유가증권신고서의 중요한 사항에 관하여 허위의 기재를 한 경우에 해당한다.

Ⅳ. 주관적 요건

1. 과실책임의 원칙

자본시장법은 "배상의 책임을 질 자가 상당한 주의를 하였음에도 불구하고 이를(부실표시를) 알 수 없었음을 증명하거나 그 증권의 취득자가 취득의 청약을 할 때에 그 사실(부실표시)을 안 경우에는 배상의 책임을 지지 아니한다"고 규정하고 있다(법 제125조 제 1 항 단서).

자본시장법은 발행인과 기타의 자를 구별하지 않고 동일하게 귀책사유를 발행공시책임의 성립요건으로 하고 있다. 즉 증권신고서와 투자설명서상의 부실표시에 대한 책임은 발행인의 증명책임이 전환된 과실책임이다. 자본시장법상으로 어느 정도 유책성이 있을 때 책임의 주관적 요건이 충족되었다고 할 수 있으며, 누가 취득자의 악의를 증명하여야 하는가 하는 점이 분명하지 않다.

자본시장법이 발행공시책임에 관하여 증명책임이 전환된 과실책임의 원칙을 취하고 있으므로 배상책임자는 무과실책임을 부담하지 않는다. 그러나 배상책임자는 매우 제한된 항변의 이익만을 누릴 수 있기 때문에 자신에게 귀책사유가 없는 때에도 책임을 부담할 가능성이 있다. 왜냐하면 상당한 주의를 다하였음에도 알 수 없었음을 증명하지 못하는 한 증권신고서와 투자설명서상의 부실표시에 대한 책임을 부담하여야 하기 때문이다.

2. 유책성의 정도(과실기준)

자본시장법은 증권신고서와 투자설명서상의 부실표시책임에 대하여 과실책임을 전제로 하고 있다. 그러나 증명책임을 전환하고 있으므로 증권의 취득자는 적극적으로 배상책임을 질 자의 귀책사유를 증명할 필요는 없다. 또한 상법상의 이사 및 감사의 제 3 자에 대한 책임(상법 제401조, 제415조)과는 달리 배상책임자는 경과실에 대해서도 책임을 부담한다. 경과실에 대하여도 책임을 인정한 것은 증권신고서와 투자설명서는 제 3 자인 투자자를 위한 대외적인 공시수단이며 중요사항에 관한 부실표시는 당연히 제 3 자에게 손해를 미치게 될 것이므로 발행인 등은 이를 충분히 인식하여야 한다는 이유에 기인한다.[1)]

또한 자본시장법 제125조는 허위표시와 불표시를 구별하지 않고 동일한 유책성 요건을 부과하고 있다.

3. 증명책임(상당한 주의의 항변)

(1) 증명책임의 전환

배상의 책임을 질 자가 상당한 주의를 하였음에도 불구하고 이를 알 수 없었음을 증명한 경우에는 배상의 책임을 지지 아니한다(법 제125조 제 1 항 단서).

자본시장법 제125조 제 1 항 단서는 배상책임자에게 무과실의 증명책임을 부담시키고 있다. 이 증명책임의 전환은 자본시장법이 그 목적달성을 위하여 증명책임분배의 원칙을 수정한 것이다. 이와 같이 발행인 등의 과실이 법률상 추정되고 있으므로 발행인 등이 상당한 주의를 다하였음에도 불구하고 부실표시를 알 수 없었음을 증명하면 면책될 수 있다.

민법 제750조의 일반불법행위로 인한 손해배상책임은 과실책임으로서 원고가 피고의 고의·과실을 증명하여야 하나, 자본시장법 제125조의 책임은 피고의 무과실을 면책요건으로 규정하므로 과실에 대한 증명책임이 전환되어, 피고가 상당한 주의를 다하였음에도 불구하고 이를 알 수 없었음을 증명하면 면책된다.

(2) 증명책임의 내용과 범위

1) 항변의 내용

발행인 등이 책임을 면하기 위해서는 상당한 주의를 다하였음에도 불구하고 부실표시를 알 수 없었음을 증명하여야 하기 때문에 단순히 그 부실표시를 알지 못하였다든지 또는 상당한 주의를 다하였다고 해도 알 수 없었을 것이라든지 하는 사실만을 주장·증명함으로써 책임을 면할 수는 없다. 즉 적극적으로 상당한 조사를 다하였음에도 불구하고 부실표시를 알 수 없었음을 증명하여야 책임을 면한다.

---

1) 강대섭, 전게 논문, 75쪽.

2) 상당한 주의의 정도

발행인 등은 상당한 주의를 다하였음에도 불구하고 부실표시를 알 수 없었음을 증명하는 경우에는 면책되지만, 어느 정도의 주의가 상당한 주의에 해당하는지에 대해서는 기준이 없다.

미국의 1933년 증권법은 면책의 항변으로서 증권신고서에 대해서는 합리적인 조사 후 표시의 진실성을 믿을 만한 합리적인 근거를, 투자설명서 기타 표시에 대해서는 합리적인 주의를 요구하고 있다[SA 제11조(a)(3), 제12조(2)]. 전자의 항변을 'due diligence 항변', 후자의 항변을 'reasonable care 항변'이라고 한다. 일반적으로 양기준은 미묘한 차이가 있고 reasonable care는 due diligence보다 그 주의의무의 정도가 낮다고 한다. 왜냐하면 전자가 적용되는 증권의 매도인은 증권의 모집·매출과 밀접한 관련을 맺을 수 있으며, 증권신고서의 배상책임자와 동일한 정도로 정보에 접근할 수도 없기 때문이라고 한다.

발행공시책임은 당사자 사이의 인적 신뢰관계를 전제하는 것은 아니기 때문에 발행인 등이 증권신고서와 투자설명서의 작성·제출·교부에 있어서 특별히 신중하게 처리할 것을 요구할 필요는 없다. 배상책임자는 자신의 지위와 특성에 따라 합리적으로 기대되는 조사를 하였으며, 문제된 사항이 진실하다고 믿을 만한 합리적인 근거가 있음을 증명한 때에 한하여 면책될 수 있다.[1)]

따라서 상당한 주의의무는 획일적으로 동일한 것이 아니라 배상책임자의 직무내용, 지위, 전문성, 관계자료의 입수가능성의 정도에 따라 구체적인 내용이 달라진다.

그리고 피고의 면책항변은 상당한 주의를 다하였다는 사실의 증명에 그치지 않고 더 나아가 그 부실표시를 알 수 없었다는 사실을 증명하여야 한다. 정보공시에 있어서 부실표시를 회피하거나 이를 정정하기 위하여 필요한 조치를 취하였다는 증거는 경우에 따라 부실표시의 존재를 알았다는 것을 부정하게 될 것이지만, 알기 위하여 상당히 노력하였다는 사실이 반드시 부실표시를 알지 못한 것이 합리적이라는 사실을 증명하지는 않는다.[2)]

---

1) 신영무, 증권거래법, 서울대학교출판부(1989), 236-237쪽.

2) 강대섭, 전게논문, 80쪽.

관련판례: 대법원 2002. 9. 24. 선고 2001다9311, 9328 판결

대법원의 "발행인 등의 면책항변의 요건과 그 입증사항"에 관한 판단은 다음과 같다.

3. 피고 S회계법인의 상고이유에 대한 판단

가. 원심은, 위에서 인정한 바와 같이 주식회사 Y(이하 "Y"라 한다)의 재무제표에 대한 분식회계처리 사실 및 1997년도의 619,687,788원 상당 당기 순손실을 가공의 매출액과 자기의 대표이사에 대한 같은 액수의 대여금 채권액을 계상하여 당기 순이익을 얻은 것처럼 가장한 사실을 피고 S회계법인의 감사보고서가 밝히지 못하였음을 이유로 유가증권의 모집과 매출에 참가한 원고들에 대한 구 증권거래법 제14조에 의한 손해배상책임을 인정하고 있다.

구 증권거래법 제14조에 따라 발행인 등이 그 책임을 면하기 위해서는 상당한 주의를 하였음에도 불구하고 부실표시를 알 수 없었음을 증명하여야 하기 때문에 단순히 그 부실표시를 알지 못하였다든가, 상당한 주의를 다하지 못하였다면 책임을 면할 수 없고, 이와 같은 '상당한 주의'의 항변을 하기 위해서는 자신의 지위와 특성에 따라 합리적으로 기대되는 조사를 하였으며, 그에 의해 문제된 사항이 진실이라고 믿을 만한 합리적인 근거가 있음을 입증해야 한다'고 할 것이다.

기록에 비추어 살펴보면, 일반적으로 회계감사인이 특정 회사와 처음으로 감사계약을 맺는 초도감사일 경우 계속감사보다 그 업무량이 증가하며, 해당 회사가 타감사인으로부터도 감사를 받은 사실이 없는 경우 기초잔액을 확인할 수 있는 별도의 감사절차가 수행되어야 하므로 충분한 시간을 요한다고 할 것인데, Y의 경우 협회중개시장 등록을 위하여 최초로 외부감사를 받게 되는 점을 고려하면 피고 S회계법인으로서는 충분한 시간을 가지고 실질적인 감사를 하였어야 함에도 피고 S회계법인과 주식회사 Y 사이의 정식 감사계약 체결은 1998. 2. 24.이고, 감사보고서 완성과 제출시기는 1998. 2. 27.이어서(피고 S회계법인은 정식 계약 전 2월 중순경부터 감사에 착수하였다고 주장하지만, 이를 객관적으로 인정할 만한 자료는 없다) 이 정도의 기간으로는 피고가 주장하는 바와 같은 실질적인 감사가 이루어졌다고는 인정하기 어려운 점, 피고 S회계법인도 표본조사만을 시행하고 전체적이고 실질적인 감사는 하지 않은 사실을 인정하는 점, 피고 S회계법인이 감사를 맡은 시점 이전의 재무제표의 진실성 및 그 기초자료의 객관성에 대하여 위 피고는 Y의 재무제표가 기업회계기준에 따라 정당하게 작성되었다는 점에 대한 책임은 Y 측에 있고 이러한 점을 확인한다는 취지의 재무확인서를 Y로부터 받은 이외 다른 조치는 취하지 않은 것으로 보이는 점, 피고 S회계법인이 감사보고서상 Y의 매출을 계산한 근거는 Y의 계정별 보조원장, 부가가치세신고서, 수출서류철과 입금증빙 등, 선수금명세서의 각 서류들 정도인데 그 이외 객관적으로 매출을 조사하였다는 다른 자료는 발견되지 않는 점, 피고 S회계법인은 Y로부터 당시 회사의 자산규모에 비추어 상당한 액수의 대표이사 대여금이 있다는 사실을 듣고서도 단지 대표이사로부터 그 채무를 확인한다는 정도의 확인서만 받은 채 그 진실성 및 실질적인 내용은 전혀 파악하지 않은 점 등 여러 가지 정황에 비추어 기록에 나타난 자료들만으로는 피고 S회계법인이 Y에 대한 외부감사를 실시하고 나아가 위 유가증권신고서에 첨부된 감사보고서를 작성함에 있어 상당한 주의를 다하였다고 인정하기는 어렵다고 판단된다. 이와 같은 취지의 원심판단은 정당하고, 거기에 피고 S회계법인이 주장하는 바와 같은 사실오인 및 법리오해의 위법이 있다고 할 수 없다.

나. 위와 같이 감사보고서에 허위의 기재가 있고, 이에 서명한 회계법인을 손해배상의 책임주체로 인정한다면, 위와 같은 감사보고서가 유가증권발행신고서의 첨부서류가 된 이상 위 법조문의 문리해석상 피고 회계법인이 유가증권발행신고서의 작성에 관여하지 않았다든가, 혹은 감사보고서의 수신인 등을 문제삼아 그 책임을 면할 수는 없다고 할 것이고, 감사보고서가 허위로 기재되었으며 이에 대한 피고 회계법인의 면책항변이 받아들여지지 않는 이상, 위 감사보고서를 믿은 원고들에게 어떠한 과실점을 인정하기 곤란하다고 보여지고, 감사보고서의 기재가 유가증권발행신고서상의 공모가격 등에 구체적으로 기여한 정도의 여부와 상관없이 책임은 성립한다고 할 것이며, 책임성립시 그 법정손해배상의 산정에 관한 증권거래법 제15조 제 1 항의 내용과 달리 책임을 제한할 이유가 없다고 할 것이다. 이와 같은 취지의 원심은 정당하고, 거기에 피고 S회계법인이 주장하는 바와 같은 사실오인 혹은 법리오해의 위법이 없다.

3) 상당한 주의의 구체적인 내용

(가) 논의의 전제[1)]

가) 서　　설　　발행인 등이 어느 정도의 주의로써 어떠한 행동을 하고 있어야 분식결산 등 부실표시가 발견된 경우에도 면책항변으로서의 상당한 주의를 다한 것으로 되어 책임을 면할 수 있는가? 이에 관해서는 미국의 실무에 영향을 미친 대표적인 판례인 Escott v. BarChris Construction Corp. 사건에서 상세히 다루어졌다.

아래서는 이 판결을 중심으로 하여 자본시장법이 배상책임자로 예정하고 있는 발행인, 이사, 공인회계사, 인수인에 한정하여 상당한 주의의무의 구체적인 내용을 살펴보기로 한다.

나) 전문가사항과 항변　　먼저 살펴 볼 것은 미국 1933년 증권법상으로는 신고서의 내용을 전문가사항과 비전문가사항으로 구분하여, "비전문가와 전문가사항에 대하여 제소된 전문가"는 합리적인 조사를 한 후 당해 부분의 효력발생시에 그 부분이 진실·정확하다고 믿을 만한 합리적인 근거가 있고, 이를 믿었다는 사실을 증명함으로써 면책되고, "전문가사항에 대하여 제소된 비전문가"는 해당 부분의 효력발생시에 부실표시가 있다고 믿을 만한 합리적인 근거가 없고 이를 믿지도 않았다는 사실을 증명한 때에는 면책된다[SA 제11조(b)(3)]. 후자의 항변은 이중부

1) 강대섭, 전게 논문, 81쪽 이하.

정의 항변으로서 비전문가는 이를 용이하게 주장할 수 있다.

여기서 전문가사항이란 전문가로서의 권위에 기하여 작성된 부분 또는 전문가의 보고서, 평가서를 복사·발췌한 부분을 말하나, 신고서의 모든 부분이 전문가사항이 될 수는 없다. 일반적으로 회계사가 감사한 재무제표, 감정인의 감정서, 변호사의 적법성 의견, 기사의 보고서는 전문가사항이나, 업무에 관한 사항, 인수계약 등은 전문가사항이 될 수 없다. 이러한 항변의 차이는 일반적으로 적극적인 조사의무가 있으나 전문가사항에 대하여는 비전문가인 이사, 임원, 기타의 자는 전문가사항을 신뢰할 수 있기 때문에 소극적인 선의로 충분하다.

자본시장법은 이러한 규정을 두고 있지 않으나, 이와 유사한 결론에 도달할 수 있다는 전제에서 검토하기로 한다.

다) BarChris 사건의 개요 　이 사건은 BarChris사가 발행한 후순위전환사채(convertible subordinated debentures) 5.5%를 취득한 자들이 1933년 증권법 제11조에 근거하여 제기한 집단소송이다. BarChris사는 볼링레인 설립회사였는데, 사업에 필요한 자금은 고객으로부터 대금의 일부를 선수금으로 수령하여 충당하고 나머지는 공사완료시에 어음으로 지급받았다. 이 회사는 1961년 초에 사업자금조달이 곤란하여 추가적인 운영자금을 조달하기 위해 이 소송에서 문제가 된 사채를 발행한 것이다.

사채발행을 위한 증권신고서는 예비형태로 1961년 3월 30일에 SEC에 제출되었고, 같은 해 5월 11일과 5월 16일에 그 정정신고서를 제출했다. 이 시기 볼링산업의 침체로 대금으로 받은 어음의 추심에 상당한 곤란을 겪고 있었다. 결국 이 회사는 자금조달을 위한 주식발행이 불가능하게 되자, 1962년 10월에 파산신청을 하였고, 이 사건 사채에 대한 1962년 11월 1일자 이자지급을 지체하였다. 원고들은 SEC에 제출된 해당 사채에 관한 증권신고서(1961년 5월 16일 효력발생)에 중요한 허위표시와 불표시가 있다고 주장하였다.

피고는 ① 증권신고서의 서명자, ② Drexel & Co.가 간사인수인인 8개 투자금융회사로 구성된 인수인, 그리고 ③ BarChris사의 회계감사인의 세 유형으로 구분되었다. 피고들은 원고의 주장을 부인하면서 주로 증권법 제11조에 의하여 이용할 수 있는 항변을 주장하였다. 또한 피고들은 공동소송인 사이의 청구(Cross-Claims)를 주장하여 각자의 부담부분에 대한 책임을 청구하였다. 이에 대하여 법원은 피고의 적극적인 항변의 주장·증명 여부를 주로 심리하였다.

라) 판결요지 이 사건에서 법원은 사외이사는 전국회계사무소를 신뢰할 수 있으며, 특히 이를 의심해야 할 상당한 이유가 없기 때문에 동(同)사무소가 감사한 수치의 정확성을 믿은 것은 정당하고, 총무겸무이사(secretary)인 젊은(따라서 전문적인 기술과 능력이 부족함) 변호사가 이를 신뢰한 것은 정당하지만, 회사의 회계담당임원은 그 수치가 부정확하다고 믿을 이유가 있으므로 이를 무시할 수 없고, 따라서 이 부분을 신뢰한 것은 정당하지 못하며, 회사감사인은 회사에서는 중요한 직무를 갖지 아니하는 사이지만 재무담당임원으로서 회사의 회계장부에 정통하기 때문에 상당한 주의의 항변을 증명하지 못하였다고 판시하였다.

이 판례는 책임의 정도와 필요한 조사의 범위는 배상책임자의 유형, 발행인에 대한 관계의 성질에 달려 있음을 분명히 밝히고 있다.

(나) 구체적 내용의 검토

가) 발 행 인 자본시장법 제125조 제 1 항 단서는 발행인도 주의의무의 항변을 할 수 있다고 규정하고 있다. 따라서 증권신고서와 투자설명서의 작성·제출의무를 지는 발행인도 상당한 주의의 면책항변에 의하여 책임을 면할 수 있는 여지는 있다. 그러나 투자자를 보호하기 위하여 발행인에게 무과실책임을 묻는 것이 타당하다. 발행인에게 절대적인 무과실책임을 지우는 미국과 일본의 경우에는 이 점은 문제되지 않는다.

발행인이 주식회사인 경우 증권신고서와 투자설명서의 작성·제출은 회사의 업무집행권을 갖는 대표이사를 통하여 이루어진다. 따라서 현행 자본시장법에 따르면 대표이사가 대표이사로서 거래통념상 요구되는 주의능력을 갖추고 그러한 주의로써 증권신고서와 투자설명서의 작성·제출의무를 집행한 때에는 발행인도 상당한 주의를 다하였다고 볼 수 있을 것이다.

나) 이 사

(i) **의 의** BarChris 판결은 피고인 이사가 원용한 상당한 주의의 면책항변을 분석함에 있어 내부이사(상근이사)와 외부이사(비상근이사)로 구별하고, 해당 사실에 대한 지식의 정도 또는 그 접근가능성에 따라 책임의 척도를 달리하고 있다.

(ii) **내부이사**

a) **업무담당이사** 업무담당이사인 사장, 부사장, 업무집행임원(CEO) 및 회계담당임원에 대해서는 면책항변이 인정될 여지는 거의 없다.

사장이 아니면서 단순히 회사의 경영위원회(상무회)의 일원인 업무집행임원은 발행인과 거의 관계를 갖지 않는 사외이사보다 더 고도의 주의로써 업무를 수행하여야 한다. 법원은 발행인의 업무 전반에 정통한 최고경영자는 '모든 관련사실을 알고 있었으므로 투자설명서에 허위의 표시 또는 중대한 불표시가 없다고 믿을 수는 없었다'고 하여 면책항변을 배척하였다.

명목상의 사장, 부사장은 업무집행임원만큼 회사업무에 정통하지 못하고(투자설명서를 열람하더라도 이를 이해하기에 어려울 정도로) 지적 수준도 낮은 사람이었다. 그러나 이들도 회사의 업무가 장기간 토의된 경영위원회의 일원인 점에서 업무집행임원과 동일하게 취급되었다. 임원의 책임은 증권신고서의 열람 또는 그 이해 여부에 좌우되는 것은 아니므로 전문능력이 부족하다는 사실은 항변이 될 수 없고, 오로지 구체적인 사정하에서 상당한 주의로 행동하였는가의 여부가 그 기준이 된다. 법원은 '이들이 알고 있지 못하거나 이해하지 못한 것은 조사한 근거가 없다'고 하여 면책항변을 배척하였다. 즉 법원은 이들이 신고서를 열람하거나 이를 이해하지도 못한 채 신고서에 서명한 것에 바로 상당한 주의의무의 해태가 있다고 보았다. 필요한 최소한의 지식을 갖추지 못한 자는 임원 또는 이사의 직무를 맡아서는 아니 된다는 것이다.

회계담당임원은 공인회계사로서 그 직무가 요구하는 대로 회사의 재무에 정통하고 있었을 뿐만 아니라 경영위원회의 일원으로서 회사의 재무에 관한 정보에 접근할 수 있었다. 또한 그는 회사의 고문변호사와 협의하면서 직접 신고서를 준비하였다. 회계담당임원은 이전에 신고서를 취급해 본 경험이 없어 그 기재사항을 알지 못하였으며 전적으로 전문가를 신뢰하였다고 주장하였다. 법원은 '그가 고문변호사에게 정보를 알리지 않았으며, 모든 사실을 알렸다고 해도 이것이 상당한 주의를 다한 것으로 되지 않으며, 그는 사실을 알고 있었기 때문에 투자설명서의 전문가사항이 부분적으로 부정확하다고 믿을 이유가 있었고, 비전문가사항에 관해서는 그것이 정확하다고 믿을 합리적인 근거가 없었다'고 하여 항변을 배척하였다.

b) **총무겸무이사**(사용인겸무이사) 위 업무담당이사를 제외한 사내이사는 단지 총무로서 회사의 업무집행에는 참가하지 않았다. 그는 업무집행자가 아니므로 회계장부 또는 재무거래에 관해서는 개인적으로 전혀 아는 바가 없었기 때문에 감사증명이 있는 재무제표의 허위기재에 대해서는 면책되었다. 그러나 그가 총무의 지위에서 회사의사록의 작성자가 됨으로써 내부정보에 접근한 것은 확실하며,

특정한 계약은 법적 이행을 강제할 수 없다는 검토의견(이 사실은 신고서에 기재하지 않았다)을 발행인에게 제시하였다는 점을 인정하고 적시한 후, 이를 근거로 하여 법원은 '그는 투자설명서상의 다수의 부정확한 점을 알지 못하였지만, 그가 서명한 서류상의 비전문가사항의 진실성을 합리적으로 조사할 의무가 있으며, 이 의무는 변호사인 그가 알고 있어야 했다'고 판시하였다. 따라서 이를 독립적으로 조사하지 아니하였고, 또한 특정한 사항에 관해서는 이를 부분적으로 알고 있었기 때문에 감사증명이 있는 재무제표 외의 부분에 관하여는 면책항변이 배척되었다.

법원은 사용인겸무이사의 책임은 이사로서의 지위에 근거한다고 하면서도 합리적인 조사를 하였는가의 여부를 결정함에 있어서는 그가 변호사인 점을 고려하였다.

(iii) **외부이사(사외이사)** 외부이사는 신고서임을 인식하지 못한 채 단지 SEC에 제출하는 서류 정도로 짐작하고 서명하였다. 그는 사채발행 직전에 이사에 취임함으로써 회사의 업무에 정통할 수 있는 기회가 거의 없었다고 주장하였다. 법원은 신용조사의 성질을 갖는 일반적인 질문을 하고 그 답변을 들은 후 주요임원의 표시를 전적으로 신뢰하는 정도로써는 상당한 주의를 다하였다고 할 수는 없다고 하면서 투자설명서의 비전문가사항의 부실표시에 관하여 외부이사의 책임을 인정하였다. 그 근거로서 법원은 '이사는 신임 여부를 불문하고 1933년 증권법 제11조의 책임을 부담하며, 그는 이사로 선임되는 때에 그의 책임을 알고 있는 것으로 간주된다. 신중한 사람은 중요한 문제에 직면하여 관련사항을 파악하지 아니한 채 오로지 그 사실을 알지 못하는 사람의 표시와 일반적인 정보만을 믿고서 행동하지는 않을 것이다. 그러한 최소한의 행위가 법정기준에 이른다고 한다면 신임이사는 단지 신임이라는 이유만으로 책임을 면하게 될 것인데, 이것은 투자자의 보호를 위하여 완전하고 성실한 공시를 요구하는 1933년 증권법 제11조의 목적에서 볼 때 타당한 해석이 아니다'라고 판시하였다.

사외이사이면서 신임이사인 자에게는 위와 같은 정도의 주의의무는 과중한 부담이 될 것임이 명백하다. 그러나 이 사건에서 사외이사는 신고서에 서명하고 있었다. 신고서에 서명하지 아니한 사외이사에게 책임을 부담시키는 것은 어려울 것이다. 이 판결은 신고서에 서명하도록 요구받은 사외이사에게는 좋은 교훈이 될 수 있다.

또한 BarChris 사건에서 법원은 업무담당이사 또는 사용인겸무이사와 같은 사내이사와 사외변호사인 이사의 차이를 인정하였다. 사외변호사인 이사는 이사로서, 그리고 신고서에 서명한 자로서 제소되었다. 그는 신고서의 초안작성을 주로 책임지고 있었다. 법원은 발행인이 제공한 서류를 신뢰하는 것은 정당하다는 피고의 주장을 배척하고, 그의 독립적인 조사의무를 인정하였다. 법원은 이 사건이 변호사의 과실소송은 아니지만 상당한 주의의 항변을 고려하는 경우에는 그가 갖는 특별한 지위를 무시할 수 없다고 지적하면서, '그는 신고서의 작성과 그 정확성으로 보장에 직접 관여하고 있는 이사이므로, 이 업무에 전혀 관여하지 아니한 이사에게 충분히 기대가능한 수준보다 더 높은 합리적인 조사를 그에게 요구할 수 있다'고 판시하였다.

그러나 법원은 피고에 대한 회사 임원의 기만행위를 감안하더라도, 사실을 확인시켜 주었을 용이한 조사를 피고가 무수히 해태하였다고 하면서, '이 사건에서 증거에 입각하여 인정하는 이 결론은 이사인 사외변호사에 대하여 부당한 고도의 기준을 일반적으로 정립하는 것은 아니다'라고 부언하여, 이러한 문제는 구체적인 사정에 따라 개별적으로 판단해야 할 것을 밝히고 있다.

(iv) **자본시장법과 이사의 면책사유** 신고 당시의 발행인의 이사는 중요사항에 대한 부실표시를 알지 못하였고, 상당한 주의를 하였더라도 알 수 없었음을 증명하면 면책된다. 여기서 '상당한 주의를 하였음에도 불구하고 이를 알 수 없었음을 증명'한다는 것은 '자신의 지위에 따라 합리적으로 기대되는 조사를 한 후 그에 의하여 부실표시 등이 없다고 믿을 만한 합리적인 근거가 있었고 또한 실제로 그렇게 믿었음'을 증명하는 것을 의미한다.

관련판례: 대법원 2007. 9. 21. 선고 2006다81981 판결

증권거래법(이하 '법'이라고만 한다) 제186조의5에 의하여 준용되는 법 제14조의 규정을 근거로 주식의 취득자가 사업보고서의 내용을 공시할 당시의 당해 주권상장법인의 이사에 대하여 사업보고서의 허위기재 등으로 인하여 입은 손해의 배상을 청구하는 경우, 배상의무자인 이사가 책임을 면하기 위해서는 자신이 '상당한 주의를 하였음에도 불구하고 이를 알 수 없었음'을 증명하거나 그 유가증권의 취득자가 '취득의 청약시에 그 사실을 알았음'을 입증하여야 하고(제14조 제1항 단서 참조), 여기서 '상당한 주의를 하였음에도 불구하고 이를 알 수 없었음'을 증명한다는 것은 '자신의 지위에 따라 합리적으로 기대되는 조사를 한 후 그에 의하여 허위기재 등이 없다고 믿을 만한 합리적인 근거가 있었고 또한 실제로 그렇게 믿었음'을 입증하는 것을 의미한다.

따라서 이사가 재무제표의 승인을 위한 이사회에 참석하지도 않았고 또한 공시대상인 재무제표 및 사업보고서의 내용에 대하여 아무런 조사를 한 바가 없다면, 그와 같이 이사의 직무를 수행하지 아니한 이유가 보유주식을 제 3 자에게 모두 양도한 때문이었다는 사정만으로는 위 법 제14조 제 1 항 단서의 면책사유에 대한 입증이 있었다고 볼 수 없는바, 같은 취지에서 피고의 면책항변을 배척한 원심의 판단은 정당하고, 거기에 상고이유의 주장과 같은 법 제14조의 손해배상책임을 부담하는 자에 관한 법리오해 등의 위법이 없다.

이사에게 요구되는 주의의무의 정도는 이사의 회사에서의 지위 등에 따라 다르다. 사내이사는 사외이사보다 엄격한 주의의무를 지며, 업무담당이사는 사용인겸무이사보다, 재무담당이사는 다른 사내이사보다 고도의 주의의무가 요구된다.

다) 공인회계사 등 외부전문가

(i) 미국 판례의 입장　　증권신고서의 일부인 재무제표를 감사한 회계사의 책임과 관련하여 법원은 회계사의 면책항변은 그 재무제표가 포함된 신고서의 발효일에 평가되어야 한다고 하였다. 따라서 감사과정뿐만 아니라 신고서에 포함된 감사증명대차대조표의 작성일 후 신고서 발효일 전에 발생한 사건에 대해 회계사가 행한 조치를 검토하였다. 법원은 조사된 서류만으로도 부정확을 알 수 있었음에도 불구하고 더 이상 조사를 실시하지 아니하였다는 사실을 인정한 후 '이미 실시한 자료조사상으로도 더 이상의 조사가 필요하다고 볼 수 있는 충분한 위험징후가 있었다. 그러나 일반적으로 인정된 감사기준에 의한다면 이러한 사정에서는 더 이상의 조사가 불필요하다'고 판시하였다.[1] 이에 따르면 회계사가 그 직업상 인정되고 있는 기준보다 더 높은 기준을 요구받아서는 안 된다는 전제에서, 회계사가 일반적으로 인정된 감사기준을 준수하였다면 면책항변을 원용할 수 있다.

이와 유사한 취지는 Hochfelder v. Ernst & Ernst 사건[2]에서 표명되었으나, 이 사건에서는 일반적으로 인정된 감사기준의 준수가 자동적으로 책임으로부터 보호막을 제공하지는 않는다고 하였다. 법원의 지적대로 보편적인 직업적 관행이 합리적인 신중성을 구성하는가 하는 판단이 선행되어야 한다. 따라서 일반적으로 인정된 감사기준의 준수는 필요한 주의기준이 충족되었다는 유력한 증거일 수는 있지

1) Escott v. BarChris Construction Corp. 283 F. Supp. 643(S.D.N.Y. 1968).
2) 503 F. 2d 1100, 1108(7th Cir, 1974).

만, '위험징후가 명확하여 이를 의심할 수 있는 경우에는 일반적인 무시조차 그 불표시에 대한 면책사유가 될 수는 없다'고 할 것이다. 물론 조사된 정보에 근거한 판단이 불합리하거나 정보를 오인제공한 데 대해서는 일반적으로 인정된 감사기준의 준수도 책임에 대한 보호막이 될 수 없다.

후자의 논리가 타당하다고 한다면, 공인회계사가 단순히 회계감사기준을 준수하였다는 사실만으로 상당한 주의를 다하였다는 주장·증명이 있다고 보기는 어려울 것이다. 이것은 감정인 등의 전문가에 대해서도 준용할 수 있을 것이다.

(ii) **자본시장법과 공인회계사 등의 면책사유** 자본시장법 제125조 제1항 단서는 공인회계사 등 외부전문가는 주의의무의 항변을 할 수 있다고 규정하고 있다. 따라서 공인회계사, 감정인, 신용평가를 전문으로 하는 자, 변호사, 변리사, 또는 세무사 등 공인된 자격을 가진 자(그 소속단체를 포함)는 상당한 주의를 하였음에도 불구하고 이를 알 수 없었음을 증명한 경우에는 배상책임을 지지 아니한다.

공인회계사 등 외부전문가는 자신이 전문가로서 자신의 권한으로 작성한 것이 명시적으로 표시되어 있는 증권신고서 등 부분에 관하여만 책임이 있다. 외부전문가의 책임이 있는 부분에 관하여 전문가로서 요구되는 심사는 자신의 전문성에서 일반적으로 적절하다고 고려되는 기준에 따라야 할 것이다.[1)]

라) 인 수 인

(i) **미국 판례의 입장** 인수인은 공모시 신고서 내용의 정확성을 검증하여야 하고 또한 그 정확성을 검증할 수 있는 지위에 있다. 그 이유로서는 첫째, 인수인은 필요한 정보에 접근할 수 있고, 둘째, 전통적인 신고와 관련하여 발행인에 대하여 공시의무의 이행을 강제할 수 있는 영향력을 가지며, 셋째, 일반투자자는 인수인의 명성을 신뢰할 뿐만 아니라 인수인의 공모과정 참가를 신고서의 정확성을 보증하는 것으로 신뢰하기 때문이다. 그러나 인수인은 발행인의 내부이사만큼 회사의 업무에 정통하고 있을 것으로 기대되지는 않는다. 인수인의 조사의무는 인수인의 정보접근가능성을 고려하여 결정되어야 한다.

그러나 BarChris 사건에서 법원은 감사증명 된 재무제표를 제외한 부분에 관하여 그 조사과정에서 고도의 주의를 다하여야 하는 엄격한 조사의무를 인수인에게 부과하였다. 엄격한 조사의무라 함은 회사 임원의 진술만을 듣는 것으로 충분하지 않고 수주계약서, 회계장부 등의 자료에 의하여 임원이 제출한 자료의 진실

1) 이상복, 증권집단소송론, 삼우사(2004), 383쪽.

성을 확인하는 것이다. 인수인은 회사의 임원 또는 고문변호사를 신뢰해서는 아니 된다. 왜냐하면 자신의 재산을 관리하는 신중한 사람은 지나치게 열광적이고 간혹 사술까지 쓰는 회사의 임원을 신뢰하지는 않을 것이기 때문이다. 나아가 법원은 '만일 인수인이 회사의 경영진이 행한 표시를 액면 그대로 받아들임으로써 책임을 면할 수 있다고 한다면 인수인을 배상책임자에 포함시킨 것이 투자자에게는 어떠한 추가적인 보호도 제공하지 못한다'고 하면서, '법문상의 합리적인 조사라 함은 회사가 제공한 자료가 단순히 투자설명서에 정확하게 보고되고 있다는 확인 이상의 노력을 인수인에게 요구하는 것으로 해석되어야 한다'고 판시하였다. 법원은 인수인이 오로지 이사와 변호사만을 신뢰하였을 뿐 재산목록상에 나타난 계약 등을 더 이상 조사하지 아니하였다고 하여 인수인의 면책항변을 배척하였다.

(ii) **자본시장법과 인수인의 면책사유** 자본시장법 제125조 제 1 항 단서는 인수인은 주의의무의 항변을 할 수 있다고 규정하고 있다. 따라서 인수인은 증권신고서 등의 중요사항에 대한 부실표시를 알지 못하였고, 상당한 주의를 하였더라도 알 수 없었음을 증명하면 면책된다.

관련판례: 서울지방법원 남부지원 1994. 5. 6. 92가합11689 판결

기업공개 주간사회사인 증권회사에게 공개 예정 기업의 재무제표 및 그에 대한 감사보고서가 진실한 것인지 여부를 확인하여야 할 의무가 있다고 하려면, 적어도 주간사회사에게 공개 예정 기업에 대하여 그 회계장부와 관련 서류의 열람 또는 제출을 요구하고, 그 업무와 자산상태를 조사할 수 있는 권한 또는 별도의 감사인을 선임하여 공개 예정 기업에 대하여 감사를 할 수 있는 권한이 있다고 볼 수 있어야 할 것인데, 주간사회사에게 위와 같은 권한이 있다고 인정할 아무런 근거가 없는 이상(위 유가증권분석에 관한 기준 제 2 조에는 주간사회사가 공개 예정 기업에 대하여 '기타 필요한 자료'의 제출을 요구할 수 있는 것으로 규정되어 있으나, 그 규정 형식 및 내용과 다른 규정과의 관계 등에 비추어 볼 때 위 규정만을 기초로 주간사회사에게 공개 예정 기업에 대하여 그 회계장부와 관련 서류의 열람 또는 제출을 요구하고, 그 업무와 자산상태를 조사할 수 있는 권한이 있다고 볼 수는 없다), 기업공개 주간사회사인 피고 T증권으로서는, 공개 예정 기업인 피고 S제지가 기업공개의 요건을 갖추었는지 여부를 분석하는 데 필요한 재무사항에 관하여는, 주식회사의 외부감사에 관한 법률에 의하여 엄격한 자격기준 및 감사기준이 마련되고 허위감사에 대한 제재에 의하여 그 진실성이 담보되는 외부감사인의 감사보고서와 그 감사를 받은 재무제표를 진실한 것으로 믿고 이를 기준으로 분석을 하는 것으로 족하다 할 것이고, 더 나아가 위 재무제표 및 감사보고서가 진실한 것인지 여부를 다시 확인하여야 할 의무까지는 없다고 보아야 할 것이다.

4. 취득자의 선의(악의의 항변)

(1) 면책요건으로서의 악의

배상책임을 질 자는 전술한 바와 같이 상당한 주의를 다하였음에도 불구하고 부실표시를 알 수 없었음을 증명한 때에는 책임을 면할 뿐만 아니라, "해당 증권의 취득자가 취득의 청약을 할 때에 그 사실을 안 경우에"도 배상의 책임을 지지 아니한다(법 제125조 제1항 단서). 즉 증권의 취득자가 증권신고서와 투자설명서 중 중요사항의 부실표시를 알고 있는(악의) 때에는 배상을 청구할 수 없다.

이와 같이 증권의 취득자가 악의인 경우에 배상책임을 면책시키는 것은 취득자가 부실표시 사실을 알면서 증권을 취득하는 경우 취득자는 부실표시로 인한 손해를 스스로 감수하겠다는 의사가 있는 것으로 추정할 수 있기 때문이다.[1] 자본시장법은 취득자가 악의인 때에만 상대방의 면책을 허용하고 있을 뿐이고, 상대방이 투자자의 과실을 문제 삼아 전면적으로 책임을 면할 수 없게 한 점은 투자자의 보호를 강화하는 기능을 한다.

(2) 증명책임

법문상으로는 누가 증명책임을 지는가 하는 점이 분명하지 않다. 피해자의 구제와 정보공시의 목적달성을 위하여 피고가 원고인 취득자의 악의를 증명하여야 한다고 해석함이 타당하다.[2] 투자자의 권리행사를 용이하게 하기 위한 정책적 고려에서 부실표시만을 원고가 증명하면 원고의 선의는 추정된다고 할 것이고, 권리장애규정인 단서규정은 이를 주장하는 자가 증명하여야 한다고 본다.

이와 같은 증명책임의 문제는 부실표시에 대한 투자자의 신뢰문제와 관련되어 있으므로 후술하는 인과관계 부분에서 다시 살펴보기로 한다.

(3) 증명의 범위

증권취득자의 악의는 부실표시의 사실을 취득시에 현실적으로 아는 것을 의미한다. 취득시에 선의인 이상 그 후 이를 알게 되더라도 손해배상청구에는 영향을 받지 아니하며, 과실로 인하여 취득시에 이를 알지 못한 경우에도 동일하다. 발행공시책임을 투자자 보호를 위한 법정책임으로 보는 이상 법문상 언급되어 있

1) 최정식, 전게 논문, 358쪽.
2) 신영무, 전게서, 236쪽.

지 아니한 투자자의 과실을 고려할 이유는 없다. 일반적으로 증권의 취득자는 표시의 정확성 및 완전 여부를 조사할 의무는 없을 뿐만 아니라 표시사실을 조사하도록 요구받은 경우에도 마찬가지이다. 그러나 투자자의 과실에 의하여 손해가 확대된 경우 그 과실이 손해배상액의 산정에서 고려될 수 있는가 하는 문제는 별개이다.

Ⅴ. 인과관계

1. 서 설

(1) 자본시장법상 관련규정

증권신고서와 투자설명서 중 중요사항이 부실표시됨으로써 증권의 취득자가 손해를 입은 경우에는 배상책임자는 그 손해에 관하여 배상의 책임을 진다(법 제125조 제 1 항 본문). 배상책임을 질 자는 청구권자가 입은 손해액의 전부 또는 일부가 중요사항에 관하여 부실표시됨으로써 발생한 것이 아님을 증명한 경우에는 그 부분에 대하여 배상책임을 지지 아니한다(법 제126조 제 2 항).

(2) 논의의 실익

공시책임에 관한 논의에서 인과관계 요건은 여러 책임요소 중 가장 핵심적인 요건이다. 왜냐하면 일반적으로 당사자 사이에 계약관계도 존재하지 않고, 또한 가해행위가 분명하게 외부에 표출되는 것도 아니므로 배상청구권자가 어떤 이유로 배상책임자에게 책임을 묻는가를 알려 주는 열쇠이기 때문이다.

발행시장이든 유통시장이든 불문하고 증권을 취득하는 투자자는 자신이 취득한 증권의 시세하락으로 인하여 손해를 입을 가능성이 항상 존재함을 잘 알고 있다. 이들 중에서 자신의 손해가 어떤 가해자의 가해행위(허위공시 또는 부실공시)로 인하여 발생된 것이 증명되는 경우에 비로소 불법행위책임을 물을 수 있다. 증권시장의 특성상 수많은 증권의 소유자들은 자연스러운 시세하락으로 입은 손해를 엉뚱하게도 부실공시의 탓으로 돌리고 손해배상을 구할 가능성이 있다. 즉 자신의 증권취득 이전에 부실공시가 있었다면 그 이후의 취득자들은 모두 잠재적인 배상청구권자가 될 수도 있다. 그러나 인과관계의 요건은 공시사실을 읽고 그것이 정당하게 작성되고 공시되었을 것이라고 믿고 투자한 투자자에 대하여만 책임을 지우게 하는 열쇠라는 점에서 '거짓의 배상청구권자'를 걸러내는 역할을 하기도 한다. 따라서 인과관계의 요청이야말로 가해자의 불법행위로 피해를 입은 피해자와 그런 원인 없이 손해를 입은 투자자를 구별해 주는 잣대가 된다.[1)]

(3) 거래인과관계와 손해인과관계

의무위반행위와 손해 사이에서 원인과 결과의 관계를 의미하는 인과관계를 어떻게 이해할 것인가에 관해서는 우리나라의 통설은 상당인과관계설을 취하고 있다. 그런데 최근 인과관계를 책임성립의 인과관계와 배상범위의 인과관계로 구분하여 고찰하는 견해가 등장하였다. 이 견해에 따르면 책임성립의 인과관계는 손해발생 단계에서 심사되고, 배상범위의 인과관계는 배상범위 결정의 단계에서 심사된다.

이를 발행공시책임과 관련하여 보면, 전자는 부실 또는 허위로 작성·공시된 서류를 읽고 이를 믿고 증권을 취득하게 되었다는 신뢰의 인과관계를 의미하고, 후자는 그 부실공시로 발생한 손해가 어느 범위까지 미쳤는가를 나타내는 인과관계로서 이는 후에 손해배상액을 산정하는 책임의 영역에서 논의된다.

인과관계는 손해가 전보되어야 하는가, 누구의 손해가 어느 정도까지 전보되어야 하는가를 결정함에 있어서 고려되는 요소임이 분명한 이상 인과의 사슬은 위와 같은 두 단계로 구분할 수 있다. 미국 1934년 증권거래법 제10조 제a항에 관한 미국의 판례는 의무위반행위(부실표시)로 인하여 원고가 거래를 하게 되었다는 거래인과관계(transaction causation)와 의무위반행위가 손해를 발생시켰다는 손해인과관계(loss causation)로 구분하여 인과관계는 양자의 증명을 요한다고 한다. 그런데 인과관계의 개념이 양 개념을 명확히 구별하는 단계에 이르지 못하고 있을 뿐만 아니라, 양 개념이 불법행위가 아니면 어떠한 차이가 있는가에 대해서도 분명하지 않다. 그러나 양 개념은 증권거래 관련소송에서 광범위하게 사용되고 있으며, 특히 불공정거래로 인한 손해배상에서는 전자와 관련하여 신뢰의 추정이 주장되고 있다.[2)]

---

1) 이준섭, 전게 논문, 26-28쪽.
2) 강대섭, 전게 논문, 98쪽 이하 참조.

2. 거래인과관계와 신뢰

(1) 인과관계의 전제

증권의 취득자가 증권거래에서 입은 손해의 전보를 구하는 손해배상에서는 부실표시와 손해 사이에 인과관계가 있어야 한다. 의무위반행위인 부실표시와 손해 사이에 인과관계를 요하지 않는 것으로 한다면 발행공시에 의하여 투자정보를 얻고자 하는 투자자의 욕구를 감퇴시켜 공시제도의 무기능화를 초래할 것이기 때문이다. 반면에 위반행위의 억지를 직접적 목적으로 하는 행정제재에서는 위반행위에 관계된 상대방이 특수한 사정으로 인하여 현실적으로 어떠한 손해도 입지 아니하였다는 사실은 통상 예방적 목적과는 관계가 없으므로 인과관계를 요하지 않는다.

자본시장법 제125조 제 1 항은 "부실표시로써 증권의 취득자가 손해를 입은 경우에"라고 규정하고 손해배상책임의 요건으로 인과관계를 요구하고 있다.

손해배상의 요건으로서 필요한 인과관계를 어떻게 이해할 것인가의 문제는 그리 간단하지가 않다. 인과관계에 관해서는 많은 학설이 있고 현재까지의 통설인 상당인과관계설은 많은 비판에 직면하여 인과관계의 새로운 개념정립이 필요한 단계에 이르렀다.

(2) 신뢰의 문제

인과관계를 거래인과관계와 손해인과관계로 나누어 고찰하는 방법론에서 전자를 증명하기 위하여 사용되는 개념이 신뢰이다. 신뢰의 개념은 다음의 두 가지 문제를 포함하고 있다. 투자자는 표시자가 행한 표시를 믿었는가, 그리고 이 믿음이 투자자가 거래를 체결하게 된 행위(거래체결행위)의 원인이었는가? 이러한 문제는 피고의 부실표시가 원고로 하여금 거래를 체결하도록 하였고, 따라서 그 거래로부터 발생하였다고 주장하는 손해를 초래하였는가의 여부를 결정하기 위하여 고안된 것이다.

영미법에서 사기적 부실표시의 한 요건이기도 한 신뢰는 책임성립을 인정하기 위한 전제인 사실상의 인과관계의 문제로서, 그 기준은 '부실표시가 표시 상대방의 손해를 야기한 행동방향을 결정함에 있어서 중요한 요소인가'의 여부이다. 미국의 판례는 불표시가 문제된 List v. Fashion Park, Inc. 사건에서 중요성과 신뢰를 구별하여, 중요성은 합리적인 사람이라면 불표시된 사실에 의하여 다르게 행동하도록 영향을 받았을 것인가 하는 문제에 관한 것이고, 신뢰는 '구체적인 원고가 불표시된 사실에 의하여 다르게 행동하였을 정도로 영향을 받았을 것인가' 하는 문제에 관한 것이라고 하였다.[1] 중요성이 투자판단에 있어서 부실표시의 객관적인 중요성을 문제로 함에 대하여 신뢰는 주관적인 판단을 문제로 한다. 그러나 구체적으로 원고가 불합리한 사람이라고 추정되지는 않을 것이고, 또한 원고가 이를 증명하려고 하지도 않을 것이므로 대부분의 경우 이 구별은 특별히 유용하지는 않을 것이다. 이러한 입장에서 본다면 신뢰의 주관적 요소는 중요성의 개념에 내재하고 있거나 중요성과 관련을 맺게 된다.

자본시장법상 발행공시책임도 표시에 대한 투자자의 신뢰로부터 발생하는 손해를 배상하는 책임이므로, 원고의 신뢰는 인과관계의 한 요소로서 전제되어 있다고 할 것이다. 이는 외관신뢰보호에서의 신뢰와 같은 기능을 갖는다고 할 것이다.

그렇다면 발행공시책임을 인정함에 있어서도 증권의 취득자는 부실표시를 믿었어야 하는가, 믿었어야 한다면 그 증명책임은 누구에게 있으며 그 관련성은 어느 정도까지 증명하여야 하는가 하는 문제점이 제기된다.

(3) 신뢰의 추정

1) 추정가능성

자본시장법상 어디에도 신뢰라는 문언이 직접 언급되어 있지는 않다. 그러나 증권의 취득자가 부실표시를 직접 받거나 공개시장에 대하여 행해진 부실표시를 단순히 객관적으로 믿었다는 의미에서의 신뢰는 인과관계에 포섭되어 취득자의 신뢰가 불법행위로 인한 손해배상의 필수적인 요건으로 인정되고 있다고 한다면, 신뢰의 증명책임은 일반원칙에 따라 원고인 취득자에게 있다고 해야 할 것이다.

그런데 증권시장에서 정형화된 특정한 매체(일반적으로 서면)에 의하여 행해진 부실표시는 증권의 시장가격에 영향을 미칠 뿐만 아니라 증권신고서 또는 투자설명서의 내용은 취득자의 직접 열람 여부, 구체적인 이해 여부를 불문하고 그 내용에 상응하는 투자환경을 만들어 낸다. 또한 투자자가 부실표시를 현실적으로 믿었음을 증명하는 것은 쉽지 않고, 나아가 투자자로 하여금 이를 증명하게 하는 것은 일반불법행위책임에 의하는 것과 다를 바가 없기 때문에 민사책임을 특별히 법정

1) 340 F.2d 457, 463(2d Cir, 1965).

하고 있는 입법취지를 살리지 못하게 된다. 여기서 개연성을 근거로 하는 인과관계의 사실상 추정이 인정될 여지는 충분히 있다.

2) 신뢰의 추정을 인정할 필요성

발행시장공시는 유통시장공시와는 다른 특성을 갖고 있다. 유통시장공시의 경우에는 투자자들이 증권을 취득함에 있어서 문제되는 공시가 유일한 투자판단자료가 아니고, 투자판단을 함에 있어서 매우 다양한 변수의 영향을 받는다. 그러나 증권이 공모발행의 형태로 최초의 투자자에게 취득되는 과정, 즉 발행시장에서는 투자자가 해당 증권에 대한 청약 여부를 결정하는 경우에 유일하게 의존할 수 있는 공식적인 투자판단자료는 발행인이 작성하여 공시하는 증권신고서 또는 투자설명서일 수밖에 없다. 한편 최초의 취득자인 투자자들은 증권신고서 및 투자설명서가 장래 있을지도 모르는 손해배상청구를 위한 거의 유일한 단서가 될 수 있다.

발행시장공시가 시간적으로 투자자의 청약이 있기 이전에 이루어진 것이라면 투자자가 이를 읽고 신뢰하였기 때문에 취득하였을 것이라는 점을 추정한다고 하여도 하등 이상할 것이 없다. 왜냐하면 청약자가 투자판단을 하는 경우에 의존할 수 있는 유일한 자료가 증권신고서 또는 투자설명서이고, 이미 증권신고서 또는 투자설명서가 공시된 경우라면 투자자들에게는 다른 선택의 여지가 없이 그 공시내용의 진실성을 신뢰하였기 때문에 취득하였다고 추정하여도 무리는 없기 때문이다.[1)]

이러한 신뢰(거래인과관계)의 추정은 원래 발행시장공시의 특수한 성질로부터 인정되기도 하지만, 특히 투자자에게 자신이 공시서류의 진실성을 신뢰하고 증권을 취득한 사실을 증명하는 것이 현실적으로 어렵기 때문이기도 하다.

따라서 해당 증권신고서 또는 투자설명서가 공시된 후에 투자자는 자신이 그 진실성을 믿고 투자행위를 하였다는 것을 증명할 필요 없이 그 신뢰가 존재하였다는 점이 추정되고, 그 반대의 증명을 피고가 부담하게 하여 증명책임을 전환시키는 것이 정당화된다.

---

1) 이러한 추정은 외국의 입법례에도 나타난다. 즉 발행시장공시가 직접 투자권유를 위하여 단한 차례 그 투자판단을 돕기 위해 공시된다는 성질이 고려되어 미국증권법(1933년 증권법) 제11조(a)는 증권신고서의 효력이 발생된 때로부터 1년 이내에 취득한 투자자는 동 신고서를 보고 신뢰한 채 투자하였다는 점을 증명할 필요 없이 그 인과관계가 추정된다는 점을 명확히 하고 있다(이준섭, 전게 논문, 27쪽).

3) 증명책임의 전환

(가) 전환의 근거

객관적 기준을 사용하여 중요성을 정의하는 경우, 중요한 부실표시는 표시 상대방의 신뢰를 야기할 것이다. 그런데 증권의 취득자가 부실표시의 진실을 알고 있었다면 그는 부실표시를 믿지 않았을 것이며 그 믿음에 따라 행동하지도 않았을 것이다. 따라서 취득자가 선의인 한 중요성으로부터 신뢰를 추정할 수 있다.

신뢰의 증명책임이 전환되는 이유에 대하여, ① 관련성에 관한 증명은 매우 어렵기 때문에 이 책임을 원고에게 부담시킬 경우 법조문의 취지를 달성하기 어렵고, ② (부실표시에 대한 악의의 증명책임을 원고에게 부담시키는 것을 전제하여) 증권의 취득시에 원고가 부실표시의 사실을 알았다는 것과 이를 믿지 않았다는 것은 같은 성질을 가지는 것이므로 결국 피고가 그 증명책임을 진다고 한다.[1] 즉 취득자의 신뢰는 추정되므로 발행인 등이 부실표시에 대한 취득자의 불신뢰를 증명하여야 한다는 것이다. 따라서 당사자관계를 요하지 않는 이 손해배상에서 취득자가 직면하는 증명의 곤란은 취득자의 손해배상청구권의 행사를 가급적 쉽게 하려고 하는 자본시장법의 정책목적 또는 증명책임의 이념에 비추어 그 전환을 긍정하는 이유가 될 수 있다.

그러나 취득자가 선의라는 사실로부터 언제나 취득자의 신뢰가 있다고 추단할 수는 없다. 증권 취득자가 부실표시임을 안 때에는 이를 믿고 증권을 취득하였다고는 볼 수 없지만, 취득자가 부실표시임을 알지 못하더라도 이를 믿지 않고 다른 자료 또는 정보에 의하여 증권의 취득을 결정할 수 있기 때문이다.

따라서 증명책임의 전환은 증명의 곤란을 제거함으로써 피해자인 투자자를 보호하고자 하는 자본시장법의 목적에서 그 근거를 찾아야 한다. 그러므로 증권시장에서 투자자가 증권을 취득하는 경우에는 취득자가 공시서류를 직접 열람하지 않더라도 하자 있는 공시서류가 공람된 경우에는 그 증권의 취득결정시에 간접적으로 영향을 받을 뿐만 아니라, 취득자로 하여금 직접 열람 또는 그 신뢰를 증명하게 하는 것은 손해배상청구를 사실상 곤란하게 한다는 점에서 증명책임의 전환이 인정된다고 본다. 그리고 발행공시책임에 관해서는 배상액이 법정되어 있기 때문에 취득자가 특별히 신뢰를 포함한 인과관계를 증명할 필요는 없을 것이다.

---

1) 신영무, 전게서, 235-236쪽.

(나) 전환의 효과

신뢰의 증명책임이 전환되는 결과 증권의 취득자는 증권을 취득하기 위하여 증권신고서와 투자설명서를 열람하였는가, 그리고 이를 신뢰하여 증권을 취득하였는가를 증명할 필요 없이 발행인 등에 대하여 그 손해의 배상을 청구할 수 있다.

4) 결 어

증권이 최초로 공모되는 경우에 증권신고서나 투자설명서는 투자자가 해당 증권에 대한 청약 여부를 결정하기 위한 거의 유일한 판단자료이고, 해당 투자판단을 함에 있어 오직 1회만 제공된다. 따라서 통상적인 보통의 투자자라면 증권에 대한 청약을 함에 있어 해당 공시서류를 읽고 이를 믿고 투자한다고 보는 것이 일반적이다. 이를 반영하듯 각국의 입법례와 판례는 만일 투자자의 취득시점이 투자설명서의 공시 이후인 경우에는 투자자들이 그 공시서류를 읽고 신뢰하여 투자한 것이라는 거래인과관계를 추정하고 있다.

증권시장에서 발생하는 부실공시에 기한 투자자의 손해배상청구는 그 책임의 이론적 근거를 불법행위법(민법 제750조)에 바탕을 두고 있는데, 그 책임인정의 가장 큰 난점은 인과관계의 증명이 어렵다는 점에 있다. 특히 민법상 불법행위법의 일반원칙에 의하면 인과관계의 증명은 피해자인 배상청구권자에게 있으므로 현실적으로 책임귀속이 어렵다.

그러나 다른 법제에서와 같이 자본시장법이 투자설명서를 교부할 의무를 인정하고 있기 때문에 위의 난점이 상당히 해소되었다. 그 이유는 일단 투자설명서의 강제교부의무가 부과된 이후의 시점이거나 일간지에 공시된 후에는 그 서류의 진실성을 믿고 투자를 하였다는 책임근거적 인과관계가 존재하는 것으로 추정되기 때문이다.[1)]

또한 손해배상액의 산정과 관련된 손해인과관계도 그 증명책임을 전환하여 가해자측에 지우게 함으로써 투자자 보호를 강화하고 있다.

관련판례: 서울지방법원 2000. 11. 23. 선고 2000나32740 판결

원고들이 이 사건 주식을 취득한 것이 위와 같이 중요한 사항을 누락한 유가증권신고서 때문이었는지에 관하여 살피건대, 증권거래법 제14조 단서는 유가증권의 취득자가

1) 이준섭, 전게 논문, 31쪽.

취득의 청약시에 유가증권신고서의 허위기재 또는 누락 사실을 안 때에는 배상책임을 질 자가 면책되도록 규정하고 있는 점, 유가증권신고서에 허위기재나 누락이 객관적으로 존재하는 한 증권의 취득자가 이와 같이 허위기재나 누락이 있는 유가증권신고서 등의 내용을 참조하였는지 여부나 그 기재내용을 신뢰하였는지 여부를 불문하고 유가증권신고서 등의 허위기재나 누락이 시장가격의 형성에 영향을 주게 되는 점, 주식시장에서는 불특정 다수인들 사이에 비대면적, 집단적으로 수시로 거래가 이루어지고, 그 가격결정구조의 특성상 상장된 기업의 주식가격은 그 주식이나 당해 기업 자체에 관한 사항 이외의 다른 요인들에 의하여 영향을 받는 경우도 많이 있을 뿐 아니라, 주식가격의 급락을 초래하는 기업의 부도도 여러 가지 복합적 요인에 의하여 발생하기 때문에, 현재 및 장래의 주식가격, 회사의 재무상태, 발전가능성 등을 고려하여 그 주식 취득 여부를 결정하는 피해자가 가해행위와 손해발생간의 인과관계의 모든 과정을 증명하는 것은 극히 어렵거나 사실상 불가능한 경우가 대부분이어서, 위와 같은 경우에까지 피해자에게 모든 입증책임을 부담시키게 되면 사회 형평의 관념에 맞지 않게 되는 점 등에 비추어 보면, 피고가 인과관계의 부존재를 입증하지 못하는 한 인과관계의 존재가 사실상 추정된다고 봄이 상당하다.

그런데, 원고들이 유가증권신고서에 누락된 감사보고서상의 위 특기사항을 알았더라도 이 사건 주식을 취득하였을 것이라는 점을 인정할 아무런 자료가 없으므로, 이 사건 허위기재와 원고들의 주식 취득 사이에 인과관계는 인정된다고 할 것이다.

3. 손해인과관계

(1) 의 의

증권신고서와 투자설명서 중 중요사항에 관하여 거짓의 기재 또는 표시가 있거나 중요사항이 기재 또는 표시되지 아니함으로써 증권의 취득자가 손해를 입은 경우에 배상책임자는 그 손해에 관하여 배상의 책임을 진다(법 제125조 제 1 항 본문). 따라서 자본시장법은 피고의 부실표시와 원고의 손해 사이에 인과관계가 존재할 것을 요구하고 있다. 증권의 취득자인 원고의 “손해”는 피고의 “부실표시”로 발생한 것이어야 한다.

(2) 증명책임의 전환

배상책임을 질 자는 청구권자가 입은 손해액의 전부 또는 일부가 중요사항에 관하여 거짓의 기재 또는 표시가 있거나 중요사항이 기재 또는 표시되지 아니함으로써 발생한 것이 아님을 증명한 경우에는 그 부분에 대하여 배상책임을 지지 아니한다(법 제126조 제 2 항).

발행공시의무의 주요 관심사는 증권의 공모발행과 관련하여 최초의 투자자가 투자판단을 함에 있어 발행인의 재무 및 경영사항에 대한 정확하고 완전한 정보를 제공하는 것이다. 따라서 부실표시 및 공시책임은 그 당시 유일한 정보제공물인 그 투자권유문서를 읽고 믿었기 때문에 증권을 취득한 최초의 취득자를 대상으로 하는 것이 원칙이다. 이 같은 이유로 각국의 법률은 특히 발행시장공시를 강력한 법적 의무로 규정하고 있다. 또한 각국의 입법과 판례는 투자설명서 등이 공시된 이후이거나 교부된 이후인 경우에 최초의 취득자가 투자판단을 함에 있어 다른 선택의 여지 없이 의존해야 했을 유일한 공시자료였을 것이라는 점을 인정하여, 이 경우에는 신뢰의 인과관계를 추정하도록 하고 있다.[1)]

따라서 자본시장법 제126조 제 2 항 손해의 범위에 대한 인과관계의 증명을 배상책임자인 피고에게 부과함으로써 증명책임을 전환시키고 있는 것은 신뢰의 인과관계가 추정된다는 것을 전제로 하고 있는 것이다. 따라서 피고는 부실표시와 원고의 손해 사이에 인과관계가 없음을 증명할 책임을 부담한다.

관련판례: 대법원 2007. 9. 21. 선고 2006다81981 판결

법 제186조의5에 의하여 준용되는 법 제14조의 규정을 근거로 주식의 취득자가 사업보고서의 내용을 공시할 당시의 당해 주권상장법인의 이사에 대하여 사업보고서의 허위기재 등으로 인하여 입은 손해의 배상을 청구하는 경우, 주식의 취득자는 법 제15조 제 2 항의 규정에 따라 사업보고서의 허위기재 등과 손해발생 사이의 인과관계의 존재에 대하여 입증할 필요가 없고, 배상의무자인 이사가 책임을 면하려면 이러한 인과관계의 부존재를 입증하여야 한다(대법원 2002. 10. 11. 선고 2002다38521 판결 참조).

민법상 손해배상의 일반원칙에 의하면, 사업보고서의 허위기재 등으로 인하여 입은 손해의 배상을 청구하고자 할 경우 투자자인 주식 취득자는 배상의무자의 고의나 과실, 허위기재 등의 위법행위와 손해발생 사이의 인과관계 등의 요건사실을 스스로 모두 입증하여야 한다. 그런데 증권거래소에서 집중적·대량적으로 이루어지는 매매에 따라 형성되는 주식의 가격은 주식시장 내부에서의 주식 물량의 수요·공급과 주식시장 외부의 각종 여건 등 매우 다양한 요인에 의하여 결정되는 지극히 가변적인 성질을 지니고 있기 때문에, 주가의 등락분 중 허위기재 등으로 인한 하락분을 가려내어 그 인과관계를 입증한다는 것은 결코 쉬운 일이 아니다. 이와 같이 어려운 손해의 입증책임을 손해배상의 일반원칙에 따라 주식 취득자에게 부담시키는 것은 사실상 손해배상의 청구를 곤란하게 만드는 셈이 된다. 그리하여 법은 투자자 보호의 측면에서 투자자가 손해배상청구

---

1) 이준섭, 전게 논문, 37쪽. 미국 1933년 증권법에서 증권신고서가 공시된 후 1년 이내에는 취득자가 그 신고서를 신뢰하여 투자를 한 것이라는 점이 추정된다. 따라서 신뢰의 증명은 원고가 하는 것이 아니라 피고가 증명하여야 한다.

를 가능한 한 쉽게 할 수 있도록 입증책임을 전환하여 배상의무자에게 무과실의 입증책임을 부담시키고 있을 뿐만 아니라(제14조), 나아가 손해액에 관한 추정규정을 두어 배상의무자가 손해와 사이의 인과관계의 부존재를 입증하지 못하는 한 투자자는 원칙적으로 법정추정액의 손해배상을 받을 수 있도록 하고 있는 것이다(제15조).

그리고 위 법 제15조 제2항이 요구하는 '손해인과관계의 부존재사실'의 입증은 직접적으로 문제된 당해 허위공시 등 위법행위가 손해발생에 아무런 영향을 미치지 아니하였다는 사실이나 부분적 영향을 미쳤다는 사실을 입증하는 방법 또는 간접적으로 문제된 당해 허위공시 등 위법행위 이외의 다른 요인에 의하여 손해의 전부 또는 일부가 발생하였다는 사실을 입증하는 방법으로 가능하다고 할 것이나, 위와 같은 손해액 추정조항의 입법취지에 비추어 볼 때 예컨대 허위공시 등의 위법행위 이후 매수한 주식의 가격이 하락하여 손실이 발생하였는데 그 가격하락의 원인이 문제 된 당해 허위공시 등 위법행위 때문인지 여부가 불분명하다는 정도의 입증만으로는 위 손해액의 추정이 깨어진다고 볼 수 없다.

그리고 허위공시 등의 위법행위가 있었던 사실이 정식으로 공표되기 이전에 투자자가 매수한 주식을 그 허위공시 등의 위법행위로 말미암아 부양된 상태의 주가에 모두 처분하였다고 하더라도(이하 이처럼 공표 전에 매각된 부분을 '공표 전 매각분'이라고 한다) 그 공표일 이전에 허위공시 등의 위법행위가 있었다는 정보가 미리 시장에 알려진 경우에는 주가가 이로 인한 영향을 받았을 가능성을 배제할 수 없으므로 그와 같이 미리 시장에 알려지지 아니하였다는 점을 입증하거나 다른 요인이 주가에 미친 영향의 정도를 입증하거나 또는 매수시점과 매도시점에 있어서 허위공시 등의 위법행위가 없었더라면 존재하였을 정상적인 주가까지 입증하는 등의 사정이 없는 한 공표 전 매각분이라는 사실의 입증만으로 법 제15조 제2항이 요구하는 인과관계 부존재의 입증이 있다고 할 수는 없는 것이고, 특히 문제된 허위공시의 내용이 분식회계인 경우에는 그 성질상 주가에 미치는 영향이 분식회계 사실의 공표에 갈음한다고 평가할 만한 유사정보(예컨대 외부감사인의 한정의견처럼 회계투명성을 의심하게 하는 정보, 회사의 재무불건전성을 드러내는 정보 등)의 누출이 사전에 조금씩 일어나기 쉽다는 점에서 더더욱 공표 전 매각분이라는 사실 자체의 입증만으로 법 제15조 제2항이 요구하는 인과관계 부존재의 입증이 있다고 보기는 어려울 것이다.

(3) 책임의 제한

증명책임의 전환에 관한 자본시장법 제126조 제2항의 규정은 동시에 책임제한의 근거규정으로서의 기능을 수행한다. 이에 대한 상세한 것은 손해배상액의 산정 부분에서 논의하기로 한다.

Ⅵ. 예측정보와 손해배상책임

1. 서 설

(1) 의 의

자본시장법은 발행시장에서의 증권신고서(법 제119조 제 3 항)뿐만 아니라 유통시장에서의 정기공시제도로서 사업보고서(법 제159조 제 6 항)와 거래상황공시제도로서 공개매수신고서(법 제134조 제 4 항)에도 예측정보를 자발적으로 기재 또는 표시하여 공시할 수 있도록 하였다.

또한 예측정보는 법정의 주의문구를 표시하도록 공시형식을 명시하였다. 특히 예측정보의 자발적 공시를 유도하기 위하여 법정의 공시서류와 공시형식을 취하는 경우에는 그 부실공시에 경과실이 있더라도 그로 인한 투자자의 손해에 대하여 면책을 인정하는 규정을 두었다.

(2) 자본시장법 규정

예측정보가 다음 각 호에 따라 기재 또는 표시된 경우에는 제 1 항에 불구하고 제 1 항 각 호의 자는 그 손해에 관하여 배상의 책임을 지지 아니한다. 다만, 그 증권의 취득자가 취득의 청약시에 예측정보 중 중요사항에 관하여 거짓의 기재 또는 표시가 있거나 중요사항이 기재 또는 표시되지 아니한 사실을 알지 못한 경우로서 제 1 항 각 호의 자에게 그 기재 또는 표시와 관련하여 고의 또는 중대한 과실이 있었음을 증명한 경우에는 배상의 책임을 진다(법 제125조 제 2 항).

1. 그 기재 또는 표시가 예측정보라는 사실이 밝혀져 있을 것
2. 예측 또는 전망과 관련된 가정이나 판단의 근거가 밝혀져 있을 것
3. 그 기재 또는 표시가 합리적 근거나 가정에 기초하여 성실하게 행하여졌을 것
4. 그 기재 또는 표시에 대하여 예측치와 실제 결과치가 다를 수 있다는 주의문구가 밝혀져 있을 것

(3) 면책특례의 필요성

자본시장법이 각종의 공시서류에 예측정보를 표시할 수 있도록 한 것은 예측정보가 자본시장에서 차지하는 결정적인 역할 때문이다. 투자자는 회사의 경제적 전망을 평가하고 투자판단을 결정함에 있어서 경영진의 예측정보를 중요하고 유

용한 것으로 인식하는 경향이 있다는 것이다. 실무상으로도 예측정보는 금융투자업자가 행하는 투자권유에 있어서 결정적인 요소로 고려되는 경우가 많다.[1)]

그러나 예측정보가 투자자에게는 유용하지만, 그 정보를 제공하는 발행인에게는 비용을 부담시키는 문제가 있으므로, 자본시장법은 이를 강제하지 아니하고 자율적인 공시의 대상으로 한 것이다. 그러나 투자판단을 함에 있어 예측정보가 갖는 유용성 때문에 발행인으로 하여금 적극적인 예측정보의 공시를 권장하기 위한 특별한 원칙이 필요하였다. 따라서 예측정보가 부실공시되더라도 일정한 요건을 구비하는 경우에는 자본시장법 제125조 제1항에 의한 손해배상책임을 면제하는 특례규정을 두게 된 것이다. 이러한 규정을 안전항 면책규정(safe harbor provision)이라고 한다.

(4) 예측정보의 부실공시와 책임구조

자본시장법상의 법정공시서류와 공시형식을 따르지 아니하고 부실예측정보를 공시하는 경우에 대한 손해배상책임에 대하여는 자본시장법 제125조 제1항과 민법 제750조의 손해배상 책임원리가 적용될 수 있다. 우선 책임체계상으로는 법정공시서류에 부실표시하였으나 공시형식을 준수하지 않은 경우에는 자본시장법 제125조 제1항에 의한 손해배상책임이 성립한다. 그러나 법정공시서류 이외의 방법에 의하여 임의로 부실공시한 경우에는 민법 제750조에 의한 일반불법행위책임이 성립할 것이다. 따라서 손해배상책임의 면책, 배상책임자의 범위, 손해배상액, 손해배상청구권의 소멸 등에서도 책임구조가 다르게 된다.

그러나 법정공시서류와 공시형식에 따라 예측정보를 부실공시한 경우에는 자본시장법 제125조 제2항에 따라 경과실에 기한 증권취득자의 손해에 대하여 발행인은 손해배상책임이 면제된다. 그러나 예측정보의 부실표시자에게 고의나 중과실이 있는 경우, 증권취득자에게 악의가 있는 경우, 주권비상장법인의 최초공모의 경우, 대량주식취득보고서상의 부실예측정보에 대하여는 이러한 면책특례가 적용되지 아니한다.

2. 면책대상 공시서류

자본시장법상 면책특례의 적용대상이 되는 공시서류는 증권신고서(법 제119조

---

1) 송종준, 전게 논문, 20쪽 이하.

제 3 항), 투자설명서(법 제123조 제 2 항), 공개매수신고서(법 제134조 제 4 항), 사업보고서(법 제159조 제 6 항)이다. 이러한 공시서류에 기재 또는 표시된 예측정보만이 그 면책대상이 된다.

자본시장법은 예측정보를 법정의 공시서류에 기재하는 것만을 예정하여 그 공시제도를 도입한 것이므로, 자본시장법상 허용된 서면에 예측정보의 부실공시가 있는 경우에 한하여 자본시장법 제125조 제 2 항상의 손해배상책임의 면책특례가 적용된다. 따라서 법정의 공시서류에 의하지 아니한 정보의 공개 또는 구두에 의한 예측정보의 표시에 대하여는 면책특례가 인정되지 아니한다.[1] 자본시장법이 이와 같이 서면에만 한정한 것은 투자자에게는 정보접근의 용이성을 확보하여 주고 예측정보를 평가할 수 있는 신뢰체제를 제공하며, 감독기관에게는 공시정보의 정확성 및 완전성을 유지관리할 수 있도록 하기 위한 것이다.

그리고 자본시장법상 증권신고서 등 각종의 공시서류는 서면일 것을 원칙으로 하지만, 금융위원회 등에 제출할 각종의 신고서 또는 보고서는 전자문서에 의한 방법도 허용되므로 전자문서도 여기의 문서에 포함된다. 예측정보의 공시도 그 예외는 아니다.

그러나 예측정보를 자본시장법상의 신고서 또는 보고서에 의하지 아니하거나, 간이투자설명서를 사용하지 아니하고 임의로 구두, 신문광고, 방송, 인터넷, 기타 홍보전단 등에 의하여 공시하는 경우도 있다. 자본시장법의 규정에 따르면 이러한 매체를 이용한 예측정보의 공시는 자본시장법이 신고서 또는 보고서에 예측정보를 기재할 것을 명시하고 있으므로 이러한 매체에 의한 예측정보의 공시는 위법하여 허용되지 아니한다.[2] 여기서 그 매체에 주의문구 등 일정한 방법을 표시했는지 여부와는 관계가 없다. 그러나 위와 같은 위법한 예측정보의 부실공시는 불법행위에 해당하므로 이에 따른 민사책임을 인정할 수는 있을 것이다.[3]

1) 미국의 1995년 개정 증권법에서는 ① 구두표시에 특정내용이 예측정보이고, 또한 예측치와 실제의 결과치는 다를 수 있다는 주의문구가 수반되고, ② 실제치와 예측치간의 차이를 발생시키는 원인이 될 수 있는 부가적인 정보가 구독이 용이한 서면에 포함되어 있다는 구두표시가 수반되고, ③ 그 구두표시가 그 부가정보를 담고 있는 서면 또는 그 일부임을 확인하고 있으며, ④ 그 확인된 서면 자체에도 적정한 주의문구를 담고 있는 경우에 한하여 예측정보의 구두표시에 안전한 면책특례가 적용될 수 있도로 규정하고 있다[1933년 증권법 제27A(c)(2), 1934년 증권거래법 제21E(c)(2)].

2) 미국의 경우에는 1995년 개정 증권법에 의하여 일정한 조건을 전제로 구두표시(oral statement)에 의한 예측정보의 공시를 허용하고, 안전항 면책의 혜택을 받을 수 있게 하고 있다.

3) 송종준, 전게 논문, 14쪽.

3. 면책특례의 적용요건

자본시장법 제125조 제 2 항은 면책특례를 인정하기 위하여 기본적으로 해당 예측정보가 법률상 중요한 정보[1]로서 일정한 요건을 구비할 것이 요구된다고 규정하고 있다.

(1) 당해 예측정보의 기재 또는 표시가 예측정보라는 사실이 밝혀져 있을 것(제 1 호)

이것은 예측정보와 확정된 과거정보를 구별하여 투자자의 투자판단상 오해를 방지하기 위한 것이다. 이 요건은 예측정보의 부실공시에 따른 손해배상책임을 면하기 위하여 필요한 형식요건이다.

(2) 예측 또는 전망과 관련된 가정이나 판단의 근거가 밝혀져 있을 것(제 2 호)

이것은 예측정보는 미래의 불확정한 사실을 전망하는 정보이므로 여기에는 투자자에게 미래에 대한 과도한 기대와 신뢰를 초래할 수 있는 허황된 사실이 포함될 여지가 많은 점을 우려하여, 미래의 예측치를 산출하는 데 기초가 된 가정이나 근거를 제시하게 하기 위한 것이다. 이 요건은 예측정보의 부실공시에 따른 손해배상책임을 면하기 위하여 필요한 형식요건이다.

(3) 그 기재 또는 표시가 합리적 근거나 가정에 기초하여 성실하게 행하여졌을 것(제 3 호)

예측정보의 공시에는 전술한 바와 같이 당해 예측 또는 전망과 관련된 가정이나 판단의 근거를 명시하여야 한다. 그런데 예측정보의 기초가 된 가정이나 근거가 허위이거나 오해를 유발할 사실이 게재된 경우에는 표시된 예측정보의 진실성을 확보할 수 없을 것이다. 따라서 예측정보의 진실성을 담보할 수 있도록 하기 위한 실질요건으로서 예측정보의 기초에는 합리적인 근거가 있어야 하며, 또한 그것은 성실하게 표시되어야 함을 선언한 것이다. 따라서 표시된 예측정보에 합리적

1) 자본시장법상의 공시규제에 있어서는 모든 공시정보는 중요한 정보이어야 한다는 이른바 중요성의 원칙이 지배하고 있다. 따라서 부실공시된 예측정보가 법률상 중요하지 않은 정보인 경우에는 다른 요건의 구비 여부와 관계없이 민사책임을 구성하는 문제는 없을 것이다. 미국의 1995년 개정 증권법은 예측정보가 중요한 정보가 아닐 경우에는 면책됨을 명확히 규정하고 있다[1933년 증권법 제27A(c)(1)(A)(ⅱ), 1934년 증권거래법 제21E(c)(1)A)(ⅱ)].

인 기초가 결여되면 그 예측정보는 부실표시로 취급되어야 한다.

(4) 예측정보의 기재 또는 표시에 대하여 예측치와 실제 결과치가 다를 수 있다는 주의문구가 밝혀져 있을 것

이것은 표시된 예측치에 대한 투자자의 과도한 신뢰가능성 때문에 예측치가 실제의 결과치와 다를 수 있음을 명시함으로써 투자자에게 투자판단에 있어서 미리 주의를 환기시키기 위한 것이다.[1] 이러한 주의문구 등의 명시가 있으면 문제의 부실표시된 예측정보의 중요성이 부정되어 예측정보의 부실공시로 인한 책임이 면제된다.

4. 면책특례의 적용배제

(1) 부실표시자 등에게 고의 또는 중과실이 있는 경우

1) 자본시장법 규정

자본시장법은 “증권의 취득자가 취득의 청약시에 예측정보 중 중요사항에 관하여 거짓의 기재 또는 표시가 있거나 중요사항이 기재 또는 표시되지 아니한 사실을 알지 못한 경우로서 제 1 항 각 호의 배상책임자에게 그 기재 또는 표시와 관련하여 고의 또는 중대한 과실이 있었음을 증명한 경우에는 배상의 책임을 진다”고 규정하고 있다(법 제125조 제 2 항 단서). 이 규정에 의하면 증권의 취득자는 선의이어야 하고, 동시에 배상책임자의 고의 또는 중과실을 증명하여야 배상책임자의 책임이 발생한다.

그러나 자본시장법상으로 어느 정도 유책성이 있을 때 책임의 주관적 요건이 충족되었다고 할 수 있으며, 누가 취득자의 악의를 증명하여야 하는가 하는 점이 분명하지 않다. 아래서는 자본시장법 제125조 제 1 항 단서의 악의의 항변(취득자의 선의) 및 상당한 주의의 항변과 비교하면서 설명하기로 한다.

2) 취득자의 선의

(가) 면책 전제요건으로서의 선의

예측정보의 부실표시를 한 배상책임자에게 고의 또는 중과실에 의한 면책배제가 인정되기 위하여는 “다만, 그 증권의 취득자가 취득의 청약시에 예측정보 중

---

1) 미국 증권법상 이러한 주의문구(cautionary statement)의 명시에 의한 면책원칙을 “주의표시의 원칙(bespeaks caution doctrine)이라고 하며, 이 이론은 많은 판례에서 적용되었다.

중요사항에 관하여 부실표시된 사실을 알지 못한 경우"이어야 한다(법 제125조 제2항 단서). 이것은 자본시장법상 정보의 부실표시에 대한 모든 민사책임의 특칙규정은 증권의 취득자가 당해 공시된 정보가 진실한 정보라고 신뢰한 경우에만 적용된다는 점에서 당연한 것이다. 예측정보의 부실공시에 있어서도 증권취득자의 청약시에 증권취득자가 "부실표시의 사실을 이미 알고 있는 경우"(악의)에는 법률상의 보호대상에서 배제되는 것이다.

(나) 증명책임

자본시장법 제125조 제2항 단서 법문상으로는 누가 증명책임을 지는가 하는 점이 분명하지 않다. 그러므로 피해자의 구제와 정보공시의 목적달성을 위해 피고인 배상책임자가 취득자의 악의를 증명하여야 한다고 해석하여야 한다.[1] 투자자의 권리행사를 용이하게 하기 위한 정책적 고려에서 부실표시만을 증권의 취득자가 증명하면 취득자의 선의는 추정되고, 권리장애규정인 단서규정은 이를 주장하는 배상책임자가 증명하여야 한다고 본다.

또한 이와 같은 해석은 위에서 살펴본 자본시장법 제125조 제1항 단서의 경우와 동일한 것이다. 자본시장법 제125조 제1항 단서가 "다만, 그 증권의 취득자가 취득의 청약을 할 때에 그 사실을 안 경우에는 배상의 책임을 지지 아니한다"고 규정하고 있기 때문이다.

다만 문제는 배상책임자에게 부실표시에 대한 고의 또는 중과실이 있고, 동시에 증권의 취득자에게도 부실표시 사실에 대한 악의가 있는 경우의 법적 처리이다. 이 경우 증권의 취득자가 악의임이 증명되면 배상책임자 등의 고의 또는 중과실이 증명되었는지 여부를 물을 필요도 없이 전술한 면책요건만을 구비하면 부실공시자 등의 배상책임자는 여전히 면책특례의 적용을 받게 된다고 보아야 할 것이다. 이것은 자본시장법 제125조 제2항 단서가 부실공시자 등의 배상책임자에게 면책특례의 적용을 배제하기 위한 전제조건으로서 부실표시 사실에 대한 증권의 취득자가 선의일 것이 명시되어 있기 때문이다.[2]

(다) 증명의 범위

증권취득자의 악의는 부실표시의 사실을 취득시에 현실적으로 아는 것을 의미한다. 취득시에 선의인 이상 그 후 이를 알게 되더라도 손해배상청구에는 영향

1) 김건식·정순섭, 전게서, 154쪽; 임재연, 전게서, 388쪽.
2) 송종준, 전게 논문, 25쪽.

을 받지 아니하며, 과실로 인하여 취득시에 이를 알지 못한 경우에도 동일하다. 발행공시책임을 투자자 보호를 위한 법정책임으로 보는 이상 법문상 언급되어 있지 아니한 투자자의 과실을 고려할 이유는 없다. 일반적으로 증권의 취득자는 표시의 정확성 및 완전 여부를 조사할 의무는 없을 뿐만 아니라 표시사실을 조사하도록 요구받은 경우에도 마찬가지이다. 그러나 투자자의 과실에 의하여 손해가 확대된 경우 그 과실이 손해배상액의 산정에서 고려될 수 있는가 하는 문제는 별개이다.

3) 배상책임자의 고의 또는 중과실

(가) 의 의

자본시장법 제125조 제 2 항 단서는 "다만, 그 증권의 취득자가 … 선의인 경우로서 제 1 항 각 호의 자에게 그 기재 또는 표시와 관련하여 고의 또는 중대한 과실이 있었음을 증명한 경우에는 배상의 책임을 진다"고 규정하고 있다. 따라서 법문상으로 증권의 취득자가 배상책임자의 고의 또는 중과실을 증명하여야 배상책임자의 책임이 인정된다.

그러나 자본시장법 제125조 제 1 항 단서는 "다만, 배상의 책임을 질 자가 상당한 주의를 하였음에도 불구하고 이를 알 수 없었음을 증명하여야 배상의 책임을 지지 아니한다"고 규정하고 있다. 따라서 배상책임자는 자신의 무과실을 증명하여야 책임을 면한다.

(나) 증명책임

예측정보의 부실표시에 관한 제125조 제 2 항 단서에 의한 손해배상책임의 면책에 있어서는 자본시장법 제125조 제 1 항 단서의 경우와는 달리, 예측정보의 부실표시자인 배상책임자가 주의문구 등 일정한 법정형식을 구비한 경우에는 고의 또는 중과실이 없음을 증명할 필요 없이 그 손해배상책임이 면제된다. 오히려 이 경우에는 증권의 취득자가 예측정보의 부실표시자인 배상책임자에게 고의 또는 중과실이 있음을 증명하여야 그 부실표시자의 책임을 물을 수 있다.

그런데 자본시장법 제125조 제 2 항 단서의 과실에는 제125조 제 1 항 단서의 경우와는 달리 경과실은 배제되어 있다. 따라서 증권의 취득자가 부실표시자(배상책임자)에게 경과실이 있음을 증명하더라도 부실표시자(배상책임자)는 손해배상책임을 면한다는 것이 가장 중요한 특징이다. 이것이 예측정보의 부실공시에 있어서

면책특례의 최대 장점이다.

자본시장법 제125조 제 2 항 단서가 부실표시자(배상책임자) 등에게 부실표시에 대한 고의 또는 중과실이 있음을 증권의 취득자가 증명하도록 한 것은 자본시장법 제125조 제 1 항 단서에서의 증명책임의 전환을 배척함으로써, 투자자로 하여금 예측정보의 부실공시에 있어서의 책임추궁을 어렵게 하여 예측정보의 자발적 공시를 적극적으로 장려하기 위한 입법자의 의도가 깔려 있는 것이다.[1)]

(2) 주권비상장법인이 최초로 주권을 공모하는 경우

예측정보의 부실공시에 대한 면책특례규정은 주권상장법인의 증권 모집 또는 매출의 경우에 적용되는 것이 원칙이다. 이것은 자본시장법의 적용대상은 원칙적으로 상장법인이기 때문이다. 그러나 자본시장법은 발행시장에서의 투자자 보호의 요청상 비상장법인이라도 증권의 모집 또는 매출의 경우에는 자본시장법 제125조를 적용하고 있다.

그런데 예측정보의 부실공시에 대한 면책특례와 관련하여 자본시장법은 "제 2 항은 주권비상장법인이 최초로 주권을 모집 또는 매출하기 위하여 증권신고서를 제출하는 경우에는 적용하지 아니한다"고 규정하고 있다(법 제125조 제 3 항). 즉 최초의 공모(initial public offering: IPO)에는 면책특례의 적용을 명문으로 배제하고 있다. 따라서 이 경우에는 자본시장법 제125조 제 1 항의 규정에 의하여 증명책임의 전환에 의한 책임추궁이 가능하며, 예측정보의 부실공시에 대한 면책특례규정인 자본시장법 제125조 제 2 항의 적용은 배제된다. 자본시장법의 이러한 취지는 증권시장에 정보의 공시가 이루어지지 않아 시장에서의 투자자의 인식이 없는 비상장법인이 최초로 증권을 공모하는 경우에는 예측정보공시의 남용으로 투자판단상의 혼란을 야기할 수 있으므로 이러한 위험으로부터 투자자를 보호하기 위한 것이다.[2)]

(3) 공개매수와 관련하여 예측정보가 부실표시된 경우

증권거래법은 예측정보를 공개매수신고서에도 기재 또는 표시할 수 있도록 허용하고 있었다(증권거래법 제21조 제 3 항). 그러나 손해배상책임에 관한 제14조

---

1) 송종준, 전게 논문, 24쪽; 임재연, 전게서, 389쪽.
2) 송종준, 상게 논문, 25쪽.

제 1 항은 준용하면서도(증권거래법 제25조의3 제 1 항), 공개매수신고서에 예측정보가 부실표시된 경우 이에 대한 면책특례규정인 제14조 제 2 항을 준용하는 것을 명시하고 있지 않으므로 공개매수의 경우에는 면책특례의 적용이 배제된다고 해석하였다.

이러한 규정의 취지는 공개매수신고서의 대상회사에 대한 예측정보의 공시남용이 대상회사 주주의 주식매도를 위한 투자판단상 혼란을 초래할 염려가 있고, 그 결과 대상회사의 경영권 이전에 따른 투자위험이 있는 점을 우려한 때문이라는 것이었다.[1)]

그러나 자본시장법은 공개매수자 등의 배상책임에 관한 제142조 제 2 항에서 제125조 제 2 항과 동일한 내용의 규정을 둠으로써 입법적으로 논란을 해결하였다.[2)]

(4) 대량주식보유상황보고와 관련하여 예측정보가 부실표시된 경우

자본시장법은 공개매수의 경우와 달리 주권상장법인의 발행주식총수의 5% 이상의 취득 또는 1% 이상의 변동이 있을 경우에 금융위원회에 보고하여야 할 대량주식보유상황보고서(법 제147조)에는 예측정보를 기재 또는 표시할 수 있다는 근거규정을 두고 있지 않다. 이러한 규정의 태도가 예측정보의 기재 또는 표시를 금지한다는 취지인지는 분명하지 않다. 그러나 동 보고서에는 보유주식 등의 발행인에 관한 사항을 기재하도록 하고 있기 때문에(영 제153조 제 2 항 제 2 호), 발행인에 관한 예측정보를 기재할 수 있는 여지는 있다. 그러나 그 기재가 가능하다고 하더라도 예측정보의 부실표시에 대한 면책특례를 인정하는 법령상의 명시적인 근거가 없으므로 대량주식보유보고서의 경우에는 예측정보의 부실표시에 대한 면책특

---

1) 송종준, 전게 논문, 26쪽.

2) 자본시장법 제142조

② 예측정보가 다음 각 호에 따라 기재 또는 표시된 경우에는 제 1 항에 불구하고 제 1 항 각 호의 자는 그 손해에 관하여 배상의 책임을 지지 아니한다. 다만, 응모주주가 주식 등의 응모를 할 때에 예측정보 중 중요사항에 관하여 거짓의 기재 또는 표시가 있거나 중요사항이 기재 또는 표시되지 아니한 사실을 알지 못한 경우로서 제 1 항 각 호의 자에게 그 기재 또는 표시와 관련하여 고의 또는 중대한 과실이 있었음을 증명한 경우에는 배상의 책임을 진다.

1. 그 기재 또는 표시가 예측정보라는 사실이 밝혀져 있을 것
2. 예측 또는 전망과 관련된 가정 또는 판단의 근거가 밝혀져 있을 것
3. 그 기재 또는 표시가 합리적 근거 또는 가정에 기초하여 성실하게 행하여졌을 것
4. 그 기재 또는 표시에 대하여 예측치와 실제 결과치가 다를 수 있다는 주의문구가 밝혀져 있을 것

례의 적용은 배제된다고 보아야 한다.[1]

Ⅶ. 손해배상의 범위

1. 서 설

증권의 모집·매출시에 그 가격이 부실표시에 의하여 분식된 경우에 증권의 취득자가 발행인 등에 대하여 청구할 수 있는 배상액은 손해배상의 일반원칙에 의하면 통상손해와 알았거나 알 수 있었을 특별한 사정으로 인한 손해인 특별손해이다(민법 제393조, 제763조). 이론적으로는 부실표시가 없었다면 취득시 당해 증권이 가졌을 공정한 가격과 취득가액과의 차이이다.

그런데 증권의 공정한 가격은 그 산정이 용이하지 않다. 거래소에서 대량적·집중적으로 이루어지는 매매에 따라 형성되는 주식가격은 주식시장 내부에서의 주식물량의 수요·공급과 주식시장 외부에서의 각종 여건에 의하여 결정되는 지극히 가변적인 것이므로, 문제가 되고 있는 부실표시에 의하여 영향을 받았을 시가를 기준으로 하는 것도 문제이려니와 그 시기도 문제이다. 이와 같이 어려운 손해액의 산정책임을 증권의 취득자에게 부담시키는 것은 사실상 손해배상의 청구를 곤란하게 만든다.

따라서 자본시장법은 투자자 보호의 측면에서 투자자가 손해배상청구를 가능한 한 쉽게 할 수 있도록 발행인 등에게 무과실의 증명책임을 전환하고 있으며, 손해배상액을 법정하여 발행인 등이 상당인과관계의 부존재를 증명하지 못하는 한 투자자는 법정액의 손해배상을 받을 수 있게 하였다. 즉 발행인 등에 대해 손해배상을 청구하는 증권의 취득자는 증권의 취득 후의 시장가격의 하락이 신고서 또는 설명서의 부실표시에 의한 것임을 적극적으로 증명할 필요가 없다.

자본시장법은 증권의 취득가액과 경우에 따라 변론종결시의 시장가격(시장가격이 없는 경우에는 추정처분가격) 또는 변론종결 전에 증권을 처분한 경우에는 그 처분가격의 차액을 배상할 금액으로 정하고 있다(법 제126조 제 1 항). 즉 자본시장법은 차액설에 따른 손해배상으로서 배상액의 산정기준을 정하고 있다. 이와 같은 배상액법정은 손해배상의 기본원칙이 금전으로 대신할 수 있는 한 계약이 완전히 이행되었다면 또는 당해 불법행위가 없었다면 원고가 있었을 지위·상태로 원상회

1) 송종준, 전게 논문, 26쪽.

복하는 것이듯이 부실표시가 있는 증권신고서 또는 투자설명서의 사용이라는 사기적이고 부정한 수단에 의하여 투자자로부터 조달한 자금을 반환시키고자 하는 원상회복의 법리에 입각하고 있다.[1)]

2. 배상액의 산정

(1) 배상액의 추정

배상할 금액은 청구권자가 해당 증권을 취득함에 있어서 실제로 지급한 금액에서 다음 각 호의 어느 하나에 해당하는 금액을 뺀 금액으로 추정한다(법 제126조 제 1 항).

1. 제125조에 따라 손해배상을 청구하는 소송의 변론이 종결될 때의 그 증권의 시장가격(시장가격이 없는 경우에는 추정처분가격을 말한다)
2. 제 1 호의 변론종결 전에 그 증권을 처분한 경우에는 그 처분가격

이와 같은 추정규정은 증권거래법에서는 존재하지 않았다. 이에 대하여 헌법재판소가 증권거래법 제15조를 추정규정으로 해석하여야 한다고 결정하였다.[2)] 그러나 자본시장법은 명시적으로 추정이라고 규정하고 있다.

(2) 배상액의 법정

1) 산정기준의 문제

증권의 취득자가 부실표시를 이유로 손해배상을 청구하는 경우에 발행인 등의 부실표시와 인과관계 있는 손해는 무엇이며, 그 손해는 어떠한 방법에 의하여 금전적으로 평가할 것인가? 여기서 등장하게 되는 문제가 바로 증권의 가격은 어느 시점을 기준으로 하여 어떻게 정하는가 하는 손해액산정시기의 문제이다. 이에 관해서 학설·판례는 판결시, 즉 사실심구두변론종결시의 시가에 따라 산정하여야 한다는 사실심변론종결시설과 손해배상채권이 발행된 때를 기준으로 하여 그 손해액을 산정하고 그 후의 손해는 상당인과관계의 범위 내의 손해를 기산한다는 책임원인발생시설로 구분된다. 양자의 실질적인 차이는 배상청구권의 발생 후부터 변론종결시까지 생긴 가격변동을 통상손해로 하느냐 또는 특별손해로 하는가

1) 강대섭, 전게 논문, 107-108쪽 참조.
2) 헌법재판소 1996. 10. 4. 선고 94헌가8 결정

에 있고, 전자는 그러한 가격변동을 통상손해로 함으로써 배상청구권자를 두텁게 보호하는 견해이다.

그런데 자본시장법이 정한 배상액의 산정은 원상회복에 입각하여 취득가액과 일정한 시점의 가액을 그 기준으로 삼고 있다. 이와 같은 손해액의 산정방식을 미국에서는 수정된 불법행위배상방식이라고 한다. 이것은 전통적으로 계약원칙에 기한 손해배상방식과 불법행위원칙에 기한 손해배상방식을 구별하는 것으로부터 연유한다. 미국 1933년 증권법과 1934년 증권거래법의 제정시에 의회는 명시적인 손해배상을 정함에 있어서 계약법과 불법행위법의 원칙을 혼합하였고, 법원은 동일한 방법을 사용함으로써 의회가 명시적인 구제를 규정하지 아니한 증권규제법의 위반에 대하여 적용할 수 있는 손해배상원칙을 형성하여 이를 적용해 오고 있다.

미국에서도 판례를 통해 전개된 다양한 손해액산정방식의 실질적인 차이는 거래 후에 발생한 당해 증권의 가치변동을 당사자 사이에 어떻게 분배할 것인가로 모아진다.

2) 배상액법정의 성질

배상액의 산정기준을 정한 자본시장법의 규정은 증권취득자의 손해배상청구를 양적으로 제한한 것인가? 즉 증권의 취득자가 법정액을 넘는 손해가 있음을 증명하더라도 발행인 등은 그 이상으로 책임을 지지 않는가? 자본시장법은 통상손해와 특별손해를 구별하지 않고 획일적인 산정기준을 정하고 있다. 현실적인 출연과 현재의 전매가능가격의 차액을 획일적으로 산정·전보시키고자 하는 점에서 본다면 이것은 통상손해만을 염두에 두고 있다고 볼 수 있다.

자본시장법이 정한 손해배상책임을 불법행위의 성질을 갖는 특별한 법정책임으로 보는 한 일반법에 의한, 그 요건에 따른 손해배상청구를 방해하지는 않는다. 그러나 이 법에 의한 손해배상액은 그 한도를 넘을 수 없고 법정액에 제한된다고 본다. 따라서 사기에 의한 의사표시를 이유로 증권의 인수·취득가액을 취소하는 경우에는 원상회복과 신뢰이익의 배상을 청구할 수 있다. 이와는 반대로 사회적 이익관계를 안정시키기 위하여 자본시장법상의 손해배상책임규정과 관련하여 계약의 취소는 허용되지 않는다고 본다.[1)]

1) 신영무, 전게서, 240쪽.

(3) 배상액산정기준

1) 변론종결 당시 증권을 소유한 경우

당해 증권에 관하여 소송이 제기되어 있는 경우에 배상할 금액은 청구권자가 해당 증권을 취득함에 있어서 실제로 지급한 금액(취득가액)에서 변론종결시에 있어서의 시장가격(시장가격이 없는 경우에는 추정처분가격)을 뺀 금액이다(법 제126조 제1항 제1호). 즉 취득가액과 시장가격의 차액이다. 이 규정은 미국 1933년 증권법 제1조 제e항 (1)에 해당하는 것으로 공제하여야 할 증권가격의 산정시기가 제소시임에 비하여 자본시장법상으로는 변론종결시인 점이 다르다. 이 조의 책임이 원상회복에 입각하고 있다는 점에서 취득가액은 모집·매출시의 취득가액에 제한된다고 본다.

자본시장법은 변론종결시의 시장가격을 배상액산정의 기초로 하고 있으므로, 비록 부실표시가 있고 증권의 취득자가 이를 발견하고 있더라도 시장가격이 유지되고 있는 한 (시장가격이 왜곡되어 있을지라도) 손해배상은 허용되지 않는다. 따라서 발기인 등이 부실표시에 의하여 분식결산을 함으로써 증권의 교환가격(예컨대 주가)을 실제가치 이상으로 부풀려 놓았으나 이 사실이 아직 일반투자자에게 알려지지 않거나 기타 사정에 의하여 그 가격이 일정수준을 유지하는 한, 이 사실을 알고 있는 증권의 취득자는 증권을 처분함으로써 가격하락의 위험으로부터 벗어날 수밖에 없다. 이 점은 부당하다고 생각한다. 왜냐하면 증권시장의 우연한 사정이 피고의 위법행위에 대한 면죄부가 되어서는 아니 되기 때문이다. 따라서 입법론상으로 진정한 증권가치를 기초로 하는 배상액산정이 요구된다. 또한 재판 외의 배상청구에도 기준을 제시할 필요가 있으므로 손해배상청구시를 기준으로 할 필요성도 있다.

그리고 자본시장법의 위반행위로 인하여 거래가 정지됨으로써 시장가격이 형성되지 아니하거나 증권이 최초로 발행됨으로써 시장가격이 존재하지 않는 경우에는 증권의 취득가액과 변론종결시의 추정처분가격의 차액을 손해배상액으로 한다. 그런데 증권가격은 증권시장 내·외부의 각종 여건에 따라 결정되므로 추정처분가격의 산정은 곤란한 문제를 야기할 것이다.

관련판례: 대법원 2007. 10. 25. 선고 2006다16758, 16765 판결

법 제186조의5에 의하여 준용되는 법 제14조의 규정을 근거로 주식의 취득자가 주권상장법인 등에 대하여 사업보고서의 허위기재 등으로 인하여 입은 손해의 배상을 청구하는 경우 주식의 취득자는 법 제15조 제 2 항의 규정에 따라 사업보고서의 허위기재 등과 손해발생 사이의 인과관계의 존재에 대하여 입증할 필요가 없고, 주권상장법인 등이 책임을 면하기 위하여 이러한 인과관계의 부존재를 입증하여야 한다(대법원 2002. 10. 11. 선고 2002다38521 판결 참조). 민법상 손해배상의 일반원칙에 의하자면, 사업보고서의 허위기재 등으로 인하여 입은 손해의 배상을 청구하고자 할 경우 투자자인 주식 취득자는 배상의무자의 고의나 과실, 허위기재 등의 위법행위와 손해발생 사이의 인과관계 등의 요건사실을 스스로 모두 입증하여야 한다. 그런데 증권거래소에서 집중적·대량적으로 이루어지는 매매에 따라 형성되는 주식의 가격은 주식시장 내부에서의 주식물량의 수요·공급과 주식시장 외부의 각종 여건 등 매우 다양한 요인에 의하여 결정되는 지극히 가변적인 성질을 지니고 있기 때문에, 주가의 등락분 중 허위기재 등으로 인한 하락분을 가려내어 그 인과관계를 입증한다는 것은 결코 쉬운 일이 아니다. 이와 같이 어려운 손해의 입증책임을 손해배상의 일반원칙에 따라 주식취득자에게 부담시키는 것은 사실상 손해배상의 청구를 곤란하게 만드는 셈이 된다. 그래서 법은 투자자 보호의 측면에서 투자자가 손해배상청구를 가능한 한 쉽게 할 수 있도록 입증책임을 전환하여 손해배상의무자에게 무과실의 입증책임을 부담시키고 있을 뿐만 아니라(제14조), 나아가 손해액에 관한 추정규정을 두어 손해배상의무자가 손해와 사이의 인과관계의 부존재를 입증하지 못하는 한 투자자는 원칙적으로 법정추정액의 손해배상을 받을 수 있도록 하고 있는 것이다(제15조 제 1 항). 또한, 같은 취지에서 법 제197조는 투자자에 대한 감사인의 손해배상책임에 대하여 주식회사의 외부감사에 관한 법률(이하 '외감법'이라고만 한다) 제17조 제 2 항 내지 제 7 항의 규정을 준용하도록 함으로써 감사인에게 감사상 무과실의 입증책임을 부담시키도록 하고 있을 뿐만 아니라(법 제197조 제 1 항, 외감법 제17조 제 5 항) 손해액의 추정에 관한 위 법 제15조의 규정을 준용하도록 하고 있다(법 제197조 제 2 항). 그리고 위 법 제15조 제 2 항이 요구하는 '손해인과관계의 부존재사실'의 입증은 직접적으로 문제된 당해 허위공시 등 위법행위가 손해발생에 아무런 영향을 미치지 아니하였다는 사실이나 부분적 영향을 미쳤다는 사실을 입증하는 방법 또는 간접적으로 문제된 당해 허위공시 등 위법행위 이외의 다른 요인에 의하여 손해의 전부 또는 일부가 발생하였다는 사실을 입증하는 방법으로 가능하다 할 것이고, 이 경우 허위공시 등 위법행위가 시장에 알려지기 이전의 자료를 기초로 하여 그 위법행위가 공표되지 않았다고 가정하였을 경우 예상할 수 있는 기대수익률 및 정상주가를 추정하고 그 기대수익률과 시장에서 관측된 실제 수익률의 차이인 초과수익률의 추정치를 이용하여 그 위법행위의 공표가 주가에 미친 영향이 통계적으로 유의한 수준인지 여부를 분석하는 사건연구(event study) 방법을 사용할 수도 있을 것이나, 위와 같은 손해액 추정조항의 입법 취지에 비추어 볼 때 예컨대 허위공시 등의 위법행위 이후 매수한 주식의 가격이 하락하여 손실이 발생하였는데 그 가격하락의 원인이 문제된 당해 허위공시 등 위법행위 때문인지 여부가 불분명하다는 정도의 입증만으로는 위 손해액의 추정이 깨어진다고 볼 수 없다.

기록에 비추어 살피건대, 위와 같은 사건연구 방법을 활용한 박상수 작성의 감정서(을가 제52호증)는 원심 판시와 같이 피고 대우전자의 분식회계 사실에 대한 1999. 10. 26.의 언론보도가 피고 대우전자의 주가에 통계적으로 의미 있는 영향을 미치지 못하였다는 결론을 내리고 있는 사실을 알아볼 수 있고, 분식회계의 공표일을 사건일로 보아 주가 흐름을 분석하는 이와 같은 사건연구 방법은 공표일 이전에는 분식회계 사실이 시장에 전혀 알려지지 아니하여 주가에 아무런 영향을 미치지 아니하였다는 것을 논리적 전제로 하는 것이다. 그런데 이 사건에서 문제된 허위기재의 내용은 피고 대우전자의 제27기(1997회계연도) 및 제28기(1998회계연도) 재무제표의 내용에 분식이 있어 그 자산과 부채에 관한 기재가 진실하지 아니하다는 것이고 특히 1998회계연도 재무제표의 경우 1998회계연도 결산 결과 자기자본이 완전히 잠식되고 당기 순손실이 1조 9,920억 7,500만원에 이름에도 자산 등 총 1조 9,966억 5,900만원 상당을 허위로 과대계상하여 피고 대우전자의 총 자산이 5조 8,717억 4,400만원, 당기 순이익이 45억 8,400만원인 것처럼 허위의 내용으로 작성된 것이며, 또한 그에 대한 감사인의 부실감사의 내용은 재무제표의 부정과 오류의 존재가능성을 알 수 있는 많은 사정을 발견하고도 적정의견 또는 일부 감사절차를 수행하지 못한 미확인부분(해외매출채권 1조 3,822억원, 광주공장 재고자산 2,603억원 등 합계 1조 6,425억원)을 제외하고는 적정하다는 한정의견을 제시한 것이 잘못되었다는 것이어서 당시 피고 대우전자의 자산규모를 감안할 때 감사를 실시하지 못하였다고 밝힌 부분이 상당한 비율에 달한다는 점에 비추어, 적어도 위와 같은 한정의견을 담은 감사 결과가 공시된 때부터 이미 피고 대우전자의 회계의 불투명성에 대한 상당한 암시가 있었다고 볼 수도 있을 뿐만 아니라(실제 감사범위 제한으로 한정의견을 표시한 1조 6,425억원 중 해외매출채권 9,384억원, 광주공장 재고자산 2,216억원 합계 1조 1,600억원이 가공자산으로 확인된 바 있다), 피고 대우전자의 재무상태에 관한 원심 판시의 다음과 같은 일련의 사건들, 즉 피고 대우전자를 포함한 대우그룹 계열사들은 1997년 말 외환위기 이래 자금난을 겪다가 금융감독위원회가 1998. 7. 22. 기업어음의 발행한도를 규제하고 1998. 10. 28. 대기업 발행의 회사채에 대한 금융기관의 보유한도를 설정함으로써 대기업의 회사채 발행을 제한하여 그 자금난이 더욱 악화되었으며, 1998. 10. 29.에는 노무라증권의 "대우그룹에 비상벨이 울리고 있다"라는 보고서가 공개되고, 1998. 12. 19. 대우그룹 주요 채권단 협의회에 가입한 금융기관들의 대우계열사에 대한 재무구조 개선협약이 체결되었으며, 1999. 3. 31. 1998회계연도 재무제표에 대하여 한정의견을 표시한 감사보고서가 공시되었고, 1999. 5. 4. 신용평가기관이 피고 대우전자 발행 기업어음 등의 신용등급을 투자부적격 등급으로 조정하였으며, 1999년 5월경 삼성그룹과의 대규모 사업교환이 무산되었고 정부가 1999. 8. 12. 대우그룹의 회사채에 대한 환매금지조치를 내리기도 하였으나 결국 1999. 8. 26. 피고 대우전자를 포함한 대우그룹 계열사에 대한 기업재무구조 개선작업(workout)이 개시되는 등의 사건들을 통하여 피고 대우전자를 포함한 대우그룹의 부실한 재무상태에 관한 정보가 일반에 알려졌고, 비록 이들 정보가 그 자체로서 직접적으로 피고 대우전자의 분식회계 내지 그 재무제표에 대한 부실감사라는 사실을 알리는 것은 아니지만 그에 갈음하는 유사정보에 해당하는 것으로 평가될 수 있고, 이처럼 관련 정보가 점진적으로 시장에 알려지는 과정에서, 만약 점진적으로 알려지지 아니하였더라면 공표시에 일시에 주가에 미쳤을 영향이 그 이전에 이미 대부분 주가에 반영되었기 때문에, 1999. 10. 26.의 공표일 이후 주가가 비정상적으로 변동하지 아니하였을 가능성이 충분하다. 또한, 1999. 10. 26. 언론에 공표된 내용이라는 것도 피고 대우전자의 분식회계사실이나 분식규모를 직접 언급하지 않은 채 기업개선작업 대상인 대우그룹 핵심계열사들의 자산을 실사한 결과 자산이 30조원 이상 부족하고 장부상 부풀려져 있었다는 정도이고 단지 거기에 더하여 대우중공업 주식회사, 대우통신 주식회사 그리고 피고 대우전자를 합하여 1조원 이상의 자산부족이 있을 수 있다고 추론할 수 있는 수준인 사정에 비추어 볼 때, 그것이 이 사건에서 문제되는 약 1조 7,000억원(제27기) 내지 2조원(제28기) 상당의 분식회계에 대한 완전한 공표가 아니라 부분적인 공표이었을 뿐만 아니라 피고 대우전자의 재무상태와 관련하여 그동안 시장에 알려진 내용에서 크게 벗어나는 것이 아니었기에 그만큼 주가에 미치는 영향이 미미하였을 가능성도 배제할 수 없다. 사정이 이와 같다면, 위와 같은 요지의 사건연구 방법을 이용한 분석 결과 및 1999년 7월경 이후 1999년 11월경까지의 원심 판시 주가변동 추이와 같은 자료만을 가지고 피고 대우전자의 분식회계 사실과 원고들이 입은 손해 전부에 대한 인과관계가 존재하지 않는다는 점에 대한 입증이 되었다고 볼 수는 없을 것이다.

다만, 일반적으로 분식회계 및 부실감사 사실이 밝혀진 이후 그로 인한 충격이 가라앉고 그와 같은 허위정보로 인하여 부양된 부분이 모두 제거되어 일단 정상적인 주가가 형성되면 그와 같은 정상주가의 형성일 이후의 주가변동은 달리 특별한 사정이 없는 한 분식회계 및 부실감사와 아무런 인과관계가 없다고 할 것이므로, 그 정상주가 형성일 이후에 당해 주식을 매도하였거나 변론종결일까지 계속 보유 중인 사실이 확인되는 경우 법 제15조 제 1 항이 정하는 손해액 중 위 정상주가와 실제 처분가격(또는 변론종결일의 시장가격)과의 차액부분에 대하여는 법 제15조 제 2 항의 인과관계 부존재의 입증이 있다고 보아야 할 것이고, 이 경우 손해액은 계산상 매수가격에서 위 정상주가 형성일의 주가를 공제한 금액이 될 것이다.

따라서 피고 대우전자의 분식회계 사실에 대한 1999. 10. 26.의 언론보도가 피고 대우전자의 주가에 통계적으로 의미 있는 영향을 미치지 못하였다는 감정 결과가 나오고 원심 판시와 같이 위 언론보도의 다음날인 1999. 10. 27.에는 전일의 1,590원에서 1,620원으로 오히려 주가가 상승하였으며 피고 대우전자의 분식회계 사실이 공식 발표된 1999. 11. 2.에는 1,885원으로 전일에 비하여 오히려 245원이 상승한 사실이 확인되는 이 사건에서, 원심으로서는 과연 위 언론보도에 의하여 분식회계 및 부실감사가 밝혀진 이후에는 이미 그 사유로 인하여 부양된 주가가 모두 제거되었다는 것인지 여부를 가리고 분식회계 및 부실감사가 밝혀진 이후의 정상가격을 밝힘으로써 원고들이 주장하는 법 제15조 제 1 항이 정하는 방식으로 계산한 손해액 중 일부에 대하여 위와 같은 이유에서 분식회계 및 부실감사와 사이에 인과관계가 존재하지 아니하는지 여부를 별도로 확인하였어야 할 것임에도 불구하고, 이를 판단하지 아니한 채 분식회계와 손해의 전부 또는 일부 사이에 인과관계가 존재하지 아니한다는 피고들의 항변을 모두 배척하고 말았으니, 이러한 원심 판단에는 분식회계 내지 부실감사와 손해 사이의 인과관계에 관한 법리를 오해한 나머지 필요한 심리를 다하지 아니한 위법이 있다.

2) 변론종결 전에 증권을 처분한 경우

청구권자가 변론종결 전에 해당 증권을 처분한 경우에 배상할 금액은 청구권자가 그 증권을 취득함에 있어서 실제로 지급한 금액에서 그 처분가격을 뺀 금액이다(법 제126조 제 1 항 제 2 호). 제소 전후를 불문하고 처분가격이 기준이 되기 때문에 처분 후의 시장가격의 변동은 배상액산정에 영향을 미치지 않는다. 이 규정은 미국 1933년 증권법 제11조 제 e 항 (2)와 (3)에 해당하는 규정인데, 후자에 의하면 제소 후 판결 전에 제소시의 증권가치보다 고가로 처분한 때에 한하여 배상액이 감액되는 점에서 다르다.

여기서 처분가격이란 일반적으로 공개시장에서의 시장가격일 것이지만, 반드시 이에 한정되는 것은 아니고 장외시장이나 개별적인 대면거래에서의 처분가격도 이에 해당한다. 그 처분가격이 시장가격보다 저가일지라도 취득자가 신의칙에 따라 선의로 처분하였다면 그 처분방법을 불문하고 그 처분가격이 기준으로 된다. 증권시장에서의 거래가 정지된 경우에는 시장가격이 형성될 수 없고, 증권의 취득자가 해당 증권을 반드시 증권시장에서 처분할 의무는 없기 때문이다.

(4) 배상액의 경감 및 면책가능성

청구권자는 증권가격의 하락과 부실표시 사이에 인과관계가 있음을 증명할 필요는 없다. 만약 발행인 등의 배상책임자가 증권가격의 하락이 부실표시에 의하지 아니하였음(인과관계의 절단)을 증명하는 경우에는 그 책임을 면제·감경받을 수 있는가?

자본시장법은 제126조 제 2 항은 "배상책임을 질 자는 청구권자가 입은 손해액의 전부 또는 일부가 중요사항에 관하여 거짓의 기재 또는 표시가 있거나 중요사항이 기재 또는 표시되지 아니함으로써 발생한 것이 아님을 증명한 경우에는 그 부분에 대하여 배상책임을 지지 아니한다"고 규정함으로써 손해인과관계의 증명책임을 전환하는 규정을 두고 있는데, 이 규정은 피고의 배상액에 대한 책임을 제한하는 규정으로서의 기능도 수행한다.

시장가격의 이상폭락, 기업재무구조의 악화 등의 경우에도 그 위험을 발행인 등의 배상책임자에게 부담시키는 것은 부당하다. 배상액을 법정한 취지는 인과관계의 증명을 불요하게 함으로써 투자자의 배상청구를 용이하게 하려는 데 있는 것이지, 무관한 사유에 의한 가격하락을 전보해 주는 데 있는 것은 아니다. 따라서 배상책임자가 해당 증권의 시장가격이 부실표시 이외의 사유로 인하여 하락하였음을 증명한 때에는 그 한도에서 배상책임을 면할 수 있다는 보는 것이 타당하다.[1] 예를 들면 부실표시가 밝혀지기 전의 증권가격의 하락 또는 부실표시와는 무관하게 모집·매출 후에 발생한 일반적인 경제상황, 수급관계의 변동에 의한 전반적인 시세하락이 이에 해당할 것이다. 그러나 부실표시가 밝혀지기 전에 원고가 실제가치 이상의 가격으로 주식을 매도할 가능성이 있었다고 하여 배상액을 감액해서는 안 될 것이다.

배상액의 경감을 인정하더라도 그 증명은 증권가격의 전반적인 급락을 초래한 경제 내·외부의 요인을 고려하고, 이에 관한 전문가의 조언 등에 의하여 이를 엄격히 제한하여 허용해야 할 것이다. 특히 발행인에 대해서는 상당한 주의의 증명뿐만 아니라 인과관계의 부존재의 증명을 제한함으로써 발행공시책임이 발행인에게는 무과실책임의 기능을 수행하는 일이 될 수 있을 것이다.

그리고 손해발생과 관련하여 배상청구권자에게 과실이 있는 경우에는 과실의 정도에 따른 과실상계도 허용된다.

(5) 책임의 분배

1) 부진정연대책임

미국의 1933년 증권법 제11조 제f항은 배상책임자 사이의 관계는 연대책임을 지고 계약이 있는 경우에 준하여 구상권을 갖는다고 규정하고 있다.

자본시장법은 발행인 등이 부실표시에 대하여 연대책임을 지는가에 관하여 명문의 규정을 두고 있지 않다. 일반적으로 법률이 다수인에게 객관적으로 동일한 배상책임을 인정하는 경우에, 특히 연대책임으로 한다는 규정이 없는 경우에는 일반적으로 부진정연대채무가 있는 것으로 해석한다. 따라서 발행공시책임은 부진정연대책임으로 본다.

2) 구상권과 부담부분

명문규정이 없더라도 자본시장법의 배상책임을 부진정연대책임으로 보는 한 배상책임자의 한 사람이 그 손해의 전액을 배상한 경우에는 다른 공동책임자에게 그 부담할 책임에 따라 구상권을 행사할 수 있다. 구상권을 인정하는 것이 공평할 뿐만 아니라 다른 배상책임자의 완전한 면책가능성을 줄임으로써 장래의 법규위

---

1) 신영무, 전게서, 240쪽.

반행위를 방지하는 것이 사회질서에 합치하기 때문이다.

부담부분은 형평을 기하고 부실표시의 발생을 방지하기 위해서 각 사안에 따라 책임자의 유책성, 공시의무에 관한 관여도의 정도를 고려한 규범적 판단에 의하여 결정되어야 할 것이다. 인수인 사이에 인수부분이 정해져 있는 경우에는 이에 따라야 할 것이다. 이것이 불가능한 경우에 부담부분은 균등한 것으로 추정한다(민법 제424조).

(6) 배상청구권의 소멸

1) 제척기간

자본시장법 제125조에 따른 배상의 책임은 그 청구권자가 해당 사실을 안 날부터 1년 이내 또는 해당 증권에 관하여 증권신고서의 효력이 발생한 날부터 3년 이내에 청구권을 행사하지 아니한 경우에는 소멸한다(법 제127조).

이와 같이 단기의 청구권소멸규정을 둔 취지는 발행공시책임은 법이 특히 인정하는 책임이므로 법률관계를 장기간 불확정한 상태로 방치하는 것이 부적당하고, 불특정한 다수인과의 분쟁을 조기에 해결하며, 증권의 유통을 조기에 안정시킬 필요가 있기 때문이다. 따라서 위 기간은 소멸시효규정이 아니라 제척기간규정이다.[1] 법문상으로도 '시효로 인하여 소멸한다'고 규정되어 있지 아니한 점도 제척기간을 정한 규정으로 보아야 한다. 이 기간은 권리를 재판상 행사하여야 하는 제척기간이며, 시효의 중단·정지의 문제는 발생하지 않는다.

청구권자가 해당 사실을 안 날은 청구권자가 증권신고서 등의 중요사항에 관한 부실표시의 사실을 현실적으로 인식한 때이고, 일반인이 부실표시 사실을 인식할 수 있는 정도라면 특별한 사정이 없는 한 청구권자도 그러한 사실을 현실적으로 인식하였다고 보아야 한다. 또한 단순히 손해발생 사실을 안 것으로는 부족하고 부실표시가 불법행위이고 이를 이유로 손해배상청구를 할 수 있다는 사실까지를 안 것을 의미한다.

2) 기 산 일

제척기간이 단기이며 증권의 취득자는 부실표시를 알기 위하여 상당한 주의를 다하여야 할 의무는 없으므로 1년의 기간은 청구권자가 그 사실을 현실적으로 안 날로부터 기산한다. 3년의 기간은 증권신고서의 효력이 발생한 날로부터 기산

1) 김건식·정순섭, 전게서, 158쪽; 임재연, 전게서, 399쪽.

하지만, 증권신고서의 효력이 이미 발생하고 있더라도 정정신고서가 제출된 때에는 그 정정신고서가 수리된 날에 증권신고서가 수리된 것으로 보기 때문에(법 제122조 제 5 항) 3년의 기간은 이 수리일로부터 일정한 기간이 경과한 날로부터 기산한다(법 제120조 제 1 항).

Ⅷ. 증권관련 집단소송

1. 서　　설

증권시장에서 발생하는 기업의 분식회계·부실공시·주가조작·내부자거래와 같은 각종 불법행위로 인하여 다수의 소액투자자들이 재산적 피해를 입은 경우, 증권관련 집단소송법 제정 당시의 소송구조상으로는 소액투자자들이 손해배상청구의 소를 제기하기 어렵고, 다수의 중복소송으로 인하여 소송불경제가 야기될 우려가 있는바, 증권관련 집단소송제도를 도입하여 소액투자자들의 집단적 피해를 보다 효율적으로 구제할 수 있도록 함과 동시에 기업경영의 투명성을 높이려는 것이다.

이러한 취지에 따라 증권관련 집단소송법이 2004. 1. 20 벌률 제7074호로 공포되어 2005. 1. 1.부터 시행되었다.

2. 증권집단소송법의 목적 및 증권집단소송의 대상

(1) 증권집단소송법의 목적

증권관련 집단소송법은 증권의 거래과정에서 발생한 집단적인 피해를 효율적으로 구제하고 이를 통하여 기업의 경영투명성을 높이기 위하여 증권관련 집단소송에 관하여 민사소송법에 대한 특례를 정하는 것을 목적으로 한다(동법 제 1 조).

(2) 증권집단소송의 대상

증권관련 집단소송의 소는 다음의 손해배상청구에 한정하여 제기할 수 있으며(동법 제 3 조 제 1 항), 이 손해배상청구는 자본시장법 제 9 조 제15항 제 3 호에 따른 주권상장법인이 발행한 증권의 매매 또는 그 밖의 거래로 인한 것이어야 한다(동법 제 3 조 제 2 항).

1. 자본시장법 제125조에 따른 손해배상청구(발행시장에서의 공시의무 위반으로 인한 손해배상책임)
2. 자본시장법 제162조에 따른 손해배상청구(유통시장에서의 공시의무 위반으로 인한 손해배상책임)
3. 자본시장법 제175조, 제177조 또는 제179조에 따른 손해배상청구(미공개정보이용금지 위반 및 시세조종금지 위반으로 인한 손해배상책임)
4. 자본시장법 제170조에 따른 손해배상청구(회계감사인의 손해배상책임)

제 6 절 행정제재와 형사제재

Ⅰ. 행정제재

1. 정정요구권

금융위원회는 증권신고서의 형식을 제대로 갖추지 아니한 경우 또는 그 증권신고서 중 중요사항에 관하여 거짓의 기재 또는 표시가 있거나 중요사항이 기재 또는 표시되지 아니한 경우와 중요사항의 기재나 표시내용이 불분명하여 투자자의 합리적인 투자판단을 저해하거나 투자자에게 중대한 오해를 일으킬 수 있는 경우에는 그 증권신고서에 기재된 증권의 취득 또는 매수의 청약일 전일까지 그 이유를 제시하고 그 증권신고서의 기재내용을 정정한 신고서("정정신고서")의 제출을 요구할 수 있다(법 제122조 제 1 항).

2. 보고 · 자료 제출명령과 조사

금융위원회는 투자자 보호를 위하여 필요한 경우에는 증권신고의 신고인, 증권의 발행인·매출인·인수인, 그 밖의 관계인에 대하여 참고가 될 보고 또는 자료의 제출을 명하거나, 금융감독원장에게 그 장부·서류, 그 밖의 물건을 조사하게 할 수 있다. 이 경우 조사를 하는 자는 그 권한을 표시하는 증표를 지니고 이를 관계인에게 내보여야 한다(법 제131조).

3. 정정명령 등

금융위원회는 다음의 어느 하나에 해당하는 경우에는 증권신고의 신고인, 증권의 발행인·매출인 또는 인수인에 대하여 이유를 제시한 후 그 사실을 공고하고 정정을 명할 수 있으며, 필요한 때에는 그 증권의 발행·모집·매출, 그 밖의 거래를 정지 또는 금지하거나 대통령령으로 정하는 조치[1]를 할 수 있다. 이 경우 그 조치에 필요한 절차 및 조치기준은 총리령으로 정한다(법 제132조).

1. 증권신고서·정정신고서 또는 증권발행실적보고서를 제출하지 아니한 경우
2. 증권신고서·정정신고서 또는 증권발행실적보고서 중 중요사항에 관하여 거짓의 기재 또는 표시가 있거나 중요사항이 기재 또는 표시되지 아니한 경우
3. 거래의 제한(제121조)을 위반하여 증권의 취득 또는 매수의 청약에 대한 승낙을 한 경우
4. 투자설명서에 관하여 투자설명서의 작성·공시(법 제123조) 또는 정당한 투자설명서의 사용(법 제124조)를 위반한 경우
5. 예비투자설명서 또는 간이투자설명서에 의한 증권의 모집·매출, 그 밖의 거래에 관하여 제124조 제 2 항의 방법을 위반한 경우
6. 증권신고서를 제출하지 아니하는 모집·매출시의 공시 등(제130조)의 조치를 하지 아니한 경우

금융위원회는 증권신고서에 대하여 형식적 및 실질적 심사권을 행사하고 있다. 금융위원회는 증권신고서가 형식적 요건을 흠결하였거나 허위사실의 기재 또는 중요사항을 누락한 경우에 당해 법인에 대하여 정정명령권을 행사할 수 있다.

4. 과 징 금

금융위원회는 신고인과 신고 당시의 발행인의 이사, 증권신고서의 작성을 지시하거나 집행한 자, 공인회계사·감정인·신용평가를 전문으로 하는 자 등, 기타 확인자, 증권의 인수계약을 체결한 자, 투자설명서를 작성하거나 교부한 자, 매출

1) "대통령령으로 정하는 조치"란 다음의 어느 하나에 해당하는 조치를 말한다(시행령 제138조).
   1. 1년의 범위에서 증권의 발행 제한
   2. 임원에 대한 해임권고
   3. 법을 위반한 경우에는 고발 또는 수사기관에의 통보
   4. 다른 법률을 위반한 경우에는 관련기관이나 수사기관에의 통보
   5. 경고 또는 주의

증권의 소유자(법 제125조 제 1 항) 중 어느 하나에 해당하는 자가 다음의 어느 하나에 해당하는 경우에는 증권신고서상의 모집가액 또는 매출가액의 3%(20억원을 초과하는 경우에는 20억원)를 초과하지 아니하는 범위에서 과징금을 부과할 수 있다(법 제429조 제 1 항).

1. 증권신고서, 정정신고서 또는 투자설명서, 그 밖의 제출서류 중 중요사항에 관하여 거짓의 기재 또는 표시를 하거나 중요사항을 기재 또는 표시하지 아니한 때
2. 증권신고서, 정정신고서, 또는 투자설명서, 그 밖의 제출서류를 제출하지 아니한 때

과징금은 각 해당 규정의 위반행위가 있었던 때부터 3년이 경과하면 이를 부과하여서는 아니 된다(법 제429조 제 4 항).

1999년 4월 1일부터 공시의무 위반시 과징금을 부과하는 제도를 도입하였다. 이는 증권신고서의 미제출이나 허위공시, 중요사항 누락 등의 공시의무 위반시 부과되는 기존의 행정처분이나 민형사적 제재가 미흡하여 그 실효성이 확보되지 않아 금전적 제재를 통해 공시규제의 실효성을 확보하려는 취지이다.

5. 과 태 료

신고서를 제출하지 아니하고 증권을 모집 또는 매출하는 발행인으로서 투자자를 보호하기 위하여 재무상태에 관한 사항의 공시, 그 밖에 대통령령으로 정하는 조치를 하지 아니한 자에 대하여는 5천만원 이하의 과태료를 부과한다(법 제449조 제 1 항 제36호).

증권발행실적보고서를 제출하지 아니하거나 거짓으로 작성하여 제출한 자, 또는 금융위원회의 보고 또는 자료의 제출명령이나 증인의 출석, 증언 및 의견의 진술 요구에 불응한 자에 대하여는 1천만원 이하의 과태료를 부과한다(법 제449조 제 2 항 제 7 호·제 8 호).

Ⅱ. 형사제재

자본시장법에서는 공시의무의 위반시 형사처벌을 하는 규정을 두고 있다.

1. 형사제재규정

(1) 5년 이하의 징역 또는 2억원 이하의 벌금

다음의 어느 하나에 해당하는 자는 5년 이하의 징역 또는 2억원 이하의 벌금에 처한다(법 제444조).

① 법 제119조(제5항 제외)를 위반하여 증권을 모집 또는 매출한 자(제12호)

② 다음의 어느 하나에 해당하는 서류 중 중요사항에 관하여 거짓의 기재 또는 표시를 하거나 중요사항을 기재 또는 표시하지 아니한 자 및 그 중요사항에 관하여 거짓의 기재 또는 표시가 있거나 중요사항의 기재 또는 표시가 누락되어 있는 사실을 알고도 제119조 제5항에 따른 서명을 한 자와 그 사실을 알고도 이를 진실 또는 정확하다고 증명하여 그 뜻을 기재한 공인회계사·감정인 또는 신용평가를 전문으로 하는 자(제13호)

가. 제119조에 따른 증권신고서 또는 일괄신고추가서류

나. 제122조에 따른 정정신고서

다. 제123조에 따른 투자설명서

③ 제122조 제3항을 위반하여 정정신고서를 제출하지 아니한 자(제14호)

관련판례: 대법원 2006. 10. 26. 선고 2006도5147 판결

유상증자에 의한 유가증권을 발행함에 있어 사채업자의 자금을 유상증자를 위한 주금납입 계좌에 일시적으로 입금한 다음 주금납입금보관증명서를 발급받아 증자등기 경료 직후 이를 인출하여 사채업자에게 반환하는 방법으로 주금납입을 가장하거나, 실제로는 주금납입이 이루어지지 않았음에도 위조된 주금납입금보관증명서를 제출하여 증자등기가 경료되게 한 경우에는, 비록 형식상으로는 유상증자의 외형을 갖추었다 하더라도 실질적으로는 자금을 조달할 의도나 목적이 없어 납입한 주금이 전혀 자본금으로 편입되지 않으므로, 주금의 가장납입 또는 위조된 주금납입금보관증명서에 의한 증자등기를 경료할 의도하에 마치 실질적인 자금조달에 의하여 유상증자를 할 것처럼 구 증권거래법(2003. 12. 31. 법률 제7025호로 개정되기 전의 것) 제8조의 유가증권신고서를 작성하여 금융감독위원회에 제출하는 행위는 같은 법 제207조의3 제2호의 유가증권신고서의 중요한 사항에 관하여 허위의 기재를 한 경우에 해당한다.

(2) 1년 이하의 징역 또는 3천만원 이하의 벌금

다음의 어느 하나에 해당하는 자는 1년 이하의 징역 또는 3천만원 이하의 벌금에 처한다(법 제446조).

① 제121조를 위반하여 증권에 관한 취득 또는 매수의 청약에 대한 승낙을 한 자(제20호)
② 제123조 제 1 항을 위반하여 투자설명서를 제출하지 아니한 자(제21호)
③ 제124조 제 1 항을 위반하여 투자설명서를 미리 교부하지 아니하고 증권을 취득하게 하거나 매도한 자(제22호)
④ 제124조 제 2 항을 위반하여 같은 항 각 호의 어느 하나에 해당하는 방법에 따르지 아니하고 청약의 권유 등을 한 자(제23호)
⑤ 제132조에 따른 금융위원회의 처분을 위반한 자(제24호)

위의 처벌규정에 해당하는 죄를 범한 자에게는 징역과 벌금을 병과할 수 있다(법 제447조 제 1 항).

2. 양벌규정

(1) 의　　의

법인(단체를 포함)의 대표자나 법인 또는 개인의 대리인, 사용인, 그 밖의 종업원이 그 법인 또는 개인의 업무에 관하여 위의 형사처벌규정 중 어느 하나에 해당하는 위반행위를 하면 그 행위자를 벌하는 외에 그 법인 또는 개인에게도 해당 조문의 벌금형을 과한다. 다만, 법인 또는 개인이 그 위반행위를 방지하기 위하여 해당 업무에 관하여 상당한 주의와 감독을 게을리하지 아니한 경우에는 그러하지 아니하다(법 제448조).

여기서 법인이란 대표자, 대리인, 사용인, 그 밖의 종업원의 사업주인 법인이고, 대표자란 당해 법인의 대표권한을 가지는 자를 말하며, 개인이란 대리인, 사용인, 그 밖의 종업원의 사업주인 개인을 말하며, 대리인, 사용인, 그 밖의 종업원은 법 제174조 제 1 항 제 5 호의 해석으로 충분하지만, 법 제448조에는 임원이 그 행위자로서 명기되어 있지 않은 관계상 사용인 그 밖의 종업원에 법인의 임원이 포함된다고 해석하여야 한다. 왜냐하면 법인의 임원이 내부자거래를 한 경우 본조 소정의 내부자거래에서 제외할 이유가 없고, 제외한다면 사용인 그 밖의 종업원과 균형이 맞지 않기 때문이다.[1)]

---

1) 이상복, 자본시장법상 내부자거래, 박영사(2010), 299쪽.

관련판례: 대법원 1993. 5. 14. 선고 93도344 판결

증권거래법 제215조 제 2 항(양벌규정) 소정의 법인의 종업원에는 법인과 정식의 고용계약이 체결되어 근무하는 자뿐만 아니라 그 법인의 대리인, 사용인 등이 자기의 보조자로서 사용하고 있으면서 직접 또는 간접으로 법인의 통제·감독하에 있는 자도 포함한다고 할 것이다.

기록에 의하면 피고인 회사의 안동지점 대리 공소외 1은 위 지점의 업무가 폭주하자 위 지점에 상시 출입하는 고객이었던 공소외 2로 하여금 위 지점의 업무인 투자상담·주식매도·매수주문수령·전화받기, 그 밖의 심부름 등을 하게 하여 위 지점의 업무를 보조하게 하였으며, 공소외 2가 위 지점장 이하 직원들의 통제·감독하에 있음으로써 피고인 회사의 간접적 통제·감독하에 있었음이 인정된다.

따라서 원심이 공소외 2가 피고인 회사의 직원 또는 임원으로 채용된 적은 없다 하더라도 이 사건 범행기간 동안 피고인 회사의 명시적 또는 묵시적 승인하에 피고인 회사의 직원과 동일한 업무를 수행하면서 사실상 그 직원으로 행세하여 온 사실을 인정한 다음, 위 법조 소정의 "법인의 대리인, 사용인 기타의 종업원"이라 함은 반드시 법인의 내부규정에 따라 정식 채용절차를 거친 직원 또는 임원에 한정되는 것이라고 할 수 없다는 이유로 피고인을 유죄로 인정한 1심판결을 유지하였음은 위 법리에 비추어 정당하다고 할 것이고, 거기에 소론이 주장하는 바와 같은 증권거래법 제215조 제 2 항의 법리를 오해하거나, 죄형법정주의원칙을 위배한 위법이 없으므로 논지는 이유 없다.

(2) 업무관련성

양벌규정에서 "그 법인 또는 개인의 업무에 관하여"라는 의미는 법인의 대표자, 법인 또는 개인의 대리인, 사용인, 그 밖의 종업원이 개인적으로 한 위반행위를 제외하는 취지이다. 즉 자본시장법 제444조 또는 제446조의 위반행위가 그 법인 또는 개인의 업무에 관하여 이루어진 경우이다.

(3) 이익의 판단기준

법인에게 부과되는 벌금형은 법인이 대표자의 위반행위로 인하여 얻은 이익 또는 회피한 손실액을 기준으로 그 상한을 정하여야 한다.

관련판례: 대법원 2003. 12. 12. 선고 2001도606 판결

증권거래법(2002. 4. 27. 법률 제6695호로 개정되기 전의 것) 제207조의2 제 2 호는 같은 법 제188조의4의 규정에 위반한 자는 10년 이하의 징역 또는 2천만원 이하의 벌금에 처한다고 규정하고, 다만, 그 위반행위로 얻은 이익 또는 회피한 손실액의 3배에 해당하는 금액이 2천만원을 초과하는 때에는 그 이익 또는 회피손실액의 3배에 상당하는 금액

이하의 벌금에 처한다고 규정하고 있고(이 사건 이후 개정된 현재의 증권거래법 규정은 위 이익 또는 회피한 손실액에 따라 행위자를 가중처벌하고 있다), 같은 법 제215조는 법인의 대표자, 법인 또는 개인의 대리인·사용인 기타 종업원이 그 법인 또는 개인의 업무에 관하여 제207조의2 내지 제212조의 위반행위를 한 때에는 행위자를 벌하는 외에 그 법인 또는 개인에 대하여도 각 해당 조의 벌금형을 과한다고 규정하고 있는바, 법인의 대표자가 법인의 기관으로서 그 법인의 업무에 관하여 위와 같은 증권거래법 규정 위반의 행위를 한 경우 그 법인에 대하여 병과되는 구 증권거래법 제207조의2 소정 벌금형은 그 법인이 대표자의 위반행위로 인하여 얻은 이익 또는 회피한 손실액을 기준으로 그 상한이 정하여진다고 보아야 한다.

(4) 면　　책

다만, 법인 또는 개인이 그 위반행위를 방지하기 위하여 해당 업무에 관하여 상당한 주의와 감독을 게을리하지 아니한 경우에는 양벌규정이 적용되지 않는다(법 제448조 단서).

CHAPTER 03

기업지배권 변동과 공시규제

- 지분공시 포함 -

제 1 절 서　론

Ⅰ. 서　설

1. 기업매수의 의의

기업매수(M&A)[1]는 기업매수자와 대상회사의 이사 등 경영진 사이에 합의를 통하여 이루어지는 우호적 기업매수와 대상회사의 이사회 등 경영진이나 지배주주의 동의를 받지 않거나 그 의사에 반하여 강제적으로 이루어지는 적대적 기업매수가 있다. 여기서는 적대적 기업매수를 중심으로 살펴보기로 한다.

적대적 기업매수는 매우 극적으로 이루어지기 때문에 준비와 진행과정에서 많은 사람들의 관심을 불러일으키며, 단기간 내에 주가를 상승시킴으로써 투자효과를 극대화하는 효과를 갖는다. 적대적 기업매수는 단기간에 규모의 경제를 달성하여 기업의 가치증대를 가져올 수 있다. 따라서 기업의 이익과 주주의 이익을 크게 확대할 수 있다. 또한 무능한 경영진을 교체시켜 기업의 경영합리화와 효율성을 높인다는 장점도 있다. 그러나 무리하고 과도한 적대적 기업매수는 역기능에 따른 폐해를 발생시킨다. 투하된 자본과 시간 및 노력에 비하여 낮은 수익률이 나타날 수 있으며, 복잡한 기업매수절차로 인하여 매수 자체가 실패할 가능성도 크다. 또한 공격자와 방어자가 대상회사에 대한 지배권을 놓고 벌이게 되는 공격과 방어 과정에서 막대한 자금과 노력이 소모된다. 따라서 기업의 재무구조가 악화되고 기업경영이 소홀히 됨으로써 기업매수자와 대상회사 모두를 부도와 파산으로 몰아넣기도 한다.[2]

---

1) 여기서는 M&A를 "기업매수"라고 하기로 한다. 원래 M&A는 merger and acquisition의 약자로 통상 기업 합병(merger)과 매수(acquisition)로 번역된다. M&A는 대상회사의 대응방법에 따라 다시 우호적 M&A와 적대적 M&A로 구분되는데, 우호적 M&A란 대상회사 경영진의 동의하에 행하는 기업매수로서 M&A의 당사자 사이에 분쟁이 발생할 개연성이 비교적 적다. 다만, 우호적 M&A의 경우에도 계약내용의 불이행(예컨대 영업양도에 있어서 해당 자산의 양도에 따른 권리이전절차의 불이행 등), 대상기업의 재산 실사과정상 오류 내지 거래대가 산정의 부당성 등을 이유로 계약이 해제 또는 취소됨으로써 분쟁이 발생할 수 있으나, 이는 M&A가 예정대로 이루어지지 못하여 초래되는 결과로서 본질적으로 계약법의 문제로 귀착된다(정충명, "적대적 기업매수의 방어행위에 대한 법적 고찰 — 제 3 자에 대한 신주발행의 적법성을 중심으로," 사법연구자료 제25집(1999), 법원행정처, 407쪽.

2) 송호신, "적대적 기업매수에 관한 법리," 한양법학 제19집(2006), 214쪽.

2. 기업지배권의 쟁탈

기업지배란 사람과 물건을 포함하는 조직체로서의 기업을 자기의사의 지배하에 두는 것을 말한다. 여기서 "자기의사의 지배하에 두는 것"이라는 의미는 구체적으로 기업의 임원이나 이사를 선임 및 해임할 수 있는 경영진에 대한 지배와 기업의 기본사항에 변경을 가할 수 있는 힘인, 중요사항에 대한 최종적인 결정을 할 수 있는 경영에 대한 지배를 의미한다.[1)]

기업지배권이란 의결권 있는 주식의 소유를 바탕으로 계약이나 이사의 선임 등을 통하여 현재의 경영진에게 영향력을 행사함으로써 기업의 기본사항을 결정할 수 있는 힘으로 정의할 수 있다. 따라서 적대적 기업매수를 기업지배권의 쟁탈이라고 할 경우 의결권 있는 주식의 소유를 바탕으로 이와 같은 힘을 쟁취할 수 있는 거래라고 정의할 수 있다.

3. 적대적 기업매수의 당사자

(1) 기업매수자

기업매수자는 대상회사를 매수함으로써 그 회사를 소유 또는 지배하고자 하는 개인이나 법인투자자 또는 투자집단 등이다. 이 경우 투자자 또는 투자집단은 일반적으로 대상회사와 합의하여 우호적으로 합병이나 지배주식의 양도 등으로 기업매수를 행하기도 하지만, 기업매수의 주체가 공격적일 때에는 적대적 기업매수가 이루어진다.[2)]

특히 대상회사의 이사회 등 경영진이나 지배주주 등의 동의 없이 매수하고자 하는 경우, 대상회사를 지배하거나 단기간 내에 막대한 매도차익을 노리는 투기자들을 기업탈취자(corporate raider, 기업사냥꾼)라고 부른다.

(2) 주주와 대상회사

적대적 기업매수에서 거래의 상대방은 대상회사 또는 이사가 아니라 주식을 보유하고 있는 주주이다. 특히 현재의 경영진에게 불만이 있거나 높은 가격으로 주식을 매도하기 원하는 주주들이 그 대상이다. 다만 주주들이 기업매수에 응하는

1) 송호신, 전게 논문, 218-219쪽.
2) 송호신, 전게 논문, 219-220쪽.

이유는 기업지배권을 양도하고자 하는 것이 아니라 자신들이 보유하고 있는 주식 가격의 상승에 따른 개인의 이익에 기초한다.

대상회사는 기업매수자가 매수의 목표로 삼는 기업이다. 일반적으로 경영효율성이 낮은 기업은 자산을 유용하게 활용하지 못하므로 기업자산에 비하여 주가는 비교적 저평가되어 기업매수의 표적이 되기 쉽다. 이 경우 대상회사의 당사자는 기업의 임원이나 이사 등 경영진이지만, 일반적으로 지배주주가 경영진을 임명하기 때문에 실질적으로 당사자는 대상회사의 지배주주라고 할 수 있다.

Ⅱ. 기업매수의 방법

1. 개 요

기업매수의 방법으로는 공개매수, 합병, 영업양도, 주식취득(주식매집), 그리고 위임장권유의 방식 등이 이용되고 있다. 그런데 합병과 영업양도는 일반적으로 우호적인 합병과 영업양도를 의미하며 적대적인 합병과 영업양도는 있을 수 없다. 또한 대상회사의 경영진이나 노조의 협조가 없으면 성공하기가 어렵다. 주식취득을 통한 기업매수는 주식의 대량보유보고제도(소위 5% Rule)로 인하여 대상회사에 쉽게 노출되기 때문에 실패할 가능성이 높으며, 주가상승으로 매수비용의 부담이 크다는 문제가 있다. 또한 위임장권유방식은 공시제도절차의 번거로움과 시간과 비용이 많이 드는 문제, 그리고 그것이 가진 유한성으로 인하여 안정적인 경영권을 확보하기에 어려운 점이 있다. 그러나 공개매수는 위임장권유 방식보다 필요한 비용이 적게 들고, 증권시장을 통하지 않고 주주로부터 직접 주식을 취득할 수 있으며, 단기간 내에 신속한 거래를 통하여 기업지배권을 취득할 수 있고, 공개매수에 실패하더라도 큰 손해를 보지 않고 대량의 주식처분이 용이하다는 장점이 있다. 또한 증권시장을 통하지 않고 주주로부터 직접 주식을 취득할 수 있다는 점 때문에 기업의 지배권 이전의 가장 대표적인 수단으로 인식되고 있고, 실제로 미국에서 이루어지는 M&A 방법 중 대부분이 공개매수의 방식으로 이루어지고 있다.[1)]

1) 서완석, “공개매수의 정의와 범위에 관한 고찰,” 성균관법학 제17권 제 3 호(2005), 387쪽.

2. 적대적 기업매수의 공격방법[1]

적대적 기업매수의 방법으로 증권시장에서의 주식매집(market sweep), 공개매수(take-over bid: TOB), 위임장권유를 통한 위임장대결(proxy fights)을 들 수 있다. 그 외에 잠재적인 주식취득이지만 전환사채나 신주인수권부사채 등에 의해 사채권을 취득하는 방법도 가능하다.

(1) 주식매집

기업매수자는 대상회사의 지배주주나 경영진의 반대에 직면할 수 있는 적대적 기업매수를 하려고 하는 경우 증권시장을 이용할 수 있다. 특히 대상회사의 이사 등 경영진이 기업매수에 대하여 강하게 저항할 경우 기업매수자는 증권시장에 분산되어 있는 소액주식들을 그 회사를 소유·지배하여 경영권을 장악할 수 있는 분량까지 은밀히 매집하는 것이 가능하다.

(2) 공개매수

적대적 공개매수는 대상회사의 경영진의 의사에 반하여 기업지배권을 획득함으로써 경영권을 장악하기 위하여 일정한 기간 내에 일정수량 이상의 주식을 장외시장에서 일정가격으로 대상회사의 주주로부터 직접 매수할 것을 공표하거나 대상회사의 주식과 교환할 것을 일간신문 등에 공고함으로써 매수청약이나 매도청약을 권유하는 것을 말한다.

일반적으로 공개매수는 주식분산요건을 충족시키고 있는 상장법인의 주식을 현재의 시가를 상회하는 가격으로 매수하기 위하여 개인이나 법인 등이 일반주주들을 상대로 매수주문하는 방식으로 이루어진다. 즉 공개매수는 대상회사의 주주들에게 주식의 시장가격에 일정한 프리미엄을 붙여 보유주식을 매도할 수 있는 기회를 제공하므로, 공개매수가 성공하면 매수인은 물론 주주에게 경제적 이익이 된다.

(3) 위임장대결

위임장대결에 의한 적대적 기업매수는 매수기업이 자신이 제시한 제안을 거부하는 대상회사의 임원이나 이사 등 현재의 경영진을 퇴임시키고, 적대적 기업매

---

1) 송호신, 전게 논문, 222-224쪽 참조.

수 제안을 찬성하는 자들로 임원이나 이사들을 대체시키기 위해, 대상회사의 주주들을 설득하여 의결권대리행사의 위임장을 받아 주주총회에서 의결권에 따른 투표권대결을 행하는 것을 말한다. 기업매수의 공격자의 입장에서 대상회사의 지배권을 획득할 만큼의 자산이나 주식을 획득하는 일은 용이하지 않다. 따라서 일부의 주식만을 확보한 후에 다른 주주들로부터 의결권을 위임받아 주주총회에서 의결권의 행사를 통해 기업지배권을 확보하는 것이다.

주주의 수가 많고 지분의 분산 정도가 큰 기업에서는 주주들의 주주총회 참석률이 낮으며 의결권을 다른 주주나 제 3 자에게 위임하여 의사표시를 하는 경우가 많다. 이를 이용하여 현재 경영진의 경영방침에 불만을 품은 주주들에게 이유를 설명하고 위임장(proxy)을 받아내는데, 이것이 위임장권유(proxy solicitation)이다. 회사에 불만을 품은 주주들을 규합하여 이들의 의견을 무시할 수 없는 다수의 의견으로 만들어 적대적 기업매수를 위한 특정 안건을 표결에 붙여 줄 것을 현 경영진에게 요구하는 것이다.

위임장대결은 미국에서 오래전부터 주주총회에서 이사 임명권을 확보하는 수단으로 자주 이용되고 있는데, 1980년대 들어 기업매수가 증가함에 따라 경영권의 장악을 위한 수단으로 활용되었다.

(4) 전환사채 또는 신주인수권부사채의 취득

전환사채와 신주인수권부사채는 회사가 자본을 조달하는 방법으로 발행한다. 그러나 일정기간 후에 주식으로 전환되거나 신주를 인수할 수 있는 권리가 있는 특수한 사채이다. 따라서 적대적 기업매수를 행하고자 하는 기업매수자는 이들 사채를 소유자로부터 양수하거나 공개매수의 방법 등을 통하여 취득하여 기업지배권을 확보하는 방법으로 이용할 수 있다.

(5) 결　　어

적대적 기업매수의 대표적인 방법으로는 공매개수(take-over bid: TOB), 위임장대결(proxy fights), 시장매집(market sweep)의 세 가지 방식이 있다. 그러나 실제로 적대적 기업매수는 최소한 상기 세 가지 방법의 복합구조를 띠거나 다른 특별한 방법이 가미되어 순발력 있게 검토하고 적시에 실효성이 있는 행동지침을 만들어 적용하는 매우 복잡한 수순을 밟게 된다. 결국 실제로는 적대적으로 시작되다가도 우호적인 형태로 전환되는 것이 일반적이다. 또한 실패하든 성공하든 일방 또는 양 당사자가 막대한 인수비용과 경영차질로 인해 엄청난 피해를 입고 마는 경우도 빈발하여 적대적 기업매수는 완벽하고 확실한 인수의지와 준비(인수자금 등) 및 정통성을 인정받지 않는 한 쉽게 실행에 옮겨서는 안 된다. 즉 어떤 면에서는 공개매수 내지 위임장권유 등을 법률적으로 보완해 준다 하더라도 복잡한 기업매수 추진구도하에서는 다른 요소들로 인해 저해되는 경우가 더 많다. 이들 저해요소로는 주로 주가상승으로 인한 공개매수의 실패, 인수비용의 증가, 대상기업의 강력한 우호주주 등장, 역공개매수, 인수자측의 법률적 하자의 공개 등을 들 수 있다.[1)]

Ⅲ. 적대적 기업매수의 방어수단

1. 방어적 정관변경

방어적 정관변경(shark repellent amendment)이란 기업매수자로부터 회사를 방어하기 위하여 회사의 정관에 방어를 가능하게 하는 조항을 규정하거나 기존의 조항을 변경하는 것을 말한다. 방어적 정관변경의 특징은 잠재적으로 기업매수의 위협을 받고 있는 대상회사가 취할 수 있는 사전적인 예방수단이라는 점이다. 이는 가장 오래전에 개발된 방어수단으로서 초기에는 공개매수자의 이사회 지배를 지연시킬 목적으로 개발된 것이다. 방어적 정관변경은 이사회가 보다 시간적 여유를 갖고 적대적 기업매수자와 협상을 벌일 수 있게 해 주며, 적대적 기업매수자가 이사회를 지배할 시간을 가능한 한 지연시킴으로써 대상회사의 매력을 줄이는 것이다.[2)]

2. 자기주식 취득과 그린메일

자기주식 취득은 기업매수를 방어하기 위하여 대상회사가 자신이 발행한 주식을 취득하는 것을 말한다. 이렇게 함으로써 기업매수자가 취득할 수 있는 주식수를 감소시키고 대상회사는 그 보유비율을 증가시킴으로써 기업매수를 방어할 수 있다. 이 방법은 매수공격에 대한 유력한 방어수단이 될 수 있으나 대상회사의

1) 이상복, "적대적 M&A 공격방법의 개선과제 — 공개매수와 위임장권유를 중심으로 —," 기업법연구 제20권 제 3 호(2006. 9), 96쪽.

2) 박재홍, "의무공개매수제도의 도입에 관한 검토," 경성법학 제14집 제 2 호(2005), 191쪽 이하 참조.

자금부담을 증가시키는 단점이 있다. 대상회사가 주주로부터 주식을 취득하기 위해서는 기업매수자보다 높은 가격을 제시하여야 하고, 그린메일(green mail)을 지급하는 경우에는 더 큰 문제가 된다.

적대적 기업매수자로부터 자기주식을 취득하는 방법에는 그린메일의 문제가 있다. 그린메일이란 적대적 기업매수를 포기시키기 위하여 기업매수에 착수한 자가 가지고 있는 주식을 대상회사가 프리미엄을 지급하고 매수하는 것이다. 그린메일은 매수하는 행위 또는 그러한 거래 자체를 의미하기도 하고, 적대적 기업매수자가 받는 대가를 의미하기도 한다. 그린메일은 잔여 주주들의 희생하에 대상회사의 경영진들의 지위를 유지할 목적으로 사용된다는 점에서 또 기업의 미공개 중요정보를 이용하여 내부자거래가 발생할 가능성이 있다는 점에서 그 적법성 여부의 문제가 있다.

3. 포이즌 필

포이즌 필(poison pill)이란 적대적 기업매수자가 대상회사의 주식의 일정한 비율을 취득한 경우에 대상회사의 주주가 낮은 가격으로 대상회사의 주식을 매수 또는 인수(신주발행의 경우)할 수 있는 권리를 주는 것을 말한다. 즉 주주에게 주식매수권 내지 주식매도청구권 등을 부여하는 것이다.

4. 임원퇴직금계약

임원퇴직금계약(golden parachutes)이란 적대적 기업매수 등에 의하여 대상회사의 경영진이 해임되는 경우에 고액의 퇴직금을 지급받기로 하는 계약을 대상회사와 임원 사이에 체결해 두는 것을 말한다. 이러한 계약은 일반적으로 지배권변동조항, 계약종료조항, 그리고 보수조항으로 이루어져 있다.

임원퇴직금계약은 다음의 효과가 있다. 첫째, 퇴직금계약이 존재함으로 인해 대상회사의 경영진은 기업매수의 위협에도 불구하고 자신의 임무를 계속하여 수행할 수 있다. 기업매수로 인하여 경영권을 상실하더라도 이러한 상실을 만회하기에 충분한 고액의 퇴직금을 받기 때문이다. 둘째, 적대적 기업매수자의 입장에서는 대상회사가 매력이 없게 된다. 즉 대상회사를 매수하더라도 대상회사의 기존 경영진을 해임하기 위해서는 고액의 퇴직금을 지급하여야 하기 때문이다.

적대적 기업매수가 있으면 대상회사의 경영진만 해임되는 것은 아니다. 종업원도 해고의 위험에 직면할 수 있다. 여기서 종업원에 대하여도 그러한 비정상적인 퇴직시에 일정한 금액의 퇴직금을 지급하기로 하는 계약을 회사와 종업원 사이에 체결하는 것을 종업원퇴직금계약(tin parachutes)이라 한다.

5. 제 3 자 배정증자

제 3 자 배정증자(lock-up agreement)라 함은 대상회사에 우호적인 자(white knight)에게 대상회사의 중요한 자산이나 신주를 매수할 권리를 부여하는 협정을 말한다. 이것은 대상회사에 우호적인 자에게 이러한 권리를 부여함으로써 적대적 기업매수자의 매수시도를 방지하는 효과를 갖는다.

6. 기타 방어수단

(1) 차등의결권주식의 발행

대상회사가 의결권수에 다른 주식과 차등을 가지는 주식을 발행하여 이를 특정인에게 집중시킴으로써 회사를 방어하려는 수단이다. 차등의결권의 유형으로는 복수종류의 주식간에 의결권의 차등을 두는 방법과 동일종류 주식간에 의결권의 차등을 두는 방법이 있다.

(2) 방어적 합병

방어적 합병이란 적대적 기업매수에 대한 방어책의 하나로서 대상회사가 다른 회사와 합병하는 것을 말한다. 이는 대상회사가 인수회사와 실질적으로 경쟁관계에 있는 기업과 합병함으로써 인수회사가 대상회사를 인수하면 독점규제법상의 문제가 발생하는 점을 이용하여 기업매수를 단념시키는 전략이다.

(3) 자산이나 부채와 자본구성의 변화

대상회사가 부채와 자본구성을 변화시킴으로서 기업매수를 단념시킬 수 있다. 예컨대 갑자기 부채를 증가시켜 재무구조를 악화시키거나 대규모의 자금투자가 필수적인 사업에 착수함으로써 매수회사가 도저히 그러한 자금을 부담할 수 없게 함으로써 기업매수를 포기시키는 것이다. 또한 매수회사가 가장 중요하게 여기는 자산을 매각하거나, 그 부분만을 독립된 사업체로 분리하여 기업매수를 포기하게 만들 수도 있다.

(4) 역공개매수(대항공개매수)

역공개매수란 매수회사가 대상회사에 대하여 공개매수에 착수하면 대상회사도 매수회사에 대하여 역으로 공개매수에 착수하는 것을 말한다. 이것을 실행하기 위하여는 대상회사가 상당한 자금을 보유하고 있어야 한다.

(5) 종업원지주제도

종업원지주제도는 특별한 방어수단으로 만들어지는 것은 아니지만 이러한 종업원지주제도가 회사의 방어수단으로 이용될 수 있다. 즉 종업원이 소유한 주식을 경영진이 방어수단으로 이용할 수 있을 것이다.

제 2 절 공개매수규제

Ⅰ. 서 론

1. 공개매수의 의의

일반적으로 공개매수란 특정기업의 주식을 경영권지배를 목적으로 증권시장 외에서 공개적으로 매수하는 적대적 기업매수 방식을 말한다. 자본시장법은 공개매수를 "불특정 다수인에 대하여 의결권 있는 주식, 그 밖에 대통령령으로 정하는 증권("주식등")의 매수(다른 증권과의 교환을 포함)의 청약을 하거나 매도(다른 증권과의 교환을 포함)의 청약을 권유하고 증권시장(이와 유사한 시장으로서 해외에 있는 시장을 포함) 밖에서 그 주식등을 매수하는 것"으로 정의하고 있다(법 제133조 제 1 항).

공개매수의 개념을 법으로 정해 두고 있는 것[1])은 공개매수의 범위를 명확히 하여 공개매수를 통한 증권거래의 법적 안정성을 도모하고자 함이다. 공개매수의

1) 공개매수의 정의를 법률로 정한 것에 대하여, 법적 안정성에 기여한다는 이점은 있지만 형식상 공개매수에는 해당되지 않으나 실질적으로 공개매수로 인정되지 않으면 안 되는 각양각색의 특수한 형태의 증권거래에 대하여는 공개매수에 대한 법적 규제의 회피 여지를 만들어 주어 투자자 보호 등의 견지에서 문제가 생길 수 있다는 비판이 있다(송종준, "주식공개매수의 실체적 규제와 투자자 보호," 인권과 정의, 제184호, 대한변호사협회, 1991. 12, 16쪽).

개념 정의는 자본시장법이 요구하는 공시의무의 면제 여부와 공개매수에의 해당 여부를 결정하는 근거가 된다는 점에서 매우 중요하다.

공개매수는 기업지배권을 획득하는 경우 사용되는 대표적인 방법으로 제3자가 공개적으로 거래되고 있는 대량의 주식을 매수하는 것을 인정하는 제도이다. 필요한 공시와 그 이후의 일정한 절차를 거친 후, 매수자는 대상회사의 주주들이 보유한 주식을 매수할 수 있다. 만약 매수자가 공개시장에서 주식을 충분히 매수한다면, 매수자는 자신의 최초 제안에 반대하는 이사회를 투표로 축출할 수 있으며, 그 제안을 수행할 이사를 신규선임할 수 있다. 그러나 장외에서 이루어지기 때문에 장내거래보다 투명성이 보장되지 않는다. 공개매수를 하기 위해서는 우선 대상회사를 골라야 한다. 이를 위해 대상회사에 대한 정보를 수집하고 분석하게 된다. 그 후 즉시 공개매수에 들어가지 않고 증권시장에서 대상회사의 주식을 매수하여 일정한 지분을 취득한다. 왜냐하면 공개시장에서의 주가는 공개매수가격보다 낮고, 회사가 공개매수에 대항하는 경우에 대비하여 공개매수가 성공하지 못하더라도 회사의 주식을 높은 가격에 처분하여 공개매수비용을 줄이고 차익을 실현하기 위함이다.[1)]

2. 공개매수(제도)의 연혁

1960년대 미국에서는 공격적인 기업들이 현금 또는 교환으로 자신의 주식을 발행하거나 양자를 혼합하는 방식으로 다른 공개회사들의 지배적인 주식을 취득하는 일이 빈번하였다. 공격적인 기업들은 사적인 교섭이나 공개시장에서 브로커를 통해, 또는 대상회사의 주주들에게 자신의 주식을 정해진 현금이나 공개매수를 청약한 회사의 증권의 일괄거래로 매도할 것을 공개적으로 청약함으로써 주식을 취득할 수 있었다. 이러한 공개매수는 종종 대상회사 경영진들의 격렬한 저항에 직면하였고, 그러한 경쟁은 화려한 공개적 광고문구를 통한 상대방 비난, 시장교란의 시도, 또는 대상회사 주주들을 혼동시키거나 강하게 압박하는 형태로 전개되었다.[2)]

연방적인 차원에서 현금공개매수를 규제하려는 움직임은 1965년 8월에 뉴저지 출신의 상원의원인 윌리엄스(Harrison Williams)가 기업방해 행위로부터 현 경영

1) 이상복, 전게 논문, 96-97쪽.
2) 서완석, 전게 논문, 390쪽 이하 참조.

진을 보호해야 한다는 이유로 입법안을 제출하면서 시작되었다. 이 입법안에 대한 찬성론자와 반대론자의 주장이 대립한 결과 1968년 7월 29일에 이르러 입법되었다. 따라서 제정된 Williams Act[1)]는 지배권획득을 위한 증권매수과정에서 투자자 보호를 위하여 투자결정에 필요한 충분하고 공정한 정보의 공시와 함께 지배권을 획득하려는 자에 대한 과도한 요구나 대상회사 경영진의 방어행위의 부당한 제한을 지양함으로써 공개매수자를 포함한 지배권을 획득하려는 자와 대상회사 경영진 사이의 중립성을 확보하려고 하였다.

미국에서는 1968년 Williams Act의 채택 이전까지 누구든지 자신의 정보나 대상회사를 위한 계획을 공시함이 없이 현금으로 주식을 공개매수하여 기업의 지배권을 확보할 수 있었다. 그러나 Williams Act의 제정으로 모든 공개매수자들은 일정한 사항에 대한 공시의무를 부담하고, 공개매수와 관련된 사기적인 관행을 할 수 없게 되었다.

우리나라의 경우 증권거래법은 제 7 차 개정시 유가증권의 공개매수라는 장을 두고 공개매수제도에 대하여 규제를 하였다. 그러나 이미 외국에서는 다국적기업들이 국경 없는 시대에 살아남기 위한 생존전략적 차원에서 경쟁과 협력의 기치 아래 공개매수를 포함한 기업의 인수·합병을 활발히 진행하여 오고 있었음에도 불구하고, 그동안 우리나라에서는 폐쇄적인 주식소유구조로 인하여 공개매수에 의한 경영권장악이 원초적으로 어려웠던 데다가 기업윤리적인 차원에서 이를 타회사의 지배권탈취라는 부도덕한 행위로 인식하여 온 탓에 사실상 공개매수는 이루어지지 아니하였다. 그러나 1994년 10월 26일 한솔제지 주식회사[2)]가 동해투자금융주식회사의 주식에 대한 공개매수를 신청한 이래 공개매수에 대한 업계의 관심이 증가하면서 새로 기업을 창립하기보다는 기존의 업체를 인수·합병해 운영하는 것이 시간과 노력 및 비용절감에 유리하다는 인식이 확산되기 시작하였으며

1) 제안자인 상원의원 Harrison Williams의 이름을 따 Williams Act로 잘 알려진 이 법률은 1934년 증권거래법 제13조에 (d)항과 (e)항의 추가를 가져왔고, 제14조에 (d)항, (e)항 및 (f)항의 추가를 가져왔다.

2) 한솔제지는 업종다양화를 내세워 동해투자금융주식 45만주(지분율 15%)를 공개매수신청 당일의 주가 34,000원보다 비싼 38,000원에 공개매수하겠다고 신청하였다. 국내에서 그 이전인 1994년 5월 미국 나이키사가 삼나스포츠사 주식 19만 5,000주(지분율 39.7%)를 공개매수한 바 있으나 이는 합작사인 삼나스포츠사가 경영권을 포기하면서 나이키사가 삼나스포츠를 나이키의 100% 출자법인으로 바꾸기 위한 것인 반면, 한솔제지의 공개매수신청은 소위 적대적 기업인수로 볼 수 있는 경영권 취득을 위한 본격적인 공개매수라는 점에서 국내 공개매수의 최초 사례로 일컬어지고 있다.

자본시장의 국제화 추세에 따라 외국기업과 국내기업간의 기업인수·합병이 활발해지고 있다. 주목할 만한 사건으로는 소버린의 SK그룹에 대한 공개매수 시도, 칼 아이칸의 KT&G에 대한 공개매수 시도 등이 있다.[1)]

3. 공개매수의 유형

(1) 대상회사 경영진의 대응태도에 따른 분류

대상회사 경영진의 공개매수에 대한 대응태도에 따라 적대적·우호적·중립적 공개매수로 분류할 수 있다. 적대적 공개매수는 대상회사의 경영진이 공개매수에 반대하여 다른 주주에게 공개매수에 응하지 말 것을 권유하는 경우이다. 우호적 공개매수는 대상회사의 경영진이 공개매수에 동의하여 다른 주주에게도 공개매수에 응할 것을 권유하는 경우이다. 중립적 공개매수는 대상회사의 경영진이 공개매수에 관하여 찬성 또는 반대의 권유를 밝히지 않는 경우이다. 우호적 및 중립적 공개매수는 잘 일어나지 않으며, 대부분의 공개매수는 적대적 공개매수에 해당한다.[2)]

(2) 주주에게 지급되는 대가에 따른 분류

대상회사의 주주에게 지급되는 대가의 형태에 따라 현금공개매수, 교환공개매수, 혼합공개매수로 분류된다. 현금공개매수는 공개매수의 대가로 주주에게 현금을 지급하는 경우이고, 교환공개매수는 다른 증권을 제공하는 것이며, 혼합공개매수는 현금지급과 증권교환이 함께 이루어지는 경우로서 일부는 현금으로 나머지는 증권을 지급할 수 있다. 또한 주주에게 현금 또는 증권 중에서 선택하게 할 수도 있다.

4. 공개매수규제의 목적

공개매수를 구성하는 행위 자체만을 보면 통상적인 주식거래와 동일하다. 그러나 공개매수에 있어서는 공개매수자가 회사의 지배권의 획득 또는 강화를 목적으로 대상회사의 주식을 전격적으로 단기간 내에 대량적으로 취득하게 되므로, 이를 대상회사의 경영진과 시장에 공시하여 투자자인 주주들의 이익을 보호할 필요성이 있다. 특히 공개매수의 가격, 공개매수의 목적과 기간, 공개매수자금의 출처,

---

1) 이상복, 전게 논문, 97-98쪽.

2) 조경식, "우리나라 공개매수의 동기와 자금조달," 기업경영연구(2007. 6), 200쪽.

경영권 획득 이후에 매수자의 대상회사에 대한 계획 등은 주식을 매도할 것인가의 여부를 결정하여야 할 기존 주주의 입장에서는 중요한 관심사이다. 이러한 이유로 공개매수를 규제하는 각국의 법령은 대상회사의 주주들의 이익을 보호하는데 중점을 두고 있다. 이를 위하여 주주평등취급의 원칙, 강제공개매수의무, 공시제도를 통한 공개매수의 공개성과 투명성의 확보, 공개매수의 방법과 절차, 공개매수가 공표된 경우에 발생할 수 있는 대상회사 이사회의 방어수단의 제한, 감독기관의 권한 등을 규율하고 있다.[1)]

따라서 공개매수를 법적으로 규제하는 목적은 공개매수자의 매수신고에 응하는 대상회사의 주주가 현명하게 투자판단을 할 수 있도록 함과 동시에 주주의 이익보호 차원에서 그들의 투자결정기회를 충분히 부여함을 제도적으로 보장하고자 함에 있다.

Ⅱ. 공개매수의 요건(강제공개매수)

1. 적용대상

상장법인의 의결권 있는 주식등을 증권시장 밖에서 6개월간 10인 이상의 자로부터 매수등을 하고자 하는 자는 그 매수등을 한 후에 본인과 특별관계자(특수관계인과 공동보유자를 포함)가 보유(소유 그 밖에 이에 준하는 경우)하게 되는 주식 등의 수의 합계가 해당 주식등의 총수의 5% 이상이 되는 경우에는 공개매수를 하여야 한다(법 제133조 제 3 항, 영 제140조).

따라서 다음의 경우에는 자본시장법에서 규정하고 있는 공개매수가 아니므로 다음의 주식등을 매수할 경우에는 자본시장법상의 공개매수절차를 따를 필요가 없다.

첫째, 상장법인 이외의 주식등을 매수하는 경우

둘째, 상장법인의 주식등을 거래소시장 내에서 매수하는 경우

셋째, 상장법인의 의결권 없는 주식등을 매수하는 경우

---

1) 홍복기, "공개매수에 관한 현행 증권거래법령에 있어서 몇 가지 문제점," 비교사법(2001) 제 8 권 제 2 호, 141쪽.

(1) 공개매수 대상회사와 대상증권

1) 대상회사

자본시장법이 공개매수의 대상회사를 상장법인에 한정하고 있는 것은 비공개회사와 폐쇄회사의 경우 주식이 일반공중에 분산되어 있지 않고, 대주주 등 특정인이 절대적인 지분을 보유하고 있기 때문에 실제상으로 공개매수의 대상이 될 수 없기 때문이라고 생각된다. 그러나 법이론적으로 볼 때 이러한 접근은 문제점을 안고 있다. 공개매수규제의 목적이 지배권의 변동에 따른 사실을 일반주주에게 공시하여 주주의 이익을 보호하고자 하는 데 있기 때문에 이러한 요청은 공개시장에서 주식이 거래되는 주주에 한정되는 것은 아니기 때문이다. 주주가 많은 비상장법인의 경우도 지배권 변동에 따른 주주의 이익보호를 고려하면 거래소시장 이외의 비상장법인에게도 확대할 필요가 있다.

2) 대상증권

공개매수의 적용대상인 증권은 상장법인이 발행한 증권으로서 의결권 있는 주식에 관계되는 다음의 어느 하나에 해당하는 증권을 말한다(영 제139조).

1. 주권상장법인이 발행한 증권으로서 다음의 어느 하나에 해당하는 증권
   가. 주권[1)]
   나. 신주인수권이 표시된 것[2)]
   다. 전환사채권[3)]
   라. 신주인수권부사채권[4)]
   마. 교환사채권(주권, 신주인수권이 표시된 것, 전환사채권, 신주인수권부사채권과 교환을 청구할 수 있는 것에 한함)
   바. 파생결합증권(권리의 행사로 그 기초자산을 취득할 수 있는 것만 해당)
2. 주권상장법인 외의 자가 발행한 증권으로서 다음의 어느 하나에 해당하는 증권
   가. 제 1 호에 따른 증권과 관련된 증권예탁증권
   나. 교환사채권

---

1) 주권은 의결권 있는 주식이어야 한다. 따라서 보통주, 의결권 있는 우선주, 의결권이 부활된 무의결권우선주, 보통주로 전환이 가능한 전환우선주가 이에 해당한다.
2) 신주인수권증서와 분리형 신주인수권부사채에서 분리된 신주인수권증권이 이에 해당한다.
3) 전환대상이 제 1 호의 주권인 전환사채를 말한다.
4) 인수대상이 제 1 호의 주권인 신주인수권부사채를 말한다. 다만 신주인수권이 분리된 후의 신주인수권부사채는 제외한다.

다. 파생결합증권(권리의 행사로 그 기초자산을 취득할 수 있는 것만 해당)[1]

자본시장법이 의결권이 있는 주식등에 한정한 것은 공개매수가 주로 회사의 지배권획득이나 그 지위의 강화에 있으므로 의결권이 없는 주식등은 이와 관련이 없기 때문에 제외한 것으로 보인다.

무의결권주는 원칙적으로는 공개매수규제의 대상에서 제외되지만, 정관에 정한 우선적 배당을 하지 않는다는 결의가 있으면 그 총회의 다음 총회부터 그 우선적 배당을 받는다는 결의가 있는 총회의 종료시까지는 의결권이 부활되므로(상법 제370조 제 1 항 단서), 이때에는 공개매수의 규제대상이 된다.[2]

(2) 매수상대방의 수와 주주평등의 원칙

자본시장법은 공개매수를 "불특정 다수인에 대하여 의결권 있는 주식등의 매수(다른 증권과의 교환을 포함)의 청약을 하거나 매도(다른 증권과의 교환을 포함)의 청약을 권유하고 증권시장(이와 유사한 시장으로서 해외에 있는 시장을 포함) 밖에서 그 주식등을 매수하는 것을 말한다"고 규정하고 있다(법 제133조 제 1 항). 따라서 신문등의 공고에 의해 불특정 다수인에 대하여 주식매수의 청약을 하거나 매도의 청약을 권유하고 주식을 매수하면 매수주식의 수량과 관계없이 공개매수규정의 적용을 받는다.

그런데 자본시장법 제133조 제 3 항은 공개매수를 강제하고 있다. 이는 불특정 다수인 등 공개매수의 개념요소가 불확실하고, 일정수량 이상의 개별접촉에 의한 주식취득을 규제하지 않는다면 공개매수를 규제하는 자본시장법의 입법취지를 달성할 수 없기 때문이다. 이에 따라 법은 매수등을 하는 날로부터 6개월 동안 10인 이상의 주주로부터 증권시장 밖에서 주식등을 매수·교환·입찰 기타 유상취득으로서 취득함으로써 보유주식이 5% 이상인 경우에는 공개매수를 강제하고 있다(법 제133조 제 3 항, 영 제140조).

따라서 현행 공개매수제도는 10인 이상의 다수인을 대상으로 5% 이상의 주식등을 매수할 경우에 대하여만 강제되고 있으므로 10인 미만의 특정인을 대상으로 일정한 시차를 두고 매수에 들어갈 경우에는 적용이 없다. 예컨대 9인으로부터

---

1) 권리행사에 따라 기초자산을 취득하는 것이 아니라 그 차액을 현금결제하는 주식연계증권(ELS), 주식워런트증권(ELW)은 이에 해당하지 않는다.

2) 임재연, 전게서, 423쪽.

매수하는 경우에는 9인이 갖고 있는 총주식수와 관계없이 얼마든지 주식취득이 가능하여 동 규정을 회피할 수 있다. 그러므로 위와 같은 경우에는 공개매수에 의하지 않고도 지배권획득에 필요한 주식취득이 가능하기 때문에 소수주주의 매도기회의 상실 등 주주평등의 원칙을 해하는 문제가 발생한다.[1]

또한 주식을 대량보유하고 있는 자가 기업지배권을 획득할 목적으로 대상회사의 주주들이나 경영진에게는 어떠한 사전 정보도 없이 증권시장 밖에서 10인 이하의 특정인으로부터 주식을 매수하거나 10인 이상이더라도 5% 미만으로 주식을 매수하여 지배권의 변동을 노리는 경우도 있을 수 있다. 그러나 이 경우에는 현행법상 공개매수규제의 대상이 되지 않는다.

강제공개매수의무는 지배주식의 양도에 있어서는 모든 주주가 평등하게 지배주식취득에 있어서 프리미엄에 참가하게 하고, 투기적인 부분적 공개매수를 배제하기 위함이다.

(3) 특별관계자의 범위

자본시장법에서 규정하는 특별관계자는 다음의 특수관계인과 공동보유자를 말한다(영 제141조). 특별관계자의 주식을 포함한 것은 기업지배권 탈취를 위하여 공개매수가 이루어지는 경우, 기존 경영진의 효과적인 대응이나 투자자의 합리적 판단이 가능하도록 하기 위하여 공개매수를 하는 자의 실체를 정확히 파악하고자 하는 것이다.

1) 보유주체

5%의 공개매수의 요건은 대상회사 주식의 매수결과 본인과 특별관계자가 보유하게 된 지분비율을 기준으로 한다(법 제133조 제3항). 여기서 특별관계자는 특수관계인과 공동보유자를 말한다(영 제141조 제1항).

예를 들면 본인과 특별관계자가 보유하는 주식을 합산한 비율이 3%인 자가 10일간 15인으로부터 3%를 추가로 장외에서 취득하는 경우, 6월간 10인 이상의 자로부터 취득하여 본인 및 특별관계자가 보유하는 주식등의 비율이 5% 이상이 되므로 공개매수의 적용대상이 된다.

그리고 본인과 그 특별관계자가 보유하는 주식등의 수의 합계가 그 주식등의 총수의 5% 이상인 자가 그 주식 등의 매수등을 하는 경우를 포함한다(법 제133조

1) 홍복기, 전게 논문, 155쪽.

제 3 항). 따라서 이미 5% 이상의 주식을 보유하는 자가 추가로 장외에서 주식등의 매수등을 하는 경우에도 공개매수의 적용대상이다. 예컨대 주식등을 이미 5% 이상을 보유하고 있는 자가 12명으로부터 20%의 주식을 추가로 장외에서 취득하고자 하는 경우, 5% 이상 보유자가 장외에서 10인 이상으로부터 추가로 주식을 취득하는 경우이므로 공개매수규제의 대상이 된다.

2) 특수관계인

특수관계인은 다음과 같은 자를 말한다(영 제 8 조). 그러나 특수관계인이라고 하더라도 소유하는 주식등의 수가 1,000주 미만이거나 공동목적 보유자가 아님을 증명하는 경우에는 특수관계인으로 보지 않는다(영 제141조 제 3 항). 따라서 특수관계인에 해당한다고 하여 그 특수관계인의 의사 여부와 관계없이 무조건 합산하는 것이 아니고 본인과 특수관계인 사이의 공동보유관계 해당 여부를 확인하여 공동보유자가 아닌 경우에는 합산대상에서 제외될 수 있다.

1. 본인이 개인인 경우에는 다음의 어느 하나에 해당하는 자
   가. 배우자(사실상의 혼인관계에 있는 자를 포함)
   나. 6촌 이내의 부계혈족과 4촌 이내의 부계혈족의 처
   다. 3촌 이내의 부계혈족의 남편
   라. 3촌 이내의 모계혈족과 그 배우자 및 자녀
   마. 배우자의 2촌 이내의 부계혈족과 그 배우자
   바. 양자의 생가의 직계존속
   사. 양자 및 그 배우자와 양가(養家)의 직계비속
   아. 혼인 외의 출생자의 생모
   자. 본인의 금전, 그 밖의 재산에 의하여 생계를 유지하는 자 및 본인과 생계를 함께하는 자
   차. 본인이 단독으로 또는 그와 가목부터 자목까지의 관계에 있는 자와 합하여 법인이나 단체에 100분의 30 이상을 출자하거나, 그 밖에 임원의 임면 등 법인이나 단체의 중요한 경영사항에 대하여 사실상의 영향력을 행사하고 있는 경우에는 해당 법인이나 단체와 그 임원(본인이 단독으로 또는 그와 가목부터 자목까지의 관계에 있는 자와 합하여 임원의 임면 등의 방법으로 그 법인 또는 단체의 중요한 경영사항에 대하여 사실상의 영향력을 행사하고 있지 아니함이 본인의 확인서 등을 통하여 확인되는 경우에는 그 임원은 제외)
   카. 본인이 단독으로 또는 그와 가목부터 차목까지의 관계에 있는 자와 합하여 법인이나 단체에 100분의 30 이상을 출자하거나, 그 밖에 임원의 임면 등 법

인이나 단체의 중요한 경영사항에 대하여 사실상의 영향력을 행사하고 있는 경우에는 해당 법인이나 단체와 그 임원(본인이 단독으로 또는 그와 가목부터 차목까지의 관계에 있는 자와 합하여 임원의 임면 등의 방법으로 그 법인 또는 단체의 중요한 경영사항에 대하여 사실상의 영향력을 행사하고 있지 아니함이 본인의 확인서 등을 통하여 확인되는 경우에는 그 임원은 제외)

2. 본인이 법인이나 단체인 경우에는 다음의 어느 하나에 해당하는 자
   가. 임원
   나. 독점규제 및 공정거래에 관한 법률에 따른 계열회사 및 그 임원
   다. 단독으로 또는 제1호 각 목의 관계에 있는 자와 합하여 본인에게 100분의 30 이상을 출자하거나, 그 밖에 임원의 임면 등 본인의 중요한 경영사항에 대하여 사실상의 영향력을 행사하고 있는 개인(그와 제1호 각 목의 관계에 있는 자를 포함) 또는 법인(계열회사는 제외), 단체와 그 임원
   라. 본인이 단독으로 또는 본인과 가목부터 다목까지의 관계에 있는 자와 합하여 법인이나 단체에 100분의 30 이상을 출자하거나, 그 밖에 임원의 임면 등 법인이나 단체의 중요한 경영사항에 대하여 사실상의 영향력을 행사하고 있는 경우에는 해당 법인, 단체와 그 임원(본인이 임원의 임면 등의 방법으로 그 법인 또는 단체의 중요한 경영사항에 대하여 사실상의 영향력을 행사하고 있지 아니함이 본인의 확인서 등을 통하여 확인되는 경우에는 그 임원은 제외)

3) 공동보유자

"공동보유자"란 본인과 합의나 계약 등에 따라 다음 각 호의 어느 하나에 해당하는 행위를 할 것을 합의한 자를 말한다(영 제141조 제2항).

1. 주식등을 공동으로 취득하거나 처분하는 행위
2. 주식등을 공동 또는 단독으로 취득한 후 그 취득한 주식을 상호 양도하거나 양수하는 행위
3. 의결권(의결권의 행사를 지시할 수 있는 권한을 포함)을 공동으로 행사하는 행위

합의나 계약은 반드시 계약서 등 서면에 의하여야 하는 것은 아니며 의사의 합치가 있으면 된다. 따라서 구두에 의한 합의, 묵시적인 승인도 포함되므로 이를 입증하는 것은 쉽지 않을 것이다.

(4) 보유의 범위

자본시장법 제133조 제3항에서 규정하는 보유는 특별관계자가 주식등을 소

유하는 경우뿐만 아니라 소유에 준하는 다음의 경우를 포함한다(영 제142조).

1. 누구의 명의로든지 자기의 계산으로 주식등을 소유하는 경우
2. 법률의 규정이나 매매, 그 밖의 계약에 따라 주식등의 인도청구권을 가지는 경우
3. 법률의 규정이나 금전의 신탁계약·담보계약, 그 밖의 계약에 따라 해당 주식등의 의결권(의결권의 행사를 지시할 수 있는 권한을 포함한다)을 가지는 경우
4. 법률의 규정이나 금전의 신탁계약·담보계약·투자일임계약, 그 밖의 계약에 따라 해당 주식등의 취득이나 처분의 권한을 가지는 경우
5. 주식등의 매매의 일방예약을 하고 해당 매매를 완결할 권리를 취득하는 경우로서 그 권리행사에 의하여 매수인으로서의 지위를 가지는 경우
6. 주식등을 기초자산으로 하는 법 제 5 조 제 1 항 제 2 호에 따른 계약상의 권리를 가지는 경우로서 그 권리의 행사에 의하여 매수인으로서의 지위를 가지는 경우
7. 주식매수선택권을 부여받은 경우로서 그 권리의 행사에 의하여 매수인으로서의 지위를 가지는 경우

(5) 지분율 산정방법

자본시장법상 공개매수의 판단기준이 되는 지분율은 주식뿐 아니라 주식연계증권을 포함하여 산정해야 하므로 계산방법에 혼란을 야기할 가능성이 있다. 이와 같은 혼란가능성을 방지하기 위하여 자본시장법에서 지분율은 "주식등의 수를 주식등의 총수로 나누어서 산정"하도록 규정하고 있으며 "주식등의 수"와 "주식등의 총수"를 산정하는 기준에 대하여 다음과 같이 규정하고 있다(법 제133조 제 5 항, 규칙 제14조).

1) 주식등의 수 산정기준(의결권 있는 주식등만을 대상으로 함)

주식등의 공개매수 여부를 판단할 때 주식등의 수는 다음과 같이 계산한 수로 한다(규칙 제14조 제 1 항).

1. 주권인 경우: 그 주식의 수
2. 신주인수권이 표시된 것인 경우: 신주인수권의 목적인 주식의 수(신주인수권의 목적인 주식의 발행가액총액 및 발행가격이 표시되어 있는 경우에는 해당 발행가액총액을 해당 발행가격으로 나누어 얻은 수)
3. 전환사채권인 경우: 권면액을 전환에 의하여 발행할 주식의 발행가격으로 나누어 얻은 수. 이 경우 1 미만의 단수는 계산하지 아니한다.
4. 신주인수권부사채권인 경우: 신주인수권의 목적인 주식의 수

5. 교환사채권인 경우: 다음 중 어느 하나에 해당하는 수
   가. 교환대상 증권이 제 1 호부터 제 4 호까지, 제 6 호 및 제 7 호에 따른 증권인 경우에는 교환대상 증권별로 제 1 호부터 제 4 호까지, 제 6 호 및 제 7 호에서 정하는 수
   나. 교환대상 증권이 교환사채권인 경우에는 교환대상이 되는 교환사채권을 기준으로 하여 교환대상 증권별로 제 1 호부터 제 4 호까지, 제 6 호 및 제 7 호에서 정하는 수
6. 파생결합증권인 경우: 다음 중 어느 하나에 해당하는 수
   가. 기초자산이 되는 증권이 제 1 호부터 제 5 호까지 및 제 7 호에 따른 증권인 경우에는 기초자산이 되는 증권별로 제 1 호부터 제 5 호까지 및 제 7 호에서 정하는 수
   나. 기초자산이 되는 증권이 파생결합증권인 경우에는 기초자산이 되는 파생결합증권을 기준으로 하여 기초자산이 되는 증권별로 제 1 호부터 제 5 호까지 및 제 7 호에서 정하는 수
7. 증권예탁증권인 경우: 그 기초가 되는 증권별로 제 1 호부터 제 6 호까지에서 정하는 수

2) 주식등의 총수 산정기준(의결권 있는 주식등만을 대상으로 함)

주식등의 공개매수 여부를 판단할 때 주식등의 총수는 의결권 있는 발행주식 총수와 해당 매수등을 한 후에 본인과 그 특별관계자가 보유하는 주식 등의 수를 합하여 계산한 수로 하되, 주권, 교환사채권의 교환대상이 되는 주권(자기주식은 제외), 파생결합증권의 기초자산이 되는 주권(자기주식은 제외) 및 증권예탁증권의 기초가 되는 주권은 제외한다(규칙 제14조 제 2 항).

여기서 주권과 교환사채 등을 제외하는 이유는 그 대상이 신주가 아니라 구주로서 이미 발행되어 발행주식총수에 포함되어 주권과 교환사채를 행사하더라도 발행주식총수가 증가하지 않기 때문이다. 그러나 자기주식은 현재는 의결권 있는 발행주식총수에 포함되지 않지만 장래 일정 시점에 매도되어 의결권이 부활될 수 있기 때문에 주식등의 총수에 합산하는 것이다.

3) 기　　타

주식매수선택권을 부여받은 경우에는 주식등의 수와 주식등의 총수에 해당 주식매수선택권의 행사에 따라 매수할 의결권 있는 주식(자기주식을 포함)을 각각 더한다(규칙 제14조 제 3 항).

(6) 공개매수 예외대상

다만, 매수등의 목적, 유형, 그 밖에 다른 주주의 권익침해 가능성 등을 고려하여 대통령령으로 정하는 매수등의 경우에는 공개매수 외의 방법으로 매수등을 할 수 있다(법 제133조 제 3 항 단서).

여기서 "대통령령으로 정하는 매수등"이란 다음 각 호의 어느 하나에 해당하는 것을 말한다(영 제143조). 이 경우에는 공개매수절차를 따를 필요가 없다.

1. 소각을 목적으로 하는 주식등의 매수등
2. 주식매수청구에 응한 주식의 매수
3. 신주인수권이 표시된 것, 전환사채권, 신주인수권부사채권 또는 교환사채권의 권리행사에 따른 주식등의 매수등
4. 파생결합증권의 권리행사에 따른 주식등의 매수등
5. 특수관계인으로부터의 주식등의 매수등
6. 전자적 증권중개(법 제78조 제 1 항)에 따라 증권의 매매를 중개하는 방법에 의한 주식의 매수
7. 그 밖에 다른 투자자의 이익을 해칠 염려가 없는 경우로서 금융위원회가 정하여 고시하는 주식 등의 매수등[1)]

---

1) 증권의 발행 및 공시 등에 관한 규정 제3-1조(공개매수의 면제) 영 제143조 제 7 호의 규정에서 "금융위원회가 정하여 고시하는 주식등의 매수등"이란 다음 각 호의 경우를 말한다.
   1. 기업의 경영합리화를 위하여 법률의 규정 또는 정부의 허가·인가·승인 또는 문서에 의한 지도·권고 등에 따른 주식등의 매수등
   2. 정부의 공기업민영화계획 등에 의하여 정부(한국은행, 한국산업은행 및 정부투자기관을 포함한다)가 처분하는 주식등의 매수등
   3. 회생절차개시 또는 파산을 법원에 신청한 회사의 주식등 또는 해당 회사 보유주식등을 법원의 허가·인가·결정·명령 또는 문서에 의한 권고 등에 따라 처분하는 경우 동 주식등의 매수등
   4. 채권금융기관(기업구조조정 촉진법 제 2 조 제 1 호에 따른 채권금융기관) 또는 채권은행(기업구조조정 촉진법 제 2 조 제 2 호에 따른 채권은행)이 다음 각 목의 어느 하나에 해당하는 기업의 주식등을 제 3 자에게 매각하는 경우 그 주식등의 매수등
      가. 기업구조조정 촉진을 위한 금융기관협약 및 그 후속 협약이 정하는 바에 따라 공동으로 기업개선작업 추진대상으로 선정된 기업
      나. 기업구조조정 촉진법 제 8 조 또는 제17조에 따라 채권금융기관 또는 채권은행의 공동관리절차가 개시된 부실징후기업
   5. 금산법 제10조에 따른 적기시정조치에 따라 해당 금융기관이 이행하는 사항과 관련되는 다음 각 목의 어느 하나에 해당하는 주식등의 매수등
      가. 해당 금융기관이 발행하는 주식등의 취득
      나. 해당 금융기관이 보유한 주식등의 매수등
      다. 제 3 자의 해당 금융기관 주식등의 매수등

시행령 제 1 호는 "소각을 목적으로 하는 주식등의 매수"라고 규정하여 주식소각의 종류를 제한하고 있지 않으므로 모든 소각에 있어서 공개매수는 강제되지 않는다.

자본시장법상 상장법인은 해당 법인의 명의와 계산으로 자기주식을 취득(상법 제341조에 의한 취득은 제외)하는 경우에는 증권시장에서 취득하거나 공개매수의 방법으로 수량의 제한 없이 상법 제462조 제 1 항의 규정에 의한 이익배당을 할 수 있는 한도 내에서 대통령령이 정하는 금액으로써 취득하여야 한다(법 제165조의2 제 2 항, 제 6 항, 영 제176조의2 제 1 항).

주식소각을 위한 자기주식의 취득의 경우 공개매수강제에서 제외한 것은 지배권취득과 관계가 없는 것이기 때문인 것으로 보인다.[1] 그러나 주식소각은 자본감소를 위한 소각, 이익소각 등 그 범위가 넓고, 임의소각의 방식을 취하는 경우

---

6. 예금자보호법 제2장에 따른 예금보험공사가 부실금융기관의 경영합리화를 위하여 관련법규 등에서 정하는 바에 따라 행하는 부실 금융기관 주식등의 매수등 및 예금보험공사가 동 주식등을 처분하는 경우의 해당 주식등의 매수등
7. 국유재산의 현물출자에 관한 법률에 따라 정부가 국유재산을 정부출자기업체에 현물출자하고 그 대가로 해당 회사가 발행하는 주식등의 취득
8. 외국인투자 촉진법 제 5 조부터 제 7 조까지의 규정에 따라 외국투자가가 취득한 주식등을 처분하는 경우의 해당 주식등의 매수등 또는 외국인투자기업의 합작당사자가 주식등을 처분하는 경우 합작계약에 따라 우선매입권을 가진 다른 합작당사자의 해당 주식등의 매수등
9. 금융기관이 관련법규에 따른 자본금요건을 충족하기 위하여 발행하는 주식의 취득 또는 자기자본비율 등 재무요건을 충족하기 위하여 감독원장 등에게 경영개선계획서 등을 제출하고 발행하는 주식의 취득
10. 제 5 호에 따른 자본금 증액시 일반주주의 대량실권 발생이 예상되어 해당 금융기관의 최대주주 및 그 특수관계인이 증자를 원활하게 하기 위하여 불가피하게 행하는 해당 금융기관 주식등의 매수등
11. 금융투자업감독규정 제6-7조에 따른 주식의 종목별 외국인 전체취득한도에 달하거나(한도에서 단주가 부족한 경우를 포함한다) 초과한 종목을 증권회사의 중개에 의하여 외국인간에 매매거래를 하는 경우 해당 주식의 매수
12. 증권시장에 상장하기 위하여 모집 또는 매출하는 주식을 인수한 투자매매업자가 증권신고서에 기재한 바에 따라 모집 또는 매출한 주식을 매수하는 경우 해당 주식의 매수
13. 공개매수사무취급자가 공개매수개시 이전 해당 주식을 차입하여 매도한 경우 이의 상환을 위한 장내매수
14. 주채무계열(은행업감독규정 제79조 제 1 항에 따른 주채무계열)이 주채권은행(은행업감독규정 제80조 제 1 항에 따른 주채권은행)과 은행법 제45조, 은행업감독규정 제82조 제 3 항 및 은행업감독업무시행세칙 제52조 제 4 항에 근거하여 체결한 재무구조개선약정에 따라 재무구조 개선을 위하여 주채무계열 및 그 공동보유자가 보유한 주식등을 처분하는 경우의 해당 주식등의 매수등

1) 임재연, 전게서, 436쪽.

에는 회사의 경영진이 매수가격과 상대방을 선택할 수 있으므로 주주평등의 원칙을 해할 우려가 있다는 견해도 있다.[1)]

2. 불특정 다수인

청약의 상대방은 불특정일 뿐만 아니라 다수인일 것이 요구된다. 또한 불특정 다수인은 매수의 상대방이 아닌 매수청약(또는 매수청약의 권유)의 상대방이다.

여기서 불특정 다수인이 특정되지 아니한 다수인임이 명백하지만, 다수인이 수적으로 어느 정도이어야 하는지는 분명하지 않다. 공개매수는 일반공중으로부터 주식을 매수하기 위하여 매수의 청약 또는 매도의 청약을 권유하는 것이므로 매수청약 또는 매도청약의 방법이 신문 등에 공고의 방법으로 이루어졌다면 실제의 청약자의 수와 관계없이 공개매수로 보아야 할 것이다.[2)]

3. 증권시장 밖에서의 매수

증권시장 내에서의 매수는 공개매수에 해당하지 않는다. 증권시장 내에서의 매수는 누구나 거래에 참가할 수 있으므로 주주평등의 원칙이 보장되고, 거래수량과 거래가격이 공개되어 경매매매의 방식으로 공정하게 거래가 체결되기 때문이다.

증권시장이란 증권의 매매를 위하여 거래소가 개설하는 시장으로 유가증권시장과 코스닥시장을 말하며(법 제 9 조 제13항), 이와 유사한 시장으로서 해외에 있는 시장을 포함한다(법 제133조 제 1 항).

그러나 증권시장에서의 경쟁매매 외의 방법에 의한 주식등의 매수로서 대통령령으로 정하는 매수의 경우에는 증권시장 밖에서 행하여진 것으로 본다(법 제133조 제 4 항). 여기서 "대통령령으로 정하는 매수"란 매도와 매수 쌍방당사자 간의 계약, 그 밖의 합의에 따라 종목, 가격과 수량 등을 결정하고, 그 매매의 체결과 결제를 증권시장을 통하는 방법으로 하는 주식등의 매수를 말한다(영 제144조). 따라서 시간외 대량매매방식에 의한 주식취득은 공개매수규제의 적용대상이 된다.

---

1) 김건식·정순섭, 전게서, 239쪽.

2) 홍복기, 전게 논문, 154쪽.

4. 매수 · 교환의 청약, 매도 · 교환의 청약의 권유

공개매수자가 불특정 다수인을 상대로 매수청약 또는 매도청약의 권유를 하여야 한다. 매수 또는 매도에는 다른 증권과의 교환을 포함한다(법 제 133조 제 1 항).

5. 주식등의 수량

자본시장법 제133조 제 1 항의 공개매수 정의규정은 일정한 비율의 주식등의 수량기준을 정하고 있지 않다. 따라서 5% 미만의 주식을 불특정 다수인에게 매도청약을 권유하여 매수하는 경우라면 공개매수규제의 적용대상이 된다.

Ⅲ. 공개매수의 절차

1. 공개매수사무취급자 선정

공개매수를 하고자 하는 자(공개매수자)는 일반적으로 공개매수사무취급자를 선정하여 공개매수절차를 진행한다. 공개매수자는 공개매수사무취급자와 공개매수대리인계약서를 작성하고 계약을 체결하게 된다.

또한 공개매수공고를 하거나 공개매수신고서를 제출하는 경우에도 미리 공개매수사무취급자를 대리인으로 선정하여 그 대리인으로 하여금 공고를 하게 하거나 신고서를 제출하게 하고 있다.

공개매수사무취급자란 공개매수를 하고자 하는 자를 대리하여 매수·교환·입찰, 그 밖의 유상취득("매수등")을 할 주식등의 보관, 공개매수에 필요한 자금 또는 교환대상 증권의 지급, 그 밖의 공개매수 관련 사무를 취급하는 자를 말한다(법 제133조 제 2 항). 구 증권거래법은 대리인으로 될 수 있는 자를 증권회사에 한정하고(증권거래법 제21조 제 5 항) 있었으나, 자본시장법은 대리인 강제주의를 폐지하였다.

2. 공개매수공고

공개매수를 하고자 하는 자는 대통령령으로 정하는 방법에 따라 다음 각 호의 사항을 공고(이하 "공개매수공고")하여야 한다(법 제134조 제 1 항). 공개매수공고를 하려는 자는 금융위원회가 정하여 고시하는 방법[1]에 따라 신문 등의 진흥에 관한

---

1) 증권의 발행 및 공시 등에 관한 규정 제3-4조(공개매수공고 기재사항) 영 제145조 제 1 항의

법률에 따른 일반일간신문 또는 경제분야의 특수일간신문 중 전국을 보급지역으로 하는 둘 이상의 신문에 공고하여야 한다(영 제145조 제 1 항). 공개매수자는 일반적으로 공개매수사무취급자를 통하여 공개매수에 관한 다음의 내용을 공고하게 될 것이다.

1. 공개매수를 하고자 하는 자
2. 공개매수할 주식등의 발행인(그 주식등과 관련된 증권예탁증권, 그 밖에 대통령령으로 정하는 주식등[1])의 경우에는 대통령령으로 정하는 자[2]))
3. 공개매수의 목적
4. 공개매수할 주식등의 종류 및 수
5. 공개매수기간·가격·결제일 등 공개매수조건
6. 매수자금의 명세, 그 밖에 투자자 보호를 위하여 필요한 사항으로서 "대통령령으로 정하는 사항"[3])

공개매수공고 및 공개매수신고서 제출(법 제134조), 공개매수신고서 사본의 송부(법 제135조)는 공개매수에 관한 정보를 공시하고 있는 제도이다.

공개매수가 성공하는 경우 주주의 변경은 대상회사와 그 경영진, 그리고 직원들에게 중대한 영향을 줄 수 있기 때문이다. 따라서 대상회사의 경영진 및 직원의 고용조건의 변경도 "공개매수의 목적"에서 설명하도록 할 필요가 있다.

규정에서 "금융위원회가 정하여 고시하는 방법"이란 제3-2조 제 1 항 제 1 호 가목, 제 2 호부터 제 5 호까지 및 제 7 호, 제 8 호, 제10호, 제13호, 제14호, 제16호의 사항 등을 기재하여 공고하는 것을 말한다.

1) "대통령령으로 정하는 주식등"이란 교환사채권과 파생결합증권을 말한다(영 제145조 제 2 항).

2) "대통령령으로 정하는 자"란 다음 각 호의 자를 말한다(영 제145조 제 3 항).
 1. 증권예탁증권의 경우에는 그 기초가 되는 주식등의 발행인
 2. 교환사채권의 경우에는 교환의 대상이 되는 주식등의 발행인
 3. 파생결합증권의 경우에는 그 기초자산이 되는 주식등의 발행인

3) "대통령령으로 정하는 사항"이란 다음의 사항을 말한다(영 제145조 제 4 항).
 1. 법 제134조 제 2 항에 따른 공개매수자와 그 특별관계자의 현황
 2. 법 제133조 제 2 항에 따른 공개매수사무취급자에 관한 사항
 3. 공개매수의 방법
 4. 공개매수할 주식등의 발행인(공개매수대상회사)의 임원이나 최대주주와 사전협의가 있었는지와 사전협의가 있는 경우에는 그 협의내용
 5. 공개매수가 끝난 후 공개매수대상회사에 관한 장래 계획
 6. 공개매수공고 전에 해당 주식등의 매수등의 계약을 체결하고 있는 경우에는 그 계약사실 및 내용
 7. 공개매수신고서와 공개매수설명서의 열람장소

3. 공개매수신고서 제출

(1) 의 의

공개매수공고를 한 자(공개매수자)는 다음의 기재사항을 기재한 신고서(공개매수신고서)를 그 공개매수공고를 한 날(공개매수공고일)에 금융위원회와 거래소에 제출하여야 한다. 다만, 공개매수공고일이 공휴일(근로자의 날 제정에 관한 법률에 따른 근로자의 날 및 토요일을 포함), 그 밖에 금융위원회가 정하여 고시하는 날[1]에 해당되는 경우에는 그 다음 날에 제출할 수 있다(법 제134조 제 2 항).

공개매수자는 공개매수사무취급자를 통하여 공개매수신고서를 공개매수공고일에 금융위원회와 거래소에 제출하게 될 것이다.

(2) 기재사항

공개매수신고서에는 공개매수공고에 기재된 내용과 다른 내용을 표시하거나 그 기재사항을 빠뜨려서는 아니 된다(영 제146조 제 1 항). 공개매수신고서에는 필수적 기재사항(법 제134조 제 2 항, 영 제146조 제 2 항)과 임의적 기재사항이 있다(법 제134조 제 4 항).

또한 공개매수신고서 필수적 기재사항 외에 공개매수신고서의 서식과 작성방법 등에 관하여 필요한 사항은 금융위원회가 정하여 고시한다(영 제146조 제 5 항).[2]

1) 증권의 발행 및 공시 등에 관한 규정 제3-5조(신고서를 제출할 수 없는 날) 법 제134조 제 2 항 단서에서 "금융위원회가 정하여 고시하는 날"이란 법 제413조에 따라 금융위원회가 휴장명령을 한 날을 말한다.

2) 증권의 발행 및 공시 등에 관한 규정 제3-2조(공개매수신고서의 기재사항 등) ① 영 제146조 제 5 항에 따라 공개매수신고서에 기재하여야 할 사항은 다음 각 호와 같다.
  1. 공개매수자 및 그 특별관계자에 관한 사항
     가. 공개매수자 및 그 특별관계자의 현황
     나. 공개매수자가 법인인 경우 해당 법인이 속해 있는 기업집단
     다. 공개매수자가 법인인 경우 해당 법인의 재무에 관한 사항
  2. 공개매수할 주식등의 발행인
     가. 공개매수대상회사 및 그 특별관계자의 현황
     나. 공개매수대상회사가 속해 있는 기업집단
  3. 공개매수의 목적
  4. 공개매수할 주식등의 종류 및 수
     가. 공개매수예정 주식등의 종류 및 수
     나. 공개매수 후 소유하게 되는 주식등의 수
     다. 공개매수대상회사의 발행 주식등의 총수
  5. 공개매수 기간·가격·결제일 등 공개매수조건

1) 필수적 기재사항

1. 공개매수자 및 그 특별관계자에 관한 사항
2. 공개매수할 주식등의 발행인
3. 공개매수의 목적
4. 공개매수할 주식등의 종류 및 수
5. 공개매수기간·가격·결제일 등 공개매수조건

가. 공개매수 기간·가격·결제일 등 일반적 조건
나. 결제의 방법
6. 공개매수공고일 이후에 공개매수에 의하지 아니하고 주식등의 매수등을 하는 계약이 있는 경우에는 해당 계약의 내용
7. 매수자금의 내역
가. 공개매수에 필요한 금액 이상의 금융기관 예금잔고 기타 자금보유내역
나. 다른 증권과의 교환에 의한 공개매수의 경우에는 교환의 대가로 인도할 증권의 보유내역
다. 독점규제 및 공정거래에 관한 법률 제 8 조의2 제 2 항 제 2 호의 기준에 해당하지 아니할 목적으로 현물출자를 받기 위하여 공개매수를 하고자 하는 경우에는 신주의 발행내용
8. 공개매수사무취급자(사무취급회사)에 관한 사항
가. 사무취급회사명
나. 사무취급회사의 공개매수 관련업무 수행범위
다. 사무취급회사의 본·지점 소재지 및 전화번호
9. 공개매수대상회사의 현황
가. 최근 분기 및 최근 3사업연도 재무 및 손익 상황
나. 공개매수공고일 이전 6월간의 공개매수대상회사 주식등의 거래상황
10. 공개매수의 방법
가. 청약의 방법
나. 철회의 방법
다. 청약주식 등의 매입방법
라. 공개매수신고의 정정 및 철회의 방법 등
11. 공개매수에 필요한 자금 또는 교환대상 증권의 조성내역(차입의 경우 차입처를 포함)
가. 공개매수에 필요한 자금 조성내역
나. 교환대상 증권의 조성내역
다. 교환의 대가로 인도할 증권 발행회사의 현황
12. 공개매수자 및 그 특별관계자의 최근 1년간 공개매수대상회사의 주식등의 보유상황 및 거래상황
13. 공개매수대상회사의 임원 또는 최대주주와의 사전협의가 있는지 여부와 사전협의가 있는 경우 그 협의내용
14. 공개매수 종료 후 공개매수대상회사에 관한 장래계획
15. 공개매수의 중개인 또는 주선인이 있는 경우 그에 관한 사항
가. 법인명 또는 성명
나. 법인의 설립목적 및 사업내용
16. 공개매수신고서 및 공개매수설명서의 열람장소

6. 공개매수공고일 이후에 공개매수에 의하지 아니하고 주식등의 매수등을 하는 계약이 있는 경우에는 그 계약의 내용
7. 매수자금의 명세, 그 밖에 투자자 보호를 위하여 필요한 사항으로서 "대통령령으로 정하는 사항"[1)]

통상 공개매수가격과 관련하여 명시적인 규정이 없으므로 공개매수자가 자유로이 정할 수 있다. 그러나 매수가격이 시가와 현저한 차이가 나거나 공개매수의 목적이 주식취득의 목적이 아닐 경우 금융위원회는 행정지도를 통해 공개매수신고서의 제출을 제한해야 할 것이다. 예를 들면 특정인만의 주식을 공개매수의 방법으로 저가에 취득하기 위한 목적 등을 들 수 있을 것이다.

2) 임의적 기재사항

공개매수자는 공개매수신고서에 그 주식등의 발행인의 예측정보를 기재 또는 표시할 수 있다. 이 경우 예측정보의 기재 또는 표시는 제125조 제2항 제1호·제2호 및 제4호의 방법에 따라야 한다(법 제134조 제4항).

(3) 첨부서류

공개매수신고서의 첨부서류, 그 밖에 공개매수신고서에 관하여 필요한 사항은 대통령령으로 정한다(법 제134조 제5항).

공개매수신고서에는 다음 각 호의 서류를 첨부하여야 한다. 이 경우 금융위원회는 전자정부법 제36조 제1항에 따른 행정정보의 공동이용을 통하여 공개매수자의 주민등록표 등본(개인인 경우로 한정) 또는 법인 등기사항증명서(법인인 경우로 한정)를 확인하여야 하며, 공개매수자가 주민등록표 등본의 확인에 동의하지 아니하는 경우에는 주민등록표 등본을 첨부하도록 하여야 한다(영 제146

1) "대통령령으로 정하는 사항"이란 다음의 사항을 말한다(영 제146조 제2항).
1. 공개매수사무취급자에 관한 사항
2. 공개매수대상회사의 현황
3. 공개매수의 방법
4. 공개매수에 필요한 자금이나 교환대상 증권의 조성내역(차입인 경우에는 차입처를 포함)
5. 공개매수자와 그 특별관계자의 최근 1년간 공개매수대상회사의 주식등의 보유상황과 거래상황
6. 공개매수대상회사의 임원이나 최대주주와 사전협의가 있었는지와 사전협의가 있는 경우에는 그 협의내용
7. 공개매수가 끝난 후 공개매수대상회사에 관한 장래계획
8. 공개매수의 중개인이나 주선인이 있는 경우에는 그에 관한 사항
9. 공개매수신고서와 공개매수설명서의 열람장소

조 제 4 항).

1. 공개매수자가 외국인인 경우에는 주민등록표 등본에 준하는 서류
2. 공개매수자가 법인, 그 밖의 단체인 경우에는 정관과 법인 등기사항증명서에 준하는 서류(법인 등기사항증명서로 확인할 수 없는 경우로 한정)
3. 공개매수 관련 사무에 관한 계약서 사본
4. 공개매수에 필요한 금액 이상의 금융기관 예금잔액, 그 밖에 자금의 확보를 증명하는 서류
5. 다른 증권과의 교환에 의한 공개매수인 경우에는 공개매수자가 교환의 대가로 인도할 증권의 확보를 증명하는 서류. 다만, 독점규제 및 공정거래에 관한 법률 제 8 조의2 제 2 항 제 2 호에 따른 기준에 해당하지 아니할 목적으로 현물출자를 받기 위하여 공개매수를 하려는 경우에는 신주의 발행을 증명하는 서류
6. 다른 증권과의 교환에 의한 공개매수에 관하여 법 제119조 제 1 항 또는 제 2 항에 따른 신고를 하여야 하는 경우에는 그 신고서에 기재할 사항의 내용과 같은 내용을 기재한 서류
7. 주식등의 매수등에 행정관청의 허가·인가 또는 승인이 필요한 경우에는 그 허가·인가 또는 승인이 있었음을 증명하는 서류
8. 공개매수공고 내용
9. 공개매수공고 전에 해당 주식등의 매수등의 계약을 체결하고 있는 경우에는 그 계약서의 사본
10. 그 밖에 공개매수신고서의 기재사항을 확인하는 데에 필요한 서류로서 금융위원회가 정하여 고시하는 서류[1)]

---

1) 증권의 발행 및 공시 등에 관한 규정 제3-3조(공개매수신고서의 첨부서류) 영 제146조 제 4 항 제10호의 규정에서 "공개매수신고서의 기재사항을 확인하는 데에 필요한 서류로서 금융위원회가 정하는 서류"는 다음 각 호의 서류를 말한다.
   1. 영 제146조 제 4 항 제 4 호 또는 제 5 호의 서류에 기재된 공개매수대금 또는 교환대상 증권을 결제일까지 인출 또는 처분하지 아니하는 경우에는 그 내용을 기재한 서류
   2. 공개매수신고서를 제출한 후 영 제146조 제 4 항 제 4 호 또는 제 5 호의 서류에 기재된 공개매수대금 또는 교환대상 증권을 인출 또는 처분하여 결제일까지 운용하고자 하는 경우에는 인출일 또는 처분일부터 결제일까지의 자금 또는 증권의 운용계획서와 그 내용을 확인할 수 있는 서류
   3. 공개매수자가 외국인 또는 외국법인등인 경우에는 국내에 주소 또는 사무소를 가진 자에게 해당 공개매수에 관한 권한을 부여한 것을 증명하는 서면
   4. 공개매수신고서에 첨부하는 서류가 한글로 기재된 것이 아닌 경우에는 그 한글번역문

(4) 공개매수신고서 사본의 송부

공개매수자는 공개매수신고서를 제출한 경우에는 지체 없이 그 사본을 공개매수할 주식등의 발행인에게 송부하여야 한다(법 제135조). 이는 공개매수의 대상회사인 발행인에게 방어대책을 준비하는 기회를 주기 위한 것이다.

공개매수할 주식등과 관련된 증권예탁증권, 교환사채권과 파생결합증권의 경우에 공개매수할 주식등의 발행인이란 대통령령으로 정하는 자를 말하므로(법 제134조 제1항 제2호), 증권예탁증권의 경우에는 그 기초가 되는 주식등의 발행인, 교환사채권의 경우에는 교환의 대상이 되는 주식등의 발행인, 파생결합증권의 경우에는 그 기초자산이 되는 주식등의 발행인에게 신고서의 사본을 송부하여야 한다(영 제145조 제2항, 제3항).

(5) 공개매수기간

공개매수기간은 공개매수신고서 제출일(공고일, 공고일이 공휴일에 해당되는 경우에는 그 다음 날)로부터 최소 20일 이상 최대 60일 이내의 범위 내에서 정할 수 있다(법 제134조 제3항, 영 제146조 제3항). 또한 당해 공개매수기간 중 대항하는 대항공개매수가 있는 경우 그 대항공개매수기간의 종료일까지 그 기간을 연장(그 대항공개매수기간의 종료일까지로 한정)할 수 있다(영 제147조 제3호 다목).

현행법상 공개매수기간과 관련하여 볼 때 매수기간이 단기일수록 매도압력이 커지는 문제가 있고, 공개매수신고서의 효력발생을 위한 대기기간이 폐지된 후로는 폐지된 기간만큼 투자자의 의사결정에 필요한 숙려기간이 축소되어 투자자 보호에 미흡한 문제가 있다. 실제로 발생한 대부분의 공개매수사례에서는 공개매수기간을 20일로 정하여 단기에 대상회사의 지배권을 취득하고자 하였다. 이것은 공개매수의 본질에 부합하는 것이다. 그러나 현행법상 공개매수기간은 실제 영업일만을 고려한 것이 아니고 기간의 통산개념으로 정해진 이상, 최단기간을 20일로 정하는 것은 너무 단기이고, 최장기간을 60일로 정하는 것은 공개매수의 본질에 비추어 장기이며, 실제의 사례도 잘 보이지 않아서 제도운영상 불합리한 점이 있다.[1)]

---

1) 송종준, "M&A 법제의 현황과 보완과제," 상장협연구보고서(2005. 4), 58쪽.

4. 공개매수대상회사의 의견표명

(1) 의견표명의 방법

공개매수신고서가 제출된 주식등의 발행인, 즉 대상회사는 공개매수에 관하여 광고·서신(전자우편을 포함), 그 밖의 문서에 의하여야 그 공개매수에 관한 의견을 표명할 수 있다(법 제138조 제 1 항, 영 제149조 제 1 항). 이 경우에는 발행인은 그 내용을 기재한 문서를 지체 없이 금융위원회와 거래소에 제출하여야 한다(법 제138조 제 2 항).

의견표명에는 공개매수에 대한 발행인의 찬성·반대 또는 중립의 의견에 관한 입장과 그 이유가 포함되어야 하며, 의견표명 이후에 그 의견에 중대한 변경이 있는 경우에는 지체 없이 제 1 항에서 정한 방법에 따라 그 사실을 알려야 한다(영 제149조 제 2 항).

이와 같이 대상회사에 공개매수에 대한 의견을 표명할 수 있도록 한 것은 공개매수에 직면하여 보유주식의 매도 여부를 결정해야 하는 대상회사의 주주에게 투자판단의 정확성과 공정성을 제공하기 위한 것이다.

(2) 의견표명의 의무 여부

자본시장법은 대상회사의 의견표명을 재량적으로 인정하고 있을 뿐 강제적으로 의무화하고 있지 않다. 그런데 의견표명이 재량이냐 의무이냐의 차이는 실제로 중요하다. 대상회사의 이사들은 주주들에게 공개매수에 관한 의견을 표명하고 자신들의 입장을 밝혀 주주들에게 정보를 제공할 필요가 있다. 그런데 대상회사에 공시할 의무를 부과하지 않은 것은 입법상 균형을 잃은 것이다. 공개매수자에게는 정보를 공시하도록 하고 있으면서도 대상회사에게는 공시의무를 부과하고 있지 않기 때문이다. 따라서 대상회사의 주주에게 투자판단의 정확성과 공정성을 확보시키기 위해 의견표명을 의무화할 필요가 있다.[1)]

대상회사의 의견표명의 의무는 첫째, 대상회사에 의견표명의 방법과 시점 등을 규정하고, 둘째, 대상회사의 의견표명보고서에는 의견표명의 근거로서 외부전문가로부터의 자문 또는 조언을 받은 사실, 이사회결의내용, 대상회사와 공개매수자간의 이해충돌관계에 있는 사실(예컨대 이사겸임, 주식상호보유 등), 대상회사의 이

1) 이상복, 전게 논문(2006. 9), 108쪽.

사와 공개매수자 사이에 개인적 이해관계가 있는 사실(예컨대 특별이익을 공여하기로 하는 약정, 금전적 이해관계, 경영자지위의 유지약정관계 등) 등을 기재하도로 하여야 할 것이다.[1]

(3) 부실의견표명과 제재 여부

증권거래법 시행령 제13조는 대상회사의 "의견표명내용에 있어서 중요한 사항을 누락하거나 오해를 일으킬 수 있는 것이어서는 아니 된다"고 규정하고 있었으나, 자본시장법은 이 규정을 두지 않았다. 입법적 불비이다. 대상회사의 의견표명에 있어서는 의견표명문서상의 부실기재의 금지에 관하여 중요한 사항의 누락과 오해를 일으킬 수 있는 것 이외에도 허위사실을 기재한 경우를 포함시켜야 할 것이다.

이와 같은 대상회사의 의견표명 의무화는 현행법에 규정은 없지만 이사의 충실의무(상법 제382조의3)에 따라 대상회사의 이사회는 의견표명을 하여야 할 것이다. 현행 상법상 이사의 충실의무는 이른바 영미의 보통법에서 인정되는 이사의 신인의무(fiduciary duty)의 개념을 도입한 것이다. 이 규정의 성격을 놓고 견해의 대립이 있으나, 영미법상의 해석원리를 도입한 것이라면 주주들의 이익과 직결된 공개매수 상황에서 주주들에게 의견표명을 하는 것이 바람직할 것이기 때문이다. 따라서 대상회사의 이사들이 부실의견을 표명한 경우에는 상법상 이사의 의무위반으로 책임을 물을 수 있을 것이다.

5. 공개매수설명서의 작성과 공시

(1) 공개매수설명서의 의의

공개매수설명서는 형식과 명칭에 관계없이 공개매수 대상회사의 주주들에게 매도청약을 권유하는 문서라고 할 수 있다. 공개매수자는 공개매수설명서를 작성, 공시, 교부하지 아니하면 공개매수를 실시할 수 없다.

공개매수자는 공개매수를 하고자 하는 경우에는 공개매수설명서에 법 제134조 제 2 항이 규정한 공개매수신고서의 필수적 기재사항을 동일하게 기재하여야 한다. 다만, 공개매수자가 주권상장법인인 경우에는 금융위원회가 정하여 고시하는 사항[2]의 기재를 생략할 수 있다(법 제137조 제 1 항, 영 제148조).

1) 송종준, 앞의 보고서, 71쪽.

(2) 공개매수설명서의 작성과 공시

공개매수자는 공개매수설명서를 작성하여 공개매수공고일에 금융위원회와 거래소에 제출하여야 하며, 다만, 공개매수공고일이 공휴일(근로자의 날 제정에 관한 법률에 따른 근로자의 날 및 토요일을 포함), 그 밖에 금융위원회가 정하여 고시하는 날에 해당되는 경우에는 그 다음 날에 제출할 수 있다(법 제137조 제 1 항, 제134조 제 2 항 단서).

또한 공개매수설명서는 공개매수사무취급자의 본점과 지점, 그 밖의 영업소, 금융위원회, 거래소에 비치하고 일반인이 열람할 수 있도록 하여야 한다(법 제137조 제 1 항, 규칙 제16조).

(3) 공개매수설명서의 부실기재 금지

공개매수설명서에는 공개매수신고서에 기재된 내용과 다른 내용을 표시하거나 그 기재사항을 누락하여서는 아니 된다(법 제137조 제 2 항).

(4) 공개매수설명서의 교부의무

공개매수자는 공개매수할 주식등을 매도하고자 하는 자에게 공개매수설명서를 미리 교부하지 아니하면 그 주식등을 매수하여서는 아니 된다. 이 경우 공개매수설명서가 전자문서의 방법에 따르는 때에는 다음 각 호의 요건을 모두 충족하는 때에 이를 교부한 것으로 본다(법 제137조 제 3 항).

1. 전자문서에 의하여 공개매수설명서를 받는 것을 전자문서수신자가 동의할 것
2. 전자문서수신자가 전자문서를 받을 전자전달매체의 종류와 장소를 지정할 것
3. 전자문서수신자가 그 전자문서를 받은 사실이 확인될 것
4. 전자문서의 내용이 서면에 의한 공개매수설명서의 내용과 동일할 것

6. 공개매수 실시

공개매수신고서 제출일 이후 공개매수기간인 20일 이상 60일 이내에 공개매수를 실시한다. 대항공개매수가 있는 경우에는 대항공개매수기간의 종료일까지

2) 증권의 발행 및 공시 등에 관한 규정 제3-9조(공개매수설명서 기재 생략) 영 제148조에서 "공개매수자가 주권상장법인인 경우 공개매수설명서에 기재를 생략할 수 있는 사항"이란 해당 법인의 재무에 관한 사항을 말한다.

그 기간을 연장할 수 있다.

7. 공개매수의 조건과 방법

(1) 전부매수 및 즉시매수의 원칙

1) 원 칙

공개매수자는 공개매수신고서에 기재한 매수조건과 방법에 따라 응모한 주식등의 전부를 공개매수기간이 종료하는 날의 다음 날 이후 지체 없이 매수하여야 한다(법 제141조 제1항 본문).

2) 예 외

다만, 다음 각 호의 어느 하나에 해당하는 조건을 공개매수공고에 게재하고 공개매수신고서에 기재한 경우에는 그 조건에 따라 응모한 주식등의 전부 또는 일부를 매수하지 아니할 수 있다(법 제141조 제1항 단서).

1. 응모한 주식등의 총수가 공개매수 예정주식등의 수에 미달할 경우 응모주식등의 전부를 매수하지 아니한다는 조건
2. 응모한 주식등의 총수가 공개매수 예정주식등의 수를 초과할 경우에는 공개매수 예정주식등의 수의 범위에서 비례배분[1]하여 매수하고 그 초과 부분의 전부 또는 일부를 매수하지 아니한다는 조건

(2) 매수가격 균일의 원칙

공개매수자가 제1항에 따라 공개매수를 하는 경우 그 매수가격은 균일하여야 한다(법 제141조 제2항). 따라서 매수가격 균일이 아니면 공개매수에서 주주를 차별하는 것이 가능하다. 공개매수가 입찰식으로 되면 주주는 가격인하 압력을 받게 될 것이고, 만일 응모시기가 앞설수록 가격을 유리하게 차이를 둔다면 주주가 조급하게 응모하게 된다는 문제가 있기 때문에 매수가격의 균일성을 요구하고 있다.[2]

---

1) 증권발행 및 공시 등에 관한 규정 제3-6조(비례부분) ① 법 제141조 제1항 제2호의 비례배분은 응모한 주식등의 총수가 매수예정 주식등의 수를 초과할 경우 청약주식 등의 수에 비례하여 배정하는 것을 말한다.
② 제1항에 따라 계산한 수의 합계와 매수예정 주식등의 총수가 다른 경우에 그 다른 수의 처리는 공개매수신고서에 기재한 방법에 따른다.

2) 이상복, 전게 논문, 105쪽.

매수가격과 관련하여 공개매수자의 입장에서는 매수 초기에 매수가격을 높게 가져가고 점차로 매수가격을 낮게 제시하는 방법이 가장 유리할 것이다. 현재의 매수가격을 점진적으로 낮출 수 있는 방법은 공개매수를 여러 번 실시하는 것과 그 기간 중에 장내에서 취득하는 방법이 있을 수 있다. 그러나 현행 자본시장법은 공개매수기간 동안 장내취득을 허용하지 않는다.

공개매수자가 공개매수를 개시하는 경우 매수계획을 제시하게 할 필요가 있다. 이 계획에는 최저가를 두고 최고가로부터 점진적으로 낮은 매수가격과 매수범위에 대한 전체 일정을 제시할 수 있도록 할 필요가 있을 것이다. 또한 매수기간 중 장내에서 취득하게 한다면 현행법의 편법운용 대신 공개매수의 기간도 짧아지고 공개매수의 성공가능성이 높아질 수 있을 것이다.

8. 공개매수통지서 송부

공개매수자는 공개매수기간이 종료한 때에는 매수의 상황, 매수예정 주식등 또는 반환주식등 및 기타 결제 등에 필요한 사항을 기재한 공개매수통지서를 응모자에게 지체 없이 송부하여야 한다(증권의 발행 및 공시 등에 관한 규정 제3-7조).

즉 공개매수기간 종료 후 지체 없이 청약주주가 공개매수청약서에 기재한 주소로 공개매수통지서를 송부하여야 한다. 공개매수통지서에는 개별 응모자에게 매수예정 주식과 반환주식의 수량, 매수대금 및 이에 관한 결제방법 등을 기재하여야 한다.

9. 주권반환 및 매수대금지급

법령에 규정은 없으나 공개매수자는 공개매수기간 종료일의 다음 날 이후 지체 없이 공개매수통지서에 기재된 내용대로 개별 응모주주에게 매수한 주식에 대한 대가인 매수대금을 지급하고, 매수하지 못한 주식에 대해서는 주권을 반환하는 절차를 밟아야 한다. 따라서 공개매수 청약 당시 응모주주는 공개매수사무취급자에게 본인 명의의 계좌를 개설하는 것이 필요할 것이다.

10. 공개매수결과보고서 제출

공개매수자는 금융위원회가 정하여 고시하는 방법[1]에 따라 공개매수의 결과

1) 증권의 발행 및 공시 등에 관한 규정 제3-8조(결과보고) 법 제143조의 규정에서 "금융위원

를 기재한 보고서(공개매수결과보고서)를 금융위원회와 거래소에 제출하여야 한다(법 제143조).

공개매수결과보고서에는 공개매수내용(대상회사명, 매수를 행한 주식등의 종류, 매수수량 및 가격, 공개매수기간), 공개매수결과(주식등의 종류, 청약주식수, 매수주식수), 공개매수자의 공개매수 후 주식등의 소유현황, 응모주식등의 총수가 공개매수예정수를 초과할 경우 매수방법, 그리고 청약 및 매수현황을 기재하여야 할 것이다

11. 신고서 등의 공시

금융위원회와 거래소는 다음과 같은 서류를 그 접수일부터 3년간 비치하고, 인터넷 홈페이지 등을 이용하여 공시하여야 한다(법 제144조).

1. 공개매수신고서 및 정정신고서
2. 공개매수설명서
3. 공개매수에 대한 의견표명내용을 기재한 문서
4. 공개매수철회신고서
5. 공개매수결과보고서

12. 교환공개매수의 절차

(1) 교환공개매수의 의의

교환공개매수(exchange tender offer)라 함은 현금지급이 아닌 증권과의 교환에 의해 이루어지는 공개매수를 말한다. 자본시장법 제133조 제 1 항은 매수와 매도의 개념에 "다른 증권과의 교환을 포함한다"고 하여 교환공개매수의 근거규정을 두고 있다.[1)]

자본시장법은 교환공개매수의 근거규정을 두고 있을 뿐 교환공개매수에 관한 세부규정을 두고 있지 않다. 다만 자본시장법 시행령에서 교환공개매수를 하고자 하는 경우에 공개매수자는 공개매수신고서에 교환의 대가로 인도할 증권의 확보를 증명하는 서류를 첨부하도록 하고 있을 뿐이다(영 제146조 제 4 항 제 5 호). 여기

회가 정하여 고시하는 방법"이란 공개매수자는 공개매수가 종료 한 때에 지체 없이 공개매수로 취득한 공개매수자의 보유주식등의 수, 지분율 등을 기재한 공개매수결과보고서를 금융위원회와 거래소에 제출하는 것을 말한다.

1) 송종준, 앞의 보고서, 60-69쪽 참조.

서 교환할 수 있는 증권은 주식, 채권, 기타의 증권이 해당하고, 이미 발행된 증권이나 신규로 발행하는 증권도 모두 해당한다. 따라서 교환공개매수를 하기 위해서는 자본시장법상 현금공개매수에 관한 규정에 따라야 한다.

그리고 공개매수자가 교환공개매수에 의하여 대상회사를 인수함으로써 지주회사로 전환하고자 하는 경우에는 독점규제 및 공정거래에 관한 법률 제 8 조의2 제 2 항 제 2 호의 기준(지주회사의 주식취득제한)의 적용을 받는다. 이 경우에 자본시장법 시행령은 독점규제법상 지주회사의 주식취득제한에 해당하지 아니할 목적으로 현물출자를 받기 위하여 공개매수를 하려는 경우에는 신주의 발행을 증명하는 서류를 첨부하도록 규정하고 있다(영 제146조 제 4 항 제 5 호).

실례로 우리나라에서도 기업집단 내 계열사간에 교환공개매수가 발생하였다. 2001년 11월 LGCI의 LG화학, LG생활건강, LG홈쇼핑에 대한 교환공개매수를 시작으로 2002년 8월 LGCI의 LG전자, 2003년 10월 농심홀딩스의 농심에 대한 교환공개매수가 있었다.

(2) 교환공개매수의 절차

1) 서 설

공개매수자가 신주를 발행하여 교환할 경우에는 자본시장법상 공개매수규정과 공모규정, 상법상의 현물출자규정을 모두 충족하여야 한다. 그리고 공개매수자가 보유한 구주(舊株)매출에 의하여 교환할 경우에는 자본시장법상 공개매수규정과 공모규정을 충족하여야 한다.

2) 현물출자

공개매수자가 교환해야 할 증권이 공개매수자가 신규로 발행하는 주식일 경우에는 대상회사의 응모주주가 공개매수자에게 현물출자를 하는 것이므로 이에 대해서는 상법(제416조, 제422조)이 적용된다.

따라서 출자물에 대한 과대평가를 방지하기 위하여 상법 제416조 제 4 호에 의하여 정관에 출자목적물의 종류, 수량, 가액 등을 특정하여야 하고, 상법 제422조에 의하여 법원이 선임한 검사인에 의하여 현물출자의 검사가 이루어져야 한다. 그러한 교환공개매수를 청약하는 등 자본시장법상의 공개매수절차를 진행하는 시점에 있어서는 현물출자자, 교환할 주식등 현물의 종류, 가액, 수량 등을 특정할 수 없으므로 현실적으로 이러한 요건을 충족시켜 신속하게 교환공개매수를 실효

성 있게 진행하는 데 실무상 어려움이 있다.[1]

이러한 문제로 인하여 법원은 교환공개매수에 있어서 상법상의 현물출자에 관한 규정을 유연하게 해석하여 신주발행에 의한 교환공개매수를 인정한 바 있다.[2] 즉 법원은 상법상 현물출자와 출자목적물의 수량은 확정적인 것이 아니더라도 이사회의 결의가 있으면 특정된 것으로 보고, 현물출자자에게 부여할 주식수의 특정은 구체적이지 않더라도 주식수를 계산할 수 있는 산식의 결의만으로도 특정된 것으로 인정하며, 현물출자의 가액산정에서 매수가격의 프리미엄지급은 과대평가라고 볼 수 없다고 해석한 바 있다. 그러나 이러한 법원의 결정은 독점규제 및 공정거래에 관한 법률상 지주회사의 주식취득제한에 해당하지 아니할 목적으로 현물출자를 받기 위하여 교환공개매수를 하는 경우에만 관련된 것이라고 할 수 있다.[3]

3) 증권신고서

교환할 증권이 대상회사의 불특정 다수의 주주에게 교환되는 경우에는 공개매수자는 자본시장법상으로는 증권의 모집·매출의 규정에 따라 증권신고서를 금융위원회에 제출하여야 하고, 나아가 투자설명서도 함께 교부하여야 한다(법 제119조). 자본시장법상으로는 공개매수자가 신주를 발행하거나 기발행주권의 매출에 의하여 교환공개매수를 추진하는 경우에 공개매수자는 공모규정에 따라 증권신고서를 금융위원회에 제출하여야 하고 투자설명서도 교부하여야 한다. 따라서 공개매수자가 신주를 발행하여 교환할 경우에는 자본시장법상 공개매수규정과 공모규정, 상법상의 현물출자규정을 모두 충족하여야 한다. 그리고 공개매수자가 보유한 구주의 매출에 의하여 교환할 경우에는 자본시장법상 공개매수규정과 공모규정을 충족하여야 한다.

그런데 이 경우에 증권신고서의 제출과 그에 따른 대기기간의 적용으로 인하여 자본시장법상 허용된 공개매수기간 중에 교환공개매수를 실행하는 것이 현실적으로 어렵다. 자본시장법상 발행가액의 기준일은 청약일 전 5거래일이고, 증권신고서의 효력은 수리일로부터 10일이 경과하여야 발생한다. 따라서 증권신고서를 제출하는 시점에서는 신주의 발행가액과 발행예정주식수를 확정할 수 없어서 현행의 공개매수에 관한 일반규정이 적용되는 한 교환공개매수를 수행하기에 실

---

1) 노혁준, "교환공개매수에 관한 연구," 상사법연구(2004), 28쪽 이하.
2) 서울남부지방법원 2001. 11. 12. 선고 2001파40 결정.
3) 노혁준, 전게 논문, 40쪽.

무상 어려움이 있다.

4) 공개매수신고서

증권신고서가 수리된 후에 자본시장법 규정에 따라 공개매수공고와 공개매수신고서제출 등의 절차를 밟아야 한다.

13. 주식의 대량보유 상황 · 변동 보고

공개매수의 결과 상장법인의 의결권 있는 주식등을 5% 이상 보유하게 되는 경우와 그 5% 이상 보유한 주주의 보유주식비율이 1% 이상 변동하게 되는 경우에는 그 날부터 5일 이내에 주식소유상황 및 변동내용을 금융위원회와 거래소에 보고하여야 한다(법 제147조 제 1 항).

Ⅳ. 공개매수의 정정 및 철회

1. 공개매수의 정정

(1) 정정신고서 제출

1) 금융위원회의 정정요구

금융위원회는 공개매수신고서의 형식을 제대로 갖추지 아니한 경우 또는 그 공개매수신고서 중 중요사항에 관하여 거짓의 기재 또는 표시가 있거나 중요사항이 기재 또는 표시되지 아니한 경우에는 공개매수기간이 종료하는 날까지 그 이유를 제시하고 그 공개매수신고서의 기재내용을 정정한 신고서("정정신고서")의 제출을 요구할 수 있다(법 제 136조 제 1 항). 금융위원회의 요구가 있는 경우 그 공개매수신고서는 그 요구를 한 날부터 제출되지 아니한 것으로 본다(법 제136조 제 2 항).

2) 공개매수자의 정정

공개매수자는 공개매수조건, 그 밖에 공개매수신고서의 기재사항을 정정하고자 하는 경우 또는 투자자 보호를 위하여 그 공개매수신고서에 기재된 내용을 정정할 필요가 있는 경우로서 총리령으로 정하는 경우에는 공개매수기간이 종료하는 날까지 금융위원회와 거래소에 정정신고서를 제출하여야 한다(법 제136조 제 3 항 본문).

여기서 "총리령으로 정하는 경우"란 다음 각 호의 어느 하나에 해당하는 경우를 말한다(규칙 제15조).

1. 공개매수신고서의 기재나 표시내용이 불분명하여 그 공개매수신고서를 이용하는 자로 하여금 중대한 오해를 일으킬 수 있는 내용이 있는 경우
2. 공개매수자에게 불리한 정보를 생략하거나 유리한 정보만을 강조하는 등 과장되게 표현된 경우

다만, 매수가격의 인하, 매수예정 주식등의 수의 감소, 매수대금 지급기간의 연장(법 제136조 제4항 제1호의 경우를 제외), 그 밖에 대통령령으로 정하는 공개매수조건 등은 변경할 수 없다(법 제136조 제3항 단서).

여기서 "대통령령으로 정하는 공개매수조건"은 다음과 같다(영 제147조).

1. 공개매수기간의 단축
2. 응모주주에게 줄 대가의 종류의 변경. 다만, 응모주주가 선택할 수 있는 대가의 종류를 추가하는 경우는 제외한다.
3. 공개매수 대금지급기간의 연장을 초래하는 공개매수조건의 변경. 다만, 다음의 어느 하나에 해당하는 경우는 제외한다.
   가. 정정신고서 제출일 전 3일의 기간 중 해당 주식등의 증권시장에서 성립한 가격(최종가격 기준)의 산술평균가격이 공개매수가격의 100분의 90 이상인 경우 또는 대항공개매수(법 제139조 제1항)가 있는 경우의 매수가격 인상
   나. 공개매수공고 후 해당 주식등의 총수에 변경이 있는 경우 또는 대항공개매수가 있는 경우의 매수예정 주식등의 수의 증가
   다. 대항공개매수가 있는 경우의 공개매수기간의 연장(그 대항공개매수기간의 종료일까지로 한정)

자본시장법에 따라 공개매수자는 매수조건을 변경하고자 하는 경우 공개매수기간 종료일까지 정정신고서를 제출하여야 한다. 그러나 공개매수기간의 단축 등에 대해서는 조건을 변경할 수 없다.

일본의 경우 대상회사의 주주들의 이익에 불리하게 영향을 줄 수 있는 공개매수기간과 조건의 변경(매수가격의 인하 포함)은 금지된다.[1] 미국의 경우 매수가격 또는 매수예정주식수의 변경이 있는 경우에는 추가로 10영업일의 계속을 요구하

1) 금융상품거래법 제27조의6 제1항.

고 있다.[1)]

대상회사의 주주들의 이익에 불리하게 영향을 줄 수 있는 매수기간과 조건의 변경은 미국에서는 허용되지만 우리나라와 일본에서는 허용되지 않는다. 따라서 우리나라의 경우 공개매수제도를 활성화하기 위하여 매수기간의 단축을 검토할 필요가 있으며, 매수가격의 인하가 합리적인 경우라면 그 변경도 허용하는 것이 공개매수를 촉진시킬 수 있을 것이다.

또한 공개매수의 조건에 현금 대신 매수자의 증권(기업일 경우)을 이용할 수 있는 제도(교환공개매수)를 활성화할 필요가 있다. 교환공개매수제도는 현금공개매수에 비하여 잠재적인 기업인수자에게 자금부담의 압박을 덜어줄 수 있기 때문에 M&A의 활성화를 촉진할 수 있을 것이다.

3) 정정신고서와 공개매수종료일

공개매수자가 제 1 항 또는 제 3 항에 따라 공개매수신고서의 정정신고서를 제출하는 경우 공개매수기간의 종료일은 다음과 같다(법 제136조 제 4 항).

1. 그 정정신고서를 제출한 날이 공고한 공개매수기간 종료일 전 10일 이내에 해당하는 경우에는 그 정정신고서를 제출한 날부터 10일이 경과한 날
2. 그 정정신고서를 제출한 날이 공고한 공개매수기간 종료일 전 10일 이내에 해당하지 아니하는 경우에는 그 공개매수기간이 종료하는 날

(2) 정정공고

공개매수자는 정정신고서를 제출한 경우에는 지체 없이 그 사실과 정정한 내용(공개매수공고에 포함된 사항에 한한다)을 공고하여야 한다. 이 경우 공고의 방법은 공개매수공고의 방법에 따른다(법 제136조 제 5 항).

(3) 정정신고서 사본 송부

공개매수자는 공개매수신고서의 정정신고서를 제출한 경우에는 지체 없이 그 사본을 공개매수할 주식등의 발행인에게 송부하여야 한다(법 제136조 제 6 항).

---

1) SEC Rule 14e-1(b).

2. 공개매수의 철회

(1) 원칙적 금지

공개매수자는 공개매수공고일 이후에는 공개매수를 철회할 수 없다(법 제139조 제1항 본문). 공개매수의 철회는 대상회사의 증권의 가격에 큰 영향을 미치고 증권시장에 충격을 주는 행위로서 이를 자유롭게 허용하면 공개매수제도를 악용하여 미공개정보를 이용한 내부자거래나 시세조종행위 등의 불공정거래가 발생할 염려가 있으므로 원칙적으로 금지하고 있으며 제한적으로만 예외를 인정하고 있다.

(2) 예외적 허용

다만, 대항공개매수(공개매수기간 중 그 공개매수에 대항하는 공개매수)가 있는 경우, 공개매수자가 사망·해산·파산한 경우, 그 밖에 투자자 보호를 해할 우려가 없는 경우로서 대통령령으로 정하는 경우에는 공개매수기간의 말일까지 철회할 수 있다(법 제139조 제1항 단서). 이것은 공개매수자 또는 공개매수대상회사에게 공개매수를 계속 진행하기 어려운 사유가 발생한 경우를 고려한 것이다.

위에서 "대통령으로 정하는 경우"란 다음의 어느 하나에 해당하는 경우를 말하는데, 공개매수자에게 발생한 사유(1호)와 공개매수대상회사에 발생한 사유(제2호)로 구분하고 있다(영 제150조).

1. 공개매수자가 발행한 어음 또는 수표가 부도로 되거나 은행과의 당좌거래가 정지 또는 금지된 경우
2. 공개매수대상회사에 다음 각 목의 어느 하나의 사유가 발생한 경우에 공개매수를 철회할 수 있다는 조건을 공개매수공고시 게재하고 이를 공개매수신고서에 기재한 경우로서 그 기재한 사유가 발생한 경우
   가. 합병, 분할, 분할합병, 주식의 포괄적 이전 또는 포괄적 교환
   나. 주요사항보고서의 제출사유(영 제171조 제1항) 중 어느 하나에 해당하는 중요한 영업이나 자산의 양도·양수
   다. 해산
   라. 파산
   마. 발행한 어음이나 수표의 부도
   바. 은행과의 당좌거래의 정지 또는 금지

사. 주식등의 상장폐지

아. 천재지변·전시·사변·화재, 그 밖의 재해 등으로 인하여 최근 사업연도 자산총액의 100분의 10 이상의 손해가 발생한 경우

(3) 철회절차

공개매수자는 공개매수를 철회하고자 하는 경우에는 철회신고서를 금융위원회와 거래소에 제출하고, 그 내용을 공고하여야 한다. 이 경우 공고의 방법은 공개매수공고의 방법에 따른다(법 제139조 제 2 항). 공개매수자는 공개매수의 철회신고서를 제출한 경우에는 지체 없이 그 사본을 공개매수를 철회할 주식등의 발행인에게 송부하여야 한다(법 제139조 제 2 항).

(4) 응모주주의 응모취소권

공개매수대상 주식등의 매수의 청약에 대한 승낙 또는 매도의 청약("응모")을 한 자("응모주주")는 공개매수기간 중에는 언제든지 응모를 취소할 수 있다. 이 경우 공개매수자는 응모주주에 대하여 그 응모의 취소에 따른 손해배상 또는 위약금의 지급을 청구할 수 없다(법 제139조 제 4 항).

이와 같이 주주의 취소권을 인정한 것은 응모판단의 수정이나 다른 유리한 공개매수에 응모할 기회를 부여하기 위한 것이다.

V. 공개매수 관련 제한(금지행위)

1. 별도매수의 금지

(1) 원칙적 금지

공개매수자(그 특별관계자 및 공개매수사무취급자를 포함)는 공개매수공고일부터 그 매수기간이 종료하는 날까지 그 주식등을 공개매수에 의하지 아니하고는 매수등을 하지 못한다(법 제140조 본문). 이것은 공개매수가격이 일반적으로 시장가격에 비하여 높기 때문에, 증권시장에서 공개매수가격보다 낮은 가격에 주식을 매수할 수 있다고 하면 주주평등의 원칙에 반하고, 또한 모든 주주에게 최고가를 보장해야 한다는 원칙(최고가 원칙)에 반하기 때문이다.[1)]

---

1) 임재연, 전게서, 459쪽.

(2) 예외적 허용

다만, 공개매수에 의하지 아니하고 그 주식등의 매수등을 하더라도 다른 주주의 권익침해가 없는 경우로서 대통령령으로 정하는 경우에는 공개매수에 의하지 아니하고 매수등을 할 수 있다(법 제140조 단서).

여기서 "대통령령으로 정하는 경우"란 다음의 어느 하나에 해당하는 경우를 말한다(영 제151조).

1. 해당 주식등의 매수등의 계약을 공개매수공고 전에 체결하고 있는 경우로서 그 계약체결 당시 공개매수의 적용대상에 해당하지 아니하고 공개매수공고와 공개매수신고서에 그 계약사실과 내용이 기재되어 있는 경우
2. 공개매수사무취급자가 공개매수자와 그 특별관계자 외의 자로부터 해당 주식등의 매수등의 위탁을 받는 경우

2. 반복매수의 금지

공개매수공고일로부터 과거 6월간 공개매수를 통하여 당해 주식등을 매수한 사실이 있는 자(그 특별관계자 포함)는 대통령령이 정하는 경우를 제외하고는 공개매수를 하지 못한다(증권거래법 제23조 제3항). 다만 예외적으로 대항공개매수의 경우에 한하여 이를 허용하고 있었다(증권거래법 시행령 제12조의4). 이는 동일한 대상회사에 공개매수가 여러 차례 반복되어 지배권획득을 위한 불필요한 다툼이 계속되는 것을 방지하고자 한 것이었다. 그러나 공개매수가 잘 일어나지 않는 현실과 공개매수에 관한 과도한 규제라는 점이 지적되어 폐지되었다.

Ⅵ. 공개매수규제 위반에 대한 제재

1. 민사제재

(1) 서 설

1) 의 의

자본시장법은 공개매수신고서(그 첨부서류를 포함) 및 그 공고, 정정신고서(그 첨부서류를 포함) 및 그 공고 또는 공개매수설명서 중 중요사항에 관하여 거짓의

기재 또는 표시가 있거나 중요사항이 기재 또는 표시되지 아니함으로써 응모주주가 손해를 입은 경우에는 그 손해에 관하여 배상의 책임을 지도록 특칙을 두고 있다(법 제142조). 이러한 손해배상책임의 특례는 민법상 일반불법행위책임의 성립요건 중 가해자의 고의·과실, 가해자의 위법행위와 피해자의 손해 사이의 인과관계, 손해배상액에 대한 증명책임을 가해자에게 전환하는 것이다. 이는 증권거래의 특수성을 고려하여 피해자인 투자자를 두텁게 보호하고자 함에 그 목적이 있다

2) 입법취지

증권의 모집·매출에 관한 규정(법 제125조, 제126조)은 신규로 발행되는 주식의 매수청약에 대하여 승낙하거나 또는 이미 발행된 주식의 매도청약에 대하여 승낙하는 경우에 그 발행인의 부실공시를 신뢰하여 승낙한 불특정한 투자자의 손해를 배상하기 위한 것이다. 반면에 공개매수에 있어서 부실정보공시에 관한 규정(법 제142조)은, 특정 회사의 주주가 보유하는 주식을 취득하고자 하는 공개매수자의 매수청약(또는 매도청약의 권유)에 대하여 그 주주가 매도의 승낙(또는 매도의 청약)을 하거나, 공개매수자가 매수의 승낙을 함으로써 주식의 매매가 성립하는 경우에, 공개매수자의 부실공시를 신뢰하여 보유주식을 응모하는 주주의 손해를 배상하기 위한 것이다. 전자의 경우는 발행회사의 부실공시가 주가에 영향을 미쳐 투자자의 손실을 직접 초래할 수 있지만, 후자의 경우는 공개매수가격이 이미 확정되어 있고 응모주주는 그 가격으로 주식을 매도하는 것이므로 공개매수자의 부실공시가 그 매수가격에 아무런 영향도 미치지 않아 응모주주의 손해를 예상하기 어렵다. 따라서 증권의 발행과 공개매수는 전혀 성질이 다르다. 자본시장법이 부실정보공시에 기하여 응모주주가 입은 손해배상액의 산정기준에 관하여 증권의 발행에 관한 법 제126조를 준용하지 않고 새로운 규정을 신설한 것은 타당한 입법이다.[1)]

증권거래법이 발행공시책임에 관한 규정을 공개매수공시책임에 준용하는 것은 다음과 같은 문제점이 있었다. 첫째, 기본적으로 발행공시에서는 책임질 자가

1) 증권거래법은 제25조의3에서 공개매수신고서 및 그 공고, 정정신고서 및 그 공고와 공개매수설명서와 관련하여 응모주주에게 끼친 손해에 관하여 제14조 제 1 항을 준용하는 형식을 취하고 있었다. 증권거래법은 공개매수와 관련된 부실표시의 경우, 손해배상책임에 관하여 전반적으로 발행시장규정인 제14조 제 1 항을 준용하도록 하면서, 손해배상액 산정기준을 정하고 있는 제15조에 대해서는 언급이 없었다. 이러한 입법형식은 많은 비판을 받아왔고, 자본시장법은 별도의 규정을 두어 문제점을 해결하였다.

대개 매도의 청약을 하거나 매수청약을 권유하는 자인 반면, 공개매수는 매수의 청약을 하는 자라는 점이 다르다. 둘째, 책임의 성격에 관하여 보면 발행공시책임에 있어서는 일반적으로 당해 부실공시를 신뢰하고 증권을 취득한 자가 부실공시(특히 재무정보에 관한)를 하지 않았더라면 보다 낮은 가격으로 지불했을 경우에 그 차액이나 부실공시로 인한 주가하락분이 책임의 본질(신뢰책임)인 반면, 공개매수의 공시책임에서는 공개매수자의 재무정보가 중요성을 갖지 않음은 물론 책임의 성격이 신뢰책임의 성질을 갖지 않는다는 점이다.

(2) 책임당사자

1) 배상책임자

공개매수신고서(그 첨부서류를 포함) 및 그 공고, 정정신고서(그 첨부서류를 포함) 및 그 공고 또는 공개매수설명서 중 중요사항에 관하여 거짓의 기재 또는 표시가 있거나 중요사항이 기재 또는 표시되지 아니함으로써 응모주주가 손해를 입은 경우에는 다음 각 호의 자는 그 손해에 관하여 배상의 책임을 진다(법 제142조 제 1 항).

1. 공개매수신고서 및 그 정정신고서의 신고인(신고인의 특별관계자를 포함하며, 신고인이 법인인 경우 그 이사를 포함)과 그 대리인
2. 공개매수설명서의 작성자와 그 대리인

이들의 책임은 그 성질이 불법행위책임이므로 이들은 원칙적으로 공동불법행위자의 관계에 있다. 따라서 이들은 부진정연대책임을 진다.

2) 배상청구권자

자본시장법은 공개매수자의 부실공시로 인하여 대상회사의 응모주주가 받은 손해를 배상하도록 규정하고 있다(법 제142조 제 1 항). 따라서 응모주주만이 손해배상청구권자이다. 그러나 공개매수자의 부실공시로 손해를 입을 수 있는 자는 반드시 대상회사의 응모주주에 한정되는 것은 아니다. 따라서 비응모주주, 대상회사, 기타 증권시장의 일반투자자 등 응모주주 이외의 다른 피해자는 민법 제750조의 일반불법행위에 기한 손해배상청구권을 행사할 수 있을 것이다.

(3) 객관적 요건(위법행위)

공개매수신고서(그 첨부서류를 포함) 및 그 공고, 정정신고서(그 첨부서류를 포함) 및 그 공고 또는 공개매수설명서 중 중요사항에 관하여 거짓의 기재 또는 표시가 있거나 중요사항이 기재 또는 표시되지 아니함으로써 응모주주가 손해를 입은 경우에 손해배상책임이 발생한다(제142조 제1항). 자본시장법 제142조는 공개매수신고서 등에 부실표시가 곧바로 손해배상책임을 발생시킬 수 있는 위법한 행위임을 규정하고 있다. 왜냐하면 일정한 공시서류를 작성하고 필요한 중요정보를 투자자에게 제공하여야 할 법적 의무를 위반하여 부실정보를 제공하는 것 자체가 위법성의 징표가 되는 것이다.

(4) 주관적 요건

1) 과실책임의 원칙

자본시장법은 공개매수자가 공개매수신고서 등의 부실공시로 인하여 응모주주에게 손해를 입힌 경우에는 손해배상책임을 지도록 하고 있다(법 제142조 제1항 본문). 따라서 부실공시를 행한 공개매수자가 손해배상책임을 지기 위해서는 공개매수신고서 등에 중요사항에 관하여 거짓의 기재 또는 표시가 있거나 중요사항이 기재 또는 표시되지 아니함으로써 주식을 응모한 주주에게 손해를 입혀야 한다.

그런데 공개매수자의 부실공시책임은 불법행위책임으로서 과실책임이므로 부실공시라는 위법행위를 행함에 있어 주관적 요건으로서 고의 또는 과실이 필요하다. 자본시장법은 주관적 요건에 관하여 규정하고 있지 않지만, 부실공시는 중요정보공시의무를 정한 자본시장법의 규정을 위반한 것으로서 그 위반에는 과실이 추정된다. 따라서 부실공시에 대한 과실의 부존재에 대한 증명책임은 공개매수자에게 전환되어 있다. 과실에는 중대한 과실 이외의 경과실도 포함된다.

2) 증명책임의 전환

배상의 책임을 질 자가 상당한 주의를 하였음에도 불구하고 이를 알 수 없었음을 증명하거나 응모주주가 응모를 할 때에 그 사실을 안 경우에는 배상의 책임을 지지 아니한다(법 제142조 제1항 단서).

여기서 “상당한 주의를 하였음에도 불구하고 이를 알 수 없었음을 증명하거나”와 관련하여 부실공시책임의 성질을 과실책임으로 보는 경우에는 과실의 부존재에 대한 입증책임은 공개매수자에게 전환된다. 따라서 이것은 당연한 것을 규정한 것이다. 반면에 "응모주주가 응모를 할 때에 그 사실을 안 경우에"와 관련하여는 응모주주가 부실공시의 사실을 알고도 응모한 경우를 예정한 것인데, 공개매수자가 책임을 면하기 위하여는 응모주주의 악의를 입증하여야 할 것이다. 자본시장법이 부실공시된 정보가 진실한 것이라고 신뢰하여 공개매수에 응모한 것을 전제로 신뢰의 인과관계를 추정하고 있는 점에서 응모주주가 정보의 부실성을 인식하고 응모한 경우에 책임을 면하는 것은 당연한 것이다. 따라서 응모주주는 공개매수자의 부실공시에 대하여 악의 없음이 추정된다.

(5) 인과관계

공개매수자가 부실공시에 기한 손해배상책임을 지기 위하여는 부실공시를 응모주주가 신뢰하여야 하고, 또한 그 신뢰에 기초하여 공개매수에 응모함으로써 손해를 입어야 한다. 부실공시의 책임의 성질이 불법행위책임이므로 부실공시에 대한 신뢰의 인과관계와 부실공시와 손해의 발생 사이에 인과관계가 존재하여야 한다. 인과관계의 증명책임은 피해자에게 있는 것이 일반불법행위책임의 원칙이다. 그러나 자본시장법은 신뢰의 인과관계에 대한 증명책임을 투자자 보호를 위하여 공개매수자에게 전환하고 있다고 보아야 한다. 이것은 법정의무로서 중요정보가 공시된 이후에는 응모주주가 공시된 정보가 진실한 것이라고 신뢰하고 주식의 응모를 결정한 것이라고 봄이 상당하고, 또한 증권거래에 있어서는 응모주주가 스스로 신뢰의 인과관계를 입증하는 것은 사실상 불가능하기 때문이다. 또한 자본시장법은 부실공시에 따른 배상책임을 질 자가 상당한 주의를 하였음에도 불구하고 이를 알 수 없었음을 증명하거나 응모주주가 응모를 할 때에 그 사실을 안 경우에는 배상의 책임을 지지 아니한다고 명시하고 있는데(법 제142조 제1항 단서), 이 규정은 부실공시와 손해발생 사이의 인과관계에 대한 증명책임을 공개매수자에게 전환하고 있는 것이다.[1)]

(6) 예측정보

예측정보가 다음의 어느 하나의 방법으로 기재 또는 표시된 경우에는 법 제142조 제1항에 불구하고 제1항 각 호의 자는 그 손해에 관하여 배상의 책임을

---

1) 송종준, "주식공개매수에 있어서 경영자민사책임의 문제," 비교사법(1994), 553쪽 참조.

지지 아니한다. 다만, 응모주주가 주식등의 응모를 할 때에 예측정보 중 중요사항에 관하여 거짓의 기재 또는 표시가 있거나 중요사항이 기재 또는 표시되지 아니한 사실을 알지 못한 경우로서 제 1 항 각 호의 자에게 그 기재 또는 표시와 관련하여 고의 또는 중대한 과실이 있었음을 증명한 경우에는 배상의 책임을 진다(법 제142조 제 2 항).

1. 그 기재 또는 표시가 예측정보라는 사실이 밝혀져 있을 것
2. 예측 또는 전망과 관련된 가정 또는 판단의 근거가 밝혀져 있을 것
3. 그 기재 또는 표시가 합리적 근거 또는 가정에 기초하여 성실하게 행하여졌을 것
4. 그 기재 또는 표시에 대하여 예측치와 실제 결과치가 다를 수 있다는 주의문구가 밝혀져 있을 것

(7) 손해배상의 범위

1) 배상액의 추정

손해배상액은 손해배상을 청구하는 소송의 변론이 종결될 때의 그 주식등의 시장가격(시장가격이 없는 경우에는 추정처분가격)에서 응모의 대가로 실제로 받은 금액을 뺀 금액으로 추정한다(법 제142조 제 3 항).

2) 배상액의 경감 및 면책가능성

손해배상책임을 질 자는 응모주주가 입은 손해액의 전부 또는 일부가 중요사항에 관하여 거짓의 기재 또는 표시가 있거나 중요사항을 기재 또는 표시하지 아니함으로써 발생한 것이 아님을 증명한 경우에는 그 부분에 대하여 배상의 책임을 지지 아니한다(법 제142조 제 4 항).

3) 배상청구권의 소멸

공개매수자의 손해배상책임은 응모주주가 해당 사실을 안 날부터 1년 이내 또는 해당 공개매수공고일부터 3년 이내에 청구권을 행사하지 아니한 경우에는 소멸한다(법 제142조 제 5 항). 이 기간은 제척기간이다.

2. 행정제재

(1) 의결권행사의 제한

1) 의 의

강제공개매수(법 제133조 제3항) 또는 공개매수공고(법 제13조 제1항) 및 공개매수신고서의 제출의무(법 제134조 제2항)에 위반하여 주식등의 매수등을 한 경우에는 그 날부터 그 주식(그 주식등과 관련한 권리행사 등으로 취득한 주식을 포함)에 대한 의결권을 행사할 수 없다(법 제145조).

의결권행사는 금융위원회의 행정처분이 없어도 의무공개매수 등의 규정을 위반하여 주식등을 매수한 날로부터 자동적으로 금지된다.

2) 의결권행사 금지기간

의결권행사의 금지기간은 위 규정에 위반하여 주식등을 매수한 그 날부터 기산한다. 다만 언제까지 금지되는지의 종료시점에 대하여는 규정이 없다. 명문규정은 없지만 주식등의 처분시까지 금지되는 것으로 보아야 할 것이다.

증권거래법은 "주식등을 매수한 날부터 당해 주식등을 처분하여 의결권을 행사할 수 없게 되는 날의 전날까지"라고 규정하고 있었다(증권거래법 시행령 제12조).

3) 의결권행사금지 가처분

(가) 개 요

적대적 M&A에 있어 당사자 일방이 대상회사의 주식을 취득하는 과정에서 법률상 하자가 있거나 관련법규에 의해 그 보유주식의 의결권행사가 제한되는 경우, 의결권행사금지 가처분은 경영진의 교체를 위한 주주총회에서의 의결권 확보가 문제되는 상황에서 효과적인 쟁송수단이 된다. 이러한 가처분은 대상회사의 입장에서 적대적 M&A 시도자가 취득한 주식의 의결권행사를 저지하기 위하여 사용될 수 있고, M&A를 시도하는 측에서 대상회사가 방어목적으로 취득하거나 발행한 주식의 의결권의 효력을 다투기 위하여도 사용될 수 있다.[1]

의결권행사금지 가처분은 의결권을 행사할 주주와 회사를 함께 채무자로 하여 신청한다. 법령에 의하여 의결권이 제한되는 주식에 대한 의결권행사금지 가처

---

1) 정충명, 전게 논문, 453쪽.

분신청은 주주총회결의 취소의 소의 원고적격이 있는 주주 등이 신청인이 될 것이다.[1] 이 가처분은 주주총회에 임박하여 신청되고 일단 허용되면 신청인에게 만족을 주는 것이고, 피신청인은 이를 다투어 취소시킬 수 있는 시간적인 여유가 없기 때문에 엄격한 소명에 의하여 신중하게 심사하게 된다. 이 가처분은 주주총회에서의 의결권행사금지를 그 내용으로 하므로 적어도 이사회에서 주주총회 소집을 결의하거나 소집통지가 이루어지는 등으로 주주총회가 임박하였음이 소명된 경우에 한하여 보전의 필요성이 인정된다.

(나) 공개매수와 의결권행사금지 가처분

증권거래법상 공개매수규정 위반으로 의결권행사금지 가처분이 신청된 사건을 보면 다음과 같다. 서울중앙지방법원은 샘표식품의 주주들로부터 시간외 대량매매방식에 의해 주식을 양수하기로 합의한 뒤 그에 따라 당해 주식을 양수한 피신청인의 행위가 실질적으로 장외거래에 해당하며, 따라서 증권거래법 소정의 의무공개매수규정에 위반하였음을 이유로 당해 주식에 대한 의결권행사금지를 구한 사안인데, 법원은 시간외 대량매매를 유가증권시장 내에서의 매매계약체결의 특례로 규정하고 있는 유가증권시장업무규정 제35조, 시간외 대량매매를 위한 매도인·매수인간에 종목·수량·가격 등을 협의하여 결정할 수 있음을 예정하고 있는 유가증권시장업무규정 시행세칙 제52조 등을 근거로 양측의 합의에 의한 시간외 대량매매가 장내거래에 해당한다고 보아 위 가처분신청을 기각하였다.[2]

(2) 처분명령

의무공개매수(법 제133조 제 3 항) 또는 공개매수공고(법 제13조 제 1 항) 및 공개매수신고서의 제출의무(법 제134조 제 2 항)에 위반하여 주식등의 매수등을 한 경우

---

1) 법원실무제요, 민사집행(Ⅳ), 법원행정처(2003), 357쪽.

2) 2007. 3. 20.자 2007카합868 결정(샘표식품사건). 적대적 M&A가 시도되는 상황에서 공격자가 적법한 방법으로 대상회사의 주식을 매집하였으나, 대상회사측에서서는 공격자의 주식매수가 증권거래법(현 자본시장법)상의 공개매수규정 또는 5% 룰에 위반하였다고 주장하여 주주총회가 개최되기 이전에 미리 공격자의 의결권행사를 허용하지 않겠다는 의사를 명시적 혹은 묵시적으로 표시하는 경우가 있다. 이러한 경우 공격자로서는 주주총회에서의 의결권행사를 거절당한 후 사후적으로 주주총회결의취소 및 효력정지가처분 등을 신청할 수도 있으나 공격자 주식에 대한 의결권행사허용 가처분이 인정되고 있으므로 주주총회 전에 의결권행사허용 가처분을 신청하여 그 결정을 받은 다음 주주총회에서 의결권을 행사하는 것이 더 간명한 해결방법이 된다[김용호, "적대적 M&A에서 가처분이 활용되는 사례," BFL총서 3권: 적대적 기업인수와 경영권 방어(2007), 295-296쪽].

에는 그 날부터 금융위원회는 6개월 이내의 기간을 정하여 그 주식등(그 주식등과 관련한 권리행사 등으로 취득한 주식을 포함한다)의 처분을 명할 수 있다(법 제145조).

이러한 처분명령을 규정한 취지는 형사제재만으로는 공개매수자가 이를 감수할 경우에 제도의 실효성을 달성할 수 없음을 고려한 것이다. 여기서 처분대상은 의결권행사가 금지되는 주식등의 경우와 같이 위법하게 매수한 주식등의 전부라고 보아야 한다.[1]

(3) 자료제출명령 및 조사

금융위원회는 투자자 보호를 위하여 필요한 경우에는 공개매수자, 공개매수자의 특별관계자, 공개매수사무취급자, 그 밖의 관계인에 대하여 참고가 될 보고 또는 자료의 제출을 명하거나, 금융감독원장에게 그 장부·서류, 그 밖의 물건을 조사하게 할 수 있다. 이 경우 조사를 하는 자는 그 권한을 표시하는 증표를 지니고 이를 관계인에게 내보여야 한다(법 제146조 제1항, 법 제131조 제2항).

(4) 행정처분(정정명령 등)

금융위원회는 다음의 어느 하나에 해당하는 경우에는 공개매수자, 공개매수자의 특별관계자 또는 공개매수사무취급자에 대하여 이유를 제시한 후 그 사실을 공고하고 정정을 명할 수 있으며, 필요한 때에는 그 공개매수를 정지 또는 금지하거나 대통령령으로 정하는 조치[2]를 할 수 있다. 이 경우 그 조치에 필요한 절차 및 조치기준은 총리령으로 정한다(법 제146조 제2항).

1. 공개매수공고 또는 정정공고를 하지 아니한 경우
2. 공개매수신고서, 정정신고서 또는 공개매수결과보고서를 제출하지 아니한 경우
3. 공개매수공고, 공개매수신고서, 정정신고서, 정정공고 또는 공개매수결과보고서 중 중요사항에 관하여 거짓의 기재 또는 표시가 있거나 중요사항이 기재 또는 표

---

1) 한국증권법학회, 전게서, 629쪽.

2) "대통령령으로 정하는 조치"는 다음의 어느 하나에 해당하는 조치를 말한다(영 제152조).
   1. 1년의 범위에서 공개매수의 제한(공개매수자와 공개매수자의 특별관계자만 해당)
   2. 1년의 범위에서 공개매수사무 취급업무의 제한(공개매수사무취급자만 해당)
   3. 임원에 대한 해임권고
   4. 법을 위반한 경우에는 고발 또는 수사기관에의 통보
   5. 다른 법률을 위반한 경우에는 관련기관이나 수사기관에의 통보
   6. 경고 또는 주의

시되지 아니한 경우
4. 공개매수신고서, 정정신고서 또는 철회신고서의 사본을 발행인에게 송부하지 아니한 경우
5. 공개매수신고서, 정정신고서 또는 공개매수철회신고서의 신고서 사본에 신고서에 기재된 내용과 다른 내용을 표시하거나 그 내용을 누락하여 송부한 경우
6. 공개매수설명서에 관하여 작성·공시(법 제137조)를 위반한 경우
7. 공개매수철회 관련규정(법 제139조 제 1 항 또는 제 2 항)을 위반하여 공개매수를 철회한 경우
8. 공개매수공고일부터 그 매수기간이 종료하는 날까지 그 주식등을 공개매수에 의하지 아니하고 매수등을 한 경우
9. 전부매수원칙과 즉시매수원칙, 매수가격균일의 원칙(법 제141조)을 위반하여 공개매수를 한 경우
10. 의결권제한규정(법 제145조)을 위반하여 의결권을 행사하거나, 처분명령규정(법 제145조)을 위반하여 처분명령을 한 경우

(5) 과 징 금

금융위원회는 ① 공개매수신고서 및 그 정정신고서의 신고인(신고인의 특별관계자를 포함하며, 신고인이 법인인 경우 그 이사를 포함)과 그 대리인, ② 공개매수설명서의 작성자와 그 대리인(법 제142조 제 1 항) 중 어느 하나에 해당하는 자가 다음의 어느 하나에 해당하는 경우에는 공개매수신고서에 기재된 공개매수예정총액의 3%(20억원을 초과하는 경우에는 20억원)를 초과하지 아니하는 범위에서 과징금을 부과할 수 있다. 이 경우 공개매수예정총액은 공개매수할 주식등의 수량을 공개매수가격으로 곱하여 산정한 금액으로 한다(법 제429조 제 2 항).

1. 공개매수신고서, 정정신고서, 또는 공개매수설설명서, 그 밖의 제출서류 또는 공고 중 중요사항에 관하여 거짓의 기재 또는 표시를 하거나 중요사항을 기재 또는 표시하지 아니한 때
2. 공개매수신고서, 정정신고서 또는 공개매수설명서, 그 밖의 제출서류를 제출하지 아니하거나 공고하여야 할 사항을 공고하지 아니한 때

(6) 과 태 료

다음의 어느 하나에 해당하는 자에 대하여는 5천만원 이하의 과태료를 부과

한다(법 제449조 제 1 항).

① 공개매수신고서, 정정신고서 또는 철회신고서 사본을 발행인에게 송부하지 아니한 자, ② 공개매수신고서, 정정신고서 또는 철회신고서의 사본에 신고서 또는 보고서에 기재된 내용과 다른 내용을 표시하거나 그 내용을 누락하여 송부한 자.

다음의 어느 하나에 해당하는 자 대하여는 1천만원 이하의 과태료를 부과한다(법 제449조 제 2 항).

① 공개매수결과보고서를 제출하지 아니하거나 거짓으로 작성하여 제출한 자
② 금융위원회의 공개매수자 등 관계인에 대한 보고 또는 자료제출명령 등에 불응한 자

3. 형사제재

다음의 어느 하나에 해당하는 자는 5년 이하의 징역 또는 2억원 이하의 벌금에 처한다(법 제444조).

① 공개매수공고 또는 공개매수신고서, 정정신고서 또는 정정공고, 공개매수설명서 중 중요사항에 관하여 거짓의 기재 또는 표시를 하거나 중요사항을 기재 또는 표시하지 아니한 자
② 공개매수공고 또는 정정공고를 하지 아니한 자
③ 공개매수신고서 제출의무를 위반한 자

의무공개매수(법 제133조 제 3 항) 또는 공개매수기간 중 별도매수금지(법 제140조)를 위반하여 공개매수에 의하지 아니하고 주식등의 매수등을 한 자는 3년 이하의 징역 또는 1억원 이하의 벌금에 처한다(법 제445조).

공개매수설명서를 미리 교부하지 아니하고 주식등을 매수한 자, 법 제145조에 따른 처분명령을 위반한 자는 1년 이하의 징역 또는 3천만원 이하의 벌금에 처한다(법 제446조).

제 3 절 대량보유상황보고

Ⅰ. 서 론

주권상장법인의 주식등을 5% 이상 보유하게 되거나 그 후 보유비율이 1% 이상 변동된 경우 또는 보유목적이나 보유주식등에 관한 주요계약내용이 변경된 경우에는 5일 이내에 그 보유상황 및 변동내용, 변경내용을 금융위원회와 거래소에 보고하여야 한다(법 제147조 제 1 항). 이를 대량보유보고제도 또는 5% 룰(Rule)이라고 한다. 이 제도는 기업지배권시장의 공정한 경쟁 및 증권시장의 투명성을 제고하기 위하여 주권상장법인이 발행한 주식등을 대량보유한 자에게 그 보유상황을 공시하도록 하는 제도이다.

대량보유보고제도는 공개회사의 일정비율 이상 지분의 대량보유상황 또는 변동상황을 공시하도록 함으로써 기업지배권시장에서 지배권경쟁에 상황정보를 알려 주는 것을 주된 목적으로 하며, 투자자를 보호하는 기능을 수행하고, 그 외에도 유통시장의 투명성을 높여 불공정거래를 방지하는 기능을 수행한다.

관련판례: 서울지방법원 2003. 10. 20. 선고 2003카합3224 결정

증권거래법상 "주식의 대량보유등의 보고제도"는 일정비율 이상의 주식취득과 변동의 신속한 공시를 통하여 일반투자자에게 주가의 변동가능성을 예고하여 줌으로써 증권시장의 투명성과 공정성을 확보하고, 한편으로 적대적 기업인수·합병(M&A)이 있음을 알리도록 함으로써 기존의 경영진이 경영권 공격에 대하여 대응책을 강구할 수 있도록 하기 위하여 마련된 제도이다.

Ⅱ. 보고의무자

1. 소유에 준하는 보유

(1) 서 설

증권거래법상 대량보유보고제도가 처음으로 도입되었던 시점에서는 주식등에 대한 소유상황만을 보고하도록 규정하고 있었다. 당시는 소유 이외의 형태로 주식등에 대한 지배권을 행사하는 경우를 상정하지 못하고 있었다. 그러나 증권시장의 거래환경이 변화하면서 단순히 법적인 소유의 개념만으로는 제도의 실효성을 기할 수 없었다. 따라서 제도의 취지를 살리기 위하여 소유 이외의 취득·처분권한 또는 의결권행사권한 중심의 실질적인 지배가능성을 포괄하는 보유의 개념이 도입되었다.[1)]

여기서 "보유"의 개념은 당해 주식등을 법적으로 소유하는 경우를 포함하여 소유에 이르지 않더라도 의결권행사와 관련하여 소유에 준하는 형태로 주식등에 대한 지배권한을 갖는 경우를 포함하는 개념으로 보아야 할 것이다.[2)]

보고의무자는 주권상장법인의 의결권 있는 주식으로 본인의 보유지분과 대통령령이 정하는 특별관계자의 보유지분을 합산하여 의결권 있는 발행주식총수의 5% 이상 보유하거나 5% 이상 보유자가 1% 이상의 지분변동이 있을 경우로 정해져 있다(법 제147조 제1항).

(2) 보유의 의미

1) 소유개념의 확장

보유는 "소유, 그 밖에 이에 준하는 경우로서 대통령령으로 정하는 경우"를 포함한다(법 제133조 제3항). 여기서의 "대통령령으로 정하는 경우"는 다음 각 호의 어느 하나에 해당하는 경우를 말한다(영 제142조). 당해 주식등을 직접 소유하고 있지는 않지만, 다음에 해당하는 경우에는 "소유에 준하는 보유"로서 소유와 동일하게 보고의무를 지는 것이다.

(가) 누구의 명의로든지 자기의 계산으로 주식등을 소유하는 경우(제1호)

명의는 권리의무의 귀속주체를 의미하고, 계산은 경제적 실질의 귀속주체를 의미한다. 따라서 명의불문하고 자기의 경제적 이익을 위하여 주식등을 소유하면 보고의무를 진다. 예를 들면 차명으로 주식등을 소유하는 경우를 들 수 있다.

---

1) 1994년 1월 5일 증권거래법 개정시 신설된 "보유"의 개념은 단순히 보유비율 산정시 본인의 소유분 이외에 특수관계인의 소유분을 합산한다는 의미로 보유라는 용어를 사용하고 있었을 뿐이다. 소유 기타 이에 준하는 경우라고 하여 실질적 지배를 의미하는 "보유"의 개념은 1997년 1월 13일 증권거래법 개정시부터 사용되고 있다.

2) 유석호, "주식 등의 대량보유상황보고 관련 법적 쟁점과 과제," 증권법연구 제6권 제2호 (2005), 5쪽.

관련판례: 서울고등법원 1997. 5. 13.자 97라51, 52 결정

구 증권거래법(1997. 1. 13. 법률 제5254호로 개정되기 전의 것) 제200조 제 1 항 소정의 '자기의 계산'으로 소유하고 있는 주식이라 함은 '손익의 귀속주체'가 동일인인 경우를 뜻하는 것이지 '자기가 실질적인 지배력을 가지고 있는' 모든 주식을 뜻하는 것은 아니다.

(나) 법률의 규정이나 매매, 그 밖의 계약에 따라 주식등의 인도청구권을 가지는 경우(제 2 호)

현재 주식등을 소유하고 있지는 않지만 법률의 규정이나 매매, 기타 계약 등을 원인으로 당해 주식등에 대한 인도청구권을 갖는 경우이다. 이에 대해서는 단순히 인도청구권을 가지는 경우라고만 규정하여 인도청구권을 가지게 되는 시점, 즉 보고의무의 발생시점인 보유시점이 명확하지 않다. 일반적인 매매계약에서는 이행기가 도래하여야 당해 물건에 대한 인도청구권을 갖게 된다. 그러나 일반적으로 주식등의 매매거래에 있어서는 계약체결과 동시에 또는 일정한 기일의 경과 후에 결제가 이루어지므로 인도청구권을 가지는 시점과 소유시점을 분리하여 이해할 실익이 적다. 따라서 이 규정은 주식등을 인도하지 않은 채 매매계약만으로 주식등을 지배하는 행위를 보유의 한 형태로 규정하기 위한 것으로 보아야 한다. 그러므로 당해 주식등에 대한 매매계약이 체결되어 매수인의 지위를 가지는 시점부터 보고의무를 부여하기 위한 것으로 보아야 할 것이다. 예를 들면 매매계약을 체결하였으나 아직 이행기가 도래하지 않은 경우를 예로 들 수 있을 것이다.[1)]

(다) 법률의 규정이나 금전의 신탁계약·담보계약, 그 밖의 계약에 따라 해당 주식등의 의결권(의결권의 행사를 지시할 수 있는 권한을 포함)을 가지는 경우(제 3 호)

주식등에 대한 소유권을 취득한 것은 아니지만 제 3 호에서 나열한 계약 등을 근거로 당해 주식등에 대한 의결권을 갖거나 의결권의 행사를 지시할 수 있는 권한을 갖는 것을 말한다. 금전의 신탁계약으로서 특정금전신탁의 경우 위탁자가 의결권을 행사한다는 내용이 약관에 규정되어 있으므로 그 위탁자가 주식등을 보유한다.

또한 주식등의 담보계약의 경우 담보권자는 주식등에 대한 의결권을 갖지 않

1) 유석호, 전게 논문, 5쪽.

는 것이 일반적이지만, 특약으로 담보기간 동안 담보권자가 의결권을 행사한다는 내용이 포함되어 있거나, 피담보채무의 변제기가 도래하면 담보권자가 주식을 처분할 수 있다는 내용이 들어 있는 경우에는 담보권자에게 처분권한이 있으므로 담보권자가 당해 주식등을 보유하는 것으로 보아야 한다. 예를 들면 뮤추얼펀드 등의 자산운용회사로서 자산운용권한을 갖는 경우를 들 수 있을 것이다.

(라) 법률의 규정이나 금전의 신탁계약·담보계약·투자일임계약, 그 밖의 계약에 따라 해당 주식등의 취득이나 처분의 권한을 가지는 경우(제 4 호)

주식등에 대한 소유권을 취득한 것은 아니지만 제 4 호의 계약을 근거로 당해 주식등의 취득이나 처분권한을 가지는 경우를 말한다.

(마) 주식등의 매매의 일방예약을 하고 해당 매매를 완결할 권리를 취득하는 경우로서 그 권리행사에 의하여 매수인으로서의 지위를 가지는 경우(제 5 호)

주식등의 매매거래에서 일반적인 것은 아니지만 주식등을 장외거래하는 경우 종종 이러한 형식을 취하는 경우가 있다. 매매에 관한 예약의 형태는 일방예약과 쌍방예약이 있으나, 자본시장법은 일방 당사자만이 예약권을 가지는 일방예약만을 보유로 규정하고 있다. 예컨대 매수에 관한 예약완결권을 가지는 경우이다. 따라서 증권거래 당사자의 일방이 콜옵션을 갖는 경우가 이에 해당된다. 예약권의 행사로 취득시점을 결정할 수 있는 지위를 보유의 한 형태로 규정한 것이다. 보유시점은 일방예약을 체결하는 시점이다.

시행령 제 5 호는 종국적인 권리를 행사하여야만 "보유"로 본다는 것이 아니고, 권리의 종국적 행사 이전에 그와 같은 권리의 취득 자체를 "보유"로 규정한 것으로 해석하는 것이 타당하다.

(바) 주식등을 기초자산으로 하는 법 제 5 조 제 1 항 제 2 호에 따른 계약상의 권리를 가지는 경우로서 그 권리의 행사에 의하여 매수인으로서의 지위를 가지는 경우(제 6 호)

이는 제 5 호의 주식등의 매매의 일방예약을 하고 해당 매매를 완결할 권리를 취득하는 경우와 크게 다르지 않다. 이것은 옵션거래를 하는 경우에 한하여 적용된다. 일반적으로 대상증권을 취득할 의사 없이 차액결제를 목적으로 하는 옵션거래에 의해 콜옵션을 취득하는 경우를 보유의 한 형태로 규정한 것이다.

관련판례: 대법원 2002. 7. 22. 선고 2002도1696 판결

(1) 원심은, 본인과 그 특별관계자가 상장법인의 발행주식총수의 5% 이상을 보유하게 되거나, 5% 이상 소유자에게 1% 이상의 변동이 있는 경우 금융감독위원회와 증권거래소에 주식의 대량보유상황 및 변동내용을 보고하여야 함에도 불구하고, 피고인은 위에서 본 바와 같이 2000. 4. 19. A종금 주식 620만 주를 E창투 명의로 매입하고도 5일 이내에 그 내용을 금융감독위원회와 증권거래소에 보고하지 않았다는 공소사실에 대하여, 피고인은 위 주식의 취득 당시 E창투가 M벤처캐피탈과 S벤처컨설팅에 200억원을 대출하고, 그 담보로 위 주식 620만 주를 취득하는 것으로 하되, E창투의 M벤처캐피탈과 S벤처컨설팅에 대한 대출금의 상환기일을 대출일로부터 30일로 정하고, 대여금 채무의 변제는 대주가 담보 주식의 소유권을 대주에게 귀속시키거나 이를 처분하여 대여금 채무의 변제에 충당하는 방법으로 하기로 하는 내용으로 계약서를 작성하였는데, 그 문언에 따르면, 마치 30일이 지나야 E창투가 그 주식의 소유권을 갖거나 처분권한을 갖는 것처럼 보이는 면이 없지는 아니하나, 계약당사자인 A종금의 신○○(M벤처캐피탈과 S벤처컨설팅)과 피고인(E창투)은 매매의 의사를 가지고 위와 같은 법률행위를 한 것이므로(위 620만 주의 시가는 74억원에 불과하였기 때문에 M벤처캐피탈과 S벤처컨설팅이 200억원을 변제하고 620만 주의 주식을 되찾아 간다는 것은 상상할 수 없는 일이다), 위 계약서에 의한 가장에도 불구하고 피고인의 E창투는 2000. 4. 19.경 위 620만 주의 A종금 주식에 대하여 매매로 인하여 소유권을 취득하였다는 이유로 피고인의 보고의무를 인정하고 증권거래법 제210조 제 5 호, 제200조의2 제 1 항 위반의 점을 유죄로 판단하였다.

(2) 증권거래법 제210조 제 5 호는 같은 법 제200조의2 제 1 항의 규정에 위반한 자는 1년 이하의 징역 또는 5백만원 이하의 벌금에 처하도록 규정하고, 같은 법 제200조의2 제 1 항은 '주권상장법인 또는 협회등록법인의 주식 등을 대량보유(본인과 그 특별관계자가 보유하게 되는 주식 등의 수의 합계가 당해 주식 등의 총수의 100분의 5 이상인 경우를 말한다)하게 된 자는 그 날부터 5일 이내에 그 보유상황을 대통령령이 정하는 바에 따라 금융감독위원회와 증권거래소(협회등록법인의 경우에는 협회를 말한다. 이하 이 조에서 같다)에 보고하여야 하며, 그 보유주식비율이 당해 법인의 주식 등의 총수의 100분의 1의 비율 이상 변동된 경우에는 그 변동이 있은 날부터 5일 이내에 그 변동내용을 대통령령이 정하는 바에 따라 금융감독위원회와 증권거래소에 보고하여야 한다'고 규정하고 있으며, 같은 법 제21조 제 1 항에서 "보유"는 소유 기타 이에 준하는 경우로서 대통령령이 정하는 경우를 포함한다고 규정하고 있고, 이에 관한 증권거래법시행령 제10조의4(소유에 준하는 보유)는 법 제21조 제 1 항에서 '소유 기타 이에 준하는 경우로서 대통령령이 정하는 경우'라 함은 다음 각 호의 1에 해당하는 경우를 말한다고 규정하면서 '1. 누구의 명의로든지 자기의 계산으로 주식 등을 소유하는 경우, 2. 법률의 규정 또는 매매 기타 계약에 의하여 주식 등의 인도청구권을 갖는 경우, 3. 법률의 규정 또는 금전의 신탁계약·담보계약 기타 계약에 의하여 당해 주식 등의 취득 또는 처분권한이나 의결권(의결권의 행사를 지시할 수 있는 권한을 포함한다)을 갖는 경우, 4. 주식 등의 매매의 일방예약을 하고 당해 매매를 완결할 권리를 취득하는 경우로서 당해 권리행사에 의하여 매수인으로서의 지위를 갖는 경우, 5. 주식 등의 매매거래에 관한 유가증권옵션을 취득하는 경우로서 당해 유가증권옵션의 행사에 의하여 매수인으로서의 지위를 갖는 경우,

6. 법 제189조의4의 규정에 의한 주식매수선택권을 부여받은 경우'를 각 열거하고 있다.

(3) 우선 원심의 판단과 같이 피고인이 2000. 4. 19.경 위 A종금 주식 620만 주의 소유권을 취득하였는지 여부에 관하여 보건대, 원심 증인 최○○의 증언과 기타 원심채용의 증거들을 기록에 비추어 살펴보면, A종금은 S벤처컨설팅을 거쳐 A파이낸스에 200억원을 대출하는 것으로 계약서를 작성하고, A파이낸스는 다시 위 200억원을 E창투에 대출하되 그 대여금의 변제는 A종금 주식 620만 주로서 대물변제할 수 있도록 약정하였으며(A파이낸스와 E창투 사이의 채무변제특약서), E창투는 M벤처캐피탈과 S벤처컨설팅에 위 200억원에 4억원을 더한 금 204억원을 변제기는 대여일로부터 30일 후, 이자율 연 10%로 하여 대출하면서(E창투와 M벤처캐피탈 사이의 123억원 대출약정 및 E창투와 S벤처컨설팅 사이의 81억원 대출약정), M벤처캐피탈과 S벤처컨설팅은 E창투에게 위 대여금 204억원에 대한 담보로 A종금의 주식 620만 주(실제는 A종금 소유)를 제공하되, 담보주식의 주권은 교부하나 명의개서는 하지 않고, 담보주식에 기한 의결권 기타 일체의 권리는 대주(E창투)가 행사하며, 대여금 채무의 변제는 대주(E창투)가 담보 주식의 소유권을 대주에게 귀속시키거나 이를 처분하여 대여금 채무의 변제에 충당하는 방법으로 하고, 따로 차주에게 금전적 의무의 이행을 요구하지 아니하는 것으로 약정하였고(E창투와 M벤처캐피탈 사이의 123억원 자금대여약정 및 E창투와 S벤처컨설팅 사이의 81억원 자금대여약정), 위 주식의 양도계약 당시 A종금의 주식을 차명으로 가지고 있던 M벤처캐피탈과 S벤처컨설팅은 사실상 위 주식을 종국적으로 E창투측에 귀속시킨다는 의사였고, 단지 E창투는 A파이낸스측에 200억원의 대출을 갚는 방법으로 주식으로의 대물변제 방법을 남겨 둔다는 의사였던 사실이 인정되는바, 이에 의하면, 원심의 판단과 같이 사실상 피고인이 2000. 4. 19.경 계약시점에서 사실상 위 620만 주 주식의 소유권을 확정적으로 취득하였다고 봄이 상당하고, 주식의 명의개서를 하지 않았더라도 계약상 피고인측에서 의결권을 포함한 주주로서의 모든 권리를 행사하고, 주권까지 교부받은 이상 피고인이 이를 사실상 처분할 수도 있는 지위에 있었다고 보여지므로 위 원심의 판단에는 증권거래법상 보유의 개념에 대한 법리오해 및 사실오인의 위법이 없다.

(4) 나아가, 가사 계약서의 문언과 같이 피고인이 위 주식 620만 주에 대한 소유권을 2000. 4. 19.경 취득하지 못하였다고 할지라도 이는 소유에 준하는 보유의 개념을 정한 증권거래법 시행령 제10조의4 제3호 소정 '법률의 규정 또는 금전의 신탁계약·담보계약 기타 계약에 의하여 당해 주식 등의 취득 또는 처분권한이나 의결권(의결권의 행사를 지시할 수 있는 권한을 포함한다)을 갖는 경우'에 해당한다 할 것이므로, 피고인에게 위 증권거래법상의 보고의무를 인정함에 지장이 없다고 할 것이어서 결과적으로 원심의 판단에는 보유의 개념에 대한 법리오해 및 사실오인의 위법이 있다고 할 수 없다[피고인은 상고이유로 피고인의 E창투가 2000. 4. 19.경 취득한 권리가, 주식 620만 주의 가격이 30일이 경과한 후 대여금 상당액인 204억원 이상으로 오르는 경우에 위 주식을 취득할 수 있는 것으로서 매매예약의 완결권 내지는 유가증권옵션이라고 주장하고 있으나, 기록에 비추어 살펴보면, 위 계약서의 문언만으로는 그와 같이 보기가 어려울 뿐 아니라 나아가 증권거래법상 소유에 준하는 '보유'에 대한 같은법 시행령 제10조의4 제4호, 제5호를 포함한 같은 조 제2호 내지 제6호의 규정은 장래 주식을 소유할 것이 예상되거나, 소유하지는 않지만 주식에 대한 의결권을 갖거나 의결권의 행사를 지시할 수 있는 권한을 가지는 경우를 '보유'로 규정한 것으로, 특히 위 시행령 제10조의4 중 제4호, 제5호에

관하여는 피고인이 주장하는 바와 같이 그 종국적인 권리를 행사하여야만 '보유'로 본다는 것이 아니고, 권리의 종국적 행사 이전에 그와 같은 권리의 취득 자체를 '보유'로 규정한 것으로 해석하는 것이 타당하다고 할 것이고, 이와 같이 풀이하는 것이 장래의 권리를 규정한 다른 각 호, 즉 제 2 호, 제 3 호, 제 6 호의 규정과 비교하여서도 균형이 맞는 해석이라고 보여지므로, 피고인의 주장과 같이 피고인이 2000. 4. 19.경 위 시행령 제10조의4 제 4 호(매매예약완결권취득), 제 5 호(유가증권옵션취득)의 각 권리를 취득한 것으로 본다 하더라도 이 역시 증권거래법상 '보유'의 개념에 해당하여 어느 모로 보나 피고인의 상고이유는 받아들일 수 없다].

(사) 주식매수선택권을 부여받은 경우로서 그 권리의 행사에 의하여 매수인으로서의 지위를 가지는 경우(제 7 호)

주식매수선택권(스톡옵션)을 부여받는 경우도 당해 주식을 보유하는 것이 된다. 주식매수선택권의 행사로 회사는 행사가격으로 신주 또는 자기주식을 교부하거나, 시가와 행사가격과의 차액을 현금 또는 자기주식으로 교부할 수 있다. 다만 주식매수선택권의 부여방식 중 시가와 행사가격과의 차액을 현금으로 교부하는 방식의 경우, 의결권 있는 주식과 관련된 증권을 보유하는 것이 아니므로 보유비율 산정에서 제외된다. 자본시장법은 "주식매수선택권을 부여받은 경우에는 주식등의 총수에 해당 주식매수선택권의 행사에 따라 의결권 있는 주식(자기주식 포함)을 각각 더한다"고 규정하고 있다(시행규칙 제17조 제 3 항). 따라서 현금교부방식의 주식매수선택권은 보유비율 산정에서 제외된다.

2) 소유와 보유의 중복의 문제

자본시장법상 공개매수와 대량보유보고제도에서는 기업지배권 경쟁과 관련하여 다양한 형태로 주식등에 관하여 의결권 등을 행사하는 것을 반영하기 위하여 보유 개념을 도입하고 있다. 이는 명의상 소유에 한정하지 않고 실질적으로 당해 주식등을 소유하는 것을 포섭하기 위함이다. 배타적 권리로서의 "소유" 개념에서는 또 다른 소유자를 상정할 수 없으나, 소유의 일부 또는 전부를 상정하고 있는 "보유" 개념에서는 소유자로서 보유자 이외에 또 다른 보유자가 등장할 수밖에 없다. 따라서 동일한 주식등을 법적 또는 형식적으로 소유하는 자와 보유하는 자가 중복적으로 나타나게 된다. 즉 "보유" 개념은 소유를 포함하는 개념이므로 법적 또는 형식적으로 소유하는 자도 보유자이고, 법적 또는 형식적으로 소유하고 있지 않으나 확장된 "소유" 개념인 "보유" 개념에 의하여 보유하고 있는 자도 보유자이다. 따라서 자본시장법상 "보유" 개념 전부에서 법적 또는 형식적인 소유자와 보유자가 분리될 수 있다.[1]

여기서 누구를 보고의무자로 볼 것인가의 문제가 발생한다. 자본시장법상으로는 보유자를 보고의무자로 규정하고 있다. 따라서 자본시장법상 보유자를 보고의무자로 하고 있는 이상 모든 보유자가 보고의무자가 된다.

이 문제는 실무적으로 투자회사(뮤추얼펀드), 사모투자전문회사(PEF) 등 집합투자기구의 5% 보고와 관련하여 자주 논란이 되어 왔다. 이는 특별관계자의 보유주식등에 대한 보유비율 합산문제와 함께 보고의무 여부 판단을 복잡하게 만들고, 보고대상 주식등의 보유비율까지 왜곡시키고 있다. 실제로 집합투자기구가 소유한 주식등에 대한 보고의무를 자산운용회사가 행하면 족한 것으로 보거나, 당해 자산을 운용하는 자산운용회사가 있음에도 불구하고 간접투자기구만 보고를 하는 경우도 있었다.

그러나 이러한 실무상의 혼란은 구체적인 보고방법에 집착하여 집합투자기구 본인의 입장에서 보고의무를 판단하지 않고, 자산운용회사 등 집합투자기구의 자산을 운용하는 주체의 입장에서 보고의무를 판단하기 때문에 나타나는 문제로 보인다. 5% 보고에 있어서 보고의무자는 언제나 본인이다. 따라서 집합투자기구이든, 자산운용회사이든 자신의 입장에서 보고의무 여부를 우선 판단하고, 대표자연명보고가 가능한 경우 구체적인 보고자를 결정하면 된다.

2. 본인과 특별관계자

"주권상장법인의 주식등을 대량보유하게 된 자"가 금융위원회와 거래소에 보고하여야 한다(법 제147조 제1항). 대량보유는 "본인과 그 특별관계자가 보유하게 되는 주식등의 수의 합계가 그 주식등의 총수의 5% 이상인 경우를 말한다"고 규정하고 있다(법 147조 제1항). 여기서 특별관계자는 특수관계인과 공동보유자를 말한다(영 제141조 제1항). 여기서 자본시장법상 특별관계자라 함은 공개매수와 대량보유보고제도(5% 보고제도)에 동일하게 적용되는 개념으로 친인척관계 또는 계열관계를 전제로 하는 특수관계인[2]과 M&A와 관련된 의사의 합치를 전제로 하는

---

1) 유석호, 전게 논문, 7-8쪽.

2) 시행령 제8조.

공동보유자[1])를 말한다.[2])

이에 따라 보고대상 주식등은 누구든지 본인의 입장에서 그와 특수관계 및 공동보유관계가 있는 자가 각각 보유하고 있는 주식등이며, 보고대상 보유비율도 본인, 특수관계인 및 공동보유자의 보유비율을 합산한 비율이 된다.

본인이 직접 보유하는 지분 이외에도 특수관계인과 공동보유자 등 특별관계자의 보유지분을 합산하여 보고하여야 한다.

본인과 일정한 관계에 있는 자를 특별관계자로 하여 그 보유지분도 합산하여 보고하도록 한 것은 외관상 특별관계자의 보유로 되어 있는 경우에도 그 실질은 본인의 계산에 의한 것일 수 있으며, 본인의 계산에 의한 것이 아니라 할지라도 혈연관계 또는 출자관계를 고려할 때 주식의 취득·양도·의결권행사 등에 있어서 본인과 상의하거나 공동보조를 취할 가능성이 많기 때문이다.[3])

3. 특수관계인

공개매수에서 살펴 본 시행령 제 8 조의 특수관계인 규정은 대량보유보고제도와 동일하게 적용된다.

본인이 특수관계인의 보유주식등을 합산하여 보고한다고 해서 특수관계인이 갖고 있는 주식등을 본인이 보유하는 것으로 추정하는 것은 아니다. 단지 본인과 친인척관계 또는 계열관계에 있는 자의 경우, 본인과 공동목적의 개연성이 크므로 본인의 보유지분과 특수관계인의 보유지분을 합산하여 보고하도록 하되, 공동목적이 없다는 것을 소명하는 경우는 합산하지 않을 수 있도록 한 것이다. 자본시장법은 특수관계인이 소유하는 주식등의 수가 공동목적이 없는 경우임을 증명하는 경우에는 특수관계인으로 보지 않는다(영 제141조 제 3 항).

또한 실제로 부모형제 사이에 지분경쟁이 발생하는 경우도 있으므로 특수관계인의 지위에 있다고 해서 무조건 보유지분 합산대상이 될 수는 없다. 따라서 자신의 보유지분과 합산하여 보고해야 할 필요가 있는 자는 기본적으로는 공동목적

1) 시행령 제141조 제 2 항.

2) 1991년 12월 5% 보고제도가 증권거래법에 신설되는 시점에서는 본인의 소유현황만을 보고하도록 함으로써 본인의 계산으로 소유하는 주식등에 대해서만 보고하면 충분하였으나, 수차례의 개정과정을 거치면서 특별관계자가 보유하는 주식등까지 보고범위가 확대되었다(1994년 1월 개정에는 특수관계인, 1997년 4월 개정에는 공동보유자가 포함되었다).

3) 김태주·김효신, "주식대량보유의 보고의무," 법학논고 제10집(1994), 126쪽.

을 가진 자들이다. 그러므로 공동목적을 가지고 있다면 그 자들과 본인과 특수관계 여부를 따질 필요가 없게 된다.

따라서 특수관계인도 공동목적이 없는 경우 보고대상에서 제외될 수 있으므로 특수관계인과 공동보유자의 차이는 5% 보고의무 위반에 대한 분쟁에 있어서 누가 본인과의 공동목적 여부를 증명해야 하는가의 문제가 된다. 그러므로 특수관계인은 본인과 공동목적을 가지는 것으로 추정되는 자이므로 본인이 공동목적이 없다는 것을 증명해야 한다. 특수관계가 없는 공동보유자는 공동목적이 있음을 주장하는 자가 그것을 증명해야 할 것이다.[1)]

4. 공동보유자

"공동보유자"란 본인과 합의나 계약 등에 따라 다음 각 호의 어느 하나에 해당하는 행위를 할 것을 합의한 자를 말한다(영 제141조 제2항).

1. 주식등을 공동으로 취득하거나 처분하는 행위
2. 주식등을 공동 또는 단독으로 취득한 후 그 취득한 주식을 상호양도하거나 양수하는 행위
3. 의결권(의결권의 행사를 지시할 수 있는 권한을 포함)을 공동으로 행사하는 행위

자본시장법은 주식등의 취득 또는 처분, 상호양수도 및 의결권행사에 대하여 합의한 자라고 규정하고 있어 기업지배권 경쟁과 관계없이 이러한 합의가 이루어진 경우가 포함되는지 여부가 분명하지 않다. 대량보유보고제도가 M&A 관련제도라는 점만을 생각하면 기업지배권 경쟁과 관련이 없는 합의는 대상이 아니라고 할 수도 있다. 그러나 대량보유보고제도는 M&A 과정의 공정성만을 확보하기 위한 제도가 아니라는 점, 단순투자목적으로 5% 이상을 보유하는 경우에도 보고의무가 발생한다는 점 등을 고려하면 반드시 기업지배권 경쟁과 관련된 합의에 한정할 수는 없을 것이다.

여기서 합의는 의사의 합치만 있으면 족하고 반드시 합의서 또는 계약서 등 특별한 형식을 요구하지 않는다. 의결권 공동행사의 합의 또는 계약의 의미는 의사의 연락 이외에 이에 기한 행위의 공동성을 요하기는 하나 반드시 명시적일 것을 요구하는 것은 아니고 묵시적인 경우라도 이에 해당하고, 이러한 사정은 직접

---

1) 유석호, 전게 논문, 8-9쪽.

증거가 아닌 정황증거에 의해서도 입증될 수 있다고 한다.

5. 보유비율의 산정

보유목적이 변경된 경우 이외에 본인과 특별관계자가 보유하게 되는 주식등의 수가 당해 주식등의 총수의 5% 이상이 되거나 그 보유비율이 1% 이상 변동된 경우 보고의무가 발생한다. 이와 관련하여 보유비율의 계산이 문제된다. 보율비율의 산정시 분자가 되는 주식등의 수 및 분모가 되는 주식등의 총수는 총리령으로 정하는 방법에 따라 산정한 수로 한다(법 제147조 제 2 항).

$$\frac{\text{본인보유 주식등의 수}}{\text{발행주식등 총수}} = \frac{\text{본인보유 주식 + 본인보유 주식관련사채등}}{\text{발행주식총수 + 본인보유 주식관련사채등(교환사채등 제외)}}$$

* 여기서 “본인”은 보고자 본인 및 특별관계자를 포함하는 의미이다.

총리령이 정하는 주식등의 수와 주식등의 총수는 다음과 같다.

(1) 분자가 되는 주식등의 수

주식등의 대량보유 여부를 판단할 때 분자가 되는 주식등의 수는 다음 각 호의 구분에 따라 계산한 수로 한다(규칙 제17조 제 1 항).

산정방법에 있어서 분자에 해당하는 주식등의 수를 계산함에 있어서는 본인과 특별관계자가 각각 보유하는 주식과 주식관련사채 등을 합산하면 된다. 그리고 주식매수선택권의 행사에 따라 매수할 의결권 있는 주식(자기주식을 포함)도 합산한다(규칙 제17조 제 3 항). 따라서 주권의 경우 그 주식의 수가 되고, 기타 주식관련사채 등의 경우는 당해 주식등의 권리내용에 따른 주식의 수가 되며, 주식매수선택권의 경우 주식매수선택권의 행사로 교부받게 될 주식의 총수를 계산하면 된다.

1. 주권인 경우: 그 주식의 수
2. 신주인수권이 표시된 것인 경우: 신주인수권의 목적인 주식의 수(신주인수권의 목적인 주식의 발행가액총액 및 발행가격이 표시되어 있는 경우에는 해당 발행가액총액을 해당 발행가격으로 나누어 얻은 수)
3. 전환사채권인 경우: 권면액을 전환에 의하여 발행할 주식의 발행가격으로 나누어 얻은 수. 이 경우 1 미만의 단수는 계산하지 아니한다.
4. 신주인수권부사채권인 경우: 신주인수권의 목적인 주식의 수

5. 교환사채권인 경우: 다음의 어느 하나에 해당하는 수
   가. 교환대상 증권이 제1호부터 제4호까지, 제6호 및 제7호에 따른 증권인 경우에는 교환대상 증권별로 제1호부터 제4호까지, 제6호 및 제7호에서 정하는 수
   나. 교환대상 증권이 교환사채권인 경우에는 교환대상이 되는 교환사채권을 기준으로 하여 교환대상 증권별로 제1호부터 제4호까지, 제6호 및 제7호에서 정하는 수
6. 파생결합증권인 경우: 다음의 어느 하나에 해당하는 수
   가. 기초자산이 되는 증권이 제1호부터 제5호까지 및 제7호에 따른 증권인 경우에는 기초자산이 되는 증권별로 제1호부터 제5호까지 및 제7호에서 정하는 수
   나. 기초자산이 되는 증권이 파생결합증권인 경우에는 기초자산이 되는 파생결합증권을 기준으로 하여 기초자산이 되는 증권별로 제1호부터 제5호까지 및 제7호에서 정하는 수
7. 증권예탁증권인 경우: 그 기초가 되는 증권별로 제1호부터 제6호까지에서 정하는 수

(2) 분모가 되는 주식등의 총수

주식등의 대량보유 여부를 판단할 때 분모가 되는 주식등의 총수는 의결권 있는 발행주식총수와 대량보유를 하게 된 날에 본인과 그 특별관계자가 보유하는 주식등의 수를 합하여 계산한 수로 한다. 다만, 주권, 교환사채권의 교환대상이 되는 주권(자기주식은 제외), 파생결합증권의 기초자산이 되는 주권(자기주식은 제외) 및 증권예탁증권의 기초가 되는 주권은 제외한다(규칙 제17조 제2항).

산정방법에 있어서 분모가 되는 주식등의 총수를 계산함에 있어서는 의결권 있는 발행주식총수, 본인과 특별관계자가 각각 보유하는 주식관련사채 등을 합산하면 된다. 그리고 그리고 주식매수선택권의 행사에 따라 매수할 의결권 있는 주식(자기주식을 포함)도 합산한다(규칙 제17조 제3항).

합산의 대상이 되는 주식등의 총수는 이미 발행된 주식을 대상으로 하기 때문에 교환사채, 파생결합증권, 그리고 증권예탁증권 등은 이미 발행주식등의 총수에 포함되어 있으므로 계산에서 제외한 것이다.

주식등의 총수를 계산함에 있어서 주의할 것은 주권을 제외한 주식등의 수를 계산할 경우에 당해 주식등의 총수가 아니라 보고의무자가 매수하는 주식등의 수

만 산입된다는 점이다. 이는 전환사채, 신주인수권부사채 등 주식관련사채의 경우 다른 사람들이 가지고 있는 당해 사채의 권리행사 여부를 파악하기가 어렵다는 점을 반영한 것이다. 그 결과 보고의무자의 보유비율이 실제보다 높게 산정되는 문제가 있으나 공시의무자가 회사인 다른 공시제도와는 달리 5% 보고에 있어서 보고의무자는 주주라는 점을 감안하면 불가피한 것으로 보인다.[1)]

Ⅲ. 보고내용과 보고시기

1. 보고주체와 보고방법

(1) 개 요

본인과 그 특별관계자가 합산한 보유비율이 발행주식등의 총수의 5% 이상인 경우에 그 본인 및 특별관계자가 보고의무자이다(법 제147조 제 1 항). 따라서 본인이 자신의 보유상황과 합산대상인 특수관계인 및 공동보유자의 보유상황을 보고하면 된다. 합산대상인 특수관계인 및 공동보유자도 각각 본인의 입장에서 보유상황을 보고하면 된다.

주식등의 대량보유(변동)보고 의무자는 본인 또는 그 특별관계자가 임원 등의 특정증권등 소유상황의 보고대상이 되는지를 확인하고 보고대상인 경우 별도로 임원 등의 특정증권등의 소유상황을 보고하여야 한다.

(2) 대표자연명보고

본인과 그 특별관계자가 함께 보고하는 경우에는 보유주식등의 수가 가장 많은 자를 대표자로 선정하여 연명으로 보고할 수 있다(영 제153조 제 4 항). 연명보고의 방법에 대하여는 증권의 발행 및 공시 등에 관한 규정[2)]에서 정하고 있다.

---

1) 유석호, 전게 논문, 11쪽.

2) 증권의 발행 및 공시 등에 관한 규정 제3-11조(연명보고의 방법) ① 영 제153조 제 4 항에 따라 보유주식등의 수가 가장 많은 자를 대표자로 선정하여 본인과 그 특별관계자가 함께 보고("연명보고")하는 경우에는 특별관계자는 그 대표자에게 보고를 위임한다는 뜻을 기재한 위임장을 제출하고, 대표자는 제출 받은 위임장 사본을 최초연명보고시 주식등의 대량보유 및 변동보고서에 첨부하여 금융위에 제출하여야 한다.
② 제 1 항에 따른 보고를 한 이후 대량변동이 있는 때에는 연명보고를 한 대표자가 대량변동보고를 하여야 한다. 다만, 대표자가 변경되는 경우에는 변경된 대표자가 보고를 하여야 하며 이 경우에도 제 1 항의 규정을 준용한다.

연명보고는 각자의 보고의무를 대표보고자가 보고의 편리성을 위하여 대행할 수 있다는 의미이다. 다만, 연명된 자는 보고의무를 부담하지만 대표보고자가 보고하였기 때문에 보고할 필요가 없을 뿐이다. 따라서 연명보고된 내용이 허위의 내용인 경우에 연명된 자 모두가 보고의무를 위반하여 책임을 지게 된다.

대표보고자가 연명보고를 하는 경우 특별관계자도 보고의무를 이행한 것이므로 특별관계자는 별도로 보고를 할 필요가 없다. 예컨대 A, B, C가 상호 특별관계자에 해당하는 경우에 A, B, C 모두가 본인의 입장에서 보고의무자이다. 그 중 지분을 가장 많이 보유한 자가 나머지 보고의무자의 위임장을 받아 연명하여 대표로 보고할 수 있고, 연명보고를 하는 경우 다른 보고의무자는 따로 보고할 필요는 없다.[1)]

2. 보고내용

(1) 서　　설

보고의무자는 그 보유상황, 보유목적(발행인의 경영권에 영향을 주기 위한 목적 여부를 말함), 그 보유주식등에 관한 주요계약내용, 그 밖에 대통령령으로 정하는 사항을 금융위원회와 거래소에 보고하여야 하며, 그 보유주식등의 수의 합계가 그 주식등의 총수의 1% 이상 변동된 경우(그 보유주식등의 수가 변동되지 아니한 경우, 그 밖에 대통령령으로 정하는 경우 제외)에는 그 변동된 날부터 5일 이내에 그 변동내용을 금융위원회와 거래소에 보고하여야 한다(법 제147조 제1항). 그리고 그 보유목적이나 그 보유주식등에 관한 주요계약내용 등 대통령령이 정하는 중요한 사항의 변경이 있는 경우에는 5일 이내에 금융위원회와 거래소에 보고하여야 한다(법 제147조 제4항). 즉 보고의무자는 주권상장법인의 주식등을 5% 이상 보유하게 되거나 또는 그 후 보유비율이 1% 이상 변동된 경우, 그리고 보유목적이나 중요사항이 변경된 경우에는 5일 이내에 그 보유상황, 변동내용 및 변경내용을 금융위원회와 거래소에 보고하여야 한다.

(2) 보고의 종류

1) 신규보고

본인과 그 특별관계자가 보유하는 주권상장법인의 주식등의 합계가 발행주식

---

1) 금융감독원, 전게서(2009. 6), 279쪽.

등의 총수의 5% 이상이 되는 경우의 보고를 말한다(법 제147조 제 1 항). 예컨대 Y 회사의 주식등을 4.99% 보유하고 있는 주주가 추가취득으로 보유비율을 5% 이상 보유하게 된 경우를 말한다. 이 경우 보유상황(보유형태를 포함), 보유목적, 보유주식등에 대한 주요계약내용(신탁, 담보, 대차계약) 등을 보고하게 된다.[1)]

여기서의 주식등의 취득은 공개매수의 경우와는 달리 장내취득이든 장외취득이든 모두 신규취득에 해당한다. 신규로 5% 이상이 되는 경우이므로 5% 미만의 보유자가 하루 동안의 거래로 5%를 초과하는 지분을 취득하면 신규보고를 하여야 한다.

2) 변동보고

기존의 보고의무를 이행한 보고자의 보유주식등의 보유비율이 발행주식등의 총수의 1% 이상 변동한 경우를 말한다(법 제147조 제 1 항). 예컨대 Y회사의 주식등을 5.5% 보유하고 있는 자가 추가취득으로 보유비율을 6.5% 이상 보유하게 된 경우를 말한다. 한편, 5.5%를 보유하고 있는 자가 특정회사의 지분의 일부를 처분하여 그 보유비율이 4.5% 이하가 되는 경우에도 보고의무가 발생한다. 다만 1% 미만의 변동을 보고한 경우, 예컨대 0.6%를 처분하여 4.9%가 되는 시점에 보고한 경우에는 추가로 보고할 필요가 없다.[2)]

특정일을 기준으로 하여 누적보유비율이 1% 이상 변동하면 다음 날 거래로 누적 변동비율이 1% 미만이 되는 경우에도 보고의무가 발생한다. 다만, 하루 동안의 거래에서 일시적으로 1% 이상이 변동되었으나 1일 전체의 비율이 1% 미만인 경우에는 해당하지 않는다. 한편, 5% 보고자가 보유주식등을 처분하여 5% 미만이 되는 경우에도 그 보유비율이 1% 이상 하락한 경우에는 보고의무가 있으나 1% 미만인 경우에는 보고의무가 없다. 예컨대 5.5%를 보유한 자가 1%를 매도하여 4.5%가 된 경우에는 보고의무가 있으나, 0.9%를 매도하여 4.6%가 된 경우에는 보고의무가 없다. 후자의 경우 실무상으로는 1% 이상의 변동은 아니지만 보고자가 임의로 보고하는 경우에는 이후에는 보고의무가 없는 것으로 처리된다고 한다.[3)]

주식등의 대량보유상황·보유목적 또는 그 변동내용을 보고하는 날 전일까지

---

1) 금융감독원, 전게서(2009. 6), 270쪽.
2) 금융감독원, 전게서(2009. 6), 270-271쪽.
3) 유석호, 전게 논문, 9쪽.

새로 변동내용을 보고하여야 할 사유가 발생한 경우 새로 보고하여야 하는 변동내용은 당초의 대량보유상황, 보유목적 또는 그 변동내용을 보고할 때 이를 함께 보고하여야 한다(법 제147조 제3항). 예컨대 2010년 3월 3일(수요일) 보고의무가 발생하여 보고기한이 2010년 3월 10일(수요일)인 경우, 3월 5일에 1% 이상 추가취득 등으로 변동보고사유가 발생하면 당초의 보고기한(3월 10일)에 3월 5일의 추가취득분까지 함께 보고하여야 한다는 의미이다.

3) 변경보고

(가) 의 의

보유목적이나 그 보유주식등에 관한 주요계약내용 등 대통령령이 정하는 중요한 사항의 변경이 있는 경우에는 5일 이내에 금융위원회와 거래소에 보고하여야 한다(법 제147조 제4항). 여기서 "대통령령이 정하는 중요한 사항"이란 다음의 어느 하나에 해당하는 사항을 말한다(영 제155조). 따라서 발행주식등 총수의 1% 이상에 해당하는 보유주식등에 대한 변경사항이 있는 경우에 한한다.

1. 보유목적
2. 보유주식등에 대한 신탁·담보계약, 그 밖의 주요계약내용(해당 계약의 대상인 주식등의 수가 그 주식등의 총수의 100분의 1 이상인 경우만 해당)
3. 보유형태(소유와 소유 외의 보유간에 변경이 있는 경우로서 그 보유형태가 변경되는 주식등의 수가 그 주식등의 총수의 100분의 1 이상인 경우만 해당)

(나) 보고사유

보유목적을 변경한 경우에는 보유목적이 단순투자목적에서 경영권에 영향을 주기 위한 목적(경영참가목적)으로 변경된 경우뿐만 아니라 경영참가목적에서 단순투자목적으로 변경된 경우에도 보고의무가 발생한다.

또한 보유주식등에 관한 주요계약내용의 변경이 있는 경우에는 보유주식등에 대한 신탁계약, 담보계약, 매도계약, 대차계약, 장외매매계약, 환매조건부계약 등 주요계약을 체결한 경우에 대하여 그 내용을 보고하여야 한다. 장외매도계약의 경우 계약체결시의 주요계약내용 보고와는 별개로 실제로 지분을 처분할 시점에 비율변동을 보고하여야 한다. 이 경우는 경영참가목적인 경우에 한한다. 예컨대 주식에 대한 장외매도계약을 체결한 경우 매도계약은 주식등에 대한 주요계약이므로 계약체결일로부터 5일 이내에 보고하여야 한다. 다만 지분처분에 대한 변동보고는 의무발생일(대금수령일과 주식인도일 중 먼저 도래하는 날)부터 5일 이내에 별도로 보고하여야 한다.[1] 여기서 주요계약의 판단은 보유주식등의 변동을 초래할 수 있는지 여부를 기준으로 판단하여야 한다. 예컨대 장외매매계약이나 대차계약이 이에 해당하지만, 보호예수계약은 주요계약에 해당하지 않는다.

그리고 주식등의 보유형태의 변경이 있는 경우로 소유에서 보유로 변경되거나 보유에서 소유로 변경된 경우 보고의무가 발생한다. 이 경우는 경영참가목적인 경우에 한한다. 예컨대 주식을 대여하여 보유형태가 소유에서 보유(인도청구권)로 변경되거나 주식매수선택권(스톡옵션)을 행사하여 보유형태가 보유에서 소유로 변경된 경우이다.

(3) 보고내용

1) 개 요

보고의무자는 그 보유상황, 보유목적, 그 보유주식등에 관한 주요계약내용, 그 밖에 대통령령으로 정하는 사항을 보고하여야 한다(법 제147조 제 1 항). 여기서 "대통령령으로 정하는 사항"이란 다음 각 호의 사항을 말한다(영 제153조 제 2 항).

1. 주식등을 대량보유하게 된 자("대량보유자")와 그 특별관계자에 관한 사항
2. 보유주식등의 발행인에 관한 사항
3. 변동사유
4. 취득 또는 처분 일자·가격 및 방법
5. 보유형태
6. 취득에 필요한 자금이나 교환대상물건의 조성내역(차입인 경우에는 차입처를 포함)
7. 제 1 호부터 제 6 호까지의 사항과 관련된 세부사항으로서 금융위원회가 정하여 고시하는 사항[2]

---

1) 금융감독원, 전게서(2009. 6), 271쪽.

2) 증권의 발행 및 공시 등에 관한 규정 제3-10조(보고서의 기재사항) ① 영 제153조 제 2 항 제 7 호에서 "금융위원회가 정하는 사항"이란 다음의 사항을 말한다.
   1. 보유주식등의 발행인에 관한 사항
   2. 대량보유자 및 그 특별관계자에 관한 사항
      가. 성명, 주소, 국적, 직업 등 인적사항
      나. 대량보유자 및 그 특별관계자가 자연인이 아닌 법인 또는 단체인 경우에는 해당 법인 또는 단체의 법적 성격, 임원(회사가 아닌 경우 구성원), 의사결정기구 및 최대주주(회사가 아닌 경우 출자자)에 관한 사항
   3. 보유목적(영 제154조 각 호의 행위에 대한 구체적인 계획 또는 방침 등을 포함)
   4. 변동사유

이는 경영참가목적이 있는 경우에 제출하는 보고서(일반서식)에 기재할 사항이다. 그러나 보유목적이 아래서 살펴보게 될 단순투자목적인 경우에 제출하는 보고서(약식서식)에는 보유상황, 주식 등의 대량보유자와 그 특별관계자에 관한 사항, 보유주식등의 발행회사에 관한 사항, 취득 또는 처분일자·가격 및 방법을 기재하는 것으로 족하다.[1] 보유목적이 경영참가목적인지 또는 단순투자목적인지 여부는 아래서 살펴보기로 한다.

2) 보유목적의 개념

여기서 보유목적이란 발행인의 경영권에 영향을 주기 위한 목적 여부를 말한다(법 제147조 제1항). 따라서 자본시장법상 5% 보고의무자의 보유목적은 경영권에 영향을 주기 위한 목적을 위한 경우(경영참가목적)와 그렇지 않은 경우(단순투자목적)로 구분된다. 또한 위에서 본바와 같이 5% 보고의무자가 이러한 보유목적을 변경한 경우를 말한다.

---

5. 보고자 및 특별관계자별 보유 또는 변동 주식등의 종류 및 수
6. 보고자 및 특별관계자별 취득 또는 처분 일자·가격 및 방법
7. 보고자 및 특별관계자별 보유형태
8. 취득에 필요한 자금 또는 교환대상물건의 조성내역(보고대상 주식등의 취득과 직접 또는 간접적으로 관련된 자금 등의 조성경위 및 원천을 말하며, 차입의 경우에는 차입처, 차입기간 그 밖의 계약상의 주요내용을 포함)
9. 보유주식등에 관한 신탁계약·담보계약 그 밖의 주요계약의 내용

② 제1항 제2호의 규정에 정한 사항을 기재함에 있어 대량보유자 및 그 특별관계자가 투자신탁이나 투자익명조합의 집합투자업자 또는 투자회사·투자유한회사·투자합자회사 및 투자조합(집합투자기구)인 경우에는 해당 집합투자기구와 해당 집합투자업자 각각에 대하여 기재한다.

1) 증권의 발행 및 공시 등에 관한 규정 제3-12조(보고서의 첨부서류 등) ① 법 제147조에 따라 주식등의 대량보유상황을 보고하는 경우 매매보고서 그 밖에 취득 또는 처분을 증빙할 수 있는 자료와 보유주식등에 관한 주요 계약서 사본(영 제153조 제2항에 따라 보고서를 기재한 경우로서 계약서를 작성한 경우에 한한다)을 첨부하여야 한다. 다만, 다음 각 호의 1에 해당하는 법인이 증권시장을 통하여 주식등을 취득 또는 처분한 경우에는 그 취득 또는 처분에 관한 증빙자료의 제출을 생략할 수 있다. 이 경우 외국법인인 경우에는 대량보유보고서를 신규로 제출하는 때에 해당 외국금융투자감독기관의 인가, 허가 또는 등록확인서 등 해당 업무를 영위하는 법인임을 확인할 수 있는 서류를 제출하여야 한다.

1. 다음 각 목의 어느 하나에 해당하는 법인
   가. 영 제10조 제1항 제1호 및 제2호
   나. 영 제10조 제2항
   다. 영 제10조 제3항 제1호부터 제14호
2. 그 밖에 제1호에 준하는 법인으로 감독원장이 정하는 법인

② 제1항의 첨부서류가 사본인 때에는 원본과 상위 없음을 표시하고 보고자가 날인하여야 한다.

(가) 경영참가목적

자본시장법은 경영참가목적을 발행인의 경영권에 영향을 주기 위한 것(임원의 선임·해임 또는 직무의 정지, 이사회 등 회사의 기관과 관련된 정관의 변경 등 대통령령으로 정하는 것)으로 정의하고 있다(법 제147조 제 1 항 후단).

여기서 "대통령령으로 정하는 것"이란 다음 각 호의 어느 하나에 해당하는 것을 위하여 회사나 그 임원에 대하여 사실상 영향력을 행사하는 것을 말한다. 그리고 사실상 영향력을 행사하는 것에는 상법, 그 밖의 다른 법률에 따라 상법 제363조의2(주주제안권)·제366조(소수주주에 의한 소집청구)에 따른 권리를 행사하거나 이를 제 3 자가 행사하도록 하는 것을 포함한다(영 제154조 제 1 항).

1. 임원의 선임·해임 또는 직무의 정지
2. 이사회 등 회사의 기관과 관련된 정관의 변경
3. 회사의 자본금의 변경
4. 회사의 배당의 결정
5. 회사의 합병, 분할과 분할합병
6. 주식의 포괄적 교환과 이전
7. 영업전부의 양수·양도 또는 금융위원회가 정하여 고시하는 중요한 일부의 양수·양도[1)]
8. 자산전부의 처분 또는 금융위원회가 정하여 고시하는 중요한 일부의 처분[2)]
9. 영업전부의 임대 또는 경영위임, 타인과 영업의 손익전부를 같이하는 계약, 그 밖에 이에 준하는 계약의 체결, 변경 또는 해약
10. 회사의 해산

---

1) 증권의 발행 및 공시 등에 관한 규정 제3-13조(경영권에 영향을 주기 위한 것) ① 영 제154조 제 1 항 제 7 호에서 "금융위원회가 정하여 고시하는 중요한 일부의 양수·양도"란 다음의 어느 하나에 해당하는 양수·양도를 말한다.
   1. 양수·양도하고자 하는 영업부문의 자산액이 최근 사업연도말 현재 자산총액의 100분의 10 이상인 양수·양도
   2. 양수·양도하고자 하는 영업부문의 매출액이 최근 사업연도말 현재 자산총액의 100분의 10 이상인 양수·양도
   3. 영업의 양수로 인하여 인수할 부채액이 최근 사업연도말 현재 자산총액의 100분의 10 이상인 양수·양도

2) 증권의 발행 및 공시 등에 관한 규정 제3-13조(경영권에 영향을 주기 위한 것) ② 영 제154조 제 1 항 제 8 호에서 "금융위원회가 정하여 고시하는 중요한 일부의 처분"이란 처분하고자 하는 자산액이 최근 사업연도말 현재 자산총액의 100분의 10 이상인 처분을 말한다. 다만 제4-4조(중요한 자산 양수·도의 예외 등) 각 호의 어느 하나에 해당하는 자산의 처분은 제외한다.

“사실상의 영향력을 행사하는 것”에는 상법 또는 자본시장법의 규정에 의하여 소수주주가 주주총회의 소집을 청구하거나 주주제안권을 행사하는 것, 그리고 이를 제3자가 행사하도록 하는 것을 포함하고 있다. 이 시행령의 규정에 의하면 주주총회 소집청구, 주주제안을 포함한 어떤 형태로든지 사실상의 영향력을 행사하게 하는 경우는 경영참가목적을 가지는 것이 된다. 그러나 경영권에 대하여 적극적으로 사실상의 영향력을 행사하는 경우만을 경영참가목적으로 보아야 할 것이고, 주주총회에 참석하여 단순히 의결권만을 행사하는 것을 경영참가목적으로는 볼 수 없을 것이다.

(나) 단순투자목적

자본시장법은 경영권에 영향을 주기 위한 목적에 해당되지 않는 경우를 단순투자목적으로 보고 있다. 단순투자목적으로 5% 보고를 한 자는 그 보유목적을 경영참가목적으로 변경한 후에야 주주제안권, 주주총회 소집요구 등 경영참가행위를 할 수 있다.

3. 보고시기

(1) 보고기한(5일)

대량보유보고(신규보고), 변동보고 및 변경보고는 보고의무 발생일(보고기준일)로부터 5일 이내에 하여야 한다(법 제147조 제1항, 제4항). 보고기한의 기산일은 민법의 일반원칙에 의한다(초일 불산입의 원칙). 따라서 보고의무 발생일을 제외하고 그 다음 날부터 5일의 기간을 계산한다. 보고기한 5일을 산정하는 경우 대통령령으로 정하는 날은 산입하지 아니한다(법 제147조 제1항). 여기서 “대통령령으로 정하는 날”은 공휴일, 근로자의 날 제정에 관한 법률에 따른 근로자의 날이고, 토요일은 제외한다(영 제153조 제1항). 예컨대 2010년 5월 3일 증권시장에서 주식매수주문이 체결되어 보고의무가 발생한 경우 보고의무 발생일(5월 3일)과 공휴일(5월 5일과 9일)과 토요일(5월 8일)을 제외하고 5일째가 되는 날(5월 11일)이 보고기한이 된다.

주식등의 대량보유상황·보유목적 또는 그 변동내용을 보고하는 날 전일까지 새로 변동내용을 보고하여야 할 사유가 발생한 경우 새로 보고하여야 하는 변동내용은 당초의 대량보유상황, 보유목적 또는 그 변동내용을 보고할 때 이를 함께 보고하여야 한다(법 제147조 제3항). 즉 5% 보고의무가 발생한 자가 그 보고기한인 5일 이내에 주식등을 추가로 취득함으로써 추가로 보고의무가 발생하는 경우에는 처음의 보고사유 발생에 따른 5일 이내에 보고시 추가된 변동상황도 함께 보고하도록 한 것이다. 이것은 주식등의 계속 매수에 의한 매매상황이 보다 신속히 증권시장에 공시되도록 하려는 취지이다.

(2) 보고기준일(보고의무 발생일)

주식등의 대량보유자가 주식등의 보유상황이나 변동내용을 보고하여야 하는 경우에 그 보고기준일은 다음의 어느 하나에 해당하는 날로 한다(영 제153조 제3항). 이 경우는 신규보고와 변동보고를 말한다. 다만 변경보고의 경우는 보고사유 발생일이 보고기준일이 된다.

1. 주권비상장법인이 발행한 주권이 증권시장에 상장된 경우에는 그 상장일
2. 흡수합병인 경우에는 합병을 한 날,[1] 신설합병인 경우에는 그 상장일
3. 증권시장에서 주식등을 매매한 경우에는 그 계약체결일[2]
4. 증권시장 외에서 주식등을 취득하는 경우에는 그 계약체결일
5. 증권시장 외에서 주식등을 처분하는 경우에는 대금을 받는 날과 주식등을 인도하는 날 중 먼저 도래하는 날
6. 유상증자로 배정되는 신주를 취득하는 경우에는 주금납입일의 다음 날
7. 주식등을 차입하는 경우에는 그 차입계약을 체결하는 날, 상환하는 경우에는 해당 주식등을 인도하는 날
8. 주식등을 증여받는 경우에는 민법에 따른 효력발생일, 증여하는 경우에는 해당 주식등을 인도하는 날
9. 상속으로 주식등을 취득하는 경우로서 상속인이 1인인 경우에는 단순승인이나 한정승인에 따라 상속이 확정되는 날, 상속인이 2인 이상인 경우에는 그 주식 등과 관계되는 재산분할이 종료되는 날
10. 제1호부터 제9호까지 외의 사유로 인하여 보고하여야 하는 경우에는 민법·상법[3] 등 관련 법률에 따라 해당 법률행위 등의 효력이 발생하는 날

1) 합병등기를 해야 합병의 효력이 발생하므로 "합병을 한 날"은 합병등기일을 말한다.

2) 증권거래법은 "결제일"을 기준으로 하고 있었으나 자본시장법은 "계약체결일"로 변경하였다. 그러나 임원 등의 특정증권등 소유상황 보고의무(법 제173조)는 "결제일"이다(시행령 제204조 제4항 제1호).

3) 상법에서 규정하고 있는 포괄적 주식교환의 경우(상법 제360조의2) 상법에 의하여 효력이 발생하는 날인 "교환을 한 날"이 보고기준일이 된다. 그러나 상법상 포괄적 주식교환이 아닌 사적인 주식교환의 경우는 결제수단을 현금이 아닌 주식으로 대체한 장외계약의 한 형

제 4 호와 제 5 호는 증권시장 외에서 이루어지는 장외매매를 규정하고 있다. 장외매매를 하는 경우의 보고기준을 구체적으로 살펴보면 다음과 같다.[1)]

장외매수는 계약체결일, 장외매도의 경우는 원칙적으로 대금수령일과 주식등의 인도일 중 먼저 도래하는 날을 기준으로 보고의무가 발생한다(제 4 호, 제 5 호). 그러나 장외매수의 경우는 계약체결일을 보고의무 발행일로 하여 보고하면 되지만 장외매도의 경우는 계약내용에 따라 보고의무 발생일이 달라질 수 있다.

즉 장외매도의 경우 계약금, 중도금, 잔금으로 대금의 수령일이 구분되어 있고, 주식등의 인도가 잔금지급일에 이루어진다면, 매도인에게는 잔금수령일과 주식등의 인도일 중 빠른 날이 보고의무 발생일이 된다. 이 경우 매수인에게도 주식의 인수시점에 변경보고(보유형태 변경: 보유 → 소유)의무가 추가로 발생한다. 또한 매도인이 매매대금을 분할하여 수령하고 대금을 수령하는 경우마다 동일한 가치의 주식등을 인도하는 경우에는 각각의 대금 수령시점이 보고의무 발생일에 해당한다.

또한 장외매수계약을 체결하여 계약체결일을 기준으로 5% 보고를 하였으나 계약내용이 변경되어 매수수량 등이 달라지는 경우에는 계약내용의 변경일을 기준으로 변동보고를 하여야 한다.

그리고 장외매도계약은 보유주식등에 대한 주요계약내용에 해당하므로(시행령 제155조 제 2 호) 변동보고와는 별도로 계약체결일로부터 5일 이내에 변경보고를 하여야 한다. 따라서 일반적으로 장외매도의 경우 계약체결일(매도자: 주요계약내용의 변경, 매수자: 보유성립) 및 이행일(매도자: 변동보고, 매수자: 보유형태 변경)에 각각 보고의무가 발생하게 된다.

관련판례: 수원지방법원 성남지원 2007. 7. 25. 선고 2006가합9459 판결

증권거래법 제200조의2 제 1 항, 동법 시행령 제86조의4 제 2 항 제 4 호, 제 5 호의 규정에 의하면, 코스닥상장법인의 주식을 장외에서 대량 취득하게 된 자는 그 계약체결일로부터 5일 이내에 그 보유상황과 보유목적을 금융감독위원회와 거래소에 보고하여야 하고, 주식을 대량보유하고 있는 자가 장외에서 그 주식을 처분하여 그 보유주식비율이 당해 법인의 주식등의 총수의 100분의 1의 비율 이상 변동된 경우에는 그 변동내용을

태이므로 시행령 제153조 제 3 항 제 4 호와 제 5 호에 의한 장외매매거래의 보고방법에 따라 보고하면 된다.

1) 금융감독원, 전게서(2009. 6), 281쪽 이하 참조.

금융감독위원회와 거래소에 보고하여야 하는데, 주식을 대량 취득하는 자의 보고의무의 경우에는 주로 음성적인 주식매집을 금지함으로써 불공정한 경영권의 침탈을 예방하기 위한 것이므로 사전보고의 필요성이 크지만, 기왕에 주식을 대량보유하고 있는 자의 보유주식비율 변동내용에 대한 보고의무의 경우에는 증권시장의 투명성과 공정성의 확보 등을 위하여 사후적으로 변동된 보유주식비율을 시장에 공시하기 위한 것이므로 사전보고의 필요성이 크지 않은 점, 시행령 제86조의4 제 2 항 제 5 호는 주식을 대량보유하는 자가 장외에서 주식을 처분하는 경우에는 대금을 수령하는 날과 주식 등을 인도하는 날 중 먼저 도래하는 날로부터 5일 이내에 그 변동내용을 보고하여야 한다고 규정하고 있는데, 중도금을 수령한 날을 대금을 수령한 날로 본다면 주식 등을 인도하는 날과의 균형이 맞지 않는 점, 주식을 대량보유하는 자가 그 보유주식비율의 변동내용을 보고하지 않은 경우 법 제200조의3에 의하여 일정한 수량의 주식에 대하여 일정기간 의결권의 행사를 제한하고 있을 뿐만 아니라 법 제210조 제 5 호의2에 의하여 형사처벌을 받게 되므로 '대금을 수령한 날'을 엄격하게 해석할 필요가 있는 점, 금융감독원에서 마련한 기업공시 실무가이드라인에서 주식매매계약의 내용이 계약금, 중도금, 잔금으로 대금수령이 구분되어 있고 주식의 양도가 잔금지급일에 이루어지는 경우에는 중도금을 수령한 날에 보고의무가 발생하는 것으로 규정하고 있지만, 위 가이드라인은 대외적으로 구속력이 있는 법규명령으로서의 효력이 없는 점 등에 비추어 보면, 시행령 제86조 제 2 항 제 5 호에 규정된 대금을 수령하는 날은 '대금 전액을 수령하는 날'을 뜻하는 것으로 보아야 할 것이다.

Ⅳ. 보고내용과 보고시기의 특례

1. 특례적용대상

보유목적이 발행인의 경영권에 영향을 주기 위한 것(임원의 선임·해임 또는 직무의 정지, 이사회 등 회사의 기관과 관련된 정관의 변경 등 대통령령이 정하는 것)이 아닌 경우와 전문투자자 중 대통령령이 정하는 자의 경우에는 그 보고내용 및 보고시기 등을 대통령령으로 달리 정할 수 있다(법 제147조 제 1 항 후단)고 함으로써 보유목적에 대한 특례와 보고의무자에 대한 특례규정을 두고 있다. 즉 보유목적이 경영참가목적이 아닌 경우와 전문투자자 중 일정한 자에 대하여 보고내용과 보고시기의 예외를 인정한 것이다. 대통령령으로 달리 정한 특례의 내용을 아래서 보기로 한다.

2. 특례의 내용

(1) 보고목적의 특례

전문투자자가 아닌 자의 보유목적이 경영참가목적이 아닌 경우에는 다음 각 호의 사항을 모두 기재한 보고서로 보고할 수 있으며, 그 보유상황에 변동이 있는 경우에는 그 변동이 있었던 달의 다음 달 10일까지 보고할 수 있다(영 제154조 제3항). 즉 보유목적이 단순투자목적인 경우이다. 따라서 보유목적이 단순투자목적인 경우에는 보고의무 발생일이 속하는 달의 다음 달 10일까지 보고할 수 있다.

1) 보고내용의 특례

1. 보유상황
2. 주식등의 대량보유자와 그 특별관계자에 관한 사항, 보유주식등의 발행인에 관한 사항, 취득 또는 처분 일자·가격 및 방법
3. 주식등의 보유기간 동안 경영권에 영향을 주기 위한 행위를 하지 아니하겠다는 확인

이 경우 금융위원회에 보고해야 하는 일반서식에 기재할 사항은 증권의 발행 및 공시 등에 관한 규정에서 정하고 있다.[1)]

2) 보고시기의 특례

그 보유상황에 변동이 있는 경우에는 그 변동이 있었던 달의 다음 달 10일까지 보고할 수 있다(영 제154조 제3항).

(2) 보고의무자의 특례

전문투자자 중 대통령령으로 정하는 자는 다음 각 호의 사항을 모두 기재한 보고서로 주식등의 보유 또는 변동이 있었던 분기의 다음 달 10일까지 보고할 수 있다(영 제154조 제4항). 여기서 "대통령령으로 정하는 자"란 다음의 어느 하나에 해당하는 자를 말한다.

---

1) 증권의 발행 및 공시 등에 관한 규정 제3-10조(보고서의 기재사항) ③ 영 제154조 제3항에 따른 보고서에는 다음 각 호의 사항을 기재한다.
  1. 보유주식등의 발행인에 관한 사항
  2. 대량보유자 및 그 특별관계자에 관한 사항
     가. 성명, 주소, 국적, 직업 등 인적사항
     나. 대량보유자 및 그 특별관계자가 자연인이 아닌 법인 또는 단체인 경우에는 해당 법인 또는 단체의 법적 성격, 임원(회사가 아닌 경우 구성원), 의사결정기구 및 최대주주(회사가 아닌 경우 출자자)에 관한 사항
  3. 보고자 및 특별관계자별 보유 또는 변동 주식등의 종류 및 수
  4. 보고자 및 특별관계자별 취득 또는 처분 일자·가격 및 방법
  5. 주식등의 보유기간 중 영 제154조 제1항에 해당하는 행위(회사나 그 임원에 대하여 사실상의 영향력을 행사하는 것)를 하지 않겠다는 확인

1. 국가
2. 지방자치단체
3. 한국은행
4. 그 밖에 그 보고내용과 보고시기 등을 달리 정할 필요가 있는 자로서 금융위원회가 정하여 고시하는 자[1]

1) 보고내용의 특례(영 제154조 제 4 항)

1. 보고하여야 할 사유가 발생한 날의 보유상황 및 변동내용
2. 대량보유자와 그 특별관계자에 관한 사항 및 보유주식등의 발행인에 관한 사항

이 경우 금융위원회에 보고해야 하는 일반서식에 기재할 사항은 증권의 발행 및 공시 등에 관한 규정에서 정하고 있다.[2]

2) 보고시기의 특례

주식등의 보유 또는 변동이 있었던 분기의 다음 달 10일까지 보고할 수 있다(영 제154조 제 4 항). 다음 달 10일이 공휴일 또는 토요일인 경우에는 그 다음 날(다음 날이 공휴일인 경우에는 그 다음 날)까지 보고할 수 있다.

보고의무가 발생하여 보고하는 날 전일까지 새로이 보고사유가 발생한 경우 새로이 보고해야 하는 사항은 당초의 대량보유상황, 보유목적 또는 변동내용을 보고할 때 이를 함께 보고하여야 한다(법 제147조 제 3 항). 따라서 단순투자목적 보유자가 1월의 거래내역을 일괄하여 2월 10일에 보고하는 경우 1월 31일과 2월 10일 사이에 보유지분이 1% 이상 변동되는 경우에는 동 변동내역을 2월 10일에 1월의

---

1) 증권의 발행 및 공시 등에 관한 규정 제3-14조(보고특례 적용 전문투자자) 영 제154조 제 2 항에서 "보고내용과 보고시기 등을 달리 정할 필요가 있는 자"란 영 제10조 제 2 항 제 9 호, 제 3 항 제 1 호부터 제 8 호까지, 제10호부터 제13호까지 중 어느 하나에 해당하는 자로서 경영권에 영향을 미칠 목적이 없는 자를 말한다.

2) 증권의 발행 및 공시 등에 관한 규정 제3-10조(보고서의 기재사항) ④ 영 제154조 제 4 항에 따른 보고서에는 다음 각 호의 사항을 기재한다.
   1. 보유주식등의 발행인에 관한 사항
   2. 대량보유자 및 그 특별관계자에 관한 사항
      가. 성명, 주소, 국적, 직업 등 인적사항
      나. 대량보유자 및 그 특별관계자가 자연인이 아닌 법인 또는 단체인 경우에는 해당 법인 또는 단체의 법적 성격, 임원(회사가 아닌 경우 구성원을 말한다), 의사결정기구 및 최대주주(회사가 아닌 경우 출자자를 말한다)에 관한 사항
   3. 보고하여야 할 사유가 발생한 날의 보고자 및 특별관계자별 보유 또는 변동 주식등의 종류 및 수

변동내역과 함께 보고하여야 한다.[1]

전문투자자에 대하여 월 1회 일괄하여 보고하도록 한 것은 이들은 경영참가 목적이 아닌 경우에는 포트폴리오 구성목적의 투자자로서 주식매매를 할 수 있고, 그 규모가 크고 빈번하게 이루어지고 있는 점을 고려한 것이다. 그러나 전문투자자가 경영참가목적으로 주식등을 보유할 경우에는 일반보유자와 동일하게 5일 이내에 보고하여야 한다.

Ⅴ. 보고의무의 면제

1. 대량보유보고의무의 면제

증권거래법은 대량보유보고의무의 필요성이 없다고 인정되는 자에 대하여 보고의무를 면제하고 있었다. 즉 국가, 지방자치단체, 정부의 기금, 증권금융회사 등에 대해서는 보고의무를 면제하였다.[2] 그러나 자본시장법은 종전의 보고의무가 면제되던 국가, 지방자치단체, 정부의 기금 등도 보고의무자로 편입하였다(영 제154조 제 2 항). 그 이유는 국가, 지방자치단체 등의 주식 대량보유정보는 경영권분쟁 관련당사자와 주식등의 시장가격에 영향을 주므로 일반투자자에게도 중요한 정보이기 때문인 것으로 보인다.[3]

2. 변동보고의무의 면제

보유주식등의 수의 합계가 그 주식등의 총수의 1% 이상 변동되었으나(보유주식비율이 1% 이상 변동) 그 보유주식등의 수가 변동되지 아니한 경우,[4] 그 밖에 대통령령으로 정하는 경우는 보고의무가 면제된다(법 제147조 제 1 항 전단). 즉 이 경우에는 보유비율이 변동되어도 변동보고의무가 면제된다. 그러나 변동보고의무가 면제되더라도 신규보고의무까지 면제되는 것은 아니다.

여기서 "대통령령으로 정하는 경우"란 다음의 어느 하나에 해당하는 경우를 말한다(영 제153조 제 5 항).

---

1) 금융감독원, 전게서(2009. 6), 283쪽 참조.
2) 증권거래법 시행령 제86조의3 제 1 항.
3) 임재연, 전게서, 479쪽.
4) 제 3 자 배정 유상증자 등으로 본인이 보유하는 주식등의 수는 변동이 없었으나 발행주식등 총수의 변동으로 인하여 보유비율이 1% 이상 변동된 경우를 들 수 있다.

1. 주주가 가진 주식수에 따라 배정하는 방법으로 신주를 발행하는 경우로서 그 배정된 주식만을 취득하는 경우
2. 주주가 가진 주식수에 따라 배정받는 신주인수권에 의하여 발행된 신주인수권증서를 취득하는 것만으로 보유주식등의 수가 증가하는 경우
3. 자기주식의 취득 또는 처분으로 보유주식등의 비율이 변동된 경우
4. 자본감소로 보유주식등의 비율이 변동된 경우
5. 신주인수권이 표시된 것(신주인수권증서는 제외), 신주인수권부사채권·전환사채권 또는 교환사채권에 주어진 권리행사로 발행 또는 교환되는 주식등의 발행가격 또는 교환가격 조정만으로 보유주식등의 수가 증가하는 경우[1)]

변동보고의 면제사유에 의하여 보유비율이 변동된 경우, 면제사유 발생시점의 주식등의 보유비율을 기준으로 추후 1% 이상 변동시에 변동보고의무가 발생한다. 예컨대 5.1%를 보유하고 있는자가 변동보고 면제사유로 인하여 보유비율이 6.2%가 된 경우 그 당시에는 보고의무가 면제되어 6.2%를 기준으로 1% 이상 변동되는 시점에 변동보고의무가 발생한다. 이 경우 변동보고서 세부내역을 기재할 경우 면제사유로 인한 주식등의 수의 변동내용을 포함하여야 한다.[2)]

Ⅵ. 보고서의 송부 및 공시

1. 대량보유보고서 등의 발행인 송부

주식등의 대량보유상황에 대한 신규보고, 변동보고, 변경 등을 보고한 자는 지체 없이 그 사본을 해당 주식등의 발행인(대통령령으로 정하는 주식등의 경우에는 대통령령으로 정하는 자)에게 송부하여야 한다(법 제148조).

여기서 "대통령령으로 정하는 주식등의 경우에 대통령령으로 정하는 자"란 다음의 자를 말한다(영 제156조).

1. 교환사채권의 경우에는 교환의 대상이 되는 주식등의 발행인
2. 파생결합증권의 경우에는 그 기초자산이 되는 주식등의 발행인
3. 증권예탁증권의 경우에는 그 기초가 되는 주식등의 발행인

1) 본인 및 특별관계자가 전환사채 등 주식관련사채를 5% 이상 보유하였으나 행사가(전환가) 등의 조정으로 보유주식등의 수가 증가하여 보유비율이 1% 이상 변동된 경우를 들 수 있다 [금융감독원, 전게서(2009. 6), 273쪽].

2) 금융감독원, 전게서(2009. 6), 273쪽.

이러한 증권들의 경우 발행인과 교환 또는 기초가 되는 증권의 발행인이 다를 수 있다. 그러나 자본시장법 제149조에 따라 5% 보고서가 비치 및 공시되는 것을 고려하면 이 규정의 유용성에 대하여는 의문이 있다. 기존 경영진이 공시된 5% 보고서를 보지 못할 가능성까지 고려하여 보고의무자에게 이러한 의무를 부과하는 것은 M&A과정에서 기존 경영진의 입장을 고려한 것으로 보이기 때문이다.[1)]

2. 보고서의 비치 및 공시

금융위원회 및 거래소는 주식 대량보유상황의 신규보고, 변동보고 및 변경보고에 관하여 제출받은 보고서를 3년간 비치하고, 인터넷 홈페이지 등을 이용하여 공시하여야 한다(법 제149조).

Ⅶ. 냉각기간

1. 의 의

주식등의 대량보유상황에 대한 신규보고, 변동보고 및 변경보고에 따라 주식등의 보유목적을 발행인의 경영권에 영향을 주기 위한 것으로 보고하는 자는 그 보고하여야 할 사유가 발생한 날부터 보고한 날 이후 5일까지 그 발행인의 주식등을 추가로 취득하거나 보유주식등에 대하여 그 의결권을 행사할 수 없다(법 제150조 제2항).

냉각기간(cooling period)은 M&A 목적으로 주식등을 취득하거나 이미 보유하고 있던 주식등의 보유목적을 경영참가목적으로 변경한 후 즉시 의결권행사를 함으로써 기존 경영진의 방어기회를 박탈하는 것을 방지하기 위함이다.[2)]

2. 냉각기간

냉각기간은 보고사유가 발생한 날부터 보고한 날 이후 5일까지 적용된다(법 제150조 제2항). 냉각기간 기산일은 보고사유 발생일[3)]이며 종료일은 보고일을 제

1) 한국증권법학회, 전게 주석서, 642쪽.
2) 한국증권법학회, 전게 주석서, 645쪽.
3) 증권거래법은 기산일을 보고일로 하고 있었다(법 제200조의3 제2항). 그러나 자본시장법은 보고사유 발생일로 변경하였다.

외하고 계산하여 5일째 되는 날이다. 그리고 냉각기간 5일을 산정하는 경우에는 공휴일과 토요일 및 근로자의 날은 산입하지 아니한다. 예컨대 2009년 4월 29일 경영참가목적으로 5% 이상의 지분을 취득하고 동년 5월 7일 신규취득 보고서를 제출한 경우, 냉각기간은 보고의무 발생일(보고사유 발생일)인 4월 29일부터 보고일인 5월 7일 이후 5일째 되는 날인 5월 14일까지이다. 보고기한은 5월 8일까지이나 임의로 5월 7일에 보고서를 제출한 것으로 가정하였다. 그리고 공휴일인 5월 2일(석가탄신일), 5월 3일(일요일), 5월 5일(어린이 날), 5월 1일(근로자의 날)은 제외된다. 나아가 단순투자목적으로 주식을 취득한 자가 추후 경영참가목적으로 보유목적을 변경한 경우에도 위 사례와 같은 방식으로 냉각기간을 계산한다.[1]

3. 냉각기간 위반의 효과

냉각기간을 위반하여 주식등을 추가로 취득한 자는 그 추가 취득분에 대하여 그 의결권을 행사할 수 없으며, 금융위원회는 6개월 이내의 기간을 정하여 그 추가 취득분의 처분을 명할 수 있다(법 제150조 제 3 항).

Ⅷ. 보고의무 위반에 대한 제재

1. 행정제재

(1) 의결권행사의 제한

1) 의 의

자본시장법 제147조 제 1 항·제 3 항 및 제 4 항에 따라 보고(그 정정보고를 포함)하지 아니한 자 또는 대통령령으로 정하는 중요한 사항을 거짓으로 보고하거나 대통령령으로 정하는 중요한 사항의 기재를 누락한 자는 대통령령으로 정하는 기간 동안 의결권 있는 발행주식총수의 100분의 5를 초과하는 부분 중 위반분에 대하여 그 의결권을 행사하여서는 아니 된다(법 제150조 제 1 항 전단).

여기서 "대통령령이 정하는 중요한 사항"이란 다음의 어느 하나에 해당하는 것을 말한다(영 제157조).

1. 대량보유자와 그 특별관계자에 관한 사항

1) 금융감독원, 전게서(2009. 6), 285쪽.

2. 보유목적
3. 보유 또는 변동 주식등의 종류와 수
4. 취득 또는 처분 일자
5. 보유주식등에 관한 신탁·담보계약, 그 밖의 주요계약내용

2) 제한기간

의결권행사의 제한기간은 다음 각 호의 어느 하나에 해당하는 기간을 말한다(영 제158조).

1. 고의나 중과실로 법 제147조 제1항·제3항 또는 제4항에 따른 보고를 하지 아니한 경우 또는 제157조 각 호의 사항을 거짓으로 보고하거나 그 기재를 빠뜨린 경우에는 해당 주식등의 매수등을 한 날부터 그 보고(그 정정보고를 포함)를 한 후 6개월이 되는 날까지의 기간
2. 법 및 이 영, 그 밖의 다른 법령에 따라 주식등의 대량보유상황이나 그 변동·변경 내용이 금융위원회와 거래소에 이미 신고되었거나, 정부의 승인·지도·권고 등에 따라 주식등을 취득하거나 처분하였다는 사실로 인한 착오가 발생하여 법 제147조 제1항·제3항 또는 제4항에 따른 보고가 늦어진 경우에는 해당 주식등의 매수등을 한 날부터 그 보고를 한 날까지의 기간

3) 의결권행사 제한방법(의결권행사금지 가처분)

의결권제한에 대하여 금융위원회의 조치는 필요하지 않다. 보고의무 위반을 주장하는 당사자는 의결권제한을 원인으로 하는 주주총회결의의 효력을 다투는 본안소송을 제기할 수 있고, 이를 본안으로 하여 의결권행사금지 가처분을 신청할 수 있다. 그 예를 보면 다음과 같다.

서울중앙지방법원은 KCC가 현대엘리베이터 주식을 매집하여 대량보유상황보고를 하는 과정에서 고의로 특별관계자가 보유하고 있던 지분에 관해 보고하지 아니함으로써 중요한 사항에 관한 기재 누락이 있었다는 이유로, KCC가 보유한 현대엘리베이터의 지분 7.5%에 대한 의결권행사금지 가처분신청을 인용하였다.[1)]

4) 의결권제한을 원인으로 하는 주주총회결의의 효력을 다투는 본안소송

대량보유상황보고 의무위반을 주장하는 당사자는 의결권제한을 원인으로 하는 주주총회결의의 효력을 다투는 본안소송을 제기할 수 있다.

---

1) 서울중앙지방법원 2004. 3. 26. 선고 2004카합809 결정.

관련판례: 서울중앙지방법원 2007. 12. 20. 선고 2007가합65608 판결

증권거래법 제200조의3 제1항, 동법 시행령 제86조의10 제1호에 의하면, "제200조의2 제1항의 규정에 위반하여 주식 등의 보유상황과 보유목적 및 그 변동내용을 보고하지 아니한 자는 당해 주식 등의 매수 등을 한 날부터 당해 보고 또는 정정보고를 한 후 6월이 경과한 날의 기간 동안 의결권 있는 발행주식총수의 100분의 5를 초과하는 부분 중 위반분에 대하여 그 의결권을 행사할 수 없다"고 규정하고 있다.

위 인정사실에 의하면 피고의 주주 김MH는 그 보유주식 701,559주에 관하여 이를 매수한 날부터 위 증권거래법상 보고를 한 날인 2007. 11. 7.로부터 6개월이 경과한 시점인 2008. 5. 7.까지 의결권을 행사할 수 없음에도 불구하고, 이 사건 주주총회에서 위 주식에 의하여 의결권을 행사하였으므로, 의결권 없는 자가 의결권을 행사한 이 사건 주주총회는 상법 제376조 제1항에 따라 결의방법이 법령 또는 정관에 위반하거나 현저하게 불공정한 경우에 해당하여 주주총회결의의 취소사유가 존재한다.

(2) 처분명령

금융위원회는 보고의무자에 대하여 6개월 이내의 기간을 정하여 의결권 있는 발행주식총수의 5%를 초과하는 부분 중 위반분에 대하여 처분을 명할 수 있다(법 제150조 제1항 후단). 처분은 장내처분과 장외처분을 모두 포함한다.

처분명령에 따라 위반분을 처분하고 다시 취득하면 의결권행사에는 아무런 제한이 없다. 이에 대하여 의결권이 제한되는 기간까지 재취득을 금지하거나 새로이 취득한 주식에 대하여도 그 기간 동안 의결권을 제한하는 것이 바람직하다. 이와 관련하여 KCC의 5% 보고의무 위반에 대한 처분명령에서 금융감독위원회는 재취득금지에 대하여 언급을 하지 않았다. 이에 따라 KCC는 처분명령이 있은 다음 날 현대엘리베이터 주식을 공개매수하겠다는 발표를 하였다.

2004년 2월 11일 현대엘리베이터의 경영권분쟁에서 적대적 M&A를 시도하던 KCC는 단독사모펀드를 이용하여 5% 대량변동보고를 하지 않고 현대엘리베이터 주식을 매집하였다. 이에 대해 증권선물위원회는 검찰고발과 함께 위반 주식에 대하여 처분명령을 내렸다. 한국거래소시장을 통하여 2004년 5월 20일까지 기간을 정하여 장내매도를 할 것을 포함하고 있었지만, 신고대량매매·시간외매매·통정매매 등 특정인과 약속에 의한 매매방법은 제외하고 있었다.[1)]

1) 금융감독원 2004. 2. 11.자 보도자료.

(3) 조사 및 정정명령

1) 자료제출명령과 조사권

금융위원회는 투자자 보호를 위하여 필요한 경우에는 주식등의 대량보유상황의 신규보고, 변동보고 또는 변경보고 등의 보고서를 제출한 자, 그 밖의 관계인에 대하여 참고가 될 보고 또는 자료의 제출을 명하거나, 금융감독원장에게 그 장부·서류, 그 밖의 물건을 조사하게 할 수 있다. 이 경우 조사를 하는 자는 그 권한을 표시하는 증표를 지니고 이를 관계인에게 내보여야 한다(법 제151조 제 1 항, 제131조 제 2 항).[1)]

2) 정정명령 및 조치권

금융위원회는 주식등의 대량보유상황의 신규보고, 변동보고 또는 변경보고에 따라 제출된 보고서의 형식을 제대로 갖추지 아니한 경우 또는 그 보고서 중 중요사항에 관하여 거짓의 기재 또는 표시가 있거나 중요사항의 기재 또는 표시가 누락된 경우에는 그 이유를 제시하고 그 보고서의 정정을 명할 수 있으며, 필요한 때에는 거래를 정지 또는 금지하거나 대통령령이 정하는 조치를 할 수 있다(법 제151조 제 2 항).

여기서 "대통령령이 정하는 조치"란 다음의 어느 하나에 해당하는 조치를 말한다(영 제159조).

1. 임원에 대한 해임권고
2. 법을 위반한 경우에는 고발 또는 수사기관에의 통보
3. 다른 법률을 위반한 경우에는 관련기관이나 수사기관에의 통보
4. 경고 또는 주의

(4) 과 태 료

다음 각 호의 어느 하나에 해당하는 자에 대하여는 5천만원 이하의 과태료를 부과한다(법 제449조 제 1 항 제37호 및 제38호).

37. 제148조(대량보유보고서 등의 발행인에 대한 송부)를 위반하여 신고서 또는 보고서의 사본을 송부하지 아니한 자

---

1) 일본의 경우 자료제출명령과 검사권만을 행사할 수 있다(금융상품거래법 제27조의30). 의결권행사 제한, 처분명령, 정정명령권과 기타 조치권을 인정하지 않는다.

38. 제148조에 따른 보고서 사본에 신고서 또는 보고서에 기재된 내용과 다른 내용을 표시하거나 그 내용을 누락하여 송부한 자

2. 형사제재

주식등의 대량보유상황의 보고서류 또는 금융위원회의 정정명령에 따른 정정보고서 중 대통령령으로 정하는 중요한 사항에 관하여 거짓의 기재 또는 표시를 하거나 중요한 사항을 기재 또는 표시하지 아니한 자(중요사항을 부실표시한 자)는 5년 이하의 징역 또는 2억원 이하의 벌금에 처한다(법 제444조 제18호).

주식등의 대량보유상황의 신규보고, 변동보고 또는 변경보고의무를 위반하여 보고를 하지 아니한 자는 3년 이하의 징역 또는 1억원 이하의 벌금에 처한다(법 제445조 제20호).

금융위원회의 정정명령과 조치를 위반한 자와 처분명령을 위반한 자는 1년 이하의 징역 또는 3천만원 이하의 벌금에 처한다(법 제446조 제24호, 제26호).[1)]

실제로는 개인투자자들이 법규에 대한 무지로 인하여 보고의무를 위반하는 경우가 많다. 실무상으로는 고의성이 없는 경우에는 주의나 경고만 받고 형사제재를 받는 경우는 많지 않다. 보고의무 위반으로 형사제재를 받는 경우는 대개 다른 규정(불공정거래에 관한 규정 등)위반이 있는 경우이다.[2)]

관련판례: 대법원 2007. 4. 12. 선고 2007도1149 판결

주식을 대량보유하게 된 자가 보유상황 등의 보고의무를 위반함으로 인한 구 증권법 제210조 제 5 호의2, 제200조의2 제 1 항 위반죄와 주요주주 등이 주식소유상황 등의 보고의무를 위반함으로 인한 같은 법 제210조 제 5 호, 제188조 제 6 항 위반죄는 보고의 주체, 요건, 시기 및 내용 등을 달리하여 법률상 1개의 행위로 평가될 수 없어 양자는 상상적 경합관계가 아니라 실체적 경합관계에 있다.

---

1) 미국의 경우는 1934년 증권거래법상 주식의 대량보유보고의무규정 위반에 대하여 SEC는 법원에 유지명령, 민사벌금을 청구할 수 있으며[제21(d)] 형사제재를 가한다(제32조). 그러나 형사제재가 가해지는 경우는 거의 없고 특히 법집행을 하고 있는 SEC는 사인의 소권에 기대를 하고 있다.

2) 임재연, 전게서, 493쪽.

3. 민사제재

자본시장법은 보고의무 위반에 대하여는 민사책임을 물을 근거규정을 두고 있지 않다.

미국의 경우 증권규제에서 사인의 소권을 인정하기 위해서는 명문의 규정이 있어야 하지만 1934년 증권거래법 제13(d)에는 이러한 근거가 존재하지 않는다. 그러나 미국법원은 실정법 위반에 대한 명문규정이 없어도 손해를 입은 자가 손해배상청구를 하는 것을 인정해 오고 있다. 이를 묵시적 사적소권(implied rights of action)이라고 한다. 묵시적 사적소권은 손해를 입은 자에 대한 배상기능과 위법행위를 억제하는 기능이 있다. 법원은 제13(d)에 의한 사적소권을 인정함에 있어 손해배상청구에는 부정적이고, 유지청구에 대하여도 제한적으로 인정하고 있다. 손해배상청구를 하는 경우 판례는 제13(d)에 근거한 소권을 인정하지 않고, 제18(a), 제10(b)를 근거로 청구할 수 있다고 본다.

제 4 절 의결권 대리행사 권유의 규제(위임장권유규제)

Ⅰ. 서 설

1. 위임장권유의 의의의 기능

주주는 대리인으로 하여금 그 의결권을 행사하게 할 수 있다. 이 경우에는 그 대리인은 대리권을 증명하는 서면을 총회에 제출하여야 한다(상법 제368조 제 3 항). 이를 "의결권 대리행사"라고 한다. 즉 제 3 자가 특정 주주를 위하여 주주총회에서 의결권을 행사하고, 그것을 주주 본인의 의결권행사로 보는 제도이다. 주주권은 비개성적 성질을 가지며, 이사의 의결권행사와는 달리 업무집행행위가 아니므로 반드시 주주가 일신전속적으로 행사하여야 할 이유가 없다. 따라서 상법은 명문의 규정으로 의결권의 대리행사를 허용한다. 이는 주주권행사의 편의를 보장해 주는 동시에 주식이 널리 분산된 회사에서 결의정족수의 확보를 용이하게 해 주는 의미도 있다. 정관으로도 의결권의 대리행사를 금지할 수 없다.

의결권의 대리행사에 관한 회사법적 문제는 기명주식에서만 나타난다. 무기명주식의 주주도 타인으로 하여금 대리하게 할 수 있다. 그러나 무기명주식은 그 점유자가 주주로 추정되므로 대리인이 본인의 주권을 인도받아 자신의 의결권으로 행사하면 되고 회사에 대해 대리권을 증명(상법 제368조 제 3 항)할 필요가 없기 때문이다.[1)]

의결권 대리행사제도는 주주 개인의 능력의 보충이나 사적자치의 확장을 위하여 인정된 것이다. 그러나 현대 대규모의 공개회사에서는 본래의 취지와는 달리 "대리인의 목적달성"을 위해 운영되고 있다. 이사, 대주주 또는 새로이 경영권을 탈취하고자 하는 자 등이 대리인이 되고자 주주들에게 집단적으로 의결권의 위임을 권유하는 것이다. 이를 "의결권 대리행사의 권유"(이른바 "위임장권유"이다. 본서에서는 위임장권유라고 한다)라고 한다.

위임장권유는 오늘날 상장회사의 주주총회 운영과 회사지배에 있어 매우 중요한 기능을 수행한다. 현재의 경영자는 자신의 지위를 이용하여 보다 쉽게 위임장을 획득할 수 있기 때문에 미국에서는 소유 없이 회사를 지배하는 경영자지배(management control)의 유용한 수단이 되고 있다. 또한 경영권 다툼의 경쟁자들간에 위임장경쟁(proxy contest or fight)이 심각하게 벌어지기도 한다. 우리나라에서도 근래 기업매수가 활성화되면서 지배권의 확보를 목적으로 한 위임장경쟁이 늘어나고 있다.[2)·3)]

2. 연 혁

위임장권유에 대하여 상법상 주주는 의결권을 제 3 자에게 대리행사하게 할 수 있다는 상법상 규정(상법 제368조 제 3 항 제 1 문) 이외에는 이를 규제하는 제도가 없었다. 따라서 위임장권유의 과도한 행사는 소수주주의 권리를 침해할 가능성이 있었다. 이에 1976년 증권거래법을 개정하면서 상장법인의 위임장권유에 대한 제한제도로서 공시제도를 마련하였다.

1) 이철송, 회사법강의, 박영사(2009, 제16판), 430쪽.

2) 이철송, 전게서, 434쪽.

3) 보유지분율이 아니라 다수의 주주로부터 주주총회에서의 의결권행사 위임장을 확보하여 M&A를 추진하는 전략을 "위임장경쟁"이라고 한다. 위임장권유제도의 원래 취지는 주주총회의 원활한 성립을 목적으로 하는 것이지만, 기업지배권 획득수단으로 활용되기도 하는 것이다. 특히 미국의 경우 위임장권유제도가 기업지배권 획득을 위한 주요한 수단으로 이용되고 있다.

3. 법적 성질

권유자가 주주에게 위임장을 보내 위임을 권유하고 주주가 대리권을 수여하는 뜻으로 위임장을 반송함으로써 의결권의 대리행사를 목적으로 하는 위임계약이 성립한다(민법 680조). 그러면 위임장 송부에 의한 대리행사권유를 동 계약의 청약으로 보고 주주의 반송을 승낙으로 보느냐, 아니면 대리행사권유를 단순한 청약의 유인으로 보고 주주의 반송을 청약으로 보느냐는 문제가 있다. 후자로 본다면 주주가 위임장을 보내더라도 새로이 권유자가 승낙을 하여야 계약이 성립되므로 권유자가 승낙을 하지 않고 의결권을 행사하지 않을 수도 있게 되어 부당하다(예컨대 권유자가 찬성을 기대하였는데 주주가 반대의 의사를 명시하여 수권한다면 권유자는 의결권을 행사하고 싶지 않을 것이다). 따라서 주주의 의결권을 보호하기 위해서는 위임장권유를 청약으로 보고, 주주의 위임장반송으로 위임계약이 성립하며, 이때부터 권유자에게 수임인으로서의 의무가 발생한다고 보아야 한다.[1]

4. 적대적 M&A와 위임장경쟁

실무상 위임장경쟁은 적대적 M&A 개시 후 주주총회에서 주로 이사의 선임 또는 해임을 추진하여 이사회 장악을 시도하는 중요한 방법이다. 자본시장법에서 정한 위임장권유의 신고를 거쳐 주주들에게 주주총회에서의 의결권행사를 위임할 것을 호소할 수 있다. 그런데 공격자측의 경우 주주명부의 확보가 늦어(실무상 주주총회소집통보 약 3일 전에 주주명부를 작성하여 통지문을 우편으로 발송하게 된다) 통상의 경우 한국예탁결제원 등 명의개서대행회사로부터 주주명부를 확보할 수 없는바, 대상회사로부터 주주명부를 취득하는 방법 이외의 방법은 없다. 이러한 경우 공격자측은 위임장권유를 위한 자본시장법상 신고절차를 진행하여 소정의 확인서 및 요청서를 제출함으로써 주주명부를 확보하여 작업을 진행할 수 있다. 그런데 이는 시간적으로 회사보다 매우 불리할 수밖에 없다.

위임장권유 등으로 확보한 의결권을 갖고 수적 우세를 점치고 대리인을 포함하여 공격자측이 막상 주주총회에 출석하면 주주총회에서 의장인 대상회사의 대표이사가 의결권 무효를 주장하며 일사천리로 주주총회를 종료시키는 경우가 많다. 일반적으로 적대적 M&A의 시도는 공개매수 등 주식매집 후 위임장경쟁이 이

1) 이철송, 전게서, 435쪽.

루어질 것이다. 이를 성공적으로 수행하기 위해서는 주주총회를 원활하게 진행시킬 수 있는 완벽한 법률적인 준비 이외에도 실질적으로 대상회사의 내부자(노조, 우리사주조합, 임원 등) 또는 주요주주의 포섭이 필요한 것이 우리나라 M&A 시장의 현실이다.

우리나라에서는 2003년 하나로통신 경영권을 둘러싸고 벌어진 LG그룹과 New Bridge Capital 간에 있었던 위임장경쟁, 2004년 현대엘리베이터의 경영권을 두고 벌어진 KCC그룹과 현정은 회장 사이의 위임장경쟁, 2005년 SK 주주총회에서 있었던 최태원 회장과 소버린과의 위임장경쟁 등이 있다.

Ⅱ. 위임장권유제도

1. 위임장권유에 대한 법적 규제

위임장권유에 대해서는 법령상 다음과 같은 규제가 행해지고 있다. 상장주권(그 상장주권과 관련된 증권예탁증권을 포함)의 의결권 대리행사의 권유를 하고자 하는 자("의결권권유자")는 그 권유에 있어서 그 상대방("의결권피권유자")에게 대통령령으로 정하는 방법에 따라 위임장 용지 및 참고서류를 교부하여야 한다(법 제152조 제 1 항).

위임장권유에 대해 법적 규제를 하고 있는 것은 위임장권유가 적절하게 운용되지 않으면 이사의 이익을 위해 악용되거나 주주에게 손해를 끼칠 위험이 있으며, 또한 주주로부터 다수의 의결권의 대리행사를 위임받은 자가 주주총회에서 자기 임의대로 의결권을 행사할 가능성도 있다는 점에서 합리적인 의결권행사를 하도록 할 필요가 있기 때문이다. 그리고 주가에 대한 부당한 영향 등으로부터 투자자를 보호하려는 취지도 있다.[1]

2. 권 유 자

상장주권(그 상장주권과 관련된 증권예탁증권을 포함)의 의결권 대리행사의 권유를 하고자 하는 자("의결권권유자")는 그 권유에 있어서 그 상대방("의결권피권유자")에게 대통령령으로 정하는 방법에 따라 위임장 용지 및 참고서류를 교부하여야 한다(법 제152조 제 1 항).

1) 양만식, "위임장권유와 주주총회결의의 취소," 기업법연구 제23권 제 3 호(2009), 163쪽.

법문상 권유자의 자격에 특별한 제한이 없으므로 주주나 임원, 해당 회사는 물론 해당 회사 주주총회의 목적사항과 특별한 이해관계를 가지는 자는 누구든지 권유자가 될 수 있다고 본다.[1] 해당 회사 명의의 위임장권유는 경영진에 의한 위임장권유로 보아야 할 것이다.

그러나 국가기간산업 등 국민경제상 중요한 산업을 영위하는 법인으로서 대통령령으로 정하는 상장법인("공공적 법인")의 경우에는 그 공공적 법인만이 그 주식의 의결권 대리행사의 권유를 할 수 있다. 이는 공공적 법인의 특수성을 감안하여 경영권분쟁을 미연에 방지하고자 하는 것이다. 여기서 회사 자체가 권유자가 될 수 있는 것처럼 규정하고 있으나, 회사 자체가 아닌 회사의 경영진이 직접 또는 자연인을 대리인으로 내세워 권유자가 될 수 있는 것으로 해석하여야 할 것이다.

여기서 공공적 법인은 다음의 요건을 모두 충족하는 법인 중에서 금융위원회가 관계 부처장관과의 협의와 국무회의에의 보고를 거쳐 지정하는 법인으로 한다(영 162조).

1. 경영기반이 정착되고 계속적인 발전가능성이 있는 법인일 것
2. 재무구조가 건실하고 높은 수익이 예상되는 법인일 것
3. 해당 법인의 주식을 국민이 광범위하게 분산 보유할 수 있을 정도로 자본금 규모가 큰 법인일 것

3. 피권유자

자본시장법은 피권유자의 수에 대한 제한규정을 두고 있지 않다. 다만 시행령은 "해당 상장주권의 발행인(그 특별관계자를 포함)과 그 임원(그 특별관계자를 포함) 외의 자가 10인 미만의 의결권피권유자에게 그 주식의 의결권 대리행사의 권유를 하는 경우"를 제152조의 적용대상에서 제외하고 있다(영 제161조 제1호). 따라서 해당 회사의 주주총회에서 의결권을 가지는 주주이면 누구든지 피권유자가 될 수 있다. 회사가 소유하는 자기주식의 경우의 회사, 의결권 없는 우선주를 소유한 주주, 특별이해관계인의 주식의 경우에도 특별이해관계인은 피권유자가 될 수 없다.

일부 주주만을 상대로 하는 위임장권유를 회사가 자체 비용으로 권유하는 것

---

1) 증권거래법 제199조 제1항은 "누구든지"라는 용어를 명문으로 인정하고 있었다. 증권거래법 규정이 합리적이라고 생각된다.

은 주주평등의 원칙상 인정되지 않으나, 제 3 자가 자신의 비용으로 일부 주주만을 상대로 권유하는 것은 주주평등원칙의 제한을 받지 않으므로 인정된다.[1)]

4. 권유대상주권

자본시장법상 위임장권유의 규제는 "상장주권(그 상장주권과 관련된 증권예탁증권을 포함)의 의결권 대리행사의 권유"(법 제152조 제 1 항)를 그 대상으로 한다. 따라서 상장법인의 의결권 있는 주식만이 그 대상이 되고, 비상장법인의 주주총회에서 위임장권유를 하는 경우에는 자본시장법의 적용대상이 아니다. 그런데 폐쇄회사로서 주식공모가 행하여진 비상장법인의 경우에도 주식의 분산이 이루어진 경우에는 적용되지 않는 문제가 있다.

미국의 경우는 등록된 모든 증권이 위임장권유의 적용대상이 된다.[2)] 전국의 증권거래소에서 거래되는 증권의 발행회사는 모든 증권을 등록하게 되는데, 위임장규칙(proxy rule)은 이러한 회사의 채무증권(debt securities)을 포함한 모든 상장증권에 적용되고[3)], 증권이 등록된 장외등록회사의 모든 등록된 지분증권(equity securities)에도 적용된다.

자본시장법의 권유대상증권이나 권유대상법인의 범위는 너무 좁다. 권유대상증권의 범위를 확대할 필요가 있다. 이는 자본시장법의 증권의 개념을 포괄주의로 전환한 것과 맥을 같이한다. 또한 권유대상법인의 범위를 상장법인에 한정할 이유는 없다. 주식의 분산 여부가 반드시 주식의 상장 여부와 일치하지는 않는다. 예컨대 현재 프리보드시장에서 거래되는 주식의 경우는 상장법인은 아니지만 주식이 상당히 분산되어 있는 경우도 있다. 따라서 이와 같은 법인의 경우에도 위임장권유가 허용되도록 하는 것이 바람직하다.[4)]

5. 권유행위의 의미

(1) 권유의 개념

자본시장법은 증권거래법과는 달리 "의결권 대리행사의 권유"의 개념정의를

1) 김건식 · 정순섭, 전게서, 257쪽; 임재연, 전게서, 497쪽.
2) 1934년 증권거래법 제12조.
3) 1934년 증권거래법 제12(b).
4) 이상복, 전게 논문, 111쪽.

하고 있다. "의결권 대리행사의 권유"란 다음 각 호의 어느 하나에 해당하는 행위를 말한다. 다만, 의결권피권유자의 수 등을 고려하여 대통령령이 정하는 경우에는 의결권 대리행사의 권유로 보지 아니한다(법 제152조 제2항).

1. 자기 또는 제삼자에게 의결권의 행사를 대리시키도록 권유하는 행위
2. 의결권의 행사 또는 불행사를 요구하거나 의결권 위임의 철회를 요구하는 행위
3. 의결권의 확보 또는 그 취소 등을 목적으로 주주에게 위임장 용지를 송부하거나, 그 밖의 방법으로 의견을 제시하는 행위

위임장의 "권유"에 해당하는지의 여부는 그 행위의 목적, 내용 및 그것이 행하여진 시기와 상황 등을 종합적으로 고려하여 결정하여야 할 것이다.[1)]

(2) 권유의 방식

1) 권유방식과 개시의무

권유자는 피권유자에게 주주총회의 목적사항과 각 항목에 대하여 피권유자가 찬반을 명기할 수 있도록 마련된 위임장 용지의 송부에 의하여 권유하여야 한다(법 제152조 제1항, 제4항). 이는 주주의 명시된 의사를 반영함으로써 위임장권유제도가 경영자지배의 수단이 되는 것을 방지하기 위한 것이다. 주주가 찬반의 판단을 위한 정확한 정보를 이용할 수 있어야 주주의 합리적인 판단에 의한 실질적인 의결권행사가 가능하며 주주총회의 형해화를 방지할 수 있다. 따라서 권유자는 권유에 앞서 피권유자에게 금융위원회가 정하는 참고서류를 송부하여 필요한 사항을 공시하여야 한다(법 제152조, 증권의 발행 및 공시 등에 관한 규정 제3-15조).

2) 권유 및 대리인의 하자

권유자가 위의 권유의 방식과 개시의무를 위반하여 권유한 경우, 즉 찬반을 명기할 수 있게 하지 못했거나 부실의 기재를 한 경우에는 형사제재를 받는다(법 제445조 제21호). 그러나 자본시장법 및 동 규정의 성격상 이에 위반하더라도 주주총회의 결의에는 영향이 없다.

또한 대리인이 주주의 명시한 의사에 반하여 의결권을 행사한 경우 대리인의 손해배상책임만 발생하고 결의에는 영향이 없다고 본다. 그러나 회사가 권유자인 경우에만은 무권대리이론을 적용하여 무효이고(민법 제130조), 나아가 결의의 취소

1) 양만식, 전게 논문, 164쪽.

사유가 된다고 본다. 의결권행사에 있어서는 회사를 의사표시의 상대방에 준하는 자로 보아야 할 것이고, 회사가 권유자인 경우에는 회사가 주주의 의사를 알 수 있기 때문이다.[1)]

(3) 위임장권유로 보지 아니하는 행위

자본시장법은 "다만 의결권피권유자의 수 등을 고려하여 대통령령이 정하는 경우에는 의결권 대리행사의 권유로 보지 아니한다"고 규정하고 있다(법 제152조 제 2 항).

여기서 "대통령령으로 정하는 경우"란 다음 각 호의 어느 하나에 해당하는 경우를 말한다(영 제161조).

1. 해당 상장주권의 발행인(그 특별관계자를 포함)과 그 임원(그 특별관계자를 포함) 외의 자가 10인 미만의 의결권피권유자에게 그 주식의 의결권 대리행사의 권유를 하는 경우(제 1 호)

발행인과 그 임원이 10명 미만에게 권유하는 경우와 달리 위 경우를 적용대상에서 제외한 것은 권유자가 회사의 내부관계자가 아니고, 피권유자가 10인 미만의 매우 소규모인 점에서 위임장권유제도의 남용이 문제 될 염려가 없기 때문이다. 자본시장법상 임원의 범위는 이사와 감사를 말하지만(법 제 9 조 제 2 항), 여기서의 임원에 관해서는 자본시장법상 이사 및 감사 이외에 회사에서 실질적으로 이사와 유사한 사실상의 영향력이 있는 자(상법 제401조의2 제 1 항 각 호)를 포함하는 것으로 해석해야 할 것이다. 그리고 이사가 회사를 대표하여 권유하는 경우에는 발행인에 의한 권유에 해당하므로, 여기에서의 임원의 권유는 임원의 지위와 관계없이 개인의 지위에서 권유하는 경우를 의미하는 것으로 보아야 한다.

2. 신탁, 그 밖의 법률관계에 의하여 타인의 명의로 주식을 소유하는 자가 그 타인에게 해당 주식의 의결권 대리행사의 권유를 하는 경우(제 2 호)

이는 형식상은 위임장의 권유이지만 실질주주가 의결권을 행사하기 위한 방법이므로 규제대상에서 제외한 것이다.[2)] 또한 명의개서를 하지 않은 주식양수인이 주주명부상의 주주인 양도인에게 위임장의 교부를 요구하는 경우가 이에 해당

1) 이철송, 전게서, 436쪽.
2) 임재연, 전게서, 500쪽.

한다. 형식상으로는 권유라는 형식을 취하고 있지만 실질상의 주주가 의결권을 행사하기 위한 방법으로서 대리형식을 요구하는 것에 불과하여 위임장권유규제를 적용할 필요가 없기 때문이다.

3. 신문·방송·잡지 등 불특정 다수인에 대한 광고를 통하여 법 제152조 제2항 각 호의 어느 하나에 해당하는 행위를 하는 경우로서 그 광고내용에 해당 상장주권의 발행인의 명칭, 광고의 이유, 주주총회의 목적사항과 위임장 용지, 참고서류를 제공하는 장소만을 표시하는 경우(제3호)

이 경우를 적용대상에서 제외한 이유는 그 실질이 권유가 아니라 광고에 불과하기 때문이다. 그러나 해당 신문광고를 보고 신문광고에 지정된 장소에 간 주주에 대하여 위임장 용지 등을 건네주는 것은 "권유"에 해당한다.[1)]

Ⅲ. 의결권 대리행사의 방식과 위임의 철회

1. 대리행사의 방식

상법상 주주의 대리인으로서 의결권을 행사하려는 자는 대리권을 증명하는 서면을 제출하여야 하므로 주주는 대리인을 지정하여 위임장에 서명하여야 한다(상법 제368조 제3항). 실무상 주주총회의 소집통지서에 위임장이라는 표제로 회사가 이 용지를 만들어 주주에게 보내 주고 있다. 대리인에 의한 의결권의 대리행사는 법률상 보장된다.

상법 제368조 제3항은 대리권의 존부에 관한 법률관계를 명확히 하여 주주총회결의의 성립을 원활하게 하기 위한 데 그 목적이 있다고 할 것이므로, 대리권을 증명하는 서면은 위조나 변조 여부를 쉽게 식별할 수 있는 원본이어야 하고 특별한 사정이 없는 한 사본은 그 서면에 해당하지 않는다 할 것이고, 팩스를 통하여 출력된 팩스본 위임장 역시 성질상 원본으로는 볼 수 없다.[2)] 이는 추후 대리권의 존부에 관한 분쟁이 발생할 경우 회사가 위험을 부담해서는 안 되기 때문이다.

또한 대리인은 주주로부터 수권받은 대로 의결권을 행사하여야 한다. 의결권

---

1) 양만식, 전게 논문, 168쪽.
2) 대법원 2004. 4. 27. 선고 2003다29616 판결.

권유자는 위임장 용지에 나타난 의결권피권유자의 의사에 반하여 의결권을 행사할 수 없다(법 제152조 제 5 항). 이에 위반하여 기권하거나 피권유자의 명시된 의사와 달리 의결권을 행사한다면 주주인 피권유자에 대하여 손해배상책임을 부담하게 된다. 또한 자본시장법에 위반한 위임장권유절차의 하자로 주주총회가 결의되었다면 주주총회의 결의에 하자가 있다고 보아야 할 것이다.

자본시장법이 위임장권유에 제한을 가하고 있는 것은 주주총회의 결의가 공정하게 이루어지도록 하려는 것이다. 만일 위임장권유의 제한에 관한 규정을 심하게 어긴 경우에는 그 주주총회의 결의는 취소의 대상이 된다.[1] 아래 민사제재편에서 상세히 논하기로 한다.

2. 위임의 철회

위임계약의 법적 성질은 위임계약이므로 각 당사자는 언제든지 해지할 수 있다(민법 제689조 제 1 항). 따라서 주주는 대리인이 의결권을 행사하기 전에는 언제든지 의결권 대리행사의 위임을 철회할 수 있다.

Ⅳ. 위임장 용지와 참고서류의 공시

1. 서　　설

경영진이 위임장권유를 하는 경우는 주주총회의 정족수를 충족하기 위한 경우가 많을 것이다. 그러나 기존 대주주 및 현 경영진과 대립하는 자가 위임장권유를 하는 경우는 위임장경쟁이 발생하게 된다. 현재 실무상 이용되고 있는 위임장권유는 위임장에 여러 가지 첨부서류를 요구하고 있다. 즉 주주의 인감증명서와 주주총회 참석장,[2] 신분증 사본 등이 그것이다.

그런데 회사가 주주총회를 공고하는 경우 주주총회의 14일 전에 하게 된다. 따라서 위임장을 권유하는 자는 14일 이내에 분산되어 있는 주주들에게 금융위원회에 신고된 위임장을 송부하고 다시 주주로부터 위임장 등을 회수하여야 한다.

---

1) 같은 견해: 김교창, "주주총회의 운영," 한국상장회사협의회(2010), 130쪽; 김건식·정순섭, 전게서, 262쪽. 반대 견해: 정동윤, 회사법, 법문사(2000, 제 7 판), 337쪽; 이철송, 전게서, 434쪽; 임재연, 전게서, 501쪽.

2) 주주총회 참석장은 주주 자신이 주주총회에 참석할 경우에 총회장의 접수처에 제출하라고 보내는 것이다. 회사가 주주의 출석 여부를 점검하기 위한 자료라고 할 수 있다.

그러나 이는 시간상으로 매우 어렵다. 또한 주주들이 인감증명서를 쉽게 떼어 주지 않기 때문에 위임장 권유자가 설득에 들이는 시간도 많이 걸려 위임을 받는 것이 용이하지 않다. 소수주주들은 주주총회에서의 반대파 주주들의 투표결과가 주주총회에 큰 영향을 미치지 않을 것이라고 보고 비협조적인 자세로 나오기도 한다. 따라서 위임장에 첨부서류를 요구하는 것은 회사가 위임장권유절차를 곤란하게 함으로써 경영진과 대립하는 위임장 권유자의 권유행위를 어렵게 하기 때문에 이에 대한 법적 기준의 정립이 요청된다.

2. 위임장 용지 및 참고서류

(1) 서 설

상장주권(그 상장주권과 관련된 증권예탁증권을 포함)의 의결권 대리행사의 권유를 하고자 하는 자(의결권권유자)는 그 권유에 있어서 그 상대방(의결권피권유자)에게 대통령령으로 정하는 방법에 따라 위임장 용지 및 참고서류를 교부하여야 한다(법 제152조 제1항).

교부의 시점은 위임장권유의 이전이나 그 권유와 동시에 직접권유 등의 방법으로 위임장 용지 및 참고서류를 내주어야 한다(영 제160조).

(2) 위임장 용지

1) 의 의

위임장권유는 일반적으로 "회사 또는 회사의 경영진, 그리고 지배주주"(권유자)가 주주총회의 성립에 필요한 정족수를 확보할 목적으로 행한다. 또한 회사의 경영권을 둘러싸고 주주들 사이에 대립이 있을 때 서로 위임장을 받아내고자 할 때 위임장경쟁[1]이 벌어진다. 이 경우 주주의 위임을 받아내기 위한 방법으로 위

1) 위임장권유를 하는 경우 주주를 일일이 직접 접촉해야 하는 경우도 있기 때문에 시간과 노력, 비용이 많이 들어간다. 위임장권유를 통한 주주총회에서의 위임장경쟁은 주주간의 대결이다. 이와 관련하여 기존 대주주 및 경영진의 편을 들어 위임장 권유자로 나선다면, 이는 주주간의 대결에서 중립을 지켜야 할 회사가 기존 대주주를 옹호하고 반대파 주주를 배척하는 행위가 되어 주주평등의 원칙에 위배된다. 그런데 대리권을 증명하는 서면인 위임장의 유효성에 대한 심사를 회사만이 할 수 있어 공정성의 문제가 생길 수 있다. 따라서 반대파 주주의 비용을 절감하면서 전문적인 위임장 권유자를 활용할 수 있도록 위임장 권유자제도를 도입할 필요성이 있다. 또한 대상회사와 상대방이 권유한 위임장심사는 회사가 아닌 제3의 공정한 기구를 설치하여 이 기구가 합리적인 기준에 따라 심사하는 것이 바람직하다(김상곤, "적대적 기업인수를 위한 위임장대결이 있는 상장법인 주주총회 운영과 문제점,"

임장 용지를 주주들에게 보낸다. 주주들은 위임장 용지에 기명날인하여 반송한다. 여기서 권유자가 주주의 위임을 받기 위해 보내는 것이 위임장 용지이고, 주주들이 반송하는 것이 위임장이다.

2) 위임장 용지의 양식

위임장 용지는 주주총회의 목적사항 각 항목에 대하여 의결권피권유자가 찬반을 명기할 수 있도록 하여야 한다(법 제152조 제4항). 여기서 "주주총회의 목적사항"이란 보고사항과 결의사항으로 구분된다. 주주총회 소집통지서에는 이들을 구분하여 각각 그 표제를 기재한다. 위임장 용지의 양식에 피권유자가 찬반을 명기할 수 있도록 기재할 난을 준비해야 하는 것은 결의사항이다. 결의사항은 일반적으로 "의안"이라고 한다. "목적사항의 각 항목"에 대하여 찬반을 명기할 수 있도록 한 것은 주주의 명시적인 의사를 반영하기 위한 것이다.

"주주총회의 목적사항 각 항목"에서의 결의사항인 의안과 관련하여 기권을 표시하는 난을 두는 것은 가능할 것이다. 여기서 말하는 "결의사항의 각 항목"은 복수의 결의사항(의안)에 일괄적으로 찬반을 기재하는 난을 두는 것은 허용될 수 없다는 것을 의미한다.

위임장권유에 따라 주주들이 위임장을 반송하는 경우에는 대리인을 지정하여 보내는 경우는 거의 없고, 대체로 대리인란을 백지로 둔 백지위임장에 기명날인하여 보낸다. 이는 대리인의 선정을 권유자에게 맡긴다는 의미이다. 회사가 이를 권유한 경우에는 회사가 바로 대리인이 될 수는 없다. 또한 주주들의 뜻도 회사에 대리권을 수여한다는 것이 아니고, 회사의 경영진에게 대리인을 선정할 권한을 준다는 의미이다. 따라서 회사가 대리인을 선정할 시점에 주주와 대리인 사이에 의결권의 대리행사에 관한 위임계약이 성립하게 된다.[1)]

3) 기재사항

위임장 용지는 의결권피권유자가 다음 각 호의 사항에 대하여 명확히 기재할 수 있도록 작성되어야 한다(영 163조 제1항).

1. 의결권을 대리행사하도록 위임한다는 내용
2. 의결권권유자 등 의결권을 위임받는 자

계간상장협 2005년 추계호, 한국상장회사협의회, 96쪽 참조).

1) 김교창, 전게서, 129쪽.

3. 의결권피권유자가 소유하고 있는 의결권 있는 주식수
4. 위임할 주식수
5. 주주총회의 각 목적사항과 목적사항별 찬반(贊反) 여부
6. 주주총회 회의시 새로 상정된 안건이나 변경 또는 수정 안건에 대한 의결권행사 위임 여부와 위임내용
7. 위임일자와 위임시간
8. 위임인의 성명과 주민등록번호(법인인 경우에는 명칭과 사업자등록번호)

위임장 용지의 구체적인 기재내용, 서식과 작성방법 등에 관하여 필요한 사항은 금융위원회가 정하여 고시한다(영 제163조 제3항).

4) 위임장 첨부서류의 명확화

실무상 회사는 위임장 이외에 주주총회 참석장이나 인감증명서, 신분증 사본 등을 첨부하게 하고 있다. 그러나 위임장 이외의 서류를 첨부하는 것은 법적 근거가 없다. 상법 제368조 제3항은 "주주는 대리인으로 하여금 그 의결권을 행사하게 할 수 있다. 이 경우 그 대리인은 대리권을 증명하는 서면을 제출하여야 한다"고 규정하고 있다. 이 규정은 강행규정이므로 이를 가중하는 것과 감경하는 것 모두 허용되지 않는다고 보아야 한다. 따라서 위임장 이외의 다른 서류의 제출을 요구하는 것은 허용되지 않는다. 위임장 이외의 첨부서류를 요구하는 것은 사실상 위임장권유를 곤란하게 하기 때문이다.

관련판례: 대법원 2009. 4. 23. 선고 2005다22701, 22718 판결

상법 제368조 제3항은 "주주는 대리인으로 하여금 그 의결권을 행사하게 할 수 있다. 이 경우에는 그 대리인은 대리권을 증명하는 서면을 총회에 제출하여야 한다"고 규정하고 있는바, 여기서 '대리권을 증명하는 서면'이라 함은 위임장을 일컫는 것으로서 회사가 위임장과 함께 인감증명서, 참석장 등을 제출하도록 요구하는 것은 대리인의 자격을 보다 확실하게 확인하기 위하여 요구하는 것일 뿐, 이러한 서류 등을 지참하지 아니하였다 하더라도 주주 또는 대리인이 다른 방법으로 위임장의 진정성 내지 위임의 사실을 증명할 수 있다면 회사는 그 대리권을 부정할 수 없다고 할 것이고, 한편 회사가 주주 본인에 대하여 주주총회 참석장을 지참할 것을 요구하는 것 역시 주주 본인임을 보다 확실하게 확인하기 위한 방편에 불과하므로, 다른 방법으로 주주 본인임을 확인할 수 있는 경우에는 회사는 주주 본인의 의결권 행사를 거부할 수 없다.

위 법리와 기록에 비추어 살펴보면, 원심이 주주 본인의 경우에는 굳이 참석장을 소지하고 있지 않더라도 신분증 및 합병 전 국민은행에 제출된 것과 동일한 인감의 소지 여부 등을 통하여 주주 본인임을 확인하는 절차를 거치고, 주주의 대리인의 경우에는 위임

장을 제출받아 그 위임장에 기재된 주주 본인의 인적 사항이 맞는지, 위임장에 날인된 주주 본인의 인감이 합병 전 국민은행에 제출된 것과 동일한지 여부와 위임장을 가지고 온 자의 신분증과 위임장에 기재된 대리인의 인적사항을 대조하는 등의 방법으로 그 사람의 동일성을 확인하는 절차를 거치면 된다는 이유로, 일부 주주 본인들이 참석장을 소지하고 있지 않거나 일부 주주의 대리인들이 위임장 이외에 주주 본인의 신분증 사본, 인감증명서 등을 제출하지 아니하였다는 사정만으로는 이들의 의결권행사가 무효라고 볼 수 없다는 취지로 판단하였음은 정당하고, 거기에 상고이유에서 주장하는 바와 같은 주주 본인 및 대리인의 대리권을 증명하는 서면에 관한 법리오해 등의 위법이 없다.

(3) 위임장 참고서류

1) 의　　의

참고서류란 위임장 용지와 함께 피권유자에게 송부하는 서류로 의결권 대리행사의 권유의 개요, 주주총회의 각 목적사항 및 의결권 대리행사를 권유하는 취지를 기재한 서류이다. 이는 항목별로 적절한 표제를 붙여야 한다(증권의 발행 및 공시 등에 관한 규정 제3-15조 제 1 항). 즉 피권유자인 주주가 의결권 대리행사의 권유를 받고 의결권의 위임 여부를 판단하는 데 참고하기 위한 자료라고 할 수 있다.

2) 기재사항

참고서류에는 다음 각 호의 사항이 기재되어야 한다(영 제163조 제 2 항). 참고서류의 기재사항에 관해서는 회사와 일반주주 사이에 주주총회의 목적사항(특히 의안)에 관하여 정보의 비대칭이 존재하기 때문에 기재사항의 기재에 대한 합리성이 구비되어야 할 필요가 있다. 특히 의결권 대리행사의 권유를 하는 취지는 권유자의 주관적 사정을 배제하고 객관적 사실을 기초로 작성하여야 할 것이다.

1. 의결권 대리행사의 권유에 관한 다음 각 목의 사항
   가. 의결권권유자의 성명이나 명칭, 의결권권유자가 소유하고 있는 주식의 종류 및 수와 그 특별관계자가 소유하고 있는 주식의 종류 및 수
   나. 의결권권유자의 대리인의 성명, 그 대리인이 소유하고 있는 주식의 종류 및 수(대리인이 있는 경우만 해당)
   다. 의결권권유자 및 그 대리인과 해당 주권상장법인과의 관계
2. 주주총회의 목적사항
3. 의결권 대리행사의 권유를 하는 취지

참고서류의 구체적인 기재내용, 서식과 작성방법 등에 관하여 필요한 사항은 금융위원회가 정하여 고시[1]한다(영 제163조 제3항). 참고서류에 기재하여야 할 사

1) 증권의 발행 및 공시 등에 관한 규정 제3-15조(참고서류) ① 영 제163조에 따른 참고서류에는 의결권 대리행사의 권유의 개요, 주주총회의 각 목적사항 및 의결권 대리행사를 권유하는 취지를 기재하되 항목별로는 적절한 표제를 붙여야 한다.
② 제1항에 따른 권유자 및 그 대리인 등에 관한 사항은 다음 각 호의 1에 해당하는 사항을 기재하여야 한다.
1. 권유자 및 그 특별관계자의 성명, 권유자와 특별관계자가 소유하고 있는 주식의 종류 및 수
2. 권유자의 대리인 성명, 그 대리인이 소유하고 있는 주식의 종류 및 수
3. 피권유자의 범위
4. 권유자 및 그 대리인과 회사와의 관계
③ 제1항에 따른 주주총회의 목적이 다음 각 호의 1에 해당하는 사항인 경우에는 그 내용을 기재하여야 한다. 다만, 권유자가 해당 상장주권의 발행회사, 그 임원 또는 대주주가 아닌 경우 또는 주주총회 목적사항에 반대하고자 하는 자인 경우에는 주주총회의 목적사항의 제목만 기재할 수 있다.
1. 재무제표의 승인에 관한 것인 경우
가. 해당 사업연도의 영업상황의 개요
나. 해당 사업연도의 대차대조표 및 손익계산서
다. 이익잉여금처분계산서(안) 또는 결손금처리계산서(안). 다만, 권유시에 배당에 관한 처리안이 확정되어 있지 아니한 경우에는 최근 2사업연도의 배당에 관한 사항
2. 정관의 변경에 관한 것인 경우
가. 집중투표 배제를 위한 정관변경 또는 그 배제된 정관의 변경에 관한 것인 경우에는 그 변경의 목적 및 내용
나. 가목 외의 정관변경에 관한 것인 경우에는 그 변경의 목적 및 내용
3. 이사의 선임에 관한 것인 경우
가. 후보자의 성명·생년월일·주된 직업 및 약력
나. 후보자가 사외이사 또는 사외이사가 아닌 이사 후보자인지 여부
다. 후보자의 추천인 및 후보자와 최대주주와의 관계
라. 후보자와 해당 법인과의 최근 3년간의 거래내역. 이 경우의 거래내역은 금전, 증권 등 경제적 가치가 있는 재산의 대여, 담보제공, 채무보증 및 법률고문계약, 회계감사계약, 경영자문계약 또는 이와 유사한 계약 등(후보자가 동 계약 등을 체결한 경우 또는 동 계약 등을 체결한 법인·사무소 등에 동 계약 등의 계약기간 중 근무한 경우의 계약 등)으로 하되 약관 등에 따라 불특정 다수인에게 동일한 조건으로 행하는 정형화된 거래는 제외한다.
4. 감사위원회 위원의 선임에 관한 것인 경우
가. 사외이사인 감사위원회의 위원의 선임에 관한 것인 경우에는 제3호 가목, 다목 및 라목의 내용
나. 사외이사가 아닌 감사위원회의 위원의 선임에 관한 것인 경우에는 제3호 가목, 다목 및 라목의 내용
5. 감사의 선임에 관한 것인 경우
가. 권유시에 감사후보자가 예정되어 있을 경우에는 제3호 가목, 다목 및 라목의 내용
나. 권유시에 감사후보자가 예정되어 있지 아니한 경우에는 선임예정 감사의 수
6. 이사의 해임에 관한 것인 경우
가. 해임 대상자의 성명, 생년월일 및 최근 주요약력

나. 해임하여야 할 사유
7. 감사위원회의 위원의 해임에 관한 것인 경우
가. 사외이사인 감사위원회의 위원의 해임에 관한 것인 경우에는 제 6 호 가목 및 나목의 내용
나. 사외이사가 아닌 감사위원회의 위원의 해임에 관한 것인 경우에는 제 6 호 가목 및 나목의 내용
8. 감사의 해임에 관한 것인 경우에는 제 6 호 가목 및 나목의 내용
9. 이사의 보수한도 승인에 관한 것인 경우에는 당기 및 전기의 이사의 수와 이사 전원에 대한 보수총액 또는 최고 한도액
10. 감사의 보수한도 승인에 관한 것인 경우에는 당기 및 전기의 감사의 수와 감사 전원에 대한 보수총액 또는 최고 한도액
11. 주식매수선택권의 부여에 관한 것인 경우
가. 주식매수선택권을 부여하여야 할 필요성의 요지
나. 주식매수선택권을 부여받을 자의 성명
다. 주식매수선택권의 부여방법, 그 행사에 따라 교부할 주식의 종류 및 수, 그 행사가격, 기간 기타 조건의 개요
라. 최근일 현재 잔여 주식매수선택권의 내역 및 최근 2사업연도와 해당 사업연도 중의 주식매수선택권의 부여, 행사 및 실효내역의 요약
12. 회사의 합병에 관한 것인 경우
가. 합병의 목적 및 경위
나. 합병계약서의 주요내용의 요지
다. 합병당사회사(합병회사 및 피합병회사)의 최근 사업연도의 대차대조표 및 손익계산서
13. 회사의 분할 또는 분할합병에 관한 것인 경우
가. 분할 또는 분할합병의 목적 및 경위
나. 분할 또는 분할합병 계획서 또는 계약서의 주요내용의 요지
다. 분할의 경우 분할되는 회사 및 분할되는 부분의 최근 사업연도의 대차대조표 및 손익계산서. 분할합병의 경우 합병당사회사(합병회사 및 분할합병 부분) 및 분할되는 회사의 최근 사업연도의 대차대조표 및 손익계산서
14. 영업의 전부 또는 중요한 일부의 양도이거나 다른 회사의 영업전부 또는 중요한 일부의 양수(이하 "영업양수도")에 관한 것인 경우
가. 영업양수도 상대방의 주소, 성명(상호) 및 대표자
나. 영업양수도의 경위 및 그 계약의 주요내용
다. 영업양수도 상대방과의 사이에 가지고 있거나 있었던 이해관계의 요지
15. 금융지주회사법 제 5 장에 따른 주식교환 또는 주식이전에 관한 것이거나 상법 제 3 편 제 4 장 제 2 절에 따른 주식교환 또는 주식이전에 관한 것인 경우
가. 주식교환 또는 주식이전의 목적 및 경위
나. 주식교환 또는 주식이전 계약서의 주요내용
다. 주식매수청구권의 내용 및 행사방법
라. 일방회사의 정관에 주식의 양도에 관하여 이사회의 승인을 요한다는 뜻의 규정이 있고 다른 회사의 정관에 그 규정이 없는 경우 그 뜻
16. 준비금의 자본전입 또는 이에 따른 신주발행에 관한 것인 경우
가. 자본에 전입하게 되는 금액
나. 발행하는 신주의 종류 및 수
다. 신주의 배정비율, 배정기준일 및 배당기산일

항으로서 이미 관보·신문 등에 공고된 내용은 이를 기재하지 아니할 수 있다. 이 경우에는 참고서류에 기재하여야 할 사항이 공고된 관보 또는 신문명과 그 일자를 참고서류에 명확하게 기재하여야 한다(증권의 발행 및 공시 등에 관한 규정 제3-15조 제4항).[1]

(4) 허위기재의 금지

의결권권유자는 위임장 용지 및 참고서류 중 의결권피권유자의 의결권 위임 여부 판단에 중대한 영향을 미칠 수 있는 사항(이하 이 절에서 "의결권 위임 관련 중요사항"이라 한다)에 관하여 거짓의 기재 또는 표시를 하거나 의결권 위임 관련 중요사항의 기재 또는 표시를 누락하여서는 아니 된다(법 제154조).

3. 위임장 용지 및 참고서류의 정정

(1) 금융위원회의 정정요구

금융위원회는 위임장 용지 및 참고서류의 형식을 제대로 갖추지 아니한 경우 또는 위임장 용지 및 참고서류 중 의결권 위임 관련 중요사항에 관하여 거짓의 기

---

17. 주주 외의 자에게 신주의 인수권을 부여하는 것에 관한 것인 경우
    가. 주주 외의 자에게 신주인수권을 부여하여야 할 필요성의 요지
    나. 신주인수권의 목적인 주식의 종류, 수, 발행가액 및 납입기일
18. 법 제165조의8에 따른 액면미달의 가액으로 주식을 발행하는 것에 관한 것인 경우
    가. 주식을 액면미달가액으로 발행하여야 할 필요성의 요지 및 경위
    나. 액면미달가액발행의 목적인 주식의 종류와 수, 발행가액 및 납입기일
    다. 상각이 완료된 액면미달금액이 있는 경우 가장 최근의 액면미달가액 발행내역
19. 자본의 감소에 관한 것인 경우
    가. 자본의 감소를 하는 사유
    나. 자본감소의 방법
    다. 자본감소의 목적인 주식의 종류와 수, 감소비율 및 기준일
20. 주주총회의 목적인 사항이 제1호부터 제19호까지에 기재한 사항 외의 사항에 관한 것인 경우에는 그 사항의 요지

④ 제2항 및 제3항에 따라 참고서류에 기재하여야 할 사항으로서 이미 관보·신문 등에 공고된 내용은 이를 기재하지 아니할 수 있다. 이 경우에는 참고서류에 기재하여야 할 사항이 공고된 관보 또는 신문명과 그 일자를 참고서류에 명확하게 기재하여야 한다.

1) 위임장 참고서류에 포함될 내용을 증권의 발행 및 공시 등에 관한 규정 제3-15조(참고서류)에서 규정하고 있으나 자본시장법으로 이관하는 것이 타당할 것이다. 또한 주주들에게 회사의 정보를 완전히 공시할 필요성이 있기 때문에 현 경영진측과 반대편에 서 있는 주주의 요구가 있는 경우 위임장 참고서류를 송부해 주도록 하는 규정을 마련할 필요가 있다. 또한 위임장 참고서류에 관한 금융위원회의 사전심사를 법으로 인정하고 미비사항이 있는 경우 보완하도록 하는 규정이 필요하다.

재 또는 표시가 있거나 의결권 위임 관련 중요사항이 기재 또는 표시되지 아니한 경우에는 그 이유를 제시하고 위임장 용지 및 참고서류를 정정하여 제출할 것을 요구할 수 있다(법 제156조 제 1 항).

정정요구가 있는 경우에는 당초 제출한 위임장 용지 및 참고서류는 제출하지 아니한 것으로 본다(법 제156조 제 2 항).

(2) 권유자의 정정

1) 임의정정

의결권권유자는 위임장 용지 및 참고서류의 기재사항을 정정하고자 하는 경우에는 그 권유와 관련된 주주총회일 7일(대통령으로 정하는 날은 제외) 전까지 이를 정정하여 제출할 수 있다(법 제156조 제 3 항 전단).

2) 의무정정

이 경우 대통령령으로 정하는 중요한 사항[1]을 정정하고자 하는 경우 또는 투자자 보호를 위하여 그 위임장 용지 및 참고서류에 기재된 내용을 정정할 필요가 있는 경우로서 대통령령으로 정하는 경우[2]에는 반드시 이를 정정하여 제출하여야 한다(법 제156조 제 3 항 후단).

3) 정정기간

권유자가 위임장 용지 및 참고서류 기재사항을 정정하는 경우에는 그 권유와 관련된 주주총회일 7일 전(공휴일, 토요일, 근로자의 날 제외)까지 정정할 수 있다(법

---

1) "대통령령으로 정하는 중요한 사항"이란 다음의 어느 하나에 해당하는 사항을 말한다(영 제165조 제 2 항).
 1. 의결권권유자 등 의결권을 위임받는 자
 2. 의결권 대리행사의 권유에 관한 다음 각 목의 사항
  가. 의결권권유자가 소유하고 있는 주식의 종류 및 수와 그 특별관계자가 소유하고 있는 주식의 종류 및 수
  나. 의결권권유자의 대리인의 성명, 그 대리인이 소유하고 있는 주식의 종류 및 수(대리인이 있는 경우만 해당)
  다. 의결권권유자 및 그 대리인과 해당 주권상장법인과의 관계
 3. 주주총회의 목적사항

2) "대통령령으로 정하는 경우"란 의결권 대리행사 권유를 하는 취지가 다음의 어느 하나에 해당하는 경우를 말한다(영 제165조 제 3 항).
 1. 기재나 표시사항이 불분명하여 의결권피권유자로 하여금 중대한 오해를 일으킬 수 있는 경우
 2. 의결권권유자에게 불리한 정보를 생략하거나 유리한 정보만을 강조하는 등 과장되게 표현된 경우

제156조 제3항 전단, 영 제165조 제1항 및 제153조 제1항).

4. 위임장 용지 및 참고서류의 교부 및 비치

(1) 위임장 용지 등의 교부

의결권권유자는 그 권유에 있어서 의결권피권유자에게 다음 각 호의 어느 하나에 해당하는 방법으로 위임장 용지 및 참고서류를 교부하여야 한다(법 제152제 제1항, 영 제160조).

1. 의결권권유자가 의결권피권유자에게 직접 내어주는 방법
2. 우편 또는 모사전송에 의한 방법
3. 전자우편을 통한 방법(의결권피권유자가 전자우편을 통하여 위임장 용지 및 참고서류를 받는다는 의사표시를 한 경우만 해당)
4. 주주총회 소집 통지와 함께 보내는 방법[의결권권유자가 해당 상장주권(그 상장주권과 관련된 증권예탁증권을 포함)의 발행인인 경우만 해당]

(2) 위임장 용지 등의 제출, 비치 및 열람

의결권권유자는 위임장 용지 및 참고서류를 의결권피권유자에게 제공하는 날 5일 전까지[1] 이를 금융위원회와 거래소에 제출하여야 하며, 다음의 장소에 이를 비치하고 일반인이 열람할 수 있도록 하여야 한다(법 제153조, 규칙 제18조).

---

1) 증권거래법은 2일로 하고 있었으나 너무 단기라는 비판을 받고 있었다. 자본시장법은 5일로 연장하였다. 그러나 5일도 단기이므로 10일 정도로 연장하는 것이 바람직할 것이다. 위임장경쟁이 있는 경우 주주명부의 확보는 필수적이다. 주주가 누구인지를 알아야 권유행위를 할 수 있기 때문이다. 또한 주주명부에 기재된 주소를 알아야 주주에 대한 정보를 갖고 우편물을 발송하거나 직접 방문하여 권유행위를 할 수 있기 때문이다. 그런데 위임장권유행위를 할 수 있는 기간은 대상회사의 주주총회 소집을 위한 이사회가 있은 날로부터 5일이 지난 후에 시작하여 주주총회 전일에 종료되는 시간적 제약이 있다. 따라서 적대적 기업인수를 위한 위임장권유를 하는 상황에서 상대방 주주의 주주명부 열람 및 등사청구를 하는 경우 회사는 이를 거절하거나 지연시키는 것이 현실이다. 주주명부 열람 및 등사 가처분을 신청하더라도 시간이 걸린다. 따라서 실무상 주주명부를 확보하기 위해 부정한 방법도 사용되고 있다. 따라서 반대주주가 회사에 대하여 주주명부 열람 및 등사청구를 하는 경우 회사는 반드시 응하도록 하는 방안이 강구되어야 한다. 현행 상법 제635조 제1항 제5호는 정당한 사유 없이 열람 및 등사를 거부하는 경우 과태료에 처하고 있기 때문에 실효성이 없다. 그러므로 위임장경쟁을 목적으로 주주명부 열람 및 등사를 청구하는 경우 회사는 권유자에게 주주명부의 사본을 제공할 의무를 두는 것이 바람직하다(김상곤, 전게 논문, 83쪽·86쪽 참조).

1. 주권상장법인의 본점과 지점, 그 밖의 영업소
2. 명의개서대행회사
3. 금융위원회
4. 거래소

위의 5일에는 공휴일, 근로자의 날 토요일은 제외된다(영 제164조, 법 제153조 제1항). 금융위원회와 거래소는 제출된 위임장 용지 및 참고서류, 그 정정내용을 접수일부터 3년간 비치하고, 인터넷 홈페이지 등을 이용하여 공시하여야 한다(법 제157조).

Ⅴ. 상장법인의 의견표명

의결권 대리행사의 권유대상이 되는 상장주권의 발행인은 의결권 대리행사의 권유에 대하여 의견을 표명한 경우에는 그 내용을 기재한 서면을 지체 없이 금융위원회와 거래소에 제출하여야 한다(법 제155조).

금융위원회와 거래소는 발행인의 의견표명을 기재한 서면을 그 접수일부터 3년간 비치하고, 인터넷 홈페이지 등을 이용하여 공시하여야 한다(법 제157조).

Ⅵ. 위임장권유규제 위반에 대한 제재

1. 민사제재

(1) 서 설

자본시장법은 위임장권유에 관한 손해배상책임규정을 두고 있지 않다. 따라서 위임장권유제한에 관한 규정을 위반한 경우 민법상의 일반불법행위에 기한 손해배상책임을 물어야 할 것이다.

나아가 자본시장법에 의하면 위임장 용지 및 참고서류 또는 제156조에 따른 정정서류 중 의결권피권유자의 의결권 위임 여부 판단에 중대한 영향을 미칠 수 있는 사항("의결권 위임 관련 중요사항")에 관하여 거짓의 기재 또는 표시를 하거나 의결권 위임 관련 중요사항을 기재 또는 표시하지 아니한 자는 5년 이하의 징역 또는 2억원 이하의 벌금에 처하고 있다. 그렇다면 위임장권유를 위하여 사용된 문서에 의결권 위임 관련 중요사항에 관하여 거짓의 기재 또는 표시를 하거나 의결권 위임 관련 중요사항을 기재 또는 표시하지 아니한 경우에 주주총회의 결의의 효력에 영향을 미치는가가 문제이다. 즉 위임장권유절차에 하자가 있는 경우 주주총회결의에 영향을 미치는가 하는 것이다.

(2) 견해의 대립

위임장권유절차의 하자는 자본시장법 소정의 벌칙이 적용되는 것은 별론으로 하고 주주총회의 결의에 영향이 없다는 견해[1]가 있다. 이 견해는 위임장권유절차의 하자가 주주총회의 소집절차 또는 결의방법과는 관계가 없다는 점을 근거로 들고 있는 것으로 보인다. 그러나 이 견해에 반대하여 위임장권유행위를 함에 있어 참고서류의 하자가 중대한 경우라면 이는 주주총회결의에 하자가 있는 것으로 보아야 한다는 견해[2]도 있다. 이 견해에 의하면 위임장권유가 주주총회 소집 전에 법적으로 요구되는 절차가 아니고 상법상 주주총회의 소집에 있어서 선결조건인 소집의 통지나 공고와 다르기 때문에 이 문제를 해결하는 데 있어 결정적인 규정은 없으나, 하자 있는 소집의 통지나 공고보다 하자 있는 참고서류가 더 심각한 문제를 발생시키기 때문에 취소사유가 되어야 한다고 한다.

(3) 결 어

주주총회 소집절차 또는 결의방법을 너무 협의로 새길 필요는 없다. 위임장권유제도는 기본적으로 주주가 주주총회에서 의결권을 행사하는 것과 밀접하게 관련된다. 특히 자본시장법은 위임장권유의 경우 주주총회 각 목적사항에 대하여 찬반을 명기할 수 있는 위임장으로 권유행위를 하도록 하고 있는바, 이러한 찬반의 의사표시가 왜곡될 수 있는 허위의 사실이 참고서류에 기재되어 있다면, 이는 주주들의 결의를 왜곡시킨 것으로서 결의방법에 하자가 있다고 보아도 될 것이다. 따라서 위임장권유절차에서 주주들의 주주총회 목적사항에 대한 찬반의 의사표시 형성과정에 영향을 미칠 수 있는 하자는 주주총회결의에 하자가 있는 것으로 판단하는 것이 타당하다.[3]

---

1) 정동윤, 전게서, 337쪽; 이철송, 전게서, 434쪽; 임재연, 전게서, 501쪽.
2) 김교창, 전게서, 130쪽; 김건식·정순섭, 전게서, 262쪽; 신영무, 전게서, 412쪽.
3) 김상곤, 전게 논문, 97-98쪽.

2. 행정제재

(1) 자료제출명령 및 조사권

금융위원회는 투자자 보호를 위하여 필요한 경우에는 의결권권유자, 그 밖의 관계인에 대하여 참고가 될 보고 또는 자료의 제출을 명하거나, 금융감독원장에게 그 장부·서류, 그 밖의 물건을 조사하게 할 수 있다. 이 경우 조사를 하는 자는 그 권한을 표시하는 증표를 지니고 이를 관계인에게 내보여야 한다(법 제158조 제 1 항, 제131조 제 2 항).

(2) 정정명령 및 조치권

금융위원회는 다음 각 호의 어느 하나에 해당하는 경우에는 의결권권유자에 대하여 이유를 제시한 후 그 사실을 공고하고 정정을 명할 수 있으며, 필요한 때에는 의결권 대리행사의 권유를 정지 또는 금지하거나 대통령령으로 정하는 조치를 할 수 있다. 이 경우 그 조치에 필요한 절차 및 조치기준은 총리령으로 정한다(법 제158조 제 2 항).

1. 위임장 용지 및 참고서류를 의결권피권유자에게 교부하지 아니한 경우
2. 공공적 법인이 아닌 자가 의결권 대리행사의 권유를 한 경우
3. 위임장 용지 및 참고서류에 관하여 제153조(비치 및 열람) 또는 제154조(정당한 위임장 용지 등의 사용)를 위반한 경우
4. 위임장 용지 및 참고서류 중 의결권 위임 관련 중요사항에 관하여 거짓의 기재 또는 표시가 있거나 의결권 위임 관련 중요사항이 기재 또는 표시되지 아니한 경우
5. 의무정정사유가 있음에도 이에 위반하여 정정서류를 제출하지 아니한 경우

여기서 "대통령령으로 정하는 조치"란 다음의 어느 하나에 해당하는 조치를 말한다(영 제166조).

1. 1년의 범위에서 의결권 대리행사의 권유의 제한
2. 임원에 대한 해임권고
3. 법을 위반한 경우에는 고발 또는 수사기관에의 통보
4. 다른 법률을 위반한 경우에는 관련기관이나 수사기관에의 통보
5. 경고 또는 주의

(3) 과 태 료

금융위원회의 조사권에 따른 검사·조사 또는 확인을 거부·방해 또는 기피한 자에 대하여는 5천만원 이하의 과태료를 부과한다(법 제449조 제20호).

금융위원회의 자료제출명령에 따른 보고 또는 자료의 제출명령이나 증인의 출석, 증언 및 의견의 진술 요구에 불응한 자에 대하여는 1천만원 이하의 과태료를 부과한다(법 제449조 제8호).

3. 형사제재

위임장 용지 및 참고서류 또는 정정서류 중 의결권피권유자의 의결권 위임 여부 판단에 중대한 영향을 미칠 수 있는 사항(이하 이 호에서 "의결권 위임 관련 중요사항"이라 한다)에 관하여 거짓의 기재 또는 표시를 하거나 의결권 위임 관련 중요사항을 기재 또는 표시하지 아니한 자는 5년 이하의 징역 또는 2억원 이하의 벌금에 처한다(법 제444조 제19호).

위임장권유에 관한 규정(제 152조 제1항 또는 제3항)을 위반하여 의결권 대리행사의 권유를 한 자는 3년 이하의 징역 또는 1억원 이하의 벌금에 처한다(법 제445조 제21호).

위임장 용지 및 참고서류를 제출하지 아니하거나 정정서류를 제출하지 아니한 자는 1년 이하의 징역이나 3천만원 이하의 벌금에 처한다(법 제446조 제21호, 제27호).

제 5 절 내부자의 단기매매차익의 반환

Ⅰ. 서 설

1. 의 의

단기매매차익(short-swing profits) 반환제도란 회사의 내부자가 자신의 지위로 인하여 취득한 내부정보를 이용하는 것을 방지하기 위하여 당해 회사의 주권등에 대하여 단기간에 행한 매매와 그 후의 반대매매에서 얻은 차익을 당해 회사에 반환할 것을 회사가 청구하는 것을 말한다.

단기매매차익 반환책임은 특수한 법정책임이고 일반불법행위책임과는 다르다. 따라서 미공개중요정보의 이용 여부를 불문하고 그 요건에 해당하는 경우에는 자동적으로 책임이 인정되는 엄격책임에 해당한다.[1]

2. 연 혁

미국은 내부자거래 규제에 관한 한 가장 오랜 역사와 전통을 가지고 있다. 1929년 대공황 이후 증권시장을 규제하기 위하여 1933년 증권법(Securities Act of 1933)과 1934년 증권거래법(Securities Exchange Act of 1934)이 제정되었다. 1934년 증권거래법 제정 당시 제16조에서 주요주주 및 임원에 대한 소유주식보고의무(a항), 단기차익 반환의무(b항), 공매도금지(c항) 등의 규정을 통해 내부자거래를 규제하였다. 이 시기에 도입된 것이 단기매매차익 반환제도이다.

우리나라에서 내부자거래를 규제하기 위한 제도는 1962년 증권거래법 제정 당시에는 없었고, 1976년 개정에 의해 도입되었다. 이 제도는 미국의 1934년 증권거래법 제16조를 계수한 것으로, 내부자거래의 개연성이 큰 주요주주 및 임직원에 대한 공매도를 금지하고(거래법 제188조 제 1 항) 단기매매차익의 반환의무를 부과한 것이다(거래법 제188조 제 2 항). 그러나 단기매매차익 반환제도는 내부자의 미공개정보 이용사실이 입증된 경우에 한하여 단기매매차익을 회사에 반환하도록 하는 것이었기 때문에 내부자거래 규제의 실효성은 거의 없었고, 그 입증책임을 내부자에게 전환하는 형태여서 1987년 개정될 때까지 동 조항은 거의 사문화되어 있었다. 그 후 1987년 개정에서 미공개정보를 이용한 내부자거래를 직접금지하는 제도를 처음으로 신설하면서 내부자의 단기매매차익 반환시 내부정보의 이용에 대한 입증책임을 당해 회사 또는 주주가 아닌 내부자가 부담하는 내용의 개정이 있었다.

1990년대 들어 내부자거래에 대한 본격적인 단속의 필요성과 규제를 강화하는 세계적인 추세에 맞추어, 1991년 내부자거래 규제법제를 전면적으로 개편하였다. 이에 따라 단기매매차익의 반환시 미공개정보 이용 여부에 대한 입증책임 요건을 폐지하였다. 그 후 1997년 개정 증권거래법에서는 단기매매차익의 반환을 위한 제 1 차 청구권자를 당해 회사로 하고, 제2차 청구권자를 당해 회사의 주주와 증권선물위원회로 분리하였다.

1) 한국증권법학회, 전게서, 818쪽.

Ⅱ. 규제대상자: 내부자

1. 의 의

단기매매차익 반환의무자는 "주권상장법인의 임원(상법 제401조의2 제 1 항의 각 호의 자 포함), 직원(직무상 제174조 제 1 항의 미공개중요정보를 알 수 있는 자로서 대통령령이 정하는 자) 또는 주요주주"이다(법 제174조 제 1 항).

주권상장법인이란 증권시장에 상장된 주권이나 주권과 관련된 증권예탁증권을 발행한 법인(법 제 9 조 제15항 제 3 호)을 말하고, 증권시장은 증권의 매매를 위하여 거래소가 개설하는 시장으로서, 법 제 4 조 제 2 항 각 호의 증권의 매매를 위하여 개설하는 시장(유가증권시장)과 법 제 4 조 제 2 항 각 호의 증권 중 대통령령으로 정하는 증권[1]의 매매를 위하여 개설하는 시장(코스닥시장)을 의미한다(법 제 9 조 제13항). 여기의 주권상장법인에는 내부자거래와 달리 6개월 이내에 상장하는 법인은 포함되지 않는다. 또한 후술하는 내부자거래의 행위주체인 준내부자[2]나 정보수령자는 차익 반환의무자가 아니다. 그러나 반환의무자의 계산으로 거래한 경우는 타인명의로 거래하더라도 반환의무자에 해당한다.

관련판례: 대법원 2007. 11. 30. 선고 2007다24459 판결

위와 같은 제도의 취지 및 위 법조항의 규정 내용 등에 비추어 볼 때 위 법조항에 의하여 그 내부자로 하여금 그 단기매매차익을 반환할 의무를 부담하도록 하기 위하여서는 그 내부자가 그러한 주식거래의 직접적인 주체이거나, 그 주체가 아닌 경우에는 그 주체의 행위를 그 내부자의 행위와 동일시할 수 있는 경우에 해당하여야 한다고 봄이 상당하다.

원심은, 그 채택 증거를 종합하여 그 판시와 같은 사실들을 인정한 다음, 그러한 사실들을 종합하여 보면, 피고는 소외 2(피고의 처인 소외 1의 언니) 명의의 이 사건 증권거래위탁계좌("차명계좌")의 실질상 계좌주로서 피고의 처인 소외 1에게 이 사건 차명계좌

---

1) "대통령령으로 정하는 증권"이란 유가증권시장에 상장되지 아니한 증권으로서 사채권, 주권, 신주인수권이 표시된 것, 상장지수집합투자기구의 수익증권, 파생결합증권, 외국법인 등이 발행한 주권과 관련된 증권예탁증권(예탁결제원이 발행한 것에 한한다) 등을 말한다(영 제12조).

2) 다만, 단기매매차익 반환의무규정은 주권상장법인이 모집·사모·매출하는 특정증권등을 인수한 투자매매업자에게 인수계약을 체결한 날부터 3개월 이내에 매수 또는 매도하여 그 날부터 6개월 이내에 매도 또는 매수하는 경우(단, 모집·사모·매출하는 특정증권등의 인수에 따라 취득하거나 인수한 특정증권등을 처분하는 경우는 제외)에 준용한다(법 제172조 제 7 항, 영 제199조).

를 이용한 주식거래를 위임한 것에 불과하고, 따라서 위 소외 1의 이 사건 단기매매행위는 피고의 행위와 동일시할 수 있는 경우에 해당한다고 보아 피고가 원고에 대하여 이 사건 단기매매로 인한 차익을 반환할 의무가 있다는 취지로 판단하였다. 원심판결 이유를 기록에 비추어 살펴보면 원심의 사실인정과 판단은 정당하여 수긍할 수 있고, 거기에 상고이유에서 주장하는 바와 같은 채증법칙 위반으로 인한 사실오인 등의 위법이 있다고 할 수 없다.

임원, 직원 또는 주요주주의 범위는 내부자거래의 행위주체로서의 내부자와 그 범위가 대체로 동일하다. 증권거래법은 주권상장법인의 임원, 직원 또는 주요주주를 반환의무자로하고 있었으나, 자본시장법은 임원의 경우 "집행임원"을 포함하고 직원은 직무상 미공개중요정보를 알 수 있는 자로 제한하였다.

2. 임직원의 의의와 자격의 존재시점

(1) 임 직 원

1) 임원의 의의

임원은 이사 및 감사를 말한다(법 제 9 조 제 2 항). 이사는 사내이사와 사외이사[1])가 모두 해당하며 등기 여부를 불문한다. 임원에는 상법 제401조의2 제 1 항 업무집행관여자도 포함된다. 즉 회사에 대한 자신의 영향력을 이용하여 이사에게 업무집행을 지시한 자(업무지시자: 제 1 호), 이사의 이름으로 직접 업무를 집행한 자(무권대행자: 제 2 호), 이사가 아니면서 명예회장·회장·사장·부사장·전무·상무·이사·기타 회사의 업무를 집행할 권한이 있는 것으로 인정될 만한 명칭을 사용하여 회사의 업무를 집행한 자(표현이사: 제 3 호)도 단기매매차익 반환의무자이다. 그런데 제 1 호의 업무집행지시자에는 자연인뿐만 아니라 법인인 지배회사도 포함된다.

임원들은 회사의 업무를 집행하거나 회사 재산 또는 회계에 접하는 자들이므로 내부자 중에서 가장 기업정보에 밝은 자들이다.[2])

---

1) 광주고등법원 2001. 8. 22. 선고 2001나286 판결은 사외이사가 포함된다고 하고 있다. "사외이사"란 회사의 상시적인 업무에 종사하지 아니하는 자로서 제25조에 따라 선임되는 자를 말한다(영 제 9 조 제 3 항).

2) 이철송, 전게서, 365쪽.

2) 직원의 의의

직원은 직무상 제174조 제 1 항의 미공개중요정보를 알 수 있는 자로서 대통령령이 정하는 자에 한한다.[1)]

여기서 "대통령령으로 정하는 자"란 다음의 어느 하나에 해당하는 자로서 증권선물위원회가 미공개중요정보를 알 수 있는 자로 인정하는 자[2)]를 말한다(영 제194조).

1. 그 법인에서 주요사항보고서의 제출사유(법 제161조 제 1 항) 중 어느 하나에 해당하는 사항의 수립·변경·추진·공시, 그 밖에 이에 관련된 업무에 종사하고 있는 직원
2. 그 법인의 재무·회계·기획·연구개발에 관련된 업무에 종사하고 있는 직원

위에서 설명한 단기매매차익 반환제도의 취지상 단기차익 반환의무자에 직원을 포함시킨 것이 타당한지는 의문이다. 왜냐하면 미공개중요정보를 이용한 내부자거래를 금지하는 자본시장법 제174조의 규정과는 달리 미공개중요정보를 이용하였는지 여부를 불문하고 6월 이내의 단기매매로 얻은 차익을 무조건 회사에 반환하도록 한 제도임을 감안할 때, 그 적용대상은 미공개중요정보의 취득 및 그 정보의 부당이용의 위험성이 상당히 높은 임원으로 한정하는 것이 타당하기 때문이다.[3)] 또한 단기매매차익 반환제도가 소유주식보고제도의 실효성을 확보하기 위한 제도라는 점에서 법 제173조 제 1 항의 규정에 의한 소유주식보고의무가 없는 직원에 대하여 단기차익 반환의무를 부과하는 것은 불합리하다. 그 밖에 비교법적인

---

1) 현실에서는 상장법인의 직원들이 단기매매차익 반환제도를 이해하지 못한 이유로 규정을 위반하는 경우가 많이 발생한다.

2) 단기매매차익 반환 등에 관한 규정 제 2 조(단기매매차익 반환대상 직원) 영 제194조 각호 외의 본문에서 "증권선물위원회가 미공개중요정보를 알 수 있는 자로 인정하는 자"란 다음 각 호의 어느 하나에 해당하는 자를 말한다.
   1. 그 법인의 재무·회계·기획·연구개발·공시 담당부서에 근무하는 직원
   2. 법 제174조 제 1 항의 미공개정보를 이용한 혐의가 있어 수사기관통보 또는 고발되는 직원

3) 노태악, "내부자거래 등 관련행위의 규제," 증권거래에 관한 제문제(상), 법원도서관(2001), 465쪽; 고창현, "증권거래법상 단기차익 반환의무," 인권과 정의(1999), 65쪽. 직원은 증시침체기에 주가가 많이 하락하는 경우 주가관리 차원에서 회사의 요구에 의해 매입하는 경우도 있는데, 이는 내부정보를 알아서가 아니라 회사의 장기적인 전망을 보고 투자하는 것으로 볼 수 있기 때문에 직원을 반환의무자에서 제외하는 것이 타당하다는 견해도 있다(김정수, 전게서, 683쪽).

관점에서 살펴보아도 일본의 경우[1] 직원은 반환의무자가 아니며, 미국의 경우 반환의무자인 'officer'는 우리의 직원보다 좁은 개념으로 집행임원이라고 볼 수 있다. 따라서 직원은 반환의무자의 적용대상에서 제외하는 것이 타당하다.[2]

(2) 임직원 자격의 존재시기

자본시장법 제172조 제 6 항은 주요주주의 경우만 매도 또는 매수한 시기 중 어느 한 시기에 있어서 주요주주가 아닌 경우에는 단기매매차익 반환규정을 적용하지 아니한다고 규정하고 있다. 따라서 임직원은 매도 또는 매수 시점에 모든 지위를 가질 필요는 없고, 매도 또는 매수의 한 시점에만 임직원의 지위를 보유하면 적용대상이 된다는 것이 통설이고 판례[3]의 입장이다.

따라서 주권상장법인 임원인 A가 임원재직 당시인 2010년 4월 1일 10,000주를 1억원에 매수하고, 2010년 5월 31일 퇴직한 후 6개월 이내인 2010년 6월 15일 10,000주를 2억원에 매도하였다면 1억원의 단기매매차익을 반환해야 한다.

3. 주요주주

(1) 의 의

주요주주는 누구의 명의로 하든지 자기의 계산으로 법인의 의결권 있는 발행주식총수의 10% 이상의 주식(그 주식과 관련된 증권예탁증권을 포함)을 소유하거나 임원의 임면 등의 방법으로 법인의 중요한 경영사항에 대하여 사실상의 영향력을 행사하는 주주로서 대통령령으로 정하는 자를 말한다(법 제 9 조 제 1 항 제 2 호).

여기서 사실상 영향력을 행사하는 주주로서 대통령령이 정하는 자란 단독으로 또는 다른 주주와의 합의·계약 등에 따라 대표이사 또는 이사의 과반수를 선임한 주주이거나 경영전략·조직변경 등 주요 의사결정이나 업무집행에 지배적인 영향력을 행사한다고 인정되는 자로서 금융위원회가 정하여 고시하는 주주[4]를 말

---

1) 금융상품거래법 제 6 조 제 1 항은 "임원 또는 주요주주"에 한정하고 있다.

2) 박임출, "내부자거래 규제에 관한 비교법적 연구," 성균관대학교 박사학위논문(2003), 226쪽.

3) 대법원 2008. 3. 13. 선고 2006다73218 판결.

4) 금융투자업규정 제1-6조(주요주주의 범위) 영 제 9 조 제 2 호에서 "금융위원회가 정하여 고시하는 주주"란 임원(상법 제401조의2 제 1 항 각호의 자를 포함)인 주주로서 의결권 있는 발행주식총수의 1% 이상을 소유하는 자를 말한다.

한다(영 제9조).

주주는 자연인이든 법인이든 불문하고, 차명계좌를 이용한 매매도 본인이 매도한 것으로 보며, "자기의 계산"이란 주식의 매매로 인한 경제적인 이익의 귀속 주체를 의미한다. 또한 주주명부상의 명의개서 여부도 불문한다.

(2) 10% 이상 지분의 의미

자본시장법이 주요주주를 정의하는 데 10% 이상의 수치를 사용하는 것은 미국과 일본의 입법례를 계수한 것으로 주식이 널리 분산된 상장법인에서 10% 정도의 주식소유는 회사에 대한 영향력을 행사하여 기업정보를 용이하게 취득할 수 있으리라는 데서 그 타당성을 찾을 수 있다.[1]

10%를 계산함에 있어 전환사채의 장래 전환권의 행사, 신주인수권부사채의 장래 신주인수권의 행사로 인한 권리를 합산해야 한다는 견해[2]도 있으나, 자본시장법이 명문규정으로 10% 이상의 주식(그 주식과 관련된 증권예탁증권을 포함)을 소유한 자로 정의하고 있으므로 합산할 수 없다고 보아야 한다.[3]

또한 10%의 소유지분을 계산하는 경우 특수관계인의 지분을 산입할 것인가가 문제된다. 현행 자본시장법은 오직 1인이 자기의 계산으로 10% 이상의 주식을 소유한 경우를 주요주주로 보고 있고 특수관계인의 지분을 합산하도록 하고 있지 않으며, 수인이 합하여 10% 이상을 가지고 있는 경우 각자를 주요주주로 보는 규정도 두고 있지 않다. 특수관계인의 소유지분이 포함됨을 명문으로 규정하는 최대주주(법 제9조 제1항 제1호)와 달리 주요주주의 소유지분을 계산할 때는 포함되지 않는다고 보는 것이 타당하다. 다만, 특수관계인의 지분을 합하여 10% 이상을 소유하는 경우 사실상 영향력을 행사하는 주주에 해당할 가능성이 있다.[4] 따라서 수십 명이 집합적으로 의결권을 행사하면서 임원의 임면 등 당해 법인의 중요한 경영사항에 대하여 사실상의 영향력을 행사하고 있어도, 주요주주에 해당하는지 여부는 개별 주주 1인을 기준으로 판단하여야 한다.

---

1) 이철송, 전게서, 366쪽.
2) 김정수, 전게서, 645쪽; 신영무, 전게서, 453쪽; 한국증권법학회, 전게 주석서, 825쪽.
3) 고창현, 전게 논문, 67쪽; 임재연, 전게서, 682쪽.
4) 한국증권법학회, 전게 주석서, 826쪽.

(3) 주요주주 자격의 존재시기

주요주주는 매도·매수한 시기 중 어느 한 시기에 있어서 주요주주가 아닌 경우에는 단기매매차익 반환의무를 부담하지 않는다(법 제172조 제 6 항). 즉 주요주주는 임직원과 달리 매도와 매수의 양 시점에 모두 주요주주로서의 지위를 유지하고 있어야 한다.

그런데 매수와 매도 또는 매도와 매수 양 시점에 모두 사전에 이미 주요주주로서의 지위를 구비해야 하느냐가 문제이다. 단기매매차익 반환제도의 취지가 내부자에 의한 정보이용과 그로 인한 단기차익의 실현을 저지하려는 데 있으므로 10% 이상의 주주가 되는 순간부터 정보이용의 기회가 주어지며, 이것이 그 후의 매도에 반영된다고 보아야 하므로 매수와 동시에 주요주주가 되는 경우의 매수도 단기차익 반환의무의 대상에 포함된다. 또한 매도의 경우도 6월 내에 행해지는 한, 하나의 처분계획에 의한 단일의 매도행위로 볼 수 있으므로, 처분과정에 있어서의 지위상실은 고려할 필요가 없다. 따라서 먼저 매도하고 나중에 매수하는 경우에, 그 주요주주가 수회에 걸쳐 매도하여 그 중간에 주요주주의 지위를 상실하고 수회에 걸쳐 매수함으로써 그 중간에 주요주주의 지위를 회복하였을 때에는 그 매도·매수가 6월 내에 행해지는 한 모두 단기매매차익 반환의무의 대상이 된다.[1)]

4. 투자매매업자

단기매매차익 반환의무규정은 주권상장법인이 모집·사모·매출하는 특정증권등을 인수한 투자매매업자에게 인수계약을 체결한 날부터 3개월 이내에 매수 또는 매도하여 그 날부터 6개월 이내에 매도 또는 매수하는 경우(단, 모집·사모·매출하는 특정증권등의 인수에 따라 취득하거나 인수한 특정증권등을 처분하는 경우는 제외)에 준용한다(법 제172조 제 7 항, 영 제199조 본문).

다만, 투자매매업자가 안정조작이나 시장조성을 위하여 매매하는 경우에는 해당 안정조작이나 시장조성기간 내에 매수 또는 매도하여 그 날부터 6개월 이내에 매도 또는 매수하는 경우(단, 안정조작이나 시장조성을 위하여 매수·매도 또는 매도·매수하는 경우는 제외)에 준용한다(영 제199조 단서).

이는 투자매매업자가 인수과정에서 기업의 내부정보에 접할 기회가 많기 때

1) 이철송, 전게서, 368쪽.

문에 그러한 정보의 남용을 방지하기 위한 것이다.

투자매매업이란 누구의 명의로 하든지 자기의 계산으로 금융투자상품의 매도·매수, 증권의 발행·인수 또는 그 청약의 권유, 청약, 청약의 승낙을 영업으로 하는 것을 말하고(법 제6조 제2항), 투자매매업자란 금융투자업자 중 투자매매업을 영위하는 자를 말한다(법 제8조 제2항).

Ⅲ. 규제대상증권

단기매매차익 반환의무의 대상은 다음의 어느 하나에 해당하는 금융투자상품("특정증권등")을 말한다(법 제172조 제1항). 증권거래법은 단기매매차익 반환대상증권을 "주식관련 증권"에 한정하여, 주권, 전환사채, 신주인수권부사채, 신주인수권증서, 이익참가부사채, 주식과 관련된 교환사채, 주권을 기초로 한 옵션거래로 규정하고 있었다(거래법 제188조 제1항, 거래법 시행규칙 제35조). 그러나 자본시장법은 단기매매차익 반환대상증권을 기존의 증권거래법상 상장법인이 발행한 증권 이외에 다른 상장법인이 발행한 금융투자상품까지 확대하였다. 이는 내부자거래금지 규제대상증권과 동일하다.

1. 주권상장법인이 발행한 증권(제1호)

주권상장법인이 발행한 증권인 이상 반드시 거래소에 상장될 필요는 없다. 다만 채무증권, 수익증권, 파생결합증권(다만 법 제172조 제1항 제4호에 해당하는 파생결합증권은 제외)은 제외된다(영 196조 제1호 내지 제3호). 다만 채무증권 중 전환사채권, 신주인수권부사채권, 이익참가부사채권, 그 법인이 발행한 지분증권(이와 관련된 증권예탁증권을 포함) 또는 전환사채권·신주인수권부사채권·이익참가부사채권(이와 관련된 증권예탁증권을 포함)과 교환을 청구할 수 있는 교환사채권은 포함된다.

당해 법인이 발행한 주권이면 종류가 달라도 관계없다. 예컨대 보통주를 매도하였다가 우선주를 매수한 경우에도 반환책임을 부담한다.

2. 증권예탁증권(제2호)

증권예탁증권이란 제2항 제1호부터 제5호까지의 증권을 예탁받은 자가 그 증권이 발행된 국가 외의 국가에서 발행한 것으로서 그 예탁받은 증권에 관련된 권리가 표시된 것을 말한다(법 제 4 조 제 8 항). 자본시장법은 증권거래법상 포함되어 있지 않았던 증권예탁증권(DR)을 대상증권에 포함시켰다.

해외투자자의 편의를 위하여 기업이 국외에서 발행함으로써 주식의 국제적 유통수단으로 이용되는 대체증권인 증권예탁증서(Depository Receipts) 중 외국법인 등이 발행한 증권 또는 증서를 기초로 하여 한국예탁결제원이 발행한 것뿐만 아니라 구 증권거래법상 대상이 아닌 국내의 기관들이 국외에서 발행한 증권예탁증서도 그 대상이 되는 것으로 명시하고 있다.[1]

3. 교환사채권(제 3 호)

그 법인 외의 자가 발행한 것으로서 제 1 호 또는 제 2 호의 증권과 교환을 청구할 수 있는 교환사채권[2]을 말한다. 예컨대 타 법인 A가 당해 법인 B의 주식을 대상으로 발행하는 경우이다.

4. 제 1 호부터 제 3 호까지의 증권만을 기초자산으로 하는 금융투자상품(제 4 호)

자본시장법은 거래소시장에서 거래되는 주식옵션이나 주식선물의 경우도 주권상장법인의 증권을 기초자산으로 하는 파생상품이므로 포함시켰다.

Ⅳ. 단기매매행위

1. 매 매

(1) 해석상 매매에 포함되는 거래

단기매매차익 반환의무의 대상이 되는 매매는 "특정증권등을 매수한 후 6개월 이내에 매도하거나 특정증권등을 매도한 후 6개월 이내에 매수하여 이익을 얻은 경우"의 거래이다(법 제172조 제 1 항). 즉 6개월 이내에 '매도와 매수' 또는

1) 한국증권법학회, 전게 주석서, 829쪽.

2) "교환사채"란 주권상장법인이 이사회의 결의에 의하여 그 법인이 소유하고 있는 상장유가증권(구 증권거래법 제189조의2 또는 법 제191조의 규정에 의하여 취득한 자기주식을 포함한다)과 교환을 청구할 수 있는 권리가 부여된 사채를 말한다(구 증권거래법 시행령 제84조의 13).

'매수와 매도'가 일어나야 한다.

자본시장법은 매도와 매수의 개념을 정의하고 있지 아니하지만[1] 일정한 대가를 지급하고 주권등의 소유권이 이전되는 유상거래로 보아야 할 것이다. 따라서 상속, 증여 등에 의한 무상취득, 주식배당에 의한 취득, 전환사채의 전환권행사에 의한 취득, 주식분할이나 주식병합에 의한 취득은 매매에 포함되지 않는다.[2] 그러나 일정한 대가가 지급되고 소유권이 이전되며, 정보이용의 남용가능성이 있는 신주의 인수, 교환이나 처분은 포함된다고 보아야 한다.[3] 왜냐하면 단기매매차익 반환제도의 취지상 매매라는 형식적 요건에서 자유로울 필요가 있기 때문이다. 그러나 미국과 같이 명확한 개념규정이 없는 이상 매매의 개념을 확대해석하기는 곤란하며, 현재로서는 법해석의 일반적 방식에 따라 민법의 개념에 의하되 법이 달리 규정하는 특별한 내용에 따라 필요한 범위 내에서 이를 수정하는 것이 제도의 취지를 살리는 해석이 될 것이다.[4]

(2) 판례상 매매에 포함되는 거래

1) 제 3 자의 신주인수

자본시장법은 매도와 매수의 개념을 정의하고 있지 아니하지만 일정한 대가가 지급되고 소유권이 이전되며, 정보이용의 남용가능성이 있는 신주인수 등은 매매에 포함된다고 보아야 한다. 제 3 자 신주인수는 유상계약에 의한 주식취득 행위로서 금전을 대가로 한 계약이라는 점에서 그 실질이 매매계약에 가깝다.

2) 경영권 프리미엄

지배주식의 매도시 그 가격결정에 반영된 소위 경영권 프리미엄은 단기매매차익으로서 반환할 이익에 포함된다.

관련판례: 대법원 2004. 2. 13. 선고 2001다36580 판결

지배주식의 양도와 함께 경영권이 주식양도인으로부터 주식양수인에게 이전하는 경우 그와 같은 경영권의 이전은 지배주식의 양도에 따르는 부수적인 효과에 불과하고, 그 양

---

1) 미국의 1934년 증권거래법 제3(a)(13) 및 (14)는 매도와 매수의 정의규정을 두고 있다.
2) 고창현, 전게 논문, 71쪽.
3) 이철송, 전게서, 368쪽; 김건식 · 정순섭, 전게서, 310쪽; 임재연, 전게서, 689쪽.
4) 최민용, "단기매매차익의 반환," 상사판례연구 제19집 제 4 권(2006), 170쪽.

도대금은 지배주식 전체에 대하여 지급되는 것으로서 주식 그 자체의 대가임이 분명하므로, 법 제188조 제 2 항에 규정된 법인의 내부자가 주식을 매수한 후 6개월 이내에 그 주식과 함께 경영권을 이전하면서 취득한 경영권 프리미엄 또한 주식의 단기매매로 인하여 얻은 이익에 해당한다.

관련판례: 대법원 2004. 2. 12. 선고 2002다69327 판결

주식의 양도와 함께 경영권의 양도가 이루어지는 경우에 경영권의 양도는 주식의 양도에 따르는 부수적인 효과에 불과하고 그 양도대금은 경영권을 행사할 수 있는 정도의 수에 이르는 주식 자체에 대한 대가이므로, 내부자가 그 회사의 주식의 양도와 함께 경영권을 양도하면서 이른바 경영권 프리미엄을 취득한 후 6월 이내에 주식을 매수하여 이익을 얻은 경우에 그 단기매매차익을 산정함에 있어 경영권 프리미엄을 제외하여야 한다고 볼 수 없다.

(3) 판례상 매매에 해당되지 않는 거래[1)]

동일인이 차명계좌를 통하여 보유하고 있던 주식을 공개시장에서 실명계좌로 매도한 경우 동일한 시점에 차명계좌로부터 매도주문과 실명계좌로부터 매수주문이 있었다면, 차명계좌에서의 매도가격과 실명계좌에서의 매수가격이 일치하는 수량 부분은 매매에 해당하지 않는다.

2. 거래명의

매매는 거래소 이외에 장외에서 행해지더라도 상관없다. 법원도 "증권거래법 제188조 제 2 항(자본시장법 제172조 제 1 항)에서의 '매도' 또는 '매수'는 반드시 거래소나 협회중개시장에서 일어날 것을 요하지 않고, 장외에서 행해진 매매도 그 적용대상이 된다는 점에 대하여는 이론이 없다"라고 판시하였고[2)], "내부자가 6개월 이내의 단기매매를 하여 차익을 얻은 경우에는 그것이 장내거래인가 장외거래인가에 상관없이 이를 반환할 의무가 있다"고 판시하였다.[3)]

또한 매매행위는 임원·직원 또는 주요주주의 계산으로 이루어지는 한 누구

1) 대법원 2005. 3. 25. 선고 2004다30040 판결.
2) 서울고등법원 2001. 5. 18. 선고 2000나22272 판결.
3) 서울고등법원 2001. 5. 9. 선고 2000나21378 판결.

의 명의로 하는지는 문제되지 않는다.[1] 법원은 "법인 단기매매차익을 반환하도록 한 것은 상장법인 등의 임원 등이 그 직무 또는 직위에 의하여 취득한 비밀을 부당하게 이용하는 것을 방지하고자 하는 데 그 목적이 있는 것이고, 그러한 취지에서 반환의무자로서의 주요주주를 정의함에 있어서 증권거래법 제188조 제 1 항(자본시장법 제 9 조 제 1 항 제 2 호)은 '누구의 명의로 하든지 자기의 계산으로 의결권 있는 발행주식총수 또는 출자총액의 100분의 10 이상의 주식 또는 출자증권을 소유한 자'를 주요주주에 포함시킴으로써 단기매매차익의 반환에 관한 한 차명계좌를 이용한 매매라 하더라도 이를 모두 본인이 매매한 것으로 본다는 취지로 규정하고 있다"고 판시하였다.[2]

3. 내부정보의 이용 여부

단기매매차익 반환제도는 제도적 취지상 회사 내부자의 미공개중요정보의 이용 여부와 관계없이 그 요건에 해당하는 경우 자동적으로 그 반환책임이 인정된다. 따라서 내부자에 의한 6개월 이내의 매도와 매수가 있는 것으로 충분하다. 이는 법 제174조의 미공개정보 이용행위 금지와 구별되는 점이다.

그런데 어떠한 행위가 자본시장법 제172조의 단기매매차익 반환규정을 위반하고 제174의 미공개중요정보 이용행위 금지에도 위반한 내부자거래에 해당되어 법 제175조의 손해배상책임을 지게 되는 경우에 양 책임을 모두 부담하는가가 문제된다. 이 경우 후자의 책임이 우선한다고 보아 내부자거래로 인한 손해배상책임

1) 현실에서는 단기매매차익 반환제도에 대하여 알고는 있지만 차명으로 거래할 경우에는 반환의무가 없는 경우로 오해하여 단기매매하는 경우가 많이 발생하고 있으며, 또한 불공정거래과정에서 차명계좌를 통해 주식을 매수하여 주요주주가 된 이후 차익을 실현하면서 단기매매차익이 발생하는 경우가 많다.

2) 대법원 2005. 3. 25. 선고 2004다30040 판결. 이 판결은 동일인이 본인명의의 계좌와 타인명의의 계좌로 주식을 보유하고 있다가 타인명의로부터 본인명의로 주식을 취득한 행위가 단기매매차익에서의 매매에 해당하는지 여부에 대한 판결이다. 이 사건에서 법원은 "동일인이 차명계좌를 통하여 보유하고 있던 주식을 공개시장에서 실명계좌로 매도한 경우 비록 공개시장에서의 증권예탁에 혼장임치의 성격이 있어 매도 및 매수되는 주식을 특정할 수 없다 할지라도 실질적으로 동일한 시점에 차명계좌로부터 매도주문과 실명계좌로부터의 매수주문이 존재하였다면 차명계좌에서 매도가격과 실명계좌에서의 매수가격이 정확히 일치하는 수량에 관한 한 증권거래법 제188조 제 2 항의 적용대상인 매매에 해당하지 아니한다고 보아야 한다고 전제한 다음, 피고가 차명계좌를 통하여 공개시장에서 주식을 매도한 후 같은 날 같은 가격으로 매도수량 중 일부를 실명계좌로 다시 매수한 경우, 매도일시 및 가격과 매수일시 및 가격이 일치하는 부분을 제외한 나머지 부분에 대하여만 단기매매차익의 반환을 명하여야 한다"고 판시하였다.

액을 공제하고 남은 이익을 해당 법인에게 반환해야 된다고 보는 견해가 있으나, 양 제도는 별개의 제도이므로 후자의 책임이 우선한다고 볼 근거는 없고 양 책임을 모두 부담한다고 보아야 한다.[1]

단기매매차익 반환제도는 미공개정보를 이용한 내부자거래에 대한 제재조항이 있음에도 불구하고 신분과 내부자의 정보이용의 추상적 위험만으로 주식거래에 대한 이익을 부당이득으로 규정하고, 이에 대한 반환을 명하는 제도로서 위헌이라는 헌법소원 제기가 있었다.

이에 대하여 헌법재판소는 단기매매차익 반환제도는 문언상 내부자가 실제로 미공개 내부정보를 이용하였는지 여부에 관계없이 형식적인 요건에만 해당하면 반환책임이 성립하고, 내부정보를 이용하지 않고 주식거래를 하였다는 등 일체의 반증을 허용하지 않는 내부자에 대한 엄격책임을 부과하고 있더라도 단기매매차익청구권의 신속하고 확실한 행사를 방해하여 입법목적을 잃게 되는 점 및 일반투자자들의 증권시장에 대한 신뢰의 제고라는 입법목적을 고려한 불가피한 입법적 선택이라고 하여 단기매매차익 반환제도는 합헌이라고 결정하였다.[2]

그 후 대법원도 단기매매차익 반환의 예외와 관련하여 구체적인 예외인정 여부를 판단하면서 단기매매는 내부정보의 내용이나 이용 여부를 불문하고, 내부자에게 정보를 이용하여 이득을 취하려는 의사가 있었는지 여부와 관계없다는 취지의 판시를 한 바 있다.[3]

4. 매도와 매수 대상증권의 동일성 여부

단기매매의 성립을 위해 매도와 매수의 대상증권이 동일물일 필요는 없다. 따라서 주식을 매도하고 전환사채를 매수하는 경우에도 단기매매차익 반환대상이 되는 단기매매로 보아야 할 것이다.

증권거래법에서는 "같은 종목의 유가증권의 매매"(거래법 시행령 제83조의5 제 2 항)와 "종류는 같으나 종목이 다른 유가증권의 매매"(같은 조 제 3 항)만을 규정하고 있었기 때문에, "종류가 다른 유가증권의 매매"에 대해서는 단기매매차익 반환규정이 적용되는가에 의문이 있었다.

---

1) 임재연, 전게서, 703쪽.

2) 헌법재판소 2002. 12. 18. 선고 99헌바105, 2001헌바48(병합) 결정.

3) 대법원 2004. 2. 13. 선고 2001다36580 판결; 대법원 2004. 5. 28. 선고 2003다60396 판결.

그러나 자본시장법은 "종류가 다른 증권"의 이익을 계산하는 경우 지분증권 외의 특정증권등의 가격은 증권선물위원회가 정하여 고시하는 방법에 따라 지분증권으로 환산하여 계산한 가격으로 하고(영 제195조 제2항 제2호), "종류가 다른 증권"의 수량의 계산은 증권선물위원회가 정하여 고시하는 방법에 따라 계산된 수량으로 한다(같은 조 제3항)고 규정하고 있다. 따라서 매도와 매수의 대상증권이 동일한 증권일 필요는 없다.[1)]

5. 6개월 이내의 매매

단기매매차익 반환의무는 매도와 매수가 6개월 이내에 이루어져야 발생한다. 즉 특정증권등을 매수한 후 6개월 이내에 매도하거나 특정증권등을 매도한 후 6개월 이내에 매수[2)]하여야 한다(법 제172조 제1항). 그런데 자본시장법 시행령은 6개월을 기산하는 경우 초일을 산입한다고 규정하고 있다(영 제195조 제1항 제1호). 6개월 이내라 함은 매도 또는 매수의 기준일의 다음 날로부터 기산하여 6개월이 되는 날까지를 의미한다.

증권시장에서 거래가 이루어지는 경우 시장에서의 매매일을 기준으로 하여야 하는가 아니면 결제일을 기준으로 하여야 하는가에 관한 논의가 있다. 그러나 문면대로 계약체결일을 기준으로 하는 것이 타당하다.[3)] 즉 매도와 매수는 채권계약이므로 약정을 기준으로 기간계산을 하여야 한다. 따라서 6개월 이내의 기간의 기산점은 계약체결일을 기준일로 하여야 한다. 즉 6개월의 기간은 매도 또는 매수의 기준일의 다음 날부터 기산하여 6월이 되는 날의 24시까지로 보아야 한다.[4)] 예컨대 5월 10일 매매를 하였으면 11월 9일 24시까지 사이에 반대매매하여야 반환책임을 부담하게 된다.

법원도 6개월의 기산점은 매매계약 체결일이고 대금수수일이 아니라고 판시하였다.[5)] 이와 같이 단기매매는 최초의 매도(또는 매수) 후 6개월 이내에 다시 매

---

1) 김건식·정순섭, 전게서, 311쪽.

2) 예를 들면 상장법인의 임원 A가 2010년 3월 5일 보유주식 1,000주를 500만원에 매도한 후 2010년 3월 25일 1,000주를 300만원에 매수하였다면 200만원의 단기매매차익이 발생한다. 주식을 매수한 후 6개월 이내에 매도한 경우만 해당된다고 생각하기 쉬우나, 법은 매도 후 6개월 이내의 매수를 규정하고 있으므로 주의하여야 한다.

3) 한국증권법학회, 전게 주석서, 834쪽.

4) 노태악, 전게 논문, 474쪽.

5) 서울고등법원 2001. 5. 9. 선고 2000나21378 판결.

수(또는 매도)하는 경우에만 성립하므로 6개월을 단 1일이라도 넘겨 반대매매를 하면 단기매매차익 반환의무를 부담하지 않는다.

6. 매매차익의 발생

자본시장법이 “매수한 후 6개월 이내에 매도하거나 매도한 후 6개월 이내에 매수하여 이익을 얻은 경우”(법 제172조 제 1 항)라고 규정하고 있으므로, 단기매매차익 반환의무가 발생하기 위해서는 6개월 이내의 매매로 차익이 발생하여야 한다. 여기서의 차익은 매매의 결과로 발생한 차익을 의미하며, 처분을 전제로 한 개념이다. 따라서 6개월이라는 일정한 기간 내에 최초에 매수한 주식의 가격보다 높은 가격에 주식을 매도하여 이익을 얻는 경우, 또는 최초에 매도한 가격보다 낮은 가격으로 주식을 다시 매수함으로써 얻게 되는 이익을 말한다.

헌법재판소[1]도 “단기매매차익 반환제도는 ① 내부자가 ② 6개월 이내의 기간에 ③ 자기회사의 주식등을 거래하여 ④ 차익이 발생한 경우라는 형식적 요건이 성립하면 반환책임이 성립한다”고 결정하여 매매차익의 발생을 단기매매차익 반환의무의 성립요건으로 하고 있다.

그런데 여기서 유념할 것은 매매의 개념과 달리 이익을 얻었는지 여부에 대한 판단은 경제적 개념에 따를 수밖에 없다는 점이다. 따라서 경제적 이익의 취득은 매수 당시 또는 매도 당시의 각 자산의 취득과 처분에 따른 이익과 손실의 비교를 전제로 한다.[2]

Ⅴ. 단기매매차익 반환의 예외

1. 서 설

단기매매차익 반환제도는 내부자거래를 효율적으로 규제하기 위하여 내부자가 실제로 내부정보를 이용하였는지 여부에 관계없이 형식적 요건만 충족하면 거래의 동기를 불문하고 반환책임이 성립하는 것으로 하고 있다. 이는 내부자가 내부정보를 현실적으로 이용하였는지를 입증하는 것이 쉽지 않고, 차익반환이라는 집행의 편의를 고려한 것이다. 그러나 내부정보의 이용가능성이 객관적으로 없는

---

1) 헌법재판소 2002. 12. 18. 선고 99헌바105, 2001헌바48(병합) 결정.
2) 최민용, 전게 논문, 176쪽.

경우까지 차익반환을 강제하는 것은 내부자에게 지나친 불이익을 발생시키고 헌법상의 재산권침해의 소지가 있다. 따라서 자본시장법은 매도 또는 매수의 성격, 그 밖의 사정 등을 고려하여 미공개중요정보를 이용할 염려가 없다고 판단되는 경우에 한하여 단기매매차익 반환의 예외를 인정하고 있다.

또한 헌법재판소와 대법원은 법령상의 예외사유를 예시적인 것이 아니라 한정적 열거로 보아 이를 제한적으로 해석하면서 일정한 경우에 단기매매차익 반환규정의 적용예외를 해석상 인정하고 있다. 이에 관하여는 후술하기로 한다.

2. 법령상 예외사유

임직원 또는 주요주주로서 행한 매도 또는 매수의 성격, 그 밖의 사정 등을 고려하여 대통령령이 정하는 경우에는 단기매매차익을 반환하지 않는다(법 제172조 제6항).

여기서 "대통령령으로 정하는 경우"란 다음의 어느 하나에 해당하는 경우를 말한다(영 제198조).

1. 법령에 따라 불가피하게 매수하거나 매도하는 경우
2. 정부의 허가·인가·승인 등이나 문서에 의한 지도·권고에 따라 매수하거나 매도하는 경우
3. 안정조작이나 시장조성을 위하여 매수·매도 또는 매도·매수하는 경우
4. 모집·사모·매출하는 특정증권등의 인수에 따라 취득하거나 인수한 특정증권등을 처분하는 경우
5. 주식매수선택권의 행사에 따라 주식을 취득하는 경우
6. 이미 소유하고 있는 지분증권, 신주인수권이 표시된 것, 전환사채권 또는 신주인수권 부사채권의 권리행사에 따라 주식을 취득하는 경우
7. 증권예탁증권의 예탁계약 해지에 따라 법 제172조 제1항 제1호에 따른 증권을 취득하는 경우
8. 법 제172조 제1항 제1호에 따른 증권 중 제196조 제1호 라목에 따른 교환사채권 또는 법 제172조 제1항 제3호에 따른 교환사채권의 권리행사에 따라 증권을 취득하는 경우
9. 모집·매출하는 특정증권등의 청약에 따라 취득하는 경우
10. 근로자복지기본법 제32조에 따라 우리사주조합원에게 우선 배정된 주식의 청약에 따라 취득하는 경우

11. 주식매수청구권의 행사에 따라 주식을 처분하는 경우
12. 공개매수에 응모함에 따라 주식 등을 처분하는 경우
13. 그 밖에 미공개중요정보를 이용할 염려가 없는 경우로서 증권선물위원회가 인정하는 경우[1]

3. 해석상 예외사유

(1) 헌법재판소와 대법원의 입장

단기매매차익 반환의 예외가 법령상 한정되어 있으나 법률의 해석을 통해 인정되고 있다. 헌법재판소는 단기매매차익 반환제도의 위헌법률 헌법소원 사건에서 "증권거래법 제188조 제 1 항이 반환책임의 요건을 객관화하여 엄격한 반환책임을 내부자에게 부과하고, 같은 조 제 8 항 및 이에 근거한 시행령 제86조의6 등에서 반환책임의 예외를 한정적으로 열거하여, 이에 해당하지 않는 한 반환책임의 예외를 인정하지 않고 있다고 하더라도, 위 법률조항의 입법목적과 단기매매차익 반환의 예외를 정한 시행령 제86조의6의 성격 및 헌법 제23조가 정하는 재산권 보장의 취지를 고려하면 내부정보를 이용할 가능성조차 없는 유형의 주식거래에 대하여는 이 사건 법률조항이 애당초 적용되지 않는다고 해석하여야 할 것이다"라고 판시하여 단기매매차익 반환의 법령상 예외사유 이외에 내부정보 이용가능성이 없는 유형의 주식거래에 대하여 법해석으로 예외를 인정하는 근거를 마련하였다.[2]

그 후 대법원도 원칙적으로 헌법재판소의 결정을 인용하여 증권거래법 제188조 제 2 항 소정의 단기매매차익 반환제도규정의 취지 및 증권거래법 시행령 제83조의6에서 규정한 예외사유에 해당하지 않더라도 내부정보의 이용가능성이 없는 유형의 거래에 대하여 법원이 해석상 예외사유로 보아 그 적용을 배제할 수 있다고 판결하고 있다.[3]

---

1) 단기매매차익 반환 등에 관한 규정 제 5 조(단기매매차익 반환의 예외) 영 제198조 제13호에서 "그 밖에 미공개중요정보를 이용할 염려가 없는 경우로서 증권선물위원회가 인정하는 경우"란 다음의 어느 하나에 해당하는 경우를 말한다.
   1. 유상신주발행시 발생한 실권주 또는 단수주의 취득
   2. 집합투자규약에 따라 집합투자업자가 행하는 매매
   3. 공로금·장려금·퇴직금 등으로 지급받는 주식의 취득
   4. 이미 소유하고 있는 특정증권등의 권리행사로 인한 주식의 취득
   5. 증권시장에서 허용되는 최소단위 미만의 매매
2) 헌법재판소 2002. 12. 18. 선고 99헌바105, 2001헌바48 결정.

(2) 구체적인 판단 사례

1) 임원의 적대적 M&A 방어수단으로 주식매수 후 경영권양도 위한 주식매도

해석상의 예외사유를 처음으로 인정한 이 사건은 피고가 회사의 이사로서 주식을 매수한 이후 6개월 이전에 계열회사에게 경영권을 양도할 목적으로 주식을 매도하여 매도차익을 얻었으며, 이에 대해 증권선물거래위원회가 단기매매차익 반환명령을 내리자 피고는 회사의 주가하락 및 적대적 인수합병에 대한 방어책으로서 주식을 매수하였지만 경제위기 이후 백화점의 경영악화로 인하여 부득이 금강개발에 원고 회사의 경영권을 양도하기 위한 수단으로 주식을 매도하였다고 항변하였으나 대법원은 단기매매차익 반환을 인정하였다.[1] 대법원은 이와 같은 주식매수와 매도 이유만으로는 객관적으로 내부정보의 이용가능성이 전혀 없는 유형의 거래에는 해당하지 않는다고 보았다.

2) 주요주주의 적대적 인수시도 좌절 후 주식매도

이 사건[2]에서 피고는 기존 대주주인 경영진의 지분이 낮아 경영권 인수를 목적으로 지분을 10% 이상 인수한 후 기존 대주주와 경영권양도에 관한 협상을 벌였지만 실패하고, 또한 적대적 경영권인수를 위해 이사선임 시도를 하였지만 실패하자 주식매수 후 6개월 이전에 주식을 모두 매도하였다. 이 사건에서 대법원은 적대적 기업인수를 시도하던 자가 주요주주가 된 후에 대상회사 경영진의 저항에 부딪혀 인수를 단념하고 대량으로 취득한 주식을 공개시장에서 처분한 경우에는 단기매매차익의 반환책임이 있다고 하였다.

대법원은 "피고가 대량 취득하였던 주식을 매도한 것은 비록 계속 보유할 경우의 경제적 손실을 회피하기 위한 동기에서 비롯된 것이었다 할지라도 스스로 경제적 이해득실을 따져본 후 임의로 결정한 다음 공개시장을 통하여 매도한 것으로 보여질 뿐 비자발적인 유형의 거래로 볼 수 없을 뿐만 아니라, 적대적 주식대량매수자와 회사 경영자가 서로 어느 정도 적대적인지는 개별 사안에 따라 다를 수 있고, 또한 같은 사안에서도 시기별로 차이가 있을 수 있으므로 그 적대적 관계성은 결국 개별 사안에서 각 시기별로 구체적 사정을 살펴본 이후에야 판단

---

3) 대법원 2004. 2. 13. 선고 2001다36580 판결.
1) 대법원 2004. 2. 13. 선고 2001다36580 판결.
2) 대법원 2004. 5. 28. 선고 2003다60396 판결.

할 수 있는 사항이어서 피고가 적대적 주식대량매수자의 지위에서 주식을 거래하였다는 그 외형 자체만으로 내부정보에의 접근가능성이 완전히 배제된다고 볼 수 없는 점을 고려하면 결국 내부정보에 대한 부당한 이용의 가능성이 전혀 없는 유형의 거래에는 해당하지 않는다"고 판시하였다.

3) 정직처분 상태 직원의 주식매수

이 사건[1]에 대하여 제 1 심과 제 2 심 재판부는 모두 피고 직원이 정직처분을 받은 기간 동안의 경우에는 직원으로서의 지위를 그대로 가지고 있다고 할지라도 출근이 금지되었을 뿐만 아니라 원고의 내부 전자메일을 전송받지 못하고 원고가 피고에게 지급한 일체의 업무용 도구 등도 사용하지 못하였으므로 객관적으로 내부정보의 이용가능성이 전혀 없는 경우에 해당한다고 판단하여 정직기간 동안 매매차익에 대하여는 회사의 단기매매차익 반환청구를 인정하지 않았다.

그러나 대법원은 피고인 직원에게 단기매매차익 반환책임을 인정하였다. 이 사건에서 피고는 회사로부터 인사상 불이익을 받았다는 이유로 회사와 대립하였으며, 요양신청과 휴직을 이유로 결근이 이어졌고, 회사는 피고에게 무단결근을 이유로 무기정직의 징계처분을 내렸으며, 피고는 내부 전자메일도 전송받지 못하고 일체의 업무용 도구를 사용하지 못하였기 때문에 내부정보 이용가능성이 없다고 항변하였다.

그러나 대법원은 직원이 회사와 불화를 겪고 적대적이 되었으며, 실제로 내부정보에 대한 접근가능성도 인정하기 어려운 사실관계를 인정하면서도 "피고 스스로 경제적 이해득실을 따져본 후 임의로 결정한 다음 공개시장을 통하여 매수한 것으로 보여질 뿐 비자발적인 유형의 거래로 볼 수 없을 뿐만 아니라, 정직처분을 받은 자와 회사 경영자 등과의 관계가 우호적인지 적대적인지는 개별 사안에 따라 다를 수 있고 또한 같은 사안에 있어서도 시기별로 차이가 있을 수 있으므로 그 적대적 관계성은 결국 개별 사안에서 각 시기별로 구체적 사정을 살펴본 이후에야 판단할 수 있는 사항이어서, 피고가 정직처분을 받은 자의 지위에서 주식을 거래하였다는 그 외형 자체만으로부터 내부정보에의 접근가능성이 완전히 배제된다고 볼 수는 없다고 판단하고, 정직처분 중의 거래도 내부정보에 대한 부당한 이용의 가능성이 전혀 없는 유형의 거래에는 해당하지 않는다"고 보아 단기

1) 대법원 2008. 3. 13. 선고 2006다73218 판결.

매매차익의 반환책임을 인정하였다.

4) 대법원의 입장

위의 세 판례에서 본 바와 같이 대법원은 내부정보의 이용가능성 기준을 정보의 실질적인 이용가능성이나 접근가능성이 아닌 자발적 거래 여부로 판단하고 있으며, 반환의무자가 주식거래를 함에 있어서 이익 여부에 대한 판단이 불가능한 경우에는 내부정보 이용가능성이 없는 비자발적 거래유형으로 단기매매차익 반환책임을 인정하지 않고 있다. 이와 같은 대법원의 입장은 단기매매차익 반환의 예외를 해석으로 인정하는 데 있어 매우 엄격하고 좁게 해석하는 태도이다.

Ⅵ. 단기매매차익의 반환절차

1. 반환청구권자

해당 법인은 임직원 또는 주요주주에게 단기매매차익을 법인에게 반환할 것을 청구할 수 있다(법 제172조 제1항). 청구권의 행사로 반환의무가 발생하므로 이 권리의 법적 성질은 형성권이다. 그러나 해당 법인의 주주(주권 외의 지분증권 또는 증권예탁증권을 소유한 자를 포함)는 그 법인으로 하여금 단기매매차익을 얻은 자에게 단기매매차익의 반환청구를 하도록 요구할 수 있으며, 그 법인이 그 요구를 받은 날부터 2개월 이내에 그 청구를 하지 아니하는 경우에는 그 주주는 그 법인을 대위하여 그 청구를 할 수 있다(법 제172조 제2항). 이 경우 주주의 자격에는 제한이 없으므로 상법상 주주의 대표소송과는 달리 1주를 보유하였더라도 청구할 수 있으며, 보유기간의 제한도 없기 때문에 거래 당시에 주주임을 요하지 않으며 회사가 반환청구를 할 수 있을 시점에 주주이면 충분하고, 단기매매차익이 발생한 기간에 주주였을 것을 요구하지 않는다. 또한 이 반환청구권은 의결권과도 관계가 없으므로 무의결권주식을 소유하고 있는 주주도 대위청구를 할 수 있다.[1)]

해당 법인의 반환청구권의 행사는 반드시 소송에 의할 필요는 없으며, 주주의 대위청구도 마찬가지이다. 임직원 또는 주요주주에게 소송 외에서 반환청구를 하고, 임직원 또는 주요주주가 이에 응하지 않으면 소송을 제기할 필요가 있을 것이다.

---

1) 김건식·정순섭, 전게서, 313쪽; 임재연, 전게서, 695쪽; 고창현, 전게 논문, 75쪽; 한국증권법학회, 전게 주석서, 844쪽.

2. 증권선물위원회의 통보와 공시

증권선물위원회는 단기매매차익의 발생사실을 알게 된 경우에는 해당 법인에 이를 통보하여야 한다. 이 경우 그 법인은 통보받은 내용을 대통령령으로 정하는 방법에 따라 인터넷 홈페이지 등을 이용하여 공시하여야 한다(법 제172조 제 3 항).

여기서 "대통령령으로 정하는 방법"이란 다음의 사항이 지체 없이 공시되도록 하는 것을 말한다(영 제197조).

1. 단기매매차익을 반환해야 할 자의 지위[임원(상법 제401조의1 제 1 항 각 호의 업무집행관여자를 포함), 직원 또는 주요주주]
2. 단기매매차익 금액(임원별·직원별 또는 주요주주별로 합산한 금액)
3. 증권선물위원회로부터 단기매매차익 발생사실을 통보받은 날
4. 해당 법인의 단기매매차익 반환청구 계획
5. 해당 법인의 주주(주권 외의 지분증권이나 증권예탁증권을 소유한 자를 포함)는 그 법인으로 하여금 단기매매차익을 얻은 자에게 단기매매차익의 반환청구를 하도록 요구할 수 있으며, 그 법인이 요구를 받은 날부터 2개월 이내에 그 청구를 하지 아니하는 경우에는 그 주주는 그 법인을 대위(代位)하여 청구를 할 수 있다는 뜻

증권거래법은 증권선물위원회가 당해 법인에게 단기매매차익 반환의 청구를 요구할 수 있고(영 제83조의5 제 6 항), 당해 법인을 대위하여 반환청구를 할 수 있다고 규정하고 있었다(법 제188조 제 3 항). 그러나 자본시장법은 증권선물위원회의 반환청구요구권을 통보로 변경하면서 이에 대한 회사의 공시의무를 부과하였고, 증권선물위원회의 대위청구권을 삭제하였다.

3. 주주의 승소와 소송비용청구

법인을 대위하여 소송을 제기한 주주가 승소한 경우에는 그 주주는 회사에 대하여 소송비용, 그 밖에 소송으로 인한 모든 비용의 지급을 청구할 수 있다(법 제172조 제 4 항).

4. 청구권 행사기간

해당 법인 또는 주주의 반환청구권은 이익을 취득한 날부터 2년 이내에 행사

하지 아니한 경우에는 소멸한다(법 제172조 제5항). 이 기간은 제척기간이다. 따라서 제척기간으로 2년이 경과된 후 제기되었다면 위법하고, 제척기간 진행의 중단도 인정되지 않는다.[1]

여기서 이익을 취득한 날이란 매도 또는 매수의 후행행위가 있은 날을 뜻한다. 그리고 내부자의 단기매매사실이 밝혀져 주주가 당해 법인에 대하여 반환청구하도록 요구한 시점에서 2월이 경과하기 전에 2년의 제소기간이 도래하는 경우가 있을 수 있다. 이 경우도 상법 제403조의 '회복할 수 없는 손해가 생길 염려'가 있는 경우 즉시 회사를 위하여 소를 제기할 수 있다는 규정을 유추적용하여 제소기간이 경과하기 전에 회사에 반환청구를 요구하였던 주주는 소송을 제기할 수 있을 것이다.[2]

5. 반환이익의 귀속

해당 법인의 반환청구 또는 주주의 대위청구로 반환된 이익은 회사에 귀속된다. 회사는 내부자거래로 인한 직접적인 피해자가 아님에도 불구하고 그 이익을 회사에 귀속시키는 것은 내부자가 그 이익을 향유하도록 해서는 안 되고 내부자의 정보취득은 회사의 비용부담하에 이루어진다고 할 수 있으며, 내부자거래로 인한 회사의 대외적 신용의 손상에 대한 보상의 의미도 가질 수 있기 때문이다.[3]

Ⅶ. 단기매매차익의 산정방법

1. 서　　설

단기매매차익의 산정방법은 가중평균법, 선입선출법, 최저가·최고가대비법 등이 있다. 우리나라의 경우 1997년 4월 증권거래법 개정 이전에는 법령의 규정이 아닌 증권관리위원회(현 증권선물위원회)에서 규정을 두어 매매차익 산정방법을 적용하고 있었다. 당시 증권관리위원회(현 증권선물위원회)는 처음에는 선입선출법을

1) 서울지방법원 서부지원 2003. 5. 23. 선고 2002가단5500 판결.
2) 한국증권법학회, 전게 주석서, 846쪽.
3) 이철송, 전게서, 371쪽. 그러나 이에 대하여 미국법상으로는 내부자가 신인의무를 위반한 행위로 이익을 얻는 경우에는 그 이익을 회사에 반환하는 원칙이 확립되어 있기 때문에 타당하지만, 우리 법상으로는 단기매매를 억제하기 위한 정책상의 이유 외에는 회사가 이익을 차지하는 것을 정당화하기 어렵다는 견해가 있다(김건식·정순섭, 전게서, 314쪽).

사용하다가 후에 최저가·최고가 대비법[1]을 적용하고 있었다. 그 후 단기차익 산정기준을 법령에서 명확히 해야 한다는 지적에 따라 1997년 4월 개정 증권거래법에서 적용이 용이한 가중평균법을 채택하였다.[2] 그러나 2000년 9월 8일 증권거래법 개정으로 종래의 가중평균법 대신 선입선출법을 채택하였다. 자본시장법은 선입선출법을 그대로 수용하고 있다.

가중평균법에서는 거래량으로 가중평균한 매수단가와 매도단가의 차액에 매매일치수량(매수수량과 매도수량 중 적은 수량)을 곱한 금액을 매매차익으로 산정한다. 이 방식은 평균매매단가를 산정하는 경우 차손부분이 단가에 반영된다(차익+차손). 따라서 전체적으로 차익발생시에만 반환한다. 그러나 선입선출법에서는 가장 시기가 이른 매수와 매도를 순차적으로 대비하여 그 차액에 매매일치수량을 곱한 금액을 매매차익으로 산정한다. 이 방식은 차손이 발생한 부분을 포함시키지 않고 차익부분만을 포함시킨다. 따라서 매매차익이 가중평균법보다 크게 나올 가능성이 많다. 선입선출법에서는 전체적으로 차손이 발생한 경우에도 반환하게 된다.

자본시장법은 이익의 산정기준·반환절차 등에 관하여 필요한 사항은 대통령령으로 정한다(법 제172조 제1항)고 규정하고 있고, 이에 따라 시행령 제195조는 단기매매차익의 산정방법을 규정하고 있으며, 특히 단기매매차익 계산의 구체적인 기준과 방법 등 필요한 세부사항은 증권선물위원회가 정하여 고시한다고 규정하고 있다.

2. 이익의 계산방법

(1) 1회의 매매

해당 매수(권리행사의 상대방이 되는 경우로서 매수자의 지위를 가지게 되는 특정증권등의 매도를 포함) 또는 매도(권리를 행사할 수 있는 경우로서 매도자의 지위를 가지게 되는 특정증권등의 매수를 포함) 후 6개월(초일 산입) 이내에 매도 또는 매수한 경우에는 매도단가에서 매수단가를 뺀 금액에 매수수량과 매도수량 중 적은 수량("매매일치수량")을 곱하여 계산한 금액에서 해당 매매일치수량분에 관한 매매거래수수

1) 매수분은 최저가부터 매도분은 최고가부터 순차적으로 대비시켜 차액을 합산하는 방식이다. 이 방식은 미국이 채택하고 있는 방식이다. 일본은 선입선출법을 채택하고 있다.

2) 전홍렬, 전게서, 395쪽.

료와 증권거래세액 및 농어촌특별세액을 공제한 금액을 이익으로 계산하는 방법이다. 이 경우 그 금액이 0원 이하인 경우에는 이익이 없는 것으로 본다(영 제195조 제1항 제1호).

즉, 단기매매차익 = (매도단가－매수단가) × 매매일치수량 －
(매매거래수수료 + 증권거래세액 등)

이익을 산정하기 위해서는 매수와 매도(매도와 매수)의 수량이 일치하는 범위에서 차익을 계산하여야 하기 때문에 매수와 매도 중 적은 수량을 기준으로 차액을 계산하게 된다. 매매차익의 경우 매수 후 6개월 이내의 매도에 의한 이익만을 생각하기 쉬우나 매도 후 6개월 이내의 매수에 의한 이익도 해당함을 유의할 필요가 있다.

(2) 2회 이상의 매매: 선입선출법

해당 매수 또는 매도 후 6개월 이내에 2회 이상 매도 또는 매수한 경우에는 가장 시기가 빠른 매수분과 가장 시기가 빠른 매도분을 대응하여 제1호에 따른 방법으로 계산한 금액을 이익으로 산정하고, 그 다음의 매수분과 매도분에 대하여는 대응할 매도분이나 매수분이 없어질 때까지 같은 방법으로 대응하여 제1호에 따른 방법으로 계산한 금액을 이익으로 산정하는 방법이다. 이 경우 대응된 매수분이나 매도분 중 매매일치수량을 초과하는 수량은 해당 매수 또는 매도와 별개의 매수 또는 매도로 보아 대응의 대상으로 한다(영 제1항 제2호).

3. 종류나 종목이 다른 경우의 계산방법

위에서 살펴본 법 제1항 제1호 및 제2호에 따라 이익을 계산하는 경우 매수가격·매도가격은 특정증권등의 종류 및 종목에 따라 다음에서 정하는 가격으로 한다(영 제195조 제2항).

(1) 매수 특정증권등과 매도 특정증권등이 종류는 같으나 종목이 다른 경우 (제1호)

매수 후 매도하여 이익을 얻은 경우에는 매도한 날의 매수 특정증권등의 최종가격을 매도 특정증권등의 매도가격으로 하고, 매도 후 매수하여 이익을 얻은 경우에는 매수한 날의 매도 특정증권등의 최종가격을 매수 특정증권등의 매수가격으로 한다.

이는 보통주와 우선주, 일반사채와 전환사채·신주인수권부사채·이익참가부사채 등 주식관련사채는 같은 주식 또는 같은 사채로서 그 종류는 같으나 종목이 다른 경우로 보아 단기매매차익을 계산하는 규정이다. 따라서 여기서 종류는 같으나 종목이 다른 경우라 함은 보통주 매수 후 우선주 매도(또는 보통주 매도 후 우선주 매수) 또는 일반사채 매수 후 전환사채 매도(또는 일반사채 매도 후 전환사채 매수) 등을 말한다.

예를 들면 3월 3일 보통주를 10,000주 매수(이 시점에 보통주의 주가는 1,000원, 우선주의 주가는 700원)한 후 3월 10일 우선주 5,000주를 매도(이 시점에 보통주의 최종가격은 1,100원, 우선주의 주가는 800원)하였다.

이 경우 단기매매차익 = (1,100원 − 1,000원) × 5,000주 = 50,000원이다. 즉 단기매매차익은 매수한 보통주의 환산 매도가격인 1,100원에서 매수한 보통주의 매수가격인 1,000원을 뺀 금액에 매매일치수량인 5,000주를 곱하여 계산하게 된다.

(2) 매수 특정증권등과 매도 특정증권등이 종류가 다른 경우(제 2 호)

지분증권 외의 특정증권등의 가격은 당해 특정증권등의 매매일의 당해 특정증권등의 권리행사의 대상이 되는 지분증권의 종가로 한다(영 제195조 제 2 항 제 2 호, 단기매매차익 반환 등에 관한 규정 제 3 조 제 1 항). 즉 환산가격은 당해 특정증권등의 매매일에 특정증권등의 권리행사의 대상이 되는 기초증권의 종가로 하는 것이다.

이 경우 그 수량의 계산은 당해 특정증권등의 매매일에 당해 특정증권등의 권리행사가 이루어진다면 취득할 수 있는 것으로 환산되는 지분증권의 수량으로 한다. 이 경우 환산되는 지분증권의 수량 중 1주 미만의 수량은 절사한다(영 제195조 제 3 항, 단기매매차익 반환 등에 관한 규정 제 3 조 제 2 항). 즉 환산수량은 당해 특정증권등의 매매일에 당해 특정증권등의 권리행사가 이루어진다면 취득할 수 있는 것으로 환산되는 기초증권의 수량으로 하는 것이다.

즉 종류가 다른 증권간의 매매거래가 있는 경우에는 가격과 수량을 기초증권으로 환산하도록 하고 있다.

4. 권리락 · 배당락 또는 이자락 등이 있는 경우

시행령 제1항부터 제3항까지의 규정에 따라 이익을 계산하는 경우에 매수 또는 매도 후 특정증권등의 권리락·배당락 또는 이자락, 그 밖에 이에 준하는 경우로서 자본의 증감, 합병, 배당, 주식분할, 주식병합의 사유가 있는 경우에는 이를 고려하여 환산한 가격 및 수량을 기준으로 이익을 계산한다(영 제195조 제4항, 단기매매차익 반환 등에 관한 규정 제4조 제1항). 주식의 매수 또는 매도 후 주식의 권리락 또는 배당락이 있은 때에는 별지 산식에 따라 환산한 매매단가 및 수량을 기준으로 하여 단기매매차익을 계산한다(단기매매차익 반환 등에 관한 규정 제4조 제2항).

그리고 단기매매차익을 산정하는 경우에는 무상증자 또는 배당에 대한 세금과 기타 매매와 관련한 미수연체이자, 신용이자 등은 고려하지 아니한다(단기매매차익 반환 등에 관한 규정 제4조 제4항).

5. 다수계좌에 의한 매매거래

동일인이 자기의 계산으로 다수의 계좌를 이용하여 매매한 경우에는 전체를 1개의 계좌로 본다(단기매매차익 반환 등에 관한 규정 제4조 제3항).

Ⅷ. 위반시 제재

1. 행정제재

증권선물위원회는 이 법 또는 이 법에 따른 명령이나 처분을 위반한 사항이 있거나 투자자 보호 또는 건전한 거래질서를 위하여 필요하다고 인정되는 경우에는 관계자에게 참고가 될 보고 또는 자료의 제출을 명하거나 금융감독원장에게 장부·서류, 그 밖의 물건을 조사하게 할 수 있다(법 제426조 제1항).

증권선물위원회는 법 제426조 제1항의 조사 결과 보고의무 위반자에게 시정명령, 경고, 주의, 법을 위반한 경우에는 고발 또는 수사기관에의 통보, 다른 법률을 위반한 경우에는 관련기관이나 수사기관에의 통보, 그 밖에 금융위원회가 법 및 이 영, 그 밖의 관련 법령에 따라 취할 수 있는 조치를 할 수 있다(법 제426조 제5항, 영 제376조 제1항 제11호).

2. 형사제재

증권선물위원회는 이 법 또는 이 법에 따른 명령이나 처분을 위반한 사항이 있거나 투자자 보호 또는 건전한 거래질서를 위하여 필요하다고 인정되는 경우에는 관계자에게 참고가 될 보고 또는 자료의 제출을 명하거나 금융감독원장에게 장부·서류, 그 밖의 물건을 조사하게 할 수 있다(법 제426조 제 1 항). 그런데 증권선물위원회는 위의 조사를 위하여 관계자에게 ① 조사사항에 관한 사실과 상황에 대한 진술서의 제출, ② 조사사항에 관한 증언을 위한 출석, ③ 조사에 필요한 장부·서류, 그 밖의 물건의 제출을 요구할 수 있는데(법 제426조 제 2 항), 증권선물위원회의 위 조사요구에 불응한 자는 3년 이하의 징역 또는 1억원 이하의 벌금에 처한다(법 제445조 제48호).

제 6 절 임원 등의 특정증권등 소유상황보고의무

Ⅰ. 의 의

주권상장법인의 임원 또는 주요주주는 임원 또는 주요주주가 된 날부터 5일 이내에 누구의 명의로 하든지 자기의 계산으로 소유하고 있는 특정증권등의 소유상황을 보고하여야 하며, 그 특정증권등의 소유상황에 변동이 있는 경우에는 그 변동이 있는 날부터 5일까지 그 내용을 대통령으로 정하는 방법에 따라 각각 증권선물위원회와 거래소에 보고하여야 한다(법 제173조 제 1 항). 증권거래법에서는 "임원·주요주주의 주식등의 소유상황보고제도"라는 명칭으로 불렸으나, 자본시장법에서는 "임원 등의 특정증권등 소유상황보고제도"로 명칭이 변경되었다.

자본시장법은 상장법인의 임원 또는 주요주주로 하여금 발행회사 주식의 소유상황 및 변동상황을 공시하게 함으로써 내부자거래 규제의 실효성을 담보하고 있다. 임원 또는 주요주주는 일반인에게 공개되지 아니한 미공개정보를 이용하여 발행회사의 특정증권등을 거래함으로써 부당이득을 취할 가능성이 크므로 해당 법인의 특정증권등의 소유상황 및 변동내용을 공시하도록 하고 있다. 이 제도는 단기매매차익 반환제도가 임원 또는 주요주주에 의해 이루어지는 해당 법인의 주식등의 매매상황이 명백히 알려지지 않으면 제 기능을 발휘할 수 없기 때문에 단기매매차익 반환제도의 실효성을 확보하는 기능도 수행한다. 또한 간접적으로는 공정한 기업매수 장치로서의 기능도 수행하고 있다.

Ⅱ. 내 용

1. 보고대상증권

임원 또는 주요주주의 보고대상증권인 특정증권등은 내부자거래의 규제대상인 특정증권등과 동일하다.

2. 보고의무자

보고의무자는 당해 법인과의 관계에서 내부정보를 이용할 수 있는 지위에 있는 자인 임원 또는 주요주주에 한정된다. 내부자거래의 규제는 직원에게 적용되나, 특정증권등의 소유상황보고에서 직원은 제외된다.

임원은 이사 및 감사, 상법 제401조의2 제1항의 업무집행관여자를 말한다. 계열회사의 임원은 등기 여부를 불문하고 보고의무자가 아니다. 대량보유보고(5%룰)의 경우 보고의무자가 법인 기타 단체인 경우 특수관계인의 범위에 "당해 법인의 계열회사 및 그 임원"이 포함되기 때문에 특정증권등 소유상황 보고의무자에도 계열회사의 임원이 해당된다고 생각하기 쉬우나 보고의무자가 아니다.

자본시장법은 누구의 명의로 하든지 자기의 계산으로 소유하고 있는 경우에 보고의무를 부과하고 있다. 이것은 현실적으로 주식의 보유 또는 거래가 타인 명의(차명계좌)로 이루어지는 경우가 많은 점을 고려한 것이다. 따라서 주식의 명의자에 상관없이 실명계좌와 차명계좌가 있을 경우에는 이를 합산하여 주요주주 여부를 판단한다.

3. 보고내용

임원 또는 주요주주의 보고내용은 누구의 명의로 하든지 자기의 계산으로 소유하고 있는 해당 법인의 특정증권등의 소유상황을, 그 특정증권등의 소유상황에 변동이 있는 경우에는 그 내용을 보고하여야 한다(법 제173조 제1항). 주권상장법인의 임원 또는 주요주주는 특정증권등의 소유상황과 그 변동의 보고를 하는 경우에는 보고서에 ① 보고자, ② 해당 주권상장법인, ③ 특정증권등의 종류별 소유현황 및 그 변동에 관한 사항을 기재하여야 한다(영 제200조 제 2 항).

대량보유상황보고(5% 룰)의 경우와 달리 의결권 유무를 불문하고, 이미 발행한 특정증권등만이 보고의 대상이 된다.

4. 보고시기

(1) 보고기한

1) 신규보고

임원 또는 주요주주는 최초로 임원 또는 주요주주가 되었을 때 특정증권등의 소유상황을 임원 또는 주요주주가 된 날부터 5일(대통령령으로 정하는 날을 산입하지 아니함) 이내에 보고하여 하는데, 5일에는 공휴일, 근로자의 날, 토요일은 산입되지 않는다(법 제173조 제 1 항).

예를 들면 2010년 5월 4일에 임원이 된 경우나 증권시장에서 주식을 취득하여 주요주주가 된 경우에는 보고의무 발생일인 5월 4일, 공휴일인 5월 5일 및 5월 9일, 토요일인 5월 8일을 제외하고 5일째가 되는 날인 5월 12일까지 보고하여야 한다.

2) 변동보고

특정증권등의 소유상황에 변동이 있는 경우에는 그 변동이 있는 날부터 5일까지 그 내용을 보고하여야 한다. 이 경우에도 5일에는 공휴일, 근로자의 날, 토요일은 산입되지 않는다(법 제173조 제 1 항).

임원으로 선임될 시점에 주식을 소유하지 않은 경우 신규보고의무가 없으며, 향후 주식을 취득하게 되는 경우에는 취득한 날로부터 5일 이내에 변동보고서를 제출하여야 한다. 또한 임원의 지위에서 퇴임할 시점에 주식수의 변동이 없더라도 보고서상의 세부변동내역에 임원퇴임을 표기하여 별도로 보고하여야 한다. 이 경우 1주라도 변동이 있는 경우에는 변동내용을 변동일로부터 5일 이내에 보고하여야 한다.[1)]

1) 금융감독원, 기업공시 실무안내(2009. 6), 290쪽.

(2) 보고기준일(보고의무 발생일)

1) 신규보고

주권상장법인의 임원 또는 주요주주가 특정증권등의 소유상황을 보고하여야 하는 경우에 그 보고기간의 기준일은 다음과 같다(영 제200조 제3항).

1. 주권상장법인의 임원이 아니었던 자가 해당 주주총회에서 임원으로 선임된 경우: 그 선임일
2. 상법 제401조의2 제1항 각 호의 자인 경우: 해당 지위를 갖게 된 날
3. 주권상장법인이 발행한 주식의 취득 등으로 해당 법인의 주요주주가 된 경우: 그 취득 등을 한 날
4. 주권비상장법인이 발행한 주권이 증권시장에 상장된 경우: 그 상장일
5. 주권비상장법인의 임원 또는 주요주주가 합병, 분할합병 또는 주식의 포괄적 교환·이전으로 주권상장법인의 임원이나 주요주주가 된 경우: 그 합병, 분할합병 또는 주식의 포괄적 교환·이전으로 인하여 발행된 주식의 상장일

2) 변동보고

주권상장법인의 임원이나 주요주주가 그 특정증권등의 소유상황의 변동을 보고하여야 하는 경우의 그 변동일은 다음과 같다(영 제200조 제4항).

1. 증권시장이나 파생상품시장에서 특정증권등을 매매한 경우에는 그 결제일
2. 증권시장이나 파생상품시장 외에서 특정증권등을 매수한 경우에는 대금을 지급하는 날과 특정증권등을 인도받는 날 중 먼저 도래하는 날
3. 증권시장이나 파생상품시장 외에서 특정증권등을 매도한 경우에는 대금을 수령하는 날과 특정증권등을 인도하는 날 중 먼저 도래하는 날
4. 유상증자로 배정되는 신주를 취득하는 경우에는 주금납입일의 다음 날
5. 특정증권등을 차입하는 경우에는 그 특정증권등을 인도받는 날, 상환하는 경우에는 그 특정증권등을 인도하는 날
6. 특정증권등을 증여받는 경우에는 그 특정증권등을 인도받는 날, 증여하는 경우에는 그 특정증권등을 인도하는 날
7. 상속으로 특정증권등을 취득하는 경우로서 상속인이 1인인 경우에는 단순승인이나 한정승인에 따라 상속이 확정되는 날, 상속인이 2인 이상인 경우에는 그 특정증권등과 관계되는 재산분할이 종료되는 날

8. 제 1 호부터 제 7 호까지 외의 경우에는 민법·상법[1] 등 관련 법률에 따라 해당 법률행위 등의 효력이 발생하는 날

위 제 1 호의 장내매매거래의 경우에는 결제일이 보고의무 발생일인데, 대량보유상황보고(5% 룰)의 경우는 계약체결일이 기준임을 유의하여야 한다.

5. 보고절차와 첨부서류

시행령 제 2 항부터 제 4 항까지에서 규정한 사항 외에 제 2 항에 따른 보고서의 서식과 작성방법 등에 관하여 필요한 사항은 증권선물위원회가 정하여 고시한다(영 제200조 제 5 항).

법 제173조의 규정에 따라 특정증권등의 소유상황을 보고하는 경우 매매보고서 그 밖에 취득 또는 처분을 증명할 수 있는 자료를 첨부하여야 한다(단기매매차익 반환 등에 관한 규정 제 6 조).

6. 보고서의 비치 및 공시

증권선물위원회와 거래소는 특정증권등 소유상황 및 변동에 관한 보고서를 3년간 갖추어 두고, 인터넷 홈페이지 등을 이용하여 공시하여야 한다(법 제173조 제 2 항).

Ⅲ. 위반시 제재

1. 행정제재

증권선물위원회는 법 제426조 제 1 항의 조사 결과 보고의무 위반자에게 시정명령, 경고, 주의, 법을 위반한 경우에는 고발 또는 수사기관에의 통보, 다른 법률을 위반한 경우에는 관련기관이나 수사기관에의 통보, 그 밖에 금융위원회가 법 및 이 영, 그 밖의 관련 법령에 따라 취할 수 있는 조치를 할 수 있다(법 제426조 제 5 항, 영 제376조 제 1 항 제11호).

---

1) 상법상 주식병합 및 주식분할로 신주를 취득한 경우에는 구주권 제출만료일이고, 자본감소로 인하여 주식수가 변동된 경우에는 구주권 제출만료일 또는 채권자 이의절차 종료시이다.

2. 형사제재

증권선물위원회는 이 법 또는 이 법에 따른 명령이나 처분을 위반한 사항이 있거나 투자자 보호 또는 건전한 거래질서를 위하여 필요하다고 인정되는 경우에는 관계자에게 참고가 될 보고 또는 자료의 제출을 명하거나 금융감독원장에게 장부·서류, 그 밖의 물건을 조사하게 할 수 있다(법 제426조 제1항). 그런데 증권선물위원회는 위의 조사를 위하여 관계자에게 ① 조사사항에 관한 사실과 상황에 대한 진술서의 제출, ② 조사사항에 관한 증언을 위한 출석, ③ 조사에 필요한 장부·서류, 그 밖의 물건의 제출을 요구할 수 있는데(법 제426조 제2항), 증권선물위원회의 위 조사요구에 불응한 자는 3년 이하의 징역 또는 1억원 이하의 벌금에 처한다(법 제445조 제48호).

그리고 특정증권등 소유상황이나 변동내용에 관한 보고를 하지 아니하거나 거짓으로 보고한 자는 1년 이하의 징역 또는 3천만원 이하의 벌금에 처한다(법 제446조 제31호).

Ⅳ. 대량보유보고의무와의 관계

법 제147조의 주식등의 대량보유상황보고의무제도(5% 룰)와 법 제173조의 임원 등의 특정증권등 소유상황보고의무제도는 다음과 같은 차이가 있다. 실무상 착오가 일어나는 경우가 가끔 있으므로 주의를 요한다.

첫째, 전자는 기업지배권시장에서 지배권경쟁에 상황정보를 알려 주는 것을 주된 목적으로 하며, 투자자를 보호하는 기능을 수행하고, 그 외에도 유통시장의 투명성을 높여 불공정거래를 방지하는 기능을 수행하지만, 후자는 내부자거래 규제의 실효성을 확보하기 위한 간접적인 제도로서의 기능을 한다(기능 및 목적의 차이). 둘째, 보고의무의 주체의 경우 전자는 주식등을 5% 이상 보유하게 된 자이고, 후자는 임원 또는 주요주주이다(보고의무자의 차이). 셋째, 보고대상은 전자의 경우는 본인, 특별관계자, 공동보유자가 보유하는 주식등이고, 후자의 경우는 누구의 명의로 하든지 자기의 계산으로 소유하고 있는 특정증권등이다(보고대상증권의 차이). 넷째, 보고사유는 전자의 경우 주식등을 5% 이상 보유하게 된 경우(신규보고), 보유주식등이 1% 이상 변동한 경우(변동보고), 보유목적등이 변경된 경우(변경보고)

이고, 후자는 임원 또는 주요주주가 된 경우(신규보고), 소유하고 있는 특정증권등이 1주라도 변동된 경우(변동보고)이다(보고사유의 차이). 다섯째, 보고기한으로 전자는 신규보고, 변동보고 및 변경보고는 모두 보고의무 발생일(보고기준일)로부터 5일 이내에 하여야 하고, 후자는 신규보고와 변동보고 모두 5일 이내이다(보고기한의 차이), 여섯째, 보고할 기관으로 전자는 금융위원회이고, 후자는 증권선물위원회이다.

법 제147조는 시장투명성과 정보효율성의 제고를 위하여 국가, 지방자치단체, 정부기금 등을 불문하고 금융위원회와 거래소에 보고하는 이외에 해당 법인에 대하여도 5% 이상 보유사실을 통보하도록 하고 있다. 주식등의 대량보유 및 변동보고는 금융위원회에 하도록 하고 있으나, 임원 및 주요주주의 주식소유상황보고는 증권선물위원회에 하도록 하고 있다. 그 이유는 내부자거래와 관계된 감독은 증권선물위원회의 소관이기 때문이다.[1)]

관련판례: 2007. 4. 12. 선고 2007도1149판결

주식을 대량보유하게 된 자가 보유상황 등의 보고의무를 위반함으로 인한 증권거래법 제210조 제 5 호의2, 제200조의2 제 1 항 위반죄와 주요주주 등이 주식소유상황 등의 보고의무를 위반함으로 인한 같은 법 제210조 제 5 호, 제188조 제 6 항 위반죄는 보고의 주체, 요건, 시기 및 내용 등을 달리하여 법률상 1개의 행위로 평가될 수 없으므로, 양 죄를 상상적 경합관계로 볼 것이 아니라 실체적 경합관계로 보아야 할 것이다.

1) 한국증권법학회, 전게 주석서, 850쪽.

CHAPTER 04

유통시장과 공시규제

제 1 절 _ 서　론

제 2 절 _ 정기공시제도

제 3 절 _ 주요사항보고서

제 4 절 _ 공시의무 위반에 대한 제재

제 5 절 _ 수시공시제도

제 6 절 _ 공정공시

제 7 절 _ 전자공시제도

제1절 서　　론

Ⅰ. 유통시장의 의의

1. 개　　념

유통시장은 이미 발행된 증권이 투자자와 투자자 사이에서 거래되는 시장을 말한다. 따라서 유통시장은 회사가 새로운 자금을 조달할 수 있는 시장은 아니지만, 투자의 유동성을 제공함으로써 회사의 자금조달에 간접적으로 기여하고 있다. 투자자가 자신의 투자자금을 다시 쉽게 회수할 수 있는 유통시장이 없다면, 아마도 투자자들은 대부분 애초에 발행시장에 들어가는 것을 주저할 것이다. 이러한 의미에서 원활한 유통시장의 존재는 발행시장의 발달에 필수적인 조건이라고 할 수 있다.[1)]

2. 분　　류

유통시장은 매매체결방식에 따라 다시 경쟁매매시장과 딜러시장으로 나눌 수 있다.[2)]

(1) 경쟁매매시장

경쟁매매시장(auction market)이라 함은 시장참여자간의 주문경쟁을 통하여 가장 최고의 가격(매도의 경우에는 최저가, 매수의 경우에는 최고가가 최고의 가격을 제시한 주문이다)을 제시한 주문을 우선적으로 연결시켜 가격을 결정하는 시장을 말한다. 경쟁매매시장에서 증권업자인 브로커는 거래의 주체로서가 아니라 고객의 중개인으로서 거래를 수행한다. 고객이 매도를 원하는 경우 브로커는 당해 고객으로부터 매수를 하는 것이 아니라 동일한 가격에 매수를 원하는 고객을 가지고 있는 브로커를 찾아서 거래를 성사시키는 것이다. 즉 경쟁매매시장에서 고객은 브로커와 직접 거래를 하는 것이 아니라, 대리인인 브로커를 통해서 다른 고객과 거래를 하는 것이다. 경쟁매매시장에서의 중개인은 고객의 매매거래를 성사시켜 준 대가

---

1) 김건식·송옥렬, 전게서, 37쪽.
2) 김정수, 전게서, 162-164쪽.

로 수수료를 받는다.

이와 같이 경쟁매매시장에서는 고객이 제출한 주문이 직접 상대주문과 연결되어 가격이 결정되고 거래가 이루어지기 때문에 '주문주도형 시장'(order-driven market)이라고 한다. 경쟁매매시장과 주문중심형 시장의 특징은 최적의 가격(best price)으로 거래가 이루어지도록 모든 주문을 증권거래소의 플로어(floor)에 집중시킬 필요가 있으며,[1] 이들 주문이 상호 경쟁하여 가격이 결정되고 거래가 성립된다.

우리나라 한국거래소를 비롯하여 미국의 뉴욕증권거래소(New York Stock Exchange: NYSE), 동경증권거래소 등 대부분의 거래소들이 경쟁매매시장 형태로 운영되고 있다.

(2) 딜러시장

딜러시장(dealer market)은 딜러가 자신이 담당하는 특정 종목에 대하여 매도호가와 매수호가를 지속적으로 제시하여 투자자들과 거래를 체결함으로써 당해 종목의 시장을 조성하는(market making) 시장을 말한다. 딜러시장에서는 딜러(dealer) 또는 마켓메이커(market maker)로 불리는 전문거래자들이 고객을 상대로 거래가 이루어진다. 고객이 매수 또는 매도를 원하면 딜러는 자기의 계산으로 자신이 보유하고 있는 주식을 매도 또는 매수하여 거래를 성립시킨다. 경쟁매매시장에서는 고객이 브로커를 중개인으로 이용할 뿐 브로커와 직접 거래하는 것이 아니라 상대고객과 거래를 하는 것인 반면, 딜러시장에서는 딜러들과 고객 사이에 거래가 이루어지는 것이다. 딜러들은 거래를 위하여 증권거래소의 '호가중개시스템'에 자신이 거래하고자 하는 호가를 제시하고, 고객들은 그 호가를 보고 딜러를 선택하여 딜러와 교섭하여 거래가 이루어진다. 딜러들은 매매체결에 대한 대가로 받는 수수료 이외에 자신들이 매수한 가격보다 높은 가격으로 다른 고객에게 매도함으로써 그 차액만큼의 이익을 낼 수 있는데, 이를 '매도-매수 스프레드'(bid-ask spread)라 한다.

이와 같은 딜러시장을 '호가주도형 시장'(quote-driven market)이라고 한다. 이

---

1) 과거 플로어가 있었던 경우 특정 주식마다 매매체결을 담당하는 한 명의 스페셜리스트가 존재하였고, 특정 주식의 거래를 위한 모든 주문이 담당 스페셜리스트에게 집중되었다. 스페셜리스트는 모든 주문을 가격우선·시간우선·수량우선 등의 거래원칙에 따라 경쟁시켜 가격을 결정하고 거래를 성립시켰다. 오늘날 플로어가 폐쇄된 상황에서도 매매체결이 이루어지는 방식은 동일하다. 다만 과거 스페셜리스트에게 집중되던 주문이 증권거래소의 매매체결시스템의 '호가집계표'로 집중되고, 동일한 거래원칙에 따라 거래가 이루어지고 있다.

는 딜러가 제시한 호가는 자신의 매도 또는 매수의 의사표시를 공개한 것에 불과하며, 실제로 거래는 증권거래소 밖에서 딜러와 고객 사이에 이루어진다. 따라서 딜러시장에서는 딜러들이 고객과 거래한 모든 내역을 거래소에 보고하고, 거래소는 이들 거래들이 거래원칙을 준수하고 적정한 스프레드를 가지고 거래가 이루어졌는지를 감시한다.

Ⅱ. 유통시장과 공시규제

1. 유통시장공시의 의의

발행시장에서 증권의 발행이 완료되면 발행된 증권은 유통시장에서 다수의 투자자들 사이에 매매가 이루어지게 된다. 이 경우 매매되는 증권에 대한 정보는 1차적으로 발행시 제출된 증권신고서 등이 될 것이다. 그러나 시간이 흐르면 이러한 증권신고서 등은 정보의 가치가 점점 떨어지게 된다. 따라서 자본시장법은 공모가 종료된 이후에도 유통시장에서 거래되는 증권에 대하여 정보가 지속적으로 보충될 수 있도록 일정한 정보의 공시를 강제하고 있는데 이를 유통시장공시라고 한다.

유통시장공시의 주된 목적은 증권의 현재 또는 미래의 투자자에게 기업의 경영활동과 관련된 정보를 충분히 공시하도록 함으로써 모든 투자자가 정보불균형이 없이 매매거래를 할 수 있도록 해 주는 것이며, 내부자 등이 미공개중요정보를 이용하여 불공정거래를 하는 것을 차단하기 위함이다.[1)]

2. 유통시장공시의 분류

유통시장공시는 크게 정기적으로 이루어지는 정기공시와 회사에 특별한 사항이 발생할 때마다 이루어지는 주요사항보고서와 수시공시, 그리고 투자자들 사이에 불공정한 정보비대칭이 발생하는 것을 방지하기 위해 도입된 공정공시가 있다.

유통시장공시는 자본시장법, 금융위원회의 규정인 '증권의 발행 및 공시 등에 관한 규정'과 한국거래소의 규정인 '유가증권시장 공시규정'과 '코스닥시장 공시규정'에 의해 규제받고 있다.

---

1) 변제호 외 4인, 전게서, 391쪽.

Ⅲ. 유통시장의 구조

1. 거래소시장

거래소시장은 증권의 거래가 이루지는 구체적인 장소가 존재하는 시장이다. 우리나라에서는 한국거래소가 유일한 거래소시장이다.

(1) 시장의 개설

1) 자본시장법상 한국거래소

힌국거래소는 증권 및 장내파생상품의 공정한 가격 형성과 그 매매, 그 밖의 거래의 안정성 및 효율성을 도모하기 위하여 설립되었다(법 제373조).

2) 거래소의 업무

거래소는 다음과 같은 업무를 행한다(법 제377조).

1. 유가증권시장·코스닥시장 및 파생상품시장의 개설·운영에 관한 업무
2. 증권 및 장내파생상품의 매매에 관한 업무
3. 증권 및 장내파생상품의 거래에 따른 매매확인, 채무인수, 차감, 결제증권·결제품목·결제금액의 확정, 결제이행보증, 결제불이행에 따른 처리 및 결제지시에 관한 업무
4. 장내파생상품의 매매거래에 따른 품목인도 및 대금지급에 관한 업무
5. 증권의 상장에 관한 업무
6. 장내파생상품 매매의 유형 및 품목의 결정에 관한 업무
7. 상장법인의 신고·공시에 관한 업무
8. 증권 또는 장내파생상품 매매 품목의 가격이나 거래량이 비정상적으로 변동하는 거래 등 대통령령으로 정하는 이상거래(이하 "이상거래")의 심리 및 회원(거래소가 개설한 유가증권시장·코스닥시장 또는 파생상품시장에서의 거래에 참가할 수 있는 자로서 제387조 제 1 항의 회원관리규정에 따른 자)의 감리에 관한 업무
9. 증권의 경매업무
10. 유가증권시장·코스닥시장 및 파생상품시장 등에서의 매매와 관련된 분쟁의 자율조정(당사자의 신청이 있는 경우에 한한다)에 관한 업무
11. 유가증권시장·코스닥시장 또는 파생상품시장의 개설에 수반되는 부대업무
12. 제 1 호부터 제11호까지의 업무 외에 이 법 및 다른 법률에 따라 부여된 업무
13. 그 밖에 정관에서 정하는 업무

3) 시장의 개설

거래소가 개설하는 금융투자상품 거래시장은 다음 각 호와 같다(법 제386조 제 1 항).

1. 유가증권시장
2. 코스닥시장
3. 파생상품시장

그리고 증권시장이란 증권의 매매를 위하여 거래소가 개설하는 시장으로서 유가증권시장과 코스닥시장이 있다(법 제 9 조 제13항). 증권시장은 구체적이고 조직적인 시장으로서 첫째, 상장증권을 거래대상으로 하고(상장증권), 둘째, 수요와 공급이 집중되어 매매거래가 집단적으로 행하여지며(집단성), 셋째, 계속적으로 개장을 하는(계속성), 넷째, 조직적 시장(조직성)을 그 개념요소로 한다.[1)]

(2) 상장제도

1) 상장의 의의

상장이란 발행인의 신청에 의하여 당해 증권에 대하여 한국거래소시장에서 거래될 수 있는 자격을 부여하는 것을 말하며, 거래소에서 거래될 수 있는 자격을 얻은 증권을 상장증권이라고 한다.

2) 상장규제

상장제도는 사전적으로 상장적격 여부를 체크하는 상장심사제도와 상장 후 그 적격성 유지 여부를 체크하기 위한 상장제도(이는 상장폐지제도와 공시제도로 구성된다)로 구분된다. 자본시장법은 기업내용공시를 강제하고, 증권시장에 참여하는 기관의 업무활동 및 재산상태를 규제하며, 증권시장에서의 불공정한 행위를 금지함으로써 일반투자자가 자기책임과 판단으로 공평하고도 공정하게 증권거래를 할 수 있도록 하고 있다. 그리하여 자본시장법은 거래소에 증권의 상장기준, 상장심사 및 상장폐지, 증권의 매매거래정지와 해제 기타 상장증권의 관리권한을 부여하고 있다. 따라서 상장정책의 집행은 1차적으로 거래소의 자율규제사항이며, 이를 담보하는 법적 장치로서 자본시장법은 유가증권시장 상장규정 및 코스닥시장 상장규정의 제·개정에 대하여는 금융위원회의 승인을 받아야 한다(법 제412조 제 1 항).

1) 김용진, 전게서, 465쪽.

3) 상장규정

거래소는 증권시장에 상장할 증권의 심사 및 상장증권의 관리를 위하여 증권상장규정(이하 "상장규정")을 정하여야 한다. 이 경우 유가증권시장과 코스닥시장에 대하여 별도의 상장규정으로 정할 수 있다(법 제390조 제1항). 상장규정에는 다음 각 호의 사항이 포함되어야 한다(법 제390조 제2항).

1. 증권의 상장기준 및 상장심사에 관한 사항
2. 증권의 상장폐지기준 및 상장폐지에 관한 사항
3. 증권의 매매거래정지와 그 해제에 관한 사항
4. 그 밖에 상장법인 및 상장증권의 관리에 관하여 필요한 사항

(3) 매매거래제도(업무규정)

증권시장에서의 매매거래에 관하여 다음의 사항은 거래소의 증권시장업무규정으로 정한다. 이 경우 유가증권시장과 코스닥시장에 대하여 별도의 증권시장업무규정으로 정할 수 있다(법 제393조 제1항).

1. 매매거래의 종류 및 수탁에 관한 사항
2. 증권시장의 개폐·정지 또는 휴장에 관한 사항
3. 매매거래계약의 체결 및 결제의 방법. 다만, 증권인도와 대금지급에 관한 것을 제외한다.
4. 증거금의 납부 등 매매거래의 규제에 관한 사항
5. 그 밖에 매매거래에 관하여 필요한 사항

(4) 공시제도

1) 공시규정

거래소는 주권, 그 밖에 대통령령으로 정하는 증권을 상장한 법인("주권등상장법인")의 기업내용 등의 신고·공시 및 관리를 위하여 주권등상장법인 공시규정을 정하여야 한다. 이 경우 유가증권시장과 코스닥시장에 대하여 별도의 공시규정으로 정할 수 있다(법 제391조 제1항). 공시규정에는 다음 각 호의 사항이 포함되어야 한다(법 제391조 제2항).

1. 주권등상장법인이 신고하여야 하는 내용에 관한 사항
2. 주권등상장법인이 신고함에 있어서 준수하여야 할 방법 및 절차에 관한 사항
3. 주권등상장법인에 관한 풍문이나 보도 등의 사실 여부 및 그 법인이 발행한 증권의 가격이나 거래량의 현저한 변동의 원인 등에 대한 거래소의 신고 또는 확인 요구에 관한 사항
4. 주권등상장법인의 경영상 비밀유지와 투자자 보호와의 형평 등을 고려하여 신고·공시하지 아니할 사항
5. 주권등상장법인이 신고한 내용의 공시에 관한 사항
6. 주권등상장법인의 제 1 호부터 제 4 호까지의 위반유형, 위반 여부 결정기준 및 조치 등에 관한 사항
7. 매매거래의 정지 등 주권등상장법인의 관리에 관한 사항
8. 주권등상장법인의 신고의무 이행실태의 점검에 관한 사항
9. 그 밖에 주권등상장법인의 신고 또는 공시와 관련하여 필요한 사항

2) 공시의 실효성 확보

은행은 주권등상장법인에 대하여 다음 각 호에 해당하는 사실이 발생한 경우에는 이를 지체 없이 거래소에 통보하여야 한다(법 제392조 제 1 항).

1. 발행한 어음이나 수표가 부도로 된 경우
2. 은행과의 당좌거래가 정지 또는 금지된 경우

거래소는 신고 또는 확인 요구사항에 대하여 투자자의 투자판단에 중대한 영향을 미칠 우려가 있어 그 내용을 신속하게 알릴 필요가 있는 경우에는 대통령령으로 정하는 방법에 따라 행정기관, 그 밖의 관계기관에 대하여 필요한 정보의 제공 또는 교환을 요청할 수 있다. 이 경우 요청을 받은 기관은 특별한 사유가 없는 한 이에 협조하여야 한다(법 제392조 제 2 항). 거래소는 주권등상장법인이 신고를 한 경우에는 이를 지체 없이 금융위원회에 송부하여야 한다(법 제392조 제 3 항). 금융위원회는 송부를 받은 경우에는 이를 인터넷 홈페이지 등을 이용하여 공시하여야 한다(법 제392조 제 4 항).

2. 장외시장

장외시장은 거래소시장 이외의 증권시장을 말한다. 거래소시장에서는 회원들이 모여서 거래하는 구체적인 장소가 존재하는 데 반하여, 장외시장에서는 그러한

장소적인 개념이 존재하지 않는다. 따라서 장외시장에서는 거래 당사자들 사이에 개별적인 접촉을 통해서 거래가 이루어진다. 흔히 장외시장을 딜러시장이라고 하여, 경매시장(auction market)인 거래소시장과 구별하는 것도 이 때문이다.[1)]

장외시장에서 거래되는 증권의 종류는 다양하다. 상장주식이 거래될 수 있을 뿐만 아니라 거래소에 상장요건을 갖추지 못한 비상장주식이 거래될 수 있다. 그러나 장외시장에서 거래되는 주식의 대부분은 비상장주식이다.

그러나 거래소시장과 장외시장을 구분하는 이러한 전통적인 방법은 최근의 기술혁명의 발전으로 인하여 장외시장이 거래소시장 수준으로 조직화되고, 상장주식이 거래소 밖에서 거래되는 '대체거래시스템'(Alternative Trading System: ATS)과 같은 새로운 시장이 등장하면서 그 구분과 개념이 모호해지게 되었다.[2)]

제 2 절 정기공시제도

Ⅰ. 정기공시제도의 의의

정기공시제도란 증권을 발행하거나 상장한 법인 등의 사업상황, 재무상황 및 경영실적 등 기업내용을 일반투자자에게 정기적으로 공개함으로써 합리적인 투자판단이 가능하도록 자료를 제공하고 시장에서 공정한 가격형성이 이루어지도록 함으로써 공정한 거래질서를 확립하고 투자자를 보호하기 제도를 말한다.[3)]

정기공시서류로는 사업보고서, 반기보고서와 분기보고서, 연결재무제표 및 결합재무제표 등이 있다.

---

1) 김건식·송옥렬, 전게서, 39쪽.

2) 김정수, 전게서, 180쪽.

3) 금융감독원, 전게서(2009. 6), 117쪽.

Ⅱ. 사업보고서

1. 의의와 제출대상법인

(1) 의 의

사업보고서는 제출대상법인이 매 사업연도 경과 후 당해 사업연도의 경영성과, 재무상태, 그리고 증권의 변동에 관한 사항 등 기업내용에 관한 사항을 기록하여 금융위원회와 거래소에 제출하는 연차보고서이다.

(2) 제출대상법인

주권상장법인, 그 밖에 대통령령으로 정하는 사업보고서 제출대상법인은 그 사업보고서를 각 사업연도 경과 후 90일 이내에 금융위원회와 거래소에 제출하여야 한다(법 제159조 제 1 항).

여기서 "대통령령으로 정하는 사업보고서 제출대상법인"이란 다음 각 호의 어느 하나에 해당하는 법인을 말한다(영 제167조 제 1 항).

1. 다음의 어느 하나에 해당하는 증권을 증권시장에 상장한 발행인(상장법인)
   가. 주권 외의 지분증권[집합투자증권과 자산유동화계획에 따른 유동화전문회사등(자산유동화에 관한 법률 제 3 조에 따른 유동화전문회사등)이 발행하는 출자지분은 제외]
   나. 무보증사채권(담보부사채권과 제362조 제 8 항에 따른 보증사채권을 제외한 사채권)
   다. 전환사채권·신주인수권부사채권·이익참가부사채권 또는 교환사채권
   라. 신주인수권이 표시된 것
   마. 증권예탁증권(주권 또는 가목부터 라목까지의 증권과 관련된 증권예탁증권만 해당)
   바. 파생결합증권
2. 제 1 호 외에 다음의 어느 하나에 해당하는 증권을 모집 또는 매출(법 제130조에 따른 모집 또는 매출은 제외)한 발행인(비상장법인)[1]
   가. 주권
   나. 제 1 호 각 목의 어느 하나에 해당하는 증권
3. 주식회사의 외부감사에 관한 법률 제 2 조에 따른 외부감사대상 법인으로서 제 2

1) 주권상장법인 또는 제 1 호에 따른 발행인으로서 해당 증권의 상장이 폐지된 발행인을 포함한다.

호 각 목의 어느 하나에 해당하는 증권별로 그 증권의 소유자 수(금융위원회가 정하여 고시하는 방법에 따라 계산한 수)[1]가 500인 이상인 발행인(증권의 소유자 수가 500인 이상이었다가 500인 미만으로 된 경우로서 각각의 증권마다 소유자의 수가 모두 300인 이상인 발행인 포함)

주권상장법인이 주권상장 이후 거래소의 시장조치에 의하여 상장폐지되거나 기업 스스로 상장폐지를 한 경우에는 상장폐지 이전에 주권을 모집·매출한 경우 등 다른 사유에 의해 사업보고서 제출의무가 있는 경우에는 제출의무가 계속 발생한다.

증권의 소유자의 수가 500명 이상에 해당되어 사업보고서를 제출하였던 외부감사대상법인은 증권의 소유자 수가 300인 미만으로 감소될 때까지는 사업보고서 제출의무를 부담한다. 외부감사대상법인의 증권의 소유자의 수가 300인 미만으로 감소된 경우에도 300인 미만으로 감소한 날이 속하는 해당 사업연도에 대한 사업보고서는 제출하여야 한다. 또한 증권의 소유자의 수가 300인 미만으로 감소하여 사업보고서 제출의무가 면제된 법인의 경우 그 후 다시 증권의 소유자의 수가 500인 이상으로 증가한 경우에는 그 날이 속하는 사업연도부터 사업보고서를 제출하여야 한다.[2]

2. 제출면제법인

다만, 파산, 그 밖의 사유로 인하여 사업보고서의 제출이 사실상 불가능하거나 실효성이 없는 경우로서 대통령령이 정하는 경우에는 사업보고서를 제출하지 아니할 수 있다(법 제159조 제1항 단서).

여기서 "대통령령으로 정하는 경우"란 다음 각 호의 어느 하나에 해당하는 경우를 말한다(영 제167조 제2항).

---

1) 증권의 발행 및 공시 등에 관한 규정 제4-2조(사업보고서 제출대상법인 등) 영 제167조 제1항 제3호에 따른 증권의 소유자 수는 해당 증권별로 최근 사업연도말을 기준으로 하여 다음 각 호에서 정하는 방법에 따라 산정한다.
   1. 주권의 경우에는 주주명부 및 실질주주명부상의 주주수로 한다.
   2. 주권 외의 증권의 경우에는 모집 또는 매출에 의하여 증권을 취득한 자의 수로 하되, 2회 이상 모집 또는 매출을 한 경우에는 그 각각의 수를 모두 더하고 중복되는 자를 빼 준다. 다만, 해당 법인이 그 증권의 실질소유자의 수를 증명하는 경우에는 그 수로 한다.

2) 금융감독원, 전게서(2009. 6), 137쪽.

1. 파산으로 인하여 사업보고서의 제출이 사실상 불가능한 경우
2. 상법 제517조, 그 밖의 법률에 따라 해산사유가 발생한 법인으로서 최근 사업연도의 사업보고서의 제출이 사실상 불가능한 경우
3. 주권상장법인 또는 제 1 항 제 1 호에 따른 발행인의 경우에는 상장의 폐지요건에 해당하는 발행인으로서 해당 법인에게 책임이 없는 사유로 사업보고서의 제출이 불가능하다고 금융위원회의 확인을 받은 경우
4. 제 1 항 제 2 호에 따른 발행인의 경우에는 같은 호 각 목의 어느 하나에 해당하는 증권으로서 각각의 증권마다 소유자 수가 모두 25인 미만인 경우로서 금융위원회가 인정한 경우. 다만, 그 소유자의 수가 25인 미만으로 감소된 날이 속하는 사업연도의 사업보고서는 제출하여야 한다.
5. 제 1 항 제 3 호에 따른 발행인의 경우에는 같은 항 제 2 호 각 목의 어느 하나에 해당하는 증권으로서 각각의 증권마다 소유자의 수가 모두 300인 미만인 경우. 다만, 그 소유자의 수가 300인 미만으로 감소된 날이 속하는 사업연도의 사업보고서는 제출하여야 한다.

채권을 상장·공모한 법인이 이를 만기 또는 중도에 상환한 경우에는 사업보고서(분기보고서와 반기보고서 포함) 제출의무가 면제된다. 결산일에서 사업보고서 제출일까지 채권상환을 완료하였다면 직전 사업연도의 사업보고서 제출의무는 없다.[1]

사업보고서 제출의무를 면제하는 취지는 회사가 파산 등으로 계속기업으로서의 한계에 직면하고 있거나 증권 소유자의 수가 현저하게 감소하여 공개기업으로서의 특성이 없어진 경우에는 정보공시의 필요성이 크지 않기 때문이다.[2]

3. 기재사항과 첨부서류

(1) 기재사항

사업보고서 제출대상법인은 사업보고서에 그 회사의 목적, 상호, 사업내용, 임원보수(상법, 그 밖의 법률에 따른 주식매수선택권을 포함하되, 대통령령으로 정하는 것[3]에 한한다), 재무에 관한 사항, 그 밖에 대통령령으로 정하는 사항을 기재하여야 한다(법 제159조 제 2 항).

여기서 "대통령령으로 정하는 사항"이란 다음 각 호의 사항을 말한다(영 제168

1) 금융감독원, 전게서(2009. 6), 134쪽.
2) 한국증권법학회, 전게 주석서, 670쪽.
3) "대통령령으로 정하는 것"이란 임원 모두에게 지급된 그 사업연도의 보수 총액을 말한다(영 제168조 제 1 항).

조 제2항).

1. 대표이사와 제출업무를 담당하는 이사의 확인·검토에 대한 서명
2. 회사의 개요
3. 이사회 등 회사의 기관 및 계열회사에 관한 사항
4. 주주에 관한 사항
5. 임원 및 직원에 관한 사항
6. 회사의 대주주(그 특수관계인을 포함) 또는 임직원과의 거래내용
7. 재무에 관한 사항과 그 부속명세
8. 회계감사인의 감사의견
9. 그 밖에 투자자에게 알릴 필요가 있는 사항으로서 금융위원회가 정하여 고시하는 사항[1)]

(2) 첨부서류

사업보고서에는 대통령령으로 정하는 서류를 첨부하여야 한다(법 제159조 제2항). 이에 따라 사업보고서에는 다음의 서류를 첨부하여야 한다. 다만, 제1호의

---

1) 증권의 발행 및 공시 등에 관한 규정 제4-3조(사업보고서 등의 기재사항) ① 법 제159조 제4항 및 영 제168조 제2항 제9호에 따라 사업보고서에는 다음 각 호의 사항을 기재하여야 한다.
   1. 사업의 내용(제조·서비스업 및 금융업으로 구분한다)
   2. 이사의 경영진단 및 분석의견
   3. 그 밖에 투자자 보호를 위하여 필요한 사항
      가. 주요사항보고서 및 거래소 공시사항 등의 진행·변경상황
      나. 주주총회 의사록 요약
      다. 우발채무 등
      라. 제재현황
      마. 결산기 이후 발생한 주요사항
      바. 중소기업기준검토표 등
      사. 장래계획에 관한 사항의 추진실적
      아. 자금의 사용내역
      자. 영 제6조 제4항 제14호에서 정하는 요건의 충족 여부에 관한 사항(기업인수목적회사에 한한다)
      차. 「저탄소 녹색성장 기본법」 제42조 제5항에 따른 관리업체 지정 및 취소에 관한 사항, 온실가스 배출량 및 에너지 사용량에 관한 사항(「저탄소 녹색성장 기본법」 제42조 제5항에 따른 관리업체에 한한다.) 〈신설 2012. 1. 3〉
      카. 녹색기술·녹색산업 등에 대한 인증에 관한 사항(「저탄소 녹색성장 기본법」 제32조 제2항에 따라 정부로부터 인증을 받은 법인에 한한다) 및 녹색기업 지정에 관한 사항(「환경기술 및 환경산업 지원법」 제16조의2에 따라 환경부장관으로부터 지정을 받은 자에 한한다.) 〈신설 2012. 1. 3〉

연결재무제표에 대한 감사보고서는 제 5 항에서 정한 기한 내에(제 5 항에 따라 사업보고서를 제출하는 법인만 해당), 제 4 호의 서류는 법 제159조 제 5 항에서 정한 기한 내에 제출할 수 있다(영 제168조 제 6 항).

1. 회계감사인의 감사보고서(그 법인의 재무제표에 대한 감사보고서와 연결재무제표에 대한 감사보고서)
2. 상법 제447조의 4에 따른 감사의 감사보고서
3. 법인의 내부감시장치[이사회의 이사직무집행의 감독권과 감사(감사위원회가 설치된 경우에는 감사위원회)의 권한, 그 밖에 법인의 내부감시장치]의 가동현황에 대한 감사의 평가의견서
4. 기업집단결합재무제표[1)]
5. 그 밖에 금융위원회가 정하여 고시하는 서류[2)]

주권상장법인은 위 첨부서류에 더하여 내부회계관리제도운영보고서도 첨부하여야 한다.[3)]

4. 작성 및 제출

(1) 작　　성

사업보고서 제출대상법인은 사업보고서를 작성함에 있어서 금융위원회가 정

---

1) 자본시장법 제159조 제 5 항의 결합재무제표 관련 규정이 2009년 2월 3일 삭제되었으므로 시행령 제168조 제 6 항 제 4 호는 정비하여야 할 것이다.

2) 증권의 발행 및 공시 등에 관한 규정 제4-3조(사업보고서 등의 기재사항) ③ 영 제168조 제 6 항 제 5 호에서 "금융위원회가 정하여 고시하는 서류"란 다음 각 호에서 정하는 것을 말한다.
   1. 법 제162조 제 1 항 제 4 호에서 정한 자의 동의서
   2. 상법 제447조의2에 따른 영업보고서
   3. 정관 등 영 제125조 제 2 항 제 1 호의 서류

3) 외부감사 및 회계 등에 관한 규정 제 6 조의2(내부회계관리제도의 공시) 영 제 2 조의3 제 3 항의 규정에 의한 공시를 위하여 주권상장법인은 자본시장과 금융투자업에 관한 법률 제159조에 따라 제출하는 사업보고서에 다음의 사항을 기재한 서류("내부회계관리제도운영보고서")를 첨부하여야 한다.
   1. 법(주식회사의 외부감사에 관한 법률을 의미) 제 2 조의2 제 1 항의 규정에 의한 내부회계관리규정과 이를 관리·운영하는 조직에 관한 사항
   2. 법 제 2 조의2 제 4 항의 규정에 의하여 내부회계관리자가 이사회 및 감사에게 보고한 내부회계관리제도 운영실태
   3. 법 제 2 조의2 제 5 항의 규정에 의하여 감사가 내부회계관리제도의 운영실태를 평가하여 이사회에 보고한 내용
   4. 법 제 2 조의3 제 2 항의 규정에 의하여 감사인이 감사보고서에 표명한 종합의견
   5. 내부회계관리제도의 공시와 관련하여 기타 필요한 사항

하여 고시하는 기재방법 및 서식에 따라야 한다(법 제159조 제4항).

(2) 제출기한

제출의무자는 사업보고서를 각 사업연도 경과 후 90일 이내에 금융위원회와 거래소에 제출[1]하여야 한다(법 제159조 제1항).

(3) 최초 제출

최초로 사업보고서를 제출하여야 하는 법인은 사업보고서 제출대상법인에 해당하게 된 날부터 5일(제1항에 따른 사업보고서의 제출기간 중에 사업보고서 제출대상법인에 해당하게 된 경우에는 그 제출기한으로 한다) 이내에 그 직전 사업연도의 사업보고서를 금융위원회와 거래소에 제출하여야 한다. 다만, 그 법인이 증권신고서 등을 통하여 이미 직전 사업연도의 사업보고서에 준하는 사항을 공시한 경우에는 직전 사업연도의 사업보고서를 제출하지 아니할 수 있다(법 제159조 제3항).

5. 연결재무제표

(1) 연결재무제표의 의의

"연결재무제표"라 함은 2 이상의 회사가 대통령령이 정하는 지배·종속의 관계에 있는 경우 지배회사가 작성하는 연결대차대조표·연결손익계산서, 연결자본변동표, 연금현금흐름표, 주석을 말한다(외감법 제1조의2 제2호, 외감법 시행령 제1조의2 제2항).

연결재무제표는 계열기업 전체의 재무상황과 경영성과를 파악할 수 있도록 하고, 상호출자·내부거래 및 불공정거래 등을 상계·제거하거나 적절히 공시함으로써 개별 재무제표의 왜곡을 방지하는 효과를 거두게 된다.[2]

(2) 사업보고서의 기재사항과 제출기한

사업보고서를 제출하여야 하는 법인 중 주식회사의 외부감사에 관한 법률에 따른 종속회사가 있는 법인("연결재무제표 작성대상법인")의 경우에는 사업보고서 기재사항 중 재무에 관한 사항과 그 부속명세, 그 밖에 금융위원회가 정하여 고시하

1) 증권의 발행 및 공시 등에 관한 규정 제4-6조(사업보고서등의 제출부수) 법 제159조부터 제161조에 따라 사업보고서등을 제출하는 법인 및 법 제161조에 따라 주요사항보고서를 제출하는 법인은 금융위 및 거래소에 각각 2부씩 제출하여야 한다. 다만, 사업보고서등을 전자문서의 방법으로 제출한 경우 그러하지 아니한다.

2) 임재연, 전게서, 522쪽.

는 사항[1)]은 연결재무제표를 기준으로 기재하되 그 법인의 재무제표를 포함하여야 하며, 회계감사인의 감사의견은 연결재무제표와 그 법인의 재무제표에 대한 감사의견을 기재하여야 한다(영 제168조 제 4 항).

최근 사업연도말 현재의 자산총액이 2조원 미만인 법인 중 주식회사의 외부감사에 관한 법률 시행령 제 7 조의2 제 1 항에 따라 한국회계기준원이 제정한 회계처리기준으로서 국제회계기준에 따라 채택한 기준("한국채택국제회계기준")을 적용하지 아니하는 법인은 그 법인의 재무제표를 기준으로 재무에 관한 사항과 그 부속명세, 그 밖에 금융위원회가 정하여 고시하는 사항을 기재하고, 그 법인의 재무제표에 대한 회계감사인의 감사의견을 기재한 사업보고서를 제출기한까지 제출할 수 있다. 이 경우 그 사업연도의 종료 후 90일이 지난 날부터 30일 이내에 연결재무제표를 기준으로 한 재무에 관한 사항과 그 부속명세, 그 밖에 금융위원회가 정하여 고시하는 사항과 연결재무제표에 대한 회계감사인의 감사의견을 보완하여 제출하여야 한다(영 제168조 제 5 항).

6. 예측정보

사업보고서 제출대상법인은 사업보고서에 그 법인의 예측정보를 기재 또는 표시할 수 있다. 이 경우 예측정보의 기재 또는 표시는 ① 그 기재 또는 표시가 예측정보라는 사실이 밝혀져 있을 것, ② 예측 또는 전망과 관련된 가정이나 판단의 근거가 밝혀져 있을 것, ③ 그 기재 또는 표시에 대하여 예측치와 실제 결과치가 다를 수 있다는 주의문구가 밝혀져 있을 것의 방법에 따라야 한다(법 제159조 제 6 항, 법 제125조 제 2 항 제 1 호, 제 2 호, 제 4 호).

7. 대표이사 등의 확인 및 검토 후 서명

사업보고서를 제출하는 경우 제출당시 그 법인의 대표이사 및 제출업무를 담

1) 증권의 발행 및 공시 등에 관한 규정 제4-3조(사업보고서등의 기재사항) ⑥ 영 제168조 제 4 항에서 그 밖에 금융위원회가 정하여 고시하는 사항이란 한국채택국제회계기준을 적용하는 법인에 대하여 다음 각 호에서 정하는 사항으로 한다. 다만, 감독원장은 제 6 항에 따라 기재사항의 특성을 감안하여 필요한 범위 내에서 조정할 수 있다.
   1. 회사의 개요
   2. 사업의 내용(제조·서비스업 및 금융업으로 구분)
   3. 이사의 경영진단 및 분석의견
   4. 우발채무 등, 제재현황, 결산기 이후 발생한 주요사항

당하는 이사는 그 사업보고서의 기재사항 중 중요사항에 관하여 거짓의 기재 또는 표시가 있거나 중요사항의 기재 또는 표시가 누락되어 있지 아니하다는 사실 등 대통령령으로 정하는 사항을 확인·검토하고 이에 각각 서명하여야 한다(법 제159조 제7항).

여기서 "대통령령으로 정하는 사항"이란 다음 각 호에 해당하는 사항을 말한다(영 제169조).

1. 사업보고서의 기재사항 중 중요사항에 관하여 거짓의 기재 또는 표시가 없고, 중요사항의 기재 또는 표시를 빠뜨리고 있지 아니하다는 사실
2. 사업보고서의 기재 또는 표시 사항을 이용하는 자로 하여금 중대한 오해를 일으키는 내용이 기재 또는 표시되어 있지 아니하다는 사실
3. 사업보고서의 기재사항에 대하여 상당한 주의를 다하여 직접 확인·검토하였다는 사실
4. 외부감사대상 법인인 경우에는 외감법에 따른 내부회계관리제도가 운영되고 있다는 사실

8. 외국법인에 대한 공시특례[1)]

(1) 서　　설

외국법인등의 경우에는 대통령령이 정하는 기준 및 방법에 따라 제출의무를 면제하거나 제출기한을 달리하는 등 그 적용을 달리할 수 있다(법 제165조).

여기서 "외국법인등"이란 다음의 어느 하나에 해당하는 자를 말한다(법 제9조 제16항).

1. 외국 정부
2. 외국 지방자치단체
3. 외국 공공단체
4. 외국 법령에 따라 설립된 외국 기업

1) 증권의 발행 및 공시 등에 관한 규정 제4-7조(적용범위) ① 법 제159조 제4항·제160조·제161조 제3항·제163조·제165조, 영 제167조부터 제174조까지 및 제176조 등의 규정에 따라 외국법인등의 공시에 관한 사항은 이 절에서 정하는 바에 따른다.
② 외국법인등의 공시 등에 관하여 이 절에서 정하지 아니한 사항에 대해서는 다른 절의 규정에 따른다.

5. 대통령령으로 정하는 국제기구[1)]
6. 그 밖에 외국에 있는 법인 등으로서 대통령령으로 정하는 자[2)]

(2) 제출의무의 면제

다음의 어느 하나에 해당하는 외국법인등에 대하여는 사업보고서의 제출을 면제한다(영 제176조 제1항).[3)]

---

1) "대통령령으로 정하는 국제기구"란 조약에 따라 설립된 국제기구를 말한다(영 제13조 제1항).

2) "대통령령으로 정하는 자"란 다음의 어느 하나에 해당하는 자를 말한다(영 제13조 제2항).
   1. 외국 법령에 따라 설정·감독하거나 관리되고 있는 기금이나 조합
   2. 외국 정부, 외국 지방자치단체 또는 외국 공공단체에 의하여 설정·감독하거나 관리되고 있는 기금이나 조합
   3. 조약에 따라 설립된 국제기구에 의하여 설정·감독하거나 관리되고 있는 기금이나 조합

3) 증권의 발행 및 공시 등에 관한 규정 제4-11조(사업보고서등의 기재내용 등) ① 발행인이 금융위에 제출하는 사업보고서·반기보고서·분기보고서에는 다음 각 호의 사항을 기재하여야 한다.
   1. 발행인이 외국 기업인 경우
      가. 영 제168조 제2항 제1호부터 제9호까지의 사항
      나. 제4-3조 제1항 각 호에서 정한 사항(반기보고서 및 분기보고서의 경우에는 제4-3조 제1항 제2호를 제외)
      다. 그 밖에 투자자 보호를 위하여 필요한 사항
   2. 발행인이 외국 기업 외의 외국법인등인 경우
      가. 발행인의 개황
      나. 발행인의 자본구성
      다. 발행인의 업무내용
      라. 발행인의 조직
      마. 발행인의 재무상황
      바. 그 밖에 감독원장이 필요하다고 인정하는 사항

   ② 제1항의 사업보고서·반기보고서·분기보고서에는 다음 각 호의 구분에 따른 서류를 첨부하여야 한다.
   1. 사업보고서의 첨부서류
      가. 회계감사인의 감사보고서(국제회계기준 등 발행인이 적용한 회계기준에 의해 연결재무제표 작성대상 종속회사를 보유한 외국법인등의 경우에는 연결감사보고서를 포함한다). 다만, 제4-9조에 해당하는 경우에는 연결감사보고서만을 첨부할 수 있다.
      나. 대리인이 사업보고서를 제출하는 경우에는 그 사실을 증명하는 위임장
      다. 정관 또는 이와 유사한 서류
      라. 그 밖에 감독원장이 필요하다고 인정하는 서류
   2. 반기보고서의 첨부서류
      가. 회계감사인의 반기감사보고서 또는 반기검토보고서(영 제176조 제6항에 따른 회계기준에 의해 연결재무제표 작성대상 종속회사를 보유한 외국법인등의 경우에는 연결반기감사보고서 또는 연결반기검토보고서를 포함한다). 다만, 제4-9조에 해당하는 경우에는 연결반기감사보고서 또는 연결반기검토보고서만을 첨부할 수 있다.
      나. 대리인이 반기보고서를 제출하는 경우에는 그 사실을 증명하는 위임장

1. 외국 정부
2. 외국 지방자치단체
3. 외국의 법령에 따라 설립되어 공익사업을 영위하는 외국 공공단체로서 외국 정부 또는 외국 지방자치단체가 지분을 보유하고 있는 외국 공공단체
4. 국제금융기구의 가입조치에 관한 법률 제 2 조 제 1 항 각 호의 어느 하나에 해당하는 국제금융기구

(3) 제출기한의 연장

외국법인등(제 1 항 각 호의 어느 하나에 해당하는 외국법인등은 제외)은 사업보고서를 사업연도가 지난 후 30일 이내에 제출할 수 있고, 반기보고서 및 분기보고서를 각각의 제출기간인 45일이 지난 후 15일 이내에 제출할 수 있다(영 제176조 제 2 항).[1)]

다. 그 밖에 감독원장이 필요하다고 인정하는 서류
3. 분기보고서의 첨부서류
가. 회계감사인의 분기감사보고서 또는 분기검토보고서(영 제176조 제 6 항에 따른 회계기준에 의해 연결재무제표 작성대상 종속회사를 보유한 외국법인등의 경우에는 연결분기감사보고서 또는 연결분기검토보고서를 포함). 다만, 설립근거가 되는 국가 또는 증권이 상장된 국가의 법률등에 따라 분기감사 또는 분기검토가 의무화된 경우에 한하고, 제4-9조에 해당하는 경우에는 연결분기감사보고서 또는 연결분기검토보고서만을 첨부할 수 있다.
나. 대리인이 분기보고서를 제출하는 경우에는 그 사실을 증명하는 위임장
다. 그 밖에 감독원장이 필요하다고 인정하는 서류
③ 국제회계기준 등 발행인이 적용한 회계기준에 의해 연결재무제표 작성대상 종속회사를 보유한 외국법인등은 영 제168조 제 4 항 및 제170조를 적용함에 있어 연결재무제표 작성대상법인에 해당하는 것으로 본다.
④ 발행인이 적용한 회계기준에 의해 연결재무제표를 주된 재무제표로 작성하는 외국법인등은 영 제170조 및 제4-3조 제 6 항을 적용함에 있어 한국채택국제회계기준을 적용한 것으로 본다.
⑤ 그 밖에 사업보고서등의 서식 및 작성방법 등에 관하여 필요한 사항은 감독원장이 정한다.

1) 증권의 발행 및 공시 등에 관한 규정 제4-10조(제출자료의 작성방법 등) ① 외국법인등이 법, 영 또는 이 규정에 따라 금융위, 증권선물위원회("증선위")에 제출하거나 신고하는 신청서 또는 신고서류 등은 한글로 작성하여야 한다. 다만, 금융위가 필요하다고 인정하는 경우에는 영문으로 제출할 수 있다.
② 발행인은 외국의 금융관련법령에 의하여 외국의 금융투자감독기관에 공시서류를 제출하는 경우 그 사본 및 한글 요약본 2부를 금융위에 제출하여야 한다.
③ 발행인이 제출하는 공시서류는 이 규정에 따른 전자문서제출을 원칙으로 한다. 다만, 감독원장이 인정하는 경우에는 문서 또는 모사전송(FAX)으로 갈음할 수 있다.
④ 금융위는 발행인이 제출한 공시서류를 제출한 날부터 3년간 공시한다.
⑤ 영 제176조 제 6 항에 따라 증권의 발행인은 증권의 모집·매출, 공시 등과 관련하여 국내

(4) 약식제출

외국법인등이 사업보고서 등에 상당하는 서류를 해당 국가에 제출한 경우에는 그 날부터 10일(주요사항보고서의 경우에는 5일) 이내에 사업보고서등을 제출하거나 해당 국가에서 제출한 사업보고서등에 상당하는 서류에 금융위원회가 정하여 고시하는 요약된 한글번역문[1)]을 첨부하여 제출할 수 있다(영 제176조 제 3 항).

(5) 개별재무제표 제출의 면제

사업보고서·반기보고서·분기보고서를 제출하는 외국법인등은 금융위원회가 정하여 고시하는 사유[2)]에 해당하는 때에는 연결재무제표에 상당하는 서류를 제출한 경우 그 외국법인등의 재무제표를 제출하지 아니할 수 있다. 이 경우 그 외국법인등은 사업보고서·반기보고서·분기보고서에 다음 각 호의 사항을 기재하지 아니할 수 있다(영 제176조 제 4 항).

1. 사업보고서의 경우에는 다음 각 목의 사항
   가. 그 외국법인등의 재무제표를 기준으로 한 재무에 관한 사항과 그 부속명세
   나. 그 외국법인등의 재무제표에 대한 회계감사인의 감사의견
2. 반기보고서·분기보고서의 경우에는 다음 각 목의 사항
   가. 그 외국법인등의 재무제표를 기준으로 한 재무에 관한 사항과 그 부속명세
   나. 그 외국법인등의 재무제표에 대한 회계감사인의 감사의견 또는 확인과 의견 표시

(6) 지분증권을 상장한 외국법인 등의 제출의무

증권시장에 지분증권을 상장한 외국법인등은 법 제161조 제 1 항 각 호의 어느 하나에 해당하는 경우 외에 다음 각 호의 어느 하나에 해당하는 경우[외국 지주

에 주소 또는 거소를 둔 자로서 발행인을 대리할 권한을 가진 자를 지정하여야 한다.
⑥ 발행인이 외국 기업 외의 외국법인등인 경우 이 장에 따른 기재사항, 관련서식 및 첨부서류 등은 발행인의 특성에 맞게 변형하여 작성할 수 있다.

1) 증권의 발행 및 공시 등에 관한 규정 제4-8조(한글번역본의 기재내용 등) 외국법인 등이 영 제176조 제 3 항에 따라 사업보고서등을 한글번역본과 함께 제출하는 경우 그 한글번역본에 기재하는 내용은 법 제159조 제 2 항· 제161조 제 1 항, 영 제168조·제170조·제171조· 제176조 제 5 항, 제4-3조 제 1 항 및 제 2 항에 규정된 사항으로 한다.

2) 증권의 발행 및 공시 등에 관한 규정 제4-9조(개별재무제표 미제출사유) 영 제176조 제 4 항에서 "금융위원회가 정하여 고시하는 사유"라 함은 설립근거가 되는 국가 또는 증권이 상장된 국가의 법률에 따라 해당 외국법인등의 재무제표 및 그 재무제표에 대한 외국 회계감사인의 감사보고서의 제출이 의무화되어 있지 아니하는 경우를 말한다.

회사(외국 법령에 따라 설립된 회사로서 지분증권의 소유를 통하여 다른 회사의 사업내용을 지배하는 것을 주된 사업으로 하는 회사)의 경우에는 그 외국 지주회사의 자회사(외국 지주회사가 채택하고 있는 회계처리기준에 따라 연결대상이 되는 회사)가 다음 각 호의 어느 하나에 해당하는 경우를 포함한다]에도 금융위원회가 정하여 고시하는 날[1)]까지 주요사항보고서를 금융위원회에 제출하여야 한다(영 제176조 제5항).

1. 지분증권의 양도제한, 외국법인등의 국유화 등 외국법인등이나 그 출자자에게 중대한 영향을 미치는 외국 법령 등이 변경된 때
2. 외국법인등의 주식등에 대하여 외국에서 공개매수 또는 안정조작·시장조성이 행하여지는 때
3. 외국금융투자감독기관 또는 외국 거래소로부터 관계법규 위반으로 조치를 받은 때
4. 외국 거래소로부터 매매거래 정지·해제, 상장폐지 조치를 받은 때

증권시장에 지분증권을 상장한 외국법인등의 사업보고서·분기보고서·반기보고서에 기재하거나 첨부하는 재무제표 또는 연결재무제표는 다음 각 호의 어느 하나에 해당하는 회계처리기준에 따라 작성된 것이어야 한다(영 제175조 제6항).

1. 한국채택국제회계기준
2. 국제회계기준위원회가 제정한 국제회계기준
3. 미국 내에서 일반적으로 인정되는 회계처리기준

금융위원회는 외국법인등의 종류·성격, 외국 법령 등을 고려하여 외국법인등의 사업보고서등의 구체적인 기재내용, 첨부서류 및 서식 등을 달리 정하여 고시한다(영 제175조 제7항).

9. 사업보고서 등의 공시

금융위원회와 거래소는 사업보고서등을 3년간 일정한 장소에 비치하고, 인터넷 홈페이지 등을 이용하여 공시하여야 한다. 이 경우 기업경영 등 비밀유지와 투자자 보호와의 형평 등을 고려하여 대통령령이 정하는 사항을 제외하고 비치 및 공시할 수 있다(법 제163조).

여기서 "대통령령으로 정하는 사항"이란 다음의 어느 하나에 해당하는 사항을

1) 증권의 발행 및 공시 등에 관한 규정 제4-12조(발행인의 신고사항 등) 영 제176조 제5항에서 "금융위원회가 정하여 고시하는 날"이란 그 사실 발생일 이후 2영업일을 말한다.

말한다(영 제174조).

1. 군사기밀보호법 제 2 조에 따른 군사기밀에 해당하는 사항
2. 사업보고서 제출대상법인의 업무나 영업에 관한 것으로서 금융위원회의 확인을 받은 사항

Ⅲ. 반기보고서와 분기보고서

1. 서 설

사업보고서 제출대상법인은 그 사업연도 개시일부터 6개월간의 사업보고서("반기보고서")와 사업연도 개시일부터 3개월간 및 9개월간의 사업보고서("분기보고서")를 각각 그 기간 경과 후 45일 이내에 금융위원회와 거래소에 제출하여야 하되, 사업보고서 제출대상법인이 재무에 관한 사항과 그 부속명세, 그 밖에 금융위원회가 정하여 고시하는 사항을 연결재무제표를 기준으로 기재하여 작성한 반기보고서와 분기보고서를 금융위원회와 거래소에 제출하는 경우에는 그 최초의 사업연도와 그 다음 사업연도에 한하여 그 기간 경과 후 60일 이내에 제출할 수 있다(법 제160조).

사업보고서는 1사업연도의 실적을 반영하여 작성되기 때문에 기업의 최근 실적이 반영되지 못하는 단점이 있다. 따라서 투자판단에 활용되는 정보의 적시성을 제고하기 위하여 최신의 자료가 반영된 반기보고서와 분기보고서를 작성하여 공시하도록 한 것이다.

2. 기재사항과 첨부서류

(1) 의 의

반기보고서와 분기보고서의 기재사항과 첨부서류, 기재방식과 서식, 예측정보의 기재 또는 표시, 그리고 대표이사 등의 인증은 사업보고서의 기재사항, 업종별 구분작성 등이 그대로 적용되나(법 제160조, 제159조 제 2 항 및 제 4 항), 일부항목의 기재내용이 다르며 첨부서류에도 차이가 있다.

(2) 기재사항

반기보고서와 분기보고서에 기재하여야 할 사항에 관하여는 사업보고서의 기

재사항을 준용한다. 이 경우 사업보고서의 기재사항인 "재무에 관한 사항과 그 부속명세"(법 제168조 제 2 항 제 7 호)는 기재하지 아니할 수 있으며, "회계감사인의 감사의견(제 8 호)에 따른 감사의견은 다음의 기준에 따른다(영 제170조 제 1 항).

1. 반기보고서인 경우에는 다음 각 목의 회계감사인의 확인 및 의견표시로 갈음할 수 있다.
   가. 한국채택국제회계기준을 적용하는 연결재무제표 작성대상법인인 경우: 그 법인의 재무제표에 대한 회계감사인의 확인 및 의견표시와 연결재무제표에 대한 회계감사인의 확인 및 의견표시
   나. 가목 외의 법인: 그 법인의 재무제표에 대한 회계감사인의 확인 및 의견표시
2. 분기보고서인 경우에는 회계감사인의 감사의견을 생략할 수 있다. 다만, 금융기관(금융위원회의 설치 등에 관한 법률 제38조에 따른 검사대상기관) 또는 최근 사업연도말 현재의 자산총액이 5천억원 이상인 주권상장법인의 분기보고서는 제 1 호에 따른다.

한국채택국제회계기준을 적용하는 연결재무제표 작성대상법인만은 연결재무제표를 기준으로 재무에 관한 사항과 그 부속명세, 그 밖의 금융위원회가 정하여 고시하는 비재무사항을 작성하여야 한다(영 제170조 제 1 항, 168조 제 4 항).

(3) 첨부서류

반기보고서와 분기보고서에는 다음의 서류를 첨부하여야 한다(영 제170조 제 2 항).

1. 반기보고서인 경우에는 회계감사인의 반기감사보고서나 반기검토보고서. 다만, 한국채택국제회계기준을 적용하는 연결재무제표 작성대상법인인 경우에는 회계감사인의 연결재무제표에 대한 반기감사보고서나 반기검토보고서를 함께 제출하여야 한다.
2. 분기보고서인 경우에는 회계감사인의 분기감사보고서나 분기검토보고서(제 1 항 제 2 호 단서에 따른 법인만 해당). 다만, 한국채택국제회계기준을 적용하는 연결재무제표 작성대상법인인 경우에는 회계감사인의 연결재무제표에 대한 분기감사보고서나 분기검토보고서를 함께 제출하여야 한다.

3. 제출기한

반기 및 분기 경과 후 45일 이내에 반기보고서 및 분기보고서를 금융위원회와 거래소에 제출하여야 한다. 반기보고서 및 분기보고서에 대하여 재무에 관한 사항과 그 부속명세를 연결재무제표 기준으로 작성하여 제출하는 경우에는 그 최초 사업연도와 그 다음 사업연도에 한하여 그 기간 경과 후 60일 이내에 제출할 수 있다(법 제160조). 이 경우 개별재무제표를 함께 포함하여야 하고, 이와 별도로 45일 이내에 개별재무제표 기준으로 분기 및 반기보고서를 제출할 의무는 없다.

제 3 절 주요사항보고서

Ⅰ. 서 설

주요사항보고서라 함은 사업보고서 제출대상법인이 영업활동 등에 관하여 주요사실이 발생한 경우 그 사실이 발생한 날의 다음 날까지 금융위원회에 제출해야 하는 보고서를 말한다(법 제161조 제 1 항). 투자자의 투자판단에 영향을 미칠 중요한 사실이 발생한 경우 이를 즉시 투자자에게 공시하도록 하는 것을 수시공시 또는 적시공시라고 하는데, 주요사항보고서는 수시공시의 하나이다.[1)]

수시공시제도란 주권상장법인의 경영활동과 관계된 사항으로서 투자자의 투자의사결정에 영향을 미치는 사실 또는 결정내용을 즉시 신고 또는 공시하도록 함으로써 투자자에게 합리적인 투자판단자료를 제공하고, 미공개정보를 이용한 증권거래를 예방하여 증권시장의 공정한 거래질서를 확립하기 위한 제도이다. 즉 사업보고서 등의 정기공시제도가 과거 일정기간의 경영성과만을 나타내므로 현재나 향후의 경영, 증권의 권리내용 및 가치변동 등에 관한 적절한 판단자료를 제공하는 데는 한계가 있으므로 주요한 경영관련 사항이 발생할 때마다 신속하게 유통시장에 공시하도록 하는 적시공시라고 할 수 있다.

일반투자자의 입장에서는 과거의 경영실적도 중요하지만 투자판단에 있어 가

1) 김건식 · 정순섭, 전게서, 190쪽.

장 결정적인 정보는 기업의 현재와 미래의 중요정보이다. 따라서 기업의 경영상황 및 장래계획에 대한 주요 정보를 스스로 공시하도록 하여 정보의 최신성과 신속성을 확보하여 궁극적으로 투자자를 보호하려는 제도이다.

그러나 수시공시는 투자자들에게 기업의 정보를 취득하는 주요수단이 되지만, 공시를 이행해야 하는 기업에게는 비용의 지출원인이 된다. 따라서 공시범위를 적절하게 규정하고 해석하는 것이 중요하다. 이는 기업에는 감내할 수 있을 정도의 비용지출을 요구하면서 투자자들에게 충분하고도 적절한 정보를 제공해야 하기 때문이다.[1)]

Ⅱ. 수시공시 규제체계

1. 입 법 례

(1) 미 국

미국의 수시공시 규제체계는 증권거래위원회(SEC)의 임시보고서(Form 8-K)에 의한 공적규제와 거래소의 적시공시에 의한 자율규제로 이원화되어 있다. 우리나라의 현행법과 일본의 모델이다.

SEC의 임시보고서는 열거주의 입장에서 신고사항을 열거하고 있다. 임시보고서 신고의무 위반에 대하여는 연간 사업보고서 및 분기보고서와 동일하게 부실표시에 대한 1934년 증권거래법의 반사기조항[2)] 및 같은 법 제18조가 적용되기 때문에 각종의 형사제재와 민사제재가 부과된다. 거래소의 적시공시는 법령상 근거 없이 거래소와 상장법인 사이의 상장계약 및 거래소의 상장규정에 따라 수행된다. 공시의무사항은 포괄주의를 선택하여 중요하다고 판단되는 범주를 제시하고 있으며, 이를 즉시 공시할 것을 원칙으로만 제시하고 있다. 미국의 경우는 우리나라처럼 구체적 수량기준이나 공시시점은 명시하지 않고 상장법인이 자율적으로 판단하도록 하고 있다. 공시의무를 위반한 상장법인에 대해서 거래소의 제재조치는 상장폐지가 유일한 조치이지만, 이것도 거의 발동되지 않고 있다. 따라서 부실표시에 대해서 투자자들은 상장법인을 상대로 1934년 증권거래법상의 반사기조항을

1) 박민우, "증권거래법 제186조 제1항에 관한 연구," 비교사법 제14권 제3호(비교사법학회, 2007), 958쪽.

2) 1934년 증권거래법 제10b, SEC Rule 제10b-5.

근거로 소송을 제기하여 민사책임을 묻는 것이 일반적이다.[1)]

(2) 일　　본

일본은 미국과 유사하게 공적규제인 임시보고서와 자율규제인 거래소의 적시공시로 이원화되어 있다. 공적규제는 금융상품거래법, 기업내용 등의 공시에 관한 내각부령 등에 근거하고, 자율규제는 관계법령에 구체적인 근거규정 없이 거래소의 규정에 따라 이루어지고 있다.

(3) 영　　국

영국의 수시공시규제는 사실상의 공적규제로 수행된다. 정부기구인 금융감독청(FSA)은 기업의 상장 및 상장법인의 수시공시의무를 실질적으로 결정하고 집행하며, 런던거래소의 상장 및 공시규정은 극히 제한된 역할만을 수행하고 있다.

(4) 호　　주

호주의 수시공시규제는 공적규제와 자율규제의 유기적 협조체계로서, 완전한 수시공시 일원화의 모델이라 할 수 있다. 회사법의 위임에 따라 거래소는 상장규정에서 수시공시에 대하여 구체적으로 정하고 있다.

2. 자본시장법의 체계

수시공시 규제체계는 금융위원회의 주요사항보고서를 중심으로 하는 공적규제와 거래소의 수시공시에 의한 자율규제로 이원화되어 있다. 공적규제인 주요사항보고서는 미국과 일본의 임시보고서를 모델로 한 것이다. 기존의 수시공시 항목 중 특별히 중요한 사항을 분리하여 보고서를 금융위원회로 단일화하고 보고시점은 익일까지로 하였다. 자율규제인 거래소의 수시공시제도에 대해서는 자본시장법에서 기존의 증권거래법에서와 같은 별도의 근거규정을 두지 않고 거래소의 공시규정으로 신고대상을 정하도록 하였다.

수시공시가 공적규제와 자율규제로 분리되어 법령에 의한 제재인 형사제재, 행정제재인 과징금의 부과는 공적규제인 주요사항보고서 위반의 경우에만 가능하다. 반면, 거래소의 수시공시의무 위반의 경우에는 거래소의 자율적인 조치인 매매거래정지, 불성실공시 사실의 공표, 개선계획서 제출요구, 관리종목지정, 그리고

1) 성희활, 전게 논문, 65-72쪽.

상장폐지를 할 수 있도록 규정하였다.

Ⅲ. 주요사항보고서

1. 의　　의

공시사항 중 특히 중요하다고 인정되는 사항에 대하여 법적규제로 공시의무 이행을 담보하는 제도가 주요사항보고서제도이다.

종전의 주요경영사항 신고사항 중 회사존립, 조직재편성, 자본증감 등의 사항과 특수공시사항을 주요사항보고 항목으로 지정하여 그 사유 발생 익일까지 금융위원회에 제출하도록 하였다. 자본시장법은 종래 금융위원회 보고와 거래소 보고가 혼재되어 있던 수시공시사항 중 공적규제의 필요성이 있는 사항을 중심으로 하는 주요사항보고서제도를 신설하고 수시공시의 제출대상기관을 거래소로 일원화하였다.

2. 제출대상법인

사업보고서 제출대상법인은 주요사항보고서를 금융위원회에 제출하여야 한다(법 제161조 제 1 항). 즉 주요사항보고서의 제출대상법인은 사업보고서의 제출대상법인과 동일하다.

3. 제출사유

사업보고서 제출대상법인은 다음 각 호의 어느 하나에 해당하는 사실이 발생한 경우에는 그 사실이 발생한 날의 다음 날까지 그 내용을 기재한 보고서("주요사항보고서")를 금융위원회에 제출하여야 한다. 이 경우 예측정보(제159조 제 6 항) 및 대표이사 등의 확인·서명(제 7 항)에 관한 규정을 준용한다(법 제161조 제 1 항).

1. 발행한 어음 또는 수표가 부도로 되거나 은행과의 당좌거래가 정지 또는 금지된 때
2. 영업활동의 전부 또는 중요한 일부가 정지된 때
3. 채무자 회생 및 파산에 관한 법률에 따른 회생절차개시의 신청이 있은 때
4. 자본시장법, 상법, 그 밖의 법률에 따른 해산사유가 발생한 때
5. 자본증가 또는 자본감소에 관한 이사회의 결의가 있은 때
6. 주식의 포괄적 교환·이전, 합병, 회사의 분할 및 분할합병 등의 사실이 발생한 때
7. 대통령령으로 정하는 중요한 영업 또는 자산을 양수하거나 양도할 것을 결의한 때

8. 자기주식을 취득(자기주식의 취득을 목적으로 하는 신탁계약의 체결을 포함) 또는 처분(자기주식의 취득을 목적으로 하는 신탁계약의 해지를 포함)할 것을 결의한 때
9. 그 밖에 그 법인의 경영·재산 등에 관하여 중대한 영향을 미치는 사항으로서 대통령령으로 정하는 사실이 발생한 때

위 제 7 호의 "대통령령으로 정하는 중요한 영업 또는 자산을 양수하거나 양도할 것을 결의한 때"란 다음 각 호의 어느 하나에 해당하는 것을 결의한 때를 말한다(영 제171조 제 1 항).

1. 양수·양도하려는 영업부문의 자산액(장부가액과 거래금액 중 큰 금액)이 최근 사업연도말 현재 자산총액의 100분의 10 이상인 양수·양도
2. 양수·양도하려는 영업부문의 매출액이 최근 사업연도말 현재 매출액의 100분의 10 이상인 양수·양도
3. 영업의 양수로 인하여 인수할 부채액이 최근 사업연도말 현재 부채총액의 100분의 10 이상인 양수
4. 영업전부의 양수
5. 양수·양도하려는 자산액(장부가액과 거래금액 중 큰 금액을 말한다)이 최근 사업연도말 현재 자산총액의 100분의 10 이상인 양수·양도. 다만, 일상적인 영업활동으로서 상품·제품·원재료를 매매하는 행위 등 금융위원회가 정하여 고시하는 자산의 양수·양도[1]는 제외한다.

---

1) 증권의 발행 및 공시 등에 관한 규정 제4-4조(중요한 자산양수·도의 예외 등) 영 제171조 제 1 항 제 5 호에서 "금융위원회가 정하여 고시하는 자산의 양수·양도"란 해당 법인의 사업목적을 수행하기 위하여 행하는 영업행위로서 다음 각 호의 어느 하나에 해당하는 것을 말한다.
   1. 상품·원재료·저장품 또는 그 밖에 재고자산의 매입·매출 등 일상적인 영업활동으로 인한 자산의 양수·양도
   2. 영업활동에 사용되는 기계, 설비, 장치 등의 주기적 교체를 위한 자산의 취득 또는 처분. 다만, 그 교체주기가 1년 미만인 경우에 한한다.
   3. 법 및 상법에 따른 자기주식의 취득 또는 처분
   4. 금융위원회의 설치 등에 관한 법률 제38조에 따른 검사대상기관과의 거래로서 약관에 따른 정형화된 거래
   5. 자산유동화에 관한 법률에 따른 자산유동화
   6. 공개매수에 의한 주식등의 취득, 공개매수청약에 의한 주식등의 처분
   7. 법 제 4 조 제 3 항에서 정한 국채증권·지방채증권·특수채증권 또는 법률에 의하여 직접 설립된 법인이 발행한 출자증권의 양수·양도
   8. 제 1 호부터 제 7 호까지에 준하는 자산의 양수·양도로서 투자자 보호의 필요성이 낮은 자산의 양수 또는 양도

위 제 9 호의 "대통령령으로 정하는 사실이 발생한 때"란 다음 각 호의 어느 하나에 해당하는 것을 말한다(영 제171조 제 2 항).

1. 기업구조조정 촉진법 제 2 조 제 3 호에 따른 주채권은행으로부터 같은 법 제 7 조 제 1 항 또는 제 2 항에 따른 조치를 받은 때
2. 제167조 제 1 항 제 2 호 각 목의 어느 하나에 해당하는 증권에 관하여 중대한 영향을 미칠 소송이 제기된 때
3. 해외 증권시장에 주권의 상장 또는 상장폐지가 결정되거나, 상장 또는 상장폐지된 때 및 법 제437조 제 1 항에 따른 외국금융투자감독기관 또는 법 제 406조 제 1 항 제 2 호에 따른 외국 거래소 등으로부터 주권의 상장폐지, 매매거래정지, 그 밖의 조치를 받은 때
4. 전환사채권, 신주인수권부사채권 또는 교환사채권의 발행에 관한 결정이 있은 때
5. 다른 법인의 지분증권이나 그 밖의 자산("지분증권등")을 양수하는 자에 대하여 미리 정한 가액으로 그 지분증권등을 양도(제 1 항 제 1 호·제 5 호에 해당하는 양수·양도로 한정)할 수 있는 권리를 부여하는 계약 또는 이에 상당하는 계약 체결에 관한 결정이 있은 때
6. 그 밖에 그 법인의 경영·재산 등에 관하여 중대한 영향을 미치는 사항으로서 금융위원회가 정하여 고시하는 사실이 발생한 때

기존의 수시공시항목 중 회사의 존립, 조직재편, 자본증감 등에 관한 사항으로서 자본시장법 제161조 제 1 항 제 1 호부터 제 5 호까지의 사항은 거래소의 수시공시와 동일한 서식을 사용하며, 제출창구를 금융감독원의 전자공시시스템(DART)으로 일원화하였다. 금융감독원의 전자공시시스템에 제출하면 실시간으로 거래소의 상장공시시스템(KIND)으로 전송되고, 기존의 특수공시항목으로서 자본시장법 제 1 항 제 6 호부터 제 8 호까지의 항목은 금융감독원의 전자공시시스템(DART)과 거래소의 상장공시시스템(KIND)에 각각 별도의 신고서를 제출하는 것이 실무이다.[1)]

4. 첨부서류

사업보고서 제출대상법인은 주요사항보고서를 제출하는 경우에는 법 제 161조 제 1 항 각 호의 항목별로 대통령령으로 정하는 서류를 첨부하여야 한다(법 제161조 제 2 항).

1) 금융감독원, 전게서(2009. 6), 124쪽.

여기서 "대통령령으로 정하는 서류"란 다음 각 호의 서류나 그 사본을 말한다(영 제171조 제 3 항).

1. 법 제161조 제 1 항 제 1 호 중 어음이나 수표가 부도로 된 경우에는 은행의 부도 확인서 등 해당 사실을 증명할 수 있는 서류
2. 법 제161조 제 1 항 제 1 호 중 은행과의 당좌거래가 정지되거나 금지된 경우에는 은행의 당좌거래정지 확인서 등 해당 사실을 증명할 수 있는 서류
3. 법 제161조 제 2 호의 경우에는 이사회의사록, 행정기관의 영업정지 처분 명령서 등 영업정지 사실을 증명할 수 있는 서류
4. 법 제161조 제 3 호의 경우에는 법원에 제출한 회생절차개시신청서 등 해당 사실을 증명할 수 있는 서류
5. 법 제161조 제 4 호의 경우에는 이사회의사록, 파산결정문 등 해당 사유 발생 사실을 증명할 수 있는 서류
6. 법 제161조 제 5 호부터 제 8 호까지의 경우에는 이사회의사록 등 해당 사실을 증명할 수 있는 서류
7. 법 제161조 제 9 호의 경우에는 통지서·소장 등 해당 사실을 증명할 수 있는 서류
8. 그 밖에 투자자 보호를 위하여 필요하다고 금융위원회가 정하여 고시하는 서류[1)]

5. 작성 및 제출

(1) 작 성

사업보고서 제출대상법인은 주요사항보고서를 작성함에 있어서 금융위원회가 정하여 고시하는 기재방법 및 서식에 따라야 한다(법 제161조 제 3 항).

---

1) 증권의 발행 및 공시 등에 관한 규정 제4-5조(주요사항보고서 첨부서류 등) ① 영 제171조 제 3 항 제 8 호에서 "금융위원회가 정하는 서류"란 다음 각 호와 같다.
1. 법 제161조 제 1 항 제 6 호 및 제 7 호의 경우 계약서(계획서) 및 외부평가기관의 평가의견서(외부평가가 의무화된 경우에 한한다)
2. 영 제171조 제 2 항 제 1 호의 경우 주채권은행의 결정서·계약서·합의서 등 관련 증빙서류 등
3. 영 제171조 제 2 항 제 2 호의 경우 소장부본 등 법원송달서류 등
4. 영 제171조 제 2 항 제 3 호의 경우 해당 외국 정부, 외국금융투자감독기관 또는 외국 거래소에 제출하였거나 통지받은 서류와 한글요약본
5. 영 제171조 제 2 항 제 4 호 및 제 5 호의 경우 이사회의사록 등 해당 사실 증빙서류
② 그 밖에 주요사항보고서의 서식 및 작성방법 등에 관하여 필요한 사항은 감독원장이 정한다.

(2) 제출기한

사업보고서 제출대상법인은 제출사유에 해당하는 사실이 발생한 경우에는 그 사실이 발생한 날의 다음 날까지 주요사항보고서를 금융위원회에 제출[1]하여야 한다(법 제161조 제1항).

6. 정보의 교환과 거래소 송부

금융위원회는 제출된 주요사항보고서가 투자자의 투자판단에 중대한 영향을 미칠 우려가 있어 그 내용을 신속하게 알릴 필요가 있는 경우에는 대통령령으로 정하는 방법에 따라 행정기관, 그 밖의 관계기관에 대하여 필요한 정보의 제공 또는 교환을 요청할 수 있다. 이 경우 요청을 받은 기관은 특별한 사유가 없는 한 이에 협조하여야 한다(법 제161조 제4항).

금융위원회는 법 제161조 제4항에 따라 다음 각 호의 기관에 정보의 제공을 요청하는 사유를 기재한 문서(전자문서를 포함한다) 또는 모사전송의 방법으로 필요한 정보의 제공을 요청할 수 있다.

1. 법 제161조 제1항 제1호의 사항에 관하여는 어음법 제38조 및 수표법 제31조에 따른 어음교환소로 지정된 기관
2. 법 제161조 제1항 제3호·제4호 및 제171조 제2항 제2호의 사항에 관하여는 관할법원
3. 제171조 제2항 제1호의 사항에 관하여는 주채권은행
4. 그 밖의 사항에 관하여는 해당 정보를 소유하고 있는 행정기관, 그 밖의 관계기관

금융위원회는 주요사항보고서가 제출된 경우 이를 거래소에 지체 없이 송부하여야 한다(법 제161조 제5항).

---

1) 증권의 발행 및 공시 등에 관한 규정 제4-6조(사업보고서등의 제출부수) 법 제159조부터 제161조에 따라 사업보고서등을 제출하는 법인 및 법 제161조에 따라 주요사항보고서를 제출하는 법인은 금융위 및 거래소에 각각 2부씩 제출하여야 한다. 다만, 사업보고서등을 전자문서의 방법으로 제출한 경우 그러하지 아니한다.

제 4 절 공시의무 위반에 대한 제재

Ⅰ. 민사제재

1. 서 설

유통시장공시는 증권이 시장에 상장되어 거래되고 있는 경우, 그 발행회사가 해당 증권 및 회사의 기업내용에 관한 정보를 정기적으로 투자자에게 제공하거나(정기공시), 투자자의 투자판단에 중요한 사실이 발생할 경우 신속하게 공시하여야(수시공시) 하는 적극적인 법적 의무를 말한다. 그러나 유통시장공시제도의 경우 1996년 증권거래법이 개정되기 전까지 사업보고서 제출의무를 제외하고는 법적 의무로서의 실효성이 없다는 비판을 받아 왔다. 왜냐하면 공시의무 위반에 대한 다른 제재수단도 미비하였지만, 무엇보다 손해배상책임규정을 흠결하고 있었기 때문이었다. 1996년 개정시 유통시장공시에 발행공시에 관한 책임규정인 증권거래법 제14조를 준용함으로써 입법적으로 해결하였다. 그러나 유통시장공시에 관한 법적 책임 문제를 해결하기에는 부족한 점이 많았다. 유통시장공시는 그 성격상 발행시장공시와는 다르며, 인과관계의 추정의 인정 여부 등이 문제되기 때문이었다.[1] 그러나 자본시장법이 제정되면서 비판을 받아 온 문제점을 일부 해결하였지만 아직도 미비한 점이 존재한다는 지적을 받고 있다. 자본시장법의 손해배상책임규정은 증권신고서에 관한 규정과 거의 동일하지만 독립된 규정을 두고 있다.

사업보고서·반기보고서·분기보고서·주요사항보고서("사업보고서등") 및 그 첨부서류(회계감사인의 감사보고서는 제외) 중 중요사항에 관하여 거짓의 기재 또는 표시가 있거나 중요사항이 기재 또는 표시되지 아니함으로써 사업보고서 제출대상법인이 발행한 증권(그 증권과 관련된 증권예탁증권, 그 밖에 대통령령으로 정하는 증권[2]을 포함)의 취득자 또는 처분자가 손해를 입은 경우에는 손해배상책임이 발생한다(법 제162조 제 1 항).

---

1) 이준섭, 전게 논문, 154쪽.

2) "대통령령으로 정하는 증권"이란 다음의 증권을 말한다(영 제173조 제 1 항).
   1. 해당 증권(그 증권과 관련된 증권예탁증권을 포함)과 교환을 청구할 수 있는 교환사채권
   2. 해당 증권 및 제 1 호에 따른 교환사채권만을 기초자산으로 하는 파생결합증권

2. 책임당사자

(1) 배상책임자

사업보고서·반기보고서·분기보고서·주요사항보고서("사업보고서등") 및 그 첨부서류(회계감사인의 감사보고서는 제외) 중 중요사항에 관하여 거짓의 기재 또는 표시가 있거나 중요사항이 기재 또는 표시되지 아니함으로써 사업보고서 제출대상법인이 발행한 증권(그 증권과 관련된 증권예탁증권, 그 밖에 대통령령으로 정하는 증권을 포함)의 취득자 또는 처분자가 손해를 입은 경우에는 다음 각 호의 자는 그 손해에 관하여 배상의 책임을 진다(법 제162조 제 1 항).

1. 그 사업보고서등의 제출인과 제출당시의 그 사업보고서 제출대상법인의 이사
2. 상법 제401조의2 제 1 항 각 호의 어느 하나에 해당하는 자[1])로서 그 사업보고서등의 작성을 지시하거나 집행한 자
3. 그 사업보고서등의 기재사항 및 그 첨부서류가 진실 또는 정확하다고 증명하여 서명한 공인회계사·감정인 또는 신용평가를 전문으로 하는 자 등(그 소속단체를 포함) 대통령령으로 정하는 자[2])
4. 그 사업보고서등의 기재사항 및 그 첨부서류에 자기의 평가·분석·확인 의견이 기재되는 것에 대하여 동의하고 그 기재내용을 확인한 자

(2) 배상청구권자

자본시장법 제162조 제 1 항의 명문규정상 유통시장에서의 증권의 취득자와 처분자는 당연히 손해배상청구권자이다. 즉 사업보고서 등의 부실표시에 대하여 배상청구를 할 수 있는 자는 유통되고 있는 증권의 취득자 또는 처분자이다.

---

1) 상법 제401조의2(업무집행지시자 등의 책임) ① 다음 각 호의 1에 해당하는 자는 그 지시하거나 집행한 업무에 관하여 제399조·제401조 및 제403조의 적용에 있어서 이를 이사로 본다.
   1. 회사에 대한 자신의 영향력을 이용하여 이사에게 업무집행을 지시한 자
   2. 이사의 이름으로 직접 업무를 집행한 자
   3. 이사가 아니면서 명예회장·회장·사장·부사장·전무·상무·이사 기타 업무를 집행할 권한이 있는 것으로 인정될 만한 명칭을 사용하여 회사의 업무를 집행한 자

2) "대통령령으로 정하는 자"란 공인회계사, 감정인, 신용평가를 전문으로 하는 자, 변호사, 변리사 또는 세무사 등 공인된 자격을 가진 자(그 소속단체를 포함)를 말한다(영 제173조 제 2 항).

3. 객관적 요건(위법행위)

(1) 위 법 성

자본시장법 제162조는 사업보고서 등의 부실표시가 곧바로 손해배상책임을 발생시킬 수 있는 위법한 행위임을 규정하고 있다. 왜냐하면 일정한 공시서류를 작성하고 필요한 중요정보를 투자자에게 제공하여야 할 법적 의무를 위반하여 부실정보를 제공하는 것 자체가 위법성의 징표가 되기 때문이다.

(2) 공시서류의 한정

자본시장법 제162조는 손해배상책임을 발생시킬 수 있는 공시서류를 사업보고서·반기보고서·분기보고서·주요사항보고서 및 그 첨부서류로 한정하고 있다. 첨부서류 중 회계감사인의 감사보고서는 제외한다. 따라서 이에 해당하지 않는 부실표시는 민법과 상법의 일반규정에 의해 처리된다.

(3) 중요사항의 부실표시

손해배상책임이 발생하기 위해서는 사업보고서 등과 그 첨부서류 중 중요사항에 관하여 거짓의 기재 또는 표시가 있거나 중요사항이 기재 또는 표시되지 아니함으로써 증권의 취득자 또는 처분자가 손해를 입은 경우이어야 한다(법 제162조 제 1 항).

여기서 중요사항이란 "투자자의 합리적인 투자판단 또는 해당 금융투자상품의 가치에 중대한 영향을 미칠 수 있는 사항"을 말한다(법 제47조 제 3 항). 자본시장법은 중요하지 아니한 사항의 부실표시를 이유로 하여 제기되는 남소를 방지할 필요성에서 중요성을 요건으로 하고 있다. 따라서 중요사항의 부실표시의 경우에 손해배상책임이 발생한다.

4. 주관적 요건

(1) 과실책임의 원칙

자본시장법은 "배상의 책임을 질 자가 상당한 주의를 하였음에도 불구하고 이(부실표시)를 알 수 없었음을 증명하거나 그 증권의 취득자 또는 처분자가 그 취득 또는 처분을 할 때에 그 사실(부실표시)을 안 경우에는 배상의 책임을 지지 아니한다"고 규정하고 있다(법 제162조 제1항 단서).

자본시장법은 사업보고서 등의 제출인과 기타의 자를 구별하지 않고 동일하게 귀책사유를 유통공시책임의 성립요건으로 하고 있다. 즉 사업보고서 등과 그 첨부서류상의 부실표시에 대한 책임은 증명책임이 전환된 과실책임이다.

자본시장법이 유통공시책임에 관하여 증명책임이 전환된 과실책임의 원칙을 취하고 있으므로 배상책임자는 무과실책임을 부담하지 않는다. 그러나 배상책임자는 매우 제한된 항변의 이익만을 누릴 수 있기 때문에 자신에게 귀책사유가 없는 때에도 책임을 부담할 가능성이 있다. 왜냐하면 배상책임자는 상당한 주의를 다하였음에도 알 수 없었음을 증명하지 못하는 한 사업보고서 등의 부실표시에 대한 책임을 부담하여야 하기 때문이다.

(2) 증명책임(상당한 주의의 항변)

1) 증명책임의 전환

배상의 책임을 질 자가 상당한 주의를 하였음에도 불구하고 이를 알 수 없었음을 증명한 경우에는 배상의 책임을 지지 아니한다(법 제162조 제1항 단서).

자본시장법 제162조 제1항 단서는 배상책임자에게 무과실의 증명책임을 부담시키고 있다. 이 증명책임의 전환은 자본시장법이 그 목적달성을 위하여 증명책임분배의 원칙을 수정한 것이다. 이와 같이 사업보고서 등의 제출인 등의 과실이 법률상 추정되고 있으므로 제출인 등이 상당한 주의를 다하였음에도 불구하고 부실표시를 알 수 없었음을 증명하면 면책될 수 있다.

2) 증명책임의 내용

(가) 항변의 내용

사업보고서 등의 제출인 등이 책임을 면하기 위해서는 상당한 주의를 다하였음에도 불구하고 부실표시를 알 수 없었음을 증명하여야 하기 때문에 단순히 그 부실표시를 알지 못하였다든지 또는 상당한 주의를 다하였다고 해도 알 수 없었을 것이라든지 하는 사실만을 주장·증명함으로써 책임을 면할 수는 없다. 즉 적극적으로 상당한 조사를 다하였음에도 불구하고 부실표시를 알 수 없었음을 증명하여야 책임을 면한다.

(나) 상당한 주의의 정도

사업보고서 등의 제출인 등은 상당한 주의를 다하였음에도 불구하고 부실표시를 알 수 없었음을 증명하는 경우에는 면책되지만, 어느 정도의 주의가 상당한 주의에 해당하는지에 대해서는 기준이 없다. 따라서 상당한 주의의무는 획일적으로 동일한 것이 아니라 배상책임자의 직무내용, 지위, 전문성, 관계자료의 입수가능성의 정도에 따라 구체적인 내용이 달라진다.

그리고 피고의 면책항변은 상당한 주의를 다하였다는 사실의 증명에 그치지 않고 더 나아가 그 부실표시를 알 수 없었다는 사실을 증명하여야 한다. 정보공시에 있어서 부실표시를 회피하거나 이를 정정하기 위하여 필요한 조치를 취하였다는 증거는 경우에 따라 부실표시의 존재를 알았다는 것을 부정하게 될 것이지만, 알기 위하여 상당한 노력을 하였다는 사실이 반드시 부실표시를 알지 못한 것이 합리적이라는 사실을 증명하는 것은 아니다.

(3) 취득자 또는 처분자의 선의(악의의 항변)

1) 면책요건으로서의 악의

배상책임을 질 자는 전술한 바와 같이 상당한 주의를 다하였음에도 불구하고 부실표시를 알 수 없었음을 증명한 때에는 책임을 면할 뿐만 아니라, "그 증권의 취득자 또는 처분자가 그 취득 또는 처분을 할 때에 그 사실을 안 경우에"도 배상의 책임을 지지 아니한다(법 제162조 제 1 항 단서). 즉 증권의 취득자 또는 처분자가 사업보고서·반기보고서·분기보고서·주요사항보고서("사업보고서등") 및 그 첨부서류(회계감사인의 감사보고서는 제외) 중 중요사항의 부실표시를 알고 있는(악의) 때에는 배상을 청구할 수 없다.

이와 같이 증권의 취득자 또는 처분자가 악의인 경우에 배상책임을 면책시키는 것은 취득자 또는 처분자가 부실표시의 사실을 알면서 증권을 취득 또는 처분하는 경우 취득자 또는 처분자는 부실표시로 인한 손해를 스스로 감수하겠다는 의사가 있는 것으로 추정할 수 있기 때문이다. 자본시장법은 취득자 또는 처분자가 악의인 때에만 상대방의 면책을 허용하고 있을 뿐이고, 상대방이 투자자의 과실을 문제삼아 전면적으로 책임을 면할 수 없게 한 점은 투자자의 보호를 강화하는 기능을 한다.

2) 증명책임

법문상으로는 누가 증명책임을 지는가 하는 점이 분명하지 않다. 피해자의 구제와 정보공시의 목적달성을 위하여 피고가 원고인 취득자 또는 처분자의 악의를 증명하여야 한다고 해석함이 타당하다. 투자자의 권리행사를 용이하게 하기 위한 정책적 고려에서 부실표시만을 원고가 증명하면 원고의 선의는 추정된다고 할 것이고, 권리장애규정인 단서규정은 이를 주장하는 자가 증명하여야 한다고 본다.

3) 증명의 범위

증권의 취득자 또는 처분자의 악의는 부실표시의 사실을 취득시 또는 처분시에 현실적으로 아는 것을 의미한다. 취득시 또는 처분시에 선의인 이상 그 후 이를 알게 되더라도 손해배상청구에는 영향을 받지 아니하며, 과실로 인하여 취득시 또는 처분시에 이를 알지 못한 경우에도 동일하다. 유통공시책임을 투자자 보호를 위한 법정책임으로 보는 이상 법문상 언급되어 있지 아니한 투자자의 과실을 고려할 이유는 없다. 일반적으로 증권의 취득자 또는 처분자는 표시의 정확성 및 완전 여부를 조사할 의무는 없을 뿐만 아니라 표시사실을 조사하도록 요구받은 경우에도 마찬가지이다. 그러나 투자자의 과실에 의하여 손해가 확대된 경우 그 과실이 손해배상액의 산정에서 고려될 수 있는가 하는 문제는 별개이다.

5. 인과관계

(1) 자본시장법상 관련규정

사업보고서·반기보고서·분기보고서·주요사항보고서("사업보고서등") 및 그 첨부서류(회계감사인의 감사보고서는 제외) 중 중요사항이 부실표시됨으로써 사업보고서 제출대상법인이 발행한 증권(그 증권과 관련된 증권예탁증권, 그 밖에 대통령령으로 정하는 증권을 포함)의 취득자 또는 처분자가 손해를 입은 경우에는 배상책임자는 그 손해에 관하여 배상의 책임을 진다(법 제162조 제1항). 배상책임을 질 자는 청구권자가 입은 손해액의 전부 또는 일부가 중요사항에 관하여 부실표시됨으로써 발생한 것이 아님을 증명한 경우에는 그 부분에 대하여 배상책임을 지지 아니한다(법 제162조 제4항).

(2) 거래인과관계

증권의 취득자 또는 처분자가 증권거래에서 입은 손해의 전보를 구하는 손해배상에서는 부실표시와 손해 사이에 인과관계가 있어야 한다. 의무위반행위인 부실표시와 손해 사이에 인과관계를 요하지 않는 것으로 한다면 유통공시에 의하여 투자정보를 얻고자 하는 투자자의 욕구를 감퇴시켜 공시제도의 무기능화를 초래할 것이기 때문이다.

자본시장법 제162조 제 1 항은 “부실표시로서 증권의 취득자 또는 처분자가 손해를 입은 경우에”라고 규정하고 손해배상책임의 요건으로 인과관계를 요구하고 있다.

전술한 바와 같이 발행시장에서의 취득자가 자본시장법 제125조의 규정에 의하여 손해배상청구권을 행사하는 경우에는 거래인과관계를 증명할 필요가 없다. 그러나 유통시장의 경우는 성격이 다르다고 할 수 있다. 즉 투자자를 투자판단에 이르게 한 해당 발행회사 및 증권에 관한 정보는 각각의 사업보고서나 반기보고서 또는 수시공시에 의한 것이 유일한 것이 아니고, 이들 공시정보가 직접적으로 투자를 권유하기 위한 것도 아니기 때문에 책임을 인정하기 위하여는 실제로 이들 공시를 믿고 투자를 했는지 여부가 반드시 밝혀질 필요가 있다. 다시 말하면 이들 공시가 행하여진 후 일정시점에 증권을 취득한 경우라도 신뢰의 인과관계가 추정될 여지는 없다. 따라서 반드시 인과관계의 증명이 필요하다. 그렇지 않으면 일정시점에 해당 증권을 거래한 수많은 취득자들에 대하여는 정보공시를 신뢰했는지 여부에 관계없이 손해배상책임을 부담해야 하는 불합리한 결과를 낳게 된다. 이러한 결과는 책임법체계를 혼란스럽게 하고 사회경제적으로도 정의롭지 않다. 이러한 해석은 우리 법의 모법인 미국의 1933년 증권법과 1934년 증권거래법에 대한 비교법적 검토에서도 증명된다. 즉 발행공시책임을 규제하는 1933년 증권법의 제11조, 제12(1)조, 제12(2)조 등에서는 거래인과관계의 증명을 요하지 않는 반면, 유통공시책임을 규제하는 1934년 증권거래법 제18(a)조에서는 명문으로 책임인정의 전제조건으로서 신뢰의 인과관계, 즉 거래인과관계를 요구하고 있다.[1)]

따라서 발행공시책임에서와 달리 유통공시책임에서는 유통시장에서의 증권의 취득자 또는 처분자가 자본시장법 제162조 규정에 의하여 손해배상청구권을 행사하는 경우에는 거래인과관계(부실표시된 내용을 신뢰하고 증권을 취득한 사실)를 증명하여야 한다.

---

1) 이준섭, 전게 논문, 38쪽.

(3) 손해인과관계

1) 의　　의

사업보고서·반기보고서·분기보고서·주요사항보고서("사업보고서등") 및 그 첨부서류(회계감사인의 감사보고서는 제외) 중 중요사항에 관하여 거짓의 기재 또는 표시가 있거나 중요사항이 기재 또는 표시되지 아니함으로써 사업보고서 제출대상법인이 발행한 증권(그 증권과 관련된 증권예탁증권, 그 밖에 대통령령으로 정하는 증권을 포함)의 취득자 또는 처분자가 손해를 입은 경우에는 배상책임자는 그 손해에 관하여 배상의 책임을 진다(법 제162조 제 1 항 본문). 따라서 자본시장법은 피고의 부실표시와 원고의 손해 사이에 인과관계가 존재할 것을 요구하고 있다. 증권취득자인 원고의 "손해"는 피고의 "부실표시"로 발생한 것이어야 한다.

2) 증명책임의 전환

배상책임을 질 자는 청구권자가 입은 손해액의 전부 또는 일부가 중요사항에 관하여 거짓의 기재 또는 표시가 있거나 중요사항이 기재 또는 표시되지 아니함으로써 발생한 것이 아님을 증명한 경우에는 그 부분에 대하여 배상책임을 지지 아니한다(법 제162조 제 4 항).

따라서 자본시장법 제162조 제 4 항 손해의 범위에 대한 인과관계의 증명을 배상책임자인 피고에게 부과함으로써 증명책임을 전환시키고 있는 것은 거래인과관계의 증명을 전제로 하고 있는 것이다. 따라서 피고는 부실표시와 원고의 손해 사이에 인과관계가 없음을 증명할 책임을 부담한다. 즉 피고(배상책임자)가 손해인과관계의 부존재를 증명할 책임을 부담한다. 따라서 원고는 그 존재를 증명할 필요가 없다.

관련판례: 대법원 2007. 9. 21. 선고 2006다81981 판결

증권거래법 제186조의5에 의하여 준용되는 같은 법 제14조의 규정을 근거로 주식의 취득자가 사업보고서의 내용을 공시할 당시의 당해 주권상장법인의 이사에 대하여 사업보고서의 허위기재 등으로 인하여 입은 손해의 배상을 청구하는 경우, 주식의 취득자는 같은 법 제15조 제 2 항의 규정에 따라 사업보고서의 허위기재 등과 손해발생 사이의 인과관계의 존재에 대하여 입증할 필요가 없고, 배상의무자인 이사가 책임을 면하려면 이러한 인과관계의 부존재를 입증하여야 한다. 그리고 위 법 제15조 제 2 항이 요구하는 '손해인과관계의 부존재사실'의 입증은 직접적으로 문제된 당해 허위공시 등 위법행위가 손해발생에 아무런 영향을 미치지 아니하였다는 사실이나 부분적 영향을 미쳤다는 사실을 입증하는 방법 또는 간접적으로 문제된 당해 허위공시 등 위법행위 이외의 다른 요인에 의하여 손해의 전부 또는 일부가 발생하였다는 사실을 입증하는 방법으로 가능하다고 할 것이나, 위와 같은 손해 추정조항의 입법취지에 비추어 볼 때 예컨대 허위공시 등의 위법행위 이후 매수한 주식의 가격이 하락하여 손실이 발생하였는데 그 가격하락의 원인이 문제된 당해 허위공시 등 위법행위 때문인지 여부가 불분명하다는 정도의 입증만으로는 위 손해의 추정이 깨진다고 볼 수 없다.

또한 허위공시 등의 위법행위가 있었던 사실이 정식으로 공표되기 이전에 투자자가 매수한 주식을 그 허위공시 등의 위법행위로 말미암아 부양된 상태의 주가에 모두 처분하였다고 하더라도 공표 전 매각분이라는 사실의 증명만으로 손해 인과관계 부존재의 증명이 되었다고 할 수는 없다.

관련판례: 대법원 2007. 9. 21. 선고 2006다81981 판결

허위공시 등의 위법행위가 있었던 사실이 정식으로 공표되기 이전에 투자자가 매수한 주식을 그 허위공시 등의 위법행위로 말미암아 부양된 상태의 주가에 모두 처분하였다고 하더라도 그 공표일 이전에 허위공시 등의 위법행위가 있었다는 정보가 미리 시장에 알려진 경우에는 주가가 이로 인한 영향을 받았을 가능성을 배제할 수 없으므로, 그와 같이 미리 시장에 알려지지 아니하였다는 점을 입증하거나 다른 요인이 주가에 미친 영향의 정도를 입증하거나 또는 매수시점과 매도시점에 있어서 허위공시 등의 위법행위가 없었더라면 존재하였을 정상적인 주가까지 입증하는 등의 사정이 없는 한, 위 공표 전 매각분이라는 사실의 입증만으로 증권거래법 제15조 제 2 항이 요구하는 인과관계 부존재의 입증이 되었다고 할 수는 없고, 특히 문제된 허위공시의 내용이 분식회계인 경우에는 그 성질상 주가에 미치는 영향이 분식회계 사실의 공표에 갈음한다고 평가할 만한 유사정보(예컨대 외부감사인의 한정의견처럼 회계투명성을 의심하게 하는 정보, 회사의 재무불건전성을 드러내는 정보 등)의 누출이 사전에 조금씩 일어나기 쉽다는 점에서 더욱 공표 전 매각분이라는 사실 자체의 입증만으로 같은 법 제15조 제 2 항이 요구하는 인과관계 부존재의 입증이 되었다고 보기는 어렵다.

3) 책임의 제한

증명책임의 전환에 관한 자본시장법 제162조 제 4 항의 규정은 동시에 책임제한의 근거규정으로서 기능을 수행한다. 이에 대한 것은 손해배상액의 산정 부분에서 논의하기로 한다.

6. 예측정보의 특례

예측정보가 다음 각 호에 따라 기재 또는 표시된 경우에는 법 제162조 제 1 항에 불구하고 제 1 항 각 호의 자는 그 손해에 관하여 배상의 책임을 지지 아니한다. 다만, 해당 증권의 취득자 또는 처분자가 그 취득 또는 처분을 할 때에 예측정보 중 중요사항에 관하여 거짓의 기재 또는 표시가 있거나 중요사항이 기재 또는 표시되지 아니한 사실을 알지 못한 경우로서 제 1 항 각 호의 자에게 그 기재 또는 표시와 관련하여 고의 또는 중대한 과실이 있었음을 증명한 경우에는 배상의 책임을 진다(법 제162조 제 2 항).

1. 그 기재 또는 표시가 예측정보라는 사실이 밝혀져 있을 것
2. 예측 또는 전망과 관련된 가정 또는 판단의 근거가 밝혀져 있을 것
3. 그 기재 또는 표시가 합리적 근거 또는 가정에 기초하여 성실하게 행하여졌을 것
4. 그 기재 또는 표시에 대하여 예측치와 실제 결과치가 다를 수 있다는 주의문구가 밝혀져 있을 것

7. 손해배상의 범위

(1) 배상액의 추정

배상할 금액은 청구권자가 그 증권을 취득 또는 처분함에 있어서 실제로 지급한 금액 또는 받은 금액과 다음 각 호의 어느 하나에 해당하는 금액(처분의 경우에는 제 1 호에 한한다)과의 차액으로 추정한다(법 제162조 제 3 항).

1. 손해배상을 청구하는 소송의 변론이 종결될 때의 그 증권의 시장가격(시장가격이 없는 경우에는 추정처분가격)
2. 변론종결 전에 그 증권을 처분한 경우에는 그 처분가격

관련판례: 대법원 2008. 11. 27. 선고 2008다31751 판결

일반적으로 분식회계 사실이 밝혀진 이후 그로 인한 충격이 가라앉고 그와 같은 허위정보로 인하여 부양된 부분이 모두 제거되어 일단 정상적인 주가가 형성되면 그와 같은 정상주가 형성일 이후의 주가변동은 달리 특별한 사정이 없는 한 분식회계와 아무런 인

과관계가 없다고 할 것이므로, 그 정상주가 형성일 이후에 당해 주식을 매도하였거나 변론종결일까지 계속 보유중인 사실이 확인되는 경우 법 제15조 제 1 항이 정하는 손해액 중 위 정상주가와 실제 처분가격(또는 변론종결일의 시장가격)과의 차액 부분에 대하여는 법 제15조 제 2 항의 인과관계 부존재의 증명이 있다고 보아야 할 것이고, 이 경우 손해액은 계산상 매수가격에서 위 정상주가 형성일의 주가를 공제한 금액이 될 것이다(대법원 2007. 10. 25. 선고 2006다16758, 16765 판결 참조).

원심은 채용 증거들을 종합하여 판시와 같은 사실을 인정한 다음, 분식회계 사실이 공표되어 10 거래일이 경과한 1999. 11. 9.경에는 사업보고서의 재무제표가 허위로 기재되어 공시되었다는 점이 주가에 모두 반영되어 부실공시로 인하여 부양된 주가가 모두 제거되었다고 보고, 1999. 11. 9. 형성된 대우중공업의 주가인 1,960원(우선주는 1,710원)을 부실공시로 인하여 부양된 주가가 제거된 정상주가로 판단하였는바, 앞서 본 법리와 기록에 비추어 살펴보면, 위와 같은 원심의 판단은 정당한 것으로 수긍할 수 있고, 거기에 상고이유에서 주장하는 바와 같은 채증법칙과 관련하여 법령을 위반한 위법이 없다.

증권의 취득자가 부실공시가 있기 전부터 당해 증권을 보유하고 있다가 부실공시가 있은 후 추가로 동일한 증권을 취득하고 그 중 일부만을 변론종결 전에 처분한 경우에는 그 처분된 일부의 증권이 부실공시 이전부터 보유하고 있던 증권의 일부인지, 허위공시 이후에 취득한 증권의 일부인지를 특정할 수 없으므로 손해배상액 산정이 어렵게 된다. 이러한 상황에서는 변론종결 전에 처분한 처분가격과 변론종결시점의 가격의 차이가 발생하는데, 이 경우 일부 증권을 공시 전에 매수한 증권으로 의제하는 경우와 공시 후에 매수한 증권으로 의제하는 경우에 따라 손해배상액의 규모에 있어 차이가 발생한다. 따라서 어느 방법을 선택하느냐에 따라 손해배상액의 규모에 차이가 발생하므로 원고 또는 피고에게 불이익이 발생할 수 있다.[1)]

실제로 위와 같은 사례가 있었다. 대우중공업의 분식회계와 관련하여 사업보고서 및 감사보고서의 부실기재를 이유로 대우중공업의 임직원과 회계감사를 수행한 회계법인에 대해 손해배상청구소송이 제기되었다. 이에 대하여 서울지방법원은 증권거래법 제186조의5에 의해 준용되는 법 제15조의 해석만으로 손해배상액 산정시 어느 방법을 선택하느냐에 따라 손해배상액의 규모에 차이가 발생하여 원고 또는 피고에게 불이익이 생기므로, 동 규정은 헌법이 보장한 재산권을 침해할 우려가 있다는 이유로 헌법재판소에 위헌법률심판을 제청하였다.

이에 대하여 헌법재판소는 "손해배상을 구하는 증권이 언제 취득한 증권인지

1) 권종호 외, "증권손해배상책임의 실체법적 정비,"(한국증권법학회 연구보고서, 2003. 11), 83쪽.

를 입증하는 문제는 손해배상액 산정규정인 위 규정이 적용되기 이전 단계의 문제로서 위 규정과는 직접적인 관련이 없으므로, 그와 같은 입증이 불가능하다는 문제 역시 위 규정이 규율하는 범위 밖이다. 그렇다면 이 규정은 손해배상청구권자나 손해배상의무자의 재산권을 침해하는 것이 아니다"라고 합헌결정을 내렸다.[1)]

대우중공업의 사안처럼 일부 매도한 증권이 언제 매수한 증권인지를 판단하는 것은 불가능하므로 원고 및 피고 모두에게 합리적인 것은 안분비례의 방법일 것이다.[2)]

(2) 배상액의 경감 및 면책가능성

배상청구권자는 증권가격의 하락과 부실표시 사이에 인과관계가 있음을 증명할 필요는 없다. 만약 사업보고서등의 제출인 등이 증권가격의 하락이 부실표시에 의하지 아니하였음(인과관계의 절단)을 증명하는 경우에는 그 책임을 면제·감경받을 수 있는가?

자본시장법은 제162조 제 4 항은 "배상책임을 질 자는 청구권자가 입은 손해액의 전부 또는 일부가 중요사항에 관하여 거짓의 기재 또는 표시가 있거나 중요사항이 기재 또는 표시되지 아니함으로써 발생한 것이 아님을 증명한 경우에는 그 부분에 대하여 배상책임을 지지 아니한다"고 규정함으로써 손해인과관계의 증명책임을 전환하는 규정을 두고 있는데, 이 규정은 피고의 배상액에 대한 책임을 제한하는 규정으로서의 기능도 수행한다.

시장가격의 이상폭락, 기업재무구조의 악화 등의 경우에도 그 위험을 발행인 등의 배상책임자에게 부담시키는 것은 부당하다. 배상액을 법정한 취지는 인과관계의 증명을 불요하게 함으로써 투자자의 배상청구를 용이하게 하려는 데 있는 것이지, 무관한 사유에 의한 가격하락을 전보해 주는 데 있는 것은 아니다. 따라서 배상책임자가 해당 증권의 시장가격이 부실표시 이외의 사유로 인하여 하락하였음을 증명한 때에는 그 한도에서 배상책임을 면할 수 있다고 보는 것이 타당하다.[3)]

그리고 손해발생과 관련하여 배상청구권자에게 과실이 있는 경우에는 과실의 정도에 따른 과실상계도 허용된다.

1) 헌법재판소 2003. 12. 18. 2002헌가23.
2) 권종호 외, 전게 보고서, 83쪽; 김건식·정순섭, 전게서, 192쪽.
3) 신영무, 전게서, 240쪽.

관련판례: 대법원 2008. 11. 27. 선고 2008다31751 판결

손해배상사건에서 과실상계나 손해부담의 공평을 기하기 위한 책임제한에 관한 사실인정이나 그 비율을 정하는 것은 그것이 형평의 원칙에 비추어 현저하게 불합리하다고 인정되지 않는 한 사실심의 전권사항에 속한다고 할 것인바(대법원 2008. 5. 15. 선고 2007다37721 판결 등 참조), 원심판결의 이유를 위 법리 및 기록에 비추어 살펴보면, 원심의 책임제한 사유에 관한 사실인정이나 그 비율판단은 수긍할 수 있는 범위 내로서 형평의 원칙에 비추어 현저히 불합리해 보이지는 않는다.

다만, 제1심이 원고들의 과실을 60%로 보아 과실상계한 데 반하여 원심은 피고들의 책임을 원고들이 입은 손해액의 60%로 제한하여 피고들의 책임을 확대하면서 원고 13, 17을 제외한 나머지 원고들에 대하여 제1심의 손해배상 인용금액보다 많은 금액을 인용함으로써 피고들에게 불이익하게 제1심판결을 변경하였는바, 피고들만이 항소한 이 사건에서 원심의 이러한 조치에는 불이익변경금지원칙에 관한 법리를 오해한 위법이 있다고 할 것이므로 이 점을 지적하는 상고이유의 주장은 이유 있다.

(3) 배상청구권의 소멸

사업보고서등의 제출인등의 손해배상책임은 그 청구권자가 해당 사실을 안 날부터 1년 이내 또는 해당 제출일부터 3년 이내에 청구권을 행사하지 아니한 경우에는 소멸한다(법 제162조 제5항). 이 기간은 제척기간이다.

제척기간이 단기이며 증권의 취득자 또는 처분자는 부실표시를 알기 위하여 상당한 주의를 다하여야 할 의무는 없으므로 1년의 기간은 청구권자가 그 사실을 현실적으로 안 날로부터 기산한다. 3년의 기간은 사업보고서 등의 효력이 발생한 날로부터 기산하지만, 사업보고서등의 효력이 이미 발생하고 있더라도 정정보고서(관련 법령에 의해 종속회사의 결산지연 등의 사유로 연결재무제표 및 감사의견을 추가로 제출하는 경우 포함)가 제출된 때에는 그 정정보고서가 수리된 날을 사업보고서등의 제출일로 보아야 할 것이다.

Ⅱ. 행정제재

1. 자료제출명령과 조사

금융위원회는 투자자 보호를 위하여 필요한 경우에는 사업보고서 제출대상법인, 그 밖의 관계인에 대하여 참고가 될 보고 또는 자료의 제출을 명하거나, 금융감독원장에게 그 장부·서류, 그 밖의 물건을 조사하게 할 수 있다. 이 경우 조사는 하는 자는 그 권한을 표시하는 증표를 지니고 이를 관계인에게 내보여야 한다(법 제164조 제1항, 제131조 제2항).

2. 정정명령등

금융위원회는 다음의 어느 하나에 해당하는 경우에는 사업보고서 제출대상법인에 대하여 이유를 제시한 후 그 사실을 공고하고 정정을 명할 수 있으며, 필요한 때에는 증권의 발행, 그 밖의 거래를 정지 또는 금지하거나 대통령령으로 정하는 조치[1]를 할 수 있다. 이 경우 그 조치에 필요한 절차 및 조치기준은 총리령으로 정한다(법 제164조 제2항).

1. 사업보고서등을 제출하지 아니한 경우
2. 사업보고서등 중 중요사항에 관하여 거짓의 기재 또는 표시가 있거나 중요사항이 기재 또는 표시되지 아니한 경우

3. 과 징 금

금융위원회는 사업보고서 제출대상법인이 다음의 어느 하나에 해당하는 경우에는 직전 사업연도 중에 증권시장에서 형성된 그 법인이 발행한 주식(그 주식과 관련된 증권예탁증권을 포함)의 일일평균거래금액의 100분의 10(20억원을 초과하거나 그 법인이 발행한 주식이 증권시장에서 거래되지 아니한 경우에는 20억원)을 초과하지 아니하는 범위에서 과징금을 부과할 수 있다(법 제429조 제3항).

1. 사업보고서등 중 중요사항에 관하여 거짓의 기재 또는 표시를 하거나 중요사항을 기재 또는 표시하지 아니한 때
2. 사업보고서등을 제출하지 아니한 때

---

1) "대통령령으로 정하는 조치"란 다음의 어느 하나에 해당하는 조치를 말한다(영 제175조).
   1. 1년의 범위에서 증권의 발행 제한
   2. 임원에 대한 해임권고
   3. 법을 위반한 경우에는 고발 또는 수사기관에의 통보
   4. 다른 법률을 위반한 경우에는 관련기관이나 수사기관에의 통보
   5. 경고 또는 주의

과징금은 각 해당 규정의 위반행위가 있었던 때부터 3년이 경과하면 이를 부과하여서는 아니 된다(법 제429조 제 4 항).

Ⅲ. 형사제재

1. 5년 이하의 징역 또는 2억원 이하의 벌금

다음의 어느 하나에 해당하는 자는 5년 이하의 징역 또는 2억원 이하의 벌금에 처한다(법 제444조).

다음 각 목의 어느 하나에 해당하는 서류 중 중요사항에 관하여 거짓의 기재 또는 표시를 하거나 중요사항을 기재 또는 표시하지 아니한 자 및 그 중요사항에 관하여 거짓의 기재 또는 표시가 있거나 중요사항의 기재 또는 표시가 누락되어 있는 사실을 알고도 제119조 제 5 항 또는 제159조 제 7 항(제160조 후단 또는 제161조 제 1 항 각 호 외의 부분 후단에서 준용하는 경우를 포함)에 따른 서명을 한 자와 그 사실을 알고도 이를 진실 또는 정확하다고 증명하여 그 뜻을 기재한 공인회계사·감정인 또는 신용평가를 전문으로 하는 자(제13호).

라. 제159조에 따른 사업보고서
마. 제160조에 따른 반기보고서 또는 분기보고서
바. 제161조에 따른 주요사항보고서
사. 제164조 제 2 항에 따른 정정명령에 따라 제출하는 사업보고서등

2. 1년 이하의 징역 또는 3천만원 이하의 벌금

자본시장법 제159조, 제160조 또는 제161조 제 1 항을 위반하여 사업보고서·반기보고서·분기보고서나 주요사항보고서를 제출하지 아니한 자는 1년 이하의 징역 또는 3천만원 이하의 벌금에 처한다(법 제446조 제28호).

제 5 절 수시공시제도

Ⅰ. 서 설

1. 의 의

자본시장법 제377조는 거래소의 업무 중 하나로 "주권등상장법인의 신고·공시에 관한 업무"(법 제377조 제 7 호)를 규정하고 있다. 이에 따라 거래소는 주권, 그 밖에 대통령령으로 정하는 증권을 상장한 법인("주권등상장법인")의 기업내용 등의 신고·공시 및 관리를 위하여 주권등상장법인 공시규정(이하 "공시규정")을 정하여야 한다. 이 경우 유가증권시장과 코스닥시장에 대하여 별도의 공시규정으로 정할 수 있다(법 제391조 제 1 항).[1)]

여기서 "그 밖에 대통령령으로 정하는 증권"이란 다음의 어느 하나에 해당하는 증권을 말한다(영 제360조).

1. 사채권
2. 파생결합증권
3. 증권예탁증권
4. 그 밖에 법 제391조 제 1 항에 따른 공시규정으로 정하는 증권

2. 공시사항

공시규정에는 다음 각 호의 사항이 포함되어야 한다(법 제391조 제 2 항).

1. 주권등상장법인이 신고하여야 하는 내용에 관한 사항
2. 주권등상장법인이 신고함에 있어서 준수하여야 할 방법 및 절차에 관한 사항
3. 주권등상장법인에 관한 풍문이나 보도 등의 사실 여부 및 그 법인이 발행한 증권의 가격이나 거래량의 현저한 변동의 원인 등에 대한 거래소의 신고 또는 확인 요구에 관한 사항

---

1) 거래소의 공시규정에는 유가증권시장 공시규정과 코스닥시장 공시규정이 있다. 그 내용이 유사하기 때문에, 여기서는 거래소의 유가증권시장 공시규정을 중심으로 설명하기로 한다. 이하에서는 유가증권시장 공시규정을 "공시규정"이라고 한다.

4. 주권등상장법인의 경영상 비밀유지와 투자자 보호와의 형평 등을 고려하여 신고·공시하지 아니할 사항
5. 주권등상장법인이 신고한 내용의 공시에 관한 사항
6. 주권등상장법인의 제 1 호부터 제 4 호까지의 위반유형, 위반 여부 결정기준 및 조치 등에 관한 사항
7. 매매거래의 정지 등 주권등상장법인의 관리에 관한 사항
8. 주권등상장법인의 신고의무 이행실태의 점검에 관한 사항
9. 그 밖에 주권등상장법인의 신고 또는 공시와 관련하여 필요한 사항

자본시장법은 자율규제인 거래소의 수시공시제도에 관하여는 기존의 증권거래법에서와 같은 별도의 근거규정을 두지 않고 거래소의 공시규정으로 신고대상항목들 정하도록 하고 있다. 즉 자본시장법은 주권등상장법인의 공시의무사항 및 관리에 관한 거래소의 공시규정에 대한 법적 근거가 된다.

Ⅱ. 의무공시

1. 신고의무자(공시주체)

자본시장법상 수시공시의무의 주체는 "주권등상장법인"이다(법 제391조 제 1 항). 공시규정은 주권상장법인을 신고의무자로 하고 있다(공시규정 제 7 조).

공시방법에는 상장법인이 직접 시장에 알리는 직접공시주의와 상장법인이 규제기관에 신고를 하면 일정한 절차에 따라 시장에 알리는 간접공시주의가 있다. 미국, 영국, 호주 등은 직접공시주의를 채택하고 있다. 우리나라와 일본 등은 간접공시주의를 채택하고 있다. 직접공시주의 국가들은 공시사항을 기업의 자율적 판단에 맡기는 경우가 많고, 간접공시주의 국가들은 대부분 법령이나 거래소 공시규정에서 구체적으로 공시사항을 열거하는 경우가 많다.[1]

2. 공시의무사항(신고의무사항)

(1) 주요경영사항 공시의 의의

주권상장법인은 주요경영사항에 해당하는 경우에는 그 사실 또는 결정[이사회(상법 제393조의 2의 규정에 의한 이사회 내 위원회 포함)의 결의 또는 대표이사 기타 사실

1) 성희활, 전게 논문, 64쪽.

상의 권한이 있는 임원·주요주주 등의 결정을 말함]내용을 그 사유발생 당일에 거래소에 신고하여야 한다. 다만, 제1호 다목, 제2호 중 가목 (7)·나목 (4)·다목 (4)·라목 (4), 제3호 중 가목 (1)·(2)와 나목 (5)에 해당하는 경우에는 사유 발생일 다음 날에 거래소에 신고하여야 한다(공시규정 제7조 제1항). 이사회결의를 통하여 결정된 사항을 공시하는 경우에는 사외이사의 이사회 참석 여부를 부기하여야 한다(공시규정 제46조).

자본시장법에서는 유통시장에서 수시로 발생하는 투자자의 투자판단에 중요한 영향을 미치는 기업의 현재와 미래에 대한 주요경영정보에 대하여 발생시마다 즉시 공시하도록 규정하고 있으며, 구체적인 공시대상은 거래소의 공시규정에서 명시하고 있다. 따라서 주권상장법인은 이와 같은 주요경영사항에 해당하는 사실 또는 결정이 있는 경우에는 그 사실 또는 결정내용을 공시시한인 당일 또는 익일 이내에 거래소에 신고하여야 한다.

당일·익일공시시한 및 당해 시한종료일이 오후인 조회공시시한은 당해 시한종료일의 18시까지로 한다. 다만, 당일·익일공시시한의 경우 당해 신고사항이 시한종료일 18시 이후에 발생하는 등 당해법인의 불가피한 사유가 있는 경우에는 그 익일 시간외시장 개시 10분전(장개시 전 시간외시장이 열리지 않을 경우 정규시장 매매거래 개시 30분 전)까지 신고할 수 있다(공시규정 시행시칙 제25조). 따라서 당일공시사항의 경우 그 시간은 당일 18 : 00 또는 익일 07 : 20까지를 의미하고, 익일공시사항의 경우 그 시간은 익일 18 : 00 또는 익익일 07 : 20까지 신고하여야 한다.

(2) 주요경영사항의 신고 및 공시

1) 의　　의

공시의무사항은 공시내용에 따라 ① 영업 및 생산활동 관련사항(공시규정 제7조 제1항 제1호), ② 재무구조 관련사항(제2호), ③ 기업경영활동 관련사항(제3호)으로 구성된다. 구체적으로 살펴보면 아래와 같다.

2) 주요경영사항

(가) 영업 및 생산활동 관련사항

해당 유가증권시장주권상장법인의 영업 및 생산활동에 관한 다음 각 목의 어느 하나에 해당하는 사실 또는 결정이 있은 때(제1호)

가. 최근 사업연도 매출액의 100분의 10(대규모법인의 경우 100분의 5) 이상에 해당하는 영업 또는 주된 영업의 일부 또는 전부가 정지되거나 그 정지에 관한 행정처분이 있은 때(그 영업의 인가·허가 또는 면허의 취소·반납과 그에 상당하는 생산품에 대한 판매활동의 정지를 포함)

나. 최근 사업연도 매출액의 100분의 10(대규모법인의 경우 100분의 5) 이상을 차지하는 거래처와의 거래가 중단된 때

다. 최근 사업연도 매출액의 100분의 10(대규모법인의 경우 100분의 5) 이상의 단일판매계약 또는 공급계약을 체결한 때 및 해당 계약을 해지한 때

라. 최근 사업연도 매출액의 100분의 10(대규모법인의 경우 100분의 5) 이상의 제품에 대한 수거·파기 등을 결정한 때

마. 최근 사업연도 생산액의 100분의 10(대규모법인의 경우 100분의 5) 이상을 생산하는 공장에서 생산활동이 중단되거나 폐업된 때 및 해당 중단·폐업사유가 해소되어 생산활동이 정상적으로 재개된 때

(나) 재무구조 관련사항

해당 유가증권시장주권상장법인의 재무구조에 변경을 초래하는 다음 각 목의 어느 하나에 해당하는 사실 또는 결정이 있은 때(제 2 호)

가. 해당 유가증권시장주권상장법인이 발행하는 증권에 관한 다음의 어느 하나에 해당하는 사실 또는 결정이 있은 때

(1) 증자 또는 감자에 관한 결정이 있은 때

(2) 주식의 이익소각에 관한 결정이 있은 때

(3) 자기주식의 취득 또는 처분(신탁계약 등의 체결, 해지 또는 연장을 포함), 신탁계약 등의 체결을 통해 취득한 자기주식의 유가증권시장 외에서의 처분에 관한 결정이 있은 때

(4) 상법 제329조의2 및 제440조에 따른 주식분할 또는 병합(자본감소를 위한 주식병합은 제외)에 관한 결정이 있은 때

(5) 상법 제329조에 따라 액면주식을 무액면주식으로 전환하거나 무액면주식을 액면주식으로 전환하기로 하는 결정이 있은 때

(6) 전환사채, 신주인수권부사채, 교환사채 또는 증권예탁증권(외국에서 이와 유사한 증권 또는 증서가 발행되는 경우를 포함)의 발행에 관한 결정이 있은 때

(7) 해외증권시장에 주권등의 상장을 추진하거나 이미 상장한 유가증권시장주권상장법인이 다음의 어느 하나에 해당되는 때

(가) 해외증권시장에 주권등을 상장하기 위한 결정이 있은 때 및 해당 주권등을 상장한 때

(나) 해외증권시장에 상장 후 해당국 증권감독기관 또는 증권거래소 등에 기업내용을 정기 또는 수시로 신고·공시하거나 보고서 그 밖의 관련서류를 제출한 때. 다만, 국내 증권관계법령 및 이 편에 따라 신고 또는 공시하거나 제출하는 사항과 중복되는 경우는 제외한다.

(다) 해외증권시장에서의 상장폐지를 결정하거나 해당국 증권감독기관 또는 증권거래소로부터 매매거래정지, 상장폐지, 그 밖의 조치(해당 법인이 이를 요청한 때를 포함)를 받은 때 및 상장폐지된 때

(라) 해당국 증권거래소로부터 조회공시를 요구받은 때

(8) 해당법인이 발행한 주권을 상장폐지하기로 결정한 때

(9) 발행한 어음이 위·변조된 사실을 확인한 때

나. 해당 유가증권시장주권상장법인의 투자활동에 관한 다음의 어느 하나에 해당하는 사실 또는 결정이 있은 때

(1) 자기자본의 100분의 10(대규모법인의 경우 100분의 5) 이상에 상당하는 신규시설투자, 세칙에서 정하는 시설외투자[1], 시설증설 또는 별도공장의 신설에 관한 결정이 있은 때

(2) 최근 사업연도말 자산총액의 100분의 10(대규모법인의 경우 100분의 5) 이상의 유형자산의 취득 또는 처분에 관한 결정[법 시행령 제103조 제1호에 따른 특정 금전신탁 또는 법 제9조 제19항에 따른 사모집합투자기구(해당 법인이 자산운용에 사실상의 영향력을 행사하는 경우에 한한다)에 의한 취득 및 처분을 포함한다. 이하 이 목 (3)에서의 취득 또는 처분에서 같다]이 있은 때

(3) 자기자본의 100분의 5(대규모법인의 경우 1,000분의 25) 이상의 출자(타법인이 발행한 주식 또는 출자증권의 취득을 말한다. 이하 같다) 또는 출자지분 처분에 관한 결정이 있은 때. 다만, 다음의 어느 하나에 해당하는 경우에는 그러하지 아니하다.

(가) 공개매수에 의한 출자. 다만, 외국기업이 발행한 주권을 대상으로 하는 외국 법률에 의한 공개매수의 경우에는 해당 국가에서 공개매수신고서 또는 이에 준하는 서류를 제출하는 때에 이를 신고하여야 한다.

(나) 금융기관(금융위원회의 설치 등에 관한 법률 제38조 각 호의 어느 하나에 해당하는 기관)의 단기매매증권의 취득·처분(담보권 등 권리실행에 의한 출자·출자지분 처분을 포함)

---

1) 공시규정 시행세칙 제4조의2(시설외투자) 규정 제7조 제1항 제2호 나목의 (1) 중 "세칙에서 정하는 시설외투자"라 함은 다음 각 호의 어느 하나에 해당하는 사항을 말한다.
1. 영화, 음반, 연예, 공연물 등의 제작을 위한 투자
2. 게임, 프로그램 등의 제작을 위한 투자
3. 교육, 지식, 정보, 출판물 등의 제작을 위한 투자
4. 연예·스포츠 매니지먼트 계약 등을 통한 투자

(4) 자기자본의 100분의 5(대규모법인의 경우 1,000분의 25) 이상을 출자(최근 사업연도말 재무상태표상의 가액을 기준으로 한다)하고 있는 주권비상장법인(코스닥시장상장법인을 포함)이 제 3 호 나목 (1)부터 (3)까지의 어느 하나에 해당된 사실이 확인된 때

다. 해당 유가증권시장주권상장법인의 채권·채무에 관한 다음의 어느 하나에 해당하는 사실 또는 결정이 있은 때

(1) 자기자본의 100분의 10(대규모법인의 경우 100분의 5) 이상에 해당하는 단기차입금의 증가에 관한 결정이 있은 때. 이 경우 단기차입금에는 모집 외의 방법으로 발행되는 만기 1년 이내의 사채금액을 포함하며, 기존의 단기차입금 상환을 위한 차입금은 제외한다.

(2) 자기자본의 100분의 5(대규모법인의 경우 1,000분의 25) 이상의 채무를 인수하거나 면제하여 주기로 결정한 때

(3) 자기자본의 100분의 5(대규모법인의 경우 1,000분의 25) 이상의 담보제공(타인을 위하여 담보를 제공하는 경우에 한한다. 이하 같다) 또는 채무보증(입찰·계약·하자·차액보증 등의 이행보증과 납세보증은 제외한다. 이하 같다)에 관한 결정이 있은 때. 이 경우 그 결정일 또는 사유 발생일 현재의 채무자별 담보제공 또는 채무보증 잔액을 함께 신고하여야 한다.

(4) 제 2 호 다목 (3)에 해당하는 채무자가 제 3 호 나목 (1)부터 (3)까지의 어느 하나에 해당된 사실이 확인된 때

(5) 발행한 사채와 관련하여 자기자본의 100분의 5(대규모법인의 경우 1,000분의 25) 이상의 금액에 상당하는 원리금의 지급을 이행하지 못한 때. 이 경우 신고금액의 산정은 해당 사업연도에 발생한 미지급금 중 기 신고분을 제외한 누계금액을 기준으로 한다.

(6) 신용정보의 이용 및 보호에 관한 법률 시행령 제21조 제 2 항의 금융기관으로부터 받은 대출금과 관련하여 자기자본의 100분의 5(대규모법인의 경우 1,000분의 25) 이상의 금액에 상당하는 원리금의 지급을 이행하지 못한 때. 이 경우 신고금액의 산정은 해당 사업연도에 발생한 미지급금액 중 기 신고분을 제외한 누계금액을 기준으로 한다.

(7) 자기자본의 100분의 5(대규모법인의 경우 1,000분의 25) 이상의 타인에 대한 선급금 지급, 금전의 가지급, 금전대여 또는 증권의 대여에 관한 결정이 있은 때. 이 경우 종업원(최대주주등 이외의 자인 경우에 한한다)·우리사주조합에 대한 대여의 경우에는 제외한다.

라. 해당 유가증권시장주권상장법인의 손익에 관한 다음의 어느 하나에 해당하는 사실 또는 결정이 있은 때

(1) 천재·지변·전시·사변·화재 등으로 인하여 최근 사업연도말 자산총액의 100분의 5(대규모법인의 경우 1,000분의 25) 이상의 재해(최근 사업연도말 재무제표상의 가액을 기준으로 한다)가 발생한 때

(2) 자기자본의 100분의 5(대규모법인의 경우 1,000분의 25) 이상의 벌금·과태료·추징금 또는 과징금 등이 부과된 사실이 확인된 때

(3) 자기자본의 100분의 5(대규모법인의 경우 1,000분의 25) 이상의 금액에 상당하는 임·직원 등(퇴직한 자를 포함)의 횡령·배임혐의가 확인된 때 및 그 혐의가 사실로 확인된 때

(4) 파생상품의 거래(위험회피 목적의 거래로서 한국회계기준원이 정하는 기업회계기준 등에 관한 해석에 따른 높은 위험 회피효과를 기대할 수 있는 경우를 제외)로 인하여 자기자본의 100분의 5(대규모법인의 경우 1,000분의 25) 이상의 손실(미실현분을 포함)이 발생한 때. 이 경우 신고금액의 산정은 해당 사업연도에 발생한 손실 중 기 신고분을 제외한 누계손실을 기준으로 하며, 다수의 파생상품 거래가 있는 경우에는 손실과 이익을 상계한다.

마. 해당 유가증권시장주권상장법인의 결산에 관한 다음의 어느 하나에 해당하는 사실 또는 결정이 있은 때

(1) 외감법 제 8 조 제 1 항에 따라 회계감사인으로부터 감사보고서를 제출받은 때. 이 경우 해당 감사보고서상 다음의 어느 하나에 해당하는 사실이 확인된 때에는 이를 함께 신고하여야 한다.

(가) 감사의견 [종속회사가 있는 경우(유가증권시장주권상장법인이 최근 사업연도에 외감법 제13조 제 1 항 제 1 호에 따른 회계처리기준("한국채택국제회계기준"을 적용한 경우), 또는 지주회사인 경우에는 연결재무제표에 대한 감사의견을 포함] 부적정, 의견거절 또는 감사범위의 제한으로 인한 한정

(나) 최근 사업연도의 자기자본이 자본금의 100분의 50 이상 잠식 [종속회사가 있는 유가증권시장주권상장법인이 한국채택국제회계기준을 적용하여 사업보고서를 작성한 경우에는 연결재무제표상 자본금 및 자본총계(외부주주 지분은 제외)를 기준으로 하며, 외감법 제13조 제 1 항 제 2 호에 따른 회계처리기준을 적용하는 지주회사의 경우에는 연결재무제표에 대한 자본잠식을 포함한다]. 이 경우 자본금 전액이 잠식된 경우에는 별도로 표시하여야 한다.

(다) 최근 사업연도의 매출액(지주회사의 경우에는 연결재무제표를 기준으로 하며, 한국채택국제회계기준을 적용한 사업연도의 경우에는 재화의 판매와 용역의 제공금액을 합산한 금액을 기준으로 한다. 이하 이 목

(3)에서 같다)이 50억원 미만

(2) 회계감사인의 반기검토보고서상 검토의견이 부적정 또는 의견거절인 때

(3) 최근사업연도의 결산결과 다음의 어느 하나에 해당하는 사실이나 결정이 있은 때. 이 경우 결산주주총회의 소집을 통지·공고하기 이전까지 이를 신고하여야 하며, 매출액·영업손익·당기순손익 항목 및 자산·부채·자본총계 현황을 함께 신고하여야 한다.

(가) 최근사업연도 매출액, 영업손익 또는 당기순손익이 직전사업연도 대비 100분의 30(대규모법인의 경우 100분의 15) 이상 증가 또는 감소

(나) (1)의 (나) 및 (다)에 해당하는 경우

(4) 주식배당에 관한 결정이 있은 때. 이 경우 사업연도말 10일 전까지 그 예정내용을 신고하여야 한다.

(5) 현금·현물배당(법 제165조의12에 따른 분기배당 및 상법 제462조의3에 따른 중간배당을 포함)에 관한 결정이 있은 때 및 중간배당(분기배당을 포함)을 위한 주주명부폐쇄기간(기준일을 포함)을 결정한 때. 이 경우 해당 배당신고는 세칙이 정하는 시가배당률[1)]에 의하여야 하며 액면배당률은 이를 표시하지 아니한다.

(6) 회계처리기준 위반행위와 관련하여 다음의 어느 하나에 해당하는 때

(가) 해당 법인 또는 그 임 · 직원(퇴직한 자를 포함)이 외부감사 및 회계 등에 관한 규정 제56조 제 1 항에 따라 증권선물위원회로부터 검찰고발 또는 검찰통보 조치된 사실을 통보받은 때와 그 결과가 확인된 때

(나) 해당 법인 또는 그 임 · 직원(퇴직한 자를 포함) 이 회계처리기준 위반행위를 사유로 검찰에 의하여 기소되거나 그 결과가 확인된 때. 다만, (가)에 따라 신고한 경우에는 그러하지 아니하다.

(7) 유형자산 분류별로 자산재평가 실시에 관한 최초 결정이 있은 때 및 자산재평가 결과 최근 사업연도말 자산총액의 100분의 5(대규모법인의 경우 1,000분의 25) 이상의 자산재평가 증가금액 또는 감소금액이 발생한 사실이 확인된 때

(다) 경영활동 관련사항

해당 유가증권시장주권상장법인의 기업경영활동에 관한 다음 각 목의 어느 하나에 해당하는 사실 또는 결정이 있은 때(제 3 호)

가. 해당 유가증권시장주권상장법인의 지배구조 또는 구조개편에 관한 다음의 어느

1) 공시규정 시행세칙 제 4 조의3(시가배당률 등) 규정 제 7 조 제 1 항 제 2 호 마목 (5)에서 “세칙이 정하는 시가배당률”이란 당해 배당과 관련된 주주총회 소집을 위한 주주명부폐쇄일 2일 전부터 과거 1주일간의 유가증권시장에서 형성된 최종 시세가격의 산술평균가격에 대한 주당배당금의 비율을 백분율로 산정한 시가배당률을 말한다.

하나에 해당하는 사실 또는 결정이 있은 때
(1) 최대주주가 변경된 사실이 확인된 때
(2) 감사(감사위원회 위원을 포함)가 임기만료 외의 사유로 퇴임한 때
(3) 지주회사인 유가증권시장주권상장법인의 자회사가 새로이 편입 또는 탈퇴된 때
(4) 상법 제3편 제4장 제2절 제2관 또는 제3관에 따른 주식교환 또는 주식이전의 결정이 있은 때
(5) 상법 제374조·제522조·제530조의2 및 제530조의12에서 규정한 사실에 관한 결정이 있은 때
(6) 상법 제527조의2에 따른 간이합병 또는 제527조의3에 따른 소규모합병에 관한 결정이 있은 때

나. 해당 유가증권시장주권상장법인의 존립에 관한 다음의 어느 하나에 해당하는 사실 또는 결정이 있은 때
(1) 발행한 어음 또는 수표가 부도로 되거나 은행과의 당좌거래가 정지 또는 금지된 때
(2) 채무자 회생 및 파산에 관한 법률에 따른 다음의 어느 하나에 해당하는 경우
(가) 회생절차 개시·종결·폐지 신청을 한 때 및 법원으로부터 회생절차 개시·종결 또는 폐지, 회생절차 개시신청 기각, 회생절차 개시결정 취소, 회생계획 인가·불인가 등의 결정사실을 통보받은 때
(나) 파산신청을 한 때 및 법원으로부터 파산선고 또는 파산신청에 대한 기각결정 사실을 통보받은 때
(3) 상법 제517조 및 그 밖의 법률에 따른 해산사유가 발생한 때. 다만, 상법 제227조 제4호 및 제517조 제1호의2에 따른 해산사유에 해당하는 경우에는 그러하지 아니하다.
(4) 거래은행 또는 채권금융기관이 법인의 경영관리 또는 공동관리를 개시·중단 또는 해제하기로 결정한 사실이 확인되거나 법인이 동 관리의 개시 신청·신청취하를 한 때
(5) 주채권은행 또는 채권금융기관협의회와 경영정상화 계획의 이행을 위한 약정을 체결한 때
(6) 주채권은행 또는 채권금융기관협의회로부터 회생절차·해산·청산 또는 파산신청을 요구받은 때

다. 해당 유가증권시장주권상장법인에 대하여 다음의 소송 등의 절차가 제기·신청되거나 그 소송 등이 판결·결정된 사실을 확인한 때. 다만, (4)의 경우에는 소송의 제기(상소를 포함)·허가신청, 소송허가 결정, 소송불허가 결정, 소취하(상소취하를 포함)·화해·청구포기(상소권포기를 포함)의 허가신청·결정 및 판결의

사실 등을 확인한 때
(1) 유가증권시장주권상장법인이 발행한 상장 또는 상장대상 증권의 발행에 대한 효력, 그 권리의 변경 및 그 증권의 위조 또는 변조에 관한 소송
(2) 청구금액이 자기자본의 100분의 5(대규모법인의 경우 1,000분의 25) 이상인 소송 등
(3) 임원의 선임·해임을 위한 소수주주의 법원에 대한 주주총회 소집허가 신청, 임원의 선임·해임 관련 주주총회결의의 무효·취소의 소, 임원의 직무집행정지가처분 신청 등 임원의 선임·해임 또는 직무집행과 관련한 경영권분쟁 소송
(4) 증권관련 집단소송법에 따른 소송

라. 주주총회소집을 위한 이사회결의 또는 주주총회결의가 있은 때. 이 경우 사업목적 변경, 사외이사의 선임·해임, 감사의 선임·해임, 집중투표제의 도입·폐지 등 투자판단에 중대한 영향을 미칠 수 있는 사항에 대하여는 이를 구분하여 명기하여야 한다.

(3) 자회사의 주요경영사항

지주회사인 주권상장법인은 자회사의 주요경영사항에 대하여 일정기준에 해당하는 경우 그 사실 또는 결정내용을 공시시한 이내에 신고하여야 한다.

'자회사'라 함은 다음 각 호의 어느 하나에 해당하는 회사를 말한다. 다만, 외국지주회사의 자회사는 외국지주회사가 채택하고 있는 회계처리기준에 따라 연결대상이 되는 종속회사를 말한다(공시규정 제 2 조 제12항).

1. 공정거래법 제 2 조 제 1 호의3에 따른 자회사
2. 금융지주회사법 제 2 조 제 1 항 제 2 호에 따른 자회사
3. 상장규정 제 2 조 제26항 제 3 호에 따른 자회사

[공시규정]

제 8 조(자회사의 주요경영사항) ① 지주회사인 유가증권시장주권상장법인은 소유하고 있는 자회사 주식의 최근 사업연도말 재무제표상 가액(사업연도중 편입하는 경우에는 그 취득가액)이 지주회사의 최근 사업연도말 자산총액의 100분의 10 이상인 자회사 경우 제 7 조 제 1 항 각 호의 어느 하나에 해당하는 때에는 그 사실 또는 결정내용을 그 사유발생일 다음 날까지 거래소에 신고하여야 한다.

② 지주회사의 자회사가 제 7 조 제 1 항 제 3 호 나목 (1)부터 (3)까지의 어느 하나에

해당하는 경우 해당 자회사가 제1항에서 규정하고 있는 자회사인 경우에는 그 사유발생일 당일에, 그 외의 자회사인 경우에는 그 사유발생일 다음 날까지 그 사실 또는 결정내용을 거래소에 신고하여야 한다.

③ 지주회사의 자회사가 주권상장법인인 경우로서 지주회사가 세칙이 정하는 바에 따라 신청서를 제출한 경우[1]에는 해당 자회사가 제7조 제1항 각 호의 신고를 하는 때에 지주회사가 제1항 및 제2항에 따른 신고를 한 것으로 본다.

Ⅲ. 자율공시

주권상장법인은 위에서 살펴 본 공시의무사항 외에 투자판단에 중대한 영향을 미칠 수 있거나 투자자에게 알릴 필요가 있다고 판단되는 사항으로서 세칙에서 정하는 사항[2]의 발생 또는 결정이 있은 때에는 그 내용을 거래소에 신

---

1) 공시규정 시행세칙 제4조의4(자회사의 주요경영사항) 규정 제8조 제3항에서 "세칙이 정하는 바에 따라 신청서를 제출한 경우"라 함은 별지 제7호 서식에 의한 신청서에 지주회사가 다음 각 호의 사항을 기재하여 제출한 경우를 말한다.
   1. 제출법인명 및 신청일자
   2. 신청사유
   3. 자회사(주권상장법인에 한함) 변동사항
   4. 그 밖에 필요한 사항

2) 공시규정 시행세칙 제8조(자율공시) 규정 제28조에서 "세칙에서 정하는 사항"이란 다음 각 호의 어느 하나에 해당하는 사항을 말한다.
   1. 기술도입·이전·제휴
   2. 자원개발 투자·개발자원 경제성 판명
   3. 특허권 취득 또는 양수·양도
   4. 단기차입금 감소
   5. 파생상품거래 이익발생
   6. 채무면제 이익발생
   7. 녹색경영정보와 관련한 다음 각 목의 어느 하나에 해당하는 사항
      가. 저탄소 녹색성장 기본법("녹색성장법") 제32조에 따른 녹색기술, 녹색사업에 대한 적합성 인증 또는 녹색전문기업의 확인 및 그에 대한 인증취소 또는 확인취소
      나. 녹색성장법 제42조에 따른 관리업체 지정 또는 취소
      다. 녹색성장법에 따른 개선명령, 시정이나 보완명령, 과태료 부과 등의 조치
      라. 환경기술개발 및 지원에 관한 법률 제16조의2 및 제16조의3에 따른 녹색기업 지정 또는 취소
      마. 온실가스 배출권의 취득 또는 처분
   8. 증여·수증
   9. 상호저축은행법의 규정과 관련한 다음 각 목의 어느 하나에 해당하는 사항
      가. 과점주주가 되거나 그 지위변경
      나. 당해 법인이 과점주주로 있는 상호저축은행의 국제결제은행이 정한 자기자본비율이 낮아진 사실

고할 수 있다. 이 경우 그 신고는 사유발생일 다음 날까지 하여야 한다(공시규정 제28조).

자율공시는 의무공시와는 달리 해당 법인의 자율적인 판단에 따라 가치 있는 정보를 공시하도록 함으로써 투자자에게 풍부한 정보를 제공하고 해당 법인의 경영투명성을 높여 사회적 책임을 다할 수 있도록 하기 위함이다.[1)]

의무공시사항의 축소와 자율공시사항의 확대는 기업의 자율적인 판단에 근거하여 공시 여부를 결정할 수 있는 재량을 강화한 것으로 볼 수 있다.

Ⅳ. 조회공시

1. 의 의

자본시장법은 공시규정에 "주권등상장법인에 관한 풍문이나 보도 등의 사실 여부 및 그 법인이 발행한 증권의 가격이나 거래량의 현저한 변동의 원인 등에 대한 거래소의 신고 또는 확인 요구에 관한 사항"을 포함하도록 하여 조회공시의 근거규정을 두고 있다(법 제391조 제 2 항 제 3 호).

"조회공시"라 함은 자본시장법 제391조 제 2 항 제 3 호에 따라 거래소가 주권상장법인에 대하여 기업내용에 관한 공시를 요구하여 해당 주권상장법인이 이에 대하여 거래소에 신고하는 것을 말한다(공시규정 제 2 조 제 3 항).

조회공시는 주요경영사항 또는 그에 준하는 사항에 관한 풍문 또는 보도의 사실 여부나 당해 기업이 발행한 주권등의 가격이나 거래량이 급변하는 경우 거

다. 당해 법인이 과점주주로 있는 상호저축은행의 매분기별 재무제표

10. 회사의 합병, 영업양수·도, 분할·분할합병 또는 주식의 포괄적 교환·이전을 위한 주주총회결의의 무효 또는 취소소송이 제기·신청되거나 그 소송에 대한 판결·결정사실
11. 선급금 지급, 금전의 가지급, 금전대여 또는 증권대여

11의2. 유상증자 또는 주식관련사채 등의 발행결과를 확정한 때

12. 금융지주회사가 금융지주회사법에 의한 경영개선조치를 요구받은 사실
13. 금융기관이 관계법규 또는 감독기관으로부터 경영개선권고, 요구 또는 명령을 받거나 경영개선협약체결 등 조치를 받은 사실
14. 주요주주 또는 계열회사의 변경
15. 제 1 호부터 제14호까지 외에 투자자의 투자판단에 중대한 영향을 미칠 수 있다고 판단되는 사항
16. 규정 제 7 조 제 1 항에 따른 주요경영사항 중 신고의무비율에 미달하는 사항 등 투자자에게 알릴 필요가 있다고 판단되는 사항

1) 변제호 외 4인, 전게서, 406쪽.

래소가 주권상장법인에게 중요한 미공개정보가 있는지 여부에 대한 답변을 요구하고 당해 주권상장법인은 이에 응하여 공시하도록 하는 제도이다(공시규정 제12조 제 1 항).[1)]

전술한 의무공시와 자율공시는 공시의무자의 의도로 행하여지는 데 반하여, 조회공시는 거래소의 적극적인 요구에 따른 공시이다.[2)]

2. 조회공시대상

(1) 상장법인의 공시의무사항에 관한 풍문 및 보도

거래소는 풍문 및 보도("풍문등")의 사실 여부의 확인을 위하여 조회공시를 요구할 수 있으며, 조회공시를 요구받은 유가증권시장주권상장법인은 공시요구시점[3)]이 오전인 경우에는 당일 오후까지, 오후인 경우에는 다음 날 오전까지 이에 응하여야 한다. 다만 제40조 제 2 항 각 호의 어느 하나에 해당하는 사유[4)]로 조회

---

1) 증권거래법은 "증권선물거래소는 유가증권의 공정한 거래와 투자자의 보호를 위하여 필요한 경우에는 주권상장법인에 관한 풍문 및 보도의 사실 여부의 확인을 요구할 수 있으며, 당해 법인이 발행한 유가증권의 가격이나 거래량에 현저한 변동이 있는 경우에는 제188조의2의 규정에 의한 중요한 정보의 유무에 대한 공시를 요구할 수 있다"(법 제186조 제 2 항)고 규정하여 조회공시에 관한 규정을 두고 있었다.

2) 변제호 외, 전게서, 407쪽.

3) 공시규정 시행세칙 제 6 조(조회공시 요구시점) 규정 제12조 제 1 항에 따른 조회공시의 요구시점은 제 7 조(조회공시 요구방법)에 따라 통보한 시점을 말한다.

4) 공시규정 제40조(매매거래정지) ② 제 1 항 제 4 호에서 "풍문 또는 보도 등"이라 함은 다음 각 호의 어느 하나에 해당하는 유가증권시장상장법인에 관한 풍문 또는 보도 등을 말한다. 다만, 주식워런트증권의 경우 주식워런트증권 상장법인에 관한 상장규정 제86조의2 제 1 호에 해당하는 풍문 또는 보도 등을 말한다.〈업무규정에서 이관, 2010. 12. 1〉
   1. 발행한 어음 또는 수표의 부도발생이나 은행과의 당좌거래정지 또는 금지
   2. 영업활동의 전부 또는 일부의 정지
   3. 법률의 규정에 의한 파산, 해산 또는 회생절차 개시신청이나 사실상의 회생절차 개시
   4. 최근 사업연도 외감법의 규정에 의한 회계감사인의 감사보고서 또는 반기검토보고서상 다음 각 목 중 어느 하나에 해당하는 사항
      가. 감사보고서의 경우 다음의 어느 하나에 해당하는 사항
      (1) 감사의견[종속회사가 있는 경우(유가증권시장주권상장법인이 최근 사업연도에 한국채택국제회계기준을 적용한 경우) 또는 지주회사인 경우에는 연결재무제표에 대한 감사의견을 포함] 부적정, 의견거절 또는 감사범위 제한으로 인한 한정
      (2) 최근 사업연도의 자기자본이 자본금의 100분의 50 이상 잠식[종속회사가 있는 유가증권시장주권상장법인이 한국채택국제회계기준을 적용하여 사업보고서를 작성한 경우에는 연결재무제표상 자본금 및 자본총계(외부주주 지분은 제외)를 기준으로 하며, 외감법 제13조 제 1 항 제 2 호에 따른 회계처리기준을 적용하는 지주회사의 경우에는 연결재무제표에 대한 자본잠식을 포함]

공시를 요구받은 경우에는 그 다음 날까지로 한다(공시규정 제12조 제 1 항 본문).

여기서 "풍문 및 보도"는 유가증권시장주권상장법인의 기업내용에 관하여 거래소가 수집한 내용 및 전국을 보급지역으로 하는 국내일간지에 게재된 기사로 한다(공시규정 시행세칙 제 5 조).

다만, 풍문 등의 내용이 1월 또는 3월(제 7 조 제 1 항 제 3 호 가목 (1)·(5)·(6) 그 밖에 이에 준하는 사항의 경우) 이내에 이미 공시한 사항인 경우에는 조회공시를 요구하지 아니할 수 있다(공시규정 제12조 제 1 항 단서). 즉 풍문 및 보도의 내용이 1월 또는 3월(지배구조 또는 구조개편에 관한 사실 또는 결정이 있는 경우로서 최대주주의 변경사실이 확인된 때, 상법상 영업양수도·경영위임·합병·분할·분할합병·물적분할, 상법상 간이합병 또는 소규모합병의 경우) 이내에 이미 공시한 사항은 예외이다.

(2) 주가 또는 거래량 급변의 경우

거래소는 풍문등이 없더라도 주권상장법인이 발행한 주권등의 가격 또는 거래량이 거래소가 따로 정하는 기준에 해당하는 경우에는 해당 주권상장법인에 대하여 중요한 정보(제 7 조부터 제11조까지, 제15조, 제16조 및 제28조에서 정하는 사항에 관한 정보)의 유무에 대한 조회공시를 요구할 수 있으며, 조회공시를 요구받은 주권상장법인은 요구받은 다음 날까지 이에 응하여야 한다. 다만, 주권상장법인의 주권등의 가격 또는 거래량이 본문의 규정에 의한 최근 조회공시 요구일부터 15일 이내에 다시 본문의 규정에 의한 기준에 해당되는 경우에는 조회공시를 요구하지 아니할 수 있다(공시규정 제12조 제 2 항).

3. 조회공시의 제외대상

주권상장법인이 다음의 어느 하나에 대항하는 경우에는 조회공시를 요구하지 아니할 수 있다(공시규정 제12조 제 3 항).[1)]

---

(3) 최근 사업연도의 매출액(지주회사의 경우에는 연결재무제표를 기준으로 하며, 한국채택국제회계기준을 적용한 사업연도의 경우에는 재화의 판매와 용역의 제공금액을 합산한 금액을 기준으로 한다) 50억원 미만. 다만, 제 2 조 제20항에 따른 기업인수목적회사의 경우는 제외한다.

나. 반기검토보고서의 경우 검토의견 부적정 또는 의견거절

5. 그 밖에 가격 또는 거래량의 급변이 예상되는 중요한 사항으로 조회가 가능한 사항

1) 증권거래법은 "이 경우 다른 법령·천재지변 기타 이에 준하는 사유로 공시하기가 곤란한 경우 외에는 당해 법인은 지체 없이 이에 응하여야 한다"(법 제186조 제 2 항)고 규정하여 조회공시가 면제되는 경우를 법에서 규정하고 있었다.

1. 다른 법령, 규정 등에 의하여 불가피한 경우
2. 천재·지변·전시·사변·경제사정의 급변 그 밖에 이에 준하는 사태가 발생한 경우

4. 조회공시 요구방법

거래소는 주권상장법인의 대표이사, 공시책임자 또는 공시담당자에게 세칙으로 정하는 방법[1]으로 조회공시를 요구하고, 공시매체[2]를 통하여 당해 조회공시 요구사실 및 그 내용을 공표한다(공시규정 제13조 제1항).

주권상장법인은 조회공시 요구사항이 제7조 제1항 제3호 가목 (1) 또는 같은 목 (5) 등에 관련되는 사항으로서 필요한 경우에는 최대주주 등의 확인을 거쳐 조회공시를 하여야 한다(공시규정 제13조 제2항).

5. 조회에 대한 답변공시시한

(1) 풍문 및 보도

조회공시의 요구를 받은 주권상장법인은 공시 요구시점이 오전인 경우에는 당일 오후까지, 오후인 경우에는 다음 날(익일) 오전까지 이에 응하여야 하고(공시규정 제12조 제1항), 조회공시 요구시 매매거래정지 조치가 취해지는 사항은 그 다음 날(1일 이내)까지 이에 응하여야 한다(공시규정 제12조 제1항).

(2) 시황급변(주가 또는 거래량 급변)

조회공시를 요구받은 주권상장법인은 요구받은 다음 날(1일 이내)까지 이에 응하여야 한다(공시규정 제12조 제2항).

6. 미확정공시에 대한 재공시

주권상장법인이 조회공시를 해당 상장법인의 의사결정 과정 중에 있다는 내용으로 공시("미확정공시)한 경우에는 그 공시일로부터 1월 이내에 해당 공시사항에 대한 확정내용 또는 진척상황을 재공시하여야 한다. 다만, 미확정공시일부터 1월 이내에 확정내용 또는 진척상황의 재공시가 사실상 곤란하다고 인정되는 경우

---

1) 공시규정 시행세칙 제7조(조회공시 요구의 방법 등) 조회공시 요구는 전화 또는 모사전송에 의한 방법으로 하며, 전화로 조회공시 요구를 하는 경우에는 당해 요구사항을 문서로 작성하여 지체 없이 모사전송의 방법으로 통보하여야 한다.

2) 공시매체는 전자공시시스템, 증권정보단말기 또는 증권시장지 중의 어느 하나로 한다(공시규정 시행세칙 제4조).

에는 해당 상장법인이 미확정공시시에 명시한 기한 내에 재공시하게 할 수 있다(공시규정 제14조 제 1 항).

미확정공시를 재공시하는 경우에는 당해 의사결정 과정에 대한 구체적인 상황이 포함되어야 한다(공시규정 제14조 제 2 항).

조회공시대상이 확정내용공시인 경우 그 내용이 사실일 때에는 그 내용을 확정사항으로 공시하고, 사실이 아닐 때에는 "사실무근" 또는 "중요한 정보 없음"으로 공시하는 것이 거래소 실무이다. 또한 조회공시대상이 미확정내용공시인 경우에는 "검토 중"으로 공시하고, 공시내용은 검토배경, 이유, 목적, 내용, 추진상황 등 구체적인 상황을 포함하여야 한다는 것이 거래소의 실무이다.

7. 조회공시에 대한 제재

종래에는 조회공시 위반에 대한 행정제재가 가능하였고, 형사제재의 가능성도 있었다.[1] 그러나 증권거래법의 조회공시에 관한 규정을 거래소의 공시규정으로 이관하면서 법적 제재는 불가능하게 되었다. 즉 미공개정보를 이용한 내부자거래의 예방수단으로서 기능하던 조회공시의 역할을 축소시켰다.

다만 거래소의 유가증권시장 공시규정은 조회공시 요구에 대하여 그 신고시한까지 이에 응하지 아니한 때에는 매매거래를 정지할 수 있다(공시규정 제40조 제 1 항 제 1 호).

V. 상장외국법인의 공시

1. 의 의

"상장외국법인"이라 함은 다음 각 호의 어느 하나에 해당하는 기업을 말한다

1) 증권거래법은 "증권선물거래소는 주권상장법인이 제 2 항의 규정에 의한 확인 또는 공시요구에 응하지 아니한 때에는 이를 금융감독위원회에 통보하여 제193조에 규정하는 조치를 취할 수 있도록 하여야 한다"고 규정하고 있었다(법 제186조 제 3 항). 또한 "금융감독위원회는 주권상장법인이 이 법과 이 법에 의한 명령이나 규정 또는 금융감독위원회의 명령에 위반한 때에는 그 법인의 주주총회에 대하여 임원의 해임을 권고하거나 일정기간 유가증권의 발행제한 기타 대통령령이 정하는 조치를 할 수 있다"고 규정하고 있었다(법 제193조). 여기서 "기타 대통령령이 취하는 조치"라 함은 다음과 같다(거래법 시행령 제84조의26). 1. 위법내용의 공표요구, 2. 각서징구, 3. 법위반의 경우 고발 또는 수사기관에의 통보, 4. 다른 법률을 위반한 경우 관련기관 또는 수시기관에의 통보이다.

(공시규정 제2조 제2항).

1. 유가증권시장에 상장된 주권을 발행한 외국기업
2. 주권과 관련된 증권예탁증권(자본시장법 제4조 제8항의 증권예탁증권)이 유가증권시장에 상장된 경우에는 그 주권을 발행한 외국기업

상장외국법인의 공시의무사항 등에 관하여는 공시규정에서 따로 정하고 있다.

2. 공시의무사항(신고의무사항)

상장외국법인이 다음 각 호의 어느 하나에 해당하는 사실이 발생한 경우에는 그 사실을 그 사유 발생일 당일[본국 거래소(제3국 거래소에 상장된 경우에는 제3국 거래소를 포함)에 신고하는 경우에는 본국 거래소와 동시에 신고하여야 한다]에 거래소에 신고하여야 한다. 이 경우 제1호의 신고시한은 해당 공시신고 사항의 시한을 적용하되, 제1호의 신고시한 이전에 본국 거래소에 신고하는 경우에는 그러하지 아니하다(공시규정 제25조 제1항).

1. 제7조, 제8조 및 제28조의 규정에서 정하는 사항. 이 경우 제8조 제1항의 규정을 적용함에 있어 외국지주회사가 신고하여야 하는 자회사의 범위는 자회사의 최근 사업연도말 자산총액이 외국지주회사의 최근 사업연도말 연결자산총액의 100분의 10 이상인 것으로 한다.
2. 본국 거래소(제3국 증권거래소에 상장된 경우에는 제3국 증권거래소를 포함)에 투자자에 대한 투자판단자료 제공을 위하여 신고 또는 보고하는 사항
3. 주식의 양도제한, 상장외국법인의 국유화 등 해당 상장외국법인 또는 그 주주에게 중대한 영향을 미치는 외국 법령 등이 변경된 때
4. 상장외국법인의 주식등에 대하여 본국(제3국 증권거래소에 상장된 경우에는 제3국을 포함)에서 공개매수 또는 안정조작 등이 행해지는 때
5. 외국의 증권관계기관 또는 본국 거래소로부터 관계법규 위반으로 조치를 받은 때 또는 매매거래정지 · 정지해제, 상장폐지 등의 조치(해당 법인이 이를 요청한 때를 포함)를 받은 때
6. 본국 거래소로부터 조회공시를 요구 받은 때
7. 거래소에 상장된 해당 상장외국법인의 증권예탁증권의 취득 또는 처분에 관한 결정이 있은 때
8. 그 밖에 거래소가 필요하다고 인정하는 사항

3. 조회공시

상장외국법인에 대하여 제12조(조회공시대상)를 적용함에 있어 풍문등에 대한 조회공시 요구대상은 제 1 항에서 정하는 사항이거나 이에 준하는 사항으로 하며, 조회공시를 요구받은 상장외국법인은 요구받은 다음 날까지 이에 응하여야 한다. 다만, 보도의 수집범위[1]는 세칙에서 달리 정할 수 있다(공시규정 제25조 제 2 항).

4. 신고방식

공시의무사항 및 조회공시사항에 대한 신고는 한글로 하여야 한다. 다만, 해당 상장외국법인이 불가피한 사유로 한글로 신고할 수 없다고 거래소가 인정하는 경우에는 해당 상장외국법인은 영어로 신고한 후 그 사유가 해소된 때에 지체 없이 한글로 신고할 수 있다(공시규정 제25조 제 3 항).

또한 신고를 함에 있어 화폐단위는 본국통화 및 세칙으로 정하는 기준환율[2] 등으로 환산한 원화금액을 병기하여야 한다. 다만, 불가피한 사유로 인하여 원화금액을 표기할 수 없다고 거래소가 인정하는 경우에는 본국통화로 신고할 수 있다(공시규정 제25조 제 4 항).

---

1) 공시규정 시행세칙 제 7 조의2(상장외국법인의 조회공시 관련 보도의 수집범위) 규정 제25조 제 2 항 단서에 따른 "보도의 수집범위"는 제 5 조(풍문 및 보도)에 따른 보도 및 국제적인 뉴스 정보전문제공기관 또는 통신사에 게재된 기사로 한다.

2) 공시규정 시행세칙 제 7 조의3(상장외국법인의 적용 기준환율 등) ① 규정 제25조 제 4 항에서 "세칙으로 정하는 기준환율등"이라 함은 신고사유 발생일에 해당하는 국내일의 외국환거래법에 의한 기준환율 또는 재정환율("기준환율등")을 말한다. 다만, 규정 제 2 조 제13항, 제 3 조 제 4 항·제 5 항 및 제 7 조 제 1 항 제 2 호 마목 (3)에 따른 재무사항에 대하여 적용하는 기준환율등은 다음 각 호와 같다.
   1. 규정 제 3 조 제 4 항에 따른 자기자본
      가. 최근 사업연도말 경과후 자본금 및 자본잉여금의 증감으로 인한 자기자본 변동이 없는 경우: 최근 사업연도 종료일 현재의 기준환율등
      나. 최근 사업연도말 경과후 자본금 및 자본잉여금의 증감으로 인한 자기자본 변동이 있는 경우: 최근 증자 납입일, 감자기준일 등 증감발생 기준일 현재의 기준환율등
   2. 규정 제 3 조 제 4 항에 따른 최근 사업연도 매출액 및 생산액, 규정 제 2 조 제13항·제 3 조 제 4 항에 따른 최근 사업연도말 자산총액 : 최근 사업연도 종료일 현재의 기준환율등
   3. 규정 제 7 조 제 1 항 제 2 호 마목 (3)에 따른 최근 및 직전 사업연도 재무사항: 각각 최근 및 직전 사업연도 종료일 현재의 기준환율등
   ② 제 1 항 제 1 호의 적용기준은 규정 제 3 조 제 5 항에 따른 자본금의 경우에 이를 준용한다.

5. 공시시한의 기준시점

상장외국법인의 공시시한의 기준시점은 공시의무가 발생한 시점에 해당하는 국내시간을 기준으로 한다(공시규정 제25조 제5항). 또한 상장외국법인에 대하여 이 규정 제4장(불성실공시)의 규정을 적용함에 있어 그 적용대상은 제1항 및 제2항의 규정에서 정하는 사항으로 한다(공시규정 제25조 제6항).

6. 공시책임자와 공시대리인

상장외국법인은 공시의무사항 및 조회공시사항에 대한 신고를 위하여 공시책임자와 공시대리인 각 1인 및 1인 이상의 공시담당자를 지정하여야 한다. 다만, 2인 이상의 공시담당자를 지정하는 경우 공시대리인을 지정하지 아니할 수 있으며, 그 중 1인의 공시담당자는 제2항의 공시대리인의 자격요건 중 세칙에서 정하는 요건을 갖추어야 한다(공시규정 제26조 제1항). 공시대리인(법인의 경우 실무자를 말한다)은 한국 내에 주소 또는 거소를 갖고 있고 공시에 대한 전문지식이 있다고 인정되는 등 세칙에서 정하는 자격요건을 갖춘 자로서 거래소와의 관계에 있어서 당해 상장외국법인의 모든 신고에 대하여 당해 상장외국법인을 대리할 수 있는 자이어야 한다. 이 경우 공시대리인이 된 후 그 자격요건을 갖추지 못한 사실이 확인된 때 거래소는 해당 법인에게 공시대리인의 교체를 요구할 수 있다(공시규정 제26조 제2항).

상장외국법인은 공시책임자 및 공시담당자를 지정하거나 변경하는 경우에는 이를 지체 없이 거래소에 문서로 통보하여야 하며, 공시대리인의 경우에는 해당 공시대리인에게 해당 상장외국법인을 대리할 수 있는 권한을 부여하였음을 증명하는 서류를 첨부하여 거래소에 통보하여야 한다(공시규정 제26조 제3항).

Ⅵ. 공시유보

1. 의　의

자본시장법은 "공시규정에는 주권등상장법인의 경영상 비밀유지와 투자자 보호와의 형평 등을 고려하여 신고·공시하지 아니할 사항이 포함되어야 한다"고 규정하고 있다(법 제391조 제2항 제4호). 이는 공시를 유보할 수 있는 사항을 공시규정으로 정하도록 한 것이다.

그런데 거래소의 공시규정은 공시사항을 구체적으로 열거하고 있고, 공시시점도 상황이 충분히 진행되고 어느 정도 종결되었다고 볼 수 있는 사실의 발생 또는 결정이 이루어진 시점으로 하고 있다. 이러한 상황에서 공시유보를 추가적으로 인정하면 이미 상황이 어느 정도 종결된 사안에 대하여도 공시가 지연되고, 이에 따라 일반투자자들에게 정보가 너무 늦게 전달되어 상장법인의 내부자나 관계자, 기타 기관투자자에 비해 정보의 열위상태에 놓이는 결과가 초래될 수 있다.[1)]

2. 거래소에 의한 공시유보

거래소는 주권상장법인의 신고내용이 다음의 어느 하나에 해당하는 경우에는 해당 사유가 해소될 때까지 이의 공시를 일정기간 유보할 수 있다(공시규정 제43조).

1. 공시내용이 군사기밀보호법 등 법률에 의한 기밀에 해당하는 때
2. 공시내용이 관계법규를 위반하고 있음이 확인되는 때
3. 공시내용의 근거사실이 확인되지 않거나 그 내용이 투자자의 투자판단에 혼란을 야기시킬 수 있다고 판단되는 때
4. 제14조 제 1 항에(미확정공시) 따른 재공시의 내용이 이미 공시한 내용과 유사하다고 인정되는 때
5. 제14조 제 2 항에 위반된다고 인정되는 때(미확정공시의 재공시 내용의 구체성 결여)
6. 제 7 조부터 제11조(주요경영사항의 신고 및 공시)까지 및 제28조(자율공시)의 규정에서 정하는 사항 또는 이에 준하는 사항이 아닌 것으로서 건전한 거래질서를 해칠 우려가 있다고 판단되는 때

3. 신청에 의한 공시유보

(1) 유보사유

주권상장법인은 경영상 비밀유지를 위하여 필요한 경우 다음의 신고사항 중

1) 성희활, 전게 논문, 제17쪽: 공시유보를 인정하고 있는 미국의 거래소들은 대표적인 중요사항을 예시하고 이를 즉시 공시하도록 하는 원칙만을 제시할 뿐 구체적인 공시사항과 공시시점은 상장법인이 자율적으로 판단하게 하고 있다. 이에 따라 기업들은 진행 중인 사항에 대해서 조기에 공시할 경우 부작용이 많다고 판단되는 경우 즉시공시를 유보하고 상황이 어느 정도 종결된 이후 공시하는 경우가 많다. 따라서 거래소의 공시유보제도는 공시사항과 공시시점을 구체적으로 명시하지 않은 포괄주의를 취하고 있는 미국의 경우에는 있을 수 있으나, 열거주의를 취하고 특히 공시시점을 특정하고 있는 거래소 규정에서는 맞지 않는다.

세칙에서 정하는 사항[1]에 대하여 공시유보를 거래소에 신청할 수 있다(공시규정 제43조의2 제 1 항).

1. 최근 사업연도 매출액의 100분의 10(대규모법인의 경우 100분의 5) 이상의 단일 판매계약 또는 공급계약을 체결한 때 및 해당 계약을 해지한 때
2. 자기자본의 100분의 10(대규모법인인 경우 100분의 5) 이상에 상당하는 신규시설 투자, 시설증설 또는 별도공장의 신설에 관한 결정이 있은 때

(2) 절　　차

공시유보를 신청하는 경우 사전에 거래소와 협의하여야 한다(공시규정 제43조의2 제 1 항). 거래소는 주권상장법인의 공시유보 신청에 대하여 기업경영 등 비밀유지와 투자자 보호와의 형평을 고려하여 공시유보가 필요하다고 인정되는 경우 이를 승인할 수 있다(공시규정 제43조의2 제 2 항).

(3) 효　　과

주권상장법인은 공시가 유보된 사항에 대하여 비밀을 준수하여야 하며, 해당 유보기간이 경과하거나 유보조건이 해제되는 경우에는 그 다음 날까지 이를 신고하여야 한다(공시규정 제43조의2 제 3 항). 유보기간이 경과하거나 유보조건이 해제된 다음 날까지 이를 공시하지 아니한 경우에는 공시불이행으로 본다(공시규정 제29조 제 3 호).

Ⅶ. 공시의 실효성 확보

1. 은행의 거래소 통보

은행은 주권등상장법인에 대하여 다음에 해당하는 사실이 발생한 경우에는 이를 지체 없이 거래소에 통보하여야 한다(법 제392조 제 1 항).

---

1) 공시규정 시행세칙 제18조(신청에 의한 공시유보) ① 규정 제43조의2 제 1 항에서 “세칙에서 정하는 사항”이란 다음 각 호에 해당하는 사항을 말한다.
  1. 규정 제 7 조 제 1 항 제 1 호 다목을 공시하는 경우: 계약금액, 계약상대, 주요계약조건, 해지금액, 해지 주요사유 등
  2. 규정 제 7 조 제 1 항 제 2 호 나목 (1)을 공시하는 경우: 투자금액, 투자목적 등
  ② 규정 제43조의2 제 1 항에 따른 공시유보 신청은 별지 제 6 호의 서식에 의한다.

1. 발행한 어음이나 수표가 부도로 된 경우
2. 은행과의 당좌거래가 정지 또는 금지된 경우

2. 정보의 교환

거래소는 제391조 제 2 항 제 1 호의 신고사항과 같은 항 제 3 호에 따른 신고 또는 확인 요구사항에 대하여 투자자의 투자판단에 중대한 영향을 미칠 우려가 있어 그 내용을 신속하게 알릴 필요가 있는 경우에는 대통령령으로 정하는 방법[1]에 따라 행정기관, 그 밖의 관계기관에 대하여 필요한 정보의 제공 또는 교환을 요청할 수 있다. 이 경우 요청을 받은 기관은 특별한 사유가 없는 한 이에 협조하여야 한다(법 제392조 제 2 항).

3. 금융위원회 송부 등

거래소는 주권등상장법인이 공시규정에 따라 수시공시사항의 신고를 한 경우에는 이를 지체 없이 금융위원회에 송부하여야 한다(법 제392조 제 3 항). 금융위원회는 제 3 항에 따른 송부를 받은 경우에는 이를 인터넷 홈페이지 등을 이용하여 공시하여야 한다(법 제392조 제 4 항).

Ⅷ. 불성실공시

1. 의　　의

"불성실공시"라 함은 주권상장법인이 공시규정에 따른 신고의무를 성실히 이행하지 아니하거나 이미 신고한 내용을 번복 또는 변경하여 공시불이행, 공시번복

1) 거래소는 법 제392조 제 2 항에 따라 행정기관, 그 밖의 관계기관에 대하여 다음 각 호의 기준에 따라 문서(전자문서를 포함한다) 또는 모사전송의 방법으로 필요한 정보의 제공을 요청할 수 있다. 이 경우 그 요청서에는 정보의 제공을 요청하는 사유를 기재하여야 한다(영 제361조).
  1. 어음·수표의 부도나 당좌거래의 정지·금지에 관하여는 어음법 제38조 및 수표법 제31조에 따른 어음교환소로 지정된 기관
  2. 채무자 회생 및 파산에 관한 법률에 따른 회생절차의 신청·결정, 상장증권에 중대한 영향을 미칠 수 있는 소송의 제기나 해산사유의 발생에 관하여는 관할법원
  3. 거래은행에 의한 해당 법인의 관리 개시에 관하여는 거래은행
  4. 그 밖에 법 제391조 제 2 항 제 1 호 또는 제 3 호에 따른 신고 또는 확인 요구사항에 관하여는 해당 정보를 소유하고 있는 행정기관, 그 밖의 관계기관

또는 공시변경의 유형에 해당하는 경우를 말한다(공시규정 제 2 조 제 5 항). 이 경우 주권상장법인이 불성실공시법인에 해당된다고 결정한 경우에는 해당 주권상장법인을 불성실공시법인으로 지정한다. "불성실공시법인"이라 함은 불성실공시에 해당된 유가증권시장주권상장법인을 말한다(공시규정 제 2 조 제 6 항).

거래소는 해당 주권상장법인이 불성실공시법인으로 지정되는 경우, 공시위반 내용의 중요도와 공시지연의 정도 등에 따라 차등화된 제재를 가하고 있다.

2. 불성실공시의 유형

(1) 공시불이행

거래소는 주권상장법인이 다음의 어느 하나에 해당된 때에는 공시불이행으로 본다(공시규정 제29조). 즉 공시의무사항을 기한 내에 신고하지 하는 경우 등이다.

1. 당일공시사항을 신고사유가 발생한 당일에 신고하지 아니한 때
2. 익일공시사항을 사유발생 1일 이내에 신고하지 아니한 때
3. 조회공시에 대하여 공시기한 내에 공시하지 아니하거나, 그 공시내용의 근거사실이 확인되지 않거나 그 내용이 투자판단에 혼란을 야기시킬 수 있다고 판단하여 거래소가 공시를 유보하는 때
4. 미확정공시에 대하여 신고기한까지 재공시를 하지 아니한 때
5. 이미 공시한 내용의 변경사항을 기한 내에 신고하지 아니한 때
6. 공시사항을 허위로 공시하는 경우
7. 신청에 의한 공시유보에 따른 유보기간이 경과하거나 유보조건이 해제된 다음 날까지 이를 공시하지 아니한 경우

여기서 이미 공시한 내용의 변경사항을 기한 내에 신고하지 아니하여 공시불이행에 해당하는 경우는 공시번복 또는 공시변경에 해당하지 않는 경우에 한한다.

(2) 공시번복

거래소는 유가증권시장주권상장법인이 다음 각 호의 어느 하나에 해당된 때에는 공시번복으로 본다(공시규정 제30조 제 1 항).

1. 제 7 조부터 제12조까지, 제15조, 제16조, 제25조 및 제28조에 따라 이미 공시한 내용의 전면취소, 부인 또는 이에 준하는 내용을 공시한 때
2. 제12조 제 1 항(제14조를 포함)에 따른 조회공시 요구에 대하여 풍문등의 내용을

부인 공시하거나 제45조에 따라 공시한 후 1월[제 7 조 제 1 항 제 3 호 가목 (1)·(5)·(6) 그 밖에 이에 준하는 사항의 경우에는 3월(기업인수목적회사인 유가증권시장주권상장법인은 제외)] 이내에 이를 전면취소, 부인 또는 이에 준하는 내용을 공시한 때

3. 제12조 제 2 항(현저한 시황 관련)에 따른 조회공시 요구에 응하여 답변공시 한 후 그 날로부터 15일 이내에 답변공시한 사항 외의 세칙에서 정하는 사항을 공시한 때

거래소는 제 1 항 제 2 호 및 제 3 호에도 불구하고 다음 각 호의 어느 하나에 해당하는 때에는 공시내용 등에 대한 심사를 거쳐 이를 공시번복으로 제재할 수 있다(공시규정 제30조 제 2 항).

1. 제 1 항 제 2 호의 기간이 경과한 시점부터 15일 이내에 제 1 항 제 2 호에 의한 기 공시내용의 전부 또는 중요한 일부가 중단·취소 또는 부인되거나 이에 준하는 내용이 공시되는 경우
2. 제12조 제 2 항에 따른 조회공시 요구에 응하여 답변공시를 한 경우로서 다음 각 목의 어느 하나에 해당하는 경우
   가. 조회공시 요구에 응하여 답변공시 한 후 그 날로부터 15일 이내에 제 1 항 제 3 호에 따른 세칙에서 정하는 사항 이외에 제 7 조부터 제11조까지에서 정하는 사항을 공시한 경우
   나. 가목에서 정한 기간이 경과한 시점부터 7일 이내에 제 7 조부터 제11조까지에서 정하는 사항을 공시한 경우

공시규정 제30조 제 2 항의 공시번복으로 인한 불성실공시법인 지정 여부를 결정하기 위한 심사기준 및 절차 등에 관하여 필요한 사항은 세칙[1)]으로 정한다

1) 공시규정 시행세칙 제10조(공시번복 심사기준 및 절차 등) ① 규정 제30조 제 3 항의 공시번복으로 인한 불성실공시법인 지정 여부를 결정하기 위한 심사기준 및 절차 등은 다음 각 호와 같다.
1. 심사기준: 다음 각 목의 어느 하나에 해당하는 경우
   가. 내부 의사결정 과정상 사전에 예측 및 조정이 가능하다고 인정되는 경우
   나. 공시번복을 의도적으로 회피한 것으로 인정되는 경우
   다. 그 밖에 거래소가 사후적으로 공시번복으로 인한 불성실공시법인 지정이 필요하다고 인정하는 경우
2. 심사절차 등
   가. 심사시기: 심사사유 발생일부터 10일 이내
   나. 심사절차 등: 심사절차 개시의 경우 지체 없이 심사일정 등을 당해 법인에게 통보

② 거래소는 제 1 항의 공시번복으로 인한 불성실공시법인 지정 여부를 결정하기 위한 심사와 관련하여 필요하다고 인정하는 경우에는 당해 법인에게 관련 자료의 제출 또는 의견진술 등을 요구할 수 있다.

(공시규정 제30조 제3항).

(3) 공시변경

거래소는 주권상장법인이 다음 각 호의 어느 하나에 해당된 때에는 공시변경으로 본다(공시규정 제31조).

1. 제7조 제1항 제1호 다목에 따른 공시내용 중 단일판매계약 또는 공급계약금액의 100분의 50 이상을 변경하여 공시한 때
2. 제7조 제1항 제2호 가목 (1)에 따른 증자에 관한 공시내용 중 주주배정비율, 발행주식수 또는 발행금액의 100분의 20 이상을 변경하여 공시한 때
3. 제7조 제1항 제2호 가목 (1)에 따른 감자에 관한 공시내용 중 감자비율 또는 감자주식수의 100분의 20 이상을 변경하여 공시한 때
4. 제7조 제1항 제2호 가목 (2)에 따른 주식의 이익소각에 관한 공시내용 중 소각주식수의 100분의 20 이상을 변경하여 공시한 때
5. 제7조 제1항 제2호 가목 (3)에 따른 공시내용 중 자기주식취득 또는 처분예정기간 내에 취득 또는 처분하고자 신고한 주식수 미만의 매매거래주문을 한 때. 다만, 취득예정금액을 초과하여 자기주식을 취득한 경우에는 그러하지 아니하다.
6. 제7조 제1항 제2호 가목 (4)에 따른 공시내용 중 분할 또는 병합비율의 100분의 20 이상을 변경하여 공시한 때
7. 제7조 제1항 제2호 가목 (6)에 따른 공시내용 중 발행금액, 전환가격, 신주인수권행사가격 또는 교환가격의 100분의 50 이상을 변경하여 공시한 때
8. 제7조 제1항 제2호 나목 (1)에 따른 공시내용 중 투자금액의 100분의 50 이상을 변경하여 공시한 때
9. 제7조 제1항 제2호 나목 (2)에 따른 공시내용 중 유형자산 취득 또는 처분금액의 100분의 50 이상을 변경하여 공시한 때
10. 제7조 제1항 제2호 나목 (3)에 따른 공시내용 중 출자 또는 출자지분 처분금액의 100분의 50 이상을 변경하여 공시한 때
11. 제7조 제1항 제2호 다목 (1)에 따른 공시내용 중 차입금액의 100분의 50 이상을 변경하여 공시한 때
12. 제7조 제1항 제2호 다목 (2)·(3)에 따른 공시내용 중 채무인수, 채무면제, 담보제공, 채무보증 금액의 100분의 50 이상을 변경하여 공시한 때

12의2. 제7조 제1항 제2호 다목 (7)에 따른 공시내용 중 선급금, 가지급금 또는 대여금액의 100분의 50 이상을 변경하여 공시한 때

13. 제7조 제1항 제2호 마목 (4)에 따른 공시내용 중 주식배당비율의 100분의 20

이상을 변경하여 공시한 때

14. 제 7 조 제 1 항 제 2 호 마목 (5)에 따른 공시내용 중 주당 배당금(차등배당의 경우 소액주주에 대한 배당금을 기준으로 하며, 현물배당의 경우에는 금전으로 환산한 금액으로 한다)의 100분의 20 이상을 변경하여 공시한 때
15. 제 7 조 제 1 항 제 3 호 가목 (5)에 따른 영업의 양수 또는 양도에 관한 공시내용 중 양수 또는 양도금액의 100분의 50 이상을 변경하여 공시한 때
16. 제 7 조 제 1 항 제 3 호 가목 (5)에 따른 합병, 분할 또는 분할합병에 관한 공시내용 중 합병비율, 분할비율 또는 분할합병비율의 100분의 20 이상을 변경하여 공시한 때
17. 제28조에 따라 기 공시한 내용 중 비율, 금액, 수량 등의 100분의 50 이상을 변경하여 공시한 때
18. 제 8 조 제 1 항에 따라 공시한 사항이 제 1 호부터 제16호까지에 해당한 때 및 지주회사가 공시한 자회사 사항으로서 제17호에 해당한 때
19. 제15조 및 제16조에 따라 공시한 사항이 제 1 호부터 제18호까지에 해당한 때
20. 그 밖에 거래소가 중요하다고 인정하여 세칙으로 정하는 내용을 변경하여 공시한 때

3. 불성실공시의 적용예외

(1) 상장국내법인

거래소는 불성실공시의 사실이 발생하였음에도 불구하고 다음 각 호의 어느 하나에 해당하는 경우에는 이를 적용하지 아니할 수 있다(공시규정 제32조 제 1 항).

1. 다른 법령, 규정 등에 의해 불가피한 경우
2. 천재·지변·전시·사변·경제사정의 급격한 변동 그 밖에 이에 준하는 사태가 발생하는 경우
3. 공익 또는 투자자 보호를 위하여 필요하다고 인정하는 경우
4. 제15조 및 제16조에서 정하는 사항을 제47조에 따라 공시한 경우. 이 경우 제30조 및 제31조의 규정에 한한다.
5. 해당 유가증권시장주권상장법인이 귀책사유가 없음을 입증하는 경우
6. 그 밖에 경미한 사항으로서 주가에 미치는 영향이 크지 않다고 거래소가 인정하는 경우.[1)] 다만, 최근 1년 이내에 제 3 항에 따른 주의조치를 받은 경우에는 그러

1) 공시규정 시행세칙 제11조(불성실공시의 적용예외) 규정 제32조 제 1 항 제 6 호에 따른 "경미한 사항으로서 주가에 미치는 영향이 크지 않다고 거래소가 인정하는 경우"는 다음 각 호

하지 아니하다.

거래소는 제 1 항 제 6 호에 따른 불성실공시의 적용예외를 인정하는 경우에는 해당 주권상장법인에게 해당 사실에 대한 경위서 징구, 주의 등의 조치를 할 수 있다(공시규정 제32조 제 3 항).

(2) 상장외국법인

거래소는 상장외국법인의 불성실공시 및 그에 대한 조치를 주권상장법인에 준하여 처리하되, 해당 상장외국법인의 지리적 여건, 본국의 관습 등을 고려하여 이를 적용하지 아니할 수 있다(공시규정 제32조 제 2 항).

4. 불성실공시법인 지정 등의 절차

(1) 불성실공시법인 지정 등 예고

거래소는 주권상장법인이 불성실공시법에 해당된 경우에는 해당 법인에 대하여 불성실공시법인 지정 및 벌점의 부과[1]("불성실공시법인 지정등")를 예고한다(공시

의 어느 하나에 해당하는 경우를 말한다.

1. 규정 제 7 조부터 제12조까지, 제15조부터 제17조까지 또는 제28조에 따라 확정공시한 후 당해 법인이 규정 제 7 조 제 1 항 제 3 호 나목 (1)부터 (4)까지의 어느 하나에 해당되어 확정공시한 내용을 취소 또는 변경하는 경우
2. 공시불이행, 공시번복 또는 공시변경의 내용이 경미하거나 그 불이행 등이 불가피하다고 인정되는 경우. 이 경우 그 세부기준은 거래소가 따로 정한다.

1) 공시규정 시행세칙 제13조(벌점기준 등) ① 규정 제33조 제 1 항에 따라 예고하는 벌점은 별표에서 정하는 "불성실공시법인에 대한 예고벌점기준"에 의한다.
② 삭제
③ 동일사안이 2 이상의 공시의무 위반사유에 해당하는 경우에는 벌점이 큰 위반사유를 기준으로 벌점을 예고한다.
④ 규정 제35조 제 3 항에 따라 규정 제33조의 예고벌점을 가중 또는 감경하는 경우에는 다음 각 호의 기준에 따라 위원회의 심의를 거쳐 적용할 수 있다.
1. 공시위반의 경위, 과실의 정도 등 사안의 경중: 다음 각 목을 고려하여 3점의 범위 내에서 가중 또는 감경
가. 가중사유
(1) 은폐 또는 축소를 위해 허위자료를 제출하거나 자료제출을 거부한 경우
(2) 공시의무 위반내용이 공시의무 해당 기준의 3배 이상인 경우
(3) 공시의무 위반행위 등을 감안하여 해당 법인의 내부통제조직이 제대로 갖추어져 있지 않다고 인정되는 경우
(4) 규정 제39조에 따라 불성실공시법인에 대한 개선계획서 제출을 요구받은 이후 1년 이내에 개선계획서의 재요구대상(불성실공시법인 지정예고 벌점을 포함)이 되는 경우
(5) 기타 위원회가 필요하다고 인정하는 경우

규정 제33조 제 1 항). 거래소가 불성실공시법인 지정등을 예고한 경우에는 공시매체등에 그 사실을 게재하고, 당해 법인에게 통보한다(공시규정 제33조 제 2 항).

(2) 예고에 대한 이의신청 및 공시위원회 심의

1) 이의신청 접수

불성실공시법인 지정등의 예고를 통보받은 당해 법인이 그 조치예고 내용에 대하여 이의가 있는 때에는 그 통보받은 날로부터 7일 이내에 거래소에 이의신청할 수 있다(공시규정 제34조 제 1 항).

2) 공시위원회의 심의

거래소는 특별한 사유가 없는 한 이의신청기간종료일부터 10일 이내에 제89조[1)]에 따른 유가증권시장상장·공시위원회("위원회")의 심의를 거쳐 심의일부터 3일 이내에 해당 유가증권시장 주권상장법인에 대한 불성실공시법인지정 여부, 부과벌점 및 제35조의2에 따른 공시위반제재금의 부과 여부 등을 결정하여야 한다. 다만, 위반의 내용 등을 감안하여 위원회의 심의가 필요하지 않다고 인정하는 경우에는 위원회의 심의를 거치지 아니할 수 있다(공시규정 제34조 제 2 항).

나. 감경사유
(1) 위반사실을 거래소가 인지하기 전에 자진신고한 경우
(2) 최근 1년간 공시의무 위반사실이 없는 법인으로서 최근 3년간 공시업무 또는 기업설명회와 관련하여 관계기관으로부터 수상경력이 있는 법인
(3) 공시의무사항이 특정 사안의 진행과정의 일부로서 순차적으로 발생하고 관련된 최초의 공시가 기한 내에 이루어진 경우
(4) 최근 3년간 공시의무 위반이 없는 경우
(5) 최근 1년간 자율공시의 비율이 10% 이상이고 5건 이상인 경우
(6) 최근 1년간 기업설명회 개최사실 신고횟수가 2회 이상인 경우
(7) 귀책사유가 크지 않고 시장에 미치는 영향이 미미하다고 인정하는 경우
(8) 기타 위원회가 필요하다고 인정하는 경우

2. 최근 3년 이내 공시우수법인[규정 제90조 및 거래소가 별도로 정한 기준에 따라 표창 및 포상을 받은 유가증권시장주권상장법인(임·직원이 표창 및 포상을 받은 경우에는 해당 임·직원이 속한 유가증권시장주권상장법인)을 말한다]으로 선정된 법인: 공시위반사항이 고의 또는 중과실에 해당되지 않는 법인 중 1회 1건을 기준으로 벌점부과를 6월 이후로 유예할 수 있다. 다만, 유예기간 동안에 불성실공시법인으로 지정예고되는 경우에는 벌점부과시에 유예받은 벌점을 합산하여 부과할 수 있다.

1) 공시규정 제89조(유가증권시장상장·공시위원회) ① 거래소는 공익과 투자자 보호 및 유가증권시장의 공정한 운영을 위하여 공시제도와 그 운영의 개선, 불성실공시법인 지정과 벌점부과 및 공시위반제재금의 부과 등에 관한 심의를 위하여 위원회를 설치할 수 있다.
② 제 1 항의 규정에 의한 위원회의 구성과 운영에 관하여 필요한 사항은 거래소가 따로 정한다.

불성실공시법인 지정등의 예고를 받은 주권상장법인은 공시위원회에 출석하여 해당 사안의 경위 등에 대하여 진술할 수 있다(공시규정 제34조 제4항). 주권상장법인은 공시위원회의 불성실공시법인 지정등의 결정에 대하여는 다시 이의를 신청할 수 없다(공시규정 제34조 제5항). 이의신청과 관련하여 필요한 사항은 세칙[1]으로 정한다(공시규정 제34조 제6항).

(3) 불성실공시법인 지정

거래소는 주권상장법인이 불성실공시법인에 해당된다고 결정한 경우에는 해당 주권상장법인을 불성실공시법인으로 지정한다(공시규정 제35조 제1항). 거래소는 주권상장법인을 불성실공시법인으로 지정하는 경우 해당 법인에 대하여 공시위반내용의 경중 및 공시지연기간 등을 감안하여 세칙이 정하는 바에 따라 벌점을 부과한다. 다만, 불성실공시법인 지정 당시 공시의무 위반 발생시점이 3년 이상 경과된 경우에는 벌점을 부과하지 아니할 수 있다(공시규정 제35조 제2항).

거래소는 벌점을 부과하는 경우 공시위반의 경위 및 과실의 정도, 평소 공시업무의 성실한 수행 정도 등 벌점 가감의 사유가 있다고 인정하는 경우에는 예고벌점을 세칙에서 정하는 바에 따라 가중 또는 감경하여 부과할 수 있다(공시규정 제35조 제3항)

거래소는 제32조에 따라 해당 법인이 불성실공시법인에 해당되지 않는다고 결정하거나 부과벌점을 결정한 날로부터 1년 이내에 해당 증빙자료 등의 오류 또는 누락 등으로 그 결정의 부당함이 발견되는 경우에는 해당 사안에 대하여 위원회의 심의를 거쳐 불성실공시법인 지정 또는 제3항에 따른 부과벌점의 추가 등 필요한 조치를 취할 수 있다(공시규정 제35조 제5항).

---

1) 공시규정 시행세칙 제12조(이의신청 및 처리) ① 유가증권시장주권상장법인이 규정 제34조에 따라 이의신청을 하는 경우에는 다음 각 호의 사항을 기재한 신청서와 증빙서류 등을 첨부하여 제출하여야 한다.
1. 신청법인명 및 신청일자
2. 삭제
3. 신청의 취지 및 이유
4. 공시의무사항의 이행 경과내용(이의신청사유가 규정 제39조 제2항 또는 제88조 제5항과 관련된 경우에는 당해 경과내용)
5. 증빙자료가 있는 경우에는 그 표시
6. 그 밖에 필요한 사항

② 거래소는 제1항에 따른 신청서가 필요한 요건을 갖추지 못하였을 때에는 이의 정정을 요구할 수 있다.

5. 불성실공시에 대한 제재

(1) 공시위반제재금

거래소는 주권상장법인을 불성실공시법인으로 지정하는 경우 벌점부과 이외에 1억원 이내에서 공시위반제재금(이하 "제재금")을 부과할 수 있다(공시규정 제35조의2 제 1 항).

제재금 부과와 관련하여 부과기준, 부과금액, 벌점과 제재금의 병과 또는 선택 부과 등 필요한 사항[1]은 거래소가 따로 정한다(공시규정 제35조의 2 제 2 항).

거래소는 주권상장법인이 납부기한 내에 제재금을 납부하지 아니한 경우에는 벌점의 가중 또는 지급명령의 신청 등 필요한 절차를 취할 수 있다(공시규정 제35조의2 제 3 항).

---

1) 공시규정 시행세칙 제13조의3(공시위반제재금의 부과기준 등) ① 규정 제35조의2 제 2 항에 따른 제재금의 부과기준 등은 다음 각 호와 같다.
  1. 부과대상
    가. 고의, 중과실 또는 상습적으로 공시의무를 위반하여 공익과 투자자 보호에 중대한 영향을 미치는 경우
    나. 규정 제33조 제 1 항에 따라 예고한 벌점이 5점 미만인 경우. 다만, 공시의무 위반이 고의, 중과실 또는 상습적이거나 최근 1년간 공시의무 위반 등을 감안하여 벌점을 제재금으로 대체부과하는 것이 위반행위의 억제효과가 크지 않다고 인정하는 경우에는 그러하지 아니하다.
  2. 부과금액: 규정 제35조 제 2 항·제 3 항에 따라 부과받은 벌점을 기준으로 다음 각 목의 사유별로 이에 해당하는 금액을 곱한 금액
    가. 제 1 호 가목에 해당하는 경우
    (1) 고의 또는 중과실: 100만원
    (2) 상습: 100만원
    (3) (1) 및 (2)에 모두 해당하는 경우: 200만원
    나. 제 1 호 나목에 해당하는 경우: 100만원
  3. 부과방법: 별지 제 5 호의 서식에 따른 "공시위반제재금 부과 통지서"를 유가증권시장주권상장법인에게 통보
  4. 납부기한: 부과 통지일로부터 1월 이내

② 거래소는 제 1 항에 따라 산정한 부과금액을 위원회의 심의를 거쳐 가중 또는 감경할 수 있다. 이 경우 가중 또는 감경의 범위는 제 1 항에 따라 산정한 부과금액의 1/2을 초과할 수 없다.

③ 유가증권시장주권상장법인이 제 1 항 제 1 호 나목에 해당되는 경우 거래소는 위원회의 심의를 거쳐 부과벌점의 일부 또는 전부를 제재금으로 대체하여 부과할 수 있다. 이 경우 유가증권시장주권상장법인은 규정 제34조 제 1 항의 이의신청기간 내에 그 사유 등을 기재하여 거래소에 대체부과를 신청하여야 한다.

④ 그 밖에 제재금의 사용 및 관리에 관한 사항은 거래소가 정한다.

(2) 불성실공시법인 지정등의 사실 공표

거래소는 주권상장법인을 불성실공시법인으로 지정 및 벌점을 부과한 경우에는 세칙[1)]이 정하는 바에 따라 공시매체 등에 그 사실을 게재한다(공시규정 제36조).

(3) 공시책임자등에 대한 교육

1) 공시책임자와 공시담당자의 의의

"공시책임자"란 유가증권시장주권상장법인[위탁관리부동산투자회사 및 기업구조조정부동산투자회사의 경우(자기관리부동산투자회사가 일반적인 사무를 일반사무등위탁기관에 위탁한 경우를 포함)에는 사무수탁회사, 선박투자회사의 경우에는 선박운용회사]의 다음 각 호의 어느 하나에 해당하는 자로서 해당 유가증권시장 주권상장법인을 대표하여 신고업무를 수행할 수 있는 자를 말한다. 다만, 채무자 회생 및 파산에 관한 법률에 따른 회생절차개시신청을 하였거나 회생절차개시가 결정된 법인의 경우에는 같은 법 제74조에 따른 관리인 또는 같은 법 제85조에 따른 보전관리인을 공시책임자로 본다(공시규정 제2조 제4항).

1. 대표이사 또는 상근이사(집행임원 설치회사의 경우 대표집행임원 또는 집행임원)
2. 상법 제401조의2 제1항 제3호의 규정에 해당하는 상근자로서 이사회 등 주요 의사결정 회의에 참석하는 자

"공시담당자"라 함은 해당 법인의 신고 또는 공시업무를 담당하는 자를 말한다(공시규정 제88조 제2항).

---

1) 공시규정 시행세칙 제14조(불성실공시법인 지정 등 사실 및 벌금의 공표) ① 규정 제36조에 따라 거래소가 주권상장법인을 불성실공시법인으로 지정한 사실을 공표하는 경우에는 규정 제35조에 따른 불성실공시법인 지정일로부터 5회 연속하여 증권시장지에 당해 사실과 경위 등을 게재한다.
② 제1항에 따라 거래소가 유가증권시장주권상장법인을 불성실공시법인으로 지정한 사실을 공표하는 경우에는 동 사실을 최초로 공표하는 날을 포함하여 다음 각 호의 기간별로 증권시장지 또는 증권정보단말기 등의 시세표상에 "不" 또는 "불성실공시법인" 표시를 한다. 다만, 제13조 제4항 제2호에 해당하여 부과벌점을 유예받은 경우에는 그러하지 아니하다.
1. 규정 제35조 제2항에 따라 부과받은 벌점이 5점 미만인 경우: 1주일간
2. 규정 제35조 제2항에 따라 부과받은 벌점이 5점 이상 10점 미만인 경우: 2주일간
3. 규정 제35조 제2항에 따라 부과받은 벌점이 10점 이상인 경우: 1월간
③ 유가증권시장주권상장법인이 규정 제35조, 제39조 또는 제88조에 따라 벌점을 부과받은 경우 거래소는 제4조 제1호에 따른 전자공시시스템에 그 명단, 지정사유 및 부과벌점 등을 1년간 게재한다.

2) 공시책임자와 공시담당자의 등록

주권상장법인은 공시책임자 1인을 지정하여 거래소에 등록하여야 하며, 이 경우 해당 공시책임자가 상법 제401조의2 제 1 항 제 3 호에 해당하는 자[1]인 경우에는 해당 회사의 위임장을 포함하여 이를 지체 없이 거래소에 문서로 통보하여야 한다. 공시책임자를 변경하는 경우에도 같다(공시규정 제88조 제 1 항). 주권상장법인은 해당 법인의 신고 또는 공시업무를 담당하는 자("공시담당자") 2인[채권상장법인, 기업인수목적회사 및 최근 사업연도말 직원수가 300인 미만인 유가증권시장주권상장법인(지주회사 제외)의 경우에는 1인] 이상을 지정하여 거래소에 등록하여야 한다. 공시담당자를 변경하는 경우에도 또한 같다(공시규정 제88조 제 2 항).

3) 공시책임자와 공시담당자 교육

거래소는 주권상장법인이 불성실공시법인으로 지정된 경우에는 해당 법인의 공시책임자 및 공시담당자[2]에 대하여 불성실공시 예방을 위한 교육을 실시하여야 하며 해당 법인의 공시책임자 및 공시담당자는 이에 응하여야 한다(공시규정 제38조).

주권상장법인의 공시책임자 및 공시담당자는 세칙[3]이 정하는 바에 따라 공

---

1) 이사가 아니면서 명예회장·회장·사장·부사장·전무·상무·이사 기타 회사의 업무를 집행할 권한이 있는 것으로 인정될 만한 명칭을 사용하여 회사의 업무를 집행하는 자를 말한다.

2) 소수의 대기업을 제외하면 공시업무를 담당하는 직원의 능력과 수가 방대한 공시업무를 제대로 수행하기에는 부족한 것이 현실이다. 이러한 상황에서 부실한 정보가 그대로 시장에 전달된다면 큰 혼란을 초래할 가능성이 있으므로 시장의 건전성과 투자자 보호를 위하여 최소한의 안전장치로 기능하는 것이 거래소의 공시문안 검토절차라고 할 수 있다(성희활, 전게 논문, 65쪽).

3) 공시규정 시행세칙 제24조(공시책임자 및 공시담당자의 교육 등) ① 규정 제88조 제 4 항에 따라 공시책임자 및 공시담당자가 이수하여야 할 교육은 다음 각 호와 같다.

1. 거래소 또는 한국상장회사협의회(이하 "협의회")가 개설하는 공시책임자 또는 공시담당자 교육과정
2. 거래소 또는 협의회가 개최하는 공시관련 법규설명회등
3. 규정 제38조에 따른 불성실공시법인에 대한 교육
4. 제 1 호 및 제 3 호 외의 사항으로서 거래소가 필요하다고 인정하는 교육

② 제 1 항의 각 호에 따른 교육에 대한 교육대상자 및 교육이수기한은 다음 각 호와 같다.

1. 신규로 등록되는 공시책임자 또는 공시담당자는 제 1 항 제 1 호에 따른 교육을 공시책임자의 경우 신규등록일(신규상장법인의 경우에는 신규상장일)부터 1년 이내, 공시담당자의 경우 6월 이내에 각각 이수하여야 한다. 다만, 거래소가 해당 교육의 이수가 필요하지 않다고 인정하는 경우에는 그러하지 아니하다.
2. 제 1 호 이외의 공시책임자 또는 공시담당자는 제 1 항(제 3 호를 제외)에 따른 교육을 공시책임자의 경우 매 2년마다 4시간 이상, 공시담당자의 경우 매년 8시간 이상을 각각 이

시업무에 관한 교육을 이수하여야 한다(공시규정 제88조 제 4 항). 거래소는 주권상장법인의 공시책임자 및 공시담당자가 교육을 이수하지 않은 경우 해당 법인에 대하여 세칙이 정하는 기한 내에 그 공시책임자 또는 공시담당자의 교체를 요구할 수 있으며, 이에 응하지 아니한 경우 3점 이내에서 세칙이 정하는 바에 따라 벌점을 부과할 수 있다(공시규정 제88조 제 5 항).

공시규정 제 2 조 제11항 제 3 호에 따른 지주회사의 경우에는 제 1 항부터 제 6 항까지에도 불구하고 제26조를 준용한다(공시규정 제88조 제 6 항).

(4) 개선계획서 제출요구

거래소는 유가증권시장주권상장법인이 불성실공시법인으로 지정되는 경우로서 다음 각 호의 어느 하나에 해당되는 경우에는 불성실공시의 사전예방 및 재발방지를 위한 개선계획서의 제출을 요구할 수 있다. 다만, 기 제출된 개선계획서가 제 3 항에 따라 공표되고 있는 경우에는 개선계획서의 제출을 요구하지 아니할 수 있다(공시규정 제39조 제 1 항).

1. 상장규정 제75조 제 1 항 제 8 호에 따라 관리종목으로 지정된 때
2. 제 1 호에 따른 관리종목 지정기간 중에 추가적으로 부과받은 누계벌점이 15점 이상인 때

수하여야 한다. 다만, 제 1 호의 교육을 이수한 당해 연도에는 이를 생략할 수 있다.

3. 제 1 호 및 제 2 호에도 불구하고 규정 제38조에 따라 불성실공시법인에 대한 교육을 이수하여야 하는 해당 법인의 공시책임자 및 공시담당자 1인 이상은 거래소가 정하는 바에 따라 제 1 항 제 3 호의 교육을 이수하여야 한다.

③ 공시책임자 및 공시담당자는 제 1 항에 따른 교육을 이수한 경우에는 이를 증명할 수 있는 서류를 거래소에 지체 없이 제출하여야 한다. 다만, 교육을 거래소에서 직접 담당하거나 교육담당기관이 거래소에 교육이수내용을 통보하는 경우에는 그러하지 아니하다.

④ 공시책임자 및 공시담당자가 제 2 항 제 1 호부터 제 3 호까지의 규정에 따른 교육을 이수하지 아니한 경우 거래소는 당해 연도 종료 후 1월 이내에 당해 공시책임자 또는 공시담당자의 교체를 당해 유가증권시장주권상장법인에 대하여 요구할 수 있다. 다만, 당해 법인이 해당 교육기간 중 회사의 사정 등으로 교육 미이수가 불가피하였다고 입증하는 경우로서 거래소가 정하는 교육을 이수하는 경우에는 그러하지 아니하다.

⑤ 거래소는 유가증권시장주권상장법인이 제 4 항에 따른 거래소의 교체요구일로부터 1월 이내에 당해 공시책임자 또는 공시담당자를 교체하여 거래소에 변경·등록하지 아니한 경우에는 당해 유가증권시장주권상장법인에 대하여 2점의 벌점을 부과할 수 있다. 다만, 당해 벌점부과로 인하여 당해 유가증권시장주권상장법인이 발행한 상장주권이 상장규정 제75조 제 1 항 제 8 호에 따라 관리종목으로 지정될 수 있는 경우에는 위원회의 심의를 거쳐 부과벌점을 경감 또는 면제할 수 있다.

개선계획서의 제출을 요구받은 유가증권시장주권상장법인은 세칙[1]에서 정하는 바에 따라 개선계획서를 거래소에 제출해야 하며, 이를 이행하지 않을 경우 거래소는 해당 유가증권시장주권상장법인에 대하여 3점 이내에서 세칙이 정하는 바에 따라 벌점을 부과할 수 있다(공시규정 제39조 제 2 항). 거래소는 유가증권시장주권상장법인이 제출한 개선계획서를 공시매체에 1개월간 공표할 수 있다(공시규정 제39조 제 3 항).

(5) 매매거래정지

1) 의 의

상장주권에 중대한 영향을 미칠 수 있는 사유가 발생한 경우 당해 법인이 발행한 주권의 매매거래를 정지시키고 투자자에게 해당 사실을 공표한 후 매매거래를 재개하여 공익과 투자자를 보호하기 위한 제도이다.

2) 매매거래정지사유

거래소는 다음 각 호의 어느 하나에 해당하는 경우에는 해당 유가증권시장주권상장법인이 발행한 주권등에 대하여 매매거래를 정지[2]할 수 있다. 다만, 제 4

1) 공시규정 시행세칙 제15조(개선계획서 제출등) ① 개선계획서는 별지 제 1 호 서식에 따라 다음 각 호의 사항을 기재하여 거래소의 제출요구일로부터 10일 이내에 이를 제출하여야 한다.
 1. 제출법인명 및 제출일자
 2. 삭제
 3. 공시의무 위반의 원인 및 경위
 4. 공시의무 위반의 재발방지를 위한 조직의 재정비 등 구체적인 개선계획의 내용 및 일정
 5. 그 밖에 필요한 사항
 ② 거래소는 유가증권시장주권상장법인이 제 1 항에 따른 개선계획서를 제출하지 아니한 경우에는 2점의 벌점을 부과할 수 있다.

2) 공시규정 시행세칙 제16조(매매거래정지의 대상 및 기간) ③ 규정 제40조 제 5 항에 따른 매매거래정지기간은 다음 각 호의 어느 하나와 같다.
 1. 규정 제40조 제 1 항 제 1 호의 경우에는 당해 조회공시 요구에 응하여 답변공시하는 때 매매거래를 재개한다. 다만, 당해 공시사항이 규정 제40조 제 2 항 각 호의 어느 하나에 해당하는 경우에는 제 4 호에 따른다.
 2. 규정 제40조 제 1 항 제 2 호의 경우에는 당해 공시시점부터 30분이 경과한 때에 매매거래를 재개한다. 다만, 공시시점이 당일 정규시장 매매거래개시시간 이전인 경우에는 정규시장 매매거래개시시점부터 30분이 경과한 때에 매매거래를 재개하며, 유가증권시장 업무규정 제 4 조 제 3 항 제1 호 본문에 따른 정규시장 매매거래시간 종료 60분 전 이후인 경우에는 그 다음 매매거래일부터 매매거래를 재개한다.
 3. 규정 제40조 제 1 항 제 3 호의 경우에는 지정일 당일 1일간(지정일이 매매거래일이 아닌 경우에는 이후 최초로 도래하는 매매거래일 1일간)

호의 경우에는 주식워런트증권 상장법인이 발행한 주식워런트증권을 포함한다(공시규정 제40조 제1항).

1. 제12조에 따른 조회공시 요구에 대하여 그 신고시한까지 이에 응하지 아니한 때
2. 제7조부터 제11조까지, 제25조 제1항 및 제51조에 따른 공시사항 중 주가 또는 거래량에 중대한 영향을 미칠 수 있는 사항으로서 세칙으로 정하는 사항을 공시하는 때[1)]
3. 제35조의 규정에 의하여 불성실공시법인으로 지정된 경우
4. 풍문 또는 보도 등과 관련하여 가격 또는 거래량이 급변하거나 급변이 예상되는 경우

---

4. 규정 제40조 제1항 제4호의 경우에는 정지사유에 대한 조회결과를 공시(주식워런트증권 상장법인과 관련된 경우에는 상장규정 제66조의2에 따른 신고를 포함)한 경우에는 공시시점부터 30분이 경과한 때에 매매거래를 재개한다. 다만, 공시시점이 제2호 단서의 시간에 해당하는 경우에는 제2호 단서를 준용하여 매매거래를 재개한다.

1) 공시규정 시행세칙 제16조(매매거래정지의 대상 및 기간) ① 규정 제40조 제1항 제2호에 따라 매매거래정지의 대상이 되는 공시사항은 다음 각 호의 어느 하나와 같다.
   1. 규정 제7조 제1항 중 제1호 가목, 제2호 가목 (8), 제2호 마목 (2)·(6), 제3호 가목 (5), 제3호 나목 (1)부터 (4)까지와 같은 목 (6), 규정 제51조 제3호에 해당하는 사항. 다만, 규정 제7조 제1항 제3호 가목 (5)에 따른 공시사항 중 상법 제530조의12에 따른 물적분할의 사항 및 규정 제7조 제1항 제2호 마목 (6)에 따른 공시사항 중 그 결과에 대한 공시사항은 그러하지 아니하다.
   2. 규정 제7조 제1항 제2호 마목 (1) 후단에서 정하는 사항(해당 내용이 이 규정의 다른 신고 등을 통하여 확인된 경우를 포함). 다만, 그 내용이 최초로 확인된 경우에 한한다.
   3. 다음 각 목의 어느 하나에 해당하는 사항. 다만, 동일사항에 대한 공시사항 중 공시가 나중에 이루어지는 사항에 대하여는 그러하지 아니하다.
      가. 삭제
      나. 유가증권시장주권상장법인에 대하여 소송이 제기되는 경우로서 규정 제7조 제1항 제3호 다목 (4) 및 제51조 제2호에 따른 공시사항 중 소송의 제기·허가신청사항, 소송허가결정사항 기타 법원의 판결·결정의 사항. 다만, 소송허가결정사항 기타 법원의 판결·결정의 사항 중 직전심급의 판결·결정내용을 그대로 인용하는 판결·결정의 사항은 그러하지 아니하다.
   4. 규정 제7조 제1항 제2호 가목 (1)·(2) 중 배정비율이 10% 이상인 무상증자, 발행주식총수의 10% 이상인 감자 또는 이익소각
   5. 규정 제7조 제1항 제2호 마목 (4) 중 배당비율이 10% 이상인 주식배당
   6. 규정 제7조 제1항 제3호 가목 (4) 중 지주회사의 직전 사업연도말 자산총액의 10% 이상인 주식교환 또는 주식이전
   7. 삭제〈2009. 2. 3〉
   8. 규정 제8조 제2항에 따른 당일 신고사항
   8의2. 규정 제11조 제1항 제4호에 해당하는 사항 또는 규정 제11조 제2항 제2호 나목부터 라목까지의 어느 하나에 해당하는 사항
   9. 제1호부터 제8호의2까지에 준하는 사항, 그 밖에 공익과 투자자 보호 및 시장관리를 위하여 매매거래정지가 필요하다고 인정되는 사항

위 제 1 항 제 4 호에서 "풍문 또는 보도 등"이라 함은 다음 각 호의 어느 하나에 해당하는 유가증권시장상장법인에 관한 풍문 또는 보도 등을 말한다. 다만, 주식워런트증권의 경우 주식워런트증권 상장법인에 관한 상장규정 제86조의2 제 1 호에 해당하는 풍문 또는 보도 등을 말한다(공시규정 제40조 제 2 항).

1. 발행한 어음 또는 수표의 부도발생이나 은행과의 당좌거래정지 또는 금지
2. 영업활동의 전부 또는 일부의 정지
3. 법률의 규정에 의한 파산, 해산 또는 회생절차 개시신청이나 사실상의 회생절차 개시
4. 최근 사업연도 외감법의 규정에 의한 회계감사인의 감사보고서 또는 반기검토보고서상 다음 각 목 중 어느 하나에 해당하는 사항
   가. 감사보고서의 경우 다음의 어느 하나에 해당하는 사항
      (1) 감사의견[종속회사가 있는 경우(유가증권시장주권상장법인이 최근 사업연도에 한국채택국제회계기준을 적용한 경우에 한한다) 또는 지주회사인 경우에는 연결재무제표에 대한 감사의견을 포함] 부적정, 의견거절 또는 감사범위 제한으로 인한 한정
      (2) 최근 사업연도의 자기자본이 자본금의 100분의 50 이상 잠식[종속회사가 있는 유가증권시장주권상장법인이 한국채택국제회계기준을 적용하여 사업보고서를 작성한 경우에는 연결재무제표상 자본금 및 자본총계(외부주주 지분은 제외)를 기준으로 하며, 외감법 제13조 제 1 항 제 2 호에 따른 회계처리기준을 적용하는 지주회사의 경우에는 연결재무제표에 대한 자본잠식을 포함]
      (3) 최근 사업연도의 매출액(지주회사의 경우에는 연결재무제표를 기준으로 하며, 한국채택국제회계기준을 적용한 사업연도의 경우에는 재화의 판매와 용역의 제공금액을 합산한 금액을 기준으로 한다) 50억원 미만. 다만, 제 2 조 제20항에 따른 기업인수목적회사의 경우는 제외한다.
   나. 반기검토보고서의 경우 검토의견 부적정 또는 의견거절
5. 그 밖에 가격 또는 거래량의 급변이 예상되는 중요한 사항으로 조회가 가능한 사항

3) 매매거래정지의 예외

거래소는 제 1 항의 규정에 불구하고 다음 각 호의 1에 해당하는 경우에는 매매거래를 정지하지 아니할 수 있다[1](공시규정 제40조 제 3 항).

---

1) 공시규정 시행세칙 제16조(매매거래정지의 대상 및 기간) ④ 제 3 항에도 불구하고 거래소는 다음 각 호의 어느 하나에 해당하는 경우에는 매매거래정지기간을 연장할 수 있다. 다

1. 제 1 항 제 4 호의 규정에 의하여 매매거래를 정지한 경우
2. 상장규정 제95조 제 1 항 및 제 2 항의 규정에 의하여 매매거래를 정지하거나 한 경우
3. 그 밖에 시장관리상 매매거래정지가 필요하지 않다고 인정되는 경우로서 세칙[1]에서 정하는 사항

4) 상장외국법인의 경우

거래소는 제 1 항의 규정에 불구하고 상장외국법인에 대하여는 지리적 여건, 본국의 관습 등을 고려하여 매매거래를 정지하지 아니할 수 있다(공시규정 제40조 제 4 항).

5) 파생결합증권에의 준용

위 제 1 항부터 제 3 항까지 및 제 5 항은 유가증권시장주권상장법인이 발행한 신주인수권증서, 신주인수권증권 및 해당 주권(코스닥시장상장법인이 발행한 주권을 포함한다)을 기초자산으로 하는 법 시행령 제125조 제 2 항 제 6 호 다목에 따른 파생결합증권의 경우에도 이를 준용한다(공시규정 제40조 제 6 항).

제 6 절 공정공시

Ⅰ. 서 설

1. 의의와 기능

공정공시(fair disclosure)란 주권상장법인이 공시되지 않은 중요정보 또는 법령상 공시의무의 대상이 되지 않는 중요정보 등을 애널리스트 등 특정인에게 선별

만, 규정 제40조 제 1 항 제 4 호에 해당하는 경우에는 주식워런트증권 상장법인이 발행한 주식워런트증권을 포함한다.
1. 유가증권시장주권상장법인 또는 상장외국법인의 공시내용이 상장규정 제75조부터 제76조까지의 주권등의 관리종목 지정기준에 해당되는 때
2. 제 1 호 외에 유가증권시장주권상장법인이 발행한 주권등의 가격 및 거래량에 중대한 영향을 미칠 수 있는 사항으로서 거래소가 필요하다고 인정하는 때

1) 공시규정 시행세칙 제16조(매매거래정지의 대상 및 기간) ② 규정 제40조 제 3 항 제 3 호에 따른 매매거래정지가 필요하지 않은 경우는 규정 제35조 제 2 항에 따라 부과받은 벌점이 5점 미만인 경우를 말한다.

적으로 제공하고자 하는 경우, 사전에 동일한 정보를 모든 시장참가자들이 알 수 있도록 시장을 통해 공시하도록 하는 제도이다.

금융감독원은 공정공시제도의 도입과 관련하여 그 기능을 다음과 같이 설명하고 있다. 첫째, 공정공시는 정보제공을 통해 시장참여자간의 정보의 평등성을 확보해 주는 점에서 내부자거래를 사전에 예방하는 기능을 한다. 그 이유는 공정공시제도가 증권의 거래유무와 관계없이 선택적인 공시 자체를 금지함으로써 제 3 자가 회사의 내부자로부터 중요한 미공개정보를 제공받아 거래하는 것이 원칙으로 봉쇄되기 때문이다. 둘째, 수시공시제도는 정형화되어 있는 공시사항에 관하여 공시시한을 일률적으로 정하고 있음에 반하여 공정공시제도는 수시공시의무가 발생하기 전에도 구체적인 정보의 공시시기를 정함으로써 수시공시제도를 보완한다. 셋째, 애널리스트 등이 공평하게 제공되는 기업관련 정보와 사실에 근거하여 투자분석을 실시하게 되어 투자자들에게 객관적인 분석자료를 제공할 수 있다.[1)]

2. 도입배경과 규제체계

미국에서는 일찍부터 선택적 공시의 문제를 인식하고 이를 규제하려고 하였으나 전통적인 내부자거래의 규제법리로서는 적절히 규제할 수 없었다. 따라서 미국의 SEC는 증권의 발행인이 애널리스트 또는 기관투자자 등 특정 집단에게만 회사의 중요한 정보를 제공하는 경우 그 내용을 일반투자자에게도 즉시 공시하도록 하는 공정공시제도를 채택하여 2000년 10월 23일부터 시행하였다.[2)]

우리나라의 공정공시제도는 미국에서 2000년 10월 도입한 Regulation FD(Reg FD)[3)]를 모델로 하여 2002년 11월 1일부터 Reg FD의 기본골격을 거의 그대로 수용하여 시행하였다. 다만 우리나라의 현실을 고려하여 몇 가지 점에서 차이가 있는데, 기본적으로 미국의 Reg FD는 내부자거래 규제의 사각지대인 애널리스트에 대한 선별적 공시를 규제하고자 정부규제기관인 SEC가 법규로 규제하는 데 반하여, 우리나라의 공정공시제도는 수시공시를 보완하기 위하여 자율규제기관인 거래소가 공시규정으로 규제하고 있다. 그런데 양국의 제도의 도입배경, 공시제도와

---

1) 금융감독원, "공정공시제도 도입방안," 2002년 9월 9일 보도자료.

2) 강대섭, "공정공시에 관한 연구," 상사판례연구 제18집 제 1 권(2005), 70쪽.

3) 미국 SEC는 2000년 8월 새로운 공시규제인 Regulation FD(Fair Disclosure)를 SEC Rule으로 발표하였다. 이는 미국에서 1983년의 발행시장공시와 유통시장공시를 통합한 "통합공시제도(Integrated Disclosure System)의 채택 이후 가장 중요한 공시규제로 알려져 있다.

내부자거래 규제의 체계상의 차이를 고려하지 않고 미국의 제도를 그대로 수용함으로써 우리나라의 공정공시제도는 집행과정에서 내부자거래 규제와의 중복 및 충돌 등 상당한 문제점을 내포하고 있다.[1)·2)]

공정공시는 거래소의 유가증권시장 공시규정과 코스닥시장 공시규정에서 정하고 있으며, 구체적인 사항은 유가증권시장 공정공시운영기준과 코스닥시장 공정공시운영기준을 두어 운영하고 있다. 여기서는 유가증권시장 공시규정과 유가증권시장 공정공시운영기준(이하 "공정공시운영기준"이라 한다)을 중심으로 살펴보기로 한다.

Ⅱ. 공정공시제도의 내용

1. 공정공시대상정보

주권상장법인은 공정공시정보제공자가 다음의 어느 하나에 해당하는 사항(이하 "공정공시대상정보")을 공정공시정보제공대상자에게 선별적으로 제공하는 경우에는 그 사실 및 내용을 거래소에 신고하여야 한다(공시규정 제15조 제1항). 공시규정은 기업의 장래계획, 실적치 및 잠정치, 수시공시의무 관련사항 등 네 가지 범주로 구분하고 있다.[3)]

---

1) 성희활, "공정공시제의 발전적 개편방안에 관한 연구," 증권법연구 제5권 제2호(2004), 3-4쪽.

2) 우리나라와 미국의 공정공시제도의 차이점으로는 ① 규제기관: 자율규제기관인 거래소(한국), 정부기관인 SEC(미국), ② 규제근거: 계약적 성격을 갖는 거래소 공시규정(한국), 법적 성격을 갖는 SEC Rule(미국), ③ 근본취지: 내부자거래 예방기능을 담보하는 공시규제의 일부로서 수시공시제도 보완(한국), 내부자거래 규제로서 선별적 공시에 대한 사각지대 해소(미국), ④ 공시대상정보: 비중요정보도 포함하는 열거주의(한국), 판례법상 중요성 기준에 해당하는 일체의 정보(미국), ⑤ 공시매체: 거래소의 전자공시시스템만 인정(한국), 직접공시주의에 따라 신문·방송·뉴스 와이어 등 기존의 공시매체 및 컨퍼런스콜 등 다양한 새로운 매체 허용(미국), ⑥ 정보제공대상자: 증권사·투신사 등 기관투자자 이외에 언론사 및 증권정보사이트 포함(한국), 증권사, 투신사 등 기관투자자만 대상(미국), ⑦ 언론기관에 대한 적용예외: 보도목적인 기자에 의한 취재, 단 보도자료, 기자회견, 기자간담회 등을 통한 정보제공의 경우에는 공정공시제도 적용(한국), SEC 해석에 의해 보도자료 제공 등 언론기관에 제공하는 경우에는 제외(미국), ⑧ 위반시 제재조치: 거래소의 불성실공시법인 지정 등으로 인한 제재수단(한국), SEC의 행정·민사소송제기, 즉 금지명령 또는 민사제재금 청구가능(미국)(성희활, 전게 논문, 4쪽 참조).

3) 공정공시운영기준 제4조(공정공시대상정보의 우회제공의 금지) 공정공시정보제공자는 공정공시대상정보를 각종 비율 및 증감 규모 등을 통하여 우회적으로 제공하여서는 아니 된다.

1. 장래 사업계획 또는 경영계획[1)]
2. 매출액, 영업손익, 법인세비용차감전계속사업손익 또는 당기순손익 등에 대한 전망 또는 예측[2)·3)]
3. 제21조의 규정에 의하여 사업보고서, 반기보고서 및 분기보고서(이하 "사업보고서 등")를 제출하기 이전의 당해 사업보고서 등과 관련된 매출액, 영업손익, 법인세비용차감전계속사업손익 또는 당기순손익 등 영업실적[4)]
4. 제 7 조부터 제11조까지의 규정에서 정하는 사항과 관련된 것으로서 그 신고시한이 경과되지 아니한 사항[5)]

---

1) 공정공시운영기준 제 3 조(공정공시대상정보) ① 규정 제15조 제 1 항 제 1 호에서 "장래 사업계획 또는 경영계획"이라 함은 회사 전체의 영업활동 및 기업실적에 중대한 영향을 미치는 다음의 사항으로서 향후 3년 이내의 계획을 말한다. 이 경우 당해 계획의 목적, 추진일정, 예상투자금액 및 예상효과를 구체적으로 표시하여 신고하여야 한다.
   1. 신규사업의 추진
   2. 신시장의 개척
   3. 주력업종의 변경
   4. 회사조직의 변경
   5. 신제품의 생산
   6. 국내외 법인과의 전략적 제휴
   7. 신기술의 개발
   8. 기존사업의 변경(중단·폐업·매각 등)

2) 공정공시운영기준 제 3 조(공정공시대상정보) ② 규정 제15조 제 1 항 제 2 호에서 "매출액, 영업손익, 법인세비용차감전계속사업손익 또는 당기순손익 등에 대한 전망 또는 예측"이라 함은 향후 3년 이내의 기간에 대한 매출액, 영업손익, 법인세비용차감전계속사업손익 또는 당기순손익 등에 대한 전망 또는 예측을 말한다. 이 경우 당해 전망 또는 예측과 관련된 가정 또는 판단의 근거를 구체적으로 명시하여 신고하여야 한다.

3) 실적치의 경우는 전년 동기 및 전기 실적 등 비교수치를 기재하여야 하며, 대상기간이 분기 이상인 경우에는 당해 기간의 매출액, 영업손익, 경상손익 및 당기손손익을 함께 신고하여야 한다.

4) 공정공시운영기준 제 3 조(공정공시대상정보) ③ 규정 제15조 제 1 항 제 3 호에서 "사업보고서, 반기보고서 및 분기보고서(이하 "사업보고서 등")를 제출하기 이전의 당해 사업보고서 등과 관련된 매출액, 영업손익, 법인세비용차감전계속사업손익 또는 당기순손익 등 영업실적"이라 함은 공정공시대상정보를 제공하는 시점에서 제출이 이루어지지 아니한 사업보고서 등의 당해 사업연도, 반기 및 분기의 매출액, 영업손익, 법인세비용차감전계속사업손익 또는 당기순손익 등 영업실적을 말하며 실적을 발표하는 경우에는 당해 월별 실적 중 해당정보를 포함한다. 이 경우 전년 동기 및 전기 실적 등 비교수치를 기재하여야 하며, 대상기간이 분기 이상인 경우에는 당해 기간의 매출액, 영업손익, 법인세비용차감전계속사업손익 또는 당기순손익을 함께 신고하여야 한다. 다만 종속회사의 결산지연 또는 당해 업종의 회계처리기준의 특성 등으로 인하여 불가피한 경우에는 그러하지 아니하다.

5) 공정공시운영기준 제 3 조(공정공시대상정보) ④ 규정 제15조 제 1 항 제 4 호에서 "제 7 조부터 제11조까지의 규정에서 정하는 사항과 관련된 것으로서 그 신고시한이 경과되지 아니한 사항"이라 함은 규정 제 7 조 내지 제10조에서 정하는 기준에 해당되는 사항으로서 이사회결의 등이 이루어지지 않아 신고의무가 확정적으로 발생하지 아니한 사항 또는 신고의무가

2. 공정공시정보제공자

"공정공시정보제공자"라 함은 다음의 어느 하나에 해당하는 자를 말한다(공시규정 제15조 제2항). 공시규정은 당해 법인, 공정공시대상정보에 접근가능한 포괄적인 지위를 가진 자 및 업무상 동 정보에 대한 접근이 가능한 직원 등 세 가지 범주로 구분하고 있다.

1. 해당 주권상장법인 및 그 대리인
2. 해당 주권상장법인의 임원[1](이사·감사 또는 사실상 이와 동등한 지위에 있는 자[2]를 포함)
3. 공정공시대상정보에 대한 접근이 가능한 해당 주권상장법인의 직원[3](공정공시대상정보와 관련이 있는 업무수행부서 및 공시업무 관련부서의 직원[4])

3. 공정공시정보제공대상자

"공정공시정보제공대상자"라 함은 다음 각 호의 어느 하나에 해당하는 자를 말한다(공시규정 제15조 제3항).

1. 자본시장법에 의한 투자매매업자·투자중개업자·투자회사·집합투자업자·투자자

확정적으로 발생하였으나 규정 제7조 내지 제10조의 규정에 따라 신고하지 아니한 사항을 말한다.

1) 공정공시운영기준 제5조(공정공시정보제공자) ① 규정 제15조 제2항 제2호에 따른 임원의 경우에는 등기 또는 상근 여부를 불문하며, 이사의 경우에는 사외이사를 포함하고, 감사의 경우에는 감사위원회 위원을 포함한다.

2) 공정공시운영기준 제5조(공정공시정보제공자) ② 규정 제15조 제2항 제2호에서 "사실상 이와 동등한 지위에 있는 자"라 함은 상법 제401조의2 제1항에 따른 업무집행지시자등을 말한다.

3) 공정공시운영기준 제5조(공정공시정보제공자) ③ 규정 제15조 제2항 제3호에서 "직원"이라 함은 명칭여하를 불문하고 근로기준법의 적용대상이 되는 근로계약을 체결한 자를 말한다.

4) 공정공시운영기준 제5조(공정공시정보제공자) ④ 규정 제15조 제2항 제3호에서 "공정공시대상정보와 관련이 있는 업무수행부서의 직원"이라 함은 공정공시대상정보와 관련이 있는 업무에 관하여 실질적인 의사결정 및 집행을 하는 부서의 직원으로서 당해 업무에 직·간접적으로 관여하는 자를 말하며, "공시업무 관련부서의 직원"이라 함은 공시내용·시기 등을 실질적으로 결정하는 부서의 직원 및 직·간접적으로 공시업무에 관여하는 직원을 말한다.

문업자·투자일임업자와 그 임[1)]·직원[2)] 및 이들과 위임[3)] 또는 제휴관계[4)]가 있는 자

2. 전문투자자(제 1 호에서 정하는 자 제외) 및 그 임·직원
3. 제 1 호 및 제 2 호의 규정에 따른 자의 업무와 동일하거나 유사한 업무를 수행하는 외국의 전문투자자[5)] 및 그 임·직원
4. 방송법에 의한 방송사업자 및 신문 등의 자유와 기능보장에 관한 법률에 의한 신문·통신 등 언론사(이와 동일하거나 유사한 업무를 수행하는 국내외 법인[6)]을 포함) 및 그 임·직원
5. 정보통신망 이용촉진 및 정보보호 등에 관한 법률에 의한 정보통신망을 이용하는 증권정보사이트 등[7)]의 운영자 및 그 임·직원
6. 공정공시대상정보를 이용하여 유가증권시장주권상장법인의 증권을 매수하거나 매도할 것으로 예상되는 해당 증권의 소유자[8)]

---

1) 공정공시운영기준 제 6 조(공정공시정보제공대상자) ① 규정 제15조 제 3 항에서 "임원"이라 함은 제 5 조 제 1 항 및 제 2 항에 해당하는 자를 말한다.
2) 공정공시운영기준 제 6 조(공정공시정보제공대상자) ② 규정 제15조 제 3 항에서 "직원"이라 함은 제 5 조 제 3 항에 해당하는 자를 말한다.
3) 공정공시운영기준 제 6 조(공정공시정보제공대상자) ③ 규정 제15조 제 3 항 제 1 호에서 "위임관계"라 함은 명칭여하를 불문하고 위임인의 위임에 의해 수임인이 수임사무를 처리해 주는 것을 내용으로 하는 계약으로서 다음 각 호의 1에 해당하는 것을 포함한다.
   1. 변호사에게 소송대리인으로서 소송수행을 의뢰하는 것
   2. 증권신고서 등 신고서류의 작성·제출 등의 업무처리를 법에 의한 투자매매업자 또는 투자중개업자에게 의뢰하는 것
   3. 인수회사 또는 회계법인 등에게 증권의 가치분석 등의 업무를 의뢰하는 것
4) 공정공시운영기준 제 6 조(공정공시정보제공대상자) ④ 규정 제15조 제 3 항 제 1 호에서 "제휴관계"라 함은 명칭여하를 불문하고 판매·제품개발·투자 등 기업활동을 수행하는 데 있어서 기술·생산·자본 등을 2 이상의 기업 등이 공동으로 영위하거나 협력하는 것을 말한다.
5) 공정공시운영기준 제 6 조(공정공시정보제공대상자)
   ⑤ 규정 제15조 제 3 항 제 3 호에서 "외국의 전문투자자"라 함은 명칭여하를 불문하고 외국의 금융관련법령에 의하여 영업의 허가·인가 등을 받아 금융업 등을 영위하는 각종 금융회사, 투자회사, 헤지펀드 및 이와 유사한 기능을 수행하는 회사를 말한다.
6) 공정공시운영기준 제 6 조(공정공시정보제공대상자) ⑥ 규정 제15조 제 3 항 제 4 호에서 "이와 동일하거나 유사한 업무를 수행하는 국내외 법인"이라 함은 법률에 의한 언론사에 해당되지는 않으나 인터넷 등을 통하여 실질적으로 언론사와 동일하거나 유사한 업무를 수행하는 국내외 법인을 말한다.
7) 공정공시운영기준 제 6 조(공정공시정보제공대상자) ⑦ 규정 제15조 제 3 항 제 5 호에서 "증권정보사이트 등"이라 함은 증권의 매매거래와 관련된 정보 또는 유가증권시장주권상장법인 등에 대한 정보의 제공을 주요내용으로 하는 인터넷 사이트 등을 말한다.
8) 공정공시운영기준 제 6 조(공정공시정보제공대상자) ⑧ 규정 제15조 제 3 항 제 6 호에서 "공정공시대상정보를 이용하여 유가증권시장주권상장법인의 증권을 매수하거나 매도할 것으로 예상되는 당해 증권의 소유자"라 함은 제공받은 정보를 이용하여 당해 유가증권시장주권상

7. 제 1 호부터 제 6 호까지에 준하는 자로서 거래소가 정하는 자[1)]

4. 공정공시 신고시한

공정공시대상정보의 신고는 당해 정보가 공정공시정보제공대상자에게 제공되기 이전까지 하여야 한다. 다만, 공정공시정보제공자가 경미한 과실 또는 착오로 제공한 경우에는 제공한 당일에 이를 신고하여야 하며, 해당 주권상장법인의 임원이 그 제공사실을 알 수 없었음을 소명하는 경우에는 이를 알게 된 날에 신고할 수 있다[2)](공시규정 제15조 제 4 항).

5. 자회사의 공정공시대상정보

지주회사인 주권상장법인은 해당 주권상장법인의 공정공시정보제공자가 자회

장법인이 발행한 증권을 매수 또는 매도하지 않을 것이라는 의사표시를 서면으로 하지 않은 자로서 당해 증권을 소유하고 있는 자를 말한다.

1) 공정공시운영기준 제 6 조(공정공시정보제공대상자) ⑨ 규정 제15조 제 3 항 제 7 호에서 "거래소가 정하는 자"라 함은 유가증권시장주권상장법인이 거래소에 신고되지 아니한 공정공시대상정보를 규정 제15조 제 3 항 제 1 호부터 제 6 호까지에서 규정하는 자가 용이하게 접근할 수 있는 당해 유가증권시장주권상장법인의 홈페이지 등의 수단을 이용하여 제공하는 경우 당해 정보에 접근할 수 있는 자를 말한다.

2) 공정공시운영기준 제 7 조(신고시한 등) ① 기업설명회 등을 통하여 공정공시대상정보를 제공하고자 하는 경우에는 기업설명회 등의 개시시점 이전에 이를 신고하여야 한다.
② 유가증권시장주권상장법인은 규정 제15조 제 4 항 본문에서 정하는 신고시한에 불구하고 공정공시대상정보를 제공하는 시점의 최소 10분 전까지 당해 정보를 거래소에 신고하도록 노력하여야 한다.
③ 규정 제15조 제 4 항 단서에서 "경미한 과실 또는 착오로 제공한 경우"라 함은 공정공시정보제공자가 제공하고자 하는 정보가 이미 신고된 것으로 오인하거나 공정공시대상정보가 아닌 것으로 오인하여 제공한 경우를 말한다.
④ 규정 제15조 제 4 항 단서의 규정에 의하여 신고하는 경우에는 당해 유가증권시장주권상장법인의 대표이사 명의의 문서로써 이를 하여야 한다.
⑤ 공정공시정보제공자가 기업설명회, 기자회견, 기자간담회, 컨퍼런스콜 등의 진행 중에 신고하지 아니한 공정공시대상정보를 제공한 경우에는 당해 유가증권시장주권상장법인은 당해 정보가 제공된 이후 지체 없이 이를 신고하여야 한다.
⑥ 매매거래일의 매매거래개시시간 이전에 개최되는 간담회 등에서 공정공시정보제공자가 공정공시대상정보를 공정공시정보제공대상자에게 제공하는 경우에는 당해 유가증권시장주권상장법인은 이를 당일 시간외시장 개시 10분 전(장개시 전 시간외시장이 열리지 않을 경우에는 정규시장 매매거래 개시 30분 전)까지 신고하여야 한다.
⑦ 유가증권시장주권상장법인은 규정 제15조부터 제17조까지에 따른 공정공시의무가 발생하였으나 거래소의 전자공시시스템의 접수마감 등으로 인하여 이를 이용할 수 없는 경우에는 그 다음 개장초일 시간외시장 개시 10분 전(장개시 전 시간외시장이 열리지 않을 경우에는 정규시장 매매거래 개시 30분 전)까지 이를 신고하여야 한다.

사의 공정공시대상정보를 공정공시정보제공대상자에게 제공하는 경우 제15조 및 제17조에 따라 거래소에 신고하여야 한다. 이 경우 자회사의 범위는 지주회사가 소유하고 있는 자회사 주식의 최근 사업연도말 재무상태표상 가액(사업연도중 편입하는 경우에는 그 취득가액)이 지주회사의 최근 사업연도말 자산총액의 100분의 10 이상인 자회사로 한다(공시규정 제16조).

6. 공정공시 신고방법

주권상장법인은 제15조 제 1 항 제 4 호에 따른 신고사항이 제 7 조부터 제11조까지의 규정에 따른 공시의무사항과 중복되는 경우에는 제 7 조부터 제11조까지의 해당 규정에 따라 신고하여야 한다. 다만, 이 경우 그 신고시한에 관하여는 제15조 제 4 항을 적용한다(공시규정 제17조 제 1 항).

거래소는 제 6 조의 규정에 불구하고 제15조 또는 제16조에 따른 신고내용이 방대한 경우에는 주권상장법인이 이를 요약하여 신고하도록 하고, 그 신고서류와 원문을 해당 주권상장법인의 홈페이지 등에 게재할 수 있다[1](공시규정 제17조 제 2 항).

즉 거래소의 상장공시시스템(KIND)을 통하여 전자문서를 제출하여야 하고, 공정공시로 신고할 사항이 수시공시의무사항에 해당되는 경우에는 수시공시의무에 따라 신고하면 된다. 다만, 이 경우 신고시한은 공정공시 신고시한이 된다.

Ⅲ. 공정공시의무의 적용예외

다음 각 호의 어느 하나에 해당하는 경우에는 이 절의 다른 규정을 적용하지

1) 공정공시운영기준 제 8 조(신고방법) ① 유가증권시장주권상장법인이 규정 제17조 제 1 항에 따라 신고하는 경우에는 규정 제 7 조부터 제10조까지의 해당 규정에 따른 신고서식에 의하여 신고하여야 한다.
② 유가증권시장주권상장법인은 공정공시의 내용과 관련하여 상세한 정보를 알고자 하는 투자자의 문의가 용이하게 이루어질 수 있도록 공시책임자, 공시담당자, 당해 공정공시대상정보와 관련이 있는 부서 및 연락처 등을 신고내용에 포함하여야 한다.
③ 규정 제17조 제 2 항에서 "신고내용이 방대한 경우"라 함은 기업설명회에서 제공되는 정보 등 공정공시대상정보의 신고와 관련하여 신고서류의 파일분량이 3메가바이트 이상인 경우 또는 거래소가 인정하는 경우를 말한다.
④ 유가증권시장주권상장법인이 규정 제17조 제 2 항에 따라 정보를 요약하여 신고하는 경우에는 당해 유가증권시장주권상장법인은 신고내용에 홈페이지 주소를 게재하는 등 원본에 접근할 수 있는 방법을 명시하여야 한다.

아니한다(공시규정 제18조). 국민의 알권리의 충족을 위한 보도목적의 취재와 공정공시대상정보를 유포시키지 않을 법적인 의무를 지고 있는 자에게는 기업의 원활한 업무처리를 위하여 정보의 선별제공을 허용하고 있다.

1. 공정공시정보제공자가 보도목적의 취재[1]에 응하여 제15조 제3항 제4호에서 규정하는 자에게 공정공시대상정보를 제공하는 경우
2. 공정공시정보제공자가 다음 각 목의 어느 하나에 해당하는 자에게 공정공시대상정보를 제공하는 경우[2]
   가. 변호사·공인회계사 등 해당 유가증권시장주권상장법인과의 위임계약에 따른 수임업무의 이행과 관련하여 비밀유지의무가 있는 자
   나. 합법적이고 일상적인 업무의 일환으로 제공된 정보에 대하여 비밀을 유지하기로 명시적으로 동의한 자

---

1) 공정공시운영기준 제9조(공정공시의무의 적용예외) ① 규정 제18조 제1호에서 "보도목적의 취재"라 함은 신문·방송 등 언론사의 종사자가 일반대중의 알권리 충족을 위하여 유가증권시장주권상장법인을 직접 방문하거나 당해 유가증권시장주권상장법인의 임·직원과의 접촉을 통하여 정보를 수집·종합하여 보도가치가 있는 정보를 생산해 내는 일련의 행위를 말한다. 이 경우 유가증권시장주권상장법인이 보도자료, 기자회견, 기자간담회, 컨퍼런스콜 등을 통하여 정보를 제공하는 경우에는 공정공시의무의 적용예외를 적용하지 아니한다.

2) 공정공시운영기준 제9조(공정공시의무의 적용예외) ② 규정 제18조 제2호 가목 및 나목에서 "비밀유지의무가 있는 자" 및 "비밀을 유지하기로 명시적으로 동의한 자"라 함은 다음 각 호의 1에 해당하는 계약 등의 적용을 받는 자를 말한다.
   1. 변호사법의 적용을 받는 법무법인 또는 변호사와의 법률자문, 위임사무 대행, 소송업무 수행 등을 위한 위임계약
   2. 공인회계사법의 적용을 받는 공인회계사와의 외부감사, 경영 또는 증권업무 관련 컨설팅, 세무조정대행, 외자유치를 위한 업무처리대행, 회생절차 등을 위한 자산·부채실사, 합병 등을 위한 기업가치분석, 해외법인관리업무 등을 위한 위임계약
   3. 세무사법의 적용을 받는 세무사와의 조세에 관한 신고·신청·청구의 대리, 세무조정계산서 등 세무관련서류의 작성, 조세관련 상담 또는 자문 등 세무대리업무 수행 등을 위한 위임계약
   4. 인수업무를 수행하는 주간사회사 등 인수단과의 인수계약(인수계약서상 비밀유지의무가 명시된 경우)
   5. 금융기관과의 대출계약(당해 금융기관의 임·직원이 서면에 의하여 비밀을 유지하기로 명시적으로 동의한 경우). 다만, 은행법에 의한 금융기관과의 대출 등 일상적인 업무와 관련된 계약의 경우에는 서면에 의한 비밀유지 동의를 요하지 아니한다.
   6. 기업구조조정 촉진법에 의하여 기업과 채권금융기관과의 경영정상화계획의 이행을 위한 약정(채권금융기관협의회 또는 주채권은행이 비밀을 유지하기로 명시적으로 동의한 경우)
   7. 그밖에 전문지식을 요하는 위임업무의 수행을 위해 요구되는 일정한 자격증소지자(직무수행과 관련하여 관계법률상 비밀유지의무가 있는 자)와의 위임계약

   ③ 규정 제18조 제2호 각 목에서 정하는 자가 유가증권시장주권상장법인의 대리인으로서 당해 유가증권시장주권상장법인을 대리하는 경우에는 당해 자는 공정공시정보제공자가 된다.

다. 신용정보의 이용 및 보호에 관한 법률에 따라 금융위원회로부터 신용평가업무에 관한 허가를 받은 자

라. 가목부터 다목까지에 준하는 자로서 거래소가 정하는 자

Ⅳ. 공정공시의무 위반에 대한 제재

공정공시의무를 위반한 경우에는 불성실공시의 한 유형인 공시불이행으로 본다(공시규정 제29조 제 1 호 및 제 2 호). 위에서 설명한 불성실공시에 대한 조치가 그대로 적용된다. 따라서 불성실공시법인지정, 공시위반제재금, 개선계획서 제출요구, 매매거래정지 등의 제재를 받게 된다(공시규정 제35조, 제35조의2 이하).

제 7 절 전자공시제도

Ⅰ. 의 의

자본시장법에 따라 금융위원회, 증권선물위원회, 금융감독원장, 거래소, 협회 또는 예탁결제원에 신고서·보고서, 그 밖의 서류 또는 자료 등을 제출하는 경우에는 전자문서의 방법으로 할 수 있다(법 제436조 제 1 항). 전자문서에 의한 신고 등의 방법 및 절차, 그 밖에 필요한 사항은 대통령령으로 정한다(법 제436조 제 2 항).

자본시장법 및 동 시행령, 그 밖의 다른 법령에 따라 금융위원회, 증권선물위원회, 금융감독원장, 거래소, 협회 또는 예탁결제원에 신고서·보고서, 그 밖의 서류 또는 자료 등(이하 "신고서등")을 제출하는 자는 정보통신망 이용촉진 및 정보보호 등에 관한 법률에 따른 정보통신망을 이용한 전자문서(컴퓨터 등 정보처리능력을 가진 장치에 의하여 전자적인 형태로 작성되어 송·수신 또는 저장된 문서형식의 자료로서 표준화된 것)의 방법에 의할 수 있다(영 제385조 제 1 항).

신고서등을 제출하는 자가 전자문서의 방법에 의하는 경우에 그 전자문서의 효력과 도달시기 등 전자문서에 관한 사항은 정보통신망 이용촉진 및 정보보호 등에 관한 법률에서 정하는 바에 따른다(영 제385조 제 4 항).

전자공시제도는 상장법인 등 공시의무자가 공시서류를 전자문서의 방법으로 인터넷을 통하여 직접 전송하여 관계기관에 제출하고 관계기관은 공시자료를 전산매체를 통하여 다른 관계기관과 일반투자자에게 전송함으로써 공시의 신뢰성과 기업경영의 투명성을 제고하기 위한 종합적인 기업공시시스템이라고 할 수 있다.

Ⅱ. 도입배경 및 효과

전자공시제도는 종래의 서면공시방식의 문서의 중복제출로 인한 시간적·물적 부담의 가중과 자본시장 규모 확대에 따른 공시물량의 증가로 수작업에 의한 공시가 한계에 도달하여 채택하게 되었다. 1999년 1월 증권거래법 제194조의 2(전자문서에 의한 신고 등)의 규정의 신설로 법적 근거를 마련하였다. 자본시장법은 이 규정을 그대로 수용하고 있다.

전자공시의 도입효과로는 첫째, 공시의 신속성 및 접근성의 제고이다. 세계 어디서나 24시간 인터넷을 통해 신속하고 용이하게 공시자료를 열람할 수 있게 되었다. 둘째, 제출인의 부담을 경감하였다. 원스톱 제출체제를 구축하여 제출인이 공시자료를 1회 제출하면 관계기관에 대한 공시의무를 완료하게 되었다. 셋째, 관계기관의 협력을 통한 사회적 비용의 절감이다. 원스톱 제출체제의 구축을 통해 관계기관 등의 시스템구축비용을 절감하였다. 넷째, 기업재무자료의 연계성 강화를 통한 기업경영의 투명성 제고이다. 제출과 동시에 인터넷을 통하여 공시되므로 투자자의 신속한 공시요구에 부응하고, 기업정책에 필요한 관련 통계자료 및 재무자료의 생산 및 분석체제를 구축함으로써 기업경영의 투명성을 유도하게 되었다.[1)]

Ⅲ. 금융감독원의 전자공시

전자문서의 방법에 의하여 신고서등을 제출할 때 필요한 표준서식·방법·절차 등은 금융위원회가 정하여 고시한다. 이 경우 금융위원회는 해당 신고서등이 거래소, 협회 또는 예탁결제원에 함께 제출되는 것일 때에는 그 표준서식·방법·절차 등을 정하거나 변경함에 있어서 미리 해당 기관의 의견을 들을 수 있다(영

1) 금융감독원·코스닥등록법인협의회, 전게서, 326-327쪽.

제385조 제 2 항).

금융위원회의 증권의 발행 및 공시 등에 관한 규정 제 6 장이 전자문서에 의한 신고 등에 관한 상세한 규정을 두고 있음은 발행시장과 공시규제 부분에서 살펴보았다.

금융감독원의 전자공시제도는 금융감독원이 개발하여 운영하는 전자공시시스템(DART 시스템: Data Analysis Retrieval and Transfer System)을 통하여 기업 등 공시의무자가 공시서류를 전자문서의 방법으로 제출하고, 일반이용자는 인터넷을 통해 즉시 열람할 수 있는 공시제도이다. 즉 공시의무자는 공시서류를 금융감독원에 전자문서로 일회만 제출하면 되고 일반이용자는 DART에 시간과 공간의 제약 없이 공시정보를 용이하게 검색 및 조회할 수 있다.

Ⅳ. 거래소의 전자공시

거래소, 협회 또는 예탁결제원의 업무 관련규정에 따라 제출하는 신고서등의 경우에는 자본시장법 시행령 제385조 제 2 항 전단에도 불구하고 해당 기관이 이를 정할 수 있다(영 제385조 제 3 항).

거래소의 유가증권시장 공시규정 제3편과 코스닥시장 공시규정 제2편은 전자문서에 의한 신고 등에 관하여 자세한 규정을 두고 있다. 이 규정들은 자본시장법 제436조에 의하여 주권상장법인 등이 전자문서의 방법에 의하여 신고서·보고서 그 밖의 서류 또는 자료 등을 거래소에 제출하는 것과 금융위원회의 증권의 발행 및 공시 등에 관한 규정에 의하여 주권상장법인이 전자문서의 방법으로 금융감독원에 제출한 신고서등을 금융감독원으로부터 전송받아 공시하는 것 등과 관련하여 필요한 사항을 규정하고 있다.

거래소의 전자공시제도는 거래소에서 개발하여 운영하는 상장공시시스템(KIND 시스템: Korea Investor's Network for Disclosure System)을 통하여 상장법인 등의 공시의무자가 공시서류를 인터넷을 통하여 직접 작성 및 제출하고, 일반이용자는 인터넷 등 공시매체를 통하여 즉시 열람할 수 있는 공시제도이다.

CHAPTER 05

주권상장법인에 대한 특례

- 자본시장법상 재무구조에 관한 특례 -

제 1 절 서 론

Ⅰ. 증권거래법상 특례규정

증권거래법은 제 9 장 제 3 절 '상장법인 등에 대한 특례 등'에서 주권상장법인 등에 대한 특례를 규정하고 있었다. 특례규정은 재무구조에 대한 부분과 기업지배구조에 대한 부분으로 나누어져 있었는데, 재무구조에 대한 부분은 '자본시장육성에 관한 법률'이 폐지되면서 증권거래법으로 흡수된 것이고, 지배구조에 대한 부분은 1997년 IMF 외환위기 후에 재벌중심의 지배구조를 개선하기 위하여 도입된 것이다.

Ⅱ. 자본시장법상 특례규정

이러한 특례규정으로 인하여 증권거래법은 상법의 특별법 중 가장 중요한 법이 되었다. 증권거래법의 고유영역에 속하지 않는 특례규정을 이와 같이 계속해서 증권거래법에 두는 것이 바람직한지에 관하여 논란이 있어 오던 차에, 증권거래법 등 자본시장 관련 6개 법률을 통합하는 '자본시장과 금융투자업에 관한 법률'이 제정됨에 따라 상장법인의 재무구조에 관한 특례규정은 자본시장법에서 규정하고, 상장법인의 지배구조에 관한 특례규정은 상법에서 규정하게 되었다. 이와 같이 지배구조 부분과 재무구조 부분을 분리한 이유는 일반 주식회사의 지배구조와 관련한 사항은 상법에 명시되어 있으므로 상장법인의 지배구조도 상법에서 규정하는 것이 법체계에 맞고, 재무구조에 관한 특례 부분은 증권시장에 미치는 영향이 커서 정부의 시의적절한 조치가 필요한 경우가 많고, 투자자 보호 및 불공정거래와 관련될 수 있는 사항들로서 감독당국의 계속적인 지도·감시가 필요했기 때문이라고 한다.[1)]

1) 변제호 외 4인, 전게서, 454쪽.

Ⅲ. 재무구조 특례규정의 의의

주권상장법인에 대한 재무구조 특례규정은 기본적으로 상장법인의 재산 및 수지관리와 관련된 규정이다. 이는 상장법인의 회사재무구조와 관련되는 규정 및 회사의 재산상태에 영향을 미칠 수 있는 각종의 규정(예를 들면 주식발행, 사채발행, 이익배당 등)을 말한다. 이와 같은 특례규정은 주권상장법인의 자금조달을 지원하고 재무구조의 개선을 촉진하기 위하여 둔 것이다.[1)]

제 2 절 주식관련 특례규정(주식관리등과 관련된 특례규정)

Ⅰ. 자기주식의 취득

1. 서 설

(1) 자기주식 취득의 의의

자기주식이란 회사가 자신이 발행한 주식을 자기의 계산으로 취득하여 보유하고 있는 주식을 말하며, 자사주라고도 한다. 따라서 자기주식의 취득이란 회사가 주주로부터 주식을 취득하는 것이다.

자기주식의 취득·처분은 상법에 의한 경우와 자본시장법에 의한 경우로 구분할 수 있다. 상장법인은 상법에서 정한 목적에 따라 자기주식을 취득할 수 있고, 상법에서 정한 목적 이외에 자본시장법에 따라 목적에 관계없이 배당가능이익의 범위 내에서 자기주식을 취득할 수 있다.

그러나 상법은 자본충실의 원칙을 해할 염려가 있다는 이유를 들어 원칙적으로 자기주식의 취득을 금지하고, 예외적으로 자기주식 취득을 허용하고 있다. 그러나 자본시장법은 자기주식의 취득을 원칙적으로 허용하고 일정한 경우에만 취득을 제한하고 있다.[2)]

---

1) 손영화, "상장회사 재정질서 특례규정의 입법적 과제," 기업법연구(2007. 9), 10쪽.

2) 벤처기업육성에 관한 특별조치법은 상장회사가 아닌 벤처기업에 대해 전략적 제휴를 목적으로 정관에 규정을 두어 자기주식을 다른 주식회사의 주식을 10% 이상 보유한 주요주주나 다른 벤처기업과 교환하여 소유하는 것을 허용하고 있다(동법 제15조 제 1 항). 이를 위해서는 당사기업들은 각각 주주총회의 특별결의를 얻어 주식교환계약을 체결해야 하며, 배당가

(2) 자기주식 취득·처분의 목적

증권거래법이 1994년 자기주식의 취득 및 보유를 허용한 이후 많은 상장법인이 주가관리, 경영권안정 등의 목적으로 자기주식을 취득해 오고 있다. 자기주식의 취득목적은 주가안정, 주주가치의 제고, 이익소각, 주식매수선택권의 교부, 경영권방어 등으로 공시되었는데, 특히 주가안정을 목적으로 하는 경우가 압도적으로 많았다.[1)]

특히 자기주식의 취득은 적대적 기업매수에 대한 방어수단으로 그동안 많이 이용되어 왔다. 자기주식을 취득함으로써 유통주식의 물량을 줄이고 적대적 기업매수의 대상이 되는 회사가 보유하고 있는 지분율을 높임으로써 적대적 기업매수를 어렵게 하는 것이다. 또한 자기주식의 취득으로 인하여 주가가 상승하여 매수시도자의 자금소요를 증대시키게 하는 부가적인 효과도 있다. 자기주식의 취득은 그 성격상 회사가 향후 있을지 모르는 적대적 기업매수 시도를 사전에 차단하기 위해 주로 사용된다.[2)]

반면 자기주식의 처분목적은 재무구조 개선, 주식매수선택권의 행사, 자기자본 확충, 주식인수대금 지급, 임직원 성과금, 주식가격안정 달성, 우리사주조합 출연, 출자재원 확보, 이익배당한도 감소, 신탁계약기간 만료, 운영자금 조달, 유동성 확보 등 매우 다양한 것으로 나타났다.[3)]

나아가 자기주식의 처분이 적대적 기업매수에 대한 방어수단으로 사용되는데 대하여는 그다지 많은 논의가 있지는 않았다. 그런데 자기주식을 처분할 경우 그 처분대상자를 우호적인 제 3 자로 정하면 사실상 신주를 제 3 자에게 발행하는 경우와 동일한 효과를 달성할 수 있으므로 적대적 기업매수가 진행되고 있는 동안에 이를 저지하기 위한 수단으로 사용될 수 있다.[4)]

능이익(상법 제462조 제 1 항)의 범위에서 자기주식을 취득해야 한다(동법 제15조 제 2 항 및 제 3 항). 이에 반대하는 주주는 주식매수청구권을 행사할 수 있다(동법 제15조의2).

1) 정윤모·박기령, "자기주식 소각규제의 완화방안," 자본시장포럼 제 2 권 제 3 호(한국증권연구원, 2005), 11쪽.

2) 신우진, "경영권 방어를 위한 자기주식의 제 3 자에 대한 처분의 법적 문제점," 기업법연구 제21권 제 1 호(한국기업법학회, 2007), 139쪽.

3) 정윤모·박기령, 전게 논문, 11쪽.

4) 신우진, 전게 논문, 140쪽.

(3) 자기주식 취득규제의 논거

자기주식에 관련된 법률문제는 현재까지 주로 취득규제에 관한 것이었다. 자기주식의 취득을 널리 허용하는 미국의 회사법제와 달리 유럽의 국가들은 자본충실 등의 이유를 들어 이를 엄격히 규제하였는데, 우리나라도 전통적으로 이러한 입장을 취하고 있었다. 그러나 최근 들어 취득규제에 관한 논쟁은 어느 정도 정리가 되는 듯한 모습을 보이고 있다. 원래 자기주식 취득규제의 논거는 (1) 회사채권자의 보호(자본이나 법정준비금을 이용하여 유상으로 자기주식을 취득하면 자본충실을 해하고 회사채권자를 해할 수 있는 점), (2) 주주 불평등에 대한 우려(자기주식의 취득과정에서 그 방법이나 취득가액상 주주간 불평등이 초래될 수 있는 점), (3) 회사지배의 공정성 문제(기존 이사들이 자기주식을 활용하여 경영권을 용이하게 방어하는 수단으로 악용할 수 있다는 점), (4) 주식거래의 공정성 문제(자기주식의 거래는 시세조종 및 내부자거래에 남용될 위험이 있는 점)의 네 가지이다.

그러나 (1)의 경우에는 자기주식의 취득재원을 배당가능이익으로 제한한다면 특별한 걸림돌이 되지 못한다. 즉 자기주식의 취득은 자산의 사외유출이라는 측면에서 이익배당과 유사한 성격을 가지므로, 그 취득을 배당에 준하여 규제하면 되는 것이다. 또한 (2) 내지 (4)의 문제점은 이사의 행위를 통제하고 자기주식 취득절차를 엄격히 함으로써 어느 정도 해소될 수 있으므로, 자기주식의 취득을 원천적으로 금지할 이유는 되지 못한다.[1)]

2. 자본시장법상 자기주식의 취득 · 처분

(1) 자기주식 취득의 허용

주권상장법인(외국법인등은 제외)은 상법상 예외적으로 인정하는 다섯 가지 경우 이외에도 자본시장법에 의해 목적에 관계없이 배당가능이익 한도 이내에서 증권시장에서 취득하는 방법 또는 공개매수의 방법 등으로 해당 법인의 명의와 계산으로 자기주식을 취득할 수 있다(법 제165조의2 제 1 항 및 제 2 항). 다만 은행법 등 다른 법률에서 별도로 규제하고 있는 경우에는 그 다른 법률에 따라 자기주식의 취득이 제한될 수 있다.

---

1) 노혁준, "자기주식과 기업의 합병 · 분할," 증권법연구 제 9 권 제 2 호(한국증권법학회, 2008), 119−120쪽.

자기주식의 취득에 대하여 자본시장법은 목적에 제한을 두지 않고 있어 주권상장법인은 오로지 주가관리나 적대적 M&A에 대한 방어수단으로 자기주식을 취득하는 것도 가능하다. 자기주식 취득을 방어수단으로 이용하는 것에 대하여는 경영진이 회사의 자금으로 경영권을 안정시킨다는 것은 불공정하다는 비판[1]이 있지만, 적대적 M&A가 기업가치를 훼손하고 주주의 공동이익을 침해하는 경우라면 이 경우에는 자기주식을 통해 경영권을 방어하는 것은 정당화된다고 본다.[2]

(2) 자기주식 취득방법과 취득금액

1) 의 의

주권상장법인은 자기주식을 취득하는 경우에는 다음 각 호의 방법에 따라야 한다(법 제165조의2 제 2 항).

1. 증권시장에서 취득하는 방법
2. 공개매수의 방법
3. 신탁계약에 따라 자기주식을 취득한 신탁업자로부터 신탁계약이 해지되거나 종료된 때 반환받는 방법. 다만, 신탁업자가 해당 법인의 자기주식을 제 1 호 또는 제 2 호에 따라 취득한 경우만 해당한다.

주권상장법인이 자기주식을 취득하는 경우 그 취득금액은 상법 제462조 제 1 항에 따른 이익배당을 할 수 있는 한도 이내이어야 하고(법 제165조의2 제 2 항), 주권상장법인이 금전의 신탁계약에 따라 신탁업자에게 자기주식을 취득하게 하는 경우에는 그 신탁계약의 계약금액을 취득금액으로 본다(법 제165조의2 제 3 항).

2) 취득방법의 제한

(가) 자기주식의 직접취득

주권상장법인은 증권시장을 통하거나 공개매수의 방법으로 해당 법인의 명의와 계산으로 자기주식을 취득할 수 있다(법 제165조의2 제 2 항). 즉 주권상장법인에 의한 직접취득의 경우에는 모든 주주에게 동등한 매도기회를 보장한다는 측면에서 장내에서 취득하거나 장외에서 공개매수의 방법으로만 취득할 수 있다. 따라서 회사와 주주 사이에 대면거래에 의한 취득은 허용되지 않는다. 특정인과의 거래에 의한 직접취득을 허용하면 상장법인이 자기주식의 취득상대방 및 취득금액을 임

1) 이철송, 전게서, 317쪽.
2) 한국증권법학회, 전게서, 695쪽.

의로 선택 또는 결정할 수 있기 때문에 이는 주주평등의 원칙에 반하는 결과를 가져오게 되고, 또한 적대적 기업매수자의 기업매수 의도를 포기시키면서 그 대신 그가 이미 취득한 주식을 시장가격보다 높은 가격에 매수하게 되는 그린메일(greenmail)이 횡행할 우려가 있기 때문이다.[1]

그리고 주권상장법인이 자기주식을 공개매수의 방법으로 취득하게 되는 경우에는 자본시장법에서 규정하는 공개매수절차에 따라야 한다(법 제134조 내지 제146조 참조). 이 경우 주권상장법인은 공개매수신고서(법 제134조 제2항)와 주요사항보고서(법 제161조 제1항 제8호) 양자를 모두 제출하여야 한다. 양자의 공시목적이 다르기 때문이다.

(나) 신탁업자 명의에 의한 간접취득

가) 의　　의 　주권상장법인은 금전의 신탁계약에 따라 신탁업자에게 자기주식을 취득하게 할 수 있는데, 이 경우에는 신탁업자의 명의로 취득할 수 있다(법 제165조의2 제2항 제3호, 제3항). 신탁업자의 명의로 자기주식을 취득하게 되면 거래의 상대방은 그것이 자기주식의 취득인지 여부를 알 수 없을 것이다. 따라서 회사가 자신을 숨기면서 자기주식을 취득하고자 하는 경우에 유용하게 활용될 수 있을 것이다.[2] 금전의 신탁계약에 따른 신탁업자의 명의에 의한 자기주식의 취득의 경우에도 신탁업자는 자기주식을 증권시장에서 취득하거나 공개매수의 방법으로 취득하여야 한다(법 제165조의2 제2항 제3호 단서).

나) 매수방법 미비와 비판 　자본시장법은 신탁계약을 통해 자기주식을 취득하는 것에 대해서는 매수방법 등에 대한 규제가 없다. 이는 신탁업자의 업무에 대하여는 자본시장법과 신탁법에서 별도로 규제하고 있을 뿐만 아니라 주권상장법인이 자기명의로 자기주식을 직접취득하는 경우에 비하여 상대적으로 주가상승 등 시세조종에 대한 우려가 적은 것으로 보았기 때문일 것이다. 그러나 신탁계약을 통한 자기주식의 취득은 결국 특정금전신탁의 방법으로 이루어지므로 주권상장법인은 얼마든지 신탁업자에게 영향력을 행사할 수 있고, 그 점에서는 신탁업자를 통한 자기주식의 취득의 경우에도 의도적인 주가고정 등의 형태가 나타날 수 있다. 이러한 경우에는 시세조종 혐의를 배제할 수 없을 것이다.[3]

---

1) 임재연, 전게서, 560쪽.
2) 한국증권법학회, 전게서, 695쪽.
3) 한국증권법학회, 전게서, 700쪽.

3) 취득금액 한도의 제한

(가) 자기주식의 직접취득

자본시장법상 자기주식을 취득함에 있어서는 상법의 경우와는 달리 자유롭게 인정되지만, 그 취득한도에는 제한이 있다. 주권상장법인이 자기주식을 취득하는 경우 그 취득금액은 상법 제462조 제 1 항[1]에 따른 이익배당을 할 수 있는 한도 이내이어야 한다(법 제165조의2 제 2 항). 취득금액의 한도를 제한하는 것은 회사채권자를 보호하기 위함이다.

주권상장법인은 이익배당을 할 수 있는 한도 등의 감소로 취득한도를 초과하여 자기주식을 취득하게 된 경우에는 그 날부터 3년 이내에 그 초과분을 처분하여야 한다(법 제165조의2 제 5 항, 영 제176조의3). 주권상장법인이 제 1 항의 취득방법 및 제 2 항의 취득금액의 한도 이내에서 자기주식을 취득하는 경우에는 상법 제341조의2 제 1 항부터 제 3 항까지의 규정을 적용하지 아니한다(법 제165조의2 제 6 항). 따라서 주권상장법인은 발행주식의 100분의 10을 초과하여 자기주식을 취득할 수 있고(상법 제341조의2 제 1 항 참조), 자기주식 취득기간은 주주총회결의일로부터 6개월 이내로 제한되지 않으며(상법 제341조의2 제 2 항 참조), 상당한 기간이 경과하더라도 자기주식을 처분할 필요가 없다(상법 제341조의2 제 3 항 참조).

(나) 신탁업자 명의에 의한 간접취득

주권상장법인이 금전의 신탁계약에 따라 신탁업자에게 자기주식을 취득하게 하는 경우에는 그 신탁계약의 계약금액을 취득금액으로 본다(법 제165조의2 제 3 항). 즉 금전의 신탁계약에 따라 자기주식을 간접취득할 때에는 신탁계약에 의한 계약금액의 한도 내에서 취득할 수 있는데, 총 취득한도에 있어서는 직접취득과 간접취득의 주식수를 합하여 취득한도 초과 여부를 판단함으로써 우회적인 자기주식의 취득을 방지하고 있다.

신탁계약을 체결하고 있는 주권상장법인으로서 자기주식 취득금액한도를 초과하게 된 경우에는 해당 주권상장법인은 신탁계약을 체결하고 있는 신탁업자에

---

1) 상법 제462조(이익의 배당) ① 회사는 대차대조표의 순자산액으로부터 다음의 금액을 공제한 액을 한도로 하여 이익배당을 할 수 있다.
   1. 자본금의 액
   2. 그 결산기까지 적립된 자본준비금과 이익준비금의 합계액
   3. 그 결산기에 적립하여야 할 이익준비금의 액
   4. 대통령령으로 정하는 미실현이익

해당 사실을 지체 없이 통보하여야 한다(증권의 발행 및 공시 등에 관한 규정 제5-11조 제3항).

(다) 자기주식 취득금액한도의 산정기준

자기주식 취득한도의 산정은 외부감사 결과 수정된 직전 사업연도말 현재의 대차대조표를 기준으로 다음의 산식에 따라 산정한다.

[증권의 발행 및 공시 등에 관한 규정]

제5-11조(자기주식 취득금액한도의 산정기준) ① 주권상장법인이 법 제165조의2에 따라 자기주식을 취득할 수 있는 금액의 한도는 직전 사업연도말 재무제표를 기준으로 상법 제462조 제1항에 따른 이익배당을 할 수 있는 한도의 금액에서 제1호부터 제3호까지의 금액을 공제하고 제4호의 금액을 가산한 금액으로 한다.

1. 직전 사업연도말 이후 상법 제341조 제2호부터 제5호까지, 제343조 제1항 후단, 제343조의2, 법 제165조의2, 제165조의3에 따라 자기주식을 취득한 경우 그 취득금액(자기주식의 취득이 진행 중인 경우에는 해당 최초취득일부터 취득금액한도 산정시점까지 발생한 자기주식의 취득금액을 포함)
2. 신탁계약이 있는 경우 그 계약금액(일부해지가 있는 경우에는 해당 신탁계약의 원금 중에서 해지비율만큼의 금액을, 직전 사업연도말 현재 해당 신탁계약을 통하여 취득한 자기주식이 있는 경우에는 해당 신탁계약의 원금 중에서 취득한 자기주식에 해당하는 금액을 각각 차감한 금액)
3. 직전 사업연도말 이후의 정기주주총회에서 결의된 이익배당금액 및 상법 제458조의 규정에 따라 해당 이익배당에 대하여 적립하여야 할 이익준비금(법 제192조의3에 따라 이사회에서 결의된 분기 또는 중간배당금액 및 해당 분기 또는 중간배당에 대하여 적립하여야 할 이익준비금을 포함)
4. 직전 사업연도말 이후 상법 제342조 후단·법 제165조의2 제4항·제165조의5 제4항 본문에 따라 처분한 자기주식(상법 제343조 제1항 후단·제343조의2·법 제165조의3·제165조의5 제4항 단서에 따라 소각한 주식은 제외)이 있는 경우 그 처분주식의 취득원가(이동평균법을 적용하여 산정한 금액)

② 주권상장법인이 법 제165조의3 제3항 제2호에 따라 자기주식을 취득할 수 있는 금액의 한도는 해당 사업연도말 재무제표를 기준으로 상법 제462조 제1항의 규정에 의한 이익배당을 할 수 있는 한도의 금액에서 제1호부터 제4호까지의 금액을 공제한 금액으로 한다.

1. 영 제176조의4 제2항 제1호의 금액
2. 종전의 법인세법(법률 제6558호 법인세법중개정법률로 개정되기 전의 법률) 제

56조의 규정에 의한 기업발전적립금
3. 신탁계약이 있는 경우 그 계약금액(신탁계약을 통하여 취득한 자기주식이 있는 경우에는 신탁계약의 원금 중에서 취득한 자기주식에 해당하는 금액을 차감한 금액)

4) 위반의 효과

자본시장법에 규정된 자기주식 취득방법을 위반한 경우에는 원칙적으로 무효로 보고 상대방이 선의인 경우에 한하여 유효로 보아야 한다. 그리고 취득금액의 한도를 위반한 경우에는 그 위반분(배당가능이익 한도를 초과한 부분)만 무효로 보아야 할 것이다. 이는 자본시장법이 "주권상장법인은 이익배당을 할 수 있는 한도 등의 감소로 취득한도를 초과하여 자기주식을 취득하게 된 경우에는 그 날부터 3년 이내에 그 초과분을 처분하여야 한다(법 제165조의2 제 5 항, 영 제176조의3)"고 규정하고 있기 때문이다.

(3) 자기주식 취득의 절차

1) 취득절차

주권상장법인이 자기주식을 자기명의로 직접취득하거나 신탁업자를 통하여 간접취득하는 경우에는 대통령령으로 정하는 요건·방법 등의 기준에 따라야 한다(법 제165조의2 제 4 항). 이는 자기주식의 취득이 시세조종 등으로 악용되는 것을 방지하기 위한 측면도 있지만 자기주식 취득은 주주의 이익과도 밀접한 관계가 있기 때문이다.[1)]

주권상장법인이 자기주식을 직접취득하는 경우에는 ① 이사회의 취득결정, ② 자기주식취득결정 공시의 거래소 제출 및 주요사항보고서의 금융위원회 제출, ③ 자기주식의 취득, ④ 자기주식취득결과보고서의 금융위원회 제출 등의 절차를 거쳐야 한다.

신탁업자를 통한 간접취득의 경우에는 ① 이사회의 신탁계약체결(연장)결정, ② 자기주식취득신탁계약체결결정 공시의 거래소 제출 및 주요사항보고서의 금융위원회 제출, ③ 자기주식의 취득, ④ 신탁계약에 의한 취득상황보고서의 금융위원회 제출 등의 절차를 거쳐야 한다. 취득절차를 구체적으로 살펴보면 다음와 같다.

---

1) 한국증권법학회, 전게서, 697쪽.

(가) 이사회의 결의

주권상장법인이 자기주식을 자기명의로 직접취득하는 경우나 신탁업자를 통하여 간접취득하는 경우 이사회는 다음의 사항을 결의하여야 한다(영 제176조의2 제 1 항 본문). 다만, 주식매수선택권의 행사에 따라 자기주식을 교부하는 경우와 신탁계약의 계약기간이 종료한 경우에는 이사회의 결의는 필요하지 않다(영 제176조의2 제 1 항 단서).

가) 자기주식의 직접취득 　자기주식의 취득은 반드시 이사회 결의를 통하여 결정하도록 하고 있다. 이는 이사회 결의를 통하여 신중한 의사결정을 도모하고 의사결정에 대한 책임소재를 분명하게 하기 위함이다.

이사회 결의를 거쳐야 할 사항은 다음과 같다(영 제176조의2 제 1 항 제 1 호).

> 1. 주권상장법인이 자기주식을 자기명의로 직접취득하려는 경우에는 취득의 목적·금액 및 방법, 주식의 종류 및 수, 그 밖에 금융위원회가 정하여 고시하는 사항[1)]

나) 신탁업자 명의에 의한 간접취득 　이사회 결의를 거쳐야 할 사항은 다음과 같다(영 제176조의2 제 1 항 제 2 호).

> 2. 신탁업자를 통한 간접취득을 위하여 신탁계약을 체결하려는 경우에는 체결의 목적·금액, 계약기간, 그 밖에 금융위원회가 정하여 고시하는 사항[2)]

---

1) 증권의 발행 및 공시 등에 관한 규정 제5-1조(자기주식취득·처분에 관한 이사회 결의 사항) 주권상장법인이 영 제176조의2 제 1 항 제 1 호에 따라 이사회 결의를 거쳐야 할 사항은 다음 각 호와 같다.
  1. 취득의 경우
    가. 취득의 목적
    나. 취득예정금액
    다. 주식의 종류 및 수
    라. 취득하고자 하는 주식의 가격
    마. 취득방법
    바. 취득하고자 하는 기간
    사. 취득 후 보유하고자 하는 예상기간
    아. 취득을 위탁할 투자중개업자의 명칭
    자. 그 밖에 투자자 보호를 위하여 필요한 사항

2) 증권의 발행 및 공시 등에 관한 규정 제5-2조(신탁계약에 의한 자기주식취득·처분에 관한 이사회 결의 사항) 주권상장법인이 영 제176조의2 제 1 항 제 2 호에 따라 이사회 결의를 거쳐야 할 사항은 다음 각 호와 같다.
  1. 신탁계약의 체결의 경우
    가. 체결목적

(나) 공시(거래소 신고 및 주요사항보고서의 제출)

주권상장법인은 자기주식을 직접취득하거나 신탁계약의 체결에 관한 이사회의 결정이 있은 때에는 그 결정내용을 그 사유발생 당일에 거래소에 신고하여야 한다(유가증권시장 공시규정 제 7 조 제 1 항 제 2 호 가목 (3)).[1)]

주권상장법인은 이사회에서 "자기주식을 취득 또는 자기주식의 취득을 목적으로 하는 신탁계약을 체결할 것을 결의한 때"에는 그 사실이 발생한 날의 다음 날까지 그 내용을 기재한 주요사항보고서를 금융위원회에 제출하여야 한다(법 제161조 제 1 항 제 8 호). 금융위원회는 주요사항보고서가 제출된 경우 이를 거래소에 지체 없이 송부하여야 한다(법 제161조 제 5 항).

따라서 주권상장법인이 자기주식의 직접취득을 결정한 경우 이사회 결의일에 "자기주식취득결정" 공시를, 신탁업자를 통한 간접취득을 결정한 경우 이사회 결의일에 "자기주식취득신탁계약체결결정" 공시를 각각 거래소 전자공시스템(KIND)에 제출하고, 그 다음 날까지 주요사항보고서를 금융위원회(금융감독원의 전자공시시스템인 DART)에 제출하여야 한다.

자기주식의 취득에 대하여 사전공시를 요구하는 것은 미공개중요정보의 이용으로 인한 내부자거래를 방지하고 감독당국이 그 취득의 적법성 여부를 사전에 객관적으로 검토하기 위한 것이다.[2)]

[증권의 발행 및 공시 등에 관한 규정]

제5-9조(자기주식 처분기간 등) ② 주식매수선택권의 행사에 따라 자기주식을 교부하는

나. 체결금액
다. 계약일자 및 계약기간
라. 계약을 체결하고자 하는 신탁업자의 명칭
마. 그 밖에 투자자 보호를 위하여 필요한 사항

1) 유가증권시장 공시규정 제 7 조(주요경영사항) ① 주권상장법인은 주요경영사항에 해당하는 경우에는 그 사실 또는 결정내용을 그 사유발생 당일에 거래소에 신고하여야 한다.
2. 해당 유가증권시장주권상장법인의 재무구조에 변경을 초래하는 다음 각 목의 어느 하나에 해당하는 사실 또는 결정이 있은 때
가. 해당 유가증권시장주권상장법인이 발행하는 증권에 관한 다음의 어느 하나에 해당하는 사실 또는 결정이 있은 때
(3) 법 제165조의2에 따른 자기주식의 취득 또는 처분(신탁계약 등의 체결, 해지 또는 연장을 포함), 신탁계약 등의 체결을 통해 취득한 자기주식의 유가증권시장 외에서의 처분에 관한 결정이 있은 때

2) 임재연, 전게서, 563쪽.

경우에는 동일한 주주총회 또는 이사회 결의로 부여한 주식매수선택권의 최초 행사에 대하여 자기주식을 교부하는 날의 5일 전까지 동 주식매수선택권의 행사기간 중 행사가능한 자기주식수에 대한 주요사항보고서를 제출하여야 하며, 이 경우 주요사항보고서를 제출한 때에 자기주식을 처분한 것으로 본다.

(다) 취득결과보고서 또는 신탁계약에 의한 취득상황보고서 등의 제출

가) 자기주식의 직접취득(취득결과보고서)　　주권상장법인은 자기주식의 취득을 완료하거나 취득기간이 만료된 때에는 그 날부터 5일 이내에 "취득결과보고서"를 금융위원회(DART)에 제출하여야 한다(증권의 발행 및 공시 등에 관한 규정 제5-8조).

[증권의 발행 및 공시 등에 관한 규정]

제5-8조(자기주식 취득결과의 보고) ① 법 제165조의2에 따라 주권상장법인이 자기주식의 취득을 완료하거나 이를 취득하고자 하는 기간이 만료된 때에는 그 날부터 5일 이내에 자기주식의 취득에 관한 결과보고서("취득결과보고서")를 금융위에 제출하여야 한다.

② 취득결과보고서에는 다음 각 호의 서류를 첨부하여야 한다.

1. 매매거래의 내역을 증명할 수 있는 서류
2. 취득에 관한 이사회 결의 내용대로 취득하지 않았을 경우에는 그 사유서 및 소명자료

주권상장법인은 취득결과보고서를 제출한 경우에 한하여 자기주식 취득에 관하여 새로운 이사회 결의를 할 수 있다(증권의 발행 및 공시 등에 관한 규정 제5-4조 제1항 전단).

그러나 주권상장법인이 주식매수선택권 행사에 따라 자기주식을 교부하기 위하여 자기주식을 취득하고자 하는 경우로서 다음 각 호의 요건을 충족하는 경우에는 제1항 전단의 규정에도 불구하고 자기주식 취득에 관하여 새로운 이사회 결의를 할 수 있다(증권의 발행 및 공시 등에 관한 규정 제5-4조 제2항).

1. 종전의 이사회 결의에 따른 자기주식 취득이 주식매수선택권의 행사에 따라 자기주식을 교부하는 것을 목적으로 하지 않을 것
2. 새로운 이사회 결의일 현재 주식매수선택권의 행사가능일이 이미 도래하였거나 행사가능일이 3월 이내에 도래하는 경우로서 주식매수선택권 행사에 따라 자기

주식을 교부하기로 한 수량 이내에서 취득할 것. 이 경우 해당 주권상장법인은 그 사실을 입증할 수 있는 서류를 법 제161조에 따른 주요사항보고서에 첨부하여야 한다.

주권상장법인이 주식매수선택권의 행사에 따라 교부할 목적으로 취득하고 있는 자기주식은 해당 취득에 대한 취득결과보고서 제출 전이라도 이를 취득목적에 따라 교부할 수 있다. 이 경우 교부된 자기주식은 제5-9조 제 3 항 및 제5-11조 제 1 항의 규정을 적용함에 있어 취득결과보고서 제출시점까지는 처분되지 않은 것으로 본다(증권의 발행 및 공시 등에 관한 규정 제5-4조 제 3 항).

나) 신탁업자 명의의 간접취득(신탁계약에 의한 취득상황보고서) 자기주식 취득에 관하여 신탁계약을 체결한 주권상장법인은 해당 계약을 체결한 후 3월이 경과한 때에는 그 날부터 5일 이내에 신탁계약에 따라 신탁업자가 취득하여 보유하고 있는 자기주식 상황보고서("신탁계약에 의한 취득상황보고서")를 금융위에 제출하여야 한다(증권의 발행 및 공시 등에 관한 규정 제5-10조 제 1 항). 신탁계약에 의한 취득상황보고서에는 보고대상 기간 중 해당 신탁계약을 통하여 취득한 자기주식의 취득결과를 확인할 수 있는 서류를 첨부하여야 한다(증권의 발행 및 공시 등에 관한 규정 제5-10조 제 3 항).

신탁계약에 따라 자기주식을 취득하여 보유하고 있는 주권상장법인은 자기주식 보유상황을 해당 연도 각 분기말을 기준으로 사업보고서 및 분·반기보고서에 기재하여야 한다(증권의 발행 및 공시 등에 관한 규정 제5-10조 제 4 항).

(라) 취득기간

주권상장법인이 자기주식을 자기명의로 직접취득하거나 신탁업자 명의로 간접취득하려는 경우에는 법 제391조에 따라 이사회 결의 사실이 공시된 날의 다음 날부터 3개월 이내에 금융위원회가 정하여 고시하는 방법[1]에 따라 증권시장에서 자기주식을 취득하여야 한다(영 제172조의2 제 3 항).

여기서 "법 제391조에 따라 이사회 결의 사실이 공시된 날"이란 거래소의 공시규정(유가증권시장 공시규정 및 코스닥시장 공시규정)에 따라 자기주식을 자기명의로 직접취득하려는 경우에는 이사회 결의일에 "자기주식취득결정" 공시를 거래소(KIND)에 제출한 날을 의미하고, 신탁업자 명의로 간접취득하려는 경우에는 이사

1) 증권의 발행 및 공시 등에 관한 규정 제5-5(자기주식의 취득을 위한 매수주문의 방법)에서 규정하고 있다.

회 결의일에 "자기주식취득신탁계약체결결정" 공시를 거래소(KIND)에 제출한 날을 의미한다.

취득기간 이내에 결의한 취득신고주식수량을 모두 취득하지 못한 경우에는 해당 취득기간 만료 후 1월이 경과하여야 새로운 이사회 결의를 할 수 있다(증권의 발행 및 공시 등에 관한 규정 제5-4조 제1항 후단). 다만, 보통주를 취득하기 위하여 취득에 관한 이사회 결의를 하였으나 다시 상법 제370조의 규정에 의한 의결권 없는 주식을 취득하고자 하는 경우에는 후단의 규정을 적용하지 아니한다(증권의 발행 및 공시 등에 관한 규정 제5-4조 제1항 단서).

2) 매수주문의 방법

(가) 증권시장을 통한 자기주식의 취득

주권상장법인이 자기주식을 취득하는 경우 공개매수에 의하지 아니하고는 반드시 증권시장에서 취득하여야 하므로 자기주식의 취득규모와 매수주문의 방법에 따라 시세에 큰 영향을 미칠 수 있으므로 그 취득방법이나 취득시기에 대하여 일정한 제한을 하고 있다.

따라서 주권상장법인이 증권시장을 통하여 자기주식을 취득하기 위하여 매수주문을 하고자 할 때에는 다음 각 호의 방법에 따라야 한다(증권의 발행 및 공시 등에 관한 규정 제5-5조 제1항).

가) 주문시간 및 주문가격 　거래소가 정하는 바에 따라 장개시 전에 매수주문을 하는 경우 그 가격은 전일의 종가와 전일의 종가를 기준으로 100분의 5 높은 가격의 범위 이내로 하며, 거래소가 정하는 정규시장의 매매거래시간 중에 매수주문(정정매수주문을 포함)을 하는 경우 그 가격은 다음 가목에서 정하는 가격과 나목에서 정하는 가격의 범위 이내로 하여야 한다. 이 경우 매매거래시간 중 매수주문은 거래소가 정하는 정규시장이 종료하기 30분 전까지 제출하여야 한다(증권의 발행 및 공시 등에 관한 규정 제5-5조 제1항 제1호).

가. 매수주문시점의 최우선매수호가와 매수주문 직전까지 체결된 당일의 최고가 중 높은 가격
나. 매수주문시점의 최우선매수호가와 매수주문 직전의 가격 중 높은 가격으로부터 10 호가가격단위 낮은 가격

주문시간은 장개시 전 동시호가에 참여할 수 있으며, 매매거래시간 중 신규

매수주문(정정매수주문 포함)을 낼 수 있는데, 매매거래시간 중 매수주문은 정규시장이 종료하기 30분 전까지만 가능하다.

주문가격의 경우 장개시 전 동시호가 시간대에 매수주문을 하는 경우에는 전일종가와 전일종가에 5%를 가산한 장중호가의 범위 이내에서 주문을 내야 한다. 매매거래시간 중에 매수주문을 하는 경우에는 상한은 매수주문시점의 최우선매수호가와 매수주문 직전까지 체결된 당일의 최고가 중 높은 가격이고, 하한은 매수주문시점의 최우선매수호가와 매수주문 직전의 가격 중 높은 가격으로부터 10 호가가격단위 낮은 가격이므로, 이 상한과 하한의 범위 이내로 주문가격을 내야 한다.

나) 일일 매수주문수량 1일 매수주문수량은 취득신고주식수의 100분의 10에 해당하는 수량과 이사회 결의일 전일을 기산일로 하여 소급한 1개월간의 일평균거래량의 100분의 25에 해당하는 수량 중 많은 수량 이내로 하여야 한다. 다만, 그 많은 수량이 발행주식총수의 100분의 1에 해당하는 수량을 초과하는 경우에는 발행주식총수의 100분의 1에 해당하는 수량 이내로 하여야 한다(증권의 발행 및 공시 등에 관한 규정 제5-5조 제 1 항 제 2 호).

다) 매수주문공시 매수주문일 전일의 장 종료 후 즉시 제 4 호의 규정에 의한 위탁 투자중개업자로 하여금 1일 매수주문수량등을 거래소에 신고하도록 하여야 한다(증권의 발행 및 공시 등에 관한 규정 제5-5조 제 1 항 제 3 호).

주권상장법인은 주문일 전일의 장 종료 후 즉시 주문위탁 증권회사를 통하여 주문수량을 거래소에 신고하여야 한다.

라) 주문위탁 매수주문 위탁 투자중개업자를 1일 1사로 하여야 하고, 자기주식 취득에 관한 이사회 결의상의 취득기간 중에 매수주문을 위탁하는 투자중개업자는 5사를 초과할 수 없다(증권의 발행 및 공시 등에 관한 규정 제5-5조 제 1 항 제 4 호). 주권상장법인은 주문을 위탁할 증권회사를 총 5개 이내로 하여야 하고, 1일 주문위탁은 1증권사로 제한된다.

(나) 시간외 대량매매의 방법에 의한 취득

주권상장법인은 시간외 대량매매에 의한 방법으로 자기주식을 처분할 수는 있으나, 취득하는 것은 원칙적으로 허용되지 않는다. 그러나 일정한 경우에는 예외적으로 허용되는 경우가 있다.

주권상장법인이 다음 각 호의 어느 하나에 해당하는 경우에는 거래소가 정하는 시간외 대량매매의 방법에 따라 자기주식을 취득할 수 있다(증권의 발행 및 공시 등에 관한 규정 제5-5조 제2항).

1. 정부, 한국은행, 예금보험공사, 한국산업은행, 중소기업은행, 한국수출입은행 및 정부가 납입자본금의 100분의 50 이상을 출자한 법인으로부터 자기주식을 취득하는 경우
2. 정부가 주권상장법인의 자기주식 취득과 관련하여 공정경쟁 촉진, 공기업 민영화 등 정책목적 달성을 위하여 허가·승인·인가 또는 문서에 의한 지도·권고를 하고 금융위에 요청한 경우로서 금융위가 투자자 보호에 문제가 없다고 인정하여 승인하는 경우

(다) 주식매수선택권 행사에 따른 취득

주권상장법인이 주식매수선택권의 행사에 따라 자기주식을 교부하기 위하여 자기주식을 취득하고자 하는 경우로서 새로이 자기주식 취득에 관한 이사회 결의를 한 때에는 매수주문시간과 주문가격, 일일매수주문수량 및 매수주문의 특례규정은 각각의 이사회 결의를 기준으로 적용한다(증권의 발행 및 공시 등에 관한 규정 제5-5조 제3항).

3) 매수주문의 특례

자본시장법은 주권상장법인의 자기주식 취득이나 일일 매수주문수량 등에 대하여 일정한 제한을 가하고 있다. 그러나 시장상황 급변 등으로 투자자 보호와 시장안정을 유지하기 위하여 특례조항을 두고 있다.

즉 거래소는 시장상황 급변 등으로 투자자 보호와 시장안정을 유지하기 위하여 즉각적인 조치가 필요한 경우 1일 매수주문수량을 이사회 결의 주식수 이내로 하여 주권상장법인이 자기주식을 취득(이익소각을 위하여 자기주식을 취득하는 경우를 포함)하도록 할 수 있다(증권의 발행 및 공시 등에 관한 규정 제5-6조 제1항). 거래소는 제1항의 조치를 취하거나 이를 변경할 경우에는 금융위의 승인을 받아야 한다(증권의 발행 및 공시 등에 관한 규정 제5-6조 제2항).

4) 투자중개업자의 위탁거부

자기주식의 취득을 위탁받은 투자중개업자는 해당 주권상장법인이 취득·처분 금지기간에 위반하여 자기주식의 매수를 위탁하는 것임을 안 경우에는 그 위탁을 거부하여야 한다(증권의 발행 및 공시 등에 관한 규정 제5-7조).

(4) 자기주식 처분의 절차

1) 처분절차

주권상장법인은 취득한 자기주식을 처분(신탁계약의 해지를 포함)하는 경우에는 대통령령으로 정하는 요건·방법 등의 기준에 따라야 한다(법 제165조의2 제 4 항).

주권상장법인이 직접취득한 자기주식을 처분하는 경우에는 ① 이사회의 처분결정, ② 자기주식 처분결정 공시의 거래소 제출 및 주요사항보고서의 금융위원회 제출, ③ 자기주식의 처분, ④ 자기주식처분결과보고서의 금융위원회 제출의 절차를 거쳐야 한다.

신탁업자를 통하여 간접취득한 자기주식을 처분하는 경우에는 ① 이사회의 신탁계약 해지 결정, ② 자기주식취득신탁계약해지결정 공시의 거래소 제출 및 주요사항보고서의 금융위원회 제출, ③ 자기주식의 처분, ④ 신탁계약해지결과보고를 금융위원회에 제출하는 절차를 거쳐야 한다. 처분절차를 구체적으로 살펴보면 아래와 같다.

(가) 이사회의 결의

주권상장법인이 자기주식을 처분하거나 신탁계약을 해지하려는 경우 이사회는 다음의 사항을 결의하여야 한다(영 제176조의2 제 1 항 본문).

가) 자기주식의 처분 자기주식의 처분은 반드시 이사회 결의를 통하여 결정하도록 하고 있다. 이는 이사회 결의를 통하여 신중한 의사결정을 도모하고 의사결정에 대한 책임소재를 분명하게 하기 위함이다.

이사회 결의를 거쳐야 할 사항은 다음과 같다(영 제176조의2 제 1 항 제 1 호).

> 1. 자기주식을 처분하려는 경우에는 처분의 목적·금액 및 방법, 주식의 종류 및 수, 그 밖에 금융위원회가 정하여 고시하는 사항[1)]

---

1) 증권의 발행 및 공시 등에 관한 규정 제5-1조(자기주식 취득·처분에 관한 이사회 결의 사항) 주권상장법인이 영 제176조의2 제 1 항 제 1 호에 따라 이사회 결의를 거쳐야 할 사항은 다음 각 호와 같다.

2. 처분의 경우
 가. 처분목적
 나. 처분예정금액
 다. 주식의 종류 및 수
 라. 처분하고자 하는 주식의 가격
 마. 처분방법
 바. 처분하고자 하는 기간

나) 신탁계약의 해지 이사회 결의를 거쳐야 할 사항은 다음과 같다(영 제176조의2 제1항 제2호).

2. 신탁계약을 해지하려는 경우에는 해지의 목적·금액, 계약기간, 그 밖에 금융위원회가 정하여 고시하는 사항[1]

(나) 공시(거래소 신고 및 주요사항보고서의 제출)

주권상장법인은 자기주식을 처분하거나 신탁계약의 해지에 관한 이사회의 결정이 있은 때에는 그 결정내용을 그 사유발생 당일에 거래소에 신고하여야 한다(유가증권시장 공시규정 제7조 제1항 제2호 가목 (3)).

주권상장법인은 이사회에서 "자기주식을 처분 또는 자기주식의 취득을 목적으로 하는 신탁계약을 해지할 것을 결의한 때"에는 그 사실이 발생한 날의 다음 날까지 그 내용을 기재한 주요사항보고서를 금융위원회에 제출하여야 한다(법 제161조 제1항 제8호). 금융위원회는 주요사항보고서가 제출된 경우 이를 거래소에 지체 없이 송부하여야 한다(법 제161조 제5항).

따라서 주권상장법인이 자기주식의 처분을 결정한 경우 이사회 결의일에 "자기주식 처분결정" 공시를, 신탁계약을 해지할 것을 결정한 경우 이사회 결의일에 "자기주식취득신탁계약해지결정" 공시를 각각 거래소 전자공시시스템(KIND)에 제출하고, 그 다음 날까지 주요사항보고서를 금융위원회(금융감독원의 전자공시시스템인 DART)에 제출하여야 한다.

자기주식의 처분에 대하여 사전공시를 요구하는 것은 미공개중요정보의 이용으로 인한 내부자거래를 방지하고 감독당국이 그 취득의 적법성 여부를 사전에 객관적으로 검토하기 위한 것이다.

사. 처분을 위탁할 투자중개업자의 명칭
아. 그 밖에 투자자 보호를 위하여 필요한 사항

1) 증권의 발행 및 공시 등에 관한 규정 제5-2조(신탁계약에 의한 자기주식취득·처분에 관한 이사회 결의 사항) 주권상장법인이 영 제176조의2 제1항 제2호에 따라 이사회 결의를 거쳐야 할 사항은 다음 각 호와 같다.
2. 신탁계약의 해지(일부해지를 포함)의 경우
가. 해지목적
나. 해지금액
다. 해지일자
라. 해지할 신탁업자의 명칭
마. 그 밖에 투자자 보호를 위하여 필요한 사항

(다) 처분결과보고서 및 신탁계약해지결과보고서의제출

가) 자기주식의 처분: 처분결과보고서의 제출 주권상장법인은 자기주식의 처분을 완료하거나 처분기간이 만료된 때에는 그 날부터 5일 이내에 "처분결과보고서"를 금융위원회(DART)에 제출하여야 한다. 따라서 제5-4조 제 1 항 및 제5-8조의 규정은 자기주식의 처분에 관하여 이를 준용한다. 이 경우 "취득"은 "처분"으로 보며 처분기간은 법 제391조에 따라 이사회 결의 사실이 공시된 날의 다음 날부터 3월 이내로 한다(증권의 발행 및 공시 등에 관한 규정 제5-9조 제 1 항, 제5-8조).

따라서 주권상장법인이 자기주식의 처분을 완료하거나 이를 처분하고자 하는 기간이 만료된 때에는 그 날부터 5일 이내에 자기주식의 취득에 관한 결과보고서("처분결과보고서")를 금융위에 제출하여야 하고, 이 경우 취득결과보고서에는 ① 매매거래의 내역을 증명할 수 있는 서류, ② 처분에 관한 이사회 결의 내용대로 취득하지 않았을 경우에는 그 사유서 및 소명자료를 첨부하여야 한다(증권의 발행 및 공시 등에 관한 규정 제5-9조 제 1 항, 제5-8조).

다만, 주식매수선택권의 행사에 따라 자기주식을 교부하는 경우에는 이를 준용하지 아니하며, 자기주식을 교환대상으로 하는 교환사채 발행을 통하여 처분하는 경우에는 제5-8조를 준용하지 아니한다(증권의 발행 및 공시 등에 관한 규정 제5-9조 제 1 항 단서).

또한 주권상장법인은 처분결과보고서를 제출한 경우에 한하여 자기주식 처분에 관하여 새로운 이사회 결의를 할 수 있으며, 처분기간인 이사회 결의 사실이 공시된 날 다음 날부터 3개월 이내의 기간 동안 결의한 처분신고주식수량을 모두 취득하지 못한 경우에는 해당 처분기간 만료 후 1월이 경과하여야 새로운 이사회 결의를 할 수 있다(증권의 발행 및 공시 등에 관한 규정 제5-9조 제 1 항, 제5-4조 제 1 항). 다만 주식매수선택권의 행사에 따라 자기주식을 교부하는 경우와 신탁계약의 계약기간이 종료된 경우에는 그 처분결과보고서의 제출을 생략할 수 있다(증권의 발행 및 공시 등에 관한 규정 제5-9조 제 3 항).

나) 신탁계약의 해지: 신탁계약해지결과보고서의 제출 주권상장법인이 자기주식 취득에 관한 신탁계약을 해지하거나 신탁계약이 기간만료로 종료된 때에는 신탁계약이 해지 또는 종료된 날부터 5일 이내에 신탁계약의 해지결과보고서("신탁계약해지결과보고서")를 금융위에 제출하여야 한다(증권의 발행 및 공시 등에 관한 규정 제5-10조 제 2 항). 신탁계약해지결과보고서에는 신탁계약 해지사실을 확인할 수 있는

서류를 첨부하여야 한다(증권의 발행 및 공시 등에 관한 규정 제5-10조 제3항).

2) 매도주문의 방법

(가) 증권시장을 통한 처분

주권상장법인이 자기주식을 처분하는 경우에도 취득의 경우와 마찬가지로 그 처분방법이나 처분시기 등에 대하여 규제하고 있다.

따라서 자본시장법 제165조의2에 따라 취득한 자기주식을 처분하고자 하는 주권상장법인이 증권시장을 통하여 자기주식을 처분하기 위하여 매도주문을 할 때에는 다음 각 호의 방법에 따라야 한다(증권의 발행 및 공시 등에 관한 규정 제5-5조 제5항).

가) 주문시간 및 주문가격 거래소가 정하는 바에 따라 장개시 전에 매도주문을 하는 경우 그 가격은 전일의 종가와 전일종가를 기준으로 2 호가가격단위 낮은 가격의 범위 이내로 하며, 거래소가 정하는 정규시장의 매매거래시간 중에 매도주문(정정매도주문을 포함)을 하는 경우 그 가격은 매도주문 직전의 가격과 매도주문시점의 최우선매도호가 중 낮은 가격과 그 가격으로부터 10 호가가격단위 높은 가격의 범위 이내로 하여야 한다. 이 경우 매매거래시간 중 매도주문은 거래소가 정하는 정규시장이 종료하기 30분 전까지 제출하여야 한다(증권의 발행 및 공시 등에 관한 규정 제5-5조 제5항 제1호).

주문시간은 장개시 전 동시호가에 참여할 수 있으며, 매매거래시간 중 신규매도주문(정정매도주문 포함)을 낼 수 있는데, 매매거래시간 중 매도주문은 정규시장이 종료하기 30분 전까지만 가능하다.

나) 일일 매도주문수량 1일 매도주문수량은 처분신고주식수의 100분의 10에 해당하는 수량과 처분신고서 제출일 전일을 기산일로 하여 소급한 1개월간의 일평균거래량의 100분의 25에 해당하는 수량 중 많은 수량 이내로 하여야 한다. 다만, 그 많은 수량이 발행주식총수의 100분의 1에 해당하는 수량을 초과하는 경우에는 발행주식총수의 100분의 1에 해당하는 수량 이내로 하여야 한다(증권의 발행 및 공시 등에 관한 규정 제5-9조 제5항 제2호).

다) 매도주문공시 매도주문일 전일의 장 종료 후 즉시 제4호의 규정에 의한 위탁 투자중개업자로 하여금 1일 매도주문수량 등을 거래소에 신고하도록 하여야 한다(증권의 발행 및 공시 등에 관한 규정 제5-9조 제5항 제3호).

주권상장법인은 주문일 전일의 장 종료 후 즉시 주문위탁 증권회사를 통하여 주문수량을 거래소에 신고하여야 한다.

라) 주문위탁 매도주문 위탁 투자중개업자를 1일 1사로 하여야 하고, 자기주식 처분에 관한 이사회 결의상의 처분기간 중에 매도주문을 위탁하는 투자중개업자는 5사를 초과할 수 없다(증권의 발행 및 공시 등에 관한 규정 제5-9조 제 5 항 제 4 호). 주권상장법인은 주문을 위탁할 증권회사를 총 5개 이내로 하여야 하고, 1일 주문위탁은 1증권사로 제한된다.

(나) 시간외 대량매매의 방법에 의한 처분

자본시장법 제165조의2에 따라 취득한 자기주식을 거래소가 정하는 시간외 대량매매의 방법으로 처분하고자 하는 경우에는 제 5 항 제 1 호(주문시간 및 주문가격) 및 제 2 호(일일 매도주문수량)의 규정은 적용하지 아니한다. 이 경우 매도주문의 호가는 당일(장 개시 전 시간외 대량매매의 경우에는 전일을 말한다) 종가를 기준으로 100분의 5 낮은 가격과 100분의 5 높은 가격의 범위 이내로 하여야 한다(증권의 발행 및 공시 등에 관한 규정 제5-9조 제 6 항).

(다) 전자증권중개회사를 통한 처분

자본시장법 제165조의2에 따라 자기주식을 취득한 주권상장법인이 전자증권중개회사를 통하여 자기주식을 처분하기 위하여 매도주문을 할 때에는 다음 각 호의 방법에 따라야 한다(증권의 발행 및 공시 등에 관한 규정 제5-9조 제 7 항).

가) 주문가격 전자증권중개회사가 정하는 바에 따라 시가결정에 참여하는 호가에 따라 매도주문을 하는 경우 그 가격은 증권시장의 당일 종가와 당일 종가를 기준으로 2 호가가격단위 낮은 가격의 범위 이내로 하며, 시가결정 이후 매도주문(정정매도주문을 포함)을 하는 경우 그 가격은 매도주문 직전의 가격과 해당 전자증권중개회사가 공표하는 예상체결가격 중 낮은 가격과 그 가격으로부터 10 호가가격단위 높은 가격의 범위 이내로 하여야 한다(제 1 호).

나) 일일 매도주문수량 1일 매도주문수량은 처분신고주식수의 100분의 10에 해당하는 수량과 처분신고서 제출일 전일을 기산일로 하여 소급한 1개월간의 일평균거래량(해당 전자증권중개회사의 거래량을 기준으로 산정)의 100분의 25에 해당하는 수량 중 많은 수량 이내로 하여야 한다. 다만, 그 많은 수량이 발행주식총수의 100분의 1에 해당하는 수량을 초과하는 경우에는 발행주식총수의 100분의 1에 해당하는 수량 이내로 하여야 한다(제 2 호).

다) 매도주문공시 　거래소가 정하는 정규시장의 종료시점부터 전자증권중개회사가 정하는 매매거래시간 개시 30분 전까지 제4호의 규정에 의한 위탁 투자중개업자로 하여금 1일 매도주문수량등을 해당 전자증권중개회사에 신고하도록 하여야 한다(제3호).

라) 주문위탁 　매도주문 위탁 투자중개업자를 1일 1사로 하여야 하고, 처분에 관한 이사회 결의에 의한 처분기간 중에 매도주문을 위탁하는 투자중개업자는 5사를 초과할 수 없다(제4호).

(라) 투자중개업자의 위탁거부

자기주식의 처분을 위탁받은 투자중개업자는 해당 주권상장법인이 영 제176조의2의 규정에 위반하여 자기주식의 매도를 위탁하는 것임을 안 경우에는 그 위탁을 거부하여야 한다(증권의 발행 및 공시 등에 관한 규정 제5-9조 제8항).

3) 자기주식을 교환대상으로 하는 전환사채의 발행

주권상장법인이 자기주식을 교환대상으로 하는 교환사채권을 발행한 경우에는 그 사채권을 발행하는 때에 자기주식을 처분한 것으로 본다(영 제176조의2 제4항). 주권상장법인이 자기주식을 교환대상으로 하는 교환사채의 발행을 완료한 때에는 그 날로부터 5일 이내에 자기주식의 처분에 관한 결과보고서("처분결과보고서")를 제출하여야 하며, 동 처분결과보고서에는 처분(교환사채 발행)내역을 증명할 수 있는 서류를 첨부하여야 한다(증권의 발행 및 공시 등에 관한 규정 제5-9조 제3항).

(5) 자기주식 취득·처분 금지기간

1) 주권상장법인의 자기주식 취득·처분의 제한

자기주식의 취득 또는 처분 및 신탁계약의 체결 또는 해지로 인해 인위적인 시장가격의 왜곡이 발생하거나, 미공개중요정보를 이용한 매매거래가 발생하지 않도록 하기 위하여 일정한 경우에는 자기주식의 취득 또는 처분 및 신탁계약의 체결 또는 해지를 제한하고 있다.

주권상장법인은 다음 각 호의 어느 하나에 해당하는 기간 동안에는 자기주식의 취득 또는 처분 및 신탁계약의 체결 또는 해지를 할 수 없다(영 제176조의2 제2항).

1. 다른 법인과의 합병에 관한 이사회 결의일부터 과거 1개월간
2. 유상증자의 신주배정에 관한 기준일(일반공모증자의 경우에는 청약일) 1개월 전부터 청약일까지의 기간
3. 준비금의 자본전입에 관한 이사회 결의일부터 신주배정기준일까지의 기간
4. 시장조성을 할 기간(시장조성예정기간)
5. 미공개중요정보가 있는 경우 그 정보가 공개되기 전까지의 기간
6. 처분(신탁계약의 해지를 포함) 후 3개월간 또는 취득(신탁계약의 체결을 포함) 후 6개월간. 다만, 다음 각 목의 어느 하나에 해당하는 경우에는 그러하지 아니하다.
   가. 임직원에 대한 상여금으로 자기주식을 교부하는 경우
   나. 주식매수선택권의 행사에 따라 자기주식을 교부하는 경우
   다. 법 제165조의2 제 2 항 각 호 외의 부분 후단에 따른 한도를 초과하는 자기주식을 처분하는 경우
   라. 임직원에 대한 퇴직금·공로금 또는 장려금 등으로 자기주식을 지급(근로복지기본법에 따른 사내근로복지기금에 출연하는 경우를 포함)하는 경우
   마. 근로복지기본법 제 2 조 제 4 호에 따른 우리사주조합에 처분하는 경우
   바. 법령 또는 채무이행 등에 따라 불가피하게 자기주식을 처분하는 경우
   사. 공기업의 경영구조개선 및 민영화에 관한 법률의 적용을 받는 기업이 민영화를 위하여 그 기업의 주식과의 교환을 청구할 수 있는 교환사채권을 발행하는 경우
   아. 국가 또는 예금자보호법에 따른 예금보험공사로부터 자기주식을 취득한 기업이 그 주식과 교환을 청구할 수 있는 교환사채권을 발행하는 경우(자목의 경우는 제외). 이 경우 교환의 대상이 되는 자기주식의 취득일부터 6개월이 지난 후에 교환을 청구할 수 있는 교환사채권만 해당한다.
   자. 아목에 따른 기업이 교환사채권을 해외에서 발행하는 경우로서 자기주식에 갈음하여 발행하는 증권예탁증권과 교환을 청구할 수 있는 교환사채권을 발행하는 경우
   차. 자기주식의 취득일부터 금융위원회가 정하여 고시하는 기간[1]이 경과한 후 자기주식을 기초로 하는 증권예탁증권을 해외에서 발행하기 위하여 자기주식을 처분하는 경우
   카. 법 제165조의2 제 2 항 제 3 호에 따라 신탁계약을 해지하여 자기주식을 취득하는 경우

---

1) 증권의 발행 및 공시 등에 관한 규정 제5-3조(증권예탁증권 발행을 위한 자기주식의 처분 제한기간) 영 제176조의2 제 2 항 제 6 호 차목에서 “금융위원회가 정하여 고시하는 기간”이라 함은 자기주식 취득일로부터 제5-8조에 따른 자기주식의 취득에 관한 결과보고서(“취득결과보고서”)를 제출한 날까지의 기간을 말한다.

자기주식의 취득을 위탁받은 투자중개업자는 해당 주권상장법인이 취득·처분 금지기간에 위반하여 자기주식의 매수를 위탁하는 것임을 안 경우에는 그 위탁을 거부하여야 한다(증권의 발행 및 공시 등에 관한 규정 제5-7조).

2) 신탁업자의 신탁재산 운용방법의 제한

신탁업자는 자기주식의 간접취득의 방법으로 취득한 경우에 그 운용방법의 제한을 받는다. 빈번한 자기주식의 취득·처분으로 인한 시장가격의 왜곡현상을 방지하기 위하여 자기주식의 취득 후 1개월 동안 처분이 제한되고, 자기주식의 처분 후 1개월 동안 취득이 제한된다. 또한 자기주식 신탁계약 운용대상은 자기주식 취득, 당해 신탁업자 고유계정에 대한 일시자금의 대여, 자금중개회사의 중개를 거친 단기대금의 대여, 예금으로 제한된다.

신탁업자가 신탁재산에 속하는 금전을 운용하는 경우에는 다음 각 호의 기준을 지켜야 한다(영 제106조 제5항).

1. 특정금전신탁인 경우(그 신탁재산으로 법 제165조의2 제3항에 따라 주권상장법인이 발행하는 자기주식을 취득·처분하는 경우만 해당)
   가. 법 제165조의2 제2항 제1호 또는 제2호의 방법으로 취득할 것
   나. 자기주식을 취득한 후 1개월 이내에 처분하거나 처분한 후 1개월 이내에 취득하지 아니할 것
   다. 자기주식을 취득하고 남은 여유자금을 금융위원회가 정하여 고시하는 방법[1] 외의 방법으로 운용하지 아니할 것

1) 금융투자업규정 제4-83조(자사주신탁의 여유자금 운용) 영 제106조 제5항 제1호 다목에서 "금융위원회가 정하여 고시하는 방법"이란 다음 각 호의 어느 하나에 해당하는 방법을 말한다.
   1. 제4-87조 제1항 제1호 또는 제2호에 따른 운용[1. 당해 신탁업자의 고유계정에 대한 일시적인 자금의 대여. 다만, 금액의 규모 또는 시간의 제약으로 인하여 다른 방법으로 운용할 수 없는 경우에 한한다. 2. 법 제355조의 자금중개회사의 중개를 거쳐 행하는 단기자금의 대여. 이 경우 한도는 전 회계연도말 신탁 수탁고 잔액의 "100분의 10" 이내로 한다(금융투자업규정 제1항 제1호 및 제2호)].
   2. 영 제106조 제2항 각 호의 금융기관에 대한 예치[1. 은행, 2. 한국산업은행법에 따른 한국산업은행, 3. 중소기업은행법에 따른 중소기업은행, 4. 증권금융회사, 5. 종합금융회사, 6. 상호저축은행법에 따른 상호저축은행, 7. 농업협동조합법에 따른 농업협동조합, 8. 수산업협동조합법에 따른 수산업협동조합, 9. 신용협동조합법에 따른 신용협동조합, 10. 우체국 예금·보험에 관한 법률에 따른 체신관서, 11. 제1호부터 제10호까지의 기관에 준하는 외국 금융기관(영 제106조 제2항)].

(6) 자기주식의 법적 지위

자본시장법은 자기주식의 법적 지위에 관한 규정을 두고 있지 않다. 그러나 상법은 자기주식에 대하여 의결권을 명시적으로 인정하지 않고(상법 제369조의 제 2 항), 자기주식은 주주총회 정족수 계산시 발행주식총수에서 제외한다(상법 제371조 제 1 항).

자본시장법상 명문의 규정은 없지만 소수주주권등의 공익권은 인정될 수 없다는 데 이설이 없다. 또한 주주총회결의 취소청구권, 회계장부열람권, 이익배당청구권, 잔여재산분배청구권 등의 자익권도 인정되지 않는다고 보아야 한다.

3. 위반에 대한 제재

(1) 민사책임

주요사항보고서 및 그 첨부서류(회계감사인의 감사보고서는 제외) 중 중요사항에 관하여 거짓의 기재 또는 표시가 있거나 중요사항이 기재 또는 표시되지 아니함으로써 제출대상법인이 발행한 증권(그 증권과 관련된 증권예탁증권, 그 밖에 대통령령으로 정하는 증권을 포함)의 취득자 또는 처분자가 손해를 입은 경우에는 다음 각 호의 자는 그 손해에 관하여 배상의 책임을 진다(법 제162조 제 1 항 본문).

1. 주요사항보고서의 제출인과 제출당시의 그 주요상황보고서 제출대상법인의 이사
2. 상법 제401조의2 제 1 항 각 호의 어느 하나에 해당하는 자로서 그 주요사항보고서의 작성을 지시하거나 집행한 자
3. 그 주요사항보고서의 기재사항 및 그 첨부서류가 진실 또는 정확하다고 증명하여 서명한 공인회계사·감정인 또는 신용평가를 전문으로 하는 자 등(그 소속단체를 포함) 대통령령으로 정하는 자
4. 그 주요사항보고서의 기재사항 및 그 첨부서류에 자기의 평가·분석·확인·의견이 기재되는 것에 대하여 동의하고 그 기재내용을 확인한 자

다만, 배상의 책임을 질 자가 상당한 주의를 하였음에도 불구하고 이를 알 수 없었음을 증명하거나 그 증권의 취득자 또는 처분자가 그 취득 또는 처분을 할 때에 그 사실을 안 경우에는 배상의 책임을 지지 아니한다(법 제162조 제 1 항 단서).

민사책임에 관한 자세한 사항은 유통시장공시 부분에서 설명하였다.

(2) 행정제재

금융위원회는 다음 각 호의 어느 하나에 해당하는 경우에는 주권상장법인에 대하여 이유를 제시한 후 그 사실을 공고하고 정정을 명할 수 있으며, 필요하면 그 법인의 주주총회에 대한 임원의 해임 권고, 일정기간 증권의 발행 제한, 그 밖에 대통령령으로 정하는 조치를 할 수 있다. 이 경우 그 조치에 필요한 절차 및 조치기준은 총리령으로 정한다(법 제165조의18).

1. 제165조의2 제 2 항을 위반하여 자기주식을 취득한 경우
2. 제165조의2 제 4 항을 위반하여 자기주식을 취득(신탁계약의 체결을 포함)하거나 처분(신탁계약의 해지를 포함)한 경우
3. 제165조의2 제 5 항을 위반하여 같은 항에 따른 기간 이내에 자기주식의 초과분을 처분하지 아니한 경우

여기서 “대통령령으로 정하는 조치”란 자본시장법을 위반한 경우에는 고발 또는 수사기관에의 통보, 다른 법률을 위반한 경우에는 관련기관이나 수사기관에의 통보, 경고 또는 주의를 말한다(영 제176조의18 제 2 항, 제138조 제 3 호 내지 제 5 호).

(3) 형사제재

누구의 명의로 하거나를 불문하고 회사의 계산으로 부정하게 그 주식 또는 지분을 취득한 경우 이사, 집행임원, 감사위원회 위원, 감사 또는 직무대행자, 지배인 기타 회사영업에 관한 어느 종류 또는 특정한 사항의 위임을 받은 사용인은 5년 이하의 징역 또는 1천500만원 이하의 벌금에 처한다(상법 제625조, 제622조 제 1 항).

(4) 자율규제

주권상장법인은 자본시장법 제165조의2에 따른 자기주식의 취득 또는 처분(신탁계약 등의 체결, 해지 또는 연장을 포함), 신탁계약 등의 체결을 통해 취득한 자기주식의 유가증권시장 외에서의 처분에 관한 결정이 있은 때 그 결정내용을 그 사유발생 당일에 거래소에 신고하여야 한다(유가증권시장 공시규정 제 7 조 제 1 항 제 2 호 가목 (3)). 이러한 공시를 불이행하거나 공시한 내용을 번복하는 경우 거래소는 불성실공시법인으로 지정할 수 있고, 이 경우 벌점부과, 공시위반제재금 등을

부과할 수 있다(유가증권시장 공시규정 제29조 등).

Ⅱ. 이익소각

1. 서 설

(1) 이익소각의 의의

이익소각이란 회사의 존속 중에 주주에게 배당할 이익으로써 발행주식의 일부를 취득하여 절대적으로 소멸시키는 것을 목적으로 하는 회사의 행위이다. 회사의 존속 중에 특정한 주식을 절대적으로 소멸시키는 것을 주식소각이라고 하는데, 주식소각은 자본금 감소에 관한 규정에 따라서만 소각할 수 있다. 다만, 이사회의 결의에 의하여 회사가 보유하는 자기주식을 소각하는 경우에는 그러하지 아니하다(상법 제343조 제 1 항).

주식소각은 소각을 원하는 주주의 주식만을 소각하는 임의소각과 주주의 의사에 관계없이 소각하는 강제소각이 있다. 또 회사가 소각되는 주식에 대하여 대가를 지급하는 유상소각과 대가를 지급하지 아니하는 무상소각이 있다.[1)]

이익소각은 머지 않아 광맥이 끊어질 광산회사, 일정한 기간 후에 무상으로 공공단체에 수용될 면허영업을 목적으로 하는 회사와 같이, 일정한 기간 후에 기업의 경제적 가치가 소멸하게 되는 회사가 해산의 경우의 청산절차를 간단하게 하거나, 회사가 여유자금의 운용, 주가조절 등을 위하여 행한다.[2)]

(2) 이익소각의 방법

이익소각의 방법으로 상법이 규정하는 정기주주총회의 특별결의에 의하는 방법(상법 제343조의2)이 있었으나 2011년 상법의 개정으로 삭제되었다. 따라서 현행법상 이익소각은 자본시장법이 규정하는 이사회 결의에 의하는 방법(법 제165조의3)이 있다. 자본시장법에 따른 이익소각의 방법은 정관의 규정이 있는 경우에 한하여 이사회 결의만으로 이익소각을 할 수 있으므로 기동성이 뛰어나다.

이익소각은 기능적인 면에서 배당가능이익으로서 하는 자기주식 취득과 유사하므로 동 제도의 개선은 자기주식법제의 개선과 마찬가지로 주가관리나 방어수

---

1) 이철송, 전게서, 349쪽.

2) 정동윤, 전게서, 293쪽.

단으로서 이익소각제도의 활용도를 높이는 데 기여할 것으로 기대되고 합병이나 해산 등에 있어서 합병비율의 조정이나 해산절차의 간소화에도 효용이 클 것으로 기대되고 있다.[1)]

(3) 이익소각제도의 제도적 취지

이익소각제도는 회사의 주가관리의 편의를 도모하기 위하여 주주의 동의를 얻어 행하여지는 임의소각의 방법으로 이용된다. 회사의 잉여자금의 적절한 운용, 주식의 적정한 수급을 통한 주가관리 등의 목적으로 이용되며, 회사에 신규자금이 필요할 때 신주발행을 하는 것과 반대되는 행위이다.

2. 이익소각의 특례

(1) 의 의

주권상장법인은 다른 법률에 따르는 경우(상법 제343조) 외에는 주주에게 배당할 이익으로 주식을 소각할 수 있다는 뜻을 주주총회의 특별결의로써 정관에 정하는 경우에는 이사회 결의로 주식을 소각할 수 있도록 할 수 있다(법 제163조의5 제1항).

소각할 주식은 이사회 결의 후 취득한 주식(법 제165조의3 제2항 참조) 또는 주주의 주식매수청구권의 행사에 의하여 취득한 자기주식(법 제165조의5 제4항 참조)에 한한다.

(2) 이익소각의 절차

1) 정관의 규정과 이사회 결의

주권상장법인은 정관에 근거규정이 있는 경우에 이사회의 결의로 주식을 소각할 수 있다(법 제163조의3 제1항). 주권상장법인이 이익소각을 하기 위해서는 먼저 주주총회의 특별결의로써 정관에 규정하고 있어야 한다.

주식을 소각하려는 경우 이사회는 다음 각 호의 사항을 결의하여야 한다. 이 경우 소각할 주식은 해당 이사회 결의 후 취득한 주식만 해당한다(법 제165조의3 제2항).

---

1) 한국증권법학회, 전게서, 706쪽.

1. 소각할 주식의 종류와 총수
2. 소각하기 위하여 취득할 주식가액의 총액
3. 주식을 취득하려는 기간. 이 경우 그 기간은 이사회 결의 후 최초의 정기주주총회일 이전이어야 한다.

주식매수청구권의 행사에 따라 취득한 자기주식을 이익소각하려는 경우의 이사회 결의사항은 다음과 같다(법 제165조의5 제 4 항).

1. 소각할 주식의 종류와 총수
2. 소각할 주식가액의 총액
3. 주식을 소각하려는 날. 이 경우 그 날은 이사회 결의 후 최초의 정기주주총회일 이전이어야 한다.

2) 공시(거래소 신고 및 주요사항보고서의 제출)

주권상장법인은 주식의 이익소각에 관한 결정이 있은 때에는 그 결정내용을 그 사유발생 당일에 거래소에 신고하여야 한다(유가증권시장 공시규정 제 7 조 제 1 항 제 2 호 가목 (2)).[1)]

주권상장법인은 이사회에서 "자기주식을 취득할 것을 결의한 때"에는 그 사실이 발생한 날의 다음 날까지 그 내용을 기재한 주요사항보고서를 금융위원회에 제출하여야 한다(법 제161조 제 1 항 제 8 호). 즉 이익소각을 위하여 자기주식을 취득하기로 하는 이사회 결의가 있은 때 그 다음 날까지 주요사항보고서를 제출하여야 한다.

그러나 주식소각은 당해 주식을 절대적으로 소멸시키는 회사의 행위로서 일반적으로 권리의 이전 또는 변동을 가져오는 처분과 의미가 다르므로 자기주식의 처분에 관하여는 주요사항보고서를 제출할 필요가 없다고 본다.

3) 취득결과보고서의 제출

주권상장법인은 자기주식의 취득을 완료하거나 취득기간이 만료된 때에는 그

1) 유가증권시장 공시규정 제 7 조(주요경영사항) ① 주권상장법인은 주요경영사항에 해당하는 경우에는 그 사실 또는 결정내용을 그 사유발생 당일에 거래소에 신고하여야 한다.
2. 해당 유가증권시장주권상장법인의 재무구조에 변경을 초래하는 다음 각 목의 어느 하나에 해당하는 사실 또는 결정이 있은 때
가. 해당 유가증권시장주권상장법인이 발행하는 증권에 관한 다음의 어느 하나에 해당하는 사실 또는 결정이 있은 때
(2) 주식의 이익소각에 관한 결정이 있은 때

날부터 5일 이내에 "취득결과보고서"를 금융위원회(DART)에 제출하여야 한다(증권의 발행 및 공시 등에 관한 규정 제5-12조, 제5-8조).

(3) 자기주식의 취득제한

주권상장법인은 주식을 소각할 목적으로 자기주식을 취득하는 경우에는 다음 각 호의 기준에 따라야 한다(법 제165조의3 제3항).

1. 제165조의2 제2항 제1호 또는 제2호의 방법에 따를 것. 이 경우 같은 항 제1호의 방법에 따른 때에는 그 취득기간과 방법이 대통령령으로 정하는 기준에 적합하여야 한다.
2. 소각을 위하여 취득할 자기주식의 금액이 해당 사업연도말 상법 제462조 제1항에 따른 이익배당을 할 수 있는 한도에서 대통령령으로 정하는 금액 이하일 것

이익소각을 위해서는 자기주식을 취득하게 되는데, 자본시장법은 취득방법, 취득기간, 취득금액에 일정한 제한을 하고 있다.

1) 취득방법 및 취득기간의 제한

이익소각을 위한 자기주식의 취득은 증권시장에서 취득하는 방법 또는 공개매수의 방법에 따라야 한다. 이 경우 증권시장에서 취득하는 방법에 따른 때에는 그 취득기간과 방법이 대통령령으로 정하는 기준에 적합하여야 한다(법 제165조의3 제3항 제1호).

여기서 "대통령령으로 정하는 기준"이란 다음 각 호의 기준을 말한다(영 제176조의4 제1항).

1. 주식의 취득기간은 주식의 소각을 위한 이사회 결의 사실이 공시된 날의 다음 날부터 3개월 이내로 하되, 다음 각 목의 어느 하나의 기간과 중첩되지 아니할 것
   가. 제176조의2 제2항 제1호부터 제5호[1]까지의 어느 하나의 기간

---

1) 주권상장법인은 다음 각 호의 어느 하나에 해당하는 기간(자기주식의 취득·처분 금지기간) 동안에는 자기주식의 취득 또는 처분 및 신탁계약의 체결 또는 해지를 할 수 없다(영 제176조의2 제2항)
   1. 다른 법인과의 합병에 관한 이사회 결의일부터 과거 1개월간
   2. 유상증자의 신주배정에 관한 기준일(일반공모증자의 경우에는 청약일) 1개월 전부터 청약일까지의 기간
   3. 준비금의 자본전입에 관한 이사회 결의일부터 신주배정기준일까지의 기간
   4. 제205조 제1항 제5호에 따른 시장조성을 할 기간
   5. 법 제174조 제1항에 따른 미공개중요정보가 있는 경우 그 정보가 공개되기 전까지의 기간

나. 자기주식의 처분(신탁계약의 해지 및 자기주식을 교환대상으로 하는 교환사채권의 발행을 포함하되, 제176조의2 제 2 항 제 6 호[1] 각 목의 어느 하나에 해당하는 경우는 제외한다) 후 3개월간

다. 법 제165조의2에 따른 자기주식의 취득 또는 처분기간

2. 증권시장에서 주식을 취득하는 경우에는 금융위원회가 정하여 고시하는 방법[2]에 따를 것

2) 취득금액의 제한

소각을 위하여 취득할 자기주식의 금액이 해당 사업연도말 상법 제462조 제 1 항에 따른 이익배당을 할 수 있는 한도에서 대통령령으로 정하는 금액 이하이어야 한다(법 제165조의3 제 3 항 제 2 호).

여기서 "대통령령으로 정하는 금액"이란 상법 제462조 제 1 항에 따른 이익배당을 할 수 있는 한도액에서 다음 각 호의 금액의 합계액을 뺀 금액[3]을 말한다(영

---

1) 6. 처분(신탁계약의 해지를 포함) 후 3개월간 또는 취득(신탁계약의 체결을 포함) 후 6개월간. 다만, 다음 각 목의 어느 하나에 해당하는 경우에는 그러하지 아니하다.

가. 임직원에 대한 상여금으로 자기주식을 교부하는 경우

나. 주식매수선택권의 행사에 따라 자기주식을 교부하는 경우

다. 법 제165조의2 제 2 항 각 호 외의 부분 후단에 따른 한도를 초과하는 자기주식을 처분하는 경우

라. 임직원에 대한 퇴직금·공로금 또는 장려금 등으로 자기주식을 지급(근로복지기본법에 따른 사내근로복지기금에 출연하는 경우를 포함)하는 경우

마. 근로복지기본법 제 2 조 제 4 호에 따른 우리사주조합에 처분하는 경우

바. 법령 또는 채무이행 등에 따라 불가피하게 자기주식을 처분하는 경우

사. 공기업의 경영구조개선 및 민영화에 관한 법률의 적용을 받는 기업이 민영화를 위하여 그 기업의 주식과의 교환을 청구할 수 있는 교환사채권을 발행하는 경우

아. 국가 또는 예금자보호법에 따른 예금보험공사로부터 자기주식을 취득한 기업이 그 주식과 교환을 청구할 수 있는 교환사채권을 발행하는 경우(자목의 경우는 제외). 이 경우 교환의 대상이 되는 자기주식의 취득일부터 6개월이 지난 후에 교환을 청구할 수 있는 교환사채권만 해당한다.

자. 아목에 따른 기업이 교환사채권을 해외에서 발행하는 경우로서 자기주식을 갈음하여 발행하는 증권예탁증권과 교환을 청구할 수 있는 교환사채권을 발행하는 경우

차. 자기주식의 취득일부터 금융위원회가 정하여 고시하는 기간이 경과한 후 자기주식을 기초로 하는 증권예탁증권을 해외에서 발행하기 위하여 자기주식을 처분하는 경우

카. 법 제165조의2 제 2 항 제 3 호에 따라 신탁계약을 해지하여 자기주식을 취득하는 경우

2) 증권의 발행 및 공시 등에 관한 규정 제5-12조(주식의 소각을 위한 주식의 취득 방법 등에 대한 준용) 영 제176조의4 제 1 항 제 2 호 및 제 2 항 제 2 호에 따라 자기주식을 취득 또는 처분함에 있어 금융위원회가 고시하는 사항은 제5-1조부터 제5-11조까지에서 정한 사항을 준용한다.

3) 증권의 발행 및 공시 등에 관한 규정 제5-11조(자기주식 취득금액한도의 산정기준) ② 주권

제176조의4 제 2 항).

주식매수청구권의 행사에 따라 취득한 자기주식을 이익소각하려는 경우의 취득금액의 한도는 "소각할 자기주식 가액의 총액"이 해당 사업연도말 상법 제462조 제 1 항에 따른 이익배당을 할 수 있는 한도에서 대통령령으로 정하는 금액 이하이어야 한다(법 제165조의5 제 4 항).

(4) 정기주주총회에의 결과보고

주권상장법인은 주식을 소각한 경우에는 그 소각 결의 후 최초의 정기주주총회에 이사회 결의사항과 주식을 소각한 사실을 보고하여야 한다(법 제165조의3 제 4 항).

(5) 이사의 책임

주권상장법인이 취득금액의 한도를 위반하여 주식을 취득하여 소각한 경우에는 그 소각에 관한 이사회 결의에 찬성한 이사는 해당 법인에 대하여 그 한도를 초과하여 취득한 초과취득가액에 대하여 연대하여 배상할 책임을 진다. 다만, 이사가 상당한 주의를 하였음에도 불구하고 그 한도를 초과할 수밖에 없었음을 증명하면 배상책임을 지지 아니한다(법 제165조의3 제 5 항).

(6) 이익소각의 효과

소각에 의하여 그 주식은 소멸하고, 그 수만큼 회사의 발행주식총수가 감소된다. 그러나 배당가능이익으로 소각하므로 자본에는 영향이 없다. 왜냐하면 이익소각의 경우에는 자본감소의 절차를 밟지 아니하므로, 회사채권자의 보호를 꾀할 필요가 없기 때문이다.

이익소각의 결과로 소각된 주식이 미발행주식으로 되어 회사가 다시 소각된 수만큼 신주를 재발행할 수 있는가가 문제되나, 소각된 주식에 관하여는 이미 이

상장법인이 자기주식을 취득할 수 있는 금액의 한도는 해당 사업연도말 재무제표를 기준으로 상법 제462조 제 1 항의 규정에 의한 이익배당을 할 수 있는 한도의 금액에서 제 1 호부터 제 4 호까지의 금액을 공제한 금액으로 한다.

1. 영 제176조의4 제 2 항 제 1 호의 금액
2. 종전의 법인세법(법률 제6558호 법인세법중개정법률로 개정되기 전의 법률을 말한다) 제56조의 규정에 의한 기업발전적립금
3. 신탁계약이 있는 경우 그 계약금액(신탁계약을 통하여 취득한 자기주식이 있는 경우에는 신탁계약의 원금 중에서 취득한 자기주식에 해당하는 금액을 차감한 금액)

사회가 주식의 발행권을 행사한 것이므로 재발행할 수 없다고 보아야 한다.

3. 위반에 대한 제재

(1) 민사책임

주요사항보고서 및 그 첨부서류(회계감사인의 감사보고서는 제외) 중 중요사항에 관하여 거짓의 기재 또는 표시가 있거나 중요사항이 기재 또는 표시되지 아니함으로써 제출대상법인이 발행한 증권(그 증권과 관련된 증권예탁증권, 그 밖에 대통령령으로 정하는 증권을 포함)의 취득자 또는 처분자가 손해를 입은 경우에는 다음 각 호의 자는 그 손해에 관하여 배상의 책임을 진다(법 제162조 제 1 항 본문).

1. 주요사항보고서의 제출인과 제출당시의 그 주요상황보고서 제출대상법인의 이사
2. 상법 제401조의2 제 1 항 각 호의 어느 하나에 해당하는 자로서 그 주요사항보고서의 작성을 지시하거나 집행한 자
3. 그 주요사항보고서의 기재사항 및 그 첨부서류가 진실 또는 정확하다고 증명하여 서명한 공인회계사 … 감정인 또는 신용평가를 전문으로 하는 자 등(그 소속단체를 포함) 대통령령으로 정하는 자
4. 그 주요사항보고서의 기재사항 및 그 첨부서류에 자기의 평가·분석·확인·의견이 기재되는 것에 대하여 동의하고 그 기재내용을 확인한 자

다만, 배상의 책임을 질 자가 상당한 주의를 하였음에도 불구하고 이를 알 수 없었음을 증명하거나 그 증권의 취득자 또는 처분자가 그 취득 또는 처분을 할 때에 그 사실을 안 경우에는 배상의 책임을 지지 아니한다(법 제162조 제 1 항 단서).

민사책임에 관한 자세한 사항은 유통시장공시 부분에서 설명하였다.

(2) 행정제재

금융위원회는 다음 각 호의 어느 하나에 해당하는 경우에는 주권상장법인에 대하여 이유를 제시한 후 그 사실을 공고하고 정정을 명할 수 있으며, 필요하면 그 법인의 주주총회에 대한 임원의 해임 권고, 일정기간 증권의 발행 제한, 그 밖에 대통령령으로 정하는 조치를 할 수 있다. 이 경우 그 조치에 필요한 절차 및 조치기준은 총리령으로 정한다(법 제165조의18).

4. 제165조의3 제 1 항 또는 제 2 항을 위반하여 이사회 결의 없이 주식을 소각한 경우

5. 제165조의3 제3항을 위반하여 자기주식을 취득한 경우
6. 제165조의3 제4항을 위반하여 정기주주총회에 같은 조 제2항 각 호의 사항과 주식을 소각한 사실을 보고하지 아니한 경우

여기서 "대통령령으로 정하는 조치"란 자본시장법을 위반한 경우에는 고발 또는 수사기관에의 통보, 다른 법률을 위반한 경우에는 관련기관이나 수사기관에의 통보, 경고 또는 주의를 말한다(영 제176조의18 제2항, 제138조 제3호 내지 제5호).

(3) 형사제재 등

이익소각의 경우에도 자기주식을 취득하게 되므로 자기주식 취득·처분 부분에서 설명한 형사제재와 거래소의 자율규제의 대상이 될 수 있다.

Ⅲ. 합병 등

1. 서　　설

(1) 합병 등 신고제도의 목적

합병, 중요한 영업 또는 자산의 양수 또는 양도, 주식의 포괄적 교환 또는 포괄적 이전, 분할 또는 분할합병은 기업실체의 변동을 초래하는 행위로서 주주권의 변동에 중대한 영향을 미치는 원인이 된다. 따라서 상법의 규정에 따라 주주총회 결의 등 일정한 절차를 거치도록 하고, 회사의 결의에 반대하는 주주에게는 주식매수청구권을 부여하여 주주를 보호하고 있다.

소액주주가 많은 주권상장법인의 합병 등은 그 기업의 재무구조, 수익성, 성장성뿐만 아니라 주주의 지분구조 등이 변동될 수 있으므로 주요경영사항으로 합병 등의 결의사항을 공시하는 것 이외에 당해 법인으로 하여금 합병 등의 절차와 내용, 반대주주의 권리행사 방법, 합병 등의 당사회사에 관한 사항을 현재 및 장래의 주주에게 일정한 기준에 따라 충분히 공시하도록 하여 적정한 주주권 행사가 가능하도록 공시하게 하고 있다.

또한 합병 등은 대부분 회사의 경영진 또는 최대주주의 의사에 따라 결정되는 것이 일반적이기 때문에 공정성이 확보되지 않을 경우에는 소액주주가 피해를 입을 가능성이 크다. 따라서 합병 등의 방법 및 절차에 대하여 일정한 제한을 두

고 있다.[1)]

(2) 자본시장법상 합병 등의 특례

주권상장법인은 다음 각 호의 어느 하나에 해당하는 행위를 하려면 대통령령으로 정하는 요건·방법 등의 기준에 따라야 한다(법 제165조의4).

1. 다른 법인과의 합병
2. 대통령령으로 정하는 중요한 영업 또는 자산의 양수 또는 양도
3. 주식의 포괄적 교환 또는 포괄적 이전
4. 분할 또는 분할합병

회사의 합병 등 회사조직의 근본적인 변경이 있는 경우 과거의 증권거래법은 특수공시로서 신고서제도를 두었다. 그러나 자본시장법은 신고서제도를 법 제161조의 주요사항보고서로 통일하고 주권상장법인의 특례로서 공정가액 산정을 중심으로 규정하고 있다. 다만 투자자 보호 차원에서 합병 등으로 증권이 신규로 발행되는 경우에는 증권의 모집·매출로 보아 증권신고서를 제출하도록 하고 있다. 그러나 신규로 증권이 발행되지 않는 경우에는 주요사항보고서만을 제출하도록 하고 있다.

2. 합 병

(1) 서 설

1) 합병의 의의

합병이란 상법의 절차에 따라 2개 이상의 회사가 그 중 1개의 회사를 제외하고 소멸하거나 전부 소멸하되 청산절차를 거치지 아니하고, 소멸하는 회사의 모든 권리와 의무를 존속회사 또는 신설회사가 포괄적으로 승계하고 주주를 수용하는 회사법상의 법률사실이다.[2)] 합병은 기업매수의 가장 중요한 전략의 하나이다.

---

1) 금융감독원·코스닥등록법인협의회, 전게서, 205쪽.
2) 이철송, 전게서, 95쪽.

2) 합병의 종류

(가) 흡수합병과 신설합병

당사회사의 소멸 여부에 따라 흡수합병과 신설합병으로 구별된다. 흡수합병이란 수개의 합병당사회사 중 하나의 회사만이 존속하고 나머지 회사는 모두 소멸하며, 존속회사가 소멸회사의 권리와 의무를 포괄적으로 승계하는 방법이다. 존속회사를 합병회사라 하고 소멸회사를 피합병회사라 하며, 피합병회사의 주주는 합병회사의 주식과 합병교부금을 교부받는다.

신설합병이란 당사회사 전부가 소멸하고, 이들에 의해 신설된 회사가 소멸회사의 권리와 의무를 포괄적으로 승계하는 방법이다. 신설회사를 합병회사라 하고 소멸되는 회사를 피합병회사라 하며, 소멸되는 합병당사회사의 주주는 신설회사의 주식과 합병교부금을 교부받는다.

실무상으로는 흡수합병이 압도적으로 많이 이용되고 있다.

(나) 간이합병(약식합병)과 소규모합병

합병은 상법상 합병절차의 엄격성에 따라 보통의 합병과 약식합병 내지 간이합병과 소규모합병으로 나누어진다. 보통의 합병은 합병계약서에 대한 승인은 반드시 합병당사회사의 전부가 주주총회의 특별결의를 거쳐야 하며, 합병반대주주의 주식매수청구권을 인정하는 방법이다.

이에 반하여 간이합병과 소규모합병은 합병당사회사의 어느 일방에서는 주주총회의 승인결의를 요하지 않고 이사회의 결의만으로 하는 합병을 말한다. 간이합병은 소멸하는 회사의 주주총회의 승인결의를 요하지 않는 경우이고, 소규모합병은 존속하는 회사의 주주총회의 승인결의를 요하지 않는 경우를 말한다. 간이합병과 소규모합병은 주식회사에 한하여 인정되고, 유한회사에 대하여는 허용되지 않는다(상법 제603조, 제526조 제1항, 제2항, 제527 제1항 내지 제3항).

(2) 합병의 제한

1) 상법상 제한

종류가 다른 회사끼리도 합병할 수 있다. 그러나 합병당사회사 중 일방 또는 쌍방이 주식회사, 유한회사 또는 유한책임회사인 경우에는 합병 후 존속하는 회사 또는 신설되는 회사는 주식회사, 유한회사 또는 유한책임회사이어야 한다(상법 제174조 제2항). 유한회사와 주식회사가 합병하여 주식회사가 존속 또는 신설회사로

될 경우에는 인가를 얻지 아니하면 합병의 효력이 없다(상법 제600조 제 1 항). 유한회사와 주식회사가 합병할 경우 주식회사가 사채의 상환을 완료하지 않으면 유한회사를 존속회사나 신설회사로 하지 못한다(상법 제600조 제 2 항). 해산 후 청산 중에 있는 회사는 존립 중의 회사를 존속회사로 하는 경우에 한하여 합병할 수 있다(상법 제174조 제 3 항).

2) 공정거래법상 제한

독점규제 및 공정거래에 관한 법률은 기업독점을 억제하고 자유로운 경쟁을 촉진하기 위하여 일정한 거래분야에 있는 기업간의 결합은 경쟁제한의 우려가 있으므로 이를 제한한다. 일정한 거래분야에서 경쟁을 실질적으로 제한하는 효과를 가져오는 기업간의 합병은 금지된다(독점규제 및 공정거래에 관한 법률 제 7 조 제 1 항 제 3 호).

그리고 회사의 합병을 신고하여야 한다(기업결합의 신고요령 Ⅲ-4). 즉 회사가 법 제 7 조(기업결합의 제한) 제 1 항 제 3 호의 "다른 회사와의 합병"을 하는 경우에는 「별표 3」의 신고서에 관련서류를 첨부하여 신고하여야 하며, 법 제12조 제 6 항 본문에 의한 신고의 경우에는 존속회사(흡수합병의 경우) 또는 신설회사(신설합병의 경우)가 단독으로 신고한다. 다만 법 제12조 제 6 항 단서에 의할 경우에는 존속 예정인 회사(흡수합병의 경우)가 단독으로 신고하거나 결합 당사회사(신설합병의 경우)가 연명으로 신고하여야 한다.

이는 상법 제530조의2(회사의 분할·분할합병)의 규정에 의한 분할합병의 경우에도 동일한 신고를 하여야 한다.

3) 기타 특별법상 제한

금융기관의 합병은 금융위원회의 인가가 필요하며(금융산업의 구조개선에 관한 법률 제 4 조), 은행법 등 특별법 적용대상 법인간의 합병은 주무관청의 인가가 필요하다(은행법 제55조 제 1 항, 보험업법 제139조). 그 외에 채무자 회생 및 파산에 관한 법률상 회생계획에 의한 합병은 동법이 정하는 바에 따라 합병해야 한다(동법 제210조, 제211조).

(3) 합병의 절차

1) 합병 이사회 결의와 자본시장법상의 공시

(가) 이사회의 결의

합병을 하기 위해서는 합병당사회사의 대표기관은 합병조건·합병방식 등 합병에 필요한 사항을 합의하게 되는데, 주식회사의 경우 각 당사회사의 대표이사의 합의 이전에 합병당사회사의 이사회의 사전 결의가 있어야 한다.

(나) 공시(거래소 신고 및 주요사항보고서의 제출)

주권상장법인은 합병(간이합병 및 소규모합병 포함)에 관한 이사회의 결정이 있은 때에는 그 결정내용을 그 사유발생 당일에 거래소에 신고하여야 한다(유가증권시장 공시규정 제 7 조 제 1 항 제 3 호 가목 (5) 및 (6)).[1]

주권상장법인은 이사회에서 "합병의 사실이 발생한 때"에는 그 사실이 발생한 날의 다음 날까지 그 내용을 기재한 주요사항보고서를 금융위원회에 제출하여야 한다(법 제161조 제 1 항 제 6 호).

합병에 대하여 사전공시를 요구하는 것은 미공개중요정보의 이용으로 인한 내부자거래를 방지하고 감독당국이 합병의 적법성 여부 등을 사전에 객관적으로 검토하기 위한 것이다.

(다) 주권의 일시적인 매매거래정지

거래소는 주가 또는 거래량에 중대한 영향을 미칠 수 있는 사항이 결의된 경우 주가에 대한 충격을 완화하기 위하여 당해 이사회 결의에 대한 공시가 있을 경우 일시적으로 매매거래를 정지하고 있다(유가증권시장 공시규정 제40조 제 1 항 제 2 호, 동 시행세칙 제16조 제 1 항 및 제 3 항).

---

1) 유가증권시장 공시규정 제 7 조(주요경영사항) ① 주권상장법인은 주요경영사항에 해당하는 경우에는 그 사실 또는 결정내용을 그 사유발생 당일에 거래소에 신고하여야 한다.

3. 해당 유가증권시장주권상장법인의 기업경영활동에 관한 다음 각 목의 어느 하나에 해당하는 사실 또는 결정이 있은 때(제 3 호)

가. 해당 유가증권시장주권상장법인의 지배구조 또는 구조개편에 관한 다음의 어느 하나에 해당하는 사실 또는 결정이 있은 때

(5) 상법 제374조·제522조·제530조의2 및 제530조의12에서 규정한 사실에 관한 결정이 있은 때

(6) 상법 제527조의2에 따른 간이합병 또는 제527조의3에 따른 소규모합병에 관한 결정이 있은 때

2) 합병계약서의 작성

합병당사회사의 대표기관에 의해 합병조건·합병방식 등 합병에 관한 필요한 사항이 합의되어야 한다. 합병계약은 특별한 방식을 요하지 않는다. 그러나 주식회사의 합병에는 법정사항을 기재한 합병계약서를 작성하여야 한다(상법 제522조 제 1 항). 그 내용은 일반적으로 합병조건, 합병절차, 합병실시를 위한 필요한 조치 등 합병의 진행에 관한 것이다.

3) 합병계약서 등의 공시

상법은 주주 또는 채권자가 합병승인결의 또는 이의 여부에 관해 의사결정을 하기 위해서는 사전에 합병의 구체적인 사항을 파악할 필요가 있음을 고려하여 사전에 공시하게 하고 있다.

이사는 합병승인결의를 위한 주주총회 회일의 2주 전부터 합병을 한 날 이후 6월이 경과하는 날까지 다음 각 호의 서류를 본점에 비치하여야 한다(상법 제522조의2 제 1 항).

1. 합병계약서
2. 합병으로 인하여 소멸하는 회사의 주주에게 발행하는 주식의 배정에 관하여 그 이유를 기재한 서면
3. 각 회사의 최종의 대차대조표와 손익계산서

주주 및 회사채권자는 영업시간 내에는 언제든지 위 서류의 열람을 청구하거나, 회사가 정한 비용을 지급하고 그 등본 또는 초본의 교부를 청구할 수 있다(동조 제 2 항).

4) 합병반대주주의 주식매수청구권

합병 이사회 결의에 반대하는 주주는 서면으로 반대의사를 통지하여야 한다. 즉 합병승인의 주주총회 결의사항에 관하여 이사회의 결의가 있는 때에 그 결의에 반대하는 주주는 주주총회 전에 회사에 대하여 서면으로 그 결의에 반대하는 의사를 통지한 경우에는 그 총회의 결의일부터 20일 이내에 주식의 종류와 수를 기재한 서면으로 회사에 대하여 자기가 소유하고 있는 주식의 매수를 청구할 수 있다(상법 제522조의3 제 1 항).

주식매수청구권은 피합병회사의 주주에게만 인정되는 것이 아니라 존속법인

의 주주에게도 인정된다. 의결권 없는 주식을 가진 주주는 주식매청구권이 인정되는가? 자본시장법은 의결권 없는 주주에게도 주식매수청구권을 인정하고 있다(자본시장법 제165조의5 제1항). 상법의 경우 분할합병의 경우 의결권 없는 주주에게도 의결권을 부여함으로써 결과적으로 주식매수청구권을 부여하고 있다. 합병의 경우에 명문규정은 없지만 상법이 주식매수청구권의 행사요건으로 사전반대의 통지만을 요구하고 주주총회에 출석하여 반대할 것을 요건으로 하지 않은 것은 의결권 없는 주식의 주주도 주식매수청구권을 인정하기 위한 것으로 이해해야 할 것이다.

또한 실질주주는 예탁하고 있는 증권회사를 통하여 반대의사를 표시할 수 있고, 한국예탁결제원은 주주총회일 전에 실질주주를 대신하여 당해 회사에 대하여 반대의사를 통지해야 한다(증권등예탁업무규정 제55조).[1]

5) 주주총회의 합병승인결의

각 회사의 합병승인결의는 특별결의의 방법에 의하여 합병계약서를 승인하는 형식을 취한다(상법 제522조의 2 제1항 및 제3항). 합병당사회사의 주주총회의 합병승인결의를 요건으로 하고 있는 것은 합병절차에 있어서 합병비율의 공정성을 확보하여 주주의 이익을 보호하기 위한 것이다. 소멸회사만이 아니라 존속회사의 주주총회의 승인결의도 요구하는 것은 합병에 의하여 소멸회사의 주주들에게 존속회사의 신주가 발행·교부되므로 존속회사의 주주들도 존속회사에 대한 종전의

1) 증권등예탁업무규정 제55조(주식매수청구권의 행사) ① 예탁주식에 대하여 주식매수청구권을 행사하고자 하는 예탁자는 관련 법령에서 정한 반대의사통지 종료일의 2영업일 전까지 세칙으로 정하는 방법에 따라 신청하여야 한다.
② 예탁결제원은 제1항에 따른 신청이 있는 경우 그 반대의사통지 종료일까지 해당 발행인에게 서면으로 그 결의에 반대하는 의사를 통지하여야 한다.
③ 실질주주가 발행인에게 직접 반대의사를 통지한 경우 발행인은 그 내역을 예탁결제원에 통지하여야 하며, 예탁결제원은 이를 지체 없이 예탁자에게 통지하여야 한다.
④ 제1항의 신청을 한 예탁자는 세칙으로 정하는 주식수 내에서 해당 주식의 매수청구권행사 종료일의 전영업일까지 예탁결제원에 해당 주식매수청구를 신청하여야 한다. 이 경우 예탁자는 해당 발행인에게 직접 반대의사를 통지한 실질주주가 있는 경우 이를 포함하여 신청할 수 있다.
⑤ 제4항의 신청이 있는 경우 예탁결제원은 예탁자의 신청분을 취합하여 발행인에 대하여 주식매수청구권 행사 종료일에 서면으로 주식매수청구를 하여야 한다. 이 경우 발행인이 정한 바에 따라 해당 주권의 제출 등 필요한 조치를 하여야 한다.
⑥ 예탁결제원은 제5항의 청구에 따라 주식매수청구대금을 수령한 때에는 해당 예탁자에게 신청한 지분별로 이를 배분하여야 한다.

지분비율 중 일부를 상실하게 되는 이해관계가 있기 때문이다.[1)]

6) 채권자보호절차(이의제출의 공고 및 최고)

합병에 관하여 회사채권자도 주주와 같은 이해관계를 갖는다. 합병으로 인하여 당사회사들의 재산은 전부 합일귀속되어 당사회사들의 총채권자에 대한 책임재산이 되므로 합병 전의 신용이 그대로 유지된다고 볼 수 없기 때문이다. 따라서 소멸회사와 존속회사 모두 채권자보호절차를 밟아야 한다.

회사는 주주총회의 승인결의가 있은 날부터 2주 내에 채권자에 대하여 합병에 이의가 있으면 1월 이상의 기간 내에 이를 제출할 것을 공고하고, 알고 있는 채권자에 대하여는 따로따로 이를 최고하여야 한다(상법 제527의5 제 1 항).

채권자가 위 기간 내에 이의를 제출하지 아니한 때에는 합병을 승인한 것으로 본다(상법 제527조의5 제 3 항, 제232조의 제 2 항).

이의를 제출한 채권자가 있는 때에는 회사는 그 채권자에 대하여 변제 또는 상당한 담보를 제공하거나 이를 목적으로 하여 상당한 재산을 신탁회사에 신탁하여야 한다(상법 제527조의5 제 3 항, 제232조의 제 3 항).

사채권자가 이의를 제기하려면 사채권자집회의 결의가 있어야 하며, 이 경우에는 법원은 이해관계인의 청구에 의하여 사채권자를 위하여 이의 제기 기간을 연장할 수 있다(상법 제530조 제 2 항, 제439조 제 3 항).

7) 주식의 병합 및 주권의 제출

흡수합병의 경우에는 소멸회사의 주주에게 존속회사의 주식이 배정되나 반드시 구주 1주에 대하여 신주 1주가 배정되는 것은 아니고 합병비율에 따라 배정되므로, 경우에 따라 주식수가 감소할 수도 있다. 이 경우에 주식의 배정을 위한 준비로서 주식을 병합할 수 있다. 이 경우 자본감소시의 주식병합의 절차를 준용한다(상법 제530조 제 3 항, 제440조 내지 444조).

소멸회사가 주식병합을 위하여 주권 등의 제출을 요구받은 경우 거래소는 주권 등의 매매거래를 정지할 수 있다(유가증권시장 상장규정 제95조 제 1 항 제 3 호).[2)]

---

1) 임재연, 전게서, 522쪽.

2) 유가증권시장 상장규정 제95조(매매거래정지 및 정지해제) ① 거래소는 다음 각 호의 어느 하나의 경우에는 증권의 매매거래를 정지할 수 있다.

3. 주식(외국주식을 포함)의 병합, 분할, 주식교환 또는 주식이전 등을 위하여 주권 등의 제출을 요구한 경우

8) 총회의 개최

(가) 보고총회

흡수합병의 경우 존속회사의 이사는 채권자보호절차의 종료 후, 합병으로 인한 주식의 병합이 있을 때에는 그 효력이 생긴 후, 병합에 적당하지 아니한 주식이 있을 때에는 합병 후, 존속하는 회사에 있어서는 단주의 처분을 한 후 지체 없이 주주총회를 소집하고 합병에 관한 사항을 보고하여야 한다(상법 제526조 제1항). 신주인수인이 된 소멸회사의 주주는 아직 존속회사의 주주는 아니지만 주주총회에서 주주와 동일한 권리가 있다(상법 제526조 제2항). 이사회는 공고로써 주주총회에 대한 보고에 갈음할 수 있다(상법 제526조 제3항).

(나) 창립총회

신설합병의 경우에는 설립위원은 채권자보호절차의 종료 후, 합병으로 인한 주식의 병합이 있을 때에는 그 효력이 생긴 후, 병합에 적당하지 아니한 주식이 있을 때에는 단주의 처분을 한 후 지체 없이 창립총회를 소집하여야 한다(상법 제527조 제1항). 창립총회에서는 정관변경의 결의를 할 수 있다. 그러나 합병계약의 취지에 위반하는 결의는 하지 못한다(상법 제527조 제2항). 창립총회에서는 설립위원의 보고를 들으며, 임원을 선임해야 한다(상법 제527조 제3항, 제311조 및 제312조). 창립총회에 관하여는 주식회사 설립시의 창립총회에 관한 규정이 준용된다(상법 제527조 제3항).

이사회는 공고로써 주주총회에 대한 보고에 갈음할 수 있다(상법 제527조 제4항). 신설회사의 이사 및 감사를 선임해야 하므로 창립총회를 생략하고자 하는 경우에는 합병계약에서 신설회사의 이사 및 감사를 정하여야 한다(상법 제524조 제6호). 합병계약에서 이사 및 감사를 정하면 합병계약을 승인하는 주주총회결의에서 이사 및 감사를 선임하는 결의를 포함하므로 이사 및 감사를 선임하기 위한 창립총회는 개최할 필요가 없다.

9) 합병의 효력발생시기

회사가 합병을 한 때에는 흡수합병의 경우에는 주주총회가 종결한 날 또는 보고에 갈음하는 공고일, 신설합병의 경우에는 창립총회가 종결한 날 또는 보고에 갈음하는 공고일부터 본점소재지에서는 2주 내, 지점소재지에서는 3주 내에 합병 후 존속회사에 있어서는 변경등기, 소멸회사에 있어서는 해산등기, 신설회사에 있어서는 설립등기를 하여야 한다(상법 제528조 제 1 항). 존속회사 또는 신설회사가 합병으로 인하여 전환사채 또는 신주인수권부사채를 승계한 때에는 합병등기와 동시에 사채의 등기를 하여야 한다(상법 제528조 제 2 항).

합병은 존속회사의 본점소재지에서 변경등기를 한 때 또는 신설회사의 본점 소재지에서 설립등기를 한 때 그 효력이 생긴다(상법 제530조 제 2 항, 제234조).

10) 합병에 관한 서류의 사후공시

이사는 채권자보호절차의 경과, 합병을 한 날, 합병으로 인하여 소멸하는 회사로부터 승계한 재산의 가액과 채무액 기타 합병에 관한 사항을 기재한 서면을 합병을 한 날부터 6월간 본점에 비치하여야 한다(상법 제527조의6 제 1 항). 주주 및 회사채권자는 영업시간 내에는 언제든지 위 서류의 열람을 청구하거나, 회사가 정한 비용을 지급하고 그 등본 또는 초본의 교부를 청구할 수 있다(상법 제527조의6 제 2 항).

11) 특수절차(간이합병과 소규모합병)

(가) 간이합병

흡수합병을 하는 경우에 소멸회사의 합병승인결의를 생략할 수 있는 경우이다. 합병할 회사의 일방이 합병 후 존속하는 경우에 합병으로 인하여 소멸하는 회사의 총주주의 동의가 있거나 그 회사의 발행주식총수의 100분의 90 이상을 합병 후 존속하는 회사가 소유하고 있는 때에는 합병으로 인하여 소멸하는 회사의 주주총회의 승인은 이를 이사회의 승인으로 갈음할 수 있다(상법 제527조의2 제 1 항).

간이합병은 비상장법인의 폐쇄회사를 흡수합병할 경우에 합병절차를 간소화하는 방법이 될 수 있고, 합병을 예정하고 존속회사가 사전에 소멸회사의 주식을 취득함으로써 유용하게 활용될 수 있다. 간이합병은 흡수합병을 할 경우 소멸회사에만 적용된다. 따라서 신설합병을 할 경우에는 간이합병을 할 수 없으며, 흡수합병을 하더라도 존속회사에는 적용되지 않는다.

(나) 소규모합병

합병 후 존속회사가 합병으로 인하여 발행하는 신주의 총수가 그 회사의 발행주식총수의 100분의 10을 초과하지 아니하는 때에는 그 존속하는 회사의 주주총회의 승인은 이를 이사회의 승인으로 갈음할 수 있다(상법 제527조의3 제 1 항).

합병을 하는 경우 당사회사의 주주총회의 결의를 요함은 합병이 주주들에게 있어 출자 당시 예상하지 못했던 구조적인 변동이므로 그로 인한 위험을 부담하는 출자자들로 하여금 직접 의사결정을 할 기회를 주기 위한 것이다. 그런데 대규모회사가 극히 소규모의 회사를 흡수합병하는 경우에는 대규모회사의 입장에서는 일상적인 영업활동의 규모에 지나지 않는 자신취득임에도 불구하고 주주총회의 결의와 주식매수청구절차를 거치는 것은 비경제적이라고 생각할 수 있다. 따라서 상법은 이와 같은 효율성에 기초하여 일정한 소규모의 회사를 흡수합병하는 경우 주주총회의 승인결의를 생략하고 이사회의 결의로 대신할 수 있는 소규모합병제도를 인정하고 있다.[1)]

(4) 자본시장법상 합병의 특례

1) 합병에 관한 정보공시

(가) 증권신고서 제출

가) 서 설 증권거래법에서는 주권상장법인이 다른 법인과 합병하는 경우에는 금융위원회와 거래소에 신고할 의무를 지우고 있었다. 그러나 자본시장법에서는 이러한 신고의무를 폐지하고 그 대신 합병으로 인하여 증권을 모집 또는 매출하는 경우(이른바 신주발행에 의한 합병의 경우)에는 증권신고서에 합병에 관한 주요사항을 기재하도록 하였다.[2)]

합병에 따른 신주발행 및 주권의 교부가 공모(모집·매출)에 해당하는 경우에는 별도로 증권신고서 및 증권발행실적보고서를 제출하여야 한다. 그러나 이 경우 합병의 종료보고서를 제출할 필요는 없다.[3)]

나) 기재사항 합병에 관한 증권신고서에는 합병의 개요와 당사회사에 관한 사항을 기재하여야 한다(증권의 발행 및 공시 등에 관한 규정 제2-9조 제1항).

[증권의 발행 및 공시 등에 관한 규정]

제2-9조(합병의 증권신고서의 기재사항 및 첨부서류) ① 제2-6조에도 불구하고 합병으로 인하여 증권을 모집 또는 매출하는 경우에는 영 제129조에 따라 증권신고서에 다음 각 호의 사항을 기재하여야 한다.

1. 법 제119조 제5항에 따른 대표이사 및 이사의 영 제124조 각 호의 사항에 대한

1) 이철송, 전게서, 876쪽.

2) 김건식·정순섭, 전게서, 265쪽.

3) 금융감독원, 전게서(2009. 6), 279쪽.

서명

2. 합병의 개요
   가. 합병에 관한 일반사항
   나. 합병가액 및 산출근거(외부평가가 의무화된 경우 외부평가기관의 합병비율의 적정성에 대한 평가의견을 포함)
   다. 합병의 요령
   라. 모집 또는 매출되는 증권의 주요권리내용
   마. 모집 또는 매출되는 증권의 취득에 따른 투자위험요소
   바. 출자·채무보증 등 당사회사간의 이해관계에 관한 사항
   사. 주식매수청구권에 관한 사항
   아. 그 밖에 투자자 보호를 위하여 필요한 사항
3. 당사회사에 관한 사항(신설합병의 경우에는 소멸회사를 말한다)
   가. 회사의 개요
   나. 사업의 내용
   다. 재무에 관한 사항
   라. 회계감사인의 감사의견
   마. 이사회 등 회사의 기관 및 계열회사에 관한 사항
   바. 주주에 관한 사항
   사. 임원 및 직원 등에 관한 사항
   아. 그 밖에 투자자 보호를 위하여 필요한 사항

다) 첨부서류 합병에 관한 증권신고서에는 합병에 관한 자료와 합병당사회사에 관한 자료 등을 첨부하여야 한다(증권의 발행 및 공시 등에 관한 규정 제2-9조 제2항).

[증권의 발행 및 공시 등에 관한 규정]

제2-9조(합병의 증권신고서의 기재사항 및 첨부서류) ② 제1항의 신고서에는 다음 각 호의 서류를 첨부하여야 한다.

1. 합병당사회사 및 신설합병회사의 정관 또는 이에 준하는 것으로서 조직운영 및 투자자의 권리의무를 정한 것
2. 합병당사회사의 합병 주주총회 소집을 위한 이사회의 의사록 사본 또는 그 밖에 이에 준하는 서류
3. 합병당사회사의 법인등기부등본
4. 합병에 관하여 행정관청의 허가·인가 또는 승인 등을 필요로 하는 경우에는 그

허가·인가 또는 승인 등이 있었음을 증명하는 서류
5. 합병계약서 및 계획서 사본
6. 합병당사회사의 최근 3사업연도 재무제표에 대한 회계감사인의 감사보고서(합병당사회사가 주권상장법인인 경우로서 최근 사업연도에 대한 회계감사인의 감사가 종료되지 않은 경우에는 그 직전 2사업연도에 대한 회계감사인의 감사보고서를 말한다). 다만, 다음 각 목의 어느 하나에서 정하는 요건에 해당하는 경우에는 같은 목에서 정하는 서류로 제출할 수 있다.
   가. 외감법 제2조에 따른 외부감사 대상법인 또는 법 제159조에 따른 사업보고서 제출대상법인("외부감사의무법인")으로서 설립 후 3사업연도가 경과하지 아니한 경우에는 경과한 사업연도에 대한 감사보고서(기업인수목적회사가 설립된 후 최초 사업연도가 경과하지 아니한 경우에는 회사 설립시점의 감사보고서를 말한다)
   나. 외부감사의무법인이 아닌 법인으로서 영 제176조의5 제3항 제2호의 규정을 적용받은 경우에는 동 규정에 따른 감사의견을 입증할 수 있는 감사보고서 등의 서류
   다. 외부감사의무법인이 아닌 법인으로서 영 제176조의5 제3항 제2호의 규정을 적용받지 아니하는 경우에는 회사 제시 최근 3사업연도 재무제표
7. 합병당사회사의 최근 3사업연도 회계감사인의 연결감사보고서(최근 사업연도에 대한 회계감사인의 감사가 종료되지 않은 경우에는 그 직전 2사업연도, 설립 후 3사업연도가 경과하지 아니한 경우에는 경과한 사업연도에 대한 감사보고서를 말한다)
8. 합병당사회사의 반기재무제표에 대한 회계감사인의 반기감사보고서 또는 반기검토보고서(법 제160조에 따른 반기보고서 제출대상법인에 해당하지 않는 경우에는 회사 제시 반기재무제표로 한다)
9. 합병당사회사의 분기재무제표에 대한 회계감사인의 분기감사보고서 또는 분기검토보고서(법 제160조에 따른 분기보고서 제출대상법인으로서 영 제170조 제1항 제2호 단서의 규정을 적용받지 않는 경우에는 회사 제시 분기재무제표로 한다)
10. 합병당사회사 중 주권비상장법인의 경우에는 주주명부
11. 제1항 제2호 나목에 따른 외부평가기관의 평가의견서
12. 예비투자설명서를 사용하려는 경우에는 예비투자설명서
13. 간이투자설명서를 사용하려는 경우에는 간이투자설명서

라) 소규모합병제도의 증권신고서 작성 및 제출 소규모합병으로서 피합병회사가 주권상장법인이 아닌 경우에는 증권신고서의 기재사항 및 첨부서류의 일부를

생략할 수 있다(증권의 발행 및 공시 등에 관한 규정 제2-9조 제 3 항).

[증권의 발행 및 공시 등에 관한 규정]

제2-9조(합병의 증권신고서의 기재사항 및 첨부서류) ③ 상법 제527조의3에 따른 소규모합병으로서 피합병회사가 주권상장법인이 아닌 경우와 집합투자기구간 합병하는 경우에 신고서를 제출하는 자는 제 1 항 및 제 2 항에도 불구하고 감독원장이 정하는 바에 따라 기재사항 및 첨부서류 등의 일부를 생략한 신고서를 제출할 수 있다.

마) 간이합병 간이합병의 경우에도 증권신고서 등의 제출절차는 일반적인 합병과 동일하다.

(나) 거래소 신고 및 주요사항보고서 제출

주권상장법인은 합병(간이합병 및 소규모합병 포함)에 관한 이사회의 결정이 있은 때에는 그 결정내용을 그 사유발생 당일에 거래소에 신고하여야 한다(유가증권시장 공시규정 제 7 조 제 1 항 제 3 호 가목 (5) 및 (6)).[1)]

주권상장법인은 이사회에서 "합병의 사실이 발생한 때"에는 그 사실이 발생한 날의 다음 날까지 그 내용을 기재한 주요사항보고서를 금융위원회에 제출하여야 한다(법 제161조 제 1 항 제 6 호). 합병은 당사회사의 주가에 큰 영향을 미치는 중요한 거래이므로 투자자에게 가급적 조기에 공시할 필요가 있기 때문에 합병사실을 주요사항보고서의 보고사항으로 한 것이다.[2)]

2) 합병가액의 산정방법

(가) 합병가액 산정기준의 법정화

주권상장법인이 다른 법인과 합병하려는 경우에는 합병가액을 산정하여야 한다. 자본시장법은 이에 관하여 ① 주권상장법인 간의 합병과, ② 주권상장법인과

1) 유가증권시장 공시규정 제 7 조(주요경영사항) ① 주권상장법인은 주요경영사항에 해당하는 경우에는 그 사실 또는 결정내용을 그 사유발생 당일에 거래소에 신고하여야 한다.
  3. 해당 유가증권시장주권상장법인의 기업경영활동에 관한 다음 각 목의 어느 하나에 해당하는 사실 또는 결정이 있은 때(제 3 호)
    가. 해당 유가증권시장주권상장법인의 지배구조 또는 구조개편에 관한 다음의 어느 하나에 해당하는 사실 또는 결정이 있은 때
    (5) 상법 제374조·제522조·제530조의2 및 제530조의12에서 규정한 사실에 관한 결정이 있은 때
    (6) 상법 제527조의2에 따른 간이합병 또는 제527조의3에 따른 소규모합병에 관한 결정이 있은 때

2) 김건식·정순섭, 전게서, 267쪽.

주권비상장법인 간의 합병으로 구별하여 그 기준을 정하고 있다.

위 ①의 경우에는 한국거래소시장에서의 거래가격을 기준으로 산정하되, 기준주가에 의하여 가격을 산정할 수 없는 경우에는 본질가치법으로 산정하고 있다. ②의 경우에는 상장법인은 위의 방법과 동일하게 산정하고, 비상장법인은 본질가치법에 따라 합병가액을 산정하되, 상대가치를 산정할 수 없을 경우에는 자산가치와 수익가치를 가중산술평균한 가액에 의한다.

합병, 분할합병, 주식의 포괄적 교환·이전에 대하여만 법정산정방법을 이용하고, 영업·자산양수도에 대하여는 자율적으로 합병가액을 산정할 수 있다.

주권상장법인이 다른 법인과 합병하려는 경우에는 다음의 제 1 호 또는 제 2 호의 방법에 따라 산정한 합병가액에 따라야 한다. 이 경우 주권상장법인이 제 1 호 또는 제 2 호 가목 본문에 따른 가격을 산정할 수 없는 경우에는 제 2 호 나목에 따른 가격으로 한다(영 제176조의5 제 1 항).

(나) 주권상장법인 간 합병(제 1 호)

주권상장법인 간 합병의 경우에는 합병을 위한 이사회 결의일과 합병계약을 체결한 날 중 앞서는 날의 전일을 기산일로 한 다음 각 목의 종가를 산술평균한 가액과, 다목의 종가 중 낮은 가액으로 한다. 이 경우 가목 및 나목의 평균종가는 종가를 거래량으로 가중산술평균하여 산정한다(영 제176조의5 제 1 항 제 1 호).

가. 최근 1개월간 평균종가. 다만, 산정대상기간 중에 배당락 또는 권리락이 있는 경우로서 배당락 또는 권리락이 있은 날부터 기산일까지의 기간이 7일 이상인 경우에는 그 기간의 평균종가로 한다.
나. 최근 1주일간 평균종가
다. 최근일의 종가

평균종가는 기산일 다음 날부터 1개월(1주일) 기간 중의 영업일의 종가를 거래량으로 가중산술평균하여 산정한다. 예컨대 1개월간의 평균종가는 2011년 9월 17일(토)이 합병 이사회 결의일인 경우에는 8월 17일부터 9월 16일까지의 기간 중의 거래일을 기준으로 산정한다.[1)]

(다) 주권상장법인과 주권비상장법인 간 합병(제 2 호)

주권상장법인과 주권비상장법인 간 합병의 경우에는 다음 각 목의 기준에 따

1) 금융감독원, 전게서(2009. 6), 282쪽.

른 가격에 의한다(영 제176조의5 제 1 항 제 3 호).

가. 주권상장법인의 경우에는 제 1 호의 가격. 다만, 제 1 호의 가격이 자산가치에 미달하는 경우에는 자산가치로 할 수 있다.

나. 주권비상장법인의 경우에는 자산가치와 수익가치를 가중산술평균한 가액과 상대가치의 가액을 산술평균한 가액. 다만, 상대가치를 산출할 수 없는 경우에는 자산가치와 수익가치를 가중산술평균한 가액으로 한다.

또한 시행령 제 1 항 제 2 호 각 목에 따른 자산가치·수익가치 및 그 가중산술평균방법과 상대가치의 산출방법은 금융위원회가 정하여 고시한다(영 제176조의5 제 2 항).

위 시행령 제176조의5 제 2 항에 따른 "자산가치[1]·수익가치[2] 및 그 가중산술

---

1) 증권의 발행 및 공시 등에 관한 규정 시행세칙 제 5 조(자산가치) ① 규정 제5-13조에 따른 자산가치는 분석기준일 현재의 평가대상회사의 주당 순자산가액으로서 다음 산식에 의하여 산정한다. 이 경우에 발행주식의 총수는 분석기준일 현재의 총발행주식수로 한다.
자산가치 = 순자산 / 발행주식의 총수
② 제 1 항의 순자산은 법 제161조 제 1 항에 따라 제출하는 주요사항보고서를 제출하는 날이 속하는 사업연도의 직전 사업연도(직전 사업연도가 없는 경우에는 최근 감사보고서 작성대상시점으로 한다. 이하 "최근 사업연도"라 한다)말의 재무상태표상의 자본총계에서 다음 각 호의 방법에 따라 산정한다.
1. 분석기준일 현재 실질가치가 없는 무형자산 및 회수가능성이 없는 채권을 차감한다.
2. 분석기준일 현재 투자주식 중 취득원가로 평가하는 시장성 없는 주식의 순자산가액이 취득원가보다 낮은 경우에는 순자산가액과 취득원가와의 차이를 차감한다.
3. 분석기준일 현재 퇴직급여채무 또는 퇴직급여충당부채의 잔액이 회계처리기준에 따라 계상하여야 할 금액보다 적을 때에는 그 차감액을 차감한다.
4. 최근 사업연도말 이후부터 분석기준일 현재까지 손상차손이 발생한 자산의 경우 동 손상차손을 차감한다.
5. 분석기준일 현재 자기주식은 가산한다.
6. 최근 사업연도말 이후부터 분석기준일 현재까지 유상증자, 전환사채의 전환권 행사 및 신주인수권부사채의 신주인수권 행사에 의하여 증가한 자본금을 가산하고, 유상감자에 의하여 감소한 자본금 등을 차감한다.
7. 최근 사업연도말 이후부터 분석기준일 현재까지 발생한 주식발행초과금 등 자본잉여금 및 재평가잉여금을 가산한다.
8. 최근 사업연도말 이후부터 분석기준일 현재까지 발생한 전기오류수정손실 등을 차감한다.
9. 기타 최근 사업연도말 이후부터 분석기준일 현재까지 발생한 거래 중 이익잉여금의 증감을 수반하지 않고 자본총계를 변동시킨 거래로 인한 중요한 순자산 증감액을 가감한다.

2) 증권의 발행 및 공시 등에 관한 규정 시행세칙 제 6 조(수익가치) ① 규정 제5-13조에 따른 수익가치는 향후 2사업연도(주요사항보고서를 제출하는 날이 속하는 사업연도와 그 다음 사업연도를 말한다)의 추정 재무제표를 기준으로 다음 산식에 의하여 산정한다.
수익가치 = 주당 추정이익 / 자본환원율
② 제 1 항의 자본환원율은 분석기준일 현재 다음 각 호의 이율 중 큰 이율을 적용한다.

평균방법[1)]과 상대가치[2)]의 산출방법[3)]에 대하여 이 조에서 달리 정하지 않은 사

1. 평가대상회사가 상환하여야 할 모든 차입금의 가중평균이자율의 1.5배
2. 상속세 및 증여세법 시행령 제54조 제1항에 따라 기획재정부장관이 정하여 고시하는 이율

③ 제1항의 주당추정이익은 다음 산식에 의하여 산정한 제1차 사업연도(주요사항보고서를 제출하는 날이 속하는 사업연도를 말한다) 및 제2차 사업연도(주요사항보고서를 제출하는 날이 속하는 사업연도의 그 다음 사업연도를 말한다)의 주당추정이익을 각각 3과 2로 하여 가중산술평균한 가액으로 한다. 다만, 제2차 사업연도의 주당추정이익이 제1차 사업연도의 주당추정이익보다 적을 때에는 단순평균한 가액으로 한다.

주당추정이익 = (추정법인세비용차감전계속사업이익 − 우선주배당조정액 − 법인세등) ÷ 사업연도말 현재의 발행주식수

④ 제3항의 법인세등 산정시 한시적인 법인세등의 감면사항은 고려하지 아니한다.

⑤ 제3항의 우선주배당조정액은 평가대상회사가 배당에 관하여 우선적 내용이 있는 주식을 발행한 경우 보통주배당을 초과하는 우선배당예정액으로 한다.

1) 증권의 발행 및 공시 등에 관한 규정 시행세칙 제4조(합병가액의 산정방법) 규정 제5-13조에 따른 자산가치·수익가치의 가중산술평균방법은 자산가치와 수익가치를 각각 1과 1.5로 하여 가중산술평균하는 것을 말한다.

2) 증권의 발행 및 공시 등에 관한 규정 시행세칙 제7조(상대가치) ① 규정 제5-13조에 따른 상대가치는 다음 각 호의 금액을 산술평균한 가액으로 한다. 다만, 제2호에 따라 금액을 산출할 수 없는 경우 또는 제2호에 따라 산출한 금액이 제1호에 따라 산출한 금액보다 큰 경우에는 제1호에 따라 산출한 금액을 상대가치로 하며, 제1호에 따라 금액을 산출할 수 없는 경우에는 이 항을 적용하지 아니한다.

1. 평가대상회사와 한국거래소 업종분류에 따른 소분류 업종이 동일한 주권상장법인(이하 "유사회사")의 주가를 기준으로 다음 산식에 의하여 산출한 유사회사별 비교가치를 평균한 가액의 30% 이상을 할인한 가액. 다만, 유사회사가 3사 미만인 경우에는 유사회사별 비교가치를 산출하지 아니한다.

유사회사별 비교가치 = 유사회사의 주가 × {(평가대상회사의 주당법인세비용차감전계속사업이익 / 유사회사의 주당법인세비용차감전계속사업이익) + (평가대상회사의 주당순자산 / 유사회사의 주당순자산)} / 2

2. 분석기준일 이전 1년 이내에 다음 각 목의 거래가 있는 경우 그 거래가액 중 최근 가액을 100분의 10 이내로 할인 또는 할증한 가액
   가. 유상증자의 경우 주당 발행가액
   나. 전환사채 또는 신주인수권부사채의 발행사실이 있는 경우 주당 행사가액

② 제1항의 유사회사의 주가는 당해 기업의 보통주를 기준으로 분석기준일의 전일부터 소급하여 1월간의 종가를 산술평균하여 산정하되 그 산정가액이 분석기준일의 전일종가를 상회하는 경우에는 분석기준일의 전일종가로 한다. 이 경우 계산기간 내에 배당락 또는 권리락이 있을 때에는 그 후의 가액으로 산정한다.

③ 제1항의 평가대상회사와 유사회사의 주당법인세비용차감전계속사업이익 및 제6항 제1호의 주당법인세비용차감전계속사업이익은 다음 산식에 의하여 산정한다. 이 경우에 발행주식의 총수는 분석기준일 현재 당해 회사의 총발행주식수로 한다.

주당법인세비용차감전계속사업이익 = {(최근 사업연도의 법인세비용차감전계속사업이익 / 발행주식의 총수) + (최근 사업연도의 직전 사업연도의 법인세비용차감전계속사업이익 / 발행주식의 총수)} / 2

④ 제1항의 평가대상회사의 주당순자산은 제5조 제1항에 따른 자산가치로 하며, 제1항의 유사회사의 주당순자산 및 제6항 제2호의 주당순자산은 분석기준일 또는 최근 분기말

항"은 감독원장이 정하며, 이에 따른 합병가액은 주권상장법인이 가장 최근 제출한 사업보고서에서 채택하고 있는 회계기준을 기준으로 산정한다(증권의 발행 및 공시 등에 관한 규정 제5-13조 제 1 항 및 제 2 항).

(라) 기업인수목적회사(SPAC)의 경우

SPAC과의 합병에 따른 비상장기업 가치평가와 관련하여 자율성을 제공하였다. 첫째, 합병시 비상장기업 가치평가와 관련하여, SPAC과의 합병의 경우에는, 자산가치 및 수익가치의 가중산술평균방법을 자율적으로 정할 수 있도록 규정하고, 둘째, 또한 비우량기업과의 합병추진에 따른 주가하락 등 투자자 피해를 방지하기 위해 증권사의 합병관련 책임을 강화하였다.

[증권의 발행 및 공시 등에 관한 규정]

제5-13(합병가액의 산정기준) ③ 제 4 항에서 정하는 투자자 보호요건을 충족하는 기업인수목적회사가 주권비상장법인과 합병하는 경우 주권비상장법인의 자산가치·수익가치의 가중산술평균방법, 수익가치와 상대가치의 산출방법은 다음 각 호에서 정하는 방법에 따른다. 〈신설 2012. 1 .3〉

1. 주권비상장법인의 자산가치와 수익가치의 가중산술평균방법은 기업인수목적회사와 주권비상장법인간의 협의로 정할 수 있다.
2. 주권비상장법인의 수익가치는 감독원장이 정하는 방식에 따라 해당 법인의 주당추정이익을 자본환원율로 나누어 산출한다. 이 경우 자본환원율은 주권비상장법인의 실질적인 자본조달비용을 감안하여 기업인수목적회사와 주권비상장법인간의 협의로 정할 수 있다.
3. 주권비상장법인의 상대가치는 감독원장이 정하는 방식에 따라 유사회사별 비교가치를 산술평균한 가액을 기초로 산출한다. 이 경우 유사회사는 거래소의 업종

을 기준으로 제 5 조 제 1 항에 따라 산출하되, 제 5 조 제 2 항 제 8 호 및 같은 항 제 9 호의 규정은 이를 적용하지 아니한다.

⑤ 제 1 항의 규정에 의하여 산정한 가액이 유사회사의 주가의 평균치를 초과하는 경우에는 유사회사의 주가의 평균치를 상대가치로 한다.

⑥ 유사회사는 다음 각 호의 요건을 구비하는 모든 법인으로 한다.

1. 주당법인세비용차감전계속사업이익이 액면가액의 10% 이상일 것
2. 주당순자산이 액면가액 이상일 것
3. 상장일이 속하는 사업연도의 결산을 종료하였을 것
4. 최근 사업연도의 재무제표에 대한 감사인의 감사의견이 "적정" 또는 "한정"일 것

3) 증권의 발행 및 공시 등에 관한 규정 시행세칙 제 8 조(분석기준일) 제 5 조부터 제 7 조까지의 규정에 따른 분석기준일은 주요사항보고서를 제출하는 날의 5영업일 전일로 한다. 다만, 분석기준일 이후에 분석에 중대한 영향을 줄 수 있는 사항이 발생한 경우에는 그 사항이 발생한 날로 한다.

분류상 소분류 업종에 속한 주권상장법인 중에서 자산총계, 매출액 및 법인세비용차감전계속사업이익과 비교하여 각각 ±100분의 10 이내인 법인을 포함하며, 상대가치 산정에 적용되는 할인율은 기업인수목적회사와 주권비상장법인간의 협의로 정할 수 있다.

④ 제 3 항에서 정하는 투자자 보호 요건은 다음 각 호에서 정하는 요건을 말한다. 〈신설 2012. 1. 3〉

1. 기업인수목적회사가 법 제165조의5 제 2 항에 따라 매수하는 주식을 공모가격 이상으로 매수할 것
2. 영 제 6 조 제 4 항 제14호 다목에 따른 투자매매업자가 소유하는 증권(기업인수목적회사가 발행한 영 제139조 제 1 호 각 목의 증권으로 의결권 없는 주식에 관계된 증권을 포함한다)을 합병기일 이후 1년간 계속 소유할 것
3. 제5-13조 제 1 항 및 제 3 항에 따른 합병가액을 비교하여 공시할 것

3) 합병의 추가요건(외부평가기관의 평가의무)

외부평가기관의 평가를 받을 의무를 부과하는 것은 합병조건, 특히 합병비율의 불공정성을 방지하기 위한 것이다.

(가) 주권상장법인이 주권비상장법인과 합병하여 주권상장법인이 되는 경우

주권상장법인이 주권비상장법인과 합병하여 주권상장법인이 되는 경우에는 다음 각 호의 요건을 충족하여야 한다(영 제176조의5 제 3 항).

1. 합병가액의 적정성에 대하여 제 6 항에 따른 외부평가기관의 평가를 받을 것. 다만, 다른 회사의 발행주식총수를 소유하고 있는 회사가 그 다른 회사를 합병하면서 신주를 발행하지 아니하는 경우에는 그러하지 아니하다.
2. 합병의 당사자가 되는 주권상장법인이 법 제161조 제 1 항에 따라 주요사항보고서를 제출하는 날이 속하는 사업연도의 직전 사업연도의 재무제표를 기준으로 자산총액·자본금 및 매출액 중 두 가지 이상이 그 주권상장법인보다 더 큰 주권비상장법인이 다음 각 목의 요건을 충족할 것
   가. 법 제390조에 따른 증권상장규정(이하 "상장규정")에서 정하는 재무 등의 요건
   나. 감사의견, 소송계류, 그 밖에 공정한 합병을 위하여 필요한 사항에 관하여 상장규정에서 정하는 요건

합병 후 주권비상장법인이 되는 경우에도 기준주가에 따라 합병가액을 산정한 경우에는 외부평가기관의 평가를 받을 필요가 없다.

(나) 주권상장법인이 다른 법인과 합병하여 주권비상장법인이 되는 경우

주권상장법인이 다른 법인과 합병하여 주권비상장법인이 되는 경우에는 제 6 항에 따른 외부평가기관의 평가를 받아야 한다. 다만, 합병의 당사자가 되는 법인이 모두 제 1 항 제 1 호에 따라 합병가액을 산정하는 경우 또는 제 3 항 제 1 호 단서에 해당하는 경우에는 그러하지 아니하다(영 제176조의5 제 5 항).

4) 외부평가기관

자본시장법은 합병가액의 적정성 등을 평가함에 있어 공정성과 객관성을 담보하기 위하여 외부평가기관제도를 두고 있으며, 외부평가기관의 자격과 평가업무를 영위할 수 없는 기간 등에 관하여 규정하고 있다.[1)]

(가) 자 격

외부평가기관은 다음 각 호의 어느 하나에 해당하는 자로 한다(영 제176조의5 제 6 항).

1. 제68조 제 2 항 제 1 호 및 제 2 호의 업무를 인가받은 자(인수업무 및 모집·사모·매출의 주선업무를 인가받은 자)
2. 신용정보의 이용 및 보호에 관한 법률에 따라 허가를 받은 신용평가회사
3. 공인회계사법에 따른 회계법인

(나) 평가업무금지기간

외부평가기관이 다음 각 호의 어느 하나에 해당하는 경우에는 그 기간 동안 이 영에 따른 평가업무를 할 수 없다. 다만, 제 4 호의 경우에는 해당 특정회사에 대한 평가업무만 할 수 없다(영 제176조의5 제 7 항).

1. 제 6 항 제 1 호의 자가 금융위원회로부터 주식의 인수업무 참여제한의 조치를 받은 경우에는 그 제한기간
2. 제 6 항 제 2 호의 자가 신용평가업무와 관련하여 금융위원회로부터 신용평가업무의 정지처분을 받은 경우에는 그 업무정지기간
3. 제 6 항 제 3 호의 자가 주식회사의 외부감사에 관한 법률에 따라 업무정지조치를 받은 경우에는 그 업무정지기간
4. 제 6 항 제 3 호의 자가 주식회사의 외부감사에 관한 법률에 따라 특정회사에 대한 감사업무의 제한조치를 받은 경우에는 그 제한기간

---

1) 한국증권법학회, 전게서, 715쪽.

(다) 업무제한 및 제재

외부평가기관이 평가의 대상이 되는 회사와 금융위원회가 정하여 고시하는 특수관계에 있는 경우에는 합병에 대한 평가를 할 수 없다(영 제176조의5 제8항).

여기서 "금융위원회가 정하여 고시하는 특수관계에 있는 경우"라 함은 다음과 같다.

[증권의 발행 및 공시 등에 관한 규정]

제5-14조(외부평가기관의 평가제한 등) 영 제176조의5 제8항에서 "금융위원회가 정하여 고시하는 특수한 관계에 있는 경우"라 함은 다음 각 호의 어느 하나에 해당하는 경우를 말한다.

1. 외부평가기관이 합병당사회사에 그 자본금의 100분의 3 이상을 출자하고 있거나 합병당사회사가 외부평가기관에 100분의 3 이상을 출자하고 있는 경우
2. 외부평가기관에 그 자본금의 100분의 5 이상을 출자하고 있는 주주와 합병당사회사에 그 자본금의 100분의 5 이상을 출자하고 있는 주주가 동일인이거나 특수관계인인 경우. 다만, 그 동일인이 기관투자자로서 외부평가기관 및 합병당사회사와 제5호의 관계에 있지 아니한 경우에는 그러하지 아니하다.
3. 외부평가기관의 임원이 합병당사회사에 100분의 1 이상을 출자하고 있거나 합병당사회사의 임원이 외부평가기관에 100분의 1 이상을 출자하고 있는 경우
4. 외부평가기관 또는 합병당사회사의 임원이 합병당사회사 또는 외부평가기관의 주요주주의 특수관계인인 경우
5. 동일인이 외부평가기관 및 합병당사회사에 대하여 임원의 임면 등 법인의 주요 경영사항에 대하여 사실상 영향력을 행사하는 관계가 있는 경우
6. 외부평가기관이 합병당사회사의 회계감사인(평가대상 재무제표에 대한 회계감사인을 포함)인 경우

(라) 제 재

금융위원회는 외부평가기관의 평가가 매우 부실하거나 외부평가기관의 임직원이 평가와 관련하여 알게 된 비밀을 누설하거나 업무 외의 목적으로 사용한 사실이 있는 경우에는 금융위원회가 정하여 고시하는 바에 따라 외부평가기관에 대하여 일정한 기간을 정하여 이 영에 따른 평가업무를 제한하거나 외부평가기관에서 제외할 수 있다(영 제176조의5 제9항).

5) 적용면제

법률의 규정에 따른 합병에 관하여는 제 1 항부터 제 9 항까지의 규정을 적용하지 아니한다. 다만, 합병의 당사자가 되는 법인이 계열회사의 관계에 있고 합병가액을 제 1 항 제 1 호에 따라 산정하지 아니한 경우에는 합병가액의 적정성에 대하여 외부평가기관에 의한 평가를 받아야 한다(영 제176조의5 제10항).

6) 우회상장에 대한 합병의 규제

(가) 자본시장법상 규제

유가증권시장에 주권이 상장된 법인이 코스닥시장에 주권이 상장된 법인과 합병하여 유가증권시장에 상장된 법인 또는 코스닥시장에 상장된 법인이 되는 경우에는 다음의 요건을 추가적으로 구비하여야 한다(영 제176조의5 제 4 항).

주권비상장법인(합병에 따라 다른 증권시장에 상장되는 법인 포함)이 자본시장법 제161조 제 1 항에 따라 주요사항보고서를 제출하는 날이 속하는 사업연도의 직전 사업연도의 재무제표를 기준으로 자산총액·자본금 및 매출액 중 두 가지 이상이 그 주권상장법인(합병에도 불구하고 같은 증권시장에 상장되는 법인 포함)보다 더 큰 주권비상장법인은 다음 각 목의 요건을 충족하여야 한다.

가. 법 제390조에 따른 증권상장규정(이하 "상장규정")에서 정하는 재무 등의 요건
나. 감사의견, 소송계류, 그 밖에 공정한 합병을 위하여 필요한 사항에 관하여 상장규정에서 정하는 요건

(나) 거래소 상장규정상 규제

거래소는 주권상장법인과 주권비상장법인과의 합병의 결의 또는 결정에 대하여 공시규정 제 7 조에 따른 신고가 있는 경우에 당해 주권상장법인의 주권의 매매거래를 정지할 수 있다[1](유가증권시장 상장규정 제 95조 제 1 항 제 9 호).

주요사항보고서(또는 증권신고서) 또는 상장규정에 따른 확인서 및 첨부서

1) 유가증권시장 상장규정 제95조(매매거래정지 및 정지해제) ① 거래소는 다음 각 호의 어느 하나의 경우에는 증권의 매매거래를 정지할 수 있다.
 9. 유가증권시장 주권상장법인이 주권비상장법인과의 합병, 포괄적 주식교환, 법 제165조의4 제 2 호에 따른 영업 또는 자산(주권비상장법인의 최대주주등 또는 5% 이상 주주로부터 양수하는 당해 주권비상장법인의 주식에 한한다)의 양수, 제 3 자배정 신주발행(당해 주권비상장법인의 최대주주등 또는 5% 이상 주주에 대하여 신주를 발행하는 경우로서 신주발행에 대한 납입이 당해 주권비상장법인의 주식으로 이루어지는 경우에 한한다)의 결의 또는 결정에 대하여 공시규정 제 7 조에 따른 신고가 있는 경우

류에 의하여 최대주주 변경 등이 있는 경우로서 우회상장요건 충족 여부에 대한 확인일까지 매매거래가 정지된다[1](유가증권시장 상장규정 제 95조 제 3 항 제 4 호).

7) 합병의 종료보고

주권상장법인이 합병 등의 사유로 법 제161조에 따라 주요사항보고서를 제출한 이후 다음과 같이 합병 등을 사실상 종료한 때에는 지체 없이 이와 관련한 사항을 기재한 서면을 금융위에 제출하여야 한다. 다만, 제2-19조 제 3 항에 따라 증권발행실적보고서를 제출하는 경우에는 그러하지 아니하다(증권의 발행 및 공시 등에 관한 규정 제5-15조).

1. 합병등기를 한 때
2. 등기 등 사실상 영업양수·양도를 종료한 때
3. 관련 자산의 등기 등 사실상 자산양수·양도를 종료한 때
4. 분할 또는 분할합병 등기를 한 때
5. 주식교환을 한 날 또는 주식이전에 따른 등기를 한 때

(5) 합병의 효력

1) 회사의 소멸과 신설

흡수합병의 경우에는 존속회사 이외의 당사회사, 신설합병의 경우에는 모든 당사회사가 소멸한다. 상법이 합병을 해산사유로 규정하고 있기 때문이다(상법 제517조 제 1 호). 합병으로 해산하더라도 법인격을 소멸시키는 데만 목적이 있고, 존속회사 또는 신설회사가 그 권리·의무를 승계하여야 하므로 청산절차를 밟지 않는다. 신설합병의 경우에는 새로운 회사가 설립된다.

---

1) 유가증권시장 상장규정 제95조(매매거래정지 및 정지해제) ③ 제 1 항 및 제 2 항에 따라 거래소가 취할 수 있는 증권의 매매거래정지기간은 다음 각 호의 어느 하나와 같이 한다.
 4. 제 1 항 제 9 호, 제10호 또는 제11호에 따라 매매거래를 정지하는 증권에 관하여는 제 9 조 제 4 항에 따른 확인서 및 첨부서류 제출시까지. 다만, 당해 확인서 등에 따라 주권비상장법인이 제 2 조 제 4 항에 따른 우회상장 대상으로 확인된 경우에는 우회상장예비심사청구서 제출일(당해 제출일이 제 1 항 제 9 호·제10호·제11호에 따른 신고일인 경우에는 그 다음날)까지로 하며, 우회상장예비심사청구서를 제출하기 전에 제 1 항 제 9 호, 제10호 및 제11호에 따른 결의 또는 결정사항에 대하여 취소결의 또는 결정이 있는 경우에는 당해 취소결의 또는 결정일까지

2) 권리·의무의 포괄적 승계

합병의 결과로 존속회사 또는 신설회사는 해산회사의 모든 권리·의무를 포괄적으로 승계한다(상법 제530조 제 2 항). 의무를 승계시키는 규정은 해산회사의 채권자를 보호하기 위한 공익규정이므로 합병기일에서 채무불승계의 결의를 하여도 무효이다. 합병의 경우에 승계되는 권리의무에는 사법상의 것뿐만 아니라 공법상의 것도 포함되지만, 해산회사의 전속적 성격의 것(예컨대 특정인의 자력·신용을 주요한 조건으로 하는 것)은 승계되지 아니한다고 본다.

권리·의무의 승계는 법률상 당연히 이루어지는 것이므로, 각개의 권리의무에 관하여 개별적 이전행위를 요하지 아니하며, 이 점이 영업양도와 다르다. 또 특약에 의하여 그 일부의 이전을 제외할 수 없다.

3) 주주의 지위

합병으로 인하여 소멸회사의 사원은 원칙적으로 존속회사 또는 신설회사의 사원이 된다. 다만 합병에 반대하는 주주는 주식매수청구권을 행사하여 사원이 되지 않을 수 있다(상법 제522의3, 자본시장법 제165조의5).

주식회사의 경우 소멸회사의 주주는 그가 가진 주식수에 따라 존속회사 또는 신설회사의 주식의 배정을 받아 주주가 된다. 상법은 합병으로 인한 신주의 발행에 관하여 신주의 배정(상법 제523조 3호) 또는 주식의 배정(상법 제524조 제 2 호)이라든가 신주의 인수인(상법 제526조 제 2 항)이라는 용어를 쓰고 있지만, 합병의 경우에는 보통의 주식발행에 있어서와 같이 주식의 청약에 대하여 배정을 함으로써 청약인이 인수인이 되는 것이 아니라, 소멸회사의 주주가 합병의 효과로서 당연히 존속회사 또는 신설회사의 주식을 취득하여 그 주주로 되는 것임을 주의하여야 한다. 다만 소멸회사의 주주는 주식 대신에 합병교부금을 지급받는 경우도 있다. 그리고 주주가 합병의 전후에 가지는 주식은 법률상 동일성을 가지므로, 이를 목적으로 하는 질권은 당연히 신주식 위에 그 효력을 가지고, 등록질권자는 존속회사 또는 신설회사에 대하여 신주식에 대한 주권의 양도를 청구할 수 있다(상법 제530조 제 4 항, 제339조, 제340조 3항).

4) 이사 및 감사의 임기

흡수합병의 경우에 존속회사의 이사 및 감사로서 합병 전에 취임한 자는 합병계약서에 다른 정함이 있는 경우를 제외하고는 합병 후 최초로 도래하는 결산기의 정기총회가 종료할 때에 퇴임한다(상법 제527의4조 제 1 항). 이것은 보고총회를 생략하는 경우 합병계약서에서 이사·감사를 정하지 아니한 때에 대비하기 위한 것이다. 신설합병의 경우에는 설립되는 회사의 이사 및 감사로서 설립 이전에 취임한 자는 있을 수 없으므로, 위와 같은 보충규정은 필요가 없고(527의 4 제 2항 삭제), 소멸회사의 이사 등은 자연히 그 지위를 잃는다.

5) 소송법상 효과

소송당사자인 법인이 합병에 의하여 소멸한 때에는 소송절차가 중단되고, 이 경우에는 존속회사 또는 신설회사가 이를 수계하여야 한다(민사소송법 제212조).

(6) 합병의 무효

합병이 법정요건을 결여하거나 또는 그 절차에 하자가 있는 경우에는 그 합병의 효력이 문제된다. 이것을 민법의 일반원칙에 맡겨 합병의 무효·취소를 함부로 허용하는 것은 법률관계의 혼란과 불안정을 초래하여 거래의 안전을 해하게 된다. 따라서 상법은 설립무효의 경우와 비슷하게 일정한 제소권자가 일정한 기간 내에 한하여 합병무효의 소의 방법에 의하여서만 합병의 무효를 주장할 수 있도록 규정하고 있다(상법 제529조). 그리고 무효판결의 효과도 획일적으로 처리하고, 기왕의 표현적 사실을 존중하기 위하여 그 소급효를 제한하고 있다(상법 제530조 제 2 항)

(7) 합병의 불공정과 주주의 보호

1) 서　　설

일반적으로 합병의 불공정성이란 합병조건이나 절차가 당사회사 사이에 또는 당사회사의 주주 사이에 불공평하게 행하여지는 경우이다. 특히 합병의 불공정성이 문제되는 경우는 합병비율에 관해서이다. 합병비율이란 흡수합병의 경우 존속회사가 소멸회사의 주주에게 신주를 발행함에 있어 그 배정의 기준이 되는 소멸회사의 주식과 존속회사의 주식의 교환비율을 말한다. 그리고 신설합병의 경우는 신설회사의 주식과 소멸회사의 주식간의 교환비율을 의미한다. 합병비율은 존속회사와 소멸회사의 주주들에게 있어 실질적으로 합병의 대가라는 의미를 가지므로 합병의 가장 중요한 요소이다.[1)]

---

1) 이철송, 전게서, 879-881쪽.

그런데 우리나라의 경우 합병의 대부분은 합병교부금도 없이 합병비율을 1 : 1로 하고 있다. 합병비율이 1 : 1이라는 것은 양 회사의 1주당 가치가 완전히 균등함을 의미하는데, 현실적으로 있을 수 없는 일이다. 이는 상당수의 합병당사회사들이 진실에 반하는 내용으로 주식가치를 평가하고 있으며, 그 결과 당사회사 중 어느 일방회사의 주주들이 손해를 보고 있음을 의미한다.

합병비율의 불공정성은 특히 상장법인과 비상장법인 간의 합병시에 현저하다. 상장법인과 비상장법인의 합병은 일반적으로 동일 대주주의 지배를 받는 계열회사간의 합병인데, 거의 예외 없이 비상장법인을 소멸회사로 하면서 비상장법인의 주주에게 유리한 합병비율을 정한다. 그 이유는 대주주는 상장법인쪽에 적은 지분을, 그리고 비상장법인쪽에 많은 지분을 가진 까닭에 합병비율이 비상장법인에 유리함으로 인하여 상장법인의 대주주로서 입는 손실보다 비상장법인의 대주주로서 얻는 이익이 보다 크기 때문이다. 이로 인해 상장법인의 소액주주들은 대주주의 이익에 상응하는 손해를 보게 되므로 불공정한 합병으로 인한 대주주의 이익이란 결국 소액주주들의 손실을 원천으로 한 것이다.

2) 합병시의 주주보호제도

합병은 주주에게 중대한 이해가 걸린 문제이므로 상법은 다각도에서 주주를 보호하는 방안을 강구하고 있다. 이러한 방안은 합병의 공정을 확보하기 위한 것이다.

(가) 결의요건

합병의 승인결의요건을 특별결의로 한 것은 대주주의 영향력을 약화하고 소액주주들을 보호하기 위한 것이지만, 소액주주들의 출석률이 저조한 경향이 현저하여 불공정한 합병을 막는 결정적인 장치는 되지 못하고 있다.

(나) 공시제도

합병에 대한 주요정보의 공시는 주주의 보호에 있어 매우 중요하다. 상법에서는 합병승인을 위한 주주총회소집시에 합병계약의 요령을 통지 또는 공고하도록 하고(상법 제522조 제 2 항), 합병대차대조표를 비치·공시하게 하고 있다(상법 제522조의2). 이사회에서 합병을 결의하면 금융위원회에 그 내용을 기재한 보고서를 제출하게 하는 것 등도 이에 해당한다(자본시장법 제161조 제 1 항 제 6 호).

(다) 상장법인의 합병

상장법인이 부실한 회사와 합병함으로 인해 생기는 폐해(상장법인 주주의 손실)를 막기 위해 자본시장법에서는 상장법인이 다른 회사와 합병할 때에는 합병조건 등 소정의 합병관련 사항을 금융위원회에 보고하게 하며(자본시장법 제161조 제1항 제6호), 이 보고내용의 부실에 관해 보고인의 손해배상책임을 규정하고 있다(자본시장법 제162조).

(라) 주식매수청구권

합병에 반대하는 주주에게 주식매수청구권을 인정한 것도 주주를 보호하기 위한 제도이다.

3) **합병비율의 불공정과 합병무효**

합병의 공정성 확보를 위하여 위와 같이 여러 가지 제도가 마련되어 있으나, 합병의 공정성을 보장하는 것은 사법적 구제이다. 합병의 사법적 쟁송방법으로는 전술한 합병무효의 소가 있다.

합병비율이란 주주들에게 있어 경제적 의미에서 합병의 대가를 이루는 것이므로 합병에서 가장 중요한 요소이다. 그런데 주주총회에서의 의사결정은 다수결의 원칙에 따르는 단체법적 행위로서 불공정한 합병을 저지하는 데 현실적인 한계가 있다. 따라서 합병비율의 결정은 당사회사의 기업내용의 계속성을 유지하는 것을 그 본질로 한다. 그렇다면 주주의 지분가치 역시 합병을 전후하여 변동이 없어야 한다. 따라서 합병비율의 공정(즉 주주의 지분가치의 동일성 유지)은 합병의 본질을 이루는 것이므로, 그 불공정성은 당연히 합병의 무효원인이 된다.

3. 영업 · 자산양수도

(1) 서 설

1) **영업양수도의 의의**

통설에 의하면 "영업"이라 함은 주관적으로는 영업주체인 상인이 수행하는 영리활동을 의미하고, 객관적으로는 상인이 추구하는 영리적 목적을 위해 결합시킨 조직적 재산의 총체를 말한다. 영업양도의 대상이 되는 영업은 영업주체와 제3자간에 객관적 평가가 가능한 가치를 지녀야 하므로 객관적 의의의 영업을 뜻한다.[1)]

---

1) 이철송, 상법총칙·상행위, 박영사(2007), 223쪽.

영업양도란 "일정한 영업목적에 의하여 조직화된 유기적 일체로서의 기능적 재산인 영업재산을 그 동일성을 유지시키면서 일체로서 이전하는 채권계약[1]"이다.

영업양수도는 다양한 유형으로 이루어지므로 정의하기 어렵지만, 일반적으로 "독립된 사업부문의 자산, 부채, 조직, 권리와 의무 등 영업에 필요한 유·무형의 자산 일체가 포괄적으로 이전되는 것으로 독립된 영업부문이 동일성을 유지하면서 경영주체인 상인만을 교체시키는 제도"라 할 수 있을 것이다. 이 경우 독립된 사업부문의 자산과 부채 등을 이전하는 것이 영업양도이고, 포괄적으로 이전받는 것이 영업양수이다.

2) 자산양수도의 의의

자산양수도는 영업양수도와 유사한 방식이지만, 영업양수도는 주주총회의 특별결의를 거쳐야 하고 반대주주에게 주식매수청구권이 인정되는 반면에, 자산양수도는 이와 달리 주주총회 특별결의를 거치지 않아도 되고 반대주주의 주식매수청구권이 인정되지 않는다. 또한 영업양수도의 경우 양수인은 고용승계의무를 부담하지만, 자산양수도의 경우는 이러한 문제가 발생하지 않는 점에서 차이가 있다.

3) 합병과 영업양도의 구별

기업결합은 유기적 일체로서 기능하는 조직적 재산의 양도인 영업양도에 의해 이루어질 수 있다. 이 경우에는 양도회사와 양수회사 사이에 기업결합이 이루어진다. 영업의 전부양도는 실질적으로 합병과 동일한 작용을 한다. 즉 회사가 영업의 전부를 양도한 후에 해산하고, 그 주주에게 잔여재산을 분배하고, 양수회사가 양도회사의 구 주주에게 신주를 발행하여 주면, 결과적으로 합병과 차이가 없게 된다.[2]

(2) 영업양수도의 제한

1) 상법상 제한

(가) 영업양도인의 경업금지

영업을 양도한 경우에 다른 약정이 없으면 양도인은 10년간 동일한 특별시·광역시·시·군과 인접 특별시·광역시·시·군에서 동종영업을 하지 못하고, 양도

1) 대법원 2005. 7. 22. 선고 2005다602 판결.

2) 정동윤, 전게서, 887쪽.

인이 동종영업을 하지 아니할 것을 약정한 때에는 동일한 특별시·광역시·시·군과 인접 특별시·광역시·시·군에 한하여 20년을 초과하지 아니한 범위 내에서 그 효력이 있다(상법 제41조).

(나) 상호를 속용하는 양수인의 책임

영업양수인이 양도인의 상호를 계속 사용하는 경우에는 양도인의 영업으로 인한 제 3 자의 채권에 대하여 양수인도 변제할 책임이 있다. 그러나 양수인이 영업양도를 받은 후 지체 없이 양도인의 채무에 대한 책임이 없음을 등기하거나 양도인과 양수인이 지체 없이 제 3 자에 대하여 그 뜻을 통지한 경우에는 영업양수인은 영업양도인의 채무에 대한 책임을 지지 않는다(상법 제42조).

2) 공정거래법상 제한

독점규제 및 공정거래에 관한 법률은 기업독점을 억제하고 자유로운 경쟁을 촉진하기 위하여 일정한 거래분야에 있는 기업간의 결합은 경쟁제한의 우려가 있으므로 이를 제한한다. 경쟁제한을 목적으로 하는 다른 회사의 영업을 양수하는 경우에는 공정거래법상의 규제를 받는다(독점규제 및 공정거래에 관한 법률 제 7 조 제 1 항 제 4 호).

그리고 회사가 법 제 7 조(기업결합의 제한) 제 1 항 제 4 호의 "다른 회사의 영업의 전부 또는 주요부분의 양수·임차 또는 경영의 수임이나 영업용 고정자산의 전부 또는 주요부분의 양수"를 하는 경우에는 「별표 4」의 신고서에 관련서류를 첨부하여 공정거래위원회에 신고하여야 한다(기업결합의 신고요령 Ⅲ-Ⅳ).

3) 벤처기업육성에 관한 특별조치법상의 제한

합병을 위해서는 주주총회의 특별결의가 있어야 하지만, 간이합병과 소규모합병의 경우에는 이를 생략할 수 있는 특례가 마련되어 있다(상법 제527조의2, 제527조의3). 분할과 주식의 교환에도 유사한 제도가 있다. 그러나 영업양도에도 간이양도와 소규모양도와 같은 상황이 있을 수 있으나, 상법은 이에 관한 특례를 두고 있지 않다.

그러나 벤처기업육성에 관한 특별조치법은 이에 관한 특례를 규정하고 있다. 주식회사인 벤처기업이 영업의 전부 또는 일부를 다른 주식회사(자본시장과 금융투자업에 관한 법률 제 9 조 제13항에 따른 증권시장에 상장된 법인은 제외)에 양도하는 경우 그 양도가액이 다른 주식회사의 최종 대차대조표상으로 현존하는 순자산액의

100분의 10을 초과하지 아니하면 다른 주식회사의 주주총회의 승인은 정관에서 정하는 바에 따라 이사회의 승인으로 갈음할 수 있다(소규모양도, 동법 제15조의8 제 1 항).

주식회사인 벤처기업이 영업의 전부 또는 일부를 다른 주식회사에 양도하는 경우 상법 제374조에도 불구하고 영업을 양도하는 회사의 총주주의 동의가 있거나 영업을 양도하는 회사의 발행주식총수 중 의결권 있는 주식의 100분의 90 이상을 다른 주식회사가 보유하는 경우에는 영업을 양도하는 회사의 주주총회의 승인은 이사회의 승인으로 갈음할 수 있다(간이양도, 동법 제15조의11 제 1 항).

(3) 영업양수도의 절차

1) 영업양수도 이사회 결의와 자본시장법상 공시

(가) 이사회 결의와 영업양수도계약의 체결

명문의 규정은 없으나 계약체결 이전에 이사회의 결의가 있어야 한다. 이사회의 결의가 없이 영업양수도를 비롯한 대외적 거래행위가 대표이사에 의하여 이루어진 경우 원칙적으로 유효하지만, 상대방이 필요한 이사회 결의가 없음을 알았거나 알 수 있었던 경우에는 무효를 주장할 수 있다. 이 경우 상대방의 악의·유과실은 무효를 주장하는 회사가 증명하여야 한다.[1)]

(나) 공시(거래소 신고 및 주요사항보고서의 제출)

주권상장법인은 영업양수도에 관한 이사회의 결정이 있은 때에는 그 결정내용을 그 사유발생 당일에 거래소에 신고하여야 한다(유가증권시장 공시규정 제 7 조 제 1 항 제 3 호 가목 (5) 및 (6)).[2)]

주권상장법인은 이사회에서 "대통령령으로 정하는 중요한 영업 또는 자산을 양수하거나 양도할 것을 결의한 때"에는 그 사실이 발생한 날의 다음 날까지 그 내용을 기재한 주요사항보고서를 금융위원회에 제출하여야 한다(법 제161조 제 1

1) 대법원 2004. 3. 26. 선고 2003다34045 판결.

2) 유가증권시장 공시규정 제 7 조(주요경영사항) ① 주권상장법인은 주요경영사항에 해당하는 경우에는 그 사실 또는 결정내용을 그 사유발생 당일에 거래소에 신고하여야 한다.
   3. 해당 유가증권시장주권상장법인의 기업경영활동에 관한 다음 각 목의 어느 하나에 해당하는 사실 또는 결정이 있은 때(제 3 호)
      가. 해당 유가증권시장주권상장법인의 지배구조 또는 구조개편에 관한 다음의 어느 하나에 해당하는 사실 또는 결정이 있은 때
      (5) 상법 제374조·제522조·제530조의2 및 제530조의12에서 규정한 사실에 관한 결정이 있은 때

항 제6호).

2) 영업양수도계약서의 주요내용

실무상 영업양수도계약이라는 용어 이외에도 영업인수계약, 재산인수약정, 경영권양도계약 등 다양한 명칭을 사용하고 있다. 영업양수도 여부는 그 실질에 의하여 판단할 문제로서 영업양수도가 되기 위해서는 영업조직과 영업재산을 일체로서 인정한다는 합의가 존재하여야 한다.

영업양도는 채권계약으로 그 대가로 금전이 주어지는 경우에는 매매와 유사하고 다른 자산이 제공되는 경우에는 교환과 유사하지만, 개별 자산의 이전을 목적으로 하는 것이 아니므로 매매나 교환과는 다르다. 즉 영업양수도 자체로서 영업재산의 포괄적인 이전이라는 고유한 내용을 가진 회사법상의 계약으로 이해해야 한다. 일반적으로 영업양수도에서는 자산·부채에 관한 사항, 영업소 및 상호의 양도에 관한 사항, 양도 후의 양도인의 폐업 내지 해산에 관한 사항, 고용승계에 관한 사항 등에 관하여 합의가 이루어지는 것이 보통이다.

3) 반대주주의 주식매수청구권

영업양수도 이사회 결의에 반대하는 주주는 서면으로 반대의사를 통지하여야 한다. 또한 위의 합병에서 전술한 바와 같이 주식매수청구권이 인정된다.

4) 주주총회의 특별결의

회사의 영업의 전부 또는 중요한 일부를 양도하거나 회사의 영업에 중대한 영향을 미치는 다른 회사의 영업 전부 또는 일부를 양수하는 경우에는 주주총회의 특별결의를 거쳐야 한다(상법 제374조 제1항 제1호 및 제3호).

(가) 영업전부의 양도

상법 제374조 제1항에서 규정하고 있는 주주총회 특별결의의 대표적인 경우이다. 영업양도에 주주총회의 결의를 요하는 이유는 영업을 양도하면 주주들의 출자의 동기가 되었던 사업목적의 수행이 어려워지고 회사의 수익의 원천이 변동함으로 인해 주주들이 새로운 위험을 부담해야 하므로 출자자들의 경영정책적 판단을 요하는 사안이기 때문이다. 그리고 출자 당시 예상하지 못했던 상황변동이라는 점에서 정관변경과 같은 정도의 중대성이 있기 때문이다.[1)]

---

1) 이철송, 전게서, 470-471쪽.

(나) 영업의 중요한 일부의 양도

영업의 일부를 양도하더라도 그것이 중요한 부분이면 주주총회의 특별결의를 거쳐야 한다. 영업의 중요한 부분을 양도한다면 영업전부의 양도와 마찬가지로 주주의 보호가 필요하고, 또 이사회가 영업의 전부양도에 가해지는 제약, 즉 주주총회의 특별결의, 주식매수의 부담을 회피하기 위해 탈법적으로 일부양도의 형식을 빌리는 것을 차단하기 위해 중요한 일부의 양도도 주주총회의 특별결의를 요하게 한 것이다.

이 규정의 적용에는 영업의 "중요한 일부"가 무엇을 의미하는가라는 해석이 문제가 된다. 양도대상재산이 회사의 전 재산에서 차지하는 비중에 시각을 두는 양적 판단의 방법과, 회사 전체의 기본적인 사업수행에 미치는 영향의 크기에 중점을 두는 질적 판단을 생각해 볼 수 있다. 위에서 설명한 제도의 취지를 고려한다면 주주들의 출자동기에 영향을 미치는 정도를 고려해야 할 것이고, 그렇다면 양도로 인하여 회사의 기본적인 사업목적을 변경시킬 정도에 이를 경우에는 "중요한 일부"로 보아야 할 것이다.

(다) 영업의 양수

회사의 영업에 중대한 영향을 미치는 다른 회사의 영업 전부 또는 일부를 양수하는 경우에도 주주총회의 특별결의를 요한다. 다른 "회사"의 영업을 양수하는 경우에만 주주총회의 특별결의를 요하고 개인영업을 양수하는 경우에는 주주총회의 특별결의를 요하지 않는다는 점을 주의해야 한다. 회사의 영업에 중대한 영향을 미치는 다른 회사의 영업전부의 양수는 실질적으로 회사합병과 동일한 효과를 가져오므로 합병과 같은 요건으로서 주주총회의 특별결의를 요구하는 것이다. 영업의 일부양수에는 이와 같은 의미는 없지만 영업의 양수에는 일반적으로 채무인수가 따르고, 양수하는 회사의 재무상황이나 사업목적에 따라서는 영업의 일부 양수도 구조적인 변화를 초래할 수 있으므로 상법은 회사의 영업에 중대한 영향을 미치는 다른 회사의 영업일부의 양수도 주주총회의 특별결의사항으로 하고 있는 것이다.

(4) 자본시장법상 영업·자산양수도의 특례

1) 영업·자산양수도에 관한 정보공시

(가) 증권신고서의 제출

가) 서　설　　증권거래법에서는 전술한 합병의 경우와 마찬가지로 중요한 영업 또는 자산의 양수도의 경우에도 금융위원회와 거래소에 신고할 의무를 부과하고 있었다.

그러나 자본시장법에서는 이러한 신고의무를 폐지하는 대신 영업 또는 자산의 양수도로 인하여 증권을 모집 또는 매출하는 경우에는 합병에 준하여 증권신고서에 이러한 조직개편행위에 관한 주요사항을 기재하도록 하고 있다(증권의 발행 및 공시 등에 관한 규정 제2-10조).

나) 제출대상　　주권상장법인의 "대통령령으로 정하는 중요한 영업 또는 자산의 양수도 행위"이다. 여기서 "대통령령으로 정하는 중요한 영업 또는 자산의 양수 또는 양도"란 다음의 어느 하나에 해당하는 것을 말한다(영 제176조의6 제1항, 제171조 제1항). 즉 중요한 영업·자산양수도의 공시 여부 판단을 위한 중요성의 판단기준은 다음과 같다.

① 중요한 영업양수도의 기준

다음의 어느 하나에 해당하는 것을 말한다(영 제176조의6 제1항, 제171조 제1항 제1호 내지 제4호).

1. 양수·양도하려는 영업부문의 자산액(장부가액과 거래금액 중 큰 금액)이 최근 사업연도말 현재 자산총액의 100분의 10 이상인 양수·양도
2. 양수·양도하려는 영업부문의 매출액이 최근 사업연도말 현재 매출액의 100분의 10 이상인 양수·양도
3. 영업의 양수로 인하여 인수할 부채액이 최근 사업연도말 현재 부채총액의 100분의 10 이상인 양수
4. 영업전부의 양수

② 중요한 자산양수도 기준

다음의 경우를 말한다. 즉 양수·양도하려는 자산액(장부가액과 거래금액 중 큰 금액)이 최근 사업연도말 현재 자산총액의 100분의 10 이상인 양수·양도이다(영 제176조의6 제1항, 제171조 제1항 제5호 본문).

③ 중요한 자산양수도 신고의 예외

다만, 일상적인 영업활동으로서 상품·제품·원재료를 매매하는 행위 등 금융위원회가 정하여 고시하는 자산의 양수·양도는 제외한다(영 제176조의6 제 1 항, 제171조 제 1 항 제 5 호 단서).

[증권의 발행 및 공시 등에 관한 규정]

제4-4조(중요한 자산양수·도의 예외 등) 영 제171조 제 1 항 제 5 호에서 "금융위원회가 정하여 고시하는 자산의 양수·양도"란 해당 법인의 사업목적을 수행하기 위하여 행하는 영업행위로서 다음 각 호의 어느 하나에 해당하는 것을 말한다.

1. 상품·원재료·저장품 또는 그 밖에 재고자산의 매입·매출 등 일상적인 영업활동으로 인한 자산의 양수·양도
2. 영업활동에 사용되는 기계, 설비, 장치 등의 주기적 교체를 위한 자산의 취득 또는 처분. 다만, 그 교체주기가 1년 미만인 경우에 한한다.
3. 자본시장법 및 상법에 따른 자기주식의 취득 또는 처분
4. 금융위원회의 설치 등에 관한 법률 제38조에 따른 검사대상기관과의 거래로서 약관에 따른 정형화된 거래
5. 자산유동화에 관한 법률에 따른 자산유동화
6. 공개매수에 의한 주식등의 취득, 공개매수청약에 의한 주식등의 처분
7. 자본시장법 제 4 조 제 3 항에서 정한 국채증권·지방채증권·특수채증권 또는 법률에 의하여 직접 설립된 법인이 발행한 출자증권의 양수·양도
8. 제 1 호부터 제 7 호까지에 준하는 자산의 양수·양도로서 투자자 보호의 필요성이 낮은 자산의 양수 또는 양도

다) 기재사항 및 첨부서류

① 영업양수도의 기재사항 및 첨부서류

영업양수도에 관한 증권신고서에는 영업양수도의 개요와 당사회사에 관한 사항을 기재하여야 한다. 당사회사에 관한 사항은 합병에 관한 증권신고서와 같다. 첨부서류는 합병에 관한 증권신고서의 첨부서류와 같다(증권의 발행 및 공시 등에 관한 규정 제2-10조 제 1 항 및 제 2 항).

[증권의 발행 및 공시 등에 관한 규정]

제2-10조(영업 및 자산양수·도, 주식의 포괄적 교환·이전, 분할 및 분할합병의 증권신고서의 기재사항 및 첨부서류) ① 제2-6조에도 불구하고 영업양수도로 인하여 증권을 모집 또는 매출하는 경우에는 영 제129조에 따라 증권신고서에 다음 각 호의 사항을 기재하여야 한다.

1. 제2-9조 제1항 제1호
2. 영업양·수도의 개요
   가. 영업양수·도의 일반사항
   나. 영업양수·도가액 및 산출근거(외부평가가 의무화된 경우 외부평가기관의 양수·도가액의 적정성에 대한 평가의견을 포함)
   다. 영업양수·도의 요령
   라. 양수 또는 양도하고자 하는 영업의 내용
   마. 모집 또는 매출되는 증권의 주요 권리내용
   바. 모집 또는 매출되는 증권의 취득에 따른 투자위험요소
   사. 출자·채무보증 등 당사회사간의 이해관계에 관한 사항
   아. 주식매수청구권에 관한 사항
   자. 그 밖에 투자자 보호를 위하여 필요한 사항
3. 제2-9조 제1항 제3호(이 경우 당사회사는 증권신고서를 제출하는 회사를 말한다)

② 제1항의 증권신고서의 첨부서류는 제2-9조 제2항을 준용한다. 이 경우 당사회사는 증권신고서를 제출하는 회사를 말한다.

② 자산양수도의 기재사항 및 첨부서류

자산양수도에 관한 증권신고서에는 자산양수도의 개요와 당사회사에 관한 사항을 기재하여야 한다. 당사회사에 관한 사항은 합병에 관한 증권신고서와 같다. 첨부서류는 합병에 관한 증권신고서의 첨부서류와 같다(증권의 발행 및 공시 등에 관한 규정 제2-10조 제3항 및 제4항).

[증권의 발행 및 공시 등에 관한 규정]

제2-10조(영업 및 자산양수·도, 주식의 포괄적 교환·이전, 분할 및 분할합병의 증권신고서의 기재사항 및 첨부서류) ③ 제2-6조에도 불구하고 자산양수도로 인하여 증권을 모집 또는 매출하는 경우에는 영 제129조에 따라 증권신고서에 다음 각 호의 사항을 기재하여야 한다.

1. 제2-9조 제 1 항 제 1 호
2. 자산양·수도의 개요
   가. 자산양수·도의 일반사항
   나. 자산양수·도가액 및 산출근거(외부평가가 의무화된 경우 외부평가기관의 양수·도가액의 적정성에 대한 평가의견을 포함)
   다. 자산양수·됴의 요령
   라. 양수 또는 양도하고자 하는 영업의 내용
   마. 모집 또는 매출되는 증권의 주요 권리내용
   바. 모집 또는 매출되는 증권의 취득에 따른 투자위험요소
   사. 출자·채무보증 등 당사회사간의 이해관계에 관한 사항
   아. 주식매수청구권에 관한 사항
   자. 그 밖에 투자자 보호를 위하여 필요한 사항
3. 제2-9조 제 1 항 제 3 호(이 경우 당사회사는 증권신고서를 제출하는 회사를 말한다)

④ 제 3 항의 증권신고서의 첨부서류는 제2-9조 제 2 항을 준용한다. 이 경우 당사회사는 증권신고서를 제출하는 회사를 말한다.

(나) 거래소 신고 및 주요사항보고서의 제출

주권상장법인은 영업양수도에 관한 이사회의 결정이 있은 때에는 그 결정내용을 그 사유발생 당일에 거래소에 신고하여야 한다(유가증권시장 공시규정 제 7 조 제 1 항 제 3 호 가목 (5) 및 (6)).

주권상장법인은 이사회에서 "대통령령으로 정하는 중요한 영업 또는 자산을 양수하거나 양도할 것을 결의한 때"에는 그 사실이 발생한 날의 다음 날까지 그 내용을 기재한 주요사항보고서를 금융위원회에 제출하여야 한다(법 제161조 제 1 항 제 6 호).

2) 영업·자산양수도가액의 결정

주권상장법인의 영업·자산양수도에 대해서는 합병과 달리 양수도가액의 산정방법이 법정화되어 있지 않고 당사자 사이의 합의에 따라 자율적으로 결정하도록 하고 있다. 그러나 가액산정의 적정성을 도모하기 위하여 외부평가기관의 평가의견을 주요사항보고서에 첨부하도록 하고 있다(영 제176조의6 제 3 항).

3) 외부평가기관의 평가의무

자본시장법 제165조의4 제 2 호에 따른 중요한 영업 또는 자산의 양수도를 하

려는 경우에는 각각 영업 또는 자산의 양수도 가액 비율의 적정성에 대하여 외부평가기관(제176조의5 제8항에 따라 합병에 대한 평가를 할 수 없는 외부평가기관은 제외)의 평가를 받아야 한다(영 제176조의6 제3항 본문).

다만, 중요한 자산의 양수·양도 중 증권시장을 통한 증권의 매매, 자산의 경매 등 외부평가기관의 평가 필요성이 적은 자산의 양수·양도로서 금융위원회가 정하여 고시하는 경우[1]에는 외부평가기관의 평가를 받지 아니할 수 있다(영 제176조의6 제3항 단서).

4) 적용면제 등

자본시장법 제165조의4 제2호에 따른 중요한 영업 또는 자산의 양수·양도에 관하여는 제176조의5 제9항 및 제10항을 준용한다(영 제176조의6 제4항).

5) 영업양수도의 종료보고

주권상장법인이 합병 등의 사유로 법 제161조에 따라 주요사항보고서를 제출한 이후 다음과 같이 합병 등을 사실상 종료한 때에는 지체 없이 이와 관련한 사항을 기재한 서면을 금융위에 제출하여야 한다. 다만, 제2-19조 제3항에 따라 증권발행실적보고서를 제출하는 경우에는 그러하지 아니하다(증권의 발행 및 공시 등에 관한 규정 제5-15조).

1. 합병등기를 한 때
2. 등기 등 사실상 영업양수·양도를 종료한 때
3. 관련 자산의 등기 등 사실상 자산양수·양도를 종료한 때
4. 분할 또는 분할합병 등기를 한 때
5. 주식교환을 한 날 또는 주식이전에 따른 등기를 한 때

---

1) 증권의 발행 및 공시 등에 관한 규정 제5-14조의 2(외부평가기관의 평가면제 등) 영 제176조의6 제3항 단서에서 "금융위원회가 정하여 고시하는 경우"란 다음 각 호의 어느 하나에 해당하는 경우를 말한다.
   1. 증권시장을 통해 증권을 양수·양도한 경우
   2. 민사집행법에 따른 경매를 통해 자산을 양수·양도한 경우
   3. 제1호 및 제2호에 준하는 것으로서 외부평가기관의 평가필요성이 적은 자산의 양수·양도의 경우

(5) 영업양수도 계약의 이행

1) 영업재산의 이전

영업양수도는 채권계약이므로 그 이행으로써 양도인이 양수인에게 영업을 이전하여야 한다. 영업재산은 양도를 전후하여 동일성이 유지되도록 포괄적으로 이전하여야 한다. 영업의 동일성을 해하지 않는 범위에서 당사자의 합의에 의해 일부 자산을 제외시킬 수 있다.

영업재산을 이전하기 위해서는 이행행위가 있어야 한다. 포괄적인 이전이라고는 하지만 영업재산의 전부를 포괄적으로 이전하는 물권행위란 존재하지 않으므로 영업재산을 구성하는 개개의 구성부분을 이전하는 물권행위가 행해져야 한다. 즉 부동산은 등기, 동산은 인도하고, 채권은 대항요건을 구비하여 이전하는 등 재산의 종류별로 필요한 이전행위를 하여야 한다.[1)]

2) 영업조직과 사실관계

영업양수도의 이행에서 특히 중요한 것은 영업조직과 재산적 가치가 있는 사실관계를 이전하는 것이다. 영업이란 개개의 재산이 영업조직과 영업에 관한 사실관계에 의해 유기적으로 결합되었을 때에 영리수단으로서의 가치를 발휘할 수 있는 것이므로 영업조직과 사실관계를 이전하는 것이 영업양도에서 요체를 이루는 부분이라 할 수 있다. 이를 인수함으로써 양수인은 종전과 같이 동일성을 유지하며 영업을 계속할 수 있는 것이다.

영업조직이나 사실관계는 유형의 자산이 아니므로 이전방법이 따로 있을 수 없고, 영업의 관리체계·영업상의 비밀·거래처 관계 등을 구두 또는 문서 기타 거래통념에 부합하는 방법으로 전달하여야 한다.

3) 채무이전

영업상의 채무는 양수인에게 있어 영업의 동일성과 무관하기도 하려니와 제 3 자(채권자)의 권리가 관련된 것이므로 영업양도의 요소가 아니다. 따라서 양수도 당사자간의 합의가 없는 한 채무는 이전되지 아니하며, 양수인이 승계하기로 합의하더라도 채권자와의 관계에서 효력을 갖기 위해서는 채무인수절차(민법 제453조, 454조)를 밟아야 한다.

영업에는 다양한 거래관계가 얽혀 있어 양수도 당시에는 알 수 없었던 영업

---

1) 이철송, 상법총칙·상행위, 박영사(2007), 236-237쪽.

상의 채무가 양도 후에야 밝혀지는 경우가 많다. 양수인이 영업상의 채무를 포괄적으로 이전하기로 합의하는 경우에 이러한 돌출적인 채무로 인한 위험부담을 피하기 위하여 "양도시 확인된 채무에 한하여 양수한다"는 식의 제한된 채무인수의 합의를 하는 수가 있다. 이러한 합의는 유효하다. 예컨대 임금채무가 소송 중이었으나 양도 당시에는 당사자가 채무의 존재를 확인하지 않았다가 양도 후 채권자가 승소한 경우에 이를 양도 당시에 확인되지 않았던 채무에 해당한다고 보아 양수인의 책임을 부정한 경우가 있다.[1)]

채무가 당연히 승계되는 것은 아니므로 영업양도인이 양도 전에 갖고 있던 영업상의 채무에 관해 제 3 자가 보증을 한 경우, 양도인의 피보증인으로서의 지위는 양수인에게 이전되지 않는다. 따라서 보증인이 양도인의 채무를 대신 변제하더라도 양수인에게 구상권을 행사할 수 없다.[2)]

영업상의 채권도 당사자간의 합의가 없는 한 당연히 이전하는 것은 아니며, 합의가 있더라도 채무자에 대한 통지 또는 승낙이라는 대항요건을 구비하여야 한다(민법 제450조).

4) 공법상의 권리관계

영업에 관한 공법상 권리관계가 따르는 경우가 있다. 예컨대 주무관청의 영업허가와 같은 것이다. 이러한 공법적인 지위가 관련 법률에 의해 양도가능한 경우에는 당사자간에 그 이전에 협력할 것을 합의할 수 있다. 그렇지 않은 경우 공법상의 지위이전은 양도인의 의무가 아니라고 보아야 한다.

5) 영업양수도와 관련된 주주 등의 지위

(가) 주 주

영업양수도로 인해 가장 불이익을 받을 여지가 있는 이해관계자는 저가로 영업을 양도하거나 고가로 영업을 양수하는 일방당사회사의 소액주주들이다. 이들 역시 합병의 경우와 마찬가지로 주식매수청구권을 행사할 수는 있다.

그러나 합병의 경우에 주주에게 합병무효의 소를 제기할 수 있는 권리가 부여되는 것과는 달리 영업양수대금이 부당하게 과소하여 회사에 손해가 발생하고, 이로 말미암아 주주에게도 간접적인 손해가 발생하는 경우 주주로서는 이를 무효화시킴으로써 직접적으로 구제받을 방법은 없고, 대표소송제기의 요건이 갖추어

1) 대법원 1996. 5. 31. 선고 91다15225 판결.
2) 대법원 1989. 12. 22. 선고 89다카11005 판결.

지면 대표소송을 제기할 수 있을 것이다.[1]

(나) 채 권 자

채권자는 부당한 영업양수도로 인하여 책임재산의 감소를 통해 채무자가 무자력상태에 빠지는 경우에 한하여 민법상의 채권자취소권을 행사할 수 있고, 한편 영업양수의 대상에 포함된 경우 그 채무에 대한 채권자는 채무인수를 승낙하지 않는 방법으로 자신의 이익을 보호할 수 있다.

4. 주식의 포괄적 교환 · 이전

(1) 서 설

1) 주식의 포괄적 교환·이전의 의의

상법상 주식의 포괄적 교환[2](이하 "주식교환")은 기존 주식회사(A)가 기존의 다른 주식회사(B)의 완전모회사(지주회사)가 되기 위한 제도로써, 회사는 주식교환에 의해 다른 회사의 발행주식의 총수를 소유하는 회사(완전모회사)가 될 수 있으며, 그 대가로서 자기회사[A의 주식을 교부하는 것을 말한다(상법 제360조의2 제 1 항)] 주식교환에 의하여 완전자회사가 되는 회사의 주주가 가지는 그 회사(완전자회사)의 주식은 주식을 교환하는 날에 주식교환에 의하여 완전모회사가 되는 회사에 이전하고, 완전자회사가 되는 회사의 주주는 완전모회사가 발행하는 신주의 배정을 받음으로써 완전모회사의 주주가 된다(상법 제360조의2 제 2 항). 여기서 신주발행은 통상의 유상증자를 위한 신주발행(상법 제416조)이 아니고, 완전자회사의 주주들로부터 이전된 완전자회사의 주식을 재원으로 하여 주식을 교환하는 날에 자동적으로 발행되는 것이다. 따라서 B회사의 주주의 입장에서 보면 B회사의 주식을 A회사에 이전하고 그 대신 A회사의 주식을 받게 되므로 양 회사주식을 교환하는 것이 된다.

주식의 포괄적 이전(이하 "주식이전")은 기존 주식회사가 그 자체는 자회사가

---

1) 임재연, 전게서, 544쪽.

2) 주식교환은 기존회사의 신주가 다른 회사의 구주 전부와 교환되는지 또는 다른 회사의 구주 일부와 교환되는지 여부에 따라 주식의 포괄적 교환 또는 주식의 부분적 교환으로 구분할 수 있다. 상법에 도입된 주식의 포괄적 교환은 기존회사의 신주가 다른 회사 구주 100%와 교환되는 형태로서 기존회사는 완전모회사가 되고 다른 회사는 완전자회사가 되는 형태이다. 그리고 주식의 부분적 교환은 기존회사 신주가 다른 회사 구주 일부와 교환이 이루어지는 형태로서 기존회사와 다른 회사는 완전모회사 및 완전자회사의 관계를 형성하지는 않는다.

되고 완전모회사를 설립하는 제도이다. 즉 기존의 주식회사(B)의 주식의 전부를 신설하는 회사(A)에 포괄적으로 이전하고 신설회사(A)의 설립시에 발행하는 주식을 기존회사(B)의 주주에게 교부함으로써 성립하는 완전모회사의 창설행위를 말한다(상법 제360조의 15). 이 경우 B회사는 A회사의 완전자회사가 되고, B회사의 주주는 A회사(완전모회사)의 주주가 되는 것이다. 주식이전은 기존회사의 주주총회의 특별결의 기타 일정한 요건과 절차에 따라 진행되고, 반대주주의 주식도 일괄하여 신설되는 완전모회사에 강제적으로 이전되는 효과를 가지는 것이므로 기존회사의 주주가 회사와 관계없이 그 소유주식을 현물출자하여 신회사를 설립하는 경우에는 상법상의 주식이전이 되지는 않는다.

2) 입법배경

주식의 포괄적 교환 및 이전[1)]은 회사간에 주식 전부를 받거나 주는 방식으로 완전한 모회사 또는 자회사가 될 수 있는 제도로서 모두 완전모회사의 설립을 전제로 한 것이다. 다만, 포괄적 주식교환 방식은 회사가 신주를 발행하여 다른 회사의 주주가 가진 주식 전부와 교환하도록 함으로써 그 다른 회사의 모회사가 되는 방식이고, 포괄적 주식이전 방식은 회사가 별도의 완전모회사를 설립하여 주주가 가진 그 회사의 주식 전부를 새로 설립하는 완전모회사에 이전함으로써 기존기업의 매수에 의하지 아니하고 완전모회사의 설립을 가능하게 하는 방식이다.

주식교환제도의 도입 이전에도 물적분할, 합병 또는 영업양도의 방법을 이용하거나 기존회사의 주식을 매수하거나 기존회사의 주주에게 제3자 배정을 하는 등의 방식으로 완전모회사의 설립이 가능했으나, 절차가 복잡하고 주식의 매수방식을 선택할 경우에는 거액의 자금이 소요되는 등의 단점이 있어 거의 이용되지 않고 있었다.

따라서 주식의 포괄적 교환·이전제도는 기존제도들의 절차상·비용상의 한계를 극복하면서 기본적으로 기업의 물적조직은 그대로 둔 채 인적조직만 이전시키

---

1) 공정거래법에서는 지주회사의 설립 또는 전환을 허용함에 따라 2001년 개정 상법에서는 지주회사의 설립에 관한 제도적 보완을 통하여 지주회사의 설립 등을 용이하게 하기 위하여, 회사가 주식의 포괄적 교환 또는 이전에 의하여 다른 회사의 발행주식의 전부를 소유할 수 있도록 하는 제도를 도입함으로써 기업의 구조조정을 지원할 수 있도록 하였다. 상법상의 주식의 포괄적 교환·이전은 2001년도에 도입되었지만, 2000. 10. 23.에 제정된 금융지주회사법에서 이미 주식교환·이전제도를 도입하였고, 이에 근거하여 우리금융지주회사와 신한금융지주회사가 설립되었다. 그러나 주식교환·이전을 상법상의 제도로 수용함으로 인해 업종에 불구하고 모든 회사가 이 제도를 이용할 수 있게 되었다.

기 위한 것으로서 완전모자회사 관계인 순수지주회사의 설립에 대하여 상법상 제도적인 지원책을 마련하는 데 그 목적이 있다고 할 수 있다. 특히 주식교환이나 이전은 주주총회의 특별결의 등 소정의 절차를 거치는 한 반대주주에게도 주식양도를 강제하는 효과가 있기 때문에, 기존의 당사자간의 민법상의 교환계약에 의하여 임의로 이루어지는 주식맞교환(stock swap)이 사법상의 계약에 불과한 반면 주식의 교환·이전제도는 단체법상의 제도로서 그 본질을 달리한다는 점에서 큰 차이가 있다고 할 수 있다.[1)]

(2) 주식의 포괄적 교환·이전의 제한

1) 상법상 제한

(가) 당사자 제한

상법상 분할제도가 주식회사에 한하여 인정되는 것과 마찬가지로 주식교환·이전은 용어 그대로 주식회사에 대해서만 인정된다. 다만, 상장법인·비상장법인에 관계없이 모든 주식회사에 대하여 인정되며, 1인 회사라도 무방하다. 2001년 개정 상법에서 1인 주식회사의 설립을 인정한 것은(상법 제288조) 주식회사의 설립요건을 완화하기 위한 목적도 있지만, 주식의 포괄적 교환 및 이전에 의한 완전모회사의 설립을 인정함에 따라 1인회사 설립을 허용하지 않을 수 없게 되었기 때문이다[2)]

(나) 완전모회사의 자본금 증가의 한도 제한

주식의 포괄적 교환·이전시 부실한 완전자회사를 인수함으로써 완전모회사가 자산의 질이 악화되는 것을 막기 위하여 상법은 다음과 같은 제한을 두고 있다.

가) 주식의 포괄적 교환 완전모회사가 되는 회사의 자본금은 주식교환의 날에 완전자회사가 되는 회사에 현존하는 순자산액에서 다음 각 호의 금액을 뺀 금액을 초과하여 증가시킬 수 없다(상법 제360조의7 제1항).

1. 완전자회사가 되는 회사의 주주에게 지급할 금액
2. 제360조의6의 규정에 의하여 완전자회사가 되는 회사의 주주에게 이전하는 주식의 회계장부가액의 합계액

---

1) 이광중, 회사분할, 삼일인포마인(2003), 1044-1045쪽.
2) 손주찬, 상법(상), 박영사(2001), 1059쪽.

그리고 완전모회사가 되는 회사가 주식교환 이전에 완전자회사가 되는 회사의 주식을 이미 소유하고 있는 경우에는 완전모회사가 되는 회사의 자본금은 주식교환의 날에 완전자회사가 되는 회사에 현존하는 순자산액에 그 회사의 발행주식총수에 대한 주식교환으로 인하여 완전모회사가 되는 회사에 이전하는 주식의 수의 비율을 곱한 금액에서 제 1 항 각 호의 금액을 뺀 금액의 한도를 초과하여 이를 증가시킬 수 없다(상법 제360조의7 제 2 항).

나) 주식의 포괄적 이전 설립하는 완전모회사의 자본금은 주식이전의 날에 완전자회사가 되는 회사에 현존하는 순자산액에서 그 회사의 주주에게 지급할 금액을 뺀 액을 초과하지 못한다(상법 제360조의18).

2) 공정거래법상 제한

공정거래법에 의하면 주식의 포괄적 교환·이전으로 일정한 요건을 충족하는 경우에는 지주회사의 설립·전환의 신고를 하여야 하며(독점규제 및 공정거래에 관한 법률 제 8 조), 일정한 경우에는 기업결합신고를 하여야 한다(동법 제12조).

3) 금융지주회사법에 의한 주식교환(이전) 비율 평가

주식의 포괄적 교환(이하 "주식교환") 또는 주식의 포괄적 이전(이하 "주식이전")에 의하여 완전지주회사가 되는 경우에는 주식의 교환비율이 적정하여야 하며(금융지주회사법 제 4 조 제 1 항 제 5 호), 주식교환 또는 주식이전을 하는 경우의 주식교환비율(완전모회사가 되는 회사의 교환가격과 완전자회사가 되는 회사의 교환가격 중 높은 가격을 낮은 가격으로 나눈 비율)에 대하여 비금융회사는 비율평가에 대한 특별한 제한규정이 없으나 금융지주회사의 경우 주식교환(이전)가격 평가방법을 법정화하고 있고, 객관성을 기하기 위하여 외부평가기관의 평가를 받도록 하고 있다(동법 시행령 제 5 조 제 5 항 및 제 6 항).

(3) 주식의 포괄적 교환·이전의 절차

1) 이사회 결의와 자본시장법상 공시

(가) 이사회 결의와 주식교환·이전계약의 체결

명문의 규정은 없으나 계약체결 이전에 이사회의 결의가 있어야 한다. 이사회 결의 후 당사회사의 대표이사가 주식교환·이전계약을 체결하게 된다.

(나) 공시(거래소 신고 및 주요사항보고서의 제출)

주권상장법인은 주식교환 또는 주식이전에 관한 이사회의 결정이 있은 때에는 그 결정내용을 그 사유발생 당일에 거래소에 신고하여야 한다(유가증권시장 공시규정 제 7 조 제 1 항 제 3 호 가목 (4)).[1)]

주권상장법인은 이사회에서 "주식의 포괄적 교환·이전의 사실이 발생한 때"에는 그 사실이 발생한 날의 다음 날까지 그 내용을 기재한 주요사항보고서를 금융위원회에 제출하여야 한다(법 제161조 제 1 항 제 6 호).

(다) 주권의 일시적인 매매거래정지

거래소는 주가 또는 거래량에 중대한 영향을 미칠 수 있는 사항이 결의된 경우 주가에 대한 충격을 완화하기 위하여 당해 이사회 결의에 대한 공시가 있을 경우 일시적으로 매매거래를 정지하고 있다(유가증권시장 공시규정 제40조 제 1 항 제 2 호, 동 시행세칙 제16조 제 1 항 및 제 3 항).

2) 주식교환계약서 또는 주식이전계획서의 작성

(가) 주식교환계약서의 작성

모회사로 예정된 회사와 자회사로 예정된 회사의 대표이사에 의해 주식교환의 조건 등 주식교환에 필요한 사항이 합의되어야 한다. 주식교환계약은 특별한 방식을 요하지 않는다. 그러나 주식교환계약서에는 다음의 사항을 적어야 한다(상법 제360조의3 제 3 항). 대체로 흡수합병의 계약서와 같다.

1. 완전모회사가 되는 회사가 주식교환으로 인하여 정관을 변경하는 경우에는 그 규정
2. 완전모회사가 되는 회사가 주식교환을 위하여 발행하는 신주의 총수·종류와 종류별 주식의 수 및 완전자회사가 되는 회사의 주주에 대한 신주의 배정에 관한 사항
3. 완전모회사가 되는 회사의 증가할 자본금과 자본준비금에 관한 사항
4. 완전자회사가 되는 회사의 주주에게 지급할 금액을 정한 때에는 그 규정
5. 각 회사가 제 1 항의 주주총회 승인결의를 할 주주총회의 기일
6. 주식교환을 할 날
7. 각 회사가 주식교환을 할 날까지 이익배당을 할 때에는 그 한도액

---

1) 유가증권시장 공시규정 제 7 조(주요경영사항) ① 주권상장법인은 주요경영사항에 해당하는 경우에는 그 사실 또는 결정내용을 그 사유발생 당일에 거래소에 신고하여야 한다.
   3. 해당 유가증권시장주권상장법인의 기업경영활동에 관한 다음 각 목의 어느 하나에 해당하는 사실 또는 결정이 있은 때(제 3 호)
      가. 해당 유가증권시장주권상장법인의 지배구조 또는 구조개편에 관한 다음의 어느 하나에 해당하는 사실 또는 결정이 있은 때
      (4) 상법 제 3 편 제 4 장 제 2 절 제 2 관 또는 제 3 관에 따른 주식교환 또는 주식이전의 결정이 있은 때

8. 제360조의6의 규정에 의하여 회사가 자기의 주식을 이전하는 경우에는 이전할 주식의 총수·종류 및 종류별 주식의 수
9. 완전모회사가 되는 회사에 취임할 이사와 감사 또는 감사위원회의 위원을 정한 때에는 그 성명 및 주민등록번호

(나) 주식이전계획서의 작성

주식교환에서는 모회사와 자회사가 될 회사간의 계약을 체결하여야 하나, 주식이전은 어느 회사가 자신의 의지에 의해 자신의 모회사를 신설하는 제도이므로 주식교환계약에서와 같은 계약은 존재하지 않는다. 다만 모회사를 신설하고자 하는 회사의 일방적인 계획으로 실행된다. 따라서 주식이전을 하고자 하는 회사는 다음의 사항을 기재한 주식이전계획서를 작성하여야 한다(상법 제360조의16 제1항).

1. 설립하는 완전모회사의 정관의 규정
2. 설립하는 완전모회사가 주식이전에 있어서 발행하는 주식의 종류와 수 및 완전자회사가 되는 회사의 주주에 대한 주식의 배정에 관한 사항
3. 설립하는 완전모회사의 자본의 액 및 자본준비금에 관한 사항
4. 완전자회사가 되는 회사의 주주에 대하여 지급할 금액을 정한 때에는 그 규정
5. 주식이전을 할 시기
6. 완전자회사가 되는 회사가 주식이전의 날까지 이익을 배당하거나 제462조의3의 규정에 의하여 금전으로 이익배당을 할 때에는 그 한도액
7. 설립하는 완전모회사의 이사와 감사 또는 감사위원회의 위원의 성명 및 주민등록번호
8. 회사가 공동으로 주식이전에 의하여 완전모회사를 설립하는 때에는 그 뜻

3) 주식교환계약서 또는 주식이전계획서 등의 공시

상법은 주주가 주식교환 승인결의 또는 주식이전 승인결의에 관하여 의사결정을 하기 위해서는 사전에 주식교환 또는 주식이전의 구체적인 사항을 파악할 필요가 있음을 고려하여 사전에 공시하게 하고 있다.

(가) 주식교환계획서 등 관련서류의 공시

이사는 주식교환의 승인결의를 위한 주주총회의 회일의 2주 전부터 주식교환의 날 이후 6월이 경과하는 날까지 다음의 서류를 본점에 비치하여야 한다(상법 제360조의4 제1항).

1. 주식교환계약서
2. 완전자회사가 되는 회사의 주주에 대한 주식의 배정에 관하여 그 이유를 기재한 서면
3. 주식교환의 승인을 위한 주주총회의 회일(제360조의9의 규정에 의한 간이주식교환의 경우에는 동조 제 2 항의 규정에 의하여 공고 또는 통지를 한 날) 전 6월 이내의 날에 작성한 주식교환을 하는 각 회사의 최종 대차대조표 및 손익계산서

주주는 영업시간 내에 언제든지 위 서류의 열람 또는 등본을 청구할 수 있다(상법 제360조의4 제 2 항, 제391조의3 제 3 항). 그러나 채권자의 열람은 허용되지 않는다(동 조항의 반대해석). 주식교환은 회사의 재산에 변동을 가져오는 것이 아니므로 채권자의 이해는 없기 때문이다.

(나) 주식이전계획서 등 관련서류의 공시

이사는 주식이전 승인을 위한 주주총회의 회일의 2주 전부터 주식이전의 날 이후 6월을 경과하는 날까지 다음의 서류를 본점에 비치하여야 한다(상법 제360조의17 제 1 항).

1. 주식이전계획서
2. 완전자회사가 되는 회사의 주주에 대한 주식의 배정에 관하여 그 이유를 기재한 서면
3. 주식이전 승인을 위한 주주총회의 회일 전 6월 이내의 날에 작성한 완전자회사가 되는 회사의 최종 대차대조표 및 손익계산서

주주는 영업시간 내에 언제든지 위 서류의 열람 또는 등본을 청구할 수 있다(상법 제360조의17 제 2 항, 제391조의3 제 3 항).

4) 주주총회의 승인결의

(가) 주식교환

주식교환계약서는 완전모회사가 될 회사와 완전자회사가 될 회사에서 각각 주주총회의 특별결의에 의한 승인을 얻어야 한다(상법 제360조의3 제 1 항 및 제 2 항). 주식교환을 현물출자적인 사고로 이해한다면 자회사의 주주총회의 결의만 있으면 족하고, 모회사에서까지 주주총회의 결의를 요한다고 볼 것은 아니다. 그러나 전술한 바와 같이 상법은 주식교환을 단체법적 행위로 파악하므로 모회사의 승인결의를 요구하고 있다.

회사가 주주총회를 소집하는 통지와 공고에 다음의 사항을 기재하여야 한다(상법 제360조의3 제 4 항).

1. 주식교환계약서의 주요내용
2. 반대주주의 주식매수청구권의 내용 및 행사방법
3. 일방회사의 정관에 주식의 양도에 관하여 이사회의 승인을 요한다는 뜻의 규정이 있고 다른 회사의 정관에 그 규정이 없는 경우 그 뜻

주식교환으로 인하여 주식교환에 관련되는 각 회사의 주주의 부담이 가중되는 경우에는 제 1 항의 주주총회의 승인결의 및 주식교환으로 인하여 어느 종류의 주주에게 손해를 미치게 될 경우에(상법 제436조)는 해당 종류주주총회의 특별결의 외에 그 주주 전원의 동의가 있어야 한다(상법 제360조의3 제 5 항).

(나) 주식이전

주식이전계획서는 주주총회의 특별결의에 의하여 승인을 받아야 한다(상법 제360조의16 제 1 항 및 제 2 항). 주주총회 소집을 위한 통지 및 공고에 기재할 사항은 주식교환의 경우와 동일하다(동조 제 3 항, 360조의3 제 4 항).

주식이전으로 인하여 주식이전에 관련되는 각 회사의 주주의 부담이 가중되는 경우와 제 1 항의 주주총회 승인결의 및 주식이전으로 인하여 어느 종류의 주주에게 손해를 미치게 될 경우에(상법 제436조)는 해당 종류주주총회의 특별결의 외에 그 주주 전원의 동의가 있어야 한다(상법 제360조의16 제 4 항).

(4) 자본시장법상 주식의 포괄적 교환·이전의 특례

1) 주식의 포괄적 교환·이전에 관한 정보공시

(가) 증권신고서의 제출

가) 서　설　　증권거래법에서는 전술한 합병, 중요한 영업 또는 자산의 양수도의 경우와 마찬가지로 주식의 포괄적 교환·이전의 경우에도 금융위원회와 거래소에 신고할 의무를 부과하고 있었다.

그러나 자본시장법에서는 이러한 신고의무를 폐지하는 대신에 주식의 포괄적 교환·이전으로 인하여 증권을 모집 또는 매출하는 경우에는 합병에 준하여 증권신고서에 이러한 조직개편행위에 관한 주요사항을 기재하도록 하고 있다(증권의 발행 및 공시 등에 관한 규정 제2-10조).

나) 기재사항 및 첨부서류 주식의 포괄적 교환·이전에 관한 증권신고서에는 주식의 포괄적 교환·이전의 개요와 당사회사에 관한 사항을 기재하여야 한다. 당사회사에 관한 사항은 합병에 관한 증권신고서의 경우와 같다. 첨부서류는 합병에 관한 증권신고서의 첨부서류와 같다(증권의 발행 및 공시 등에 관한 규정 제2–10조 제 5 항 및 제 6 항).

[증권의 발행 및 공시 등에 관한 규정]

제2–10조(영업 및 자산양수·도, 주식의 포괄적 교환·이전, 분할 및 분할합병의 증권신고서의 기재사항 및 첨부서류) ① 제2–6조에도 불구하고 주식의 포괄적 교환·이전으로 인하여 증권을 모집 또는 매출하는 경우에는 영 제129조에 따라 증권신고서에 다음 각 호의 사항을 기재하여야 한다.

1. 제2–9조 제 1 항 제 1 호
2. 주식의 포괄적 교환·이전의 개요
   가. 주식의 포괄적 교환·이전의 일반사항
   나. 주식의 포괄적 교환·이전 비율 및 산출근거(외부평가가 의무화된 경우 외부평가기관의 교환·이전 비율 적정성에 대한 평가의견을 포함)
   다. 주식의 포괄적 교환·이전의 요령
   라. 모집 또는 매출되는 증권의 주요 권리내용
   마. 모집 또는 매출되는 증권의 취득에 따른 투자위험요소
   바. 출자·채무보증 등 당사회사간의 이해관계에 관한 사항
   사. 주식매수청구권에 관한 사항
   아. 그 밖에 투자자 보호를 위하여 필요한 사항
3. 제2–9조 제 1 항 제 3 호(이 경우 당사회사는 주식의 포괄적 교환의 경우에는 완전모회사 및 완전자회사가 되는 회사, 주식의 포괄적 이전의 경우에는 완전자회사가 되는 회사를 말한다)

⑥ 제 5 항의 증권신고서의 첨부서류는 제2–9조 제 2 항을 준용한다. 이 경우 같은 항 제 5 호는 주식이전계획서를 말하며, 당사회사는 주식의 포괄적 교환의 경우에는 완전모회사 및 완전자회사가 되는 회사, 주식의 포괄적 이전의 경우에는 완전자회사가 되는 회사를 말한다.

(나) 거래소 신고 및 주요사항보고서의 제출

주권상장법인은 주식교환 또는 주식이전에 관한 이사회의 결정이 있은 때에는 그 결정내용을 그 사유발생 당일에 거래소에 신고하여야 한다(유가증권시장 공

시규정 제 7 조 제 1 항 제 3 호 가목 (4)).

주권상장법인은 이사회에서 "주식의 포괄적 교환·이전의 사실이 발생한 때"에는 그 사실이 발생한 날의 다음 날까지 그 내용을 기재한 주요사항보고서를 금융위원회에 제출하여야 한다(법 제161조 제 1 항 제 6 호).

2) 주식의 포괄적 교환·이전 가액의 결정

주식의 포괄적 교환 또는 포괄적 이전에 관하여는 전술한 합병가액 산정방식에 관한 제176조의5 제 1 항을 준용한다. 다만, 주식의 포괄적 이전으로서 그 주권상장법인이 단독으로 완전자회사가 되는 경우에는 그러하지 아니하다(영 제176조의6 제 2 항). 이 경우에는 주권상장법인의 주주가 완전모회사의 주주로 지위만 변경될 뿐 당해 주권상장법인의 자산에는 변화가 없기 때문이다.

3) 외부평가기관의 평가의무

주식의 포괄적 교환·이전(상법 제360조의2 및 제360조의15에 따른 완전자회사가 되는 법인 중 주권비상장법인이 포함되는 경우와 완전모회사가 주권비상장법인으로 되는 경우만 해당)을 하려는 경우에는 주식의 포괄적 교환비율의 적정성에 대하여 외부평가기관(제176조의5 제 8 항에 따라 합병에 대한 평가를 할 수 없는 외부평가기관은 제외)의 평가를 받아야 한다(영 제176조의6 제 3 항).

4) 적용면제 등

자본시장법 제165조의4 제 3 호에 따른 주식의 포괄적 교환·이전에 관하여는 제176조의5 제 9 항 및 제10항을 준용한다(영 제176조의6 제 4 항).

5) 주식의 포괄적 교환·이전의 종료보고

주권상장법인이 합병 등의 사유로 법 제161조에 따라 주요사항보고서를 제출한 이후 다음과 같이 합병 등을 사실상 종료한 때에는 지체 없이 이와 관련한 사항을 기재한 서면을 금융위에 제출하여야 한다. 다만, 제2-19조 제 3 항에 따라 증권발행실적보고서를 제출하는 경우에는 그러하지 아니하다(증권의 발행 및 공시 등에 관한 규정 제5-15조).

1. 합병등기를 한 때
2. 등기 등 사실상 영업양수·양도를 종료한 때
3. 관련 자산의 등기 등 사실상 자산양수·양도를 종료한 때
4. 분할 또는 분할합병 등기를 한 때

5. 주식교환을 한 날 또는 주식이전에 따른 등기를 한 때

5. 분할 또는 분할합병

(1) 서 설

1) 의 의

상법상 회사분할이라 함은 "1개의 회사가 2개 이상의 회사로 나누어져, 분할 전 회사(피분할회사)의 권리의무가 분할 후의 회사에 포괄승계되고 분할 전 회사가 소멸하는 경우 청산절차 없이 소멸되며, 원칙적으로 분할 전 회사의 주주가 분할 후의 회사의 주주가 되는 회사법상의 법률요건"을 말한다.[1)]

이는 2개 이상의 회사가 합쳐서 하나의 회사로 되는 합병과는 반대 개념이지만 기업재편의 방법이라는 점에서 공통된다.

1998년 개정 상법은 주식회사에 대하여 회사의 분할을 규정하고 있는데, 이러한 회사의 분할에 대하여 "회사는 분할에 의하여 1개 또는 수개의 회사를 설립하거나(단순분할)(상법 제530조의2 제 1 항), 또는 1개 또는 수개의 존립 중의 회사와 합병하는 것(분할합병)(상법 제530조의2 제 2 항)"이라고 규정하고 있다. 또한 상법은 회사가 단순분할과 분할합병을 겸할 수도 있음을 규정하고 있다.[2)]

2) 경제적 기능

회사분할의 유용성은 분할회사와 분할신설회사 또는 기업경영진 등 분할 관련 이해당사자들의 입장에서 여러 가지로 설명할 수 있지만, 가장 중요한 것은 변화하는 기업환경에 적응하기 위하여 회사의 구조를 근본적으로 개혁하려는 이른바 기업구조조정의 동기라고 할 수 있으며, 이는 회사분할에 대한 세제상의 우대조치에 의하여 뒷받침되고 있다.

회사분할은 특정사업부문의 전문화를 도모하고, 한계사업부문의 정리, 불량자산의 분리수단으로 이용된다. 또한 기업의 회생수단으로서의 기능, 위험부담의 분산 및 신규사업 진출, 외자유치 및 사업부문 매각의 추진, 독립채산제의 실행, 지주회사의 설립 및 전환 수단으로서의 기능을 수행할 수 있으며, 이해관계의 조정 및 재산의 분배, 고용조정의 수단, 노무관리의 차별화, 주가관리의 수단 등으로 기

---

1) 정찬형, 상법강의(상), 박영사(2008), 471쪽.

2) 정찬형, 전게서, 472쪽.

능을 수행할 수 있다.[1)]

(2) 자본시장법상 회사의 분할·분할합병의 특례

1) 회사의 분할·분할합병에 관한 정보공시

(가) 증권신고서의 제출

가) 서　설　　증권거래법에서는 전술한 합병 등의 경우와 마찬가지로 회사의 분할·분할합병의 경우에도 금융위원회와 거래소에 신고할 의무를 부과하고 있었다.

그러나 자본시장법에서는 이러한 신고의무를 폐지하는 대신에 회사의 분할·분할합병으로 인하여 증권을 모집 또는 매출하는 경우에는 합병에 준하여 증권신고서에 이러한 조직개편행위에 관한 주요사항을 기재하도록 하고 있다(증권의 발행 및 공시 등에 관한 규정 제2-10조).

나) 기재사항 및 첨부서류　　회사의 분할·분할합병에 관한 증권신고서에는 분할·분할합병의 개요와 당사회사에 관한 사항을 기재하여야 한다. 당사회사에 관한 사항은 합병에 관한 증권신고서의 경우와 같다. 첨부서류는 합병에 관한 증권신고서의 첨부서류와 같다(증권의 발행 및 공시 등에 관한 규정 제2-10조 제7항 내지 제10항).

[증권의 발행 및 공시 등에 관한 규정]

제2-10조(영업 및 자산양수·도, 주식의 포괄적 교환·이전, 분할 및 분할합병의 증권신고서의 기재사항 및 첨부서류) ⑦ 제2-6조에도 불구하고 분할로 인하여 증권을 모집 또는 매출하는 경우에는 영 제129조에 따라 증권신고서에 다음 각 호의 사항을 기재하여야 한다.

1. 제2-9조 제1항 제1호
2. 분할의 개요
   가. 분할에 관한 일반사항
   나. 분할의 요령
   다. 분할되는 영업 및 자산의 내용
   라. 모집 또는 매출되는 증권의 주요 권리내용
   마. 모집 또는 매출되는 증권의 취득에 따른 투자위험요소
   바. 그 밖에 투자자 보호를 위하여 필요한 사항

---

1) 상세한 내용은 이광중, 전게서, 76쪽 이하 참조.

3. 제2-9조 제 1 항 제 3 호(이 경우 당사회사는 분할되는 회사를 말한다)

⑧ 제 7 항의 증권신고서의 첨부서류는 제2-9조 제 2 항(제11호는 제외)을 준용한다. 이 경우 같은 항 제 5 호는 분할계획서를 말하며, 당사회사는 분할되는 회사를 말한다.

⑨ 제2-6조에도 불구하고 분할합병으로 인하여 증권을 모집 또는 매출하는 경우에는 영 제 129조에 따라 증권신고서에 다음 각 호의 사항을 기재하여야 한다.

1. 제2-9조 제 1 항 제 1 호
2. 분할합병의 개요
   가. 제2-9조 제 1 항 제 2 호 각 목의 사항
   나. 분할되는 영업 및 자산의 내용
3. 제2-9조 제 1 항 제 3 호(이 경우 당사회사는 분할되는 회사 및 분할합병의 상대방회사를 말한다)

⑩ 제 9 항의 증권신고서의 첨부서류는 제2-9조 제 2 항을 준용한다. 이 경우 당사회사는 분할되는 회사 및 분할합병의 상대방회사를 말한다.

(나) 거래소 신고 및 주요사항보고서의 제출

주권상장법인은 주식교환 또는 주식이전에 관한 이사회의 결정이 있은 때에는 그 결정내용을 그 사유발생 당일에 거래소에 신고하여야 한다(유가증권시장 공시규정 제 7 조 제 1 항 제 3 호 가목 (5)).

주권상장법인은 이사회에서 "회사의 분할 및 분할합병 등의 사실이 발생한 때"에는 그 사실이 발생한 날의 다음 날까지 그 내용을 기재한 주요사항보고서를 금융위원회에 제출하여야 한다(법 제161조 제 1 항 제 6 호).

2) 회사의 분할·분할합병가액의 결정

자본시장법 제165조의4 제 4 호에 따른 분할합병에 관하여는 합병가액 산정방식에 관한 시행령 제176조의5 제 1 항(분할되는 법인의 합병대상이 되는 부분의 합병가액 산정에 관하여는 같은 항 제 2 호 나목)을 준용한다(영 제176조의6 제 2 항).

3) 외부평가기관의 평가의무

자본시장법 제165조의4 제 4 호에 따른 분할합병을 하려는 경우에는 분할합병 비율의 적정성에 대하여 외부평가기관(영 제176조의5 제 8 항에 따라 합병에 대한 평가를 할 수 없는 외부평가기관은 제외)의 평가를 받아야 한다(영 제176조의6 제 3 항).

4) 적용면제 등

자본시장법 제165조의4 제 4 호에 따른 분할·분할합병에 관하여는 제176조의

5 제9항 및 제10항을 준용한다(영 제176조의6 제4항).

5) 분할·분할합병의 종료보고

주권상장법인이 합병 등의 사유로 법 제161조에 따라 주요사항보고서를 제출한 이후 다음과 같이 합병 등을 사실상 종료한 때에는 지체 없이 이와 관련한 사항을 기재한 서면을 금융위에 제출하여야 한다. 다만, 제2-19조 제3항에 따라 증권발행실적보고서를 제출하는 경우에는 그러하지 아니하다(증권의 발행 및 공시 등에 관한 규정 제5-15조).

1. 합병등기를 한 때
2. 등기 등 사실상 영업양수·양도를 종료한 때
3. 관련 자산의 등기 등 사실상 자산양수·양도를 종료한 때
4. 분할 또는 분할합병 등기를 한 때
5. 주식교환을 한 날 또는 주식이전에 따른 등기를 한 때

6. 위반에 대한 제재

(1) 민사책임

증권신고서 및 그 첨부서류 관련 부분은 제2장 발행시장과 공시규제 부분에서 설명한 사항이 그대로 해당하고, 주요사항보고서 및 그 첨부서류 관련 부분은 제4장 유통시장과 공시규제 부분에서 설명한 사항이 그대로 해당한다.

(2) 행정제재

금융위원회는 다음 각 호의 어느 하나에 해당하는 경우에는 주권상장법인에 대하여 이유를 제시한 후 그 사실을 공고하고 정정을 명할 수 있으며, 필요하면 그 법인의 주주총회에 대한 임원의 해임 권고, 일정기간 증권의 발행 제한, 그 밖에 대통령령으로 정하는 조치를 할 수 있다. 이 경우 그 조치에 필요한 절차 및 조치기준은 총리령으로 정한다(법 제165조의18).

7. 제165조의4를 위반하여 같은 조 각 호의 어느 하나에 해당하는 행위를 한 경우

여기서 "대통령령으로 정하는 조치"란 자본시장법을 위반한 경우에는 고발 또는 수사기관에의 통보, 다른 법률을 위반한 경우에는 관련기관이나 수사기관에의

통보, 경고 또는 주의를 말한다(영 제176조의 18 제 2 항, 제138조 제 3 호 내지 제 5 호).

그리고 기타 행정제재는 제2장 발행시장과 공시규제 부분에서 설명한 부분이 그대로 적용될 것이다.

(3) 형사제재

증권신고서 및 그 첨부서류 관련 부분은 제 2 장 발행시장과 공시규제 부분에서 설명한 사항이 그대로 해당하고, 주요사항보고서 및 그 첨부서류 관련 부분은 제4장 유통시장과 공시규제 부분에서 설명한 사항이 그대로 해당한다.

Ⅳ. 주식매수청구권

1. 서 설

(1) 의 의

자본시장법은 "주권상장법인이 일정한 의결사항(주식교환·간이주식교환·주식이전·영업양도 등·합병·간이합병 및 분할합병)에 관한 이사회 결의에 반대하는 주주(의결권 없는 주주를 포함)는 주주총회 전에 해당 법인에 대하여 서면으로 그 결의에 반대하는 의사를 통지한 경우에만 자기가 소유하고 있는 주식을 매수하여 줄 것을 해당 법인에 대하여 주주총회의 결의일부터 20일 이내에 주식의 종류와 수를 기재한 서면으로 청구할 수 있다(법 제165조의5 제 1 항)고 규정하고 있는데, 이를 주식매수청구권이라고 한다.

(2) 기 능

주식매수청구권은 다수파주주와 아울러 소수파주주 쌍방의 이익을 조화하기 위한 제도이다. 이 제도에 의하여 다수파주주는 그들의 계획을 원만히 실현할 수 있는 반면, 소수파주주는 그의 투하자본을 공정한 가격으로 회수하고서 회사로부터 떠날 수 있게 된다. 다수파주주에게는 회사의 중요한 개혁(영업양도, 합병 등)을 소수파주주의 반대를 무릅쓰고 실현할 수 있게 하여 주는 반면, 소수파주주에게는 다수결의 남용이나 당해 행위로부터 초래될 위험으로부터 벗어날 수 있는 길을 열어 주는 것이다.

이 제도의 필요성은 상장법인에 비하여 비상장법인에게 더 크다. 상장법인의 경우에는 증권시장을 통하여 주식의 처분이 용이함에 비하여 비상장법인의 경우에는 그 처분이 용이하지 않기 때문이다.[1)]

(3) 법적 성질

주식매수청구를 받으면 해당 법인은 매수청구기간이 종료하는 날부터 1개월 이내에 해당 주식을 매수하여야 한다(법 제165조의5 제2항). 따라서 주식매수청구권은 일정한 경우 주주가 그 권리를 일방적으로 행사하면 회사는 그 주식을 매수할 의무가 생기는 것이므로 형성권에 해당한다.

2. 요 건

(1) 의결사항

자본시장법상 주식매수청구권의 행사가 가능한 경우는 주식의 포괄적 교환 · 간이주식교환·주식의 포괄적 이전·중요한 영업양수도 등·합병·간이합병 및 분할합병을 위한 주주총회 특별결의를 하는 경우이다(법 제165조의5 제1항).

(2) 주식매수청구권이 인정되는 주주

주식매수청구권을 행사할 수 있는 주주는 다음의 요건을 구비하여야 한다.

① 주주명부폐쇄기준일 현재 주주명부에 기재되어야 한다.
② 주주총회 전에 해당 법인에 대하여 서면으로 이사회 결의에 반대하는 의사를 통지한 경우이어야 한다(간이주식교환에 따른 완전자회사가 되는 회사의 주주와 간이합병에 따른 소멸하는 회사의 주주의 경우에는 간이주식교환 및 간이합병에 따른 공고 또는 통지를 받은 날로부터 2주 이내)(법 제165조의5 제1항).
③ 주주명부폐쇄기준일로부터 매수청구권 행사일까지 주식을 계속 보유하여야 한다.
④ 주주총회의 결의일(간이주식교환에 따른 완전자회사가 되는 회사의 주주와 간이합병에 따른 소멸하는 회사의 주주의 경우에는 간이주식교환 및 간이합병에 따른 공공 또는 통지를 받은 날로부터 2주가 경과한 날)부터 20일 이내에 주식의 종류와 수를 기재한 서면으로 청구하여야 한다(법 제165조의5 제1항).

위의 요건을 모두 구비한 경우 주주총회일(간이주식교환과 간이합병의 경우에는 공고 또는 통지를 받은 날로부터 2주 경과일)로부터 주식매수청구권을 행사할 수 있

1) 김교창, 전게서, 139쪽.

다. 주식매수청구권을 행사하기 위하여 이사회 결의에 반대한 주주가 반드시 주주총회에 참석할 필요는 없으나, 이사회 결의에 반대의사를 통지한 주주가 주주총회에 참석하여 찬성의사를 표시한 경우에는 주식매수청구권을 행사할 수 없게 된다.

(3) 대상주식

1) 자기가 소유하고 있는 주식

상장법인은 합병 등 주요경영사항에 관한 이사회 결의가 있는 경우 증권시장에 공시를 한다. 이 공시가 있은 후에 주식을 취득한 주주에게는 주식매수청구권이 인정되지 않는다. 따라서 자본시장법에서는 원칙적으로 이사회 결의가 있은 사실이 공시되기 이전에 취득하였음을 증명하는 주주에 한하여 매수청구권을 인정한다.

주식매수청구권을 행사할 수 있는 주식은 "자기가 소유하고 있는 주식"이어야 한다. 여기서 자기가 소유하고 있는 주식은 반대의사를 통지한 주주가 이사회 결의 사실이 공시[1]되기 이전에 취득하였음을 증명한 주식과, 이사회 결의 사실이 공시된 이후에 취득하였지만 이사회 결의 사실이 공시된 날의 다음 날까지 해당 주식의 취득계약이 체결된 경우(영 제176조의7 제 1 항)에 해당함을 증명한 주식만 해당한다(법 제165조의5 제 1 항).

"자기가 소유하고 있는 주식"은 주주총회 전의 반대통지, 주주총회에서의 반대, 주식매수청구의 각 단계에서 변동 없이 동일성이 인정되어야 하며, 주주총회에서 전량의 주식으로써 반대하였더라도 주식매수청구 자체는 일부 주식에 대하여서만 하는 것도 인정된다.[2]

---

1) 유가증권시장 공시규정 제 7 조(주요경영사항) ① 주권상장법인은 주요경영사항에 해당하는 경우에는 그 사실 또는 결정내용을 그 사유발생 당일에 거래소에 신고하여야 한다.
3. 해당 유가증권시장주권상장법인의 기업경영활동에 관한 다음 각 목의 어느 하나에 해당하는 사실 또는 결정이 있은 때(제 3 호)
가. 해당 유가증권시장주권상장법인의 지배구조 또는 구조개편에 관한 다음의 어느 하나에 해당하는 사실 또는 결정이 있은 때
(5) 상법 제374조·제522조·제530조의2 및 제530조의12에서 규정한 사실에 관한 결정이 있은 때
(6) 상법 제527조의2에 따른 간이합병 또는 제527조의3에 따른 소규모합병에 관한 결정이 있은 때

2) 임재연, 전게서, 586쪽.

2) **의결권 없는 주식**

상법 제370조 제1항에 따른 의결권 없는 주주도 주식매수청구권을 행사할 수 있다(법 제165조의5 제1항).

3. 주식매수청구권의 행사절차

(1) 반대의사의 통지

1) **총회소집의 통지 및 공고**

회사는 이사회의 결의가 있은 후 주주총회를 소집하는데, 공식적으로 주주가 주주총회 소집의 통지 또는 공고에 의하여 합병 등이 추진되고 있음을 알게 되고 반대 여부를 결정한다. 따라서 회사는 주주로 하여금 주식매수청구권을 행사할 수 있는 기회를 보장하기 위하여 이사회 결의사항에 관한 주주총회의 소집의 통지 또는 공고를 한다.

즉 주권상장법인은 주식교환, 주식이전, 영업양도 등, 합병·분할합병에 관한 주주총회 소집의 통지 또는 공고를 하거나, 간이주식교환 및 간이합병에 관한 통지 또는 공고를 하는 경우에는 주식매수청구권의 내용 및 행사방법을 명시하여야 한다. 이 경우 의결권 없는 주주에게도 그 사항을 통지하거나 공고하여야 한다(법 제165조의5 제5항).

이는 회사가 주주들로 하여금 주식매수청구권을 행사할 기회를 확실히 부여하기 위한 것이다. 만일 회사가 주주총회의 소집통지를 게을리하거나 위 의안의 요령 또는 이 청구권의 행사에 관한 것을 그 통지에 누락한 경우에는 총회 이후에도 주주가 반대의 통지를 하고 이 청구권을 행사할 수 있다고 본다.

2) **사전반대의 통지**

이사회 결의에 반대하는 주주는 주주총회 전에 해당 법인에 대하여 서면으로 이사회 결의에 반대하는 의사를 통지한 경우에만 주식매수청구권을 행사할 수 있으며, 간이주식교환(상법 제360조의9)에 따른 완전자회사가 되는 회사의 주주와 간이합병(상법 제527조의2)에 따른 소멸하는 회사의 주주의 경우에는 간이주식교환 및 간이합병에 따른 공고 또는 통지를 받은 날로부터 2주 이내에 반대의사를 통지하여야 한다(법 제165조의5 제1항).

주식매수청구권 행사의 대상인 결의를 위한 총회가 소집되었으면, 주주는 바로 그때부터 그 총회의 개회선언시까지 이 서면을 제출하여야 한다. 이와 같은 통지를 하도록 한 이유는 매수청구를 예고함으로써 회사에 대하여 의안의 제출 여부를 재고할 기회를 부여함과 아울러 결의의 성립을 위한 대책을 강구하도록 한 것이다.[1)]

사전반대는 주주권의 행사이므로 통지 당시에 주주권을 행사할 수 있는 자만이 할 수 있다. 따라서 기명주주이면 주주명부 또는 실질주주명부에 등재된 자이어야 하고, 무기명주주이면 통지와 동시에 주권을 공탁해야 한다. 통지는 주주총회일 이전에 회사에 도달해야 하며, 통지사실은 주주가 증명해야 한다.[2)]

(2) 서면에 의한 주식매수의 청구

반대주주는 주주총회 전에 서면으로 반대의사를 통지하면 주식매수청구권이 인정되므로 다시 총회에 출석하여 반대할 필요는 없다. 주주는 주주총회의 결의일부터 20일 이내에 주식의 종류와 수를 기재한 서면으로 청구하여야 하며, 간이주식교환(상법 제360조의9)에 따른 완전자회사가 되는 회사의 주주와 간이합병(상법 제527조의2)에 따라 소멸하는 회사의 주주의 경우에는 간이주식교환 및 간이합병에 따른 공고 또는 통지를 받은 날로부터 2주가 경과한 날부터 20일을 기산한다(법 제165조의5 제 1 항).

주주가 위 기간 내에 매수청구를 하지 아니하면 매수청구권은 소멸한다. 반대의 통지를 한 주주가 총회에 출석하여 찬성의 결의를 한 경우에는 반대의 통지를 철회한 것으로 보아 주식매수청구권을 행사할 수 없다.

주주가 반대의사를 통지하는 서면에는 주주가 반대하는 주식의 종류와 그 수를 기재하고 그 의안에 반대한다는 뜻을 기재하여야 한다. 그리고 이때에 주주는 자신이 소유하고 있는 주식 중 일부에 한하여만 반대의 뜻을 통지할 수도 있다. 만일 주식의 종류와 수를 기재하지 아니하였으면 주주가 가지고 있는 주식 전부를 가지고 반대의 의사를 통지한 것으로 보아야 한다.

(3) 주식매수청구에 관한 서류의 거래소 제출

주권상장법인은 자본시장법 제165조의5에 따른 주식매수청구가 있을 경우에는 매수를 청구한 주주와 주식의 종류 및 수, 매수가격의 결정이 있을 경우에는

1) 김교창, 전게서, 141쪽.
2) 이철송, 전게서, 483쪽.

그 매수가격 및 결정방법에 관한 사항을 세칙이 정하는 바에 따라 지체 없이 문서로 거래소에 제출하여야 한다(유가증권시장 상장규정 제56조 제 1 항).

4. 주식매수가격의 결정

(1) 당사자의 협의

주식의 매수가격은 주주와 해당 법인 간의 협의로 결정한다(법 제165조의5 제 3 항). 협의란 그 자체가 쌍방의 의사합치가 있을 경우에 가능한 것이므로 어느 일방에 협의의 의사가 없으면 거칠 수 없는 절차이다. 즉 협의는 구속력이 있는 절차가 아니므로 이를 생략하고 다음 단계의 결정절차를 거칠 수 있다. 협의는 반대주주가 집단을 이루어야 함을 의미하는 것은 아니고 회사가 개개인의 주주와 개별적인 약정에 의해 정하는 것이다. 그러나 실제로는 회사가 가격을 제시하고 주주들이 개별적으로 수락 여부를 결정하게 될 것이다.[1)]

(2) 법정매수가격

주주와 해당 법인간의 협의가 이루어지지 아니하는 경우의 매수가격은 이사회 결의일 이전에 증권시장에서 거래된 해당 주식의 거래가격을 기준으로 하여 대통령령으로 정하는 방법에 따라 산정된 금액으로 한다(법 제165조의5 제 3 항).

여기서 "대통령령으로 정하는 방법에 따라 산정된 금액"이란 다음 각 호의 금액을 말한다(영 제176조의7 제 2 항).

1. 증권시장에서 거래가 형성된 주식은 다음 각 목의 방법에 따라 산정된 가격의 산술평균가격
   가. 이사회 결의일 전일부터 과거 2개월(같은 기간 중 배당락 또는 권리락으로 인하여 매매기준가격의 조정이 있는 경우로서 배당락 또는 권리락이 있은 날부터 이사회 결의일 전일까지의 기간이 7일 이상인 경우에는 그 기간)간 공표된 매일의 증권시장에서 거래된 최종시세가격을 실물거래에 의한 거래량을 가중치로 하여 가중산술평균한 가격
   나. 이사회 결의일 전일부터 과거 1개월(같은 기간 중 배당락 또는 권리락으로 인하여 매매기준가격의 조정이 있는 경우로서 배당락 또는 권리락이 있은 날부터 이사회 결의일 전일까지의 기간이 7일 이상인 경우에는 그 기간)간 공표된 매일의 증권시장에서 거래된 최종시세가격을 실물거래에 의한 거래량을

1) 이철송, 전게서, 485쪽.

가중치로 하여 가중산술평균한 가격

다. 이사회 결의일 전일부터 과거 1주일간 공표된 매일의 증권시장에서 거래된 최종시세가격을 실물거래에 의한 거래량을 가중치로 하여 가중산술평균한 가격

2. 증권시장에서 거래가 형성되지 아니한 주식은 제176조의5 제1항 제2호 나목에 따른 가격

(3) 법원의 결정

해당 법인이나 매수를 청구한 주주가 법정 매수가격에 대하여도 반대하면 법원에 매수가격의 결정을 청구할 수 있다(법 제165조의5 제3항).

5. 주식매수청구권행사의 효과

(1) 회사의 주식매수의무

주주의 주식매수청구를 받으면 해당 법인은 매수청구기간이 종료하는 날부터 1개월 이내에 해당 주식을 매수하여야 한다(법 제165조의5 제2항). 주주가 주식매수청구권을 행사하면 즉시 주주와 회사 사이에 매매계약이 성립한다. 그러나 이 매매계약의 성립에 회사의 승낙을 필요로 하지 않는다. 회사는 1개월 이내에 매수한 주식의 대금을 지급하여야 하고, 이 기간은 이행기간으로 해석하여야 할 것이다. 이 경우 주식대금의 지급과 주권의 교부는 동시이행의 관계에 있으며, 대금지급시에 회사로의 주식양도의 효력이 발생한다.[1)]

(2) 매수주식의 처리

주권상장법인이 제1항에 따라 매수한 주식은 해당 주식을 매수한 날부터 3년 이내에 처분하여야 한다. 다만, 주주에게 배당할 이익으로 주식을 소각하려는 경우에는 제165조의3(같은 조 제2항 각 호 외의 부분 후단 및 같은 조 제3항 제1호는 제외)에 따라야 하며, 이 경우 같은 조 제2항 제2호를 적용함에 있어서는 "소각하기 위하여 취득할 주식가액의 총액"을 "소각할 주식가액의 총액"으로 하고, 같은 조 제2항 제3호를 적용함에 있어서는 "주식을 취득하려는 기간. 이 경우 그 기간은"을 "주식을 소각하려는 날. 이 경우 그 날은"으로 하며, 같은 조 제3항 제2호를 적용함에 있어서는 "소각을 위하여 취득할 자기주식의 금액"을 "소각할 자기

1) 김교창, 전게서, 142쪽.

주식 가액의 총액"으로 한다(법 제165조의5 제4항).

제 3 절 주식관련 특례규정(주식발행과 관련된 특례규정)

Ⅰ. 일반공모증자

1. 서 설

(1) 신주발행의 의의

광의의 신주발행은 회사의 성립 후에 정관에 정한 회사가 발행할 주식의 총수의 범위 내에서 새로이 주식을 발행하는 모든 경우를 말한다. 신주발행이 있으면 새로이 발행된 주식의 액면가액의 총액만큼 자본이 증가하는 것이 원칙이다. 그런데 상법상 자본의 증가, 즉 증자는 신주발행에 의한 증자를 말하고, 증자는 신주발행과 같은 의미로 사용된다. 상법은 수권자본제도를 채택하여 증자는 이사회의 결의만으로 간편하고 신속하게 회사의 자금수요에 대처할 수 있도록 규정하고 있다.

신주발행은 보통의 신주발행과 특수한 신주발행으로 나눌 수 있다. 보통의 신주발행은 회사의 자금조달을 목적으로 하는 신주발행을 말하는데, 회사는 신주의 인수인을 구하여, 그로부터 신주의 대가를 제공받으므로 회사의 재산이 신주의 인수가액의 총액만큼 증가한다. 특수한 신주발행은 자금조달을 직접적인 목적으로 하지 않고 그 이외의 사유로 인하여 신주가 발행되는 경우를 말한다.

(2) 신주발행사항의 결정

1) 의 의

회사성립 후에 자금조달을 직접적인 목적으로 하여 발행예정주식총수의 범위 내에서 미발행주식을 발행하는 것이다. 이 경우에는 주식의 인수인을 구하여 그로부터 신주의 대가를 납입받으므로 회사의 재산이 증가한다. 그리고 주주 이외의 제3자에게 신주를 인수시키는 경우에는 회사의 구성원도 새로 생겨나게 된다.

2) 신주발행의 결정

회사가 그 성립 후에 주식을 발행하는 경우에는 신주발행 여부 및 그 내용에 관하여 원칙적으로 이사회가 결정한다. 다만, 이 법에 다른 규정이 있거나 정관으로 주주총회에서 결정하기로 정한 경우에는 그러하지 아니하다(상법 제416조).

신주발행의 경우에는 신주의 종류와 수 등 여러 사항을 이사회(정관에 정함이 있는 경우에는 주주총회)에서 결정하여야 하는데, 결정사항 중 신주의 인수방법도 결정하여야 한다(상법 제416조 제 3 호). 이 경우 신주의 인수방법을 결정한다고 함은 주주배정·제 3 자배정 또는 모집(일반공모) 중 어느 방법에 의할 것인가의 여부 등을 결정하는 것을 말한다.

따라서 보통의 신주발행은 이사회가 결정한 주식의 인수방법에 따라 주주배정·제 3 자배정 및 모집(일반공모)의 세 가지 방법 중 하나로 행하여진다. 그런데 주주배정 및 제 3 자배정의 방법은 주주와 제 3 자에게 신주인수권을 부여하고 이에 따라 신주를 발행한다.

3) 신주의 발행가액

신주의 발행가액은 액면가인 것이 원칙이지만(액면발행), 이를 초과하는 금액일 수도 있으며(액면초과발행), 또는 이에 미달되는 금액일 수도 있다(할인발행). 그런데 액면초과발행은 시가발행의 모습을 띠게 된다. 상법은 액면발행과 액면미달발행에 대하여 규정하고 있으며, 시가발행에 대하여는 자본시장법이 규정하고 있다.

2. 상법상 신주인수권

(1) 서 설

1) 신주인수권의 의의와 기능

신주인수권이라 함은 회사가 신주를 발행하는 경우 그 전부 또는 일부를 타인에 우선하여 인수할 수 있는 권리를 말한다. 인수에 우선하는 권리일 뿐 발행가액이나 기타 인수조건에서 우대를 받을 수 있는 권리는 아니다. 보통의 신주발행에 있어 신주인수권은 주주가 가지는 경우와 제 3 자가 가지는 경우가 있다.

회사가 신주를 발행함에 있어서 그 신주를 주주 이외의 제 3 자에게 배정할 때에는 주주의 지주비율이 낮아지므로 의결권을 통한 회사기업의 지배력 저하를 가져오고, 또 신주가 시가 이하로 발행되면 주가의 하락에 의하여 주주에게 경제적 손실을 주게 되므로, 종래의 주주에게 그 지주수에 비례하여 신주인수권을 부여할 필요가 있다. 그러나 다른 한편 주주가 당연히 신주인수권을 가지는 것으로 하면, 회사가 유리한 자본조달방법을 선택하는 데 제약을 받고 자본조달의 기동성을 기할 수 없게 된다.[1)]

이와 같이 신주발행에 있어서는 한편으로는 주주의 이익보호, 다른 한편으로는 회사에 유리한 자본조달 및 기동성의 확보라는 두 개의 상반되는 요청을 어떻게 조화시키느냐 하는 것이 각국의 상법상 큰 과제로 되어 있다. 이에 대해 우리 상법은 주주는 원칙적으로 신주인수권을 가지지만, 정관에 의하여 이를 제한하거나 특정한 제 3 자에게 이를 부여할 수 있도록 하였다(상법 제418조, 제420조 제 5 호).

2) 자본시장법상 특례

그런데 자본시장법에 의하여 상장법인은 정관에 정하는 바에 따라 이사회의 결의로써 대통령령이 정하는 일반공모증자방식에 의하여 신주를 발행할 수 있게 되었다(법 제165조의6 제 1 항). 이것은 회사의 자금조달을 쉽게 하기 위하여 기존주주의 신주인수권을 배제하고 불특정 다수자를 상대로 하여 유상증자를 할 수 있는 근거를 마련하여 준 것이다.

(2) 주주의 신주인수권

1) 의 의

주주가 종래 가지고 있던 주식의 수에 비례하여 우선적으로 신주를 배정받는 권리이다(상법 제418조). 우리 상법상 주주의 신주인수권은 주주의 자격에 기하여 법률상 당연히 주주에게 인정되는 것이며, 정관이나 이사회의 결정에 의하여 비로소 발생하는 것은 아니다. 주주의 신주인수권을 바탕으로 하여 주주에게 신주를 발행하는 것을 주주배정에 의한 신주발행이라고 한다.

2) 제 한

주주의 신주인수권은 이를 제한하거나 배제할 수 있다. 제 3 자의 신주인수권은 주주의 신주인수권을 제한하는 대표적인 예이다. 주주의 신주인수권의 제한은 법령에 의한 제한과 정관에 의한 제한 등이 있다. 법령에 의한 제한으로는 자본시장법 제165조의6에 의하여 상장법인이 정하는 정관에 따라 이사회의 결의로써 일

1) 정동윤, 전게서, 501쪽.

반공모증자방식으로 신주를 발행하는 경우 주주의 신주인수권이 배제되는 것을 들 수 있다.

또한 주주의 신주인수권은 신기술의 도입, 재무구조의 개선 등 회사의 경영상 목적을 달성하기 위하여 필요한 경우 정관에 정하는 바에 따라 이를 제한할 수 있다(상법 제418조 제 1 항). 이것은 회사로 하여금 자금조달의 기동성을 꾀할 수 있게 하기 위한 조치이다.

다만 자본시장법은 상장법인에 한하여 자금조달의 편의를 위하여 주주의 신주인수권을 완전히 배제하는 것을 인정하고 있다. 따라서 상장법인은 정관이 정하는 바에 따라 이사회의 결의로써 대통령령이 정하는 일반공모증자방식에 의하여 신주를 발행할 수 있다(법 제165조의6 제 1 항).

(3) 제 3 자의 신주인수권

1) 의 의

신주인수권은 주주가 갖는 것이 원칙이지만, 예외적으로 주주 아닌 제 3 자에게 신주인수권을 부여하고 신주를 발행하는 경우도 있다. 이를 흔히 제 3 자배정이라고 한다. 주주가 신주를 인수하더라도 소유주식수에 비례한 자기 몫을 초과하여 신주를 인수한다면 이 역시 제 3 자 배정이다.

2) 근 거

(가) 법 률

법률에 의하여 제 3 자에게 신주인수권이 부여되는 경우가 있다. 전환사채 또는 신주인수권부사채를 발행하는 경우에는 제 3 자가 신주인수권을 갖는다. 또한 자본시장법에 의해 상장법인이 주식을 유상으로 발행하는 경우 당해 법인의 우리사주조합에 가입한 종업원(우리사주조합원)은 신주의 100분의 20을 초과하지 아니하는 범위에서 신주를 배정받을 권리가 있으며(자본시장법 제165조의7, 근로자복지기본법 제32조), 이에 따라 종업원의 청약이 있는 때에는 이 비율에 달할 때까지 종업원에게 우선배정하여야 한다.

(나) 정 관

제 3 자에 대한 신주인수권의 부여는 주주의 신주인수권에 대한 제한을 의미하므로, 법률에 규정이 있는 경우 이외에는 정관에 의한 제한이 가능하다. 정관에 규정이 없더라도 정관변경과 동일한 요건인 주주총회의 특별결의에 의해 부여할 수 있을 것이다.

3) 요 건

제 3 자에게 신주인수권을 부여하는 것은 주주의 신주인수권을 제한 내지 박탈하는 것이므로, 주주의 신주인수권을 제한하는 데 필요한 요건(부여의 필요성)이 요구되는 외에 그 밖의 요건이 추가된다.

(가) 부여의 필요성

주주 이외의 자에게 신주인수권을 부여하는 경우에는 회사의 지배관계에 변동을 가져오고 또 시가보다 저렴한 가격으로 발행하는 때에는 주주의 재산적 이익을 침해한다. 따라서 제 3 자의 신주인수권은 자금조달의 기동성, 제 3 자와의 관계강화, 외국자본·기술의 도입, 재무구조의 개선 등 회사의 목적 달성에 필요하고(필요성), 적합하며(적합성), 또 최소한의 범위에 그쳐야 한다(목적과 수단의 비례성). 따라서 예컨대 주주의 지배권변동을 목적으로 하여 제 3 자에 신주를 발행하는 것은 허용되지 않는다.[1)]

(나) 제 3 자의 특정

신주인수권을 부여할 수 있는 제 3 자는 종업원·구종업원·임원·구임원·거래처·합작회사·기술제휴회사 등과 같이 특정되어야 한다(상법 제420조 제 5 호 참조). 자본시장법(제165조의7)은 우리사주조합원에게 신주인수권을 부여하고 있고, 상법(상법 제516조의2 제 2 항 8호)은 제 3 자에 대한 신주인수권부사채의 발행을 허용하고 있다.

(다) 발행가의 공정성

제 3 자에게 발행하는 신주의 가액은 주주의 경제적 이익을 침해하지 않도록 공정하게 결정하여야 한다.

3. 자본시장법상 일반공모증자

(1) 액면초과발행(시가발행)의 의의 및 취지

1) 의 의

시가발행이란 신주의 발행가액을 기발행주식의 현재 시가에 준하는 가격으로 정하여 발행하는 것을 말한다. 따라서 유통시장에서 시가에 형성되어 있는 주식인

---

1) 정동윤, 전게서, 514쪽.

상장주식에 대해서만 사용하는 개념이다.

발행가액을 시가에 따라 정하는 것이므로 시가에 따라서는 액면미달이 될 수도 있고 액면초과가 될 수도 있지만, 액면미달발행은 후술하는 바와 같이 일정한 제약을 받으므로, 회사가 자율적으로 할 수 있는 시가발행이란 액면초과발행에 한정된다.[1)]

상장법인은 금융위원회가 정하는 "증권의 발행 및 공시 등에 관한 규정"에 의해 시가발행을 할 수 있다. 물론 이 규정이 없다고 하더라도 상법상 이사회에서 자율적으로 시가에 따라 발행가액을 정할 수 있다. 그러나 투자자들이 기업의 가치를 정확히 측정할 수 없기 때문에 시가발행을 하는 경우에는 투자자들이 그 가격의 적정 여부를 판단하기 어려우므로 동 규정에서는 기업가치에 상응하는 발행가를 산정하는 기준을 제시하고 있다.

2) 취 지

시가발행은 회사의 재무구조가 건실하여 주가가 액면가액을 크게 상회하는 경우에 가능하고 또 필요성이 강조된다. 시가발행을 통해 액면가액을 초과하는 순자산이 유입되므로 재무구조의 건실화를 꾀할 수 있고, 또 신주를 제 3 자가 인수할 때에는 기존주주가 소유하는 주식의 가치와 균형을 이루기 위해 필요하기 때문이다.

(2) 자본시장법상 특례

1) 의 의

자본시장법은 상장법인이 정관에 규정을 둔 경우 이사회 결의로써 불특정 다수인을 상대로 신주를 모집하는 일반공모증자방식에 의한 신주발행을 인정하고 있다. 즉 주권상장법인은 정관으로 정하는 바에 따라 이사회 결의로써 대통령령으로 정하는 일반공모증자방식으로 신주를 발행할 수 있다(법 제165조의6 제 1 항).

여기서 "대통령령으로 정하는 일반공모증자방식"이란 주주의 신주인수권을 배제하고 불특정 다수인(해당 법인의 주주를 포함)을 상대방으로 하여 신주를 모집하는 방식을 말한다(영 제176조의8 제 1 항).

이와 같은 신주발행은 주주의 인수인수권을 배제하는 것이지만, 상장법인이 신주발행을 통한 자금조달의 원활화를 도모하기 위하여 인정되고 있는 특칙으로

1) 이철송, 전게서, 711쪽.

서 회사의 경영상 목적을 달성하기 위하여 필요한 경우의 한 예이다(상법 제418조 제2항 단서 참조). 다만 신주발행으로 인하여 주주의 주식가치를 희석화시킬 위험을 방지하기 위하여 일반공모증자에 의하여 발행하는 신주의 발행가격은 후술하는 바와 같이 제한하고 있다.

2) 발행가격

일반공모증자방식으로 발행되는 신주의 발행가격은 대통령령으로 정하는 방법에 따라 산정한 가격 이상이어야 한다(법 제165조의6 제2항).

여기서 "대통령령으로 정하는 방법에 따라 산정한 가격"이란 청약일 전 제3거래일부터 제5거래일까지의 가중산술평균주가(그 기간 동안 증권시장에서 거래된 해당 종목의 총 거래금액을 총 거래량으로 나눈 가격)의 100분의 70 이상으로서 금융위원회가 정하여 고시하는 가격을 말한다.

[증권의 발행 및 공시 등에 관한 규정][1)]

제5-18조(유상증자의 발행가액 결정) ① 주권상장법인이 일반공모증자방식 및 제3자배정증자방식으로 유상증자를 하는 경우 그 발행가액은 청약일전 과거 제3거래일부터 제5거래일까지의 가중산술평균주가(그 기간 동안 증권시장에서 거래된 해당 종

---

1) 증권의 발행 및 공시 등에 관한 규정 제5-19조(신주인수권증서의 발행) ① 주권상장법인이 주주배정증자방식의 유상증자를 결의하는 때에는 상법 제416조 제6호에 따른 신주인수권증서의 발행에 관한 사항을 정하여야 한다.
② 제1항의 주권상장법인은 해당 신주인수권증서를 자기 또는 타인의 계산으로 매매할 금융투자업자를 정하여야 한다. 다만, 해당 신주인수권증서를 증권시장에 상장하고자 하는 주권상장법인의 경우에는 그러하지 아니하다.
제5-20조(발행가액등의 공고·통지) ① 주주우선공모증자방식에 따라 신주를 발행하고자 하는 주권상장법인이 그 유상증자를 결의하는 때에는 우선 청약할 수 있는 주주를 정하기 위한 주주확정일을 정하고 그 확정일 2주 전에 이를 공고하여야 한다.
② 주주배정증자방식 또는 주주우선공모증자방식으로 유상증자를 하는 주권상장법인은 발행가액이 확정되는 때에 그 발행가액을 지체 없이 주주에게 통지하거나 정관에 정한 신문에 공고하여야 한다.
③ 신주를 발행하는 주권상장법인은 그 발행가액이 확정되는 때에 그 내용을 지체 없이 공시하여야 한다.
제5-21조(전환사채의 발행제한 및 전환금지기간) ① 주권상장법인은 다음 각 호의 기간 중에는 상법 제513조의2 제1항에 따라 주주에게 사채의 인수권을 부여하여 모집하거나 영 제176조의8 제1항의 방법으로 사채를 모집하는 방식(이하 이 절에서 "공모발행방식") 외의 방법으로 전환사채를 발행할 수 없다.
1. 법 제29조에 따른 소수주주(이하 "소수주주")가 해당 주권상장법인의 임원의 해임을 위하여 주주총회의 소집을 청구하거나 법원에 그 소집의 허가를 청구한 때에는 청구시부터 해당 임원의 해임 여부가 결정될 때까지의 기간

목의 총 거래금액을 총 거래량으로 나눈 가격)를 기준주가로 하여 주권상장법인이 정하는 할인율을 적용하여 산정한다. 다만, 일반공모증자방식의 경우에는 그 할인율을 100분의 30 이내로 정하여야 하며, 제 3 자배정증자방식의 경우에는 그 할인율을 100분의 10 이내로 정하여야 한다.

② 제 1 항 본문에 불구하고 제 3 자배정증자방식의 경우 신주 전체에 대하여 제2-2조 제 2 항 제 1 호 전단의 규정에 따른 조치 이행을 조건으로 하는 때에는 유상증자를 위한 이사회 결의일(발행가액을 결정한 이사회 결의가 이미 있는 경우에는 그 이사회 결의일로 할 수 있다) 전일을 기산일로 하여 과거 1개월간의 가중산술평균주가, 1주일간의 가중산술평균주가 및 최근일 가중산술평균주가를 산술평균한 가격과 최근일 가중산술평균주가 중 낮은 가격을 기준주가로 하여 주권상장법인이 정하는 할인율을 적용하여 산정할 수 있다.

③ 제 1 항 및 제 2 항에 따라 기준주가를 산정하는 경우 주권상장법인이 증권시장에서 시가가 형성되어 있지 않은 종목의 주식을 발행하고자 하는 경우에는 권리내용이 유사한 다른 주권상장법인의 주식의 시가(동 시가가 없는 경우에는 적용하지 아니한다) 및 시장상황 등을 고려하여 이를 산정한다.

④ 주권상장법인이 다음 각 호의 어느 하나에 해당하는 경우에는 제 1 항 단서에 따른 할인율을 적용하지 아니할 수 있다.

1. 금융위원회 위원장의 승인을 얻어 해외에서 주권 또는 주권과 관련된 증권예탁증권을 발행하거나 외자유치 등을 통한 기업구조조정(출자관계에 있는 회사의 구조조정을 포함)을 위하여 국내에서 주권을 발행하는 경우
2. 기업구조조정촉진을 위한 금융기관협약에 의한 기업개선작업을 추진 중인 기업으로서 금산법 제11조 제 6 항 제 1 호의 규정에 의하여 같은 법 제 2 조 제 1 호의 금융기관이 대출금 등을 출자로 전환하기 위하여 주권을 발행하거나, 기업구조조정 촉진법에 의하여 채권금융기관 공동관리 절차가 진행 중인 기업으로서 채권금융기관이 채권재조정의 일환으로 대출금 등을 출자로 전환하기 위하여 주권을 발행하는 경우
3. 금산법 제12조, 예금자보호법 제37조부터 제38조의2까지에 따라 정부 또는 예금자보호법에 의하여 설립된 예금보험공사의 출자를 위하여 주권을 발행하는 경우

---

2. 소수주주가 법원에 해당 주권상장법인의 임원의 직무집행의 정지를 청구하거나 주주총회 결의의 무효·취소 등의 소를 제기하는 등 해당 주권상장법인의 경영과 관련된 분쟁으로 소송이 진행 중인 기간
3. 제 1 호 및 제 2 호에 준하는 해당 주권상장법인의 경영권분쟁사실이 신고·공시된 후 그 절차가 진행 중인 기간

② 주권상장법인이 전환사채를 발행하는 경우에는 그 발행 후 1년이 경과한 후에 전환할 수 있는 조건으로 이를 발행하여야 한다. 다만, 공모발행방식으로 발행하는 경우에는 그 발행 후 1월이 경과한 후에 전환할 수 있는 조건으로 이를 발행할 수 있다.

4. 금융기관이 공동(은행법 제8조의 규정에 의하여 은행업을 인가받은 자를 1 이상 포함하여야 한다)으로 경영정상화를 추진 중인 기업이 경영정상화 계획에서 정한 자에게 제3자배정증자방식으로 주권을 발행하는 경우

Ⅱ. 우리사주조합원에 대한 우선배정

1. 서 설

(1) 우리사주조합의 의의

"우리사주조합"이란 주식회사의 소속 근로자가 그 주식회사의 주식을 취득·관리하기 위하여 근로자복지기본법에서 정하는 요건을 갖추어 설립한 단체를 말한다(근로자복지기본법 제2조 제4호). 그리고 "우리사주"란 주식회사의 소속 근로자 등이 그 주식회사에 설립된 우리사주조합을 통하여 취득하는 그 주식회사의 주식을 말한다(근로자복지기본법 제2조 제5호).

(2) 연 혁

우리사주제도는 1968년 "자본시장육성에 관한 법률"에서 상장법인이 유상증자를 실시하는 경우 근로자에 대하여 신규발행 주식의 10%를 우선적으로 배정하는 특례조항을 마련하면서 시작되었다. 1997년에는 자본시장육성에 관한 법률이 폐지된 후 우리사주조합제도 관련규정은 증권거래법에 수용되었다. 증권거래법을 중심으로 운용되어 오던 우리사주조합제도를 제도적으로 정비하여 "근로자복지기본법"에 수용하여 근로자복지기본법이 우리사주조합제도의 준거법으로 되고, 우리사주조합에 관하여는 증권거래법에 특례규정만 남게 되었다. 그 후 자본시장법은 증권거래법의 특례규정을 계수하고 있다.[1)]

2. 자본시장법상 특례

(1) 의 의

위와 같은 우리사주조합원에 대하여 주권상장법인(코스닥시장에 주권이 상장된 법인은 제외) 또는 주권을 유가증권시장에 상장하려는 법인이 주식을 모집하거나 매출하는 경우 해당 법인의 우리사주조합원(근로복지기본법에 따른 우리사주조합원을

1) 김홍식, "우리사주조합의 우호적 제3자로서의 활용방안," 상사판례연구(2007. 9. 30), 363쪽.

말한다)에게 모집하거나 매출하는 주식총수의 100분의 20의 범위에서 우선적으로 주식을 배정하여야 하는데(법 제165조의7 제 1 항), 이를 우리사주조합원에 대한 우선배정제도라 한다.

(2) 취 지

이 제도는 종업원의 복지증진과 경제적인 지위향상을 도모하기 위하여 도입된 것이다. 그러나 일반공모증자제도와 결합하여 적대적 M&A에 대한 방어수단의 일환으로서 이용되기도 한다. 일반공모증자의 경우에도 발행주식의 20%가 우리사주조합원에 우선배정되므로 증자비율을 크게 정하면 적대적 기업매수자의 종전 지분비율이 높았더라도 유상증자 후 그 지분비율을 현저하게 낮출 수 있기 때문이다.[1)]

(3) 우선배정권

1) 원 칙

주권상장법인(코스닥시장에 주권이 상장된 법인은 제외) 또는 주권을 유가증권시장에 상장하려는 법인이 주식을 모집하거나 매출하는 경우 해당 법인의 우리사주조합원은 모집하거나 매출하는 주식총수의 100분의 20의 범위에서 우선적으로 주식을 배정받을 받을 권리가 있다(법 제165조의7 제 1 항 본문).

2) 예 외

다만, 다음 각 호의 어느 하나에 해당하면 그러하지 아니하다(법 제165조의7 제 1 항 단서).

(1) 외국인투자 촉진법에 따른 외국인투자기업 중 대통령령으로 정하는 법인이 주식을 발행하는 경우(제 1 호)
(2) 그 밖에 우리사주조합원에 대한 우선배정이 어려운 경우로서 대통령령으로 정하는 경우[2)](제 2 호)

---

1) 한국증권법학회, 전게서, 724쪽.

2) 자본시장법 시행령 제176조의9(우리사주조합원에 대한 우선배정의 예외 등) ① 법 제165조의7 제 1 항 제 2 호에서 "대통령령으로 정하는 경우"란 다음 각 호의 어느 하나에 해당하는 경우를 말한다.
1. 주권상장법인(코스닥시장에 주권이 상장된 법인은 제외)이 주식을 모집 또는 매출하는 경우 우리사주조합원의 청약액과 법 제165조의7 제 1 항 각 호 외의 부분 본문에 따라 청약 직전 12개월간 취득한 해당 법인 주식의 취득가액(취득가액이 액면액에 미달하는 경

(3) 우리사주조합원이 소유하는 주식수가 신규로 발행되는 주식과 이미 발행된 주식의 총수의 100분의 20을 초과하는 경우(법 제165조의7 제 2 항). 이 경우 우리사주조합원의 소유주식수는 법 제119조 제 1 항에 따라 증권의 모집 또는 매출에 관한 신고서를 금융위원회에 제출한 날(법 제119조 제 2 항 전단에 따른 일괄신고서를 제출하여 증권의 모집 또는 매출에 관한 신고서를 제출하지 아니하는 경우에는 주주총회 또는 이사회의 결의가 있은 날)의 직전일의 주주명부상 우리사주조합의 대표자 명의로 명의개서된 주식에 따라 산정한다. 다만, 근로복지기본법 제43조 제 1 항에 따른 수탁기관이 예탁결제원에 예탁한 주식의 경우에는 법 제310조 제 1 항에 따른 투자자계좌부에 따라 산정한다(영 제176조의9 제 3 항).

3) 금융위원회의 고시

금융위원회는 우리사주조합원에 대한 주식의 배정과 그 주식의 처분 등에 필요한 기준을 정하여 고시할 수 있다(법 제165조의7 제 3 항).

Ⅲ. 액면미달발행

1. 의 의

액면미달발행이라 함은 주식을 액면미달의 금액으로 발행하는 것을 말한다. 회사를 설립하는 경우에는 자본충실의 원칙에 의하여 액면미달발행이 금지되어 있다(상법 제330조). 그러나 회사의 성립 후에도 이 원칙을 고수하면 회사의 자금조달에 곤란한 경우가 생길 수 있으므로, 신주발행의 경우에는 엄격한 요건하에 이를 인정하고 있다.

우에는 액면액을 말한다. 이하 이 조에서 같다)을 합산한 금액이 그 법인으로부터 청약 직전 12개월간 지급받은 급여총액(소득세과세대상이 되는 급여액을 말한다)을 초과하는 경우

2. 우리사주조합원의 청약액과 그 청약 전 법 제165조의7 제 1 항 각 호 외의 부분 본문에 따라 취득한 주식의 취득가액의 누적액을 합산한 금액이 그 법인의 발행주식총액 또는 출자총액의 100분의 1에 해당하는 금액과 3억원 중 적은 금액을 초과하는 경우

② 제 1 항 제 2 호를 적용할 때 법 제165조의7 제 1 항 각 호 외의 부분 본문에 따라 취득한 주식의 취득가액의 누적액은 금융위원회가 정하여 고시하는 동일 업종을 운영하는 다른 법인의 종업원으로서 법 제165조의7 제 1 항 각 호 외의 부분 본문에 따라 취득한 주식의 취득가액을 포함하여 계산한다.

2. 상 법

(1) 요 건

신주의 발행시에 액면미달발행을 하려면 다음 요건을 갖추어야 한다(상법 제417조 제 1 항).

① 회사가 성립한 날로부터 2년을 경과하였을 것

② 할인발행의 여부와 최저발행가액의 결정에 관하여 주주총회의 특별결의를 얻을 것(상법 제417조 제 2 항)

③ 법원의 허가를 얻을 것(상법 제417조 제 1 항)

법원은 액면미달발행을 인가함에 있어서 회사의 현황과 제반사정을 참작하여 최저발행가액을 변경하여 인가할 수 있고, 또 이 경우에 법원은 회사의 재산상태 기타 필요한 사항을 조사하게 하기 위하여 검사인을 선임할 수 있다(상법 제417조 제 3 항).

④ 신주는 법원의 인가를 얻은 날로부터 1월 내에 발행할 것

법원은 이 기간을 연장하여 인가할 수 있다(상법 제417조 제 4 항).

(2) 회사채권자의 보호

신주의 액면미달발행의 경우에는 회사채권자를 보호하기 위하여, 첫째로 액면미달금액은 3년 내의 매결산기에 균등액 이상을 상각하여야 하고(미달액의 상각), 둘째로, 미상각액은 신주발행으로 인한 변경등기에 등기하여야 하며(상법 제426조), 또 신주발행의 경우의 주식청약서와 신주인수권증서에도 할인발행의 조건과 미상각액을 기재하여야 한다(공시)(상법 제420조 제 4 호, 제420의2).

3. 자본시장법[1)]

(1) 서 설

상장법인의 경우 주식의 주가는 매일매일 거래소시장에서 형성되는 가격에

---

1) 1997년 말 IMF 사태 이후에 많은 주권상장법인의 주가가 액면 이하로 떨어져 있는 상황을 고려하여 1999년 개정 증권거래법은 주식의 액면미달발행에 대한 특칙을 규정하였다. 그 후 자본시장법에 계수되었다.

의하여 수시로 변한다. 따라서 회사의 경영상태가 좋지 않거나 거래소의 시황이 좋지 않은 경우에는 주식의 액면가를 하회하는 주가가 형성된다. 그런데 자본시장법의 특례규정에 의하여 상장법인은 주가가 액면가를 하회하는 경우에 신속하게 신주발행을 할 수 있다.

(2) 자본시장법상 특례

주권상장법인은 상법 제417조에도 불구하고 법원의 인가 없이 같은 법 제434조에 따른 주주총회의 결의만으로 주식을 액면미달의 가액으로 발행할 수 있다. 다만, 해당 법인이 같은 법 제455조 제 2 항에 따른 상각(償却)을 완료하지 아니한 경우에는 액면미달의 가액으로 발행할 수 없다(법 제165조의8 제 1 항).

주주총회의 결의에서는 주식의 최저발행가액을 정하여야 한다. 이 경우 최저발행가액은 대통령령으로 정하는 방법에 따라 산정한 가격 이상이어야 한다(법 제165조의8 제 2 항).

여기서 "대통령령으로 정하는 방법에 따라 산정한 가격"이란 다음 각 호의 방법에 따라 산정된 가격 중 높은 가격의 100분의 70을 말한다(영 제176조의10).

1. 주식의 액면미달가액 발행을 위한 주주총회의 소집을 결정하는 이사회("주주총회소집을 위한 이사회")의 결의일 전일부터 과거 1개월간 공표된 매일의 증권시장에서 거래된 최종시세가격의 평균액
2. 주주총회소집을 위한 이사회의 결의일 전일부터 과거 1주일간 공표된 매일의 증권시장에서 거래된 최종시세가격의 평균액
3. 주주총회소집을 위한 이사회의 결의일 전일의 증권시장에서 거래된 최종시세가격

주권상장법인은 주주총회에서 다르게 정하는 경우를 제외하고는 제 1 항에 따른 주식을 주주총회의 결의일부터 1개월 이내에 발행하여야 한다(법 제165조의8 제 3 항).

상법상 액면미달발행과 다른 점은 법원의 인가를 얻지 아니하여도 되고, 총회의 결의일부터 1월 이내에 발행하여야 하는 점이다.

Ⅳ. 현물출자의 검사

1. 상법상 현물출자의 검사

(1) 현물출자의 의의

현물출자라 함은 금전 이외의 재산으로 하는 출자를 말한다. 회사로서는 미리 특정한 재산을 확보할 필요가 있고 또 출자자에게도 편리한 장점이 있으므로, 예외적으로 현물출자를 인정하고 있다. 그러나 출자된 재산은 금전으로 평가되어 주식이 발행되고 자본으로 구성되는데, 이 과정에서 무가치한 재산이 출자되거나 출자재산이 과대하게 평가되어 자본충실을 해할 염려가 있다.

(2) 법적 성질

현물출자는 출자의 한 형태로서 쌍무·유상계약의 성질을 가진다. 따라서 현물출자를 이행하지 아니한 때에는 회사성립 전에 한하여 해제할 수 있다(회사성립 후의 해제는 주식의 소각에 의한 환급과 같은 결과가 되므로 허용되지 않는다). 또한 위험부담·담보책임에 관하여는 민법의 규정을 유추적용하여야 한다.

(3) 현물출자의 과대평가

현물출자는 금전출자와는 달리 그 출자재산의 평가가 문제되고, 만일 그 재산을 과대평가하면 회사의 설립 시초부터 자본액에 해당하는 현실적 회사재산이 확보되지 아니하므로, 자본충실의 원칙에 반한다. 따라서 이러한 위험을 방지하기 위하여 현물출자는 정관의 기재사항으로 하고, 엄격한 검사를 거치도록 하였다.

(4) 현물출자의 검사

1) 설립시의 경우

(가) 검사인의 선임청구

이사와 감사는 보다 엄격한 조사를 위하여 원칙적으로 검사인의 선임을 법원에 청구하여야 한다(검사인의 선임). 검사인은 법원이 선임하므로 회사(설립중의 회사)와는 사법상의 위임관계가 없고 법원과 공법상의 위임관계가 있을 뿐이다.

(나) 검사인의 조사 및 보고

검사인은 변태설립사항(상법 제290조)과 현물출자의 이행에 관한 사항(상법 제

296조 제1항)을 조사한 후 조사보고서를 작성하여 법원에 제출하고(상법 제299조 제1항), 그 등본을 각 발기인에게 교부하여야 한다(상법 제299조 2항). 이 보고서에 사실과 상위한 사항이 있는 때에는 발기인은 이에 대한 설명서를 법원에 제출할 수 있다(상법 제299조 제3항).

(다) 공증인의 조사·보고와 감정인의 감정

법원이 선임한 검사인의 검사는 공증인 또는 감정인의 조사 또는 감정으로 갈음할 수 있다. 이 경우 공증인 또는 감정인은 조사 또는 감정의 결과를 법원에 보고하여야 한다(상법 제299조의2 후단).

(라) 법원의 변경처분

법원은 검사인 또는 공증인의 조사보고서 또는 감정인의 감정결과와 발기인의 설명서를 심사하여 변태설립사항을 부당하다고 인정한 때에는 이를 변경하여 각 발기인에게 통고할 수 있다. 위 변경에 불복하는 발기인은 그 주식의 인수를 취소할 수 있고, 이 경우에는 정관을 변경하여 설립에 관한 절차를 속행할 수 있다(상법 제300조 제1항 및 제2항). 법원의 통고가 있은 후 2주 내에 주식의 인수를 취소한 발기인이 없는 때에는 정관은 통고에 따라 변경된 것으로 본다(상법 제300조 제3항).

2) 신주발행시의 경우

신주발행의 경우에 현물출자에 관한 사항은 원칙적으로 이사회가 결정하기 때문에(상법 제416조 제4호), 회사설립의 경우에 원시정관에 기재하는 것에 비하여 부당한 사태가 발생할 염려가 더 많다. 따라서 현물출자를 하는 자가 있는 경우에는 이사는 이에 관한 사항을 조사하게 하기 위하여 검사인의 선임을 법원에 청구하여야 한다(상법 제422조 제1항). 다만 검사인의 조사는 공인된 감정인의 감정으로 갈음할 수 있다(상법 제422조 제1항 후단).

법원은 검사인의 보고서 또는 감정인의 감정결과를 심사하여 현물출자사항을 부당하다고 인정한 때에는 이를 변경하여 이사와 현물출자를 한 자에게 통고할 수 있다(상법 제422조 제2항). 현물출자를 한 자가 위 변경에 불복하는 때에는 그 주식의 인수를 취소할 수 있다(상법 제422조 제3항). 법원의 통고 후 2주 내에 주식의 인수를 취소한 현물출자자가 없는 때에는 현물출자사항은 위 변경통고에 따라 변경된 것으로 본다(상법 제422조 제4항).

2. 자본시장법상 현물출자의 검사

현물출자에 대한 공정한 평가가 담보되는 경우까지 검사인의 조사나 감정인의 감정을 요구하는 것은 불필요한 시간과 비용만 부담하게 한다는 점에서 타당한 것은 아니다. 따라서 자본시장법은 다음과 같은 특례를 두고 있다.

주권상장법인이 자기주식 또는 신주를 다른 주권상장법인의 주식과 교환하는 방식으로 그 다른 주권상장법인에 주식을 현물로 출자하는 경우로서 대통령령으로 정하는 방법에 따라 그 출자 주식의 가격을 평가한 경우에는 상법 제422조 제 1 항에 따른 검사인의 조사 또는 공인된 감정인의 감정이 있는 것으로 본다. 이 경우 같은 조 제 2 항 및 제 3 항은 적용하지 아니한다(법 제165조의9).

여기서 "대통령령으로 정하는 방법에 따라 그 출자 주식의 가격을 평가한 경우"란 제176조의5 제 1항 제 1 호의 방법에 따라 가격을 평가한 경우를 말한다. 다만, 제176조의5 제 1 항 제 1 호의 방법에 따라 가격을 평가할 수 없는 경우에는 같은 항 제 2 호 나목의 방법에 따라 가격을 평가한 경우로 한다.

Ⅴ. 의결권 없는 주식

2011년 3월 국회를 통과하여 2012년 4월 15일부터 시행되는 개정 상법은 의결권이 없는 주식에 관한 상법상 근거 조항인 제370조를 삭제하였다. 또한 상법 제344조의3(의결권의 배제·제한에 관한 종류주식)의 신설로 자본시장법상 의결권이 없는 주식의 특례규정은 그 의미를 상실하게 되었다.

Ⅵ. 주식매수선택권의 부여신고 등

1. 자본시장법상 특례규정의 취지

자본시장법 제165조의17(주식매수선택권 부여신고 등)의 취지는 주권상장법인이 그 임직원에게 주식매수선택권을 부여한 경우 그 사실을 금융위원회와 거래소에 신고하여 공시하도록 하고, 사외이사의 선임, 해임, 그 자발적 퇴임에 관한 내용도 신고하게 하고 있다. 그런데 주식매수선택권은 처음에 증권거래법에서 그 부여를 위한 절차와 요건, 권리행사의 방법 등에 관하여 규정하고 있었으나(증권거래법 제

189조의4), 1999년 12월 31일 상법 개정으로 이에 대한 일반규정(상법 제340조의2 내지 제340조의5, 제341조의2)이 상법으로 이관되었고, 그 후 2009년 1월 30일 상법 개정으로 증권거래법상 상장회사의 주식매수선택권에 관한 특례규정이 상법(상법 제542조의3)으로 이관되었다.

따라서 자본시장법 제165조의17은 신고 등 공시에 관한 특례사항만을 규정하고 있다. 이것은 주식매수선택권의 부여사실, 사외이사의 선·해임 등에 관한 사실이 주주, 투자자 등 이해관계자에게 중요한 정보라는 점에서 이의 공시를 강제하여 투자자를 보호하고자 한 것이다.[1)]

2. 주식매수선택권 부여의 신고

상법 제340조의2 제 1 항에 따른 주식매수선택권을 부여한 주권상장법인은 주주총회 또는 이사회에서 주식매수선택권을 부여하기로 결의한 경우 대통령령으로 정하는 방법에 따라 금융위원회와 거래소에 그 사실을 신고하여야 하며, 금융위원회와 거래소는 신고일부터 주식매수선택권의 존속기한까지 그 사실에 대한 기록을 갖추어 두고, 인터넷 홈페이지 등을 이용하여 그 사실을 공시하여야 한다(법 제165조의17 제 1 항).

주권상장법인이 상법 제340조의2 제 1 항에 따라 주주총회 또는 이사회에서 주식매수선택권을 부여하기로 결의한 때에는 법 제165조의17 제 1 항에 따라 그 내용을 금융위원회와 거래소에 지체 없이 신고하여야 한다. 이 경우 해당 주권상장법인은 그 신고서에 주주총회 의사록 또는 이사회 의사록을 첨부하여야 한다(영 제176조의18 제 1 항).

3. 사외이사 의제와 신고

(1) 사외이사의 의제

공기업의 경영구조개선 및 민영화에 관한 법률[2)], 은행법[3)], 그 밖의 법률에

---

1) 한국증권법학회, 전게서, 756쪽.

2) 공기업의 경영구조개선 및 민영화에 관한 법률 제 5 조(이사) ① 이사는 상임이사와 비상임이사로 구분하되, 주주총회에서 선임한다.
② 사장을 포함한 상임이사의 정수는 이사의 정수의 100분의 50 미만으로 한다.
③ 이사의 임기는 3년으로 하되, 비상임이사의 결원으로 인하여 선임된 후임비상임이사의 임기는 전임자의 잔임기간으로 한다.

따라 선임된 주권상장법인의 비상임이사 또는 사외이사는 상법에 따른 요건 및 절차 등에 따라 선임된 사외이사로 본다(법 제165조의17 제2항). 이는 다른 법률에 따라 선임된 비상임이사 또는 사외이사를 자본시장법상 사외이사로 의제함으로써 다른 법률이 정하는 요건과 절차 외에 상법이 정하는 요건과 절차를 다시 갖추어야 하는 부담을 덜어 주기 위한 것이다.[1)]

(2) 사외이사의 선임·해임 등의 신고

주권상장법인은 사외이사를 선임 또는 해임하거나 사외이사가 임기만료 외의 사유로 퇴임한 경우에는 그 내용을 선임·해임 또는 퇴임한 날의 다음 날까지 금융위원회와 거래소에 신고하여야 한다(법 제165조의17 제3항). 이는 사외이사의 변동사실이 주권상장법인의 지배구조의 변화와 경영의사결정과 밀접한 관련을 갖는 중요정보임을 고려하여 신속하게 신고하도록 한 것이다.

---

④ 비상임이사는 매년 그 정수의 3분의 1에 상당하는 수가 선임되도록 하여야 한다.

제8조(이사후보의 추천) ① 상임이사후보를 사장이 추천하는 경우에는 이사회의 동의를 얻어야 한다. 이 경우 사장을 제외한 상임이사는 이사회의 결의에 참여할 수 없다.

② 비상임이사후보는 정관이 정하는 바에 의하여 주주 또는 주주협의회가 추천한다.

제9조(비상임이사의 자격요건등) ① 비상임이사가 될 수 있는 자는 경제·경영·법률 또는 관련 기술 등에 관한 전문적인 지식이나 경험이 있는 자로 한다.

② 제1항의 규정에 불구하고 대상기업과 중대한 이해관계가 있는 자는 비상임이사가 될 수 없다.

③ 제2항의 규정에 의한 중대한 이해관계가 있는 자의 범위는 정관으로 정한다.

3) 은행법 제22조(이사회의 구성) ① 삭제〈1999. 2. 5〉

② 은행은 이사회에 상시적인 업무에 종사하지 아니하는 이사로서 이 조에 따라 선임되는 이사("사외이사")를 3명 이상 두어야 한다. 이 경우 사외이사의 수는 전체 이사 수의 과반수가 되어야 한다.

③ 은행은 사외이사 후보를 추천하기 위하여 상법 제393조의2에 따른 위원회("사외이사후보추천위원회")를 설치하여야 한다. 이 경우 사외이사후보추천위원회는 사외이사가 총위원의 2분의 1 이상이 되도록 구성하여야 하며, 사외이사후보추천위원회가 사외이사를 추천하는 경우에는 제23조의5 제4항에 따른 권리를 행사할 수 있는 요건을 갖춘 주주가 추천한 사외이사 후보를 포함시켜야 한다.

④ 사외이사는 사외이사후보추천위원회의 추천을 받은 자 중에서 주주총회에서 선임한다.

1) 임재연, 전게서, 618쪽.

제 4 절 사채관련 특례규정

Ⅰ. 사채발행

2011년 3월 국회를 통과하여 2012년 4월 15일부터 시행되는 개정 상법은 사채를 발행하는 경우 사채총액의 제한에 관한 상법상 근거 조항인 제370조를 삭제하였다. 따라서 자본시장법상 사채발행의 특례규정은 그 의미를 상실하게 되었다.

Ⅱ. 신종사채

1. 서 설

본조는 주권상장법인에게 다양하고 유용한 자금조달의 수단을 제공하기 위하여 비상장법인의 경우에는 허용되지 않는 신종사채로서 이익참가부사채와 교환사채의 발행을 허용하고 있다.

주권상장법인은 전환사채 및 신주인수권부사채와 다른 종류의 사채로서 이익배당에 참가할 수 있는 사채, 주식이나 그 밖의 다른 증권과의 교환을 청구할 수 있는 권리가 부여된 사채, 그 밖에 대통령령으로 정하는 사채를 발행할 수 있다(법 제165조의11 제 1 항).

2. 이익참가부사채

(1) 의 의

이익참가부사채(participation bond: PB)란 사채권자가 사채의 이율에 따른 이자를 받는 외에 이익배당에도 참가할 수 있는 사채를 말한다(법 제176조의12 제 1 항).

(2) 발 행

1) 발행사항의 결정

(가) 이사회 또는 주주총회의 결의

주권상장법인이 이익참가부사채를 발행하고자 하는 경우에는 이익참가부사채의 총액, 이익배당참가의 조건 및 내용 등의 사항으로서 정관에 규정이 없는 것은 이사회가 결정한다. 다만, 정관으로 주주총회에서 결정하도록 정한 경우에는 그러하지 아니하다(영 제176조의12 제 2 항).

(나) 주주배정

주주에게 이익참가부사채를 발행하는 경우에는 이익참가부사채의 총액, 이익배당참가의 조건 및 내용, 주주에게 이익참가부사채의 인수권을 준다는 뜻과 인수권의 목적인 이익참가부사채의 가액을 결정하여야 한다(영 제176조의12 제 2 항 제 3 호).

(다) 제 3 자 배정 및 모집

주주 외의 제 3 자에게 이익참가부사채를 발행하는 경우에 그 발행할 수 있는 이익참가부사채의 가액과 이익배당참가의 내용에 관하여 정관에 규정이 없으면 주주총회의 특별결의로 정하여야 한다(영 제176조의12 제 3 항). 이러한 결의에서 이익참가부사채의 발행에 관한 의안의 요령은 상법 제363조에 따른 통지와 공고에 기재하여야 한다(영 제176조의12 제 4 항).

2) 발행절차

(가) 이익참가부사채의 공시

이익참가부사채에 관하여는 사채청약서·채권 및 사채원부에 ① 이익배당에 참가할 수 있다는 뜻, ② 이익배당 참가의 조건 및 내용을 기재하여야 한다(영 제176조의12 제 7 항).

(나) 주주배정의 경우

주주가 이익참가부사채의 인수권을 가진 경우에는 상법 제513조의2 및 제513조의3을 준용한다(영 제176조의12 제 5 항).

(다) 제 3 자 배정 및 모집의 경우

주주 외의 제 3 자에게 이익참가부사채를 발행하거나 모집하고자 하는 경우에는 법이 달리 그 절차를 정하고 있지 아니하다. 따라서 이 경우에는 상법상 사채의 모집에 관한 규정을 유추적용하여야 할 것이다.[1)]

(3) 위법 또는 불공정한 발행에 대한 조치

이익참가부사채를 발행하는 경우에는 상법 제424조 및 제424조의2를 준용한다(영 제176조의12 제 6 항).

---

1) 한국증권법학회, 전게서, 732쪽.

(4) 등기사항

주권상장법인이 이익참가부사채를 발행한 경우에는 상법 제476조에 따른 납입이 완료된 날부터 2주일 이내에 본점소재지에서 다음 각 호의 사항을 등기하여야 한다(영 제176조의12 제 8 항).

1. 이익참가부사채의 총액
2. 각 이익참가부사채의 금액
3. 각 이익참가부사채의 납입금액
4. 제 7 항 각 호에서 정한 사항

위의 등기에 관하여는 상법 제514조의2 제 3 항 및 제 4 항을 준용한다(영 제176조의12 제 9 항).

3. 교환사채

(1) 의 의

교환사채란 주권상장법인은 이사회의 결의에 따라 해당 법인이 소유하고 있는 상장증권(법 제165조의2 또는 제165조의5에 따라 취득한 자기주식을 포함)과 교환을 청구할 수 있는 권리가 부여된 사채를 말한다(영 제176조의13 제 1 항).

(2) 교환의 대상

교환사채의 교환청구로 발행회사가 교환하여야 할 대상은 발행회사가 소유하는 상장증권과 자기주식이다. 여기서 상장증권은 자본시장법이 정의하고 있는 증권으로서 상장된 것을 말한다. 그러나 교환사채보다 이율이 높은 다른 채무증권과의 교환이 가능한 교환사채를 발행할 가능성은 적으므로, 실제로는 발행회사가 소유하고 있는 다른 회사 또는 계열회사의 상장주식, 또는 전환사채나 신주인수권부사채를 교환대상으로 하는 경우가 일반적이다.[1)]

---

1) 임재연, 전게서, 603쪽; 한국증권법학회, 전게서, 733쪽.

(3) 발 행

1) 발행사항의 결정

(가) 이사회의 결의

교환사채는 주주배정, 제 3 자배정 및 모집의 방법으로 발행할 수 있다. 그런데 교환사채는 이익참가부사채와는 달리 이사회의 결의에 따라 발행할 수 있다(영 제176조의13 제 1 항).

(나) 발행사항의 결정

이사회 결의로 결정할 사항은 달리 규정은 없지만, 교환사채에 관하여는 사채청약서·채권 및 사채원부에 다음 각 호의 사항을 기재하여야 하므로(영 제176조의13 제 2 항), 이사회도 해당 사항을 결의하여야 할 것이다.

1. 상장증권과 교환을 청구할 수 있는 권리가 부여되었다는 뜻
2. 교환할 상장증권의 내용
3. 교환의 조건
4. 교환을 청구할 수 있는 기간

2) 발행절차

(가) 발행사항의 공시

교환사채에 관하여는 사채청약서·채권 및 사채원부에 다음 각 호의 사항을 기재하여야 한다(영 제176조의13 제 2 항).

1. 상장증권과 교환을 청구할 수 있는 권리가 부여되었다는 뜻
2. 교환할 상장증권의 내용
3. 교환의 조건
4. 교환을 청구할 수 있는 기간

(나) 교환대상 증권의 예탁

교환사채를 발행하는 주권상장법인은 사채권자의 교환청구가 있는 때 또는 그 사채의 교환청구기간이 만료하는 때까지 교환에 필요한 상장증권을 예탁결제원에 예탁하여야 한다. 이 경우 예탁결제원은 그 증권이 신탁재산임을 표시하여 관리할 수 있다(영 제176조의13 제 3 항).

(4) 교환의 절차 및 효력

교환사채를 상장증권과 교환하는 경우에는 상법 제349조 제1항 및 제350조를 준용한다(영 제176조의13 제4항).

제 5 절 배당관련 특례규정

Ⅰ. 이익배당

1. 본조의 취지

본조는 주권상장법인의 주주를 보호하고 투자자에게 배당투자를 유도하며, 결산기에 자금지급이 집중되는 문제를 해소하고 이와 관련된 기업의 재무정책을 지원하기 위하여 분기별 이익배당을 허용하고 있다.[1]

2. 분기배당의 의의

연 1회의 결산기를 정한 주권상장법인은 정관으로 정하는 바에 따라 사업연도 중 그 사업연도 개시일부터 3월, 6월 및 9월 말일 당시의 주주에게 이사회 결의로써 금전으로 이익배당("분기배당")을 할 수 있다(법 제165조의12 제1항).

3. 분기배당의 요건

(1) 결산기의 요건

분기배당을 하기 위해서는 연 1회의 결산기를 정한 회사에 한하여 할 수 있으며, 정관에 분기배당에 관한 규정이 있어야 한다. 분기배당은 결산기 중 3월, 6월 및 9월 말일 당시의 주주에게 하여야 한다(법 제165조의12 제1항).

(2) 이사회 결의

분기배당을 위한 이사회 결의는 3월, 6월 및 9월 말일부터 45일 이내에 하여야 한다(법 제165조의12 제2항).

---

1) 한국증권법학회, 전게서, 737쪽.

(3) 지급시기

분기배당금은 이사회 결의일부터 20일 이내에 지급하여야 한다. 다만, 정관에서 그 지급시기를 따로 정한 경우에는 그에 따른다(법 제165조의12 제 3 항).

4. 분기배당의 한도와 재원

(1) 한 도

분기배당은 직전 결산기의 대차대조표상의 순자산액에서 다음 각 호의 금액을 뺀 금액을 한도로 한다(법 제165조의12 제 4 항).

1. 직전 결산기의 자본의 액
2. 직전 결산기까지 적립된 자본준비금과 이익준비금의 합계액
3. 직전 결산기의 정기총회에서 이익배당을 하기로 정한 금액
4. 분기배당에 따라 해당 결산기에 적립하여야 할 이익준비금의 합계액

(2) 재 원

해당 결산기의 대차대조표상의 순자산액이 상법 제462조 제 1 항 각 호의 금액의 합계액에 미치지 못할 우려가 있으면 분기배당을 하여서는 아니 된다(법 제165조의12 제 5 항).

5. 분기배당에 관한 이사의 책임

해당 결산기의 대차대조표상의 순자산액이 상법 제462조 제 1 항 각 호의 금액의 합계액에 미치지 못함에도 불구하고 분기배당을 한다는 이사회 결의에 찬성한 이사는 해당 법인에 대하여 연대하여 그 차액(분기배당액의 합계액이 그 차액보다 적을 경우에는 분기배당액의 합계액)을 배상할 책임이 있다. 다만, 그 이사가 상당한 주의를 하였음에도 불구하고 제 5 항의 우려가 있다는 것을 알 수 없었음을 증명하면 배상할 책임이 없다(법 제165조의12 제 6 항).

6. 상법의 준용

상법 제340조 제 1 항, 제344조 제 1 항, 제350조 제 3 항(같은 법 제423조 제 1 항, 제516조 제 2 항 및 제516조의9에서 준용하는 경우를 포함), 제354조 제 1 항, 제370조 제

1 항, 제457조 제 2 항, 제458조, 제464조 및 제625조 제 3 호의 적용에 관하여는 분기배당을 같은 법 제462조 제 1 항에 따른 이익의 배당으로 보고, 같은 법 제350조 제 3 항의 적용에 관하여는 제 1 항의 말일을 영업연도 말로 보며, 상법 제635조 제 1 항 제22호의2의 적용에 관하여는 제 3 항의 기간을 상법 제464조의2 제 1 항의 기간으로 본다(법 제165조의12 제 7 항).

Ⅱ. 주식배당

1. 본조의 취지

본조는 주식배당에 관한 상법의 규정(상법 제462조의2 제 1 항)에 대한 특례로서 주권상장법인은 주식배당을 이익배당총액에 상당하는 금액까지 할 수 있도록 하여 현금배당으로 인한 회사재산의 사외유출을 막는 등 기업의 재무관리를 지원하고 있다. 다만 주식배당을 하는 회사의 주식의 시가가 액면액에 미달하는 경우에는 상법의 규정을 적용하도록 하여 주주들에게 현금배당을 받을 수 있는 권리를 보장하고 있다.[1)]

2. 이익배당총액 범위 내의 주식배당

주권상장법인은 상법 제462조의2 제 1 항 단서에도 불구하고 이익배당총액에 상당하는 금액까지는 새로 발행하는 주식으로 이익배당을 할 수 있다(법 제165조의13 제 1 항 본문).

3. 이익배당총액의 2분의 1 내 주식배당

다만, 해당 주식의 시가가 액면액에 미치지 못하면 상법 제462조의2 제 1 항 단서에 따른다(법 제165조의13 제 1 항 단서). 법 제165조의13에 따라 주식으로 배당을 하는 경우 그 주식의 시가는 주식배당을 결의한 주주총회일의 직전일부터 소급하여 그 주주총회일이 속하는 사업연도의 개시일까지 사이에 공표된 매일의 증권시장에서 거래된 최종시세가격의 평균액과 그 주주총회일의 직전일의 증권시장에서 거래된 최종시세가격 중 낮은 가액으로 한다(영 제176조의14).

---

1) 한국증권법학회, 전게서, 743쪽.

Ⅲ. 공공적 법인의 배당

1. 이익배당

공공적 법인은 이익이나 이자를 배당할 때 정부에 지급할 배당금의 전부 또는 일부를 상법 제464조에도 불구하고 대통령령으로 정하는 방법에 따라 해당 법인의 주주 중 다음 각 호의 어느 하나에 해당하는 자에게 지급할 수 있다(법 제165조의14 제 1 항).

1. 해당 주식을 발행한 법인의 우리사주조합원
2. 연간소득수준 및 소유재산규모 등을 고려하여 대통령령으로 정하는 기준에 해당하는 자[1)]

공공적 법인은 법 제165조의14 제 1항에 따른 이익이나 이자를 배당할 필요가 있는 경우에는 같은 항 각 호의 어느 하나에 해당하는 자가 정부(한국은행, 한국산업은행, 그 밖에 공공기관의 운영에 관한 법률에 따른 공공기관 중 금융위원회가 지정하는 기관이 그 소유하는 공공적 법인의 발행주식을 매각한 경우에는 그 기관을 포함)로부터 직접 매수하여 계속 소유하는 주식 수에 따라 배당한다(영 제176조의15 제 1 항).

2. 준비금의 자본전입

공공적 법인은 준비금의 전부 또는 일부를 자본에 전입할 때에는 정부에 대하여 발행할 주식의 전부 또는 일부를 상법 제461조 제 2 항에도 불구하고 대통령령으로 정하는 기준 및 방법에 따라 공공적 법인의 발행주식을 일정기간 소유하는 주주에게 발행할 수 있다(법 제165조의14 제 2 항).

공공적 법인은 법 제165조의14 제 2 항에 따른 주식의 발행이 필요한 경우에는 같은 조 제 1 항 각 호의 어느 하나에 해당하는 자가 정부로부터 직접 매수하여 계속 소유하는 주식 수에 따라 배정한다(영 제176조의15 제 3 항). 법 제165조의14 제 2 항에 따라 주식을 취득한 자는 금융위원회가 정하여 고시하는 바에 따라

---

1) "대통령령으로 정하는 기준에 해당하는 자"란 다음 각 호의 어느 하나에 해당하는 자를 말한다(영 제176조의15 제 2 항).
   1. 한국주택금융공사법 시행령 제 2 조 제 1 항에 따른 근로자
   2. 농어가 목돈마련저축에 관한 법률 시행령 제 2 조 제 1 항에 따른 농어민
   3. 연간소득금액이 720만원 이하인 자

취득일부터 5년간 그 주식을 예탁하여야 한다(영 제176조의15 제 4 항).

제 6 절 주권상장법인의 재무관리기준

Ⅰ. 제정과 준수의무

금융위원회는 투자자를 보호하고 공정한 거래질서를 확립하기 위하여 다음 각 호의 사항에 관하여 주권상장법인 재무관리기준을 정하여 고시하고 필요한 권고를 할 수 있다. 다만, 주권과 관련된 증권예탁증권이 증권시장에 상장된 경우에는 그 주권을 발행한 법인에 대하여는 주권상장법인 재무관리기준을 다르게 정할 수 있다(법 제165조의16 제 1 항).

1. 유상증자의 요건에 관한 사항
2. 배당에 관한 사항
3. 대통령령으로 정하는 해외증권의 발행에 관한 사항
4. 그 밖에 건전한 재무관리에 필요한 것으로서 대통령령으로 정하는 사항

주권상장법인은 재무관리기준에 따라야 한다(법 제165조의16 제 2 항).

Ⅱ. 유상증자의 요건에 관한 사항

증권의 발행 및 공시 등에 관한 규정은 유상증자의 요건에 관한 사항으로서 유상증자의 발행가액의 결정, 신주인수권증서의 발행, 발행가액 등의 공고 및 통지에 관하여 규정하고 있다.

1. 유상증자의 발행가액의 결정(규정 제5-18조)

제5-18조(유상증자의 발행가액 결정) ① 주권상장법인이 일반공모증자방식 및 제 3 자배정증자방식으로 유상증자를 하는 경우 그 발행가액은 청약일 전 과거 제 3 거래일부터 제 5 거래일까지의 가중산술평균주가(그 기간 동안 증권시장에서 거래된 해당 종목의 총 거래금액을 총 거래량으로 나눈 가격)를 기준주가로 하여 주권상장법인이 정하는 할인율을 적용하여 산정한다. 다만, 일반공모증자방식의 경우에는 그 할

인율을 100분의 30 이내로 정하여야 하며, 제 3 자배정증자방식의 경우에는 그 할인율을 100분의 10 이내로 정하여야 한다.

② 제 1 항 본문에 불구하고 제 3 자배정증자방식의 경우 신주 전체에 대하여 제2-2조 제 2 항 제 1 호 전단의 규정에 따른 조치 이행을 조건으로 하는 때에는 유상증자를 위한 이사회 결의일(발행가액을 결정한 이사회 결의가 이미 있는 경우에는 그 이사회 결의일로 할 수 있다) 전일을 기산일로 하여 과거 1개월간의 가중산술평균주가, 1주일간의 가중산술평균주가 및 최근일 가중산술평균주가를 산술평균한 가격과 최근일 가중산술평균주가 중 낮은 가격을 기준주가로 하여 주권상장법인이 정하는 할인율을 적용하여 산정할 수 있다.

③ 〈삭제 2009. 7. 6, 구 제5-18조 ③ 삭제〉

③ 제 1 항 및 제 2 항에 따라 기준주가를 산정하는 경우 주권상장법인이 증권시장에서 시가가 형성되어 있지 않은 종목의 주식을 발행하고자 하는 경우에는 권리내용이 유사한 다른 주권상장법인의 주식의 시가(동 시가가 없는 경우에는 적용하지 아니한다) 및 시장상황 등을 고려하여 이를 산정한다.

④ 주권상장법인이 다음 각 호의 어느 하나에 해당하는 경우에는 제 1 항 단서에 따른 할인율을 적용하지 아니할 수 있다.

1. 금융위원회 위원장의 승인을 얻어 해외에서 주권 또는 주권과 관련된 증권예탁증권을 발행하거나 외자유치 등을 통한 기업구조조정(출자관계에 있는 회사의 구조조정을 포함)을 위하여 국내에서 주권을 발행하는 경우
2. 기업구조조정 촉진을 위한 금융기관협약에 의한 기업개선작업을 추진 중인 기업으로서 금산법 제11조 제 6 항 제 1 호의 규정에 의하여 같은 법 제 2 조 제 1 호의 금융기관이 대출금 등을 출자로 전환하기 위하여 주권을 발행하거나, 기업구조조정 촉진법에 의하여 채권금융기관 공동관리 절차가 진행 중인 기업으로서 채권금융기관이 채권재조정의 일환으로 대출금 등을 출자로 전환하기 위하여 주권을 발행하는 경우
3. 금산법 제12조, 예금자보호법 제37조부터 제38조의2까지에 따라 정부 또는 예금자보호법에 의하여 설립된 예금보험공사의 출자를 위하여 주권을 발행하는 경우
4. 금융기관이 공동(은행법 제 8 조의 규정에 의하여 은행업을 인가받은 자를 1 이상 포함하여야 한다)으로 경영정상화를 추진 중인 기업이 경영정상화 계획에서 정한 자에게 제 3 자배정증자방식으로 주권을 발행하는 경우

2. 신주인수권증서의 발행(규정 제5-19조)

제5-19조(신주인수권증서의 발행) ① 주권상장법인이 주주배정증자방식의 유상증자를

결의하는 때에는 상법 제416조 제6호에 따른 신주인수권증서의 발행에 관한 사항을 정하여야 한다.
② 제1항의 주권상장법인은 해당 신주인수권증서를 자기 또는 타인의 계산으로 매매할 금융투자업자를 정하여야 한다. 다만, 해당 신주인수권증서를 증권시장에 상장하고자 하는 주권상장법인의 경우에는 그러하지 아니하다.

3. 발행가액등의 공고 · 통지

제5-20조(발행가액등의 공고·통지) ① 주주우선공모증자방식에 따라 신주를 발행하고자 하는 주권상장법인이 그 유상증자를 결의하는 때에는 우선 청약할 수 있는 주주를 정하기 위한 주주확정일을 정하고 그 확정일 2주 전에 이를 공고하여야 한다.
② 주주배정증자방식 또는 주주우선공모증자방식으로 유상증자를 하는 주권상장법인은 발행가액이 확정되는 때에 그 발행가액을 지체 없이 주주에게 통지하거나 정관에 정한 신문에 공고하여야 한다.
③ 신주를 발행하는 주권상장법인은 그 발행가액이 확정되는 때에 그 내용을 지체 없이 공시하여야 한다.

Ⅲ. 기타 건전한 재무관리에 필요한 사항

1. 감사의견의 표시(규정 제5-17조)

제5-17조(감사의견의 표시) ① 주권상장법인이 결산주주총회에 제출하는 영업보고서에는 회계감사인의 감사의견과 감사결과 수정된 당기순이익(당기순손실) 수정총액 및 주요수정내용 등 감사보고서 본문을 기재하여야 한다.
② 주권상장법인이 상법 제449조 제3항에 따라 대차대조표를 공고하는 때에는 외감법 제 14조 제2항에 따라 병기하여야 하는 회계감사인의 명칭과 감사의견 이외에 회계감사인의 감사결과 수정된 당기순이익(당기순손실) 및 감사결과 수정된 수정후 전기이월이익잉여금(수정후 전기이월결손금)을 부기하여야 한다.

2. 전환사채의 발행제한 및 전환금지기간(규정 제5-21조)

제5-21조(전환사채의 발행제한 및 전환금지기간) ① 주권상장법인은 다음 각 호의 기간 중에는 상법 제513조의2 제1항에 따라 주주에게 사채의 인수권을 부여하여 모집하거나 영 제176조의8 제1항의 방법으로 사채를 모집하는 방식(이하 "공모발행방식") 외의 방법으로 전환사채를 발행할 수 없다.
1. 법 제29조에 따른 소수주주(이하 "소수주주")가 해당 주권상장법인의 임원의 해

임을 위하여 주주총회의 소집을 청구하거나 법원에 그 소집의 허가를 청구한 때에는 청구시부터 해당 임원의 해임 여부가 결정될 때까지의 기간

2. 소수주주가 법원에 해당 주권상장법인의 임원의 직무집행의 정지를 청구하거나 주주총회결의의 무효·취소 등의 소를 제기하는 등 해당 주권상장법인의 경영과 관련된 분쟁으로 소송이 진행 중인 기간

3. 제 1 호 및 제 2 호에 준하는 해당 주권상장법인의 경영권 분쟁사실이 신고·공시된 후 그 절차가 진행 중인 기간

② 주권상장법인이 전환사채를 발행하는 경우에는 그 발행 후 1년이 경과한 후에 전환할 수 있는 조건으로 이를 발행하여야 한다. 다만, 공모발행방식으로 발행하는 경우에는 그 발행 후 1월이 경과한 후에 전환할 수 있는 조건으로 이를 발행할 수 있다.

3. 전환사채의 전환가액 결정(규정 제5-22조)

제5-22조(전환사채의 전환가액 결정) ① 주권상장법인이 전환사채를 발행하는 경우 그 전환가액은 전환사채 발행을 위한 이사회 결의일 전일을 기산일로 하여 그 기산일부터 소급하여 산정한 다음 각 호의 가액 중 높은 가액(영 제176조의8 제 1 항의 방법으로 사채를 모집하는 방식으로 발행하는 경우에는 낮은 가액) 이상으로 한다. 다만, 전환에 따라 발행할 주식이 증권시장에서 시가가 형성되어 있지 않은 종목의 주식인 경우에는 제5-18조 제 3 항을 준용한다.

1. 1개월 가중산술평균주가, 1주일 가중산술평균주가 및 최근일 가중산술평균주가를 산술평균한 가액
2. 최근일 가중산술평균주가
3. 청약일 전(청약일이 없는 경우에는 납입일) 제 3 거래일 가중산술평균주가

② 제 1 항에 불구하고 주권상장법인이 발행하는 전환사채가 다음 각 호의 어느 하나에 해당하는 경우에는 전환가액을 제 1 항 본문의 규정에 의하여 산정한 가액의 100분의 90 이상으로 할 수 있다.

1. 2 이상의 신용평가업자가 평가한 해당 채권의 신용평가등급(해당 채권의 발행일부터 과거 3월 이내에 평가한 채권의 등급이 있는 경우 그 등급으로 갈음할 수 있다)이 투기등급(BB+ 이하)인 경우
2. 해당 사채를 자산유동화에 관한 법률에 따라 발행하는 유동화증권의 기초자산으로 하는 경우

③ 다음 각 호의 어느 하나에 해당하는 주권상장법인이 금융기관의 대출금 또는 사채를 상환하기 위하여 전환사채를 발행하는 경우에는 제 1 항 및 제 2 항의 규정

을 적용하지 아니할 수 있다.

1. 기업구조조정 촉진을 위한 금융기관협약에 의하여 기업개선작업을 추진 중인 기업
2. 금융기관이 공동(은행법 제8조의 규정에 의하여 은행업을 인가받은 자를 1 이상 포함하여야 한다)으로 경영정상화를 추진 중인 기업이 경영정상화 계획에서 정한 자를 대상으로 전환사채를 발행하는 경우 해당 기업

4. 전환가액의 조정(규정 제5-23조)

제5-23조(전환가액의 하향조정) 주권상장법인이 전환가액을 하향하여 조정할 수 있는 전환사채를 발행하는 경우에는 다음 각 호의 방법에 따라야 한다.

1. 전환사채의 발행을 위한 이사회에서 증자·주식배당 또는 시가변동 등 전환가액을 하향조정하고자 하는 각 사유별로 전환가액을 조정할 수 있다는 내용, 전환가액을 조정하는 기준이 되는 날(이하 "조정일") 및 구체적인 조정방법을 정하여야 한다.
2. 시가하락에 따른 전환가액의 조정시 조정 후 전환가액은 다음 각 목의 가액 이상으로 하여야 한다.
   가. 발행 당시의 전환가액(조정일 전에 신주의 할인발행 등 또는 감자 등의 사유로 전환가액을 이미 하향 또는 상향 조정한 경우에는 이를 감안하여 산정한 가액)의 100분의 70에 해당하는 가액. 다만, 정관의 규정으로 조정 후 전환가액의 최저한도(이하 "최저조정가액"), 최저조정가액을 적용하여 발행할 수 있는 전환사채의 발행사유 및 금액을 구체적으로 정한 경우 또는 정관의 규정으로 전환가액의 조정에 관한 사항을 주주총회의 특별결의로 정하도록 하고 해당 전환사채 발행시 주주총회에서 최저조정가액 및 해당 사채의 금액을 구체적으로 정한 경우에는 정관 또는 주주총회에서 정한 최저조정가액
   나. 조정일 전일을 기산일로 하여 제5-22조 제1항 본문의 규정에 의하여 산정(제3호는 제외)한 가액

제5-23조의2(전환가액의 상향조정) ① 주권상장법인이 전환사채를 발행하는 경우에는 감자·주식병합 등 주식가치 상승사유가 발생하는 경우 감자·주식병합 등으로 인한 조정비율만큼 상향하여 반영하는 조건으로 이를 발행하여야 한다. 단, 감자·주식병합 등을 위한 주주총회 결의일 전일을 기산일로 하여 제5-22조 제1항 본문의 규정에 의하여 산정(제3호는 제외)한 가액(이하 "산정가액")이 액면가액 미만이면서 기산일 전에 전환가액을 액면가액으로 이미 조정한 경우(전환가액을 액면가액 미만으로 조정할 수 있는 경우는 제외)에는 조정 후 전환가액은 산정가액을 기준으로 감자·주식병합 등으로 인한 조정비율만큼 상향조정한 가액 이상으로 할 수 있다.

② 제1항에도 불구하고 주권상장법인이 정관의 규정으로 전환가액의 조정에 관한

사항을 주주총회의 특별결의로 정하도록 하고 해당 전환사채 발행시 주주총회에서 최저조정가액 및 해당 사채의 금액을 구체적으로 정한 경우에는 최저조정가액 이상으로 상향하여 반영하는 조건으로 이를 발행할 수 있다.

③ 주권상장법인이 기업구조조정 촉진법에 의한 부실징후기업의 관리, 채무자 회생 및 파산에 관한 법률에 의한 회생절차 개시 등 관련 법령에 의해 전환사채를 발행하는 경우에는 제 1 항 및 제 2 항을 적용하지 아니할 수 있다.

5. 신주인수권부사채의 발행(규정 제5-24조)

제5-24조(신주인수권부사채의 발행) ① 제5-21조, 제5-22조 제 1 항, 제5-23조 및 제5-23조의2의 규정은 신주인수권부사채의 발행에 관하여 이를 준용한다.

② 주권상장법인이 신주인수권부사채를 발행하는 경우 각 신주인수권부사채에 부여된 신주인수권의 행사로 인하여 발행할 주식의 발행가액의 합계액은 각 신주인수권부사채의 발행가액을 초과할 수 없다.

③ 주권상장법인이 공모발행방식 외의 방법으로 분리형 신주인수권부사채를 발행하는 경우에는 사채의 발행일부터 해당 사채 만기의 3분의 1에 해당하는 기간(그 기간이 1년 이하인 경우에는 1년)이 경과하기 전까지는 해당 신주인수권부사채의 신주인수권증권이 분리된 사채만을 매입하지 않는 조건으로 이를 발행하여야 한다.

CHAPTER 06

상법상 상장회사에 대한 특례

- 상법상 지배구조에 관한 특례 -

제 1 절 특례규정의 적용범위

상법 제 3 편(회사) 제 4 장(주식회사) 제13절(상장회사에 대한 특례)은 대통령령으로 정하는 증권시장[1](증권의 매매를 위하여 개설된 시장)에 상장된 주권을 발행한 주식회사(이하 "상장회사"[2])에 대하여 적용한다. 다만, 집합투자(2인 이상에게 투자권유를 하여 모은 금전이나 그 밖의 재산적 가치가 있는 재산을 취득·처분, 그 밖의 방법으로 운용하고 그 결과를 투자자에게 배분하여 귀속시키는 것을 말한다)를 수행하기 위한 기구로서 대통령령으로 정하는 주식회사[3]는 제외한다(상법 제542조의2 제 1 항). 그리고 제13절은 상법의 주식회사에 관한 다른 규정에 우선하여 적용한다(상법 제542조의2 제 2 항).

자본시장법이 제정되면서 폐지된 증권거래법의 상장법인의 지배구조에 관한 특례규정이 상법의 회사편에 포함되었다.

제 2 절 주주총회

Ⅰ. 주주총회 소집공고

1. 비상장회사

주주총회를 소집할 때에는 주주총회일의 2주 전에 각 주주에게 서면으로 통지를 발송하거나 각 주주의 동의를 받아 전자문서로 통지를 발송하여야 한다. 다만, 그 통지가 주주명부상 주주의 주소에 계속 3년간 도달하지 아니한 경우에는

1) 상법 시행령 제29조(상장회사 특례의 적용범위) ① 법 제542조의2 제 1 항 본문에서 "대통령령으로 정하는 증권시장"이란 자본시장과 금융투자업에 관한 법률 제 9 조 제13항에 따른 증권시장을 말한다.

2) 자본시장과 금융투자법에 관한 법률(이하 "자본시장법")에서는 상장법인이라는 용어를 사용하지만, 상법에서는 이미 "법인"이라는 용어보다 "회사"라는 용어를 사용하고 있으므로, 특례규정에서도 "상장회사"라는 용어를 사용한다.

3) 상법 시행령 제29조(상장회사 특례의 적용범위) ② 법 제542조의2 제 1 항 단서에서 "대통령령으로 정하는 주식회사"란 자본시장과 금융투자업에 관한 법률 제 6 조 제 5 항에서 정하는 집합투자를 수행하기 위한 기구인 주식회사를 말한다.

회사는 해당 주주에게 총회의 소집을 통지하지 아니할 수 있다(상법 제363조 제1항). 회사가 무기명식 주권을 발행한 경우에는 주주총회일의 3주 전에 총회를 소집하는 뜻과 회의의 목적사항을 공고하여야 한다(상법 제363조 제3항).

따라서 통지는 회일 2주간 전에 하여야 하고, 공고는 회일의 3주간 전에 하여야 한다. 기명주주에게는 개별적으로 서면 또는 전자문서에 의해 통지를 발송하여야 하고, 무기명주식을 발행한 회사가 공고를 할 때는 정관에 정한 공고방식(상법 제289조 제1항 제7호, 제3항)으로 하며, 통지·공고 내용은 회일, 총회장소(소집지), 회의의 목적사항이다.

2. 상장회사

(1) 통지대상

상장회사가 주주총회를 소집하는 경우 의결권 있는 발행주식총수의 100분의 1 이하의 주식을 소유하는 주주에게는 정관으로 정하는 바에 따라 주주총회일의 2주 전에 주주총회를 소집하는 뜻과 회의의 목적사항을 둘 이상의 일간신문에 각각 2회 이상 공고하거나 대통령령으로 정하는 바에 따라 전자적 방법으로 공고함으로써 제363조 제1항의 소집통지를 갈음할 수 있다(상법 제542조의4 제1항, 동법 시행령 제31조 제1항). 전자적 방법의 공고란 금융감독원 또는 설립된 한국거래소가 운용하는 전자공시시스템에 공시하는 것을 말한다(동법 시행령 제31조 제2항).

(2) 공고의 시기와 방법

상장회사는 주주총회일의 2주 전에 일간신문에 공고하는 방법 이외에 전자적 방법으로 공고할 수 있다. 전자적 방법의 공고란 금융감독원 또는 설립된 한국거래소가 운용하는 전자공시시스템에 공시하는 것을 말한다(동법 시행령 제31조 제2항).

전자공시시스템으로 제출하는 주주총회 소집공고의 경우 정정사항이 발생한 경우에도 주주총회소집 통지·공고 기간인 "주주총회 2주 전"의 기일을 준수하여야 한다.

(3) 통지·공고의 내용

1) 이사·감사의 선임에 관한 사항

상장회사가 이사·감사의 선임에 관한 사항을 목적으로 하는 주주총회를 소집통지 또는 공고하는 경우에는 이사·감사 후보자의 성명, 약력, 추천인, 후보자와 최대주주와의 관계, 후보자와 해당 회사와의 최근 3년간의 거래내역을 통지하거나 공고하여야 한다(상법 제542조의4 제 2 항, 동법 시행령 제31조 제 3 항).

상장회사가 주주총회에서 이사 또는 감사를 선임하려는 경우에는 제542조의4 제 2 항에 따라 통지하거나 공고한 후보자 중에서 선임하여야 한다(상법 제542조의5).

2) 사외이사 등 관련사항

상장회사가 주주총회 소집의 통지 또는 공고를 하는 경우에는 "사외이사 등의 활동내역과 보수에 관한 사항, 사업개요 등 대통령령으로 정하는 사항"을 통지 또는 공고하여야 한다(상법 제542조의4 제 3 항 본문).

여기서 "사외이사 등의 활동내역과 보수에 관한 사항, 사업개요 등 대통령령으로 정하는 사항"이란 다음 각 호의 사항을 말한다(동법 시행령 제31조 제 4 항).

1. 사외이사, 그 밖의 해당 회사의 상무에 종사하지 아니하는 이사의 이사회 출석률, 이사회 의안에 대한 찬반 여부 등 활동내역과 보수에 관한 사항
2. 법 제542조의9 제 3 항 각 호에 따른 거래내역(단일 거래규모가 대통령령으로 정하는 규모 이상인 거래 및 해당 사업연도 중에 특정인과의 해당 거래를 포함한 거래총액이 대통령령으로 정하는 규모 이상이 되는 경우의 해당 거래를 말함)
3. 영업현황 등 사업개요와 주주총회의 목적사항별로 금융위원회가 정하는 방법에 따라 작성한 참고서류

다만, 상장회사가 그 사항을 "대통령령으로 정하는 방법"으로 일반인이 열람할 수 있도록 하는 경우에는 그러하지 아니하다(상법 제542조의4 제 3 항 단서). 여기서 "대통령령으로 정하는 방법"이란 상장회사가 제 4 항 각 호에 기재된 서류를 회사의 인터넷 홈페이지에 게재하고 다음 각 호의 장소에 비치하여 일반인이 열람할 수 있도록 하는 방법을 말한다(동법 시행령 제31조 제 5 항).

1. 상장회사의 본점 및 지점

2. 명의개서대행회사
3. 금융위원회
4. 한국거래소

Ⅱ. 소수주주권

1. 주주의 권리

(1) 의　　의

주주는 주주권이라는 사원권을 원천으로 하여 회사에 여러 가지 권리를 가진다. 상법이 인정하는 개개의 구체적 권리를 주주의 사원권적 지위를 포괄적으로 나타내는 주주권과 구별하여 "주주의 권리"라 표현한다. 주주의 권리는 주주의 지위를 전제로 생겨나는 것이기 때문에 주식의 취득이 아닌 별개의 원인에 의해 취득될 수 없고, 또 그 자체로서는 독립적으로 양도되거나 담보의 목적이 될 수 없으며, 시효에도 걸리지 않는다.[1)]

(2) 분　　류

1) 자익권과 공익권

자익권과 공익원은 권리행사의 목적에 따른 구분이다. 자익권은 주주가 회사로부터 경제적 이익을 얻는 것을 목적으로 하는 권리로서 어느 것이나 재산적 내용을 가진다. 그 때문에 이를 재산권이라고도 부른다. 예컨대 이익배당청구권(동법 제462조, 제464조), 이자배당청구권(제463조), 잔여재산분배청구권(제538조), 신주인수권(제416조, 제418조), 주식전환청구권(제346조 이하), 주권교부청구권(제355조의 제 1 항), 주식매수청구권(제335조의2 제 4 항) 등이 이에 속한다.

공익권은 주주가 회사의 관리·경영에 참여하는 것을 목적으로 하는 권리이고, 어느 것이나 회사의 경영에 관여하든가, 부당한 경영의 예방 또는 사후구제를 구하든가, 혹은 이들 조치를 보조하는 것을 내용으로 하고 있다. 따라서 이를 관리권 또는 행정권이라고도 부른다. 예컨대 의결권(제369조), 주주총회결의의 하자를 다투는 소권(제376조, 제380조), 설립무효의 소권(제328조), 신주발행무효의 소권(제429조), 이사의 위법행위유지청구권(제402조), 대표소송 제기권(제403조), 주주총

1) 이철송, 전게서, 239쪽.

회 소집청구권(제366조) 등이 있다.[1)]

2) 단독주주권과 소수주주권

이것은 권리행사의 방법의 차이에 따른 구분이다. 단독주주권은 주주가 가지는 주식수에 관계없이 각 주주가 단독으로 행사할 수 있는 권리, 즉 1주의 주식만을 가진 주주라도 행사할 수 있는 권리이다. 예컨대 의결권, 주주총회의 결의의 하자를 다투는 소권, 재무제표 등의 열람청구권 등이 이에 속한다.

이에 반하여 소수주주권은 회사의 발행주식총수의 일정비율을 가지는 주주만이 행사할 수 있는 권리를 말한다. 소수주주권은 주로 대주주의 전횡을 억제하여 회사의 이익을 옹호하기 위하여 소수주주에게 인정된 것이 많지만, 주주에 의한 권리의 남용을 방지하기 위한 취지에서 소수주주권으로 된 것도 있다.

(가) 비상장회사의 소수주주권(일반규정)

상법은 기업경영의 투명성을 높이고 지배구조를 선진화하기 위하여 소수주주권을 강화하고 있다. 다음의 세 가지로 구분할 수 있다.

첫째, 주주가 경영진을 감시통제하는 데 가장 중요한 이사에 대한 위법행위 유지청구권과 대표소송제기권은 발행주식총수의 100분의 1 이상을 가진 주주가 행사할 수 있게 하였다(제402조, 제403조).

둘째, 주주제안권, 주주총회의 소집청구권, 이사·감사·청산인의 해임청구권, 회계장부의 열람청구권, 검사인선임청구권 등 나머지 소수주주권은 발행주식총수의 100분의 3 이상을 가진 주주에게 부여하였다(제363조의2, 제366조, 제385조, 제415조, 제466조, 제467조, 제539조).

셋째, 해산판결청구권만은 발행주식총수의 100분의 10 이상을 가진 주주가 행사할 수 있다(제520조).

(나) 상장회사의 소수주주권(특례규정)

상장회사에 한하여 소수주주권의 지주요건을 대폭 완화하였다. 즉 기업의 투명성을 높이고 기업지배구조를 개선하기 위하여는 주주들의 경영진에 대한 감시의 기능과 권한을 강화할 필요가 있으므로, 소수주주권을 여섯 가지 유형으로 나누어 각각에 관하여 지주요건을 차별화하면서 이를 완화하였다.

첫째, 주주총회의 소집청구권, 회사의 업무·재산상태의 검사를 위한 검사인

---

1) 정동윤, 전게서, 188쪽.

선임청구권은 6월 전부터 계속하여 발행주식총수의 1,000분의 15 이상에 해당하는 주식을 대통령령이 정하는 바에 따라 보유하는 주주에게 부여하였다(법 제542조의6 제 1 항).

둘째, 주주제안권은 6월 전부터 계속하여 발행주식총수의 1,000분의 10(최근 사업연도 말 자본금이 1,000억원 이상인 법인의 경우에는 1,000분의 5) 이상에 해당하는 주식을 대통령령이 정하는 바에 따라 보유하는 주주에게 부여하였다(법 제542조의6 제 2 항).

셋째, 이사와 감사 및 청산인의 해임청구권과 위법행위유지청구권은 6월 전부터 계속하여 발행주식총수의 10,000분의 50(최근 사업연도 말 자본금이 1,000억원 이상인 회사의 경우에는 10,000분의 25) 이상에 해당하는 주식을 대통령령이 정하는 바에 따라 보유하는 주주에게 부여하였다(법 제542조의6 제 3 항).

넷째, 회계장부열람청구권은 6월 전부터 계속하여 발행주식총수의 10,000분의 10(최근 사업연도 말 자본금이 1,000억원 이상인 법인의 경우에는 10,000분의 5) 이상에 해당하는 주식을 대통령령이 정하는 바에 따라 보유하는 주주에게 부여하였다(법 제542조의6 제 4 항).

다섯째, 이사 또는 집행임원의 위법행위유지청구권은 6월 전부터 계속하여 발행주식총수의 100,000분의 50(최근 사업연도 말 자본금이 1,000억원 이상인 회사의 경우에는 100,000분의 25) 이상에 해당하는 주식을 대통령령이 정하는 바에 따라 보유하는 주주에게 부여하였다(법 제542조의6 제 5 항).

여섯째, 대표소송의 제기권은 기업의 규모에 관계없이 6월 전부터 계속하여 발행주식총수의 10,000분의 1 이상에 해당하는 주식을 대통령령이 정하는 바에 따라 보유하는 주주에게 부여하였다(법 제542조의6 제 6 항).

2. 상장회사의 특례

증권거래법에서는 상장회사의 경우 소수주주권을 용이하게 행사할 수 있도록 특례규정을 두고 있었다. 그런데 2009년 상법 개정을 계기로 이 규정들이 상법으로 편입되었다(법 제542조의6, 제542조의7 제 2 항).

(1) 소수주주권 행사요건의 완화

특례규정은 소수주주권의 요건을 전체적으로 완화해 놓고 있다. 또한 상장회사 중 대규모회사의 경우 위 요건은 다시 2분의 1로 감소되어 있다. 상장회사의 경우 주식의 분산으로 인해 일반규정상의 소수주주권의 요건을 충족하는 주주가 흔하지 않고, 따라서 소수주주권이 유용한 경영통제수단이 되지 못하고 있는 실정임을 감안하면 특례규정의 요건을 이같이 크게 완화한 것은 바람직한 일이다.

(2) 지분보유기간 요건의 추가

일반규정상의 소수주주권의 행사를 위한 지주비율은 소수주주권을 행사하는 시점에서 갖추면 충분하지만, 특례규정은 행사시점에서 소급하여 일정기간 소정비율의 주식을 보유해 온 주주에 한해 소수주주권 행사를 허용하고 있다. 이것은 상당기간 주식을 보유함으로써 회사와의 이해관계가 정착되어 있는 주주에 한해 소수주주권의 행사를 인정할 실익이 있다는 전제 아래, 소수주주권만을 행사하기 위하여 주식을 취득하는 남용사례를 방지하기 위함이다.

상장회사는 정관에서 상법에 규정된 것보다 단기의 주식 보유기간을 정하거나 낮은 주식 보유비율을 정할 수 있다(법 제542조의6 제 7 항). 주식을 보유한다고 함은 주식을 단독으로 소유하거나 주주권행사에 관한 위임장을 취득하거나 2인 이상의 주주가 주주권을 공동행사하는 것을 말한다(법 제542조의6 제 8 항).

이처럼 상장회사의 경우에 소수주주권을 행사할 수 있는 주주의 주식에 관하여 일정한 보유기간을 요구하는 대신에 보유수량을 대폭 인하함으로써 소수주주권의 정당한 행사를 용이하게 하는 한편 그 남용을 억제하고 있다.

3. 소수주주권의 내용

(1) 주주총회 소집청구권

상법 제366조는 소수주주의 청구에 의해 주주총회가 소집될 수 있음을 규정하고 있다. 주주의 정당한 의사형성을 방해하는 이사의 전횡을 견제하고, 특히 지배주주의 지지를 받는 이사의 세력에 군소주주가 대항할 수단을 마련해 주기 위한 제도적 장치이며, 주주의 공익권 중의 하나이다.

발행주식총수의 100분의 3 이상에 해당하는 주식을 가진 주주는 회의의 목적사항과 소집의 이유를 적은 서면 또는 전자문서를 이사회에 제출하여 임시총회의 소집을 청구할 수 있다(법 제366조 제 1 항).

상장회사의 경우에는 이 요건이 1천분의 15 이상으로 완화되어 있다(법 제542

조의6 제 1 항). 상장회사의 경우에는 위 요건에 해당하는 주식을 6월 이상 계속 보유하여야 한다(법 제542조의6 제 1 항). 상장회사의 경우 100분의 3 이상의 주식을 소유하는 주주라도 6월 이상 보유하지 못하면 특례규정에 의해서는 주주총회 소집을 청구할 수 없지만, 일반규정에 의해서 소집청구가 가능하다고 새겨야 한다(대법원 2004. 12. 10. 선고 2003다41715 판결).

소수주주인지의 여부는 1인의 보유주식수만 가지고 판단하는 것이 아니다. 수인의 소유주식을 합산하여 100분의 3 이상이 되면 소수주주로서 공동으로 소집을 청구할 수 있다.

(2) 업무 및 재산상태 검사를 위한 검사인선임청구권

상법 제466조에 의한 회계장부열람은 그 대상이 회계의 범위에만 국한되고, 또 그 조사방법이 장부와 서류의 열람에 그치므로, 회사의 업무집행에 관하여 부정행위 또는 법령이나 정관에 위반한 중대한 사실이 있음을 의심할 사유가 있는 때에는, 더 나아가서 직접으로 회사의 업무와 재산상태를 조사할 필요가 있다. 그러나 다른 한편 이와 같은 강력한 조사제도가 남용되는 것을 방지하지 않으면 안 된다. 그리하여 상법은 엄격한 요건하에 검사인의 선임을 청구하여, 그 검사인으로 하여금 회사의 업무와 재산상태를 조사할 수 있도록 하였다.

회사의 업무집행에 관하여 부정행위 또는 법령이나 정관에 위반한 중대한 사실이 있음을 의심할 사유가 있는 때에는 발행주식의 총수의 100분의 3이상에 해당하는 주식을 가진 주주는 회사의 업무와 재산상태를 조사하게 하기 위하여 법원에 검사인의 선임을 청구할 수 있다(법 제467조 제 1 항).

다만, 상장회사의 경우에는 소수주주권의 행사요건이 6월 전부터 계속하여 발행주식총수의 1,000분의 15(최근 사업연도 말 자본금이 1천억원 이상인 상장회사인 경우) 이상에 해당하는 주식을 가진 주주로 완화되어 있다(법 제542조의6 제 1 항). 다만 대형 금융투자업자의 경우[1]에는 소수주주의 요건이 더욱 완화되어 있다(자본시장법 제29조 제 5 항).

---

1) 자본시장법 제29조(소수주주권) ⑤ 6개월 전부터 계속하여 금융투자업자의 발행주식총수의 1만분의 150(대통령령으로 정하는 금융투자업자의 경우에는 1만분의 75) 이상에 해당하는 주식을 소유한 자는 상법 제366조(같은 법 제542조에서 준용하는 경우를 포함) 및 제467조에서 규정하는 주주의 권리를 행사할 수 있다. 이 경우 같은 법 제366조에서 규정하는 주주의 권리를 행사할 때에는 의결권 있는 주식을 기준으로 한다.

(3) 주주제안권

주주제안권은 주주가 주주총회에서 심의될 의제·의안을 제안할 수 있는 권리를 말한다. 이 제도는 주주의 총회 참가의욕을 높이고, 주주의 의견을 총회에 반영시키며, 회사와 주주간 또는 주주 상호간의 의사의 소통을 도모하는 것을 목적으로 한다.

의결권 없는 주식을 제외한 발행주식총수의 100분의 3 이상에 해당하는 주식을 가진 주주는 이사에게 주주총회일(정기주주총회의 경우 직전 연도의 정기주주총회일에 해당하는 그 해의 해당일)의 6주 전에 서면 또는 전자문서로 일정한 사항을 주주총회의 목적사항으로 할 것을 제안(이하 "주주제안")할 수 있다(법 제363조의2 제 1 항).

다만, 상장회사의 경우에는 총회일의 6월 전부터 계속하여 상장법인의 의결권 있는 발행주식총수의 1,000분의 10(최근 사업연도 말 자본금이 1,000억원 이상인 상장회사의 경우에는 1,000분의 5) 이상에 해당하는 주식을 보유하는 소수주주가 제안권을 가진다(법 제542조의6 제 2 항). 대형 금융투자업자의 경우[1]에는 소수주주권의 요건이 더욱 완화되어 있다(자본시장법 제29조 제 6 항). 6월의 기간은 제안권을 행사하는 시점을 기준으로 하여 산정하여야 할 것이다.

(4) 이사·감사·청산인에 대한 해임청구권

이사·감사는 대주주의 의사에 의해 선임되는 경우가 많으므로 이사의 부정행위가 있더라도 대주주의 비호를 받아 해임결의가 부결되는 일이 있을 수 있으므로 소수주주가 주도하여 시정할 수 있는 기회를 준 것이다.

이사 또는 감사가 그 직무에 관하여 부정행위 또는 법령이나 정관에 위반한 중대한 사실이 있음에도 불구하고 주주총회에서 그 해임을 부결한 때에는 발행주식의 총수의 100분의 3 이상에 해당하는 주식을 가진 주주는 총회의 결의가 있은 날부터 1월 내에 그 이사의 해임을 법원에 청구할 수 있다(법 제385조 제 2 항, 제415조).

청산인이 그 업무를 집행함에 현저하게 부적임하거나 중대한 임무에 위반한

---

1) 자본시장법 제29조(소수주주권) ⑥ 6개월 전부터 계속하여 금융투자업자의 의결권 있는 발행주식총수의 1만분의 50(대통령령으로 정하는 금융투자업자의 경우에는 1만분의 25) 이상에 해당하는 주식을 소유한 자는 상법 제363조의2에서 규정하는 주주의 권리를 행사할 수 있다.

행위가 있는 때에는 발행주식의 총수의 100분의 3이상에 해당하는 주식을 가진 주주는 법원에 그 청산인의 해임을 청구할 수 있다(법 제539조 제 2 항).

다만 상장회사의 경우에는 발행주식총수의 10,000분의 50(최근 사업연도 말 자본금이 1,000억원 이상인 상장회사는 10,000분의 25), 이상의 주식을 6월간 계속 보유한 주주가 위 해임청구를 할 수 있다(법 제542조의6 제 3 항). 대형 금융투자업자의 경우[1]에는 소수주주권의 요건이 더욱 완화되어 있다(자본시장법 제29조 제 4 항).

(5) 회계장부열람권

재무제표 등 공시서류는 회사가 공시를 의식하고 작성하는 것인만큼 분식의 가능성이 있을 뿐만 아니라 역시 간접적인 정보에 불과하므로 상법은 소수주주에게 직접 회계의 장부와 서류를 열람할 수 있는 권리를 부여하고 있다. 이를 주주의 회계장부열람권이라고 말하며, 이를 본안으로 하는 가처분도 허용된다.

발행주식의 총수의 100분의 3 이상에 해당하는 주식을 가진 주주는 이유를 붙인 서면으로 회계의 장부와 서류의 열람 또는 등사를 청구할 수 있다(법 제466조 제 1 항).

다만, 상장회사의 경우에는 소수주주권의 행사요건이 6월 전부터 계속하여 발행주식총수의 10,000분의 10 또는 1,000분의 5(최근 사업연도 말 자본금이 1,000억원 이상인 상장회사의 경우) 이상에 해당하는 주식을 가진 주주로 완화되어 있다(법 제542조의6 제 4 항). 대형 금융투자업자의 경우[2]에는 소수주주권의 요건이 더욱 완화되어 있다(자본시장법 제29조 제 3 항).

(6) 이사 또는 집행임원의 위법행위유지청구권

이사 또는 집행임원의 위법행위를 사전예방하기 위한 제도이다. 이 제도는 주주의 지위를 강화하고 이사 또는 집행임원의 강력한 권한행사를 견제하기 위하여 미국 회사법상의 제도를 도입한 것이다. 다만 미국에서는 이들이 개개의 주주

---

1) 자본시장법 제29조(소수주주권) ④ 6개월 전부터 계속하여 금융투자업자의 발행주식총수의 10만분의 250(대통령령으로 정하는 금융투자업자의 경우에는 10만분의 125) 이상에 해당하는 주식을 소유한 자는 상법 제385조(같은 법 제415조에서 준용하는 경우를 포함) 및 같은 법 제539조에서 규정하는 주주의 권리를 행사할 수 있다.

2) 자본시장법 제29조(소수주주권) ③ 6개월 전부터 계속하여 금융투자업자의 발행주식총수의 10만분의 50(대통령령으로 정하는 금융투자업자의 경우에는 10만분의 25) 이상에 해당하는 주식을 소유한 자는 상법 제466조에서 규정하는 주주의 권리를 행사할 수 있다.

의 권리로 인정되고 있음에 반하여, 우리나라에서는 그 남용을 방지한다는 이유로 소수주주의 권리로 하고 있다.

이사 또는 집행임원이 법령 또는 정관에 위반한 행위를 하여 이로 인하여 회사에 회복할 수 없는 손해가 생길 염려가 있는 경우에는 감사 또는 발행주식의 총수의 100분의 1 이상에 해당하는 주식을 가진 주주는 회사를 위하여 이사에 대하여 그 행위를 유지할 것을 청구할 수 있다(법 제402조).

유지청구가 이사 또는 집행임원에 대한 중대한 경영간섭임에 비추어 모든 주주에 대해 인정할 경우 유지청구가 남발되어 업무수행에 장애가 될 염려가 있기 때문에 소수주주에게만 유지청구권을 인정하고 있다. 소수주주의 보유주식수를 계산함에 있어서는 의결권 없는 주식도 포함된다. 또한 유지청구할 당시에 소수주주이면 족하다.

다만, 상장회사의 경우에는 소수주주의 요건이 6월 전부터 계속하여 발행주식총수의 100,000분의 50 또는 100,000분의 25(최근 사업연도 말 자본금이 1,000억원 이상인 상장회사의 경우) 이상에 해당하는 주식을 소유한 주주로 완화되어 있다(법 제542조의6 제 5 항). 대형 금융투자업자의 경우[1]에는 소수주주권의 요건이 더욱 완화되어 있다(자본시장법 제29조 제 2 항).

(7) 대표소송 제기권

이사의 위법행위에 대한 책임을 사후에 추궁하기 위한 제도이다. 이 제도는 주주의 지위를 강화하고 이사의 강력한 권한행사를 견제하기 위하여 미국 회사법상의 제도를 도입한 것이다. 다만 미국에서는 이들이 개개의 주주의 권리로 인정되고 있음에 반하여, 우리나라에서는 그 남용을 방지한다는 이유로 소수주주의 권리로 하고 있다.

발행주식의 총수의 100분의 1이상에 해당하는 주식을 가진 주주는 회사에 대하여 이사의 책임을 추궁할 소의 제기를 청구할 수 있다(법 제403조 제 1 항). 100분의 1의 주식에는 의결권 없는 주식도 포함되며, 제소주주에 관하여 이와 같은 제한을 둔 이유는 유지청구에서 설명한 바와 같이 남소를 방지하기 위한 것이다. 제

---

1) 자본시장법 제29조(소수주주권) ② 6개월 전부터 계속하여 금융투자업자의 발행주식총수의 100만분의 250(대통령령으로 정하는 금융투자업자의 경우에는 100만분의 125) 이상에 해당하는 주식을 소유한 자는 상법 제402조(같은 법 제542조에서 준용하는 경우를 포함)에서 규정하는 주주의 권리를 행사할 수 있다.

소 당시에 소수주주의 요건을 구비한 이상 제소 후에는 지주수가 100분의 1 이하로 감소하여도 무방하다(법 제403조 제5항).

그리고 발기인의 책임을 추궁하기 위한 대표소송(법 제324조), 집행임원의 책임을 묻기 위한 대표소송(법 제408조의9), 불공정한 가액으로 주식을 인수한 자의 책임을 묻는 대표소송(법 제424조의2 제2항), 회사의 이익공여의 금지와 관련한 대표소송(법 제467조의2 제4항), 청산인의 책임을 추궁하는 대표소송(법 제542조)의 경우에도 동일하다.

다만 상장회사의 경우에는 소수주주의 요건이 6월 전부터 계속하여 발행주식총수의 10,000분의 1 이상에 해당하는 주식을 소유하고 있는 자로 완화되어 있다(법 제542조의6 제6항). 대형 금융투자업자의 경우[1]에는 소수주주권의 요건이 더욱 완화되어 있다(자본시장법 제29조 제1항). 이 경우 상장회사의 주주가 소송을 제기하여 승소한 경우에는 금융투자업자에게 소송비용, 그 밖에 소송으로 인한 모든 비용의 지급을 청구할 수 있다(자본시장법 제29조 제8항).

제3절 이 사 회

Ⅰ. 주식매수선택권

1. 서 설

(1) 의 의

주식매수선택권이란 회사의 임원 또는 직원에게 장래 일정한 시기에 이르러 예정된 가격에 회사가 보유하고 있는 자기주식 또는 새로 발행하는 신주를 취득 또는 인수하거나 취득 또는 인수를 포기할 수 있는 권리(주식매수선택권, option right)를 부여하는 제도이다.[2] 이는 미국에서 1920년대부터 주주와 경영자의 이해

1) 자본시장법 제29조(소수주주권) ① 6개월 전부터 계속하여 금융투자업자(자산규모 등을 고려하여 대통령령으로 정하는 금융투자업자를 제외)의 발행주식총수의 10만분의 5 이상에 해당하는 주식을 소유(주주권 행사에 관한 위임장을 취득하거나 2인 이상의 주주가 주주권을 공동 행사하는 경우를 포함)한 자는 상법 제403조(같은 법 제324조, 제415조, 제424조의2, 제467조의2 및 제542조에서 준용하는 경우를 포함)에서 규정하는 주주의 권리를 행사할 수 있다.

2) 이철송, 전게서, 545쪽.

를 일치시켜 경영자의 대리인문제를 최소화하기 위한 방안으로 창안되어 활용되고 있는 스톡옵션제도 중 세제상 우대를 받는 장려형 스톡옵션(incentive stock option)을 본받아 도입한 것이다.1)

이 제도의 도입취지는 현실적으로 자본력 등에 있어 어려움이 많은 중소기업이 고급인력 유치의 수단으로 활용할 수 있고, 전문경영인은 주인의식을 갖고 기업경영에 전력투구할 수 있도록 동기를 부여함으로써 궁극적으로 기업의 대외경쟁력을 향상시키고자 하는 데 있었다.

(2) 연 혁

1990년대 중반 급속히 진행되고 있는 대외개방과 경기부진에 따라 기업의 경쟁력제고 문제가 대두되자 우리나라는 미국과 영국 등에서 기업의 업적 향상이나 기업의 경쟁력의 증대를 위하여 임직원의 보수로서 활용하고 있는 스톡옵션제도를 1997년 개정 증권거래법에서 도입하였다.

1997년 개정 증권거래법에서는 상장법인 등 일정규모 이상 회사에 한하여 적용하도록 주식매입선택권을 도입하였고(증권거래법 제191조), 1998년 개정 벤처기업육성에 관한 특별조치법에서도 벤처기업의 설립 또는 기술·경영혁신에 기여한 자에 대하여 주식매입선택권을 부여할 수 있도록 하였다(벤처기업육성법 제16조의3). 그 후 1999년 개정 상법은 이를 주식매수선택권으로 이름을 변경하여 상법상의 제도로 수용하여 모든 주식회사가 이 제도를 실시할 수 있게 하였다(상법 제340조의2 내지 340조의5). 자본시장법이 제정됨에 따라 폐지된 증권거래법의 상장법인의 지배구조에 관한 특례규정 중 하나였던 주식매수선택권은 상법의 회사편에 포함되었다.

2. 상장회사의 특례

자본시장법이 제정됨에 따라 폐지된 증권거래법의 상장법인의 지배구조에 관한 특례규정을 상법의 회사편에 포함시키게 되었다. 증권거래법에서는 상장회사의 경우 주식매수선택권에 관하여 특례규정을 두고 있었는데, 2009년 1월 상법 개정을 계기로 이 규정들이 상법으로 편입되었다(법 제542조의3).

따라서 일반 주식회사(비상장회사)의 주식매수선택권에 관하여는 상법 제340

---

1) 윤현석, "주식매수선택권의 부여 및 행사에 관한 법적 문제," 증권법연구(2004), 199쪽.

조의2부터 340조의5까지의 규정이 적용되고, 주권상장법인(상장회사)의 주식매수선택권에 관하여는 상법 제542조의3의 규정이 적용된다. 그리고 2009년 2월 개정된 자본시장법은 주식매수선택권의 부여사실에 관한 신고와 공시에 관하여만 규정하고 있다.

3. 주식매수선택권의 내용

(1) 부여주체

주식매수선택권의 부여주체는 모든 주식회사이다.

1) 비상장회사

비상장회사는 주식매수선택권을 부여할 수 있다(법 제340조의2 제1항). 비상장회사가 주식매수선택권을 부여하는 경우에는 상법 제340조의2의 규정이 적용된다.

2) 상장회사

상장회사는 주식매수선택권을 부여할 수 있다(법 제542조의3 제1항). 상장회사가 주식매수선택권을 부여하는 경우에는 상법 제542조의3의 규정이 적용된다.

(2) 부여의 상대방

1) 비상장회사

비상장회사의 경우 주식매수선택권의 부여상대방이 되는 제3자는 원칙적으로 회사의 설립·경영 및 기술혁신 등에 기여하거나 기여할 수 있는 회사의 이사, 집행임원, 감사 또는 피용자이다(법 제340조의2 제1항 본문).

그러나 예외적으로 대주주 등에 의해 남용되는 것을 방지하기 위하여 소정의 지배력을 가진 자에게 선택권을 부여하는 것을 금지하고 있다. 이에 해당하는 자는 ① 의결권 없는 주식을 제외한 발행주식총수의 100분의 10 이상의 주식을 가진 주주, ② 이사·집행임원·감사의 선임과 해임 등 회사의 주요 경영사항에 대하여 사실상 영향력을 행사하는 자, ③ 위 ①과 ②에 규정된 자의 배우자와 직계존비속이다(법 제340조의2 제2항).

2) 상장회사

상장회사는 비상장회사의 주식매수선택권 부여상대방에 관한 제340조의2 제 1 항 본문에 규정된 자 외에도 “대통령령으로 정하는 관계회사”의 이사, 집행임원, 감사 또는 피용자에게 주식매수선택권을 부여할 수 있다(법 제542조의3 제 1 항 본문).

여기서 “대통령령으로 정하는 관계회사”란 다음 각 호의 어느 하나에 해당하는 법인을 말한다. 다만, 제 1 호 및 제 2 호의 법인은 주식매수선택권을 부여하는 회사의 수출실적에 영향을 미치는 생산 또는 판매업무를 영위하거나 그 회사의 기술혁신을 위한 연구개발활동을 수행하는 경우에 한한다(동법 시행령 제30조 제 1 항).

1. 해당 회사가 총출자액의 100분의 30 이상을 출자하고 최대출자자로 있는 외국법인
2. 제 1 호의 외국법인이 총출자액의 100분의 30 이상을 출자하고 최대출자자로 있는 외국 법인과 그 법인이 총출자액의 100분의 30 이상을 출자하고 최대출자자로 있는 외국법인
3. 해당 회사가 금융지주회사법에서 정하는 금융지주회사인 경우 그 자회사 또는 손자회사 가운데 상장회사가 아닌 법인

그러나 예외적으로 이 제도의 남용을 방지하기 위하여 소정의 지배력을 가진 자에게 선택권을 부여하는 것을 금지하고 있다. 즉 “제542조의8 제 2 항 제 5 호의 최대주주 등 대통령령으로 정하는 자”에게는 주식매수선택권을 부여할 수 없다(법 제542조의3 제 1 항 단서).

여기서 “제542조의8 제 2 항 제 5 호의 최대주주 등 대통령령으로 정하는 자”란 다음 각 호의 어느 하나에 해당하는 자를 말한다. 다만, 해당 회사 또는 제 1 항의 관계회사의 임원이 됨으로써 특수관계인에 해당하게 된 자[그 임원이 계열회사(독점규제 및 공정거래에 관한 법률에 따른 계열회사)의 상무에 종사하지 아니하는 이사·감사인 경우를 포함한다]를 제외한다(동법 시행령 제30조 제 2 항).

1. 법 제542조의8 제 2 항 제 5 호[1]의 최대주주[2] 및 그 특수관계인

---

1) 상법 제542조의8 ②

5. 상장회사의 주주로서 의결권 없는 주식을 제외한 발행주식총수를 기준으로 본인 및 그와 대통령령으로 정하는 특수한 관계에 있는 자(이하 “특수관계인”)가 소유하는 주식의 수가 가장 많은 경우 그 본인(이하 “최대주주”) 및 그의 특수관계인

2. 법 제542조의8 제2항 제6호[1]의 주요주주[2] 및 그 특수관계인[3]

(3) 부여방식

상법상 회사는 주식매수선택권의 행사가액으로 신주를 인수하거나 자기의 주식을 매수할 수 있는 권리(이하 "주식매수선택권")를 부여할 수 있다. 다만, 주식매수선택권의 행사가액이 주식의 실질가액보다 낮은 경우에 회사는 그 차액을 금전으로 지급하거나 그 차액에 상당하는 자기의 주식을 양도할 수 있다. 이 경우 주식의 실질가액은 주식매수선택권의 행사일을 기준으로 평가한다(법 제340조의2 제1항). 따라서 상법이 인정하고 있는 주식매수선택권의 부여방식에는 주식매수선택권의 행사가액으로 신주를 발행하여 교부하는 신주발행교부방식, 주식매수선택권의 행사가액으로 자기주식을 양도하는 자기주식교부방식, 그리고 주식매수선택권의 행사가액과 시가와의 차액을 현금 또는 자기주식으로 교부하는 주가차익교부방식이 있는데, 각 방식에 따라 행사효과가 다르다.

1) 신주발행교부방식

선택권의 행사에 응하여 주식매수선택권 행사가액으로 회사가 신주를 발행하는 방법이다(법 제340조의2 제1항 본문). 예컨대 행사가액을 1,000원으로 정해 놓고, 장래 주가가 얼마로 변동하든지, 선택권자가 신주발행을 요구할 경우 1,000원에 소정수량의 신주를 발행해 주는 것이다. 선택권을 행사하는 시점에서 시가가 행사가액보다 높다면 일응 상법 424조의2가 규정하는 불공정한 발행가액으로 신주를

---

2) 이 경우의 최대주주라 함은 "법인의 의결권 있는 발행주식총수를 기준으로 본인 및 그와 대통령령으로 정하는 특수한 관계가 있는 자(이하 "특수관계인")가 누구의 명의로 하든지 자기의 계산으로 소유하는 주식(그 주식과 관련된 증권예탁증권을 포함)을 합하여 그 수가 가장 많은 경우의 그 본인"을 말한다(자본시장법 제9조 제1항 제1호).

1) 상법 제542조의8 ②
   6. 누구의 명의로 하든지 자기의 계산으로 의결권 없는 주식을 제외한 발행주식총수의 100분의 10 이상의 주식을 소유하거나 이사·집행임원·감사의 선임과 해임 등 상장회사의 주요 경영사항에 대하여 사실상의 영향력을 행사하는 주주(이하 "주요주주") 및 그의 배우자와 직계 존속·비속

2) 이 경우의 주요주주라 함은 "누구의 명의로 하든지 자기의 계산으로 법인의 의결권 있는 발행주식총수의 100분의 10 이상의 주식(그 주식과 관련된 증권예탁증권을 포함)을 소유한 자와 임원의 임면 등의 방법으로 법인의 중요한 경영사항에 대하여 사실상의 영향력을 행사하는 주주로서 대통령령으로 정하는 자"를 말한다(자본시장법 제9조 제1항 제2호).

3) 최대주주와 주요주주의 특수관계인이라 함은 자본시장법 시행령 제8조에서 규정하는 자를 말한다.

발행하는 예에 해당할 수 있다. 하지만 동조가 규정하는 요건인 이사와 인수인의 통모가 없으므로 동 규정은 선택권의 행사에는 적용되지 않는다.[1)]

2) 자기주식교부방식

회사가 보유하는 자기주식을 예정된 가격(주식매수선택권행사가액)으로 양수할 수 있는 권리를 부여하는 방법이다(법 제340의2 제 1 항 본문). 예컨대 행사가액을 현재의 시가인 주당 1,000원으로 정해 놓고, 장래 주가가 얼마로 변동하든지, 선택권을 부여받은 자가 회사에게 1,000원에 소정수량의 주식을 양도할 것을 청구할 수 있게 하는 것이다. 자기주식교부방식으로 주식매수선택권을 부여할 경우에는 회사는 선택권의 행사에 대비하여 자기주식을 취득할 수 있다(법 제341조의2 제 1 항).

3) 주가차익교부방식

위의 두 가지 중 어느 방식으로 주식매수선택권을 부여하든 선택권의 행사에 응해 회사는 자기주식양도나 신주발행에 갈음하여 주식의 실질가액과 행사가액의 차액을 정산하는 방법을 취할 수 있다. 즉 선택권의 행사시점에서 주식의 실질가액(시가 또는 주당순자산가치)이 행사가액을 상회할 경우, 그 차액을 회사가 주식매수선택권을 부여받은 자에게 금전으로 지급하거나, 차액상당액의 자기주식을 이전해 주는 것이다(법 제340조의2 제 1 항 단서). 예컨대 주식매수선택권 행사가액이 주당 1,000원인데 주식의 실질가치가 1,500원이라면 회사가 신주를 발행하거나 자기주식을 이전해 주는 대신, 그 차액인 500원을 금전으로 지급하든지, 500원 상당의 자기주식을 이전해 주는 것이다. 법문에서는 자기주식을 '양도'할 수 있다고 표현하나, 유상양도가 아니고 무상이전을 뜻한다. 이때 이전해 주는 자기주식은 선택권의 행사시점에서의 실질가액으로 평가하여야 한다(동조 제 1 항 후단).

이 같은 청산방법을 인정하는 이유는 주식매수선택권의 행사로 인한 신주발행이나 자기주식의 이전으로 기존주주들의 소유지분율이 감소되는 불이익을 입으므로 기존주주들의 지분을 방어해 줄 수 있게 하기 위한 것이다.

(4) 부여한도

1) 비상장회사

주식매수선택권의 행사로 발행할 신주 또는 양도할 자기의 주식은 회사의 발행주식총수의 100분의 10을 초과할 수 없다(법 제340조의2 제 3 항). 주식매수선택권

---

1) 이철송, 전게서, 545-546쪽.

이 주주의 희생하에 특정 임직원에게 이익을 부여하는 제도인 점을 감안하여 주주를 보호하고 자본충실을 기하기 위한 고려이다. 이 규정에 의해 정관에 규정할 '주식매수청구권의 행사로 발행하거나 양도할 주식의 종류와 수'(법 제340조3 제1항 제2호)는 정관에 주식매수선택권을 규정할 당시의 발행주식총수의 100분의 10이라는 한도를 넘을 수 없다.[1)]

2) 상장회사

비상장회사의 부여한도는 발행주식총수의 100분의 10을 초과할 수 없는 데 반하여(법 제340조의2 제3항), 상장회사는 제340조의2 제3항에도 불구하고 발행주식총수의 100분의 20의 범위에서 "대통령령으로 정하는 한도"까지 주식매수선택권을 부여할 수 있다(법 제542조의3 제2항).

여기서 "대통령령으로 정하는 한도"란 발행주식총수의 100분의 15에 해당하는 주식수를 말한다. 이를 산정하는 경우 이사회 결의에 의하여 부여한(법 제542조의3 제3항) 주식매수선택권을 포함하여 계산한다(동법 시행령 제30조 제3항).

그리고 상장회사는 제340조의2 제1항 본문에도 불구하고 정관으로 정하는 바에 따라 발행주식총수의 100분의 10의 범위에서 "대통령령으로 정하는 한도"까지 이사회가 제340조의3 제2항 각 호의 사항을 결의함으로써 주식매수선택권을 부여할 수 있다(법 제542조의3 제3항).

여기서 "대통령령으로 정하는 한도"란 다음 각 호의 구분에 따른 주식 수를 말한다(동법 시행령 제30조 제4항).

1. 최근 사업연도 말 현재의 자본금이 3천억원 이상인 법인: 발행주식총수의 100분의 1에 해당하는 주식 수
2. 최근 사업연도 말 현재의 자본금이 3천억원 이상인 법인: 발행주식총수의 100분의 3에 해당하는 주식 수

---

1) 이철송, 전계서, 547쪽.

(5) 부여절차

1) 정관의 규정

(가) 비상장회사

주식매수선택권을 부여하기 위하여는 반드시 정관에 근거를 두어야 한다(법 제340조의2 제 1 항). 이 경우 주식매수선택권에 관한 정관의 규정에는 ① 일정한 경우 주식매수선택권을 부여할 수 있다는 뜻, ② 주식매수선택권의 행사로 발행하거나 양도할 주식의 종류와 수, ③ 주식매수선택권을 부여받을 자의 자격요건, ④ 주식매수선택권의 행사기간, ⑤ 일정한 경우 이사회 결의로 주식매수선택권의 부여를 취소할 수 있다는 뜻을 기재하여야 한다(법 제340조의3 제 1 항).

(나) 상장회사

상장회사의 경우도 정관이 규정할 사항에 관하여 비상장회사의 경우와 같다는 취지로 규정하고 있다(법 제542조의3 제 3 항, 동법 시행령 제31조 제 6 항 참조).

2) 주주총회 특별결의 또는 이사회 결의

(가) 비상장회사

주식매수선택권은 주주총회의 특별결의에 의하여 부여할 수 있다(법 제340조의2 제 1 항). 주식매수선택권에 관한 주주총회의 결의에 있어서는 다음의 사항을 정하여야 한다(법 제340조의3 제 2 항).

① 주식매수선택권을 부여받을 자의 성명

정관이 정한 자격요건을 충족하는 임원 또는 피용자 중에서 선택권자를 특정하여야 한다.

② 주식매수선택권의 부여방법

선택권을 행사할 경우 신주를 발행할 것인지, 회사가 보유하는 자기주식을 양도할 것인지를 정하여야 한다.

③ 주식매수선택권의 행사가액과 그 조정에 관한 사항

주식매수선택권의 행사가액이란 선택권자가 선택권의 행사에 의해 신주를 인수할 때의 인수가액 또는 회사의 자기주식을 양수할 때의 대가를 말한다. 예컨대 1주당 1,000원에 신주를 인수할 수 있다거나, 1,000원을 지급하고 회사가 보유하는 자기주식을 취득할 수 있는 것과 같다. 행사가액을 조정한다고 함은 행사가액을 증액시키거나 감액시키는 것을 말한다.

④ 주식매수선택권의 행사기간

선택권자가 선택권을 행사할 수 있는 기간을 말한다. 예컨대 '주주총회의 결의일로부터 5년 내에 행사하여야 한다'는 것과 같다. 이 기간은 정관으로 정한 행사기간 내이어야 함은 물론이다.

⑤ 주식매수선택권을 부여받을 자 각각에 대하여 주식매수선택권의 행사로 발행하거나 교부할 주식의 종류와 수

특정된 선택권자 개개인에게 부여할 선택권의 내용으로서 각자가 선택권을 행사할 수 있는 주식의 종류와 수를 정하여야 한다. 예컨대 A이사에게 "보통주 100주의 신주인수권을 부여한다"는 것과 같다. 이 주식의 종류와 수는 정관이 정한 종류에 한하고 정관이 정한 수의 범위 내이어야 함은 물론이다.

(나) 상장회사

상장회사는 제340조의2 제 1 항 본문에도 불구하고 정관으로 정하는 바에 따라 발행주식총수의 100분의 10의 범위에서 대통령령으로 정하는 한도까지 이사회가 제340조의3 제 2 항 각 호의 사항을 결의함으로써 해당 회사의 집행임원·감사 또는 피용자 및 제 1 항에 따른 관계 회사의 이사·집행임원·감사 또는 피용자에게 주식매수선택권을 부여할 수 있다. 이 경우 주식매수선택권을 부여한 후 처음으로 소집되는 주주총회의 승인을 받아야 한다(법 제542조의3 제 3 항).

3) 부여계약의 체결

주주총회에서 특정인에 대해 선택권을 부여하는 결의가 이루어지면 회사는 결의내용에 따라 주식매수선택권을 부여받은 자와 계약을 체결하고 상당한 기간 내에 그에 관한 계약서를 작성하여야 한다(법 제340조의3 제 3 항). 주식매수선택권을 부여하는 주주총회의 결의는 선택권부여에 관한 회사의 의사결정절차에 지나지 않고, 선택권 자체는 계약에 의해 주어지는 것임을 명시한 규정이다.

4) 등기 및 공시

(가) 설립등기

주식회사가 주식매수선택권을 부여하도록 정한 때에는 설립등기에 그 규정을 등기하여야 한다(법 제317조 제 2 항 제 3 의3호).

(나) 공 시

회사는 주식매수선택권 부여계약서를 주식매수선택권의 행사기간이 종료할

때까지 본점에 비치하고 주주로 하여금 영업시간 내에 이를 열람할 수 있도록 하여야 한다(법 제340조의3 제 4 항). 선택권의 행사는 주식가치를 변동시키므로 주식거래에 임하는 자들에게 변동의 가능성에 관한 예측가능성을 부여하기 위함이다.

(다) 상장회사의 특례(신고 및 공시)

상법 제340조의2 제 1 항에 따른 주식매수선택권을 부여한 주권상장법인은 주주총회 또는 이사회에서 주식매수선택권을 부여하기로 결의한 경우 대통령령으로 정하는 방법에 따라 금융위원회와 거래소에 그 사실을 신고하여야 하며, 금융위원회와 거래소는 신고일부터 주식매수선택권의 존속기한까지 그 사실에 대한 기록을 갖추어 두고, 인터넷 홈페이지 등을 이용하여 그 사실을 공시하여야 한다(법 제165조의17 제 1 항).

주권상장법인이 상법 제340조의2 제 1 항에 따라 주주총회 또는 이사회에서 주식매수선택권을 부여하기로 결의한 때에는 법 제165조의17 제 1 항에 따라 그 내용을 금융위원회와 거래소에 지체 없이 신고하여야 한다. 이 경우 해당 주권상장법인은 그 신고서에 주주총회 의사록 또는 이사회 의사록을 첨부하여야 한다(영 제176조의18 제 1 항).

(6) 행사가액과 그 조정

1) 행사가액의 산정

신주발행교부방식으로 주식매수선택권을 부여하는 경우에는 행사가액은 주식매수선택권의 부여일을 기준으로 한 주식의 실질가액과 주식의 권면액 중 높은 금액 이상이어야 하고(다만, 무액면주식을 발행한 경우에는 자본으로 계상되는 금액 중 1주에 해당하는 금액을 권면액으로 본다), 자기주식교부방식으로 부여하는 경우에는 행사가액은 선택권의 부여일을 기준으로 한 주식의 실질가액 이상이어야 한다(법 제340조의2 제 4 항). 이는 선택권의 부여로 자본충실이 저해되는 것을 방지하기 위함이다. 주가차액교부방식으로 주식매수선택권을 부여하는 경우에는 행사가액에 관하여 상법에 명문규정이 없으므로 이는 계약당사자가 자유로이 정할 수 있다고 본다.[1)]

행사가액의 기준이 되는 실질가액이 무엇을 뜻하는지에 관해서는 명문의 규정이 없으나, 상장주식의 경우에는 주식의 시가, 그리고 비상장주식의 경우에

---

1) 정찬형, 전게서, 711쪽.

는 주식의 순자산가치와 수익력을 반영한 평가액을 뜻하는 것으로 이해하여야 한다.[1]

2) 행사가액의 조정

주식매수선택권의 행사가액의 조정에 관하여는 상법 제340조의2 제 4 항에서 규정하고 있지 않다. 그러나 이에 관하여는 주주총회 및 이사회에서 그 구체적인 방법을 정할 수 있다.

행사가액을 조정한다고 함은 행사가액을 증액시키거나 감액시키는 것을 말한다. 유·무상으로 신주발행을 하거나 자본감소를 하는 등의 자본거래가 있을 경우 회사의 재산에 변동이 없이 주식의 실질가치에 변동이 생기고 그 결과로 주식매수선택권의 가치가 변동되므로 이 경우 선택권의 행사가액을 변경할 수 있게 한 것이다. 신주발행교부방식의 경우 증액은 무방하나, 감액할 경우 액면가 이하로의 감액은 허용되지 않는다.

(7) 주식매수선택권의 행사절차

1) 행사기간

(가) 비상장회사

상법은 주식매수선택권의 행사는 이를 부여하는 주주총회결의일로부터 2년 이상 재임 또는 재직하여야 가능하도록 하고 있다(법 제340조의4 제 1 항).

이에 의해 정관 및 주주총회의 결의로 정할 수 있는 행사기간의 시기가 제한되는 것이다. 주식매수선택권은 임직원에게 직무의 충실로 야기된 기업가치의 상승, 나아가서는 주식가치의 상승으로 인한 차익을 유인동기로 하여 직무에 충실하게 하고자 하는 제도인데, 조기에 선택권의 행사를 허용할 경우, 선택권자가 차익만 취하고 본 제도의 취지를 몰각시킬 우려가 있기 때문이다. 선택권의 행사를 장기간 허용할 경우에도 같은 문제가 생기나, 상법은 선택권행사의 종기에 관해서는 규정을 두지 않고 회사의 자치에 맡기고 있다.[2] 그리고 그 기간을 2년으로 한 것은 이사의 임기가 3년인 점을 고려한 것이다.[3]

1) 이철송, 전게서, 548쪽.
2) 이철송, 전게서, 549쪽.
3) 정찬형, 전게서, 713쪽.

(나) 상장회사

상장회사의 주식매수선택권을 부여받은 자는 주식매수선택권을 부여하기로 한 주주총회 또는 이사회의 결의일부터 2년 이상 재임하거나 재직하여야 주식매수선택권을 행사할 수 있다(법 제542조의3 제 4 항). 다만 주식매수선택권을 부여받은 자가 사망하거나 정년이나 그 밖에 본인의 귀책사유가 아닌 사유로 퇴임 또는 퇴직한 경우를 말한다(동법 시행령 제31조 제 5 항). 그리고 주식매수선택권의 행사기한을 해당 이사·감사 또는 피용자의 퇴임 또는 퇴직일로 정하는 경우 이들이 본인의 귀책사유가 아닌 사유로 퇴임 또는 퇴직한 때에는 그 날부터 3개월 이상의 행사기간을 추가로 부여하여야 한다(동법 시행령 제 9 조 제 7 항).

2) 행사방법

(가) 회사에 대한 청구서 제출

주식매수선택권은 형성권이므로 주식매수선택권을 부여받은 자의 일방적 의사표시로 행사한다. 신주발행교부방식에 의하여 주식매수선택권을 부여하는 경우에는 주식매수선택권을 부여받은 자는 청구서 2통에 선택권을 행사할 주식의 종류와 수를 기재하고 기명날인 또는 서명을 하여 회사에 제출하여야 한다(법 제340조의5, 제516조의8 제 1 항).

상법 340조의5가 신주인수권부사채권자가 신주인수권을 행사할 때에 적용되는 516의8 1항을 선택권의 행사에 준용한 결과, 선택권을 행사하는 자는 청구와 동시에 행사가액을 납입하여야 하는 것으로 오인할 소지가 있으나, 기술한 바와 같이 회사가 자기주식의 양도나 신주발행에 갈음하여 차액을 정산할 권리를 가지므로 청구서의 제출과 동시에 납입을 할 것은 아니다.[1)]

(나) 회사의 결정

상법상 명문규정은 없으나, 회사는 주식매수선택권을 부여받은 자의 주식매수선택권의 행사에 대해 자기주식 또는 신주를 발행할 것인지, 혹은 이에 갈음하여 차액을 정산할 것인지를 결정하여야 한다. 이에 관하여는 이사회의 결의를 요한다. 이에 의해 주식매수선택권자의 권리내용이 자기주식을 양수하는 것 또는 신주를 인수하는 것인지, 차액정산에 의한 금전채권 또는 자기주식의 이전청구권인지가 확정된다.

---

1) 이철송, 전게서, 551쪽.

(다) 납 입

회사의 결정에 의해 주식매수선택권의 행사가 자기주식의 양도청구권 또는 신주인수권으로 확정된 경우 주식매수선택권자는 행사가액 전액을 납입하여야 한다(법 제340조의3, 제516조의8 제 1 항 및 3항).

상법 제340조의5는 신주인수권자의 신주인수권행사에 관한 법 제516의8 제 1 항과 제 3 항을 준용한 결과, 행사가액의 납입은 회사가 정한 납입금보관은행에 하여야 하고(법 제340조의5, 제516조의8 제 4 항), 납입금보관은행은 납입금보관증명을 발급하여야 하므로, 납입의 부실로 대항할 수 없다는 해석이 도출된다. 그러나 이는 신주발행형에 국한하여 적용할 것이고, 자기주식양도형의 경우에 적용함은 무의미하다. 자기주식형의 경우에는 행사가액을 회사에 납입하면 족하다.

(8) 주식매수선택권 행사의 효과

1) 부여회사의 의무

주식매수선택권을 부여받은 자가 주식매수선택권을 행사하면 회사는 정해진 방법에 따라 신주를 발행하거나 자기주식을 양도하거나 또는 주가차익에 해당하는 금액을 현금 또는 자기주식(행사시 주가로 환산)으로 교부하여야 한다(법 제340조의2 제 1 항). 회사는 주식매수선택권의 부여를 취소하지 않는 한 선택권의 행사에 따라야 할 의무가 있다.

2) 주주가 되는 시기

신주발행교부방식의 경우에는 신주의 주금을 납입한 다음 날(법 제423조 참조), 자기주식교부방식의 경우에는 매수대금을 지급하고 주권을 이전받은 때에 주주가 된다. 그리고 주가차액교부방식의 경우에는 회사가 그 차액을 현금으로 교부한 때에는 문제가 되지 않고 자기주식을 교부하는 때에는 주식매수선택권자가 주식매수선택권을 행사한 때에 주주가 된다.[1] 다만 주식매수선택권의 행사로 신주를 발행하는 경우에 이익배당에 관하여는 그 청구를 한 때가 속하는 영업연도 말에 신주가 발행된 것으로 보되, 정관에 규정을 두는 경우에는 그 청구를 한 때가 속하는 영업연도의 직전 영업연도 말을 기준으로 할 수 있다(법 제340조의5, 제350조 제 3 항).

3) 주주명부 폐쇄기간 중의 행사

신주발행교부방식의 경우 주주명부 폐쇄기간 중에 주식매수선택권을 행사한

1) 정찬형, 전게서, 714쪽.

경우에는 폐쇄기간 중에 의결권이 없다(법 제340조의5, 제350조 제 2 항).

4) 변경등기

신주발행교부방식의 경우 주식매수선택권을 행사하여 신주의 인수대금이 납입되면 발행주식수와 자본금이 증가한다. 따라서 이에 따른 변경등기를 하여야 한다(법 제340조의5, 제351조).

(9) 주식매수선택권의 취소

1) 비상장회사

주식매수선택권은 정관의 규정에 의해 일정한 경우 이사회 결의로 주식매수선택권의 부여를 취소할 수 있다(법 제340조의3 제 1 항 제 5 호). 따라서 정관으로 “일정한 경우 이사회 결의로 선택권을 취소할 수 있다는 뜻”을 기재할 수 있으므로, 회사가 자율적으로 주식매수선택권의 취소사유를 정할 수 있다.

2) 상장회사

상장회사는 다음 각 호의 어느 하나에 해당하는 경우에는 정관에서 정하는 바에 따라 이사회 결의에 의하여 주식매수선택권의 부여를 취소할 수 있다(상법 시행령 제 9 조 제 6 항).

1. 주식매수선택권을 부여받은 자가 본인의 의사에 따라 사임 또는 사직한 경우
2. 주식매수선택권을 부여받은 자가 고의 또는 과실로 회사에 중대한 손해를 입힌 경우
3. 해당 회사의 파산 등으로 주식매수선택권 행사에 응할 수 없는 경우
4. 그 밖에 주식매수선택권을 부여받은 자와 체결한 주식매수선택권 부여계약에서 정한 취소사유가 발생한 경우

그리고 주식매수선택권을 부여받은 자가 본인의 의사에 따라 퇴직한 경우 등에는 이미 부여된 주식매수선택권은 취소되지만, 본인이 주식매수선택권의 행사기간이 도래하기 전에 회사의 필요에 따라 정관이 정하는 사유로 퇴직한 경우에는 주식매수선택권은 취소되지 않았으므로 당초의 행사기간 내에 그 권리를 행사할 수 있다.[1)]

---

1) 금융감독원, 기업공시 실무안내, 금융감독원(2011. 7), 485쪽.

(10) 양도제한

주식매수선택권은 이를 양도할 수 없다. 다만, 주식매수선택권을 행사할 수 있는 자가 사망한 경우에는 그 상속인이 이를 행사할 수 있다(법 제340조의4 제2항). 주식매수선택권은 임직원의 직무충실을 유도해 내기 위한 장치로서 부여하는 것인데, 이를 타인에게 양도한다면 향후 선택권을 부여받은 자의 직무충실을 유도해 낼 유인동기가 없어지기 때문이다. 그리고 양도가 제한되는 결과, 입질이나 압류도 허용되지 않는다.

Ⅱ. 집중투표제

1. 의 의

집중투표제는 단순투표제에 대비되는 이사선임방식으로, 동일의 주주총회에서 2인 이상의 이사를 선임하는 경우 각 주주는 1주당 선임해야 할 이사의 원수와 동수의 의결권(예컨대 3인의 이사를 선임하는 경우에 1주에 대해 3표)을 가지고, 그들의 의결권 전부를 1인의 후보자에게 집중적으로 투표하거나, 또는 적당히 나누어 여러 후보자에게 투표할 수 있으며, 투표의 다수를 얻은 자부터 순차적으로 당선자로 하는 제도이다.

이러한 집중투표제도는 일종의 비례대표제이다. 즉 이사회의 구성에 지배주주가 지지하는 이사뿐만 아니라 기타 소수주주들의 이해관계자도 이사로서 참가할 수 있도록 함으로써 대의기구의 비례대표적 구성이 가능하게 되는 것이다.[1)]

집중투표제는 소수주주의 이익을 대표하는 이사의 선임가능성을 보장하고, 기업경영의 투명성을 확보하기 위한 장치로서 역할을 한다. 그러나 회사는 정관에 규정을 둠으로써 이를 배제할 수 있고, 이사의 임기를 시차제로 함으로써 이를 무력화시킬 수 있으므로, 이 제도를 규정하였다고 하여 소수파주주의 보호가 확보되는 것은 아님을 주의하여야 한다.

1) 박영준, 집중투표제, 기업법연구(2003. 9), 373쪽.

2. 요건 및 절차

(1) 이사선임의 수

2인 이상이 이사의 선임을 목적으로 하는 주주총회의 소집이 있는 때이어야 한다. 1인의 이사를 선임하는 경우에는 단순투표와 차이가 없다.

(2) 정관상 금지규정의 부존재

집중투표제를 법으로 강제하되 회사가 집중투표제를 배제할 수 있는 여지를 인정하였다. 즉 집중투표제를 원하지 않는 회사는 정관에 집중투표제를 허용하지 않는다는 규정을 둠으로써 동 제도의 적용을 배제할 수 있다(법 제382의2 제1항)(out-put 방식). 따라서 지배주주나 현 경영자의 입장에서는 가급적 집중투표제를 피하려 할 것이다.

(3) 소수주주의 청구

의결권 있는 발행주식총수의 100분의 3 이상에 해당하는 주식을 가진 주주이다(법 제382의2 제1항). 회사 설립시 발기인이나 주식인수인이 이사를 선임하는 경우에는 본조의 적용이 없다. 집중투표의 청구는 총회일의 7일 전까지 서면으로 이를 하여야 한다(동조 제2항). 7일 이내에 청구하거나 서면에 의하지 아니하고 청구한 때에는 회사는 이에 응할 의무가 없다.

발행주식총수의 100분의 3 이상에 해당하는 주주의 청구가 있는 한, 주주총회에서 집중투표제를 배제하는 결의를 할 수 없다. 집중투표제는 다수결에서 소외되는 소수파주주를 보호하기 위한 제도인데, 다수결로 배제할 수 있다고 하면 집중투표제를 인정한 보람이 없기 때문이다.

(4) 소집통지의 특례

집중투표를 원하는 주주는 총회일의 7일 전에 청구하여야 하므로 총회의 소집통지에 선임할 이사의 수를 기재하여야 하며, 총회에서는 그 기재된 이사의 수를 초과하여 혹은 그 이하의 이사를 선임할 수 없다.

(5) 회사의 공시

집중투표의 청구가 있는 경우에는 의장은 의결에 앞서 그러한 청구가 있다는 취지를 알려야 한다(동조 제5항). 이를 알리지 않고 투표를 실시한 경우에는 결의의 방법에 하자가 있는 것이므로 결의취소의 원인이 된다.

집중투표청구의 서면은 총회가 종결될 때까지 이를 본점에 비치하고 주주로 하여금 열람할 수 있게 하여야 한다(동조 제6항). 이것은 다른 주주로 하여금 집중투표에 대비할 기회를 주기 위함이다.

3. 집중투표의 방법 및 선임자 결정

적법한 누적투표의 청구가 있는 경우에는 이사의 선임결의에 한하여 각 주주는 1주마다 선임할 이사의 수와 동일한 의결권을 가진다. 이 경우 각 주주는 1인에게 집중하여 투표하거나 2인 이상에게 분산하여 투표하는 방법으로 그 의결권을 행사할 수 있다(동조 제3항).

이 경우에는 투표의 최다수를 얻은 자부터 순차적으로 이사에 선임된다(동조 제4항).

4. 상장회사의 특례

(1) 서 설

상법 제542조의7은 상장회사에 대하여 집중투표에 관한 특례규정을 두고 있다. 즉 소수주주 요건의 완화, 집중투표제를 배제하는 정관변경시의 의결권제한 등에 관한 특례를 인정하고 있다.

(2) 청구시기

상장회사에 대하여 집중투표의 방법으로 이사를 선임할 것을 청구하는 경우 주주총회일(정기주주총회의 경우에는 직전 연도의 정기주주총회일에 해당하는 그 해의 해당일)의 6주 전까지 서면 또는 전자문서로 회사에 청구하여야 한다(법 제542조의7 제1항).

상장회사의 경우 주주가 주주총회에 직접 참석하는 경우는 별로 없고, 대부분은 위임장 교부 또는 서면표결에 의하여 주주들의 의사가 표시되는데, 상법 제382조의2 제2항이 규정하는 "주주총회 7일 전"에는 이미 주주총회의 통지, 공고 및 위임장 교부가 종료된 이후이고 주주들이 서면표결을 진행하고 있는 도중으로서, 만일 이 시점에 집중투표의 청구가 있는 경우 회사로서는 처리방법이 마땅치 않다는 문제점이 있었다. 따라서 상법은 상장회사의 경우 주주제안권과 마찬가지로 "주주총회일의 6주 전까지" 집중투표를 청구하도록 하여 회사가 주주총회 소집공고, 공고문과 위임장 용지를 작성함에 있어 이를 반영하여 준비할 수 있도록 하였다.[1)]

(3) 소수주주 요건의 완화

최근 사업연도 말 현재의 자산총액이 2조원 이상인 상장회사의 의결권 없는 주식을 제외한 발행주식총수의 100분의 1 이상에 해당하는 주식을 보유한 자는 제382조의2에 따라 집중투표의 방법으로 이사를 선임할 것을 청구할 수 있다(법 제542조의7 제 2 항, 동법 시행령 제33조). 이는 상법의 일반규정보다 소수주주의 집중투표제 실시요구를 용이하게 하기 위하여 자격요건을 완화한 것이며, 집중투표제는 이사의 선임에 관한 현재 주주들의 결의에 관한 것이므로 6월의 지분보유기간을 두지 않았다.

(4) 정관변경과 의결권제한

최근 사업연도 말 현재의 자산총액이 2조원 이상인 상장회사가 정관으로 집중투표를 배제하거나 그 배제된 정관을 변경하려는 경우에는 의결권 없는 주식을 제외한 발행주식총수의 100분의 3을 초과하는 수의 주식을 가진 주주는 그 초과하는 주식에 관하여 의결권을 행사하지 못한다. 다만, 정관에서 이보다 낮은 주식보유비율을 정할 수 있다(법 제542조의7 제 3 항). 따라서 해당 상장회사의 대주주가 소수주주의 의사에 반하여 집중투표제를 정관으로 배제하는 것은 상법의 일반규정의 경우보다 더 어렵다.

(5) 의안의 별도상정

최근 사업연도 말 현재의 자산총액이 2조원 이상인 상장회사가 주주총회의 목적사항으로 제 3 항에 따른 집중투표 배제에 관한 정관변경에 관한 의안을 상정하려는 경우에는 그 밖의 사항의 정관변경에 관한 의안과 별도로 상정하여 의결하여야 한다(법 제542조의7 제 4 항).

---

1) 임재연, 전게서, 639쪽.

Ⅲ. 사외이사의 선임

1. 서 설

(1) 의 의

사외이사는 해당 회사의 상무(常務)에 종사하지 아니하는 이사로서 결격사유에 해당하지 아니하는 자를 말한다(법 제382조 제3항). "상무"라 함은 회사의 일상적인 업무를 말한다. 상법은 이사를 사내이사, 사외이사, 그 밖에 상무에 종사하지 아니하는 이사로 구분하여 등기하여야 한다고 규정하고 있다(법 제317조 제2항 제8호). "그 밖에 상무에 종사하지 아니하는 이사"라 함은 상무에 종사하지 않는 이사로서 사외이사가 아닌 이사를 말한다. 기업실무에서는 사외이사와 무관하게 비상근이사, 평이사 등으로 부르며 상무에 종사하지 않는 이사를 두어 왔는데, 이를 법제화한 것이다. 이들에게는 사외이사에 관한 규정이 적용되지 않고, 법적 규율에 있어 사내이사와 전혀 차이가 없다.[1]

(2) 제도적 취지

사외이사제도는 사내이사만으로 구성된 이사회로써는 대표이사 등 경영진의 감독을 기할 수 없기 때문에 경영진에 대한 실효성 있는 감독을 통하여 기업경영의 투명성을 제고하기 위하여 도입되었다. 사외이사의 효용에 관하여는 논란이 있다.[2]

2. 사외이사 관련법규

현행법상 사외이사를 규정하고 있는 관련 법률은 상법 이외에 많은 법률이 있다. 상법상 비상장회사는 상법 제382조, 상장회사는 상법 제542조의8에서 규정하고, 금융투자업자는 자본시장법 제25조, 은행은 은행법 제22조, 보험회사는 보험업법 제15조, 상호저축은행은 상호저축은행법 제10조의3, 금융지주회사는 금융지주회사법 제40조에서 각각 규정하고 있다. 여기서는 상법상의 사외이사를 살펴보기로 한다.

---

1) 이철송, 전게서, 524쪽.
2) 정동윤, 전게서, 394쪽.

3. 결격사유

상법은 이사의 자격에 관하여 특별한 제한을 두고 있지 않다. 그러나 사외이사에 관하여는 결격사유를 두고, 이에 해당하는 자는 사외이사가 될 수 없게 하고, 재임 중 이에 해당하게 되면 이사의 직을 상실하는 것으로 되어 있다. 상법은 사외이사에게 대표이사 및 업무집행이사에 대한 감시기능을 기대하고 있으므로, 주로 지배주주나 경영자로부터 독립성을 확보하기 위한 요건을 규정하고 있다.[1)]

(1) 비상장회사

다음에 해당하는 자는 사외이사로 선임될 수 없고, 이에 해당하게 되는 경우에는 그 직을 상실한다(법 제382조 제 3 항 후단).

1. 회사의 상무에 종사하는 이사·집행임원 및 피용자 또는 최근 2년 이내에 회사의 상무에 종사한 이사·감사·집행임원 및 피용자
2. 최대주주가 자연인인 경우 본인과 그 배우자 및 직계 존속·비속
3. 최대주주가 법인인 경우 그 법인의 이사·감사·집행임원 및 피용자
4. 이사·감사·집행임원의 배우자 및 직계 존속·비속
5. 회사의 모회사 또는 자회사의 이사·감사·집행임원 및 피용자
6. 회사와 거래관계 등 중요한 이해관계에 있는 법인의 이사·감사·집행임원 및 피용자
7. 회사의 이사·집행임원 및 피용자가 이사·집행임원으로 있는 다른 회사의 이사·감사·집행임원 및 피용자

(2) 상장회사

상장회사의 사외이사에 관하여는 일반 비상장회사의 사외이사의 결격사유 외에 추가적인 결격사유를 두고 있다. 즉 상장회사의 사외이사는 제382조 제 3 항 각 호뿐만 아니라 다음 각 호의 어느 하나에 해당되지 아니하여야 하며, 이에 해당하게 된 경우에는 그 직을 상실한다(법 제542조의8 제 2 항).

---

1) 이철송, 전게서, 525쪽.

1. 미성년자, 금치산자 또는 한정치산자
2. 파산선고를 받고 복권되지 아니한 자
3. 금고 이상의 형을 선고받고 그 집행이 끝나거나 집행이 면제된 후 2년이 지나지 아니한 자
4. 대통령령으로 별도로 정하는 법률[1])을 위반하여 해임되거나 면직된 후 2년이 지나지 아니한 자
5. 상장회사의 주주로서 의결권 없는 주식을 제외한 발행주식총수를 기준으로 본인 및 그와 대통령령으로 정하는 특수한 관계에 있는 자("특수관계인")[2])가 소유하는

---

1) "대통령령으로 별도로 정하는 법률"이란 다음 각 호의 금융관련법령(이에 상응하는 외국의 금융관련법령을 포함)을 말한다(상법 시행령 제34조 제3항).

1. 한국은행법
2. 은행법
3. 보험업법
4. 자본시장과 금융투자업에 관한 법률
5. 상호저축은행법
6. 금융실명거래 및 비밀보장에 관한 법률
7. 금융위원회의 설치 등에 관한 법률
8. 예금자보호법
9. 금융기관부실자산 등의 효율적 처리 및 한국자산관리공사의 설립에 관한 법률
10. 여신전문금융업법
11. 한국산업은행법
12. 중소기업은행법
13. 한국수출입은행법
14. 신용협동조합법
15. 신용보증기금법
16. 기술신용보증기금법
17. 새마을금고법
18. 중소기업창업지원법
19. 신용정보의 이용 및 보호에 관한 법률
20. 외국환거래법
21. 외국인투자촉진법
22. 자산유동화에 관한 법률
23. 주택저당채권유동화회사법
24. 금융산업의 구조개선에 관한 법률
25. 담보부사채신탁법
26. 금융지주회사법
27. 기업구조조정투자회사법
28. 한국주택금융공사법

2) "대통령령으로 정하는 특수한 관계에 있는 자"란 다음 각 호의 어느 하나에 해당하는 자("특수관계인")를 말한다(상법 시행령 제34조 제4항).

1. 본인이 개인인 경우에는 다음 각 목의 어느 하나에 해당하는 사람
   가. 배우자(사실상의 혼인관계에 있는 사람을 포함한다)

주식의 수가 가장 많은 경우 그 본인("최대주주") 및 그의 특수관계인

6. 누구의 명의로 하든지 자기의 계산으로 의결권 없는 주식을 제외한 발행주식총수의 100분의 10 이상의 주식을 소유하거나 이사·집행임원·감사의 선임과 해임 등 상장회사의 주요 경영사항에 대하여 사실상의 영향력을 행사하는 주주("주요주주") 및 그의 배우자와 직계 존속·비속
7. 그 밖에 사외이사로서의 직무를 충실하게 수행하기 곤란하거나 상장회사의 경영에 영향을 미칠 수 있는 자로서 대통령령으로 정하는 자[1]

나. 6촌 이내의 혈족
다. 4촌 이내의 인척
라. 본인이 단독으로 또는 본인과 가목부터 다목까지의 관계에 있는 사람과 합하여 100분의 30 이상을 출자하거나 그 밖에 이사·감사의 임면 등 법인 또는 단체의 주요 경영사항에 대하여 사실상 영향력을 행사하고 있는 경우에는 해당 법인 또는 단체와 그 이사·감사
마. 본인이 단독으로 또는 본인과 가목부터 라목까지의 관계에 있는 사람과 합하여 100분의 30 이상을 출자하거나 그 밖에 이사·감사의 임면 등 법인 또는 단체의 주요 경영사항에 대하여 사실상 영향력을 행사하고 있는 경우에는 해당 법인 또는 단체와 그 이사·감사

2. 본인이 법인 또는 단체인 경우에는 다음 각 목의 어느 하나에 해당하는 자
가. 이사·감사
나. 계열회사 및 그 이사·감사
다. 단독으로 또는 제 1 호 각 목의 관계에 있는 자와 합하여 본인에게 100분의 30 이상을 출자하거나 그 밖에 이사·감사의 임면 등 본인의 주요 경영사항에 대하여 사실상 영향력을 행사하고 있는 개인 및 그와 제 1 호 각 목의 관계에 있는 자 또는 단체(계열회사는 제외)와 그 이사·감사
라. 본인이 단독으로 또는 본인과 가목부터 다목까지의 관계에 있는 자와 합하여 100분의 30 이상을 출자하거나 그 밖에 이사·감사의 임면 등 단체의 주요 경영사항에 대하여 사실상 영향력을 행사하고 있는 경우 해당 단체와 그 이사·감사

1) "대통령령으로 정하는 자"란 다음 각 호의 어느 하나에 해당하는 자를 말한다(상법 시행령 제34조 제 5 항).

1. 해당 상장회사의 계열회사의 상무에 종사하는 이사·감사 및 피용자 또는 최근 2년 이내에 계열회사의 상무에 종사하는 이사·감사 및 피용자이었던 자
2. 다음 각 목의 법인 등의 이사·집행임원·감사 및 피용자[사목에 따른 법무법인, 법무법인(유한), 법무조합, 변호사 2명 이상이 사건의 수임·처리나 그 밖의 변호사 업무수행시 통일된 형태를 갖추고 수익을 분배하거나 비용을 분담하는 형태로 운영되는 법률사무소, 외국법자문법률사무소의 경우에는 해당 법무법인 등에 소속된 변호사, 외국법자문사를 말한다]이거나 최근 2년 이내에 이사·집행임원·감사 및 피용자였던 자
가. 최근 3개 사업연도 중 해당 상장회사와의 거래실적의 합계액이 자산총액(해당 상장회사의 최근 사업연도 말 현재의 대차대조표상의 자산총액을 말한다) 또는 매출총액(해당 상장회사의 최근 사업연도 말 현재의 손익계산서상의 매출총액을 말한다. 이하 이 조에서 같다)의 100분의 10 이상인 법인
나. 최근 사업연도 중에 해당 상장회사와 매출총액의 100분의 10 이상의 금액에 상당하는 단일의 거래계약을 체결한 법인

다. 최근 사업연도 중에 해당 상장회사가 금전, 유가증권, 그 밖의 증권 또는 증서를 대여하거나 차입한 금액과 담보제공 등 채무보증을 한 금액의 합계액이 자본금(해당 상장회사의 최근 사업연도 말 현재의 대차대조표상의 자본금을 말한다)의 100분의 10 이상인 법인
라. 해당 상장회사의 정기주주총회일 현재 그 회사가 자본금(해당 상장회사가 출자한 법인의 자본금을 말한다)의 100분의 5 이상을 출자한 법인
마. 해당 상장회사와 기술제휴계약을 체결하고 있는 법인
바. 해당 상장회사의 감사인으로 선임된 회계법인
사. 해당 상장회사와 주된 법률자문·경영자문 등의 자문계약을 체결하고 있는 법무법인, 법무법인(유한), 법무조합, 변호사 2명 이상이 사건의 수임·처리나 그 밖의 변호사 업무수행시 통일된 형태를 갖추고 수익을 분배하거나 비용을 분담하는 형태로 운영되는 법률사무소, 외국법자문법률사무소, 회계법인, 세무법인, 그 밖에 자문용역을 제공하고 있는 법인

3. 해당 상장회사 외의 2개 이상의 다른 상장회사의 사외이사 또는 상무에 종사하지 아니하는 이사·감사로 재임 중인 자
4. 해당 상장회사에 대한 회계감사 또는 세무대리를 하거나 그 상장회사와 법률자문·경영자문 등의 자문계약을 체결하고 있는 변호사(소속 외국법자문사를 포함), 공인회계사, 세무사, 그 밖에 자문용역을 제공하고 있는 자
5. 해당 상장회사의 발행주식총수의 100분의 1 이상에 해당하는 주식을 보유(자본시장과 금융투자업에 관한 법률 제133조 제3항에 따른 보유를 말한다)하고 있는 자
6. 해당 상장회사와의 거래(약관의 규제에 관한 법률 제2조 제1항의 약관에 따라 행하여지는 해당 상장회사와의 정형화된 거래는 제외한다) 잔액이 1억원 이상인 자

⑥ 제5항 제2호에도 불구하고 다음 각 호의 어느 하나에 해당하는 법인인 기관투자자 및 이에 상당하는 외국금융회사는 제5항에 해당하는 자에서 제외한다(상법 시행령 제34조 제6항).

1. 은행법에 따른 은행
2. 한국산업은행법에 따른 한국산업은행
3. 중소기업은행법에 따른 중소기업은행
4. 한국수출입은행법에 따른 한국수출입은행
5. 농업협동조합법에 따른 농업협동조합중앙회 및 농협은행
6. 수산업협동조합법에 따른 수산업협동조합중앙회
7. 상호저축은행법에 따른 상호저축은행중앙회 및 상호저축은행
8. 보험업법에 따른 보험회사
9. 여신전문금융업법에 따른 여신전문금융회사
10. 신용협동조합법에 따른 신용협동조합중앙회
11. 산림조합법에 따른 산림조합중앙회
12. 새마을금고법에 따른 새마을금고중앙회
13. 한국주택금융공사법에 따른 한국주택금융공사
14. 자본시장과 금융투자업에 관한 법률에 따른 투자매매업자 및 투자중개업자
15. 자본시장과 금융투자업에 관한 법률에 따른 종합금융회사
16. 자본시장과 금융투자업에 관한 법률에 따른 집합투자업자
17. 자본시장과 금융투자업에 관한 법률에 따른 증권금융회사
18. 법률에 따라 설립된 기금을 관리·운용하는 법인으로서 다음 각 목의 법인
가. 공무원연금법에 따른 공무원연금공단

4. 사외이사의 선임 및 정원

이사는 3인 이상이어야 한다(법 제383조 제 1 항). 최다수에는 제한이 없지만 정관으로 상한을 둘 수 있다. 최소인원을 3인으로 한 이유는 이사회를 구성하기 위해 복수일 필요가 있고, 이사회 결의에서 가부동수를 피하기 위하여 홀수로 한 것이다. 그러나 자본금 총액이 10억원 미만인 소규모 회사는 1명 또는 2명으로 할 수 있다(법 제383조 제 1 항 단서).

(1) 비상장회사

상법은 사외이사의 수에 관하여 정하지 않고 있다. 다만 감사위원회를 구성할 경우에 한하여 사외이사가 위원의 3분의 2 이상일 것을 요구한다(법 제415조의2 제 2 항).

(2) 상장회사

1) 선임의무와 그 예외

(가) 선임의무

상장회사는 원칙적으로 이사 총수의 4분의 1 이상을 사외이사로 하여야 하고(법 제542조의8 제 1 항 본문), 다만 최근 사업연도 말 현재의 자산총액이 2조원 이상인 대규모 상장회사의 사외이사는 3명 이상으로 하되, 이사 총수의 과반수가 되도록 선임하여야 한다(법 제542조의8 제 1 항 본문, 상법 시행령 제13조 제 2 항).

사외이사의 사임·사망 등의 사유로 인하여 사외이사의 수가 이 구성요건에 미달하게 되면 그 사유가 발생한 후 처음으로 소집되는 주주총회에서 요건에 합

나. 사립학교교직원 연금법에 따른 사립학교교직원연금공단
다. 국민체육진흥법에 따른 서울올림픽기념국민체육진흥공단
라. 신용보증기금법에 따른 신용보증기금
마. 기술신용보증기금법에 따른 기술신용보증기금
바. 무역보험법에 따른 한국무역보험공사
사. 중소기업협동조합법에 따른 중소기업중앙회
아. 문화예술진흥법에 따른 한국문화예술위원회

19. 법률에 따라 공제사업을 영위하는 법인으로서 다음 각 목의 법인
가. 한국교직원공제회법에 따른 한국교직원공제회
나. 군인공제회법에 따른 군인공제회
다. 건설산업기본법에 따라 설립된 건설공제조합 및 전문건설공제조합
라. 전기공사공제조합법에 따른 전기공사공제조합
마. 정보통신공사업법에 따른 정보통신공제조합
바. 대한지방행정공제회법에 따른 대한지방행정공제회
사. 과학기술인공제회법에 따른 과학기술인공제회

치되도록 사외이사를 선임하여야 한다(법 제542조의9 제3항).

(나) 선임의무의 예외

다음의 회사의 경우에는 사외이사를 선임할 의무가 없다(상법 제542조의8 제1항 본문, 상법 시행령 제34조 제1항).

1. 벤처기업육성에 관한 특별조치법에 따른 벤처기업 중 최근 사업연도 말 현재의 자산총액이 1천억원 미만으로서 코스닥시장(자본시장과 금융투자업에 관한 법률 제9조 제13항 제2호에 따른 코스닥시장)에 상장된 주권을 발행한 벤처기업인 경우
2. 채무자 회생 및 파산에 관한 법률에 따른 회생절차가 개시되었거나 파산선고를 받은 상장회사인 경우
3. 유가증권시장(자본시장과 금융투자업에 관한 법률 제9조 제13항 제1호에 따른 유가증권시장) 또는 코스닥시장에 주권을 신규로 상장한 상장회사(신규상장 후 최초로 소집되는 정기주주총회 전날까지만 해당)인 경우. 다만, 유가증권시장에 상장된 주권을 발행한 회사로서 사외이사를 선임하여야 하는 회사가 코스닥시장에 상장된 주권을 발행한 회사로 되는 경우 또는 코스닥시장에 상장된 주권을 발행한 회사로서 사외이사를 선임하여야 하는 회사가 유가증권시장에 상장된 주권을 발행한 회사로 되는 경우에는 그러하지 아니하다.
4. 부동산투자회사법에 따른 기업구조조정 부동산투자회사인 경우
5. 해산을 결의한 상장회사인 경우

2) 사외이사의 선임방법(후보추천위원회)

최근 사업연도 말 현재의 자산총액이 2조원 이상인 대규모 상장회사는 사외이사 후보를 추천하기 위하여 제393조의2의 위원회(이하 "사외이사 후보추천위원회")를 설치하여야 한다. 이 경우 사외이사 후보추천위원회는 사외이사가 총위원의 과반수가 되도록 구성하여야 한다(법 제542조의8 제4항). 이러한 대규모 상장회사가 주주총회에서 사외이사를 선임하려는 때에는 사외이사 후보추천위원회의 추천을 받은 자 중에서 선임하여야 한다. 이 경우 사외이사 후보추천위원회가 사외이사 후보를 추천할 때에는 제363조의2 제1항[1], 제542조의6 제1항[2]·제2항[3]의 권

1) 제363조의2 제1항의 요건이란 "의결권 없는 주식을 제외한 발행주식총수의 100분의 3 이상에 해당하는 주식을 가진 주주"를 말한다.

2) 제542조의6 제1항의 요건이란 "6개월 전부터 계속하여 상장회사 발행주식총수의 1천분의 15 이상에 해당하는 주식을 보유"하는 것이다.

3) 제542조의6 제2항의 요건이란 "6개월 전부터 계속하여 상장회사의 의결권 없는 주식을 제

리를 행사할 수 있는 요건을 갖춘 주주가 주주총회일(정기주주총회의 경우 직전 연도의 정기주주총회일에 해당하는 해당 연도의 해당일)의 6주 전에 추천한 사외이사 후보를 포함시켜야 한다(법 제542조의8 제 5 항).

5. 상장회사의 사외이사 관련 공시

(1) 사외이사 선임·해임 등 신고

주권상장법인은 사외이사를 선임 또는 해임하거나 사외이사가 임기만료 외의 사유로 퇴임한 경우에는 그 내용을 선임·해임 또는 퇴임한 날의 다음 날까지 금융위원회와 거래소에 신고하여야 한다(법 제165조의17 제 3 항). 이는 사외이사의 변동사실이 주권상장법인의 지배구조의 변화와 경영의사결정과 밀접한 관련을 갖는 중요정보임을 고려하여 신속하게 신고하도록 한 것이다.

(2) 주주총회 소집의 통지 및 공고

상장회사가 주주총회 소집의 통지 또는 공고를 하는 경우에는 "사외이사 등의 활동내역과 보수에 관한 사항, 사업개요 등 대통령령으로 정하는 사항"을 통지 또는 공고하여야 한다(상법 제542조의4 제 3 항 본문).

Ⅳ. 주요주주 등 이해관계자와의 거래

1. 비상장회사

다음의 어느 하나에 해당하는 자가 자기 또는 제 3 자의 계산으로 회사와 거래를 하기 위하여는 미리 이사회에서 해당 거래에 관한 중요사실을 밝히고 이사회의 승인을 받아야 한다. 이 경우 이사회의 승인은 이사 3분의 2 이상의 수로써 하여야 하고, 그 거래의 내용과 절차는 공정하여야 한다(법 제398조).

1. 이사 또는 제542조의8 제 2 항 제 6 호[1]에 따른 주요주주

외한 발행주식총수의 1천분의 10(최근 사업연도 말 자본금이 1천억원 이상인 상장회사의 경우에는 1천분의 5) 이상에 해당하는 주식을 보유"하는 것이다.

1) 누구의 명의로 하든지 자기의 계산으로 의결권 없는 주식을 제외한 발행주식총수의 100분의 10 이상의 주식을 소유하거나 이사·집행임원·감사의 선임과 해임 등 상장회사의 주요 경영사항에 대하여 사실상의 영향력을 행사하는 주주("주요주주") 및 그의 배우자와 직계 존속·비속을 말한다.

2. 제 1 호의 자의 배우자 및 직계존비속
3. 제 1 호의 자의 배우자의 직계존비속
4. 제 1 호부터 제 3 호까지의 자가 단독 또는 공동으로 의결권 있는 발행주식총수의 100분의 50 이상을 가진 회사 및 그 자회사
5. 제 1 호부터 제 3 호까지의 자가 제 4 호의 회사와 합하여 의결권 있는 발행주식총수의 100분의 50 이상을 가진 회사

2. 상장회사

(1) 신용공여의 금지

1) 신용공여의 의의

신용공여란 금전 등 경제적 가치가 있는 재산의 대여, 채무이행의 보증, 자금지원적 성격의 증권 매입, 그 밖에 거래상의 신용위험이 따르는 직접적·간접적 거래로서 대통령령으로 정하는 거래를 말한다(법 제542의9 제 1 항).

여기서 "대통령령으로 정하는 거래"란 다음 각 호의 어느 하나에 해당하는 거래를 말한다(상법 시행령 제35조 제 1 항).

1. 담보를 제공하는 거래
2. 어음(전자어음의 발행 및 유통에 관한 법률에 따른 전자어음을 포함)을 배서(어음법 제15조 제 1 항에 따른 담보적 효력이 없는 배서는 제외)하는 거래
3. 출자의 이행을 약정하는 거래
4. 법 제542조의9 제 1 항 각 호의 자에 대한 신용공여의 제한(금전·증권 등 경제적 가치가 있는 재산의 대여, 채무이행의 보증, 자금지원적 성격의 증권의 매입, 제 1 호부터 제 3 호까지의 어느 하나에 해당하는 거래의 제한을 말한다)을 회피할 목적으로 하는 거래로서 자본시장과 금융투자업에 관한 법률 시행령 제38조 제 1 항 제 4 호 각 목의 어느 하나에 해당하는 거래
5. 자본시장과 금융투자업에 관한 법률 시행령 제38조 제 1 항 제 5 호에서 정하는 거래

2) 신용공여금지 대상자의 범위

상장회사는 다음의 어느 하나에 해당하는 자를 상대방으로 하거나 그를 위하여 신용공여를 하여서는 아니 된다(법 제542조의9 제 1 항).

1. 주요주주 및 그의 특수관계인
2. 이사(제401조의2 제 1 항 각 호의 어느 하나에 해당하는 자를 포함) 및 집행임원
3. 감사

3) 신용공여가 허용되는 경우

법 제542조의9 제 1 항에도 불구하고 다음 각 호의 어느 하나에 해당하는 경우에는 신용공여를 할 수 있다(법 제542조의9 제 2 항).

1. 복리후생을 위한 이사·집행임원 또는 감사에 대한 금전대여 등으로서 대통령령으로 정하는 신용공여[1]
2. 다른 법령에서 허용하는 신용공여
3. 그 밖에 상장회사의 경영건전성을 해칠 우려가 없는 금전대여 등으로서 대통령령으로 정하는 신용공여[2]

(2) 이사회의 승인

1) 승인대상 거래

최근 사업연도 말 현재의 자산총액이 2조원 이상인 대규모 상장회사(상법 시행령 제14조 제 4 항)는 최대주주, 그의 특수관계인 및 그 상장회사의 특수관계인으로서 대통령령으로 정하는 자[3]를 상대방으로 하거나 그를 위하여 다음 각 호의 어느 하나에 해당하는 거래(제 1 항에 따라 금지되는 거래는 제외)를 하려는 경우에는 이사회의 승인을 받아야 한다(법 제542조의9 제 3 항).

1. 단일 거래규모가 대통령령으로 정하는 규모[4] 이상인 거래

---

1) "대통령령으로 정하는 신용공여"란 학자금, 주택자금 또는 의료비 등 복리후생을 위하여 회사가 정하는 바에 따라 3억원의 범위 안에서 금전을 대여하는 행위를 말한다(상법 시행령 제35조 제 2 항).

2) "대통령령으로 정하는 신용공여"란 회사의 경영상 목적을 달성하기 위하여 필요한 경우로서 다음 각 호의 자를 상대로 하거나 그를 위하여 적법한 절차에 따라 이행하는 신용공여를 말한다(상법 시행령 제35조 제 3 항).
   1. 법인인 주요주주
   2. 법인인 주요주주의 특수관계인 중 회사(자회사를 포함)의 출자지분과 해당 법인인 주요주주의 출자지분을 합한 것이 개인인 주요주주의 출자지분과 그의 특수관계인(해당 회사 및 자회사는 제외)의 출자지분을 합한 것보다 큰 법인
   3. 개인인 주요주주의 특수관계인 중 회사(자회사를 포함)의 출자지분과 제 1 호 및 제 2 호에 따른 법인의 출자지분을 합한 것이 개인인 주요주주의 출자지분과 그의 특수관계인(해당 회사 및 자회사는 제외)의 출자지분을 합한 것보다 큰 법인

3) "대통령령으로 정하는 자"란 상법 시행령 제34조 제 4 항의 특수관계인을 말한다(상법 시행령 제35조 제 5 항).

4) "대통령령으로 정하는 규모"란 자산총액 또는 매출총액을 기준으로 다음 각 호의 구분에 따른 규모를 말한다(상법 시행령 제35조 제 6 항).
   1. 최근 사업연도 말 현재의 자산총액이 2조원 이상인 상장회사가 금융위원회의 설치 등에

2. 해당 사업연도 중에 특정인과의 해당 거래를 포함한 거래총액이 대통령령으로 정하는 규모[1] 이상이 되는 경우의 해당 거래

2) 정기주주총회의 승인

최근 사업연도 말 현재의 자산총액이 2조원 이상인 상장회사는 이사회의 승인 결의 후 처음으로 소집되는 정기주주총회에 해당 거래의 목적, 상대방, 그 밖에 대통령령으로 정하는 사항[2]을 보고하여야 한다(법 제542조의9 제 4 항).

3) 이사회 승인대상 제외거래

최근 사업연도 말 현재의 자산총액이 2조원 이상인 상장회사가 경영하는 업종에 따른 일상적인 거래로서 다음 각 호의 어느 하나에 해당하는 거래는 이사회의 승인을 받지 아니하고 할 수 있으며, 제 2 호에 해당하는 거래에 대하여는 그 거래내용을 주주총회에 보고하지 아니할 수 있다(법 542조의9 제 5 항).

1. 약관에 따라 정형화된 거래로서 대통령령으로 정하는 거래[3]
2. 이사회에서 승인한 거래총액의 범위 안에서 이행하는 거래

관한 법률 제38조에 따른 검사대상기관인 경우: 해당 회사의 최근 사업연도 말 현재의 자산총액의 100분의 1

2. 최근 사업연도 말 현재의 자산총액이 2조원 이상인 상장회사가 금융위원회의 설치 등에 관한 법률 제38조에 따른 검사대상기관이 아닌 경우: 해당 회사의 최근 사업연도 말 현재의 자산총액 또는 매출총액의 100분의 1

1) "대통령령으로 정하는 규모"란 다음 각 호의 구분에 따른 규모를 말한다(상법 시행령 제35조 제 7 항).
   1. 최근 사업연도 말 현재의 자산총액이 2조원 이상인 상장회사가 금융위원회의 설치 등에 관한 법률 제38조에 따른 검사대상기관인 경우: 해당 회사의 최근 사업연도 현재의 자산총액의 100분의 5
   2. 최근 사업연도 말 현재의 자산총액이 2조원 이상인 상장회사가 금융위원회의 설치 등에 관한 법률 제38조에 따른 검사대상기관이 아닌 경우: 해당 회사의 최근 사업연도 말 현재의 자산총액 또는 매출총액의 100분의 5

2) "대통령령으로 정하는 사항"이란 다음 각 호의 사항을 말한다(상법 시행령 제35조 제 8 항).
   1. 거래의 내용, 일자, 기간 및 조건
   2. 해당 사업연도 중 거래상대방과의 거래유형별 총 거래금액 및 거래잔액

3) "대통령령으로 정하는 거래"란 약관의 규제에 관한 법률 제 2 조 제 1 항의 약관에 의한 거래를 말한다(상법 시행령 제35조 제 9 항).

제 4 절 감사 · 감사위원회

Ⅰ. 상근감사

1. 서 설

(1) 감사의 의의

감사는 회사의 업무감사를 주된 직무로 하는 주식회사의 필요적 상설기관이다. 다만 자본금의 총액이 10억원 미만인 소규모회사의 경우에는 감사를 선임하지 아니할 수 있다(법 제409조 제 4 항). 감사에는 상근감사와 비상근감사가 있으며, 양자의 권한과 지위에는 차이가 없다. 다만 최근 사업연도 말 현재 자산총액이 1천억원 이상인 상장회사는 일정한 결격사유가 없는 상근감사를 1명 이상 두어야 한다(법 제542조의10 제 1 항).

(2) 상법상 자산총액 규모별 감사제도[1)]

1) 자산총액 1천억원 미만인 상장회사

최근 사업연도 말 현재 자산총액이 1천억원 미만인 상장회사는 상장회사라도 상근감사 및 감사위원회 설치의무는 없다. 이 경우 상근감사를 두더라도 상법 제542조의10 제 2 항의 상근감사 결격요건을 적용하지 않는다.

2) 자산총액 1천억원 이상 2조원 미만인 상장회사

최근 사업연도 말 현재 자산총액이 1천억원 이상 2조원 미만인 상장회사는 상근감사를 두어야 하며, 상법 제542조의11 및 제542조의12에 따른 감사위원회를 둘 경우 상근감사에 갈음한다.

3) 자산총액 2조원 이상인 상장회사

최근 사업연도 말 현재 자산총액이 2조원 이상인 상장회사는 의무적으로 감사위원회를 설치하여야 하며, 상법 제542조의11 및 제542조의12의 적용을 받는다.

---

1) 금융감독원, 전게서(2011. 7), 479쪽.

2. 상근감사 대상법인

비상장회사에서 감사는 필요적 상설기관이지만 상근을 요하지 않는다. 그러나 최근 사업연도 말 현재 자산총액이 1천억원 이상인 상장회사는 주주총회결의에 의하여 회사에 상근하면서 감사업무를 수행하는 감사(이하 "상근감사")를 1명 이상 두어야 한다. 다만, 이 절 및 다른 법률에 따라 감사위원회를 설치한 경우(감사위원회 설치의무가 없는 상장회사가 이 절의 요건을 갖춘 감사위원회를 설치한 경우를 포함)에는 그러하지 아니하다(법 제542조의10 제1항).

3. 상근감사의 결격사유

다음의 어느 하나에 해당하는 자는 제1항 본문의 상장회사의 상근감사가 되지 못하며, 이에 해당하게 되는 경우에는 그 직을 상실한다(법 제542조의10 제2항).

1. 제542조의8 제2항 제1호부터 제4호까지 및 제6호에 해당하는 자
2. 회사의 상무에 종사하는 이사·집행임원 및 피용자 또는 최근 2년 이내에 회사의 상무에 종사한 이사·집행임원 및 피용자. 다만, 이 절에 따른 감사위원회위원으로 재임 중이거나 재임하였던 이사는 제외한다.
3. 제1호 및 제2호 외에 회사의 경영에 영향을 미칠 수 있는 자로서 대통령령으로 정하는 자[1)]

Ⅱ. 감사위원회

1. 서　설

(1) 의　의

1999년 개정 상법은 감사를 대체할 수 있는 감사기구로서 감사위원회를 둘 수 있도록 하였다. 종전과 같이 감사를 두는 것을 원칙으로 하되, 정관에 규정을 두어 감사위원회를 둘 수 있으며, 감사위원회를 두는 경우 감사는 둘 수 없다(법 제415조의2 제1항).

---

1) "대통령령으로 정하는 자"란 다음 각 호의 어느 하나에 해당하는 자를 말한다(상법 시행령 제36조 제2항).
   1. 해당 회사의 상무에 종사하는 이사·집행임원의 배우자 및 직계존속·비속
   2. 계열회사의 상무에 종사하는 이사·집행임원 및 피용자이거나 최근 2년 이내에 상무에 종사한 이사·집행임원 및 피용자

(2) 설치근거

감사위원회를 설치하고자 하는 경우에는 정관에 규정을 두어야 하며, 정관에 규정을 두지 않은 경우에는 감사를 두어야 한다. 그러나 소정의 규모에 달하는 대규모 상장회사(최근 사업연도 말 자산총액이 2조원 이상인 상장회사)의 경우에는 감사에 갈음하여 감사위원회를 의무적으로 두어야 한다.

2. 감사위원회 설치의무 대상법인

최근 사업연도 말 현재 자산총액이 2조원 이상인 상장회사는 감사위원회를 설치하여야 한다(법 제542조의11 제 1 항). 다만, 다음 각 호의 어느 하나에 해당하는 상장회사는 제외한다(상법 시행령 제37조 제 1 항).

1. 부동산투자회사법에 따른 부동산투자회사인 상장회사
2. 공공기관의 운영에 관한 법률 및 공기업의 경영구조개선 및 민영화에 관한 법률의 적용을 받는 상장회사
3. 채무자 회생 및 파산에 관한 법률에 따른 회생절차가 개시된 상장회사
4. 유가증권시장 또는 코스닥시장에 주권을 신규로 상장한 상장회사(신규상장 후 최초로 소집되는 정기주주총회 전일까지만 해당). 다만, 유가증권시장에 상장된 주권을 발행한 회사로서 감사위원회를 설치하여야 하는 회사가 코스닥시장에 상장된 주권을 발행한 회사로 되는 경우 또는 코스닥시장에 상장된 주권을 발행한 회사로서 감사위원회를 설치하여야 하는 회사가 유가증권시장에 상장된 주권을 발행한 회사로 되는 경우는 제외한다.

3. 감사위원회의 요건

최근 사업연도 말 현재 자산총액이 2조원 이상인 상장회사의 감사위원회는 3명 이상의 이사로 구성하고 사외이사가 3분의 2 이상이어야 한다는 상법 제415조의2 제 2 항의 요건 및 다음 각 호의 요건을 모두 갖추어야 한다(법 제542조의11 제 2 항).

1. 위원 중 1명 이상은 대통령령으로 정하는 회계 또는 재무 전문가[1)]일 것

1) "대통령령으로 정하는 회계 또는 재무 전문가"란 다음 각 호의 어느 하나에 해당하는 사람을 말한다(상법 시행령 제37조 제 2 항).

2. 감사위원회의 대표는 사외이사일 것

4. 감사위원회 위원의 결격사유

상근감사의 결격사유(법 제542조의10 제 2 항 각 호)에 해당하는 자는 최근 사업연도 말 현재 자산총액이 2조원 이상인 상장회사의 사외이사가 아닌 감사위원회 위원이 될 수 없고, 이에 해당하게 된 경우에는 그 직을 상실한다(법 제542조의11 제 3 항).

5. 감사위원 궐위시의 처리방법

상장회사는 감사위원회위원인 사외이사의 사임·사망 등의 사유로 인하여 사외이사의 수가 다음 각 호의 감사위원회의 구성요건에 미달하게 되면 그 사유가 발생한 후 처음으로 소집되는 주주총회에서 그 요건에 합치되도록 하여야 한다(법 제542조의11 제 4 항).

1. 최근 사업연도 말 현재 자산총액이 2조원 이상인 상장회사로서 감사위원회를 설치한 상장회사는 제 2 항 각 호 및 제415조의2 제 2 항의 요건
2. 비상장회사로서 감사위원회를 설치한 상장회사는 제415조의2 제 2 항의 요건

6. 감사위원회 위원의 선임 및 해임

최근 사업연도 말 현재 자산총액이 2조원 이상인 상장회사의 경우 감사위원회위원을 선임하거나 해임하는 권한은 주주총회에 있다(법 제542조의12 제 1 항). 이 상장회사 주주총회에서 이사를 선임한 후 선임된 이사 중에서 감사위원회위원을

---

1. 공인회계사의 자격을 가진 사람으로서 그 자격과 관련된 업무에 5년 이상 종사한 경력이 있는 사람
2. 회계 또는 재무 분야에서 석사학위 이상의 학위를 취득한 사람으로서 연구기관 또는 대학에서 회계 또는 재무 관련 분야의 연구원이나 조교수 이상으로 근무한 경력이 합산하여 5년 이상인 사람
3. 상장회사에서 회계 또는 재무 관련 업무에 합산하여 임원으로 근무한 경력이 5년 이상 또는 임직원으로 근무한 경력이 10년 이상인 사람
4. 자본시장과 금융투자업에 관한 법률 시행령 제29조 제 2 항 제 4 호 각 목의 기관에서 회계 또는 재무 관련 업무나 이에 대한 감독 업무에 근무한 경력이 합산하여 5년 이상인 사람

[시행일: 2012. 7. 22] 제37조 제 2 항 제 2 호 조교수에 관한 부분

선임하여야 한다(법 제542조의12 제 2 항).

7. 의결권 제한

(1) 감사 또는 사외이사가 아닌 감사위원회위원의 선임과 해임

최대주주, 최대주주의 특수관계인, 그 밖에 대통령령으로 정하는 자[1]가 소유하는 상장회사의 의결권 있는 주식의 합계가 그 회사의 의결권 없는 주식을 제외한 발행주식총수의 100분의 3을 초과하는 경우 그 주주는 그 초과하는 주식에 관하여 감사 또는 사외이사가 아닌 감사위원회위원을 선임하거나 해임할 때에는 의결권을 행사하지 못한다. 다만, 정관에서 이보다 낮은 주식 보유비율을 정할 수 있다(법 제542조의12 제 3 항).

(2) 사외이사인 감사위원회위원의 선임

최근 사업연도 말 현재 자산총액이 2조원 이상인 상장회사의 의결권 없는 주식을 제외한 발행주식총수의 100분의 3을 초과하는 수의 주식을 가진 주주는 그 초과하는 주식에 관하여 사외이사인 감사위원회위원을 선임할 때에 의결권을 행사하지 못한다. 다만, 정관에서 이보다 낮은 주식 보유비율을 정할 수 있다(법 제542조의12 제 4 항).

8. 의안의 별도상정

상장회사가 주주총회의 목적사항으로 감사의 선임 또는 감사의 보수결정을 위한 의안을 상정하려는 경우에는 이사의 선임 또는 이사의 보수결정을 위한 의안과는 별도로 상정하여 의결하여야 한다(법 제542조의12 제 5 항).

9. 감사보고서

상장회사의 감사 또는 감사위원회는 제447조의4 제 1 항에도 불구하고 이사에게 감사보고서를 주주총회일의 1주 전까지 제출할 수 있다(법 제542조의12 제 6 항).

---

1) "대통령령으로 정하는 자"란 다음 각 호의 어느 하나에 해당하는 자를 말한다(상법 시행령 제38조 제 1 항).
   1. 최대주주 또는 그 특수관계인의 계산으로 주식을 보유하는 자
   2. 최대주주 또는 그 특수관계인에게 의결권(의결권의 행사를 지시할 수 있는 권한을 포함한다)을 위임한 자(해당 위임분만 해당한다)

참고문헌

[단 행 본]

금융감독원, 기업공시 실무안내(2009. 6).

______, 기업공시 실무안내(2010. 7).

______, 기업공시 실무안내(2011. 7).

금융감독원·코스닥등록법인협의회, 기업공시제도 해설(2000. 12).

김건식·송옥렬, 미국의 증권규제, 홍문사(2001).

김건식·정순섭, 자본시장법, 두성사(2009).

김교창, 주주총회의 운영, 한국상장회사협의회(2010).

김용진, 자본시장제도론, 율곡출판사(2007).

김정수, 현대증권법원론, 박영사(2002).

법원실무제요, 민사집행(Ⅳ), 법원행정처(2003).

변제호 외, 자본시장법, 지원출판사(2009).

손주찬, 상법(상), 박영사(2001).

송종준, M&A 법제의 현황과 보완과제, 상장협연구보고서(2005. 4).

신영무, 증권거래법, 서울대학교출판부(1989).

안문택, 증권거래법개론, 박영사(1983).

이광중, 회사분할, 삼일인포마인(2003).

이상복, 자본시장법상 내부자거래, 박영사(2010).

______, 증권집단소송론, 삼우사(2004).

이철송, 회사법강의, 박영사(2009, 제16판).

임재연, 자본시장법, 박영사(2010).

______, 증권거래법, 박영사(2002).

전홍렬, 증권거래법 해설, 한국상장회사협의회(1997).

정동윤, 회사법, 법문사(2000, 제 7 판).

정찬형, 상법강의(상), 박영사(2008).

한국증권법학회, 자본시장법 주석서 Ⅰ, 박영사(2009).

[논　　문]

강대섭, "공정공시에 관한 연구", 상사판례연구 제18집 제 1 권(2005).

______, "증권시장에서의 부실표시로 인한 손해배상책임에 관한 연구", 고려대학교 박사학

위논문(1992).

고창현, "증권거래법상 단기차익반환의무", 인권과 정의(1999).

권종호 외, "증권손해배상책임의 실체법적 정비", (한국증권법학회 연구보고서, 2003. 11).

김상곤, "적대적 기업인수를 위한 위임장 대결이 있는 상장법인 주주총회 운영과 문제점", 계간상장협 2005년 추계호.

김태주·김효신, "주식대량보유의 보고의무", 법학논고 제10집(1994).

김홍기, "자본시장통합법상 파생상품 규제의 내용과 제도적 개선과제", 증권법연구(한국증권법학회, 2008. 6).

김홍식, "우리사주조합의 우호적 제 3 자로서의 활용방안", 상사판례연구(2007. 9. 30).

노태악, "내부자거래 등 관련행위의 규제", 증권거래에 관한 제문제(상), 법원도서관(2001).

노혁준, "교환공개매수에 관한 연구", 상사법연구(2004).

______, "자기주식과 기업의 합병, 분할", 증권법연구 제 9 권 제 2 호(한국증권법학회, 2008).

박민우, "증권거래법 제186조 제 1 항에 관한 연구", 비교사법 제14권 제 3 호(비교사법학회, 2007).

박영준, "집중투표제", 기업법연구(2003. 9).

박임출, "내부자거래 규제에 관한 비교법적 연구", 성균관대학교 박사학위논문(2003).

박재홍, "의무공개매수제도의 도입에 관한 검토", 경성법학 제14집 제 2 호(2005).

박철영, "투자자문업 및 투자일임업에 관한 법적 규제의 현황과 과제", 증권법연구 제10권 제 1 호(2009).

박휴상, "증권인수인의 책임에 관한 고찰", 기업법연구(2007).

서완석, "공개매수의 정의와 범위에 관한 고찰", 성균관법학 제17권 제 3 호(2005).

성희활, "공정공시제의 발전적 개편방안에 관한 연구", 증권법연구 제 5 권 제 2 호(2004).

______, "자본시장과 금융투자업에 관한 법률의 수시공시 규제체계에 관한 고찰", 법과 정책연구 제 8 집 제 1 호(한국법정책학회, 2008).

손영화, "상장회사 재정질서 특례규정의 입법적 과제", 기업법연구(2007. 9).

송종준, "예측정보의 부실공시와 민사책임구조", 증권법연구(2000).

______, "주식공개매수의 실체적 규제와 투자자보호", 인권과 정의, 제184호, 대한변호사협회(1991. 12).

______, "주식공개매수에 있어서 경영자민사책임의 문제", 비교사법(1994).

송호신, "적대적 기업매수에 관한 법리", 한양법학 제19집(2006).

신우진, "경영권 방어를 위한 자기주식의 제 3 자에 대한 처분의 법적 문제점", 기업법연구 제21권 제 1 호(한국기업법학회, 2007).

양만식, "위임장권유와 주주총회결의의 취소", 기업법연구 제23권 제 3 호(2009).

유석호, "주식 등의 대량보유상황보고 관련 법적 쟁점과 과제", 증권법연구 제 6 권 제 2 호(2003).

윤현석, "주식매수선택권의 부여 및 행사에 관한 법적 문제", 증권법연구(2004).

이동신, "유가증권 공시서류의 부실기재에 관한 책임, 증권거래법에 관한 제문제(상)", 재판자료 제90집(법원도서관, 2001).

이상복, "적대적 M&A 공격방법의 개선과제 —공개매수와 위임장권유를 중심으로—", 기업법연구 제20권 제 3 호(2006).

이준섭, "공시책임에 관한 최근 판례의 분석과 비판", 상장협 제42호(한국상장회사협의회, 2000).

정윤모 · 박기령, "자기주식 소각규제의 완화방안", 자본시장포럼 제 2 권 제 3 호(한국증권연구원, 2005).

정충명, "적대적 기업매수의 방어행위에 대한 법적 고찰 —제 3 자에 대한 신주발행의 적법성을 중심으로—", 사법연구자료 제25집, 법원행정처(1999).

조경식, "우리나라 공개매수의 동기와 자금조달", 기업경영연구(2007. 6).

채동헌, "증권거래법 제14조 소정의 손해배상청구권자인 '유가증권의 취득자'와 시장조성 포기로 인한 손해배상청구권자의 범위", 대법원판례해설 제40호(법원도서관, 2002).

최민용, "단기매매차익의 반환", 상사판례연구 제19집 제 4 권(2006).

최정식, "유가증권신고서 등의 부실기재로 인한 배상책임에 관한 고찰", 비교사법 제15권 제 1 호(비교사법학회, 2008).

홍복기, "공개매수에 관한 현행 증권거래법령에 있어서 몇 가지 문제점", 비교사법(2001).

한글 찾아보기

영문 찾아보기

저자 약력

서울고등학교
연세대학교 경제학과(학사)
고려대학교 법무대학원 국제거래법학과(석사)
고려대학교 대학원(박사)
서울대학교 법과대학 금융거래법 연구과정 수료
미국 스탠퍼드 로스쿨 Visiting Scholar(증권규제, 기업범죄 연구)
사법시험 합격
한국거래소 연구위원 겸 상근고문변호사
서울지방변호사회 중소벤처기업고문변호사단 상담위원
ACFE(America Certified Fraud Examiner)
재정경제부 금융발전심의회 위원
금융위원회 자체평가위원
기획재정부 정부소유주식매각 자문위원
기획재정부 국유재산정책 심의위원
관세청 정부업무평가위원
대한상사중재원 중재인
한국거래소 시장감시위원회 비상임위원
한국공항공사 비상임이사
현) 서강대학교 법학전문대학원 교수(자본시장법, 기업인수합병실무, 회사소송실무, 기업지배구조론 담당)

〈저　　서〉
개인투자자가 꼭 알아야 할 인터넷 증권사기(2001, 매일경제신문사)
증권범죄와 집단소송(2004, 삼우사)
증권집단소송론(2004, 삼우사)
기업범죄와 내부통제(2005, 삼우사)
(장편소설)모래무지와 두우쟁이(2005, 마음은행)
(역서)헤지펀드와 프라임 브로커(2009, 비엠에스)
내부자거래(2010, 박영사)

자본시장법상 **기업공시** 이론과 실무

2012년 6월 15일 초판인쇄
2012년 6월 25일 초판발행

저 자 이 상 복
발행인 안 종 만
발행처 (주) 박영사
서울특별시 종로구 평동 13-31번지
전화 (733)6771 FAX (736)4818
등록 1959. 3. 11. 제300-1959-1호(倫)

저자와 협의하여 인지첩부를 생략함

www.pybook.co.kr e-mail: pys@pybook.co.kr

정 가 42,000원 ISBN 978-89-6454-829-5